LA REINE
DES
DAMNÉS

COLLECTION TERREUR
dirigée par Patrice Duvic

Collection Terreur
dirigée par Patrice Duvic

ANNE RICE

LA REINE
DES
DAMNÉS

CHRONIQUES DES VAMPIRES

OLIVIER ORBAN

Traduit de l'américain
par Anne de Vogüé et Évelyne Briffault

Paru aux Éditions Alfred A. Knopf (New York)
sous le titre original :

THE QUEEN OF THE DAMNED

© Anne O'Brien Rice, 1988
ISBN : 2-266-04459-1
© Stan Rice pour les poèmes
© Olivier Orban, 1990, pour la traduction française
ISSN : 1144-7214

A Stan Rice, Christopher Rice et John Preston
avec tout mon amour,
et aussi à mes chers éditeurs John Dodds et William Whitehead.

LAPIN TRAGIQUE

Lapin tragique, un tableau.
Les oreilles en carton-pâte, vertes comme des épis de maïs.
Le front noir pointé vers les étoiles.
Un tableau sur mon mur, solitaire

comme le sont les lapins
et comme ils ne le sont pas. Bajoues rouges,
artifices, museau tremblant,
habitude aussi facile que difficile à perdre.

Toi aussi, tu peux être un lapin tragique; ton dos
vert et rouge, bleu ton petit poitrail viril.
Mais si on te talonne jusqu'à le devenir,
méfie-toi de la Chair Véritable,

elle te désarçonnera de ton cheval tragique
et comme un spectre brise le marbre, altérera
tes couleurs; tes blessures se refermeront
si vite que l'eau

en sera jalouse.
Les lapins sur papier blanc
font fi des sortilèges qui condamnent leur espèce,
et leurs oreilles en épis se métamorphosent en cornes.

Alors prends garde si la vie tragique te semble belle
— pris dans ce piège à lapins,
toutes les couleurs sont des épées de lumière,
et les ciseaux le Dieu Vivant.

STAN RICE, 1975

C'est moi Lestat le vampire, vous vous souvenez? Le vampire qui est devenu une super-star du rock, celui qui a écrit son autobiographie. Le blond aux yeux gris, avec son insatiable désir de reconnaissance et de gloire. Vous vous rappelez? Je voulais être un symbole du mal dans ce siècle de lumière où le démon que je suis n'a pas sa place. J'ai même pensé que de cette façon je pourrais être de quelque utilité, en incarnant le diable sous les feux de la rampe.

Ça démarrait très fort pour moi quand on a discuté la dernière fois. Je venais juste de faire mes débuts à San Francisco – mon premier concert « live » avec mon orchestre de mortels. Notre album marchait du tonnerre. Mon autobiographie pas trop mal non plus, autant chez les vivants que chez les morts vivants.

Et puis quelque chose de complètement imprévu est survenu. En tout cas, quelque chose que moi je n'avais pas prévu. Et quand je vous ai quitté, j'étais au bord du gouffre, comme on dit.

Bref, ce qui est arrivé est arrivé, et manifestement, j'ai survécu. Sinon je ne serais pas là à vous parler. La poussière cosmique est maintenant retombée et le petit accroc dans le tissu des croyances rationnelles du monde a été réparé ou du moins refermé.

J'en sors un peu plus triste, un peu plus méchant, un peu plus honnête aussi. Infiniment plus puissant également, bien que l'humain en moi affleure plus que jamais. En somme, un être tourmenté et affamé qui tout à la fois aime et déteste l'enveloppe immortelle et invincible qui l'emprisonne.

La soif de sang ? Inextinguible, même si physiquement je n'ai jamais eu aussi peu besoin de sang. Qui sait, peut-être pourrais-je y renoncer tout à fait ? Mais la folle attirance que j'éprouve pour tout ce qui marche sur deux jambes me pousse à affirmer que je ne vérifierai jamais cette hypothèse.

Vous savez, ce n'est pas tant le sang qui est important, bien que cette substance soit une jouissance des plus extraordinaires que l'on puisse désirer ; c'est l'intimité de ce moment – boire, tuer –, ce délicieux cœur à cœur que l'on danse tandis que la victime défaille et que l'on se gorge de la mort qui, pour une fraction de seconde, resplendit autant que la vie.

Illusion. Aucune mort ne peut surpasser la vie. C'est pourquoi je continue à me nourrir de vies ; et que je suis plus que jamais éloigné du salut. Que j'en sois conscient ne fait qu'aggraver mon cas.

Bien sûr, je peux encore passer pour humain ; nous le pouvons tous, d'une manière ou d'une autre, quel que soit notre âge. Un col relevé, un chapeau enfoncé, des lunettes noires, les mains dans les poches, et le tour est joué. En ce moment, ma panoplie préférée se compose de blousons de cuir souple, de jeans serrés et de simples bottes noires commodes pour la marche. Mais de temps à autre, je revêts les tenues plus raffinées que les gens apprécient sous le ciel clément où je réside désormais.

Si quelqu'un devient un brin trop curieux, on peut toujours avoir recours au petit brouillage télépathique : *Parfaitement normal, ce que tu vois, mon vieux*. L'éclair du sourire d'autrefois, les canines adroitement dissimulées, et le mortel passe son chemin.

Parfois j'abandonne toute mascarade et sors comme je suis vraiment. Cheveux longs, veste de velours qui me rappelle le bon vieux temps, une ou deux émeraudes à la main droite, je fends la foule des quartiers animés de cette ville du Sud délicieusement corrompue ; ou encore, je flâne le long des plages, respirant la brise, sur des sables blancheur de lune.

Personne ne me prête attention plus d'une seconde ou deux. Trop de choses inexplicables nous environnent – atrocités, menaces, mystères qui nous attirent, puis inévitablement nous laissent désenchantés. On se réfugie dans la routine et le prévisible. Le prince charmant ne viendra pas, tout le monde le sait, et peut-être la Belle au bois dormant est-elle morte.

Il en est de même pour ceux qui ont survécu avec moi et qui partagent ce petit coin chaud et verdoyant de l'univers, à la pointe sud-est du continent nord-américain : Miami, la brillante métropole, terre promise s'il en est pour les immortels assoiffés de sang.

C'est bon d'avoir les autres auprès de moi, de me retrouver parmi mes semblables; c'est même très important, et c'est ce dont j'ai toujours rêvé : ce grand rassemblement des sages – les survivants, les anciens – et des jeunes écervelés.

Mais, plus que jamais, je souffre de ne pas être reconnu des vivants, monstre aux appétits démesurés que je suis. Le doux murmure des voix surnaturelles ne peut me distraire de ma douleur. Mon goût pour la gloire mortelle était trop fort – mes disques dans les vitrines, mes admirateurs sautant et applaudissant devant la scène. Peu importe qu'ils n'aient jamais vraiment cru que j'étais un vampire; en ces instants, nous étions ensemble, nous ne faisions qu'un. Ils criaient mon nom!

Aujourd'hui, les albums ont disparu des magasins et jamais plus je n'écouterai ces chansons. Il reste mon livre, ainsi qu'*Entretien avec un Vampire* – prudemment travestis en fiction, ce qui est peut-être mieux. J'ai assez fait de mal comme ça, vous verrez.

Un désastre, voilà ce que j'ai provoqué avec mes petits jeux. Le vampire qui a bien failli devenir héros et martyr de surcroît...

Vous pourriez penser que j'en ai tiré la leçon, n'est-ce pas? Eh bien oui, et cuisante même!

Il est tellement pénible d'avoir à se fondre encore une fois dans les ténèbres – Lestat, cette crapule de vampire sournois et sans nom s'approche de nouveau à pas de loup des faibles mortels qui ne savent rien des monstres que nous sommes. Tellement douloureux d'être à nouveau un étranger, toujours en marge, se colletant avec le bien et le mal dans l'enfer séculaire du corps et de l'âme.

Au cœur de ma solitude, je rêve maintenant de rencontrer une jeune et douce créature dans une chambre éclairée par la lune – une de ces tendres adolescentes qui

13

aurait lu mon livre et écouté mes disques, une de ces belles filles romantiques qui, pendant ma courte et funeste période de gloire, m'écrivaient des missives enflammées sur du papier à lettres parfumé, parlant de poésie et du pouvoir de l'illusion, et de leur désir que je sois vraiment vampire; je rêve de m'introduire dans sa chambre obscure, où peut-être mon livre repose sur sa table de chevet avec un joli signet de velours pour marquer la page, de toucher son épaule et de sourire quand nos yeux se rencontreront. « Lestat! J'ai toujours cru en toi. J'ai toujours su que tu viendrais! »

J'emprisonne son visage dans mes mains et je me penche pour l'embrasser : « Oui, ma chérie, murmurerais-je à mon tour, et toi, si tu savais combien j'ai besoin de toi, combien je t'aime, combien je t'ai toujours aimée. »

Peut-être me trouverait-elle plus charmant encore à cause de ce que j'ai enduré – l'horreur invraisemblable dont j'ai été témoin, la douleur que j'ai bien sûr éprouvée. Il est hélas vrai que la souffrance vous rend plus profond, donne plus de lustre à vos couleurs, une résonance plus riche à vos mots. Si elle ne vous a pas détruit avant, si elle ne réduit pas à néant l'optimisme et le courage, l'imagination et le respect des choses simples et pourtant indispensables.

Pardonnez l'amertume de mes propos.

Je n'ai aucun droit d'être aigri. C'est moi qui ai tout déclenché et j'en suis sorti indemne. Alors que nombre d'entre nous n'ont pas eu cette chance. Sans compter les mortels qui en ont pâti. Et ce côté-là de l'affaire est inexcusable. Je vais certainement le payer jusqu'à la fin des temps...

Mais voyez-vous, je ne comprends toujours pas vraiment ce qui s'est passé. Je ne sais pas si ce fut une tragédie ou simplement un incident dénué de sens. Si oui ou non ma maladresse aurait pu engendrer quelque chose d'absolument magnifique, quelque chose qui aurait pu me tirer de cette aliénation et de ce cauchemar et me faire enfin connaître la brûlante lumière de la rédemption.

Je n'en saurai probablement jamais rien. Un seul fait est certain, nous en avons fini avec cette histoire. Et notre monde – notre petit royaume privé – est plus dérisoire, plus sombre et plus protégé que jamais. Il ne sera jamais plus comme avant.

Il est incroyable que je n'aie pas prévu le cataclysme, mais à la réflexion, je ne me préoccupe jamais d'imaginer comment se terminera ce que j'entreprends. C'est le risque qui me fascine, le moment de possibilités infinies. Seulement alors, l'immortalité me devient supportable.

Après tout, j'étais comme ça de mon vivant, il y a deux cents ans – jamais en place, impatient, toujours partant pour l'amour et le coup de poing. Quand j'ai débarqué à Paris dans les années 1780 afin d'être acteur, je ne rêvais que de faire mes débuts, de l'instant où un beau soir le rideau se lèverait.

Peut-être les anciens ont-ils raison – je parle ici des véritables immortels, les buveurs de sang qui ont traversé les millénaires – lorsqu'ils déclarent qu'aucun de nous ne change véritablement avec les années, que nous affirmons seulement les traits de notre personnalité.

Autrement dit, quand on vit des centaines d'années, on a le temps de devenir plus sage, mais on a, de même, celui de devenir aussi mauvais que nos ennemis l'avaient prédit.

Je suis donc le même démon qu'autrefois, le jeune homme qui brigue le devant de la scène, là où vous pouvez le mieux me voir et, pourquoi pas ? m'aimer. Que serait la gloire sans l'amour ? Et je brûle de vous divertir, vous ensorceler, vous forcer à tout me pardonner... Les moments fortuits de contacts secrets et de complicité ne me suffiront jamais, je le crains.

Mais je vais trop vite, non ?

Si vous avez lu mon autobiographie, vous vous demandez certainement de quoi je parle. Quel est ce désastre auquel je fais allusion ?

Bon, d'accord, reprenons ! Comme je le disais, j'ai écrit le livre et enregistré l'album parce que je désirais être reconnu, être vu tel que je suis, même si ce n'est qu'en termes symboliques.

Quant au risque que des mortels flairent la supercherie, qu'ils se rendent compte que je suis vraiment ce que je clamais être – cela ne faisait qu'ajouter à l'excitation. Qu'ils nous traquent, nous détruisent, c'était au fond mon vœu le plus cher. Nous ne méritons pas d'exister ; ils ont le devoir de nous tuer. Quelles batailles en perspective! Ah, combattre ceux qui m'ont percé à jour!

Mais je n'ai jamais sérieusement espéré une telle confrontation; d'autant que le personnage de rocker était une couverture infiniment exaltante pour un démon comme moi.

Ce sont mes semblables qui m'ont pris au pied de la lettre et qui ont décidé de me châtier pour mon audace. Bien sûr, je m'y attendais.

Après tout, j'avais raconté notre histoire dans mon autobiographie, j'avais divulgué nos secrets les plus intimes, des choses que j'avais juré de ne jamais révéler. Et je me pavanais devant les projecteurs et les caméras. Que serait-il arrivé si un chercheur, ou plus vraisemblablement un policier zélé, avait pu mettre la main sur moi, pour une infraction mineure, cinq minutes avant le lever du soleil, et qu'on m'ait arrêté, contrôlé, identifié et fiché – tout ceci pendant les heures du jour où je gis désarmé – à la satisfaction des mortels les plus sceptiques de par le monde?

Je vous l'accorde, ce n'était guère probable. Ça ne l'est toujours pas (quoique ce serait plutôt drôle!).

Toutefois, il était inévitable que les miens soient furieux de me voir ainsi compromettre leur sécurité, qu'ils essayent de me brûler vif ou de me couper en petites rondelles immortelles. Les jeunes étaient, pour la plupart, trop stupides pour se rendre compte que nous ne courions aucun danger.

Et comme la nuit du concert approchait, je me surprenais à rêver de ces nouvelles batailles. Quelle volupté de détruire ceux qui étaient aussi diaboliques que moi; de tailler les coupables en pièces, de trancher encore et encore dans ma propre image.

Mais, comprenez-moi, il y avait aussi l'euphorie de se retrouver là, à faire de la musique, à faire du théâtre, de la magie! – car en réalité, c'est de cela qu'il s'agit. Je voulais être vivant. Je voulais être tout simplement humain. L'acteur mortel qui était arrivé à Paris il y a deux cents ans pour rencontrer la mort sur le boulevard aurait enfin son heure.

Mais je reprends mon récit. Le concert fut un succès. J'ai fait un triomphe devant quinze cents fans mortels

16

hurlant d'enthousiasme ; et deux de mes plus grandes passions immortelles étaient à mes côtés – Gabrielle et Louis –, mes créatures, mes bien-aimés dont j'avais été séparé pendant de trop longues et tristes années.

Avant la fin de la nuit, nous avions écrasé les vampires malfaisants qui tentaient de me punir de mon impudence. Mais un allié invisible nous secondait durant ces escarmouches et nos ennemis prenaient feu avant même d'avoir pu nous nuire.

Comme l'aube pointait, j'étais trop grisé par les événements de la nuit pour apprécier sérieusement le danger. J'ignorai les mises en garde passionnées de Gabrielle et repoussai comme toujours les sombres pressentiments de Louis.

Puis ce fut le coup de théâtre...

Alors que le soleil se levait sur la vallée de Carmel et que je fermais les yeux comme il se doit pour un vampire en cette circonstance, je me rendis compte que je n'étais pas seul dans mon refuge souterrain. Ma musique n'avait pas fait que troubler les jeunes vampires, elle avait aussi tiré de leur sommeil ceux qui de notre espèce sont les plus anciens au monde.

Je me retrouvai ainsi au cœur d'un de ces instants de risque à vous couper le souffle, quand tout est possible. Qu'allait-il se passer ? Allais-je enfin mourir ou peut-être renaître ?

Maintenant, pour vous faire le récit de ce qui se produisit alors, je dois opérer un petit retour en arrière.

Il me faut remonter une dizaine de nuits avant le concert fatal et vous laisser pénétrer dans l'esprit et le cœur d'autres êtres dont à l'époque je ne savais rien, ou presque, de leurs réactions à ma musique et à mon bouquin.

Autrement dit, beaucoup de choses se déroulaient que j'ai dû reconstituer par la suite. C'est cette reconstitution que je vous propose ici.

Nous allons donc nous évader des frontières étroites et lyriques de la première personne du singulier ; nous sauterons, comme des milliers d'écrivains mortels l'ont fait, dans les pensées et l'âme de nombreux personnages.

17

Nous galoperons dans l'univers de la troisième personne et des éclairages multiples.

Et à propos, quand ces autres personnages pensent ou disent de moi que je suis beau, irrésistible, etc., n'allez pas vous imaginer que c'est moi qui leur fourre ces idées dans la tête. Je n'y suis pour rien! C'est uniquement ce qui m'a été répété par la suite ou ce que j'ai pu capter grâce à mes pouvoirs télépathiques; je ne mentirai pas à ce sujet ni à aucun autre. Je n'y peux rien si je suis sublime. Le sort en a décidé ainsi. Le monstre infâme qui m'a fait ce que je suis m'a choisi à cause de ma beauté. Voilà le fin mot de l'histoire. Des accidents comme ça, il en survient tous les jours.

En fait, nous vivons dans un monde plein de remous et d'accidents, où seuls les principes esthétiques sont irréfutables. Nous nous colletons sans arrêt au bien et au mal, essayant désespérément d'édifier et de respecter une quelconque morale; mais le miroitement de la pluie d'été sous un réverbère ou l'embrasement du ciel nocturne sous la mitraille – la splendeur soudaine d'un tel spectacle est incontestable.

Cependant, n'ayez crainte : même si je dois vous quitter pour l'heure, je reviendrai au moment opportun. À dire vrai, il m'est insupportable de ne pas tenir de bout en bout le rôle du narrateur! Pour paraphraser David Copperfield, je ne sais pas si je suis le héros ou la victime de ce conte. Quoi qu'il en soit, ne devrais-je pas tirer les ficelles? Je suis celui qui raconte, après tout.

Hélas, ma destinée de Casanova des vampires n'est pas le point essentiel. A plus tard le récit de mes bonnes fortunes. Je tiens à ce que vous sachiez ce qui nous est vraiment arrivé, même si vous ne deviez pas le croire. Qu'au moins dans la fiction, mon comportement ait un sens quelconque, un minimum de cohérence, ou sinon je vais devenir fou.

Alors, jusqu'à notre prochaine rencontre, je penserai sans cesse à vous; je vous aime, je voudrais que vous soyez là... entre mes bras.

SOMMAIRE

QUATRIÈME PARTIE

LA REINE DES DAMNÉS

CINQUIÈME PARTIE

...DANS LES SIÈCLES DES SIÈCLES, AMEN

PRÉAMBULE

DÉCLARATION SOUS FORME DE GRAFFITI

(tracée au crayon feutre noir sur le mur écarlate de l'arrière-salle d'un bar de San Francisco appelé « la Fille de Dracula »)

Fils des Ténèbres,
Prenez connaissance de ce qui suit :

LE LIVRE I – *Entretien avec un Vampire*, publié en 1976, relate des faits réels. N'importe qui d'entre nous aurait pu écrire ce récit sur la façon dont nous acquérons nos pouvoirs, sur la détresse et la quête qui sont notre lot. Cependant, Louis, l'immortel vieux de deux siècles, qui divulgue nos secrets, réclame la compassion des mortels. Lestat, ce traître qui transmit à Louis le Don Obscur ne fut par ailleurs guère prodigue d'explications ou de consolations. Ça vous rappelle quelque chose, non ? Louis n'a pas encore renoncé à trouver les voies du salut, bien qu'Armand lui-même, le plus ancien immortel qu'il lui ait été donné de rencontrer, n'ait pu lui fournir aucun renseignement concernant les raisons de notre présence sur cette terre ou le secret de nos origines. Pas très étonnant, hein, les amis ? Après tout, personne n'a jamais rédigé de catéchisme à l'usage des vampires.

Ou plutôt, personne ne l'avait fait jusqu'à la publication du :

Livre II, *Lestat le Vampire*, sorti cette semaine, avec en sous-titre : « *sa jeunesse et ses aventures* ». Vous n'y croyez pas ? Allez vérifier chez votre libraire mortel le plus proche. Puis rentrez dans la première boutique de disques et demandez à voir le tout nouvel album – également intitulé, avec la modestie qui caractérise notre homme, *Lestat le Vampire*. Ou en dernier ressort, si vous ne dédaignez pas ce genre de distraction, allumez votre télé par câbles et attendez que passe l'un de ses innombrables clips qui depuis hier envahissent nos écrans avec une fréquence écœurante. Vous comprendrez immédiatement ce qu'est Lestat. Et sans doute ne serez-vous pas surpris d'apprendre que, pour couronner le tout, il projette de paraître sur scène « en chair et en os » lors d'un concert inaugural ici même. Oui, vous l'avez deviné, la nuit de Halloween.

Mais oublions pour l'instant le fol exhibitionnisme dont il fait preuve en étalant son regard surnaturel dans toutes les vitrines des disquaires et en hurlant les noms et les histoires jusque-là gardés secrets des plus anciens d'entre nous. Pourquoi agit-il ainsi ? Que nous apprennent ses chansons ? C'est écrit noir sur blanc dans son livre. Outre un catéchisme, il nous a donné une bible.

Et c'est au plus profond des temps bibliques qu'il nous guide jusqu'à nos premiers parents : Enkil et Akasha, les souverains de la vallée du Nil, bien avant que cette contrée ne soit nommée Égypte. Ayez l'obligeance de ne pas tenir compte du charabia censé expliquer comment ils sont devenus les premiers suceurs de sang à la surface de la terre ; ces boniments n'ont guère plus de sens que les théories relatives à l'apparition de la vie sur cette planète, ou au développement du fœtus à partir de cellules microscopiques dans l'utérus des mortelles. Le fait est que nous descendons de ce couple vénérable ; et, que ça nous plaise ou non, nous avons de bonnes raisons de croire que le moteur premier de nos délicieux et tyranniques pouvoirs réside dans l'un ou l'autre de leurs très vieux corps. Qu'est-ce que cela signifie au juste ? Disons-le tout cru, si Akasha et Enkil se livraient un jour, main dans la main, aux flammes d'un brasier, nous brûlerions tous avec eux. Réduisez-les en cendres et nous nous volatilisons.

Oh, mais il y a peu à craindre. Le couple n'a plus bougé un orteil depuis plus de cinq millénaires! Oui, parfaitement. Sauf, bien sûr, que Lestat prétend les avoir réveillés tous les deux en jouant du violon au pied de leur mausolée. Mais si nous écartons cette version extravagante selon laquelle Akasha l'aurait pris dans ses bras et partagé avec lui son sang originel, l'hypothèse la plus vraisemblable, hypothèse d'ailleurs corroborée par les légendes les plus anciennes, serait que ces deux-là n'ont pas battu un cil depuis avant la chute de l'Empire romain. Ils ont été gardés tout ce temps dans une coquette crypte privée par Marius, un vampire de l'époque romaine, qui à l'évidence sait ce qui est le mieux pour nous tous. Et c'est lui qui a recommandé à Lestat de ne jamais dévoiler le secret.

Un confident bien peu digne de confiance que le vampire Lestat. Dans quel but, tout ce battage – ce livre, cet album, ces clips, ce concert? Impossible de savoir ce qui passe par la tête de ce démon, sinon que lorsqu'il veut quelque chose, il a de la suite dans les idées. Après tout, n'a-t-il pas créé un enfant vampire? Et transformé de même sa propre mère, Gabrielle, qui des années durant fut sa tendre compagne? Il serait capable de briguer la papauté, uniquement par goût des sensations fortes!

Voici donc les éléments du dossier: Louis, un philosophe délirant qu'aucun d'entre nous n'a pu rencontrer, a confié nos secrets les plus intimes à d'innombrables étrangers. Et Lestat a osé révéler au monde notre histoire, tandis qu'il affiche ses dons devant le public des mortels.

Maintenant la question: Pourquoi ces deux-là continuent-ils d'exister? Pourquoi ne les avons-nous pas éliminés? Oh, il n'est nullement certain que nous ayons à craindre la horde des mortels. Les villageois ne sont pas encore à notre porte, torches en main, prêts à brûler le château. Cependant, à cause de ce monstre, les humains risquent de changer d'attitude à notre égard. Et bien que nous soyons trop malins pour nous risquer à dénoncer publiquement ses élucubrations, l'outrage est sans précédent. Il ne peut rester impuni.

Observations complémentaires: Si l'histoire contée par Lestat est véridique – et beaucoup jurent qu'elle l'est, sans toutefois pouvoir en apporter la preuve –, Marius, le vampire vieux de deux mille ans, ne peut-il venir châtier le coupable ? Ou qui sait, peut-être le Roi et la Reine, s'ils sont encore capables de percevoir des sons, sortiront-ils de leur sommeil millénaire en entendant leurs noms propagés par les ondes à travers la planète ? Qu'adviendra-t-il alors ? Prospérerons-nous sous leur règne restauré ? Ou déclencheront-ils l'holocauste ? En tout état de cause, la prompte destruction du vampire Lestat ne préviendrait-elle pas cette résurrection ?

Le Plan : Détruire Lestat le vampire et ses cohortes aussitôt qu'ils osent se montrer. Détruire tous ceux qui leur sont soumis.

Mise en garde : Il existe forcément d'autres très vieux buveurs de sang. Chacun d'entre nous les a de temps à autre entraperçus ou a deviné leur présence. Outre leur caractère choquant, les révélations de Lestat ont pour effet d'aiguiser notre capacité jusqu'ici latente de nous reconnaître les uns les autres. Et assurément, avec leurs pouvoirs immenses, ces anciens sont capables de percevoir la musique de Lestat. Quels êtres terribles, entraînés par le cours de l'histoire, mus par un dessein quelconque ou le simple désir d'être reconnus, émergent lentement mais inexorablement de la nuit des temps pour répondre à son appel ?

Des copies de cette déclaration ont été envoyées à travers le monde dans tous les lieux de réunion et phalanstères des vampires. Mais chacun d'entre nous doit s'efforcer de diffuser le message. Il nous faut détruire Lestat le vampire et, avec lui, sa mère, Gabrielle, ses âmes damnées, Louis et Armand, et tous les immortels qui lui sont fidèles.

Joyeuse nuit de Halloween, amis vampires ! Nous vous retrouverons au concert et veillerons à ce que le vampire Lestat ne sorte jamais de cette salle.

De sa place tout au fond de la salle, l'inconnu blond vêtu de velours rouge relut la déclaration. Ses yeux étaient presque invisibles derrière ses lunettes teintées et sous son feutre gris. Il portait des gants de suède également gris et, les bras croisés sur sa poitrine, il s'adossa au lambris noir, le talon de sa botte appuyé au barreau de son siège.

– Tu es la plus maudite des créatures, Lestat, souffla-t-il. Tu es un prince insolent.

Il rit intérieurement, puis parcourut la grande pièce sombre du regard.

Plutôt plaisante, cette fresque à l'encre de Chine qui couvrait le mur de plâtre blanc de ses arabesques arachnéennes. Il aimait bien le château en ruine, le cimetière, l'arbre mort qui tendait ses branches griffues vers le disque rond de la lune. Une série de clichés, mais recréés avec originalité, une performance artistique qu'il appréciait toujours. Raffinée également, la moulure du plafond avec sa frise de diables fringants et de sorcières à califourchon sur leurs manches à balai. Et l'odeur suave de l'encens – une très ancienne mixture indienne que lui-même avait jadis brûlée dans le sanctuaire de Ceux Qu'Il Faut Garder.

Oui, l'un des plus magnifiques lieux de réunion clandestins.

Moins réjouissante était la faune qui le hantait – ces silhouettes pâles et décharnées penchées au-dessus des bougies placées sur les guéridons d'ébène. Une assemblée beaucoup trop nombreuse pour cette ville moderne et policée. Et ils le savaient. Pour chasser, cette nuit, il leur faudrait se répandre partout jusque dans les moindres ruelles. Mais les jeunes ne peuvent se passer de chasser. Ils doivent tuer. Ils sont trop affamés pour se nourrir autrement.

Néanmoins pour l'instant, ils ne songeaient qu'à lui – qui était-il, cet étranger, d'où venait-il ? Était-il très vieux et puissant, que tramait-il dans cet endroit ? Toujours les mêmes questions, bien qu'il s'efforçât chaque fois de se faufiler dans leurs « bars de vampires » comme n'importe quel buveur de sang de passage, les yeux détournés, ses pensées cadenassées dans sa tête.

Ce n'était pas cette fois qu'il satisferait leur curiosité. Lui avait obtenu ce qu'il voulait, des indications sur leurs intentions. Et la minicassette de Lestat dans la poche de son veston. Avant de s'en retourner, il se procurerait la bande vidéo des clips.

Il se leva pour partir. L'un des jeunes l'imita aussitôt. Le silence se fit, un silence lourd de toutes les paroles et pensées contenues, tandis que tous deux se dirigeaient vers la porte. Seules semblaient vivantes les flammes des bougies qui se réfléchissaient sur le dallage noir miroitant comme de l'eau.

— D'où venez-vous, étranger ? demanda poliment le jeune.

Il ne devait pas avoir plus de vingt ans à l'époque de sa mort, et il y avait moins de dix ans de cela. Il se fardait les yeux et les lèvres, se teignait des mèches de couleurs barbares, comme si ses dons surnaturels ne lui suffisaient pas. Il était grotesque, si différent de ce qu'il était en réalité. Un puissant revenant, capable avec de la chance de survivre des millénaires.

Que lui avaient-ils promis dans leur jargon moderne ? La révélation du bardo 1, du plan astral, des royaumes éthérés, de la musique des sphères célestes, du bruit que fait une main quand elle applaudit toute seule ?

— Dans quel camp êtes-vous ? Avec Lestat le vampire ou avec les auteurs de la déclaration ? l'interrogea-t-il à nouveau.

— Excusez-moi, je vous prie. Il faut que je m'en aille.

— Mais vous êtes sûrement au courant de ce qu'a fait Lestat, insista le jeunot tout en se postant devant la porte pour bloquer le passage ?

Ce coup-là, il était vraiment mal élevé.

L'inconnu examina attentivement ce jeune mâle arrogant. Devait-il les provoquer tous ? Qu'ils parlent de lui pendant des siècles ? Il ne put réprimer un sourire. Non. Son bien-aimé Lestat s'emploierait d'ici peu à créer suffisamment de remous.

— Permettez-moi de vous donner un petit conseil en guise de réponse, dit-il calmement à son inquisiteur. Vous ne pouvez pas détruire le vampire Lestat ; personne ne le peut. Pour quelle raison, honnêtement, je n'en sais rien.

---

1. Terme tibétain désignant la condition pénible de l'âme pendant le temps qui sépare la mort d'une nouvelle naissance.

L'observation désarçonna le blanc-bec qui en fut un peu vexé.

– J'aimerais toutefois vous poser une question à mon tour, poursuivit le visiteur. Pourquoi êtes-vous à ce point obsédé par Lestat ? Le contenu de ses révélations vous laisse indifférent ? Vous n'avez donc pas envie, vous les jeunes, de rechercher Marius, le gardien de Ceux Qu'Il Faut Garder ? De contempler de vos propres yeux la Mère et le Père ?

L'embarras du jeune homme fit peu à peu place au dédain. Il était incapable de formuler une réponse cohérente. Mais la raison de son attitude était évidente pour lui – comme elle l'était pour l'assistance tout entière. Ceux Qu'Il Faut Garder pouvaient tout aussi bien ne pas exister – de même que Marius. Mais le vampire Lestat était réel, lui, aussi réel que tout ce que cet immortel inexpérimenté connaissait, et ce démon vorace risquait la prospérité secrète des siens pour le seul plaisir de s'exhiber devant des mortels.

Il faillit éclater de rire à la figure du jeune vampire. Une bataille si futile. Lestat avait admirablement jaugé cette époque matérialiste, il fallait l'admettre. Bien sûr, il avait divulgué les secrets qu'on lui avait recommandé de taire, mais cependant, rien ni personne n'avait été trahi.

– Méfiez-vous du vampire Lestat, finit-il par dire en souriant. Peu de véritables immortels errent sur cette terre. Il se pourrait qu'il soit l'un d'entre eux.

Sur ce, il souleva le garçon, le reposa un peu plus loin et franchit la porte qui menait à la taverne proprement dite.

La salle, vaste et cossue avec ses tentures de velours noir et ses appliques de cuivre, était remplie de mortels bruyants. Accrochés dans leurs cadres dorés aux murs tendus de satin, des vampires de cinéma lorgnaient méchamment le public. Un orgue jouait en sourdine une toccata passionnée de Bach au milieu du bourdonnement des conversations ponctué des rires stridents des clients éméchés. Il aimait le spectacle de cette vie exubérante. Il aimait même l'odeur séculaire du malt et du vin, et le parfum des cigarettes. Et comme il se frayait un chemin à travers la cohue, il s'enivrait des douces fragrances humaines que dégageaient ces corps. Il appréciait égale-

27

ment que les vivants ne fassent pas le moins du monde attention à lui.

Enfin l'air humide, les trottoirs animés de la rue Castro aux premières heures de la soirée. Le ciel avait encore des reflets argentés. Hommes et femmes couraient en tous sens pour échapper à la pluie qui tombait en gouttelettes obliques, s'agglutinant aux croisements, où ils attendaient que les grands bulbes colorés clignotent et leur donnent le signal de traverser.

Dans les haut-parleurs de la boutique de disques, de l'autre côté de la rue, retentissait la voix de Lestat dont le timbre puissant dominait les vrombissements de l'autobus et le crissement des pneus sur l'asphalte mouillé :

> Dans mes rêves, encore je l'enlace,
> Mon ange, mon amour, ma mère.
> Dans mes rêves, je baise ses lèvres,
> Ma maîtresse, ma muse, mon enfant.

> Elle m'a donné la vie
> Je lui ai donné la mort,
> Ma belle marquise.

> Et sur le chemin du Diable nous marchions,
> Deux orphelins alors réunis.

> M'entend-t-elle ce soir chanter
> Les rois et reines et les vérités anciennes ?
> Les serments rompus et la douleur ?
> Ou gravit-elle un sentier lointain
> Sourde à mes poèmes et à mes refrains ?

> Reviens-moi, ma Gabrielle,
> Ma belle marquise.
> Le château est en ruine sur la colline,
> Le village enseveli sous la neige
> Mais tu es mienne à jamais.

Se trouvait-elle déjà ici, sa mère ?

La voix s'éteignit dans un doux reflux de notes électriques pour se perdre dans le tumulte de la rue. Affrontant la bruine d'un pas nonchalant, il se faufila jusqu'au croisement. Charmante, cette petite rue animée. La boutique du fleuriste offrait toujours ses bouquets sous la banne de sa devanture. La boucherie était pleine de clients qui sortaient du travail. Derrière les vitres du café, des mortels dînaient ou s'attardaient en parcourant le journal. Des dizaines d'entre eux attendaient un bus en direction de la basse ville, et certains faisaient la queue devant un vieux cinéma sur le trottoir d'en face.

Gabrielle était ici. Il en avait l'intuition obscure et pourtant infaillible.

Arrivé au bord du trottoir, il s'adossa au réverbère, humant le vent frais qui venait de la montagne. De cet endroit, il embrassait du regard la rue du Marché qui plongeait, large et rectiligne, un peu comme un boulevard à Paris, jusqu'au centre de la ville. Et tout autour, les collines piquetées d'une multitude de fenêtres gaiement éclairées.

Oui, mais où se trouvait-elle exactement? Gabrielle, murmura-t-il. Il ferma les yeux et écouta. D'abord lui parvint le grondement infini de milliers de voix, les images se bousculant l'une l'autre. Le monde tout entier risquait de s'ouvrir et de l'engloutir dans ses lamentations sans fin. *Gabrielle*. La clameur assourdissante s'éteignit lentement. Il surprit un éclair de douleur chez un mortel qui passait non loin de lui. Et dans un grand immeuble sur la colline, une femme agonisante rêvait de querelles enfantines, assise inerte à la fenêtre. Puis, dans un silence absolu, il aperçut ce qu'il désirait voir: Gabrielle, figée sur place. Elle avait entendu sa voix. Elle savait que quelqu'un l'observait. Grande, une longue tresse blonde dans le dos, elle se tenait immobile au milieu de l'une des rues totalement désertes de la basse ville. Elle portait une veste et un pantalon kaki, un chandail brun tout usé. Et un chapeau, dans le genre du sien, qui lui masquait les yeux, ne laissant entrevoir qu'une partie de son visage au-dessus du col relevé. A présent, elle bloquait ses pensées, s'entourant d'une armure invisible. La vision s'évanouit.

Oui, elle était ici, à attendre son fils, Lestat. Pourquoi avait-il eu peur pour elle, cette femme si détachée qui ne craignait rien pour elle-même mais seulement pour son fils. Parfait. Il était content. Et Lestat le serait aussi.

Mais l'autre? Louis, le gentil Louis, avec ses cheveux de jais et ses yeux verts, qui marchait sans chercher à étouffer le bruit de ses pas, qui sifflotait même dans les rues obscures pour que les mortels l'entendent venir. *Louis, où es-tu?*

Presque aussitôt, il le vit qui entrait dans un salon vide. Le jeune homme venait d'émerger de l'escalier menant à la cave où il avait dormi toute la journée au fond d'un caveau creusé dans le mur. Il n'avait pas conscience d'être épié. Il traversa à longues enjambées souples la pièce poussiéreuse et s'arrêta devant la fenêtre, contemplant à travers la vitre sale le flot des voitures. La même vieille maison de la rue Divisadero. En fait, peu de changements chez cet être racé et sensuel dont l'histoire dans *Entretien avec un Vampire* avait suscité quelque émoi. Sauf qu'en cet instant il attendait Lestat. Il avait fait des rêves inquiétants; il redoutait le pire pour Lestat. Des émotions qu'il croyait depuis longtemps enfouies l'étreignaient à nouveau.

A contrecœur, l'inconnu laissa l'image s'effacer. Il éprouvait une grande affection pour ce garçon. Et ce sentiment n'était guère raisonnable car Louis avait une âme tendre, raffinée, rien de comparable au magnétisme de Gabrielle et de son diabolique rejeton. Et pourtant, Louis survivrait sans doute aussi longtemps qu'eux. Oui, il en était certain. Bizarre, la diversité des courages qui vous permettaient de résister. Peut-être cette invincibilité avait-elle rapport avec la soumission. Mais alors comment expliquer Lestat, battu, meurtri, et debout à nouveau? Lestat qui ne cédait jamais.

Ils ne s'étaient pas encore retrouvés, Gabrielle et Louis. Mais tout allait bien. Que devait-il faire? Les rassembler? Quelle idée... Sans compter que Lestat s'y emploierait bientôt.

Encore une fois, il sourit. « Lestat, tu es la plus maudite des créatures. Oui, un prince arrogant. » Lentement, il se remémora chaque détail du visage et de la silhouette de Lestat. Le bleu cristallin de ses yeux qui s'assombrissait quand il riait; son sourire généreux; la façon dont ses sourcils se rejoignaient dans une grimace de dépit enfantine; ses flambées soudaines d'enthousiasme ou d'indignation sacrilège. Il revoyait même ses mouvements doux et souples de chat. Si singuliers chez un homme de cette carrure. Tant de force, une force inébranlable, et tant d'optimisme.

Le fait est qu'il ne savait pas trop que penser de cette affaire, sinon qu'elle l'amusait et le fascinait. Bien évidemment, il n'éprouvait aucune rancune contre Lestat pour avoir divulgué ses secrets. Et à coup sûr, Lestat avait compté là-dessus – mais comment en être certain ? Peut-être se moquait-il vraiment de tout. Sur ce chapitre, il n'était pas plus avancé que la bande d'imbéciles, là-bas, dans le bar.

Ce qui lui importait, c'est que pour la première fois depuis bien longtemps, il se surprenait à penser en termes de passé et d'avenir; il avait une conscience claire de la nature de cette époque. Même aux yeux de leurs propres enfants, Ceux Qu'il Faut Garder n'étaient que fiction! Loin étaient les temps où les vampires féroces et solitaires parcouraient la terre à la recherche de leur mausolée et de leur sang magique. Plus personne ne croyait, ni ne s'intéressait à ces légendes.

Et là résidait l'essence même de ce siècle; car ses mortels, dotés d'un esprit éminemment rationnel, rejetaient à qui mieux mieux le surnaturel. Avec un courage sans précédent, ils s'étaient appuyés sur les seules vérités matérielles pour accomplir leurs plus admirables progrès en matière d'éthique.

Deux siècles auparavant, dans une île de la Méditerranée, Lestat et lui avaient discuté de ces choses – rêvé d'un monde meilleur et sans dieux, dont le seul dogme serait l'amour de ses semblables... *Un monde auquel nous n'appartenons pas*. Et maintenant, ce monde était près d'exister. Le vampire Lestat était entré dans la tradition populaire, où tous les vieux démons devraient finir, et il entraînerait à sa suite la tribu au grand complet, y compris Ceux Qu'il Faut Garder, quand bien même ceux-ci n'en sauraient rien.

C'était drôle, ce parallélisme. Il n'était pas seulement impressionné, mais aussi séduit par ce qu'avait fait Lestat. Il ne comprenait que trop bien l'attrait de la célébrité.

Après tout, lui-même avait sans honte aucune été ravi de voir son nom griffonné sur le mur du bar. Il avait ricané, mais il ne s'en était pas moins délecté.

On pouvait toujours compter sur Lestat pour monter un drame aussi prenant, et il ne s'en était pas privé, le bougre. Lestat, le turbulent acteur de boulevard sous l'Ancien Régime, maintenant devenu une gloire dans ce siècle pur et magnifique.

Cependant le petit aperçu de la situation dont il avait gratifié le blanc-bec dans le bar était-il exact – le prince arrogant était-il réellement indestructible? C'était pure invention. Le message était cependant passé. *Le fait est que chacun d'entre nous peut-être détruit... d'une façon ou d'une autre. Y compris Ceux Qu'il Faut Garder.*

Ils étaient vulnérables, bien sûr, ces jeunes « enfants des ténèbres », comme ils se faisaient appeler. Leur nombre n'augmentait guère leur puissance. Mais que dire des plus vieux? Si seulement Lestat n'avait pas évoqué les noms de Mael et de Pandora. Mais n'y avait-il pas des buveurs de sang issus d'une époque encore plus reculée, des vampires dont lui-même ne savait rien. Il se rappela l'avertissement sur le mur: « des êtres terribles... émergeant lentement mais inexorablement de la nuit des temps pour répondre à son appel ».

Un frisson étrange le parcourut. Le froid sans doute. Un instant, pourtant, il crut voir un paysage de jungle – un endroit vert, nauséabond, baignant dans une chaleur malsaine et étouffante. Disparu, sans raison, comme tant d'autres brusques signaux et messages. Il avait appris depuis longtemps à stopper ce flot continu de voix et d'images que son esprit avait le pouvoir de percevoir; de temps à autre, cependant, quelque chose de violent et d'inattendu, comme un cri perçant, parvenait à franchir le barrage.

En tout cas, il avait assez traîné dans cette ville. Peu importait ce qui arriverait, il n'était nullement dans ses intentions d'intervenir! Il s'en voulait de ses brusques bouffées de sentimentalisme. Il avait envie de se retrouver chez lui. Il avait déjà abandonné trop longtemps Ceux Qu'il Faut Garder.

Pourtant, comme il aimait observer cette foule humaine si débordante d'activité, les files cahoteuses de carrosseries lustrées. Même les émanations toxiques de la ville ne le gênaient pas. Elles n'étaient pas pire que la puanteur de la Rome impériale, d'Antioche ou d'Athènes – où les ordures entassées à tous les coins de rue nourrissaient les mouches et où l'air empestait la maladie et la faim. Oui, ces villes californiennes propres et colorées de tons pastel lui plaisaient. Il aurait pu flâner à longueur de nuit parmi ces citadins au regard clair et déterminé.

Mais il devait rentrer. Le concert n'aurait pas lieu avant plusieurs nuits, et s'il le jugeait bon, alors il y verrait Lestat... Quel délice de ne pas savoir exactement ce qu'il ferait, pas plus que les autres ne le savaient, ces autres qui n'étaient même pas certains de son existence!

Il traversa la rue Castro et remonta rapidement la large rue du Marché. Le vent était tombé. Il faisait presque chaud. Il pressa le pas tout en sifflotant comme le faisait souvent Louis. Il se sentait bien. Humain. Puis il s'arrêta devant le magasin qui vendait des radios et des télés. Lestat chantait sur chacun des écrans, petits et grands.

Il rit intérieurement à la vue de ce formidable ballet de gestes identiques. Le son était coupé, enfoui dans de minuscules graines scintillantes à l'intérieur des appareils. Il allait devoir les sonder pour le recevoir. Mais n'était-ce pas fascinant de simplement suivre les cabrioles du prince arrogant aux cheveux jaunes réduit au silence?

La caméra s'éloigna pour prendre Lestat jouant du violon dans une sorte de vide interplanétaire. Une nuit étoilée l'entourait par moment. Puis, tout à coup, une porte à deux battants s'ouvrit sur une salle – très exactement l'ancien sanctuaire de Ceux Qu'Il Faut Garder! Et là, au beau milieu, Akasha et Enkil; ou plutôt des acteurs grimés pour les incarner, des Égyptiens au visage blême et aux longs cheveux noirs et lisses ployant sous les bijoux.

Et allez donc! Pourquoi n'avait-il deviné que Lestat pousserait la provocation jusqu'à cette caricature vulgaire? Il se pencha pour capter le son. Il entendit la voix de Lestat sur fond de violon:

Akasha! Enkil!
Préservez vos secrets
Gardez le silence
Cadeau plus précieux que la vérité.

Et tandis qu'absorbé par son jeu, le violoniste fermait les yeux, Akasha se leva lentement du trône. Le violon tomba des mains de Lestat lorsqu'il la vit; avec des mouvements de ballerine, elle l'enlaça et se pencha pour boire son sang tout en lui offrant sa propre gorge.

C'était somme toute meilleur qu'il ne l'avait imaginé – le montage était habile. Maintenant, Enkil s'éveillait à son tour. Il se dressait et avançait comme un automate pour arracher sa reine à cette étreinte. Le clip se terminait sur l'image de Lestat jeté à terre. L'épisode de Marius se portant au secours de l'imprudent avait été laissé de côté.

– Alors comme ça, je ne vais pas devenir une star de la télé, murmura-t-il avec un petit sourire.

Il s'approcha de l'entrée du magasin plongé dans l'obscurité. La jeune femme l'attendait à la porte, une vidéocassette à la main.

– Je les ai enregistrées toutes les douze, annonça-t-elle.

Une peau de velours sombre, de grands yeux aux paupières lourdes. Le bracelet d'argent autour de son poignet brillait dans le noir. Il se sentit troublé. Elle prit l'argent avec reconnaissance, sans en vérifier le montant.

– Ils les passent sur une douzaine de chaînes. Je les ai toutes enregistrées, en fait. J'ai terminé hier après-midi.

– Vous m'avez rendu grand service, répondit-il. Merci.

Il sortit une autre liasse de billets.

– C'était du gâteau, dit-elle en refusant la gratification.

Je veux que tu acceptes.

Elle prit l'argent avec un haussement d'épaules et le glissa dans sa poche.

Du gâteau! Il aimait bien ces expressions modernes imagées. Et aussi le balancement de ses seins généreux quand elle avait haussé les épaules, et la légère torsion de ses hanches sous la toile de jean qui soulignait la souplesse et la fragilité de son corps. Une fleur incandescente. Comme elle lui ouvrait la porte, il effleura le doux nid de sa chevelure brune. C'était inadmissible de se nourrir de quelqu'un qui vous avait apporté son aide; quelqu'un de si innocent. Non, il ne ferait pas une chose pareille! Pourtant il l'obligea à se retourner, et ses doigts gantés remontèrent lentement dans ses cheveux pour lui soutenir la tête.

– Un petit baiser, ma ravissante.

Les yeux de la jeune femme se fermèrent. Il transperça aussitôt l'artère de ses dents et aspira le sang. Juste une gorgée. Une étincelle de chaleur qui se consuma dans son cœur en moins d'une seconde. Puis il s'écarta, ses lèvres encore posées sur la gorge frêle. Il pouvait sentir battre son pouls. Le besoin qui le tenaillait d'étancher sa soif était presque intolérable. Péché et expiation. Il la libéra et caressa ses boucles soyeuses, son regard plongé dans ses yeux embrumés.

Oublie.

– Alors salut, dit-elle, souriante.

Il s'immobilisa sur le trottoir désert. Et la soif, réprimée et tenace, se calma peu à peu. Il examina l'étui de la vidéocassette.

« Une douzaine de chaînes, avait-elle dit. Je les ai toutes enregistrées, en fait. » S'il en était ainsi, ses protégés avaient forcément déjà vu Lestat sur l'écran géant placé devant eux dans le mausolée. Depuis longtemps, il avait installé une antenne parabolique sur le tumulus au-dessus du toit pour capter les émissions du monde entier. Un micro-ordinateur commandait le changement de chaîne toutes les heures. Des années durant, le visage figé, ils avaient fixé les images et les couleurs qui défilaient devant leurs yeux sans vie. Avaient-ils seulement cligné des paupières quand ils avaient aperçu leurs doubles ou entendu la voix de Lestat psalmodier leurs noms ?

Eh bien, il ne tarderait pas à le savoir. Il allait leur passer la vidéocassette. Il guetterait sur leurs traits pétrifiés un signe – n'importe lequel – un éclair autre que les jeux de lumière sur leur peau miroitante.

« Ah, Marius, tu ne t'avoues jamais vaincu, hein ? Tu ne vaux pas mieux que Lestat, avec tes rêves insensés. »

Il était plus de minuit quand il parvint chez lui.

Il referma la porte blindée sur la tempête de neige et, un instant immobile, laissa la chaleur le pénétrer.

Le blizzard lui avait lacéré le visage, les oreilles et même les mains malgré les gants qui les protégeaient. La tiédeur de la pièce était si agréable.

Dans le silence, il s'efforça de distinguer le bruit familier des énormes générateurs et la faible vibration de l'appareil de télévision dans le mausolée à plusieurs centaines de mètres au-dessous de lui. Était-ce Lestat qui chantait ? Oui. Sans doute, les derniers mots d'une autre complainte.

Lentement il retira ses gants, puis ôta son chapeau et se passa la main dans les cheveux. Il examina le grand hall d'entrée et le salon attenant pour s'assurer que personne ne s'était introduit dans les lieux.

Bien sûr, c'était pratiquement impossible. On était à des kilomètres du plus proche avant-poste de la civilisation, dans un immense désert de neige et de glace. Mais par habitude, il inspectait toujours chacun des recoins. Certains auraient pu forcer cette citadelle, il leur aurait suffi de la localiser. Tout était en ordre. Il se planta devant l'aquarium géant, appuyé à la paroi sud. Il l'avait monté avec tant de soin, choisissant le verre le plus épais et les équipements les plus sophistiqués. Il observa les bancs de poissons multicolores qui passaient en dansant devant lui, puis viraient brusquement dans les profondeurs artificielles. Les algues gigantesques se balançaient rythmiquement, forêt soumise au va-et-vient cadencé de l'air pulsé. Ce spectacle ne manquait jamais de le fasciner, de le subjuguer par sa singulière monotonie. Les yeux ronds des poissons le faisaient frissonner ; les longs bouquets d'algues aux filaments jaunes l'impressionnaient confusément ; mais c'était le mouvement, ce mouvement incessant qui l'hypnotisait.

Il finit par se détourner, jetant un dernier regard sur cet univers pur et indifférent à sa propre beauté.

C'était si bon de se retrouver dans ce décor familier. Les canapés en cuir souple étaient disposés comme à l'ordinaire sur l'épaisse moquette bordeaux. La cheminée était garnie de bûches. Les livres alignés le long des murs. Le magnétoscope prêt à recevoir la cassette de Lestat. Voilà ce dont il avait envie, s'installer au coin du feu et regarder chacun des clips les uns après les autres. La technique dont ils témoignaient l'intriguait tout autant que les chansons elles-mêmes, cette combinaison de l'ancien et du moderne – l'art avec lequel Lestat avait utilisé les distorsions de la vidéo pour se camoufler si parfaitement dans l'enveloppe mortelle d'un chanteur rock essayant d'incarner un dieu.

Il se débarrassa de sa longue cape grise et la jeta sur la chaise. Pourquoi toute cette histoire l'excitait-elle autant ? Brûlons-nous donc tous de blasphémer, de brandir nos poings à la face des dieux ? Peut-être, en effet.

36

Des siècles auparavant, dans ce qu'on appelle maintenant la Rome antique, lui, le gamin bien élevé, s'amusait des insolences des voyous.

Il devait, avant toute chose, descendre dans le mausolée. Juste quelques minutes, afin de vérifier que tout fonctionnait, le téléviseur, le chauffage, les dispositifs électroniques, et remplir le brasero de charbon et d'encens. C'était si facile à présent d'entretenir pour eux un paradis de verdure avec ces lampes qui remplaçaient la lumière du soleil. Mais les grains d'encens, il fallait les éparpiller à la main, comme jadis. Et jamais il ne les répandait sur les charbons ardents sans repenser à la première fois où il avait accompli ce geste.

Il était grand temps, aussi, d'essuyer, soigneusement, respectueusement, à l'aide d'un linge fin, la poussière déposée sur leurs corps rigides, et jusque sur leurs lèvres et leurs yeux, ces yeux froids qui ne cillaient jamais. Dire qu'il avait été absent un mois. Quelle honte!

Vous ai-je manqué, mes bien-aimés Akasha et Enkil? Toujours le même vieux refrain.

Ce que sa raison ne cessait de lui répéter, qu'ils ne s'apercevaient ni ne se souciaient de ses allées et venues, son amour-propre le refusait. Le fou furieux verrouillé dans la cellule d'un asile n'éprouve-t-il pas un quelconque sentiment pour l'esclave qui lui apporte de l'eau? La comparaison n'était peut-être pas appropriée. Elle n'était en tout cas pas très tendre.

Oui, c'était vrai, ils étaient sortis de leur léthargie pour Lestat, le prince arrogant – Akasha pour lui faire don de son sang sacré, Enkil pour exercer sa vengeance. Et Lestat pouvait jusqu'à la fin des temps tourner des vidéoclips sur cet instant magique. Mais cet épisode ne prouvait-il pas tout simplement que leurs cerveaux étaient morts? Une étincelle surgie du passé les avait embrasés quelques minutes, rien de plus. Il lui avait été si facile de les ramener au silence et à l'immobilité sur leur trône dérisoire.

N'empêche qu'il en avait ressenti de l'amertume. Après tout, son but n'avait jamais été de transcender les émotions des hommes, mais plutôt de les affiner, de les réinventer, d'en jouir avec une compréhension toujours plus profonde. Et il avait été tenté sur le moment de se retourner contre Lestat avec une fureur qui n'était que trop humaine.

*Hé, blanc-bec, pourquoi ne te charges-tu pas de Ceux
Qu'Il Faut Garder, vu la faveur insigne qu'ils t'ont faite?
Je serais bien content de me débarrasser d'eux. Depuis
l'aube de l'ère chrétienne que je porte ce fardeau!*

Mais pour être honnête, ce n'était pas un sentiment
dont il aimait se vanter. Ni maintenant, ni alors. Ce
n'était qu'une faiblesse passagère. Il n'avait jamais cessé
d'aimer Lestat. Tous les royaumes ont leur prince
insolent. Et qui sait si le silence du Roi et de la Reine
n'était pas tout autant une bénédiction qu'un malheur?
La chanson de Lestat était exacte sur ce point. Mais qui
parviendrait jamais à trancher cette question?

Oh, il descendrait plus tard avec la cassette et il les
observerait, bien sûr. Et s'il décelait la plus faible lueur, le
plus infime mouvement dans leur regard de pierre...

*Te voilà reparti... Lestat te rend stupide et juvénile.
Capable de te nourrir d'innocents et de rêver de cataclysme.*

Combien de fois durant tous ces siècles de semblables
espoirs s'étaient levés en lui pour le laisser meurtri, brisé
même. Des années plus tôt, il leur avait projeté des films
en couleurs du lever du soleil, du ciel azuré, des pyra-
mides d'Égypte. Ah, quel miracle! Devant leurs yeux, la
montée des eaux du Nil inondé de soleil. Lui-même en
avait pleuré, tant l'illusion était parfaite. Il avait même
craint que l'astre gravé sur la pellicule ne le brûle, bien
qu'il sût évidemment que c'était impossible. Mais telle
était la force de cette invention. Il pouvait rester là, à
regarder le soleil se lever, alors qu'il ne l'avait plus jamais
vu depuis le temps où il était encore un mortel.

Mais Ceux Qu'Il Faut Garder avaient continué de fixer
le vide avec la même indifférence – ou était-ce de l'étonnement, un immense étonnement indifférencié où les
grains de poussière qui flottaient dans l'air devenaient
une source de fascination sans borne?

Qui le saurait jamais? Ils avaient vécu quatre millénaires avant que lui-même ne naisse. Peut-être que les
voix du monde grondaient dans leurs cerveaux, tant était
pénétrant leur don de télépathie; peut-être que des
myriades d'images fugitives leur obscurcissaient la vue.
Ce genre de phénomènes l'avait presque rendu fou lui-
même, jusqu'à ce qu'il apprenne à les contrôler.

Il avait songé un moment à se procurer des instruments médicaux modernes afin d'étudier le problème, à appliquer des électrodes sur leurs crânes pour observer les tracés de leurs ondes cérébrales! Mais l'idée de recourir à des méthodes aussi déplaisantes et brutales l'avait rebuté. Après tout, ils étaient ses souverains, les ancêtres premiers de son espèce. Sous son toit, ils avaient régné sans partage deux millénaires.

Il avait un tort, il en convenait. Ces derniers temps, il avait tendance à tenir des propos acerbes à leur endroit. Il ne se comportait plus comme leur grand prêtre quand il pénétrait dans le sanctuaire. Non, son ton avait quelque chose de désinvolte et de sarcastique, et c'était indigne de lui. Peut-être était-ce ce qu'on appelait « l'esprit moderne ». Comment vivre dans un monde où l'on lançait des fusées vers la lune sans être terriblement conscient de la portée de la moindre syllabe prononcée ? Et il avait toujours vécu avec son temps.

Quoi qu'il en soit, il devait descendre dans le mausolée tout de suite. Et censurer au préalable ses pensées. Il ne manifesterait ni son ressentiment ni son désarroi. Plus tard, une fois qu'il aurait vu les clips, il les leur projetterait. Il n'en avait pas le courage pour l'instant.

Il entra dans l'ascenseur métallique et appuya sur le bouton. Le long gémissement électronique et la subite sensation d'apesanteur lui procurèrent un vague plaisir sensuel. L'univers d'aujourd'hui vibrait de tant de bruits jusqu'alors inconnus. C'était agréable. Puis il y eut cette chute à pic de plusieurs centaines de mètres dans une cage creusée dans la glace pour atteindre avec une délicieuse aisance les salles éclairées du bas.

Il fit coulisser la porte et s'avança dans le vestibule moquetté. C'était encore Lestat qui chantait dans le mausolée, une chanson plus vive, plus gaie, sa voix rivalisant de force avec le roulement de la batterie et la plainte ondoyante des synthétiseurs.

Mais quelque chose clochait. Immédiatement, il le sentit. Le son était trop fort, trop distinct. Les antichambres conduisant au mausolée n'étaient pas fermées!

Il se précipita. Les systèmes électriques avaient été forcés. Comment était-ce possible ? Lui seul en connaissait le code. La deuxième et la troisième portes étaient également ouvertes. En fait, son regard pénétrait jusqu'au mur de marbre blanc du mausolée. Le papillotement rouge et bleu de l'écran de télévision baignait la salle d'une lumière qui lui rappela les anciennes cheminées à gaz.

Et la voix de Lestat résonnait contre les murs de marbre et les plafonds voûtés :

> *Frères et sœurs, tuez-nous*
> *La guerre est déclarée...*
>
> *Comprenez ce que voit votre regard*
> *Quand sur moi vous le posez.*

Il prit une lente inspiration. Aucun bruit autre que la musique, qui maintenant allait s'affaiblissant pour faire place à un bavardage monotone de mortels. Et aucun intrus dans ces pièces. Non, il l'aurait su. Personne dans son repaire. Son instinct ne pouvait le tromper.

Une douleur lui transperça la poitrine. Le sang lui monta au visage. Quelle sensation étonnante.

Il traversa l'enfilade des vestibules et s'immobilisa sur le seuil du mausolée. Était-il en train de prier ? De rêver ? Il savait ce qu'il allait trouver dans la salle : Ceux Qu'Il Faut Garder, immuablement semblables à eux-mêmes. Un banal incident – un court-circuit ou un plomb sauté – expliquerait bientôt l'ouverture des portes. Il n'éprouvait plus aucune crainte mais cette impatience exacerbée du jeune mystique sur le point d'avoir une vision, de pouvoir enfin contempler le Dieu vivant ou les stigmates sanglants sur ses propres mains.

Calmement, il franchit le seuil du mausolée.

D'abord il ne repéra aucun changement. Il vit ce à quoi il s'attendait, la longue pièce remplie d'arbres et de fleurs, le banc de pierre qui servait de trône et, tout au fond, le grand écran de télévision où palpitaient des regards, des bouches, des rires anodins. Puis l'évidence lui sauta aux yeux : un seul personnage était assis sur le trône, un personnage presque transparent! Les couleurs violentes du téléviseur le traversaient!

Non, c'est insensé! *Regarde bien, Marius. Tes sens ne sont pas infaillibles, après tout.* Comme un mortel déconcerté, il porta ses mains à ses tempes pour se concentrer.

40

Il fixait de dos Enkil qui, à l'exception du noir de sa chevelure, s'était métamorphosé en une sorte de statue de verre laiteuse à travers laquelle jouaient les couleurs et les lumières. Un scintillement soudain irradia la silhouette qui darda de pâles rayons.

Il secoua la tête. Impossible. Puis d'un mouvement brusque de tout son corps, il tenta de reprendre ses esprits.

– Du calme, Marius, murmura-t-il. Réfléchis posément.

Mais une douzaine de scénarios confus se bousculaient dans son cerveau. Quelqu'un était venu, quelqu'un de plus vieux et de plus puissant que lui, quelqu'un qui avait découvert Ceux Qu'Il Faut Garder et commis un acte innommable! Et tout ça par la faute de Lestat! Lestat qui avait divulgué son secret à la terre entière.

Ses genoux se dérobèrent sous lui. Comme c'était bizarre. Il y avait si longtemps qu'il n'avait plus expérimenté ce genre de défaillance propre aux humains qu'il en avait oublié la sensation. Il sortit lentement un mouchoir de fil de sa poche et essuya les gouttelettes de sang qui perlaient sur son front. Puis il s'avança vers le trône et le contourna pour s'arrêter en face du Roi.

Exactement le même Enkil que depuis deux mille ans, sa chevelure noire nattée en minuscules tresses tombant sur ses épaules. Le large collier d'or posé sur sa poitrine lisse, le pagne de lin immaculé avec ses plis bien repassés, les bagues autour de ses doigts immobiles.

Mais le corps lui-même était comme vitrifié! Et il était totalement creux! Jusqu'aux immenses globes brillants de ses yeux qui étaient translucides, avec seulement deux légers cercles délimitant l'iris. Non, attends. Observe bien chaque détail. Là, on distingue des os, dans la même matière que la chair, oui, les voilà, et aussi le fin réseau de veines et d'artères, et cette masse qui ressemble à des poumons, mais tout est transparent maintenant, tout a la même texture. Que lui avait-on fait?

Et la métamorphose se poursuivait. Sous ses yeux, la statue perdait son aspect laiteux. Elle se desséchait, devenait de plus en plus transparente.

Timidement, il la toucha. Ce n'était pas du verre. Plutôt comme une sorte de cosse.

Mais son geste inconsidéré avait dérangé la chose. Le corps oscilla, puis tomba sur les dalles de marbre, ses yeux grands ouverts, ses membres raidis dans la position assise. En s'abattant sur le sol, il fit un bruit semblable au crissement des insectes.

Seule la chevelure bougea. La noire chevelure de soie. Mais elle aussi s'était transformée. Elle se brisait en fragments. En minuscules éclats chatoyants qu'un souffle d'air conditionné dispersa à travers la pièce comme des fétus. Et sur la gorge dénudée, il aperçut deux traces sombres de morsure. Des blessures qui ne s'étaient pas cicatrisées comme elles l'auraient dû parce que le corps avait été vidé de son sang.

– Qui a commis cette monstruosité? murmura-t-il en serrant son poing droit comme pour s'empêcher de crier. Qui pouvait bien avoir dérobé à ce corps ses dernières gouttes de vie?

Et le cœur et le cerveau à l'intérieur? Attendaient-ils un afflux de sang nouveau pour revivre? Il ne parvenait même pas à les discerner. La chose était morte. Il n'y avait pas l'ombre d'un doute. Et quelle terrible vérité révélait ce spectacle affreux?

Notre Roi, notre Père est détruit. Et moi je vis toujours. Je respire. Cela ne peut que signifier qu'elle est *seule* à posséder le pouvoir originel. Elle a été la première, et de tout temps ce pouvoir lui a appartenu. *Et quelqu'un s'est emparé d'elle!*

Il fallait fouiller la cave, la maison. Non, c'était une idée absurde. Personne n'était entré ici, il en était certain. Une seule créature avait pu perpétrer ce crime! La seule à savoir qu'une telle abomination était en fin de compte possible.

Il resta immobile à contempler la silhouette étendue sur le marbre en train de se diluer dans le néant. Si seulement il avait pu pleurer la disparition de son Roi. Avec lui s'effaçait tout ce que son cerveau avait enregistré, tout ce dont ses yeux avaient été témoins. Cette somme fabuleuse d'expériences sombrait dans l'oubli. Il ne pouvait s'y résigner.

Mais il n'était pas seul dans le mausolée. Quelqu'un ou quelque chose s'était glissé hors du renfoncement et il sentait qu'on l'épiait.

Un instant – un instant d'irrationnalité totale –, il continua de fixer le Roi, s'efforçant de réfléchir aussi calmement que possible à la situation. Sans bruit, la chose approchait ; du coin de l'œil, il distingua une ombre gracieuse qui contournait le trône et s'immobilisait à ses côtés.

Il savait qui c'était – il ne pouvait en être autrement. Il savait aussi que cette créature s'était avancée de la démarche naturelle d'un être vivant. Or ce qu'il vit lorsqu'il leva la tête le stupéfia.

Akasha, à quelques centimètres de lui. Sa peau était toujours blanche, dure et opaque. Mais elle souriait, les joues soudain nacrées, le regard vif, de fines rides dessinées à l'angle de ses paupières.

Interdit, il la fixa, tandis qu'elle posait sa main couverte de bagues sur son épaule. Il ferma les yeux, puis les rouvrit. Pendant des milliers d'années, il lui avait parlé dans tant de langues – il avait multiplié les prières, les supplications, les récriminations, les confessions – et maintenant, il se taisait. Il observait seulement ses lèvres mobiles, l'éclat blanc de ses crocs, la froide lueur de reconnaissance dans son regard et le creux délicat entre ses seins qui se soulevaient sous le collier d'or.

– Tu m'as rendu grand service, dit-elle. Merci.

Sa voix était basse, voilée, magnifique. Mais l'intonation, les mots. C'étaient ceux qu'il avait prononcés quelques heures plus tôt à l'adresse de la fille dans le magasin obscur !

Les doigts se resserrèrent sur son épaule.

– Ah, Marius, murmura-t-elle, continuant de l'imiter, tu ne t'avoues jamais vaincu, hein ? Tu ne vaux pas mieux que Lestat avec tes rêves insensés.

Ses propres paroles de nouveau, celles qu'il s'était dites dans une rue de San Francisco. Elle le narguait !

Était-ce de la terreur qu'il ressentait ? Ou de la haine – une haine demeurée enfouie en lui pendant des siècles, mêlée d'amertume, de lassitude et du regret de son état antérieur, une haine qui le dévorait maintenant d'un feu d'une violence inimaginable. Il n'osait ni bouger, ni parler. Cette haine était nouvelle et surprenante. Elle s'était emparée de son être tout entier et il ne pouvait rien faire pour la maîtriser ou la comprendre. Il était incapable de raisonner.

Mais elle en était consciente. Bien évidemment. Elle connaissait tout de lui, chacune de ses pensées, de ses paroles, le moindre de ses actes, voilà ce qu'elle lui disait. Elle avait toujours eu le pouvoir de pénétrer ce qu'elle jugeait bon de savoir! Et elle avait toujours su que la chose inerte assise à côté d'elle ne pourrait se défendre. Et ce moment, qui aurait dû être triomphant, le glaçait d'horreur!

Elle rit doucement en le regardant. Son rire lui était insupportable. Il avait envie de la blesser, il avait envie de la détruire, et que soit damnée sa lignée monstrueuse! Périssons tous à sa suite! S'il l'avait pu, il l'aurait éliminée!

Il lui sembla qu'elle hochait la tête, qu'elle approuvait. Il ne comprenait plus rien. Dans une minute, il allait éclater en sanglots comme un enfant. Une erreur épouvantable avait été commise, une terrible méprise.

— Mon cher serviteur, dit-elle, ses lèvres étirées en un petit sourire cruel. Il n'a jamais été en ton pouvoir de m'arrêter.

— Que cherches-tu donc! Quelles sont tes intentions!

— Excuse-moi, je te prie, se déroba-t-elle. Oh! si poliment, exactement comme lui lorsqu'il avait lancé ces mots au visage du jeune blanc-bec dans l'arrière-salle du bar. Il faut que je m'en aille, maintenant.

Il entendit le hurlement du métal arraché avant que le sol ne s'ouvre. Il tombait, et l'écran de télévision avait volé en éclats, lui transperçant la chair de mille petits poignards. Il cria, comme un mortel, et cette fois c'était de peur. La glace se fendait et s'écroulait dans un grondement de tonnerre.

— Akasha!

Il s'abîmait dans une crevasse gigantesque, dans un froid brûlant.

— Akasha! appela-t-il de nouveau.

Mais elle était partie et il continuait de tomber. Puis l'avalanche des blocs de glace le rattrapa et l'ensevelit, écrasant sous sa masse les os de ses bras, de ses jambes, de sa tête. Il sentit son sang couler sur sa peau parcheminée puis se figer. Il ne pouvait bouger ni respirer. Et la douleur était intolérable. En un éclair, inexplicablement, il vit la jungle. La même jungle chaude et fétide, et une ombre qui avançait entre les lianes. L'image disparut. Et quand il hurla cette fois, ce fut à l'adresse de Lestat :

Attention, Lestat. Méfie-toi. Nous sommes tous en danger.

Ensuite il ne sentit plus que le froid et la douleur, et il perdit conscience. Un rêve surgit, le rêve merveilleux d'une clairière verte inondée de soleil. Oui, ce soleil qu'il avait tant aimé. Il s'enfonçait dans le rêve, maintenant. Ces femmes, comme leurs chevelures flamboyantes, étaient belles. Mais qu'était-ce donc, cette chose étendue sur l'autel, sous la couche de feuilles roussies ?

PREMIÈRE PARTIE

A LA RENCONTRE
DE LESTAT LE VAMPIRE

Désir de disposer dans un collage cohérent
    l'abeille, la chaîne de montagnes, l'ombre
    de mon sabot —
désir de les assembler, reliés
    par le fil infini et brillant de la logique
    qui traverse toute substance

. . . .

        Désir
de dire que partout où mon regard se pose,
je vois l'endroit où l'aiguille
débute la tapisserie — mais pourtant
chacun des points semble le tout et la partie —
vivent l'œil et le cœur lucide.

STAN RICE, 1975

1

LA LÉGENDE DES JUMELLES

Dites-le
dans un enchaînement
rythmique.
Détail après détail
les créatures vivantes
Dites-le
comme il se doit, le rythme
ancré dans la forme.
Femme. Bras levés. Dévoreuse d'ombre.

STAN RICE, 1976

Appelle-la pour moi, souffla-t-il. Dis-lui que j'ai eu des rêves étranges, que j'ai rêvé des jumelles. Il faut que tu l'appelles.

Sa fille n'avait pas envie de le faire. Elle l'observa qui tripotait maladroitement un livre. Ses mains étaient ses ennemies désormais, répétait-il. A quatre-vingt-onze ans, il avait du mal à tenir un crayon ou tourner une page.

– Mais, papa, cette femme est sans doute morte, objecta-t-elle.

Tous les gens qu'il avait connus étaient morts. Il avait survécu à ses confrères. A ses frères et sœurs. Et même à deux de ses enfants. Plus tragique encore, il avait survécu aux jumelles, puisque plus personne ne lisait son livre. Plus personne ne se souciait de la « légende des jumelles ».

– Non, appelle-la, insista-t-il. Fais-le. Dis-lui que j'ai rêvé des jumelles. Que je les ai *vues* dans le rêve.

– En quoi cela pourrait-il l'intéresser, papa ?

Elle prit le carnet d'adresses et le feuilleta lentement. Tous ces gens avaient disparu depuis longtemps. Les hommes qui avaient travaillé avec son père au cours de ses nombreuses expéditions, le directeur de collection et les photographes qui avaient collaboré à la publication de son ouvrage. Même ses adversaires qui avaient déclaré qu'il gâchait sa vie, que ses recherches ne rimaient à rien. Jusqu'aux plus virulents d'entre eux, ceux qui l'avaient accusé d'avoir falsifié les documents et menti au sujet des grottes, chose que son père n'avait jamais faite.

Pourquoi serait-elle encore vivante, cette femme qui avait jadis financé ses expéditions, cette femme riche qui lui avait envoyé tant d'argent durant tant d'années ?

– Demande-lui de venir ! Dis-lui que c'est très important. Il faut que je lui décrive ce que j'ai vu.

Lui téléphoner de venir ? De s'embarquer pour Rio de Janeiro sous prétexte qu'un vieil homme avait fait des rêves étranges ? Sa fille trouva la page dans le calepin. Oui, le nom et le numéro y étaient inscrits. Avec à côté, une date, vieille seulement de deux ans.

– Elle habite Bangkok, papa.

Quelle heure était-il à Bangkok ? Elle n'en avait aucune idée.

– Elle viendra. J'en suis certain.

Il ferma les yeux et appuya sa tête contre l'oreiller. Il était frêle maintenant, comme rapetissé. Mais quand il rouvrit ses paupières et la regarda, elle le reconnut, malgré la peau ridée et jaunie, les taches brunes sur les mains flétries, le crâne chauve.

Il semblait écouter la musique, la voix feutrée du vampire Lestat, qui venait de son bureau à elle. Si le bruit l'empêchait de dormir, elle irait baisser le son. Elle ne raffolait pas des chanteurs rock américains, mais celui-là lui plaisait bien.

– Dis-lui qu'il faut absolument que je lui parle ! répéta-t-il soudain, comme s'il reprenait conscience.

– D'accord, papa, puisque tu y tiens. (Elle éteignit la lampe de chevet.) Rendors-toi, maintenant.

– Trouve-la coûte que coûte. Dis-lui... les jumelles ! Dis-lui que j'ai vu les jumelles.

Mais alors qu'elle quittait la pièce, il la rappela d'un de

ces gémissements subits qui l'effrayaient tant. Du vestibule illuminé, elle le vit qui désignait du doigt les rayonnages sur le mur du fond.

– Apporte-le-moi, dit-il en s'efforçant de s'asseoir.

– Le livre, papa ?

– Les jumelles, les peintures...

Elle descendit le vieux bouquin, et le lui posa sur les genoux. Puis elle redressa les oreillers et ralluma la lampe.

Son cœur se serra de le sentir aussi léger dans ses bras tandis qu'elle le soulevait, de le voir s'escrimer à chausser ses lunettes cerclées d'acier. Avant de se plonger dans sa lecture, il saisit le crayon, prêt à annoter l'ouvrage comme à son habitude, mais il le laissa tomber, et elle le rattrapa et le plaça sur la table.

– Va l'appeler !

Elle acquiesça d'un signe de tête. Mais elle demeura près de lui, au cas où il aurait besoin de son aide. Dans son bureau, la musique résonnait plus fort à présent – un son rauque, métallique. Il n'avait pas l'air d'y prêter attention. Très doucement, elle ouvrit le livre pour lui et s'arrêta sur la première double page ornée de planches en couleurs.

Elle connaissait ces peintures par cœur. Elle se rappelait, petite fille, avoir gravi avec son père les pentes du mont Carmel jusqu'à la grotte où il l'avait guidée dans l'obscurité sèche et poussiéreuse, balayant les murs de sa lanterne pour lui montrer les figures taillées dans le rocher.

« Là, les deux personnages, tu les vois, ces femmes rousses ? »

Elle avait eu du mal à discerner dans la pâle lumière de la lanterne les personnages filiformes et rudimentaires. Il lui avait été tellement plus facile ensuite d'étudier ce que révélaient si magnifiquement les photos en gros plan.

Mais elle n'oublierait jamais ce premier jour où il lui avait dévoilé une à une chacune des petites compositions : les jumelles dansant sous une pluie de minuscules traits qui tombaient d'un nuage en gribouillis ; les jumelles agenouillées de part et d'autre d'un autel sur lequel gisait un corps plongé dans le sommeil ou dans la mort ; les jumelles prisonnières, debout devant une cour de juges rébarbatifs ; les jumelles s'enfuyant. Puis les peintures abîmées et impossibles à reconstituer ; et enfin, l'une des jumelles pleurant toute seule, avec ses larmes qui coulaient comme la pluie en minuscules tirets de ses yeux représentés eux aussi par des petits traits noirs.

Ces personnages avaient été gravés dans la roche et ensuite colorés de pigments – orange pour les cheveux, blanc crayeux pour les habits, vert pour les plantes qui les environnaient, et même bleu pour le ciel au-dessus de leurs têtes. Six mille ans s'étaient écoulés depuis qu'ils avaient pris forme dans les ténèbres de la grotte.

Et tout aussi anciennes étaient les peintures rupestres quasiment identiques découvertes à l'autre bout du globe, dans une caverne peu profonde creusée presque au sommet du Huayna Picchu.

Un an plus tard, elle avait encore accompagné son père dans ce périple, franchissant les eaux de l'Urubamba, grimpant au flanc de la montagne à travers la forêt péruvienne. Elle avait vu de ses propres yeux les mêmes deux personnages, d'une facture étonnamment similaire bien que distincte.

Là, de nouveau, sur la paroi lisse, étaient gravées les mêmes scènes. Celle de la danse joyeuse des jumelles rousses sous la pluie. Puis celle lugubre de l'autel, détaillée avec une amoureuse précision : un corps de femme était étendu sur la pierre, et les jumelles tenaient chacune un petit plat soigneusement dessiné. Des soldats surgissaient au milieu de la cérémonie, brandissant leurs épées. Les jumelles en pleurs étaient emmenées en captivité. Alors réapparaissaient les juges hostiles et la fuite des prisonnières. Sur une autre peinture, effacée par le temps mais encore visible, les jumelles portaient un nouveau-né, un minuscule ballot avec deux points en guise d'yeux et une touffe de cheveux roux; puis elles confiaient leur trésor à des mains amies tandis que les soldats les menaçaient à nouveau.

Et enfin, la jumelle toute seule, au milieu des arbres feuillus de la jungle, ses bras tendus, comme si elle tâtonnait à la recherche de sa sœur, le pigment rouge de ses cheveux collé à la roche avec du sang séché.

Elle se souvenait avec précision de la fièvre qui l'avait saisie. Elle avait partagé l'exaltation de son père à l'idée d'avoir découvert les jumelles aux deux extrémités de la Terre, sur ces peintures rupestres, ensevelies dans des grottes montagneuses de la Palestine et du Pérou.

C'était, leur paraissait-il, l'événement le plus important

de l'histoire, un événement inégalable. Puis, un an plus tard, on avait exhumé des réserves d'un musée de Berlin un vase orné des mêmes figures, agenouillées, leurs plats à la main, devant le tombeau de pierre. La pièce était rudimentaire et n'était accompagnée d'aucune notice. Qu'importe. Grâce aux méthodes les plus fiables, on avait pu la dater du quatrième millénaire avant Jésus-Christ, et sur ses parois étaient inscrits dans l'antique langue sumérienne récemment déchiffrée les mots qui comptaient tant pour eux :

La Légende des Jumelles

Oui, tout ceci leur avait semblé terriblement important : l'aboutissement d'une vie de travail. Jusqu'à ce qu'il présente ses recherches.

Ses confrères s'étaient moqué de lui ou l'avaient ignoré. Invraisemblable, un tel lien entre l'ancien et le nouveau monde. Et allez donc, des peintures vieilles de six mille ans ! Ils l'avaient relégué dans le camp des « dingues » avec ceux qui parlaient d'astronautes légendaires, de l'Atlantide ou du royaume disparu de Mu.

Il avait multiplié les débats, les conférences, il les avait suppliés de le croire, de le suivre dans les grottes pour constater par eux-mêmes ! Il leur avait montré des spécimens des pigments, les rapports des laboratoires, les reproductions agrandies des plantes figurant sur les peintures et même des tuniques blanches des jumelles.

N'importe qui d'autre aurait sans doute renoncé. Toutes les universités et les fondations l'avaient éconduit. Il n'avait même plus les moyens de subvenir aux besoins de ses enfants. Pour gagner sa vie, il avait pris un poste d'enseignant et, le soir, il écrivait aux musées du monde entier. C'était ainsi qu'une tablette d'argile avait été découverte à Manchester, et une autre à Londres, toutes deux représentant manifestement les jumelles ! Il avait emprunté de l'argent pour aller photographier ces pièces et publié des articles sur ses nouvelles trouvailles dans d'obscures publications. Il avait poursuivi ses recherches.

Alors était apparue cette femme bizarre et silencieuse qui l'avait écouté, avait examiné ses documents, puis lui avait offert un papyrus, mis au jour au début du siècle dans une grotte en Haute-Égypte, sur lequel était inscrite la même phrase – « La Légende des Jumelles » – accompagnée des mêmes dessins.

« Un cadeau pour vous », avait-elle dit. Et elle lui avait acheté le vase du musée de Berlin. De même que les tablettes anglaises.

Mais elle était surtout fascinée par les peintures péruviennes. Elle lui avait ouvert grand son compte en banque afin qu'il retourne poursuivre ses travaux en Amérique du Sud.

Des années durant, il avait exploré les grottes une à une à la recherche de preuves supplémentaires, enquêté auprès des paysans sur leurs légendes et leurs contes les plus anciens, étudié les ruines des cités et des temples et même les vieilles églises chrétiennes dans l'espoir d'y découvrir des pierres prélevées sur les tombeaux païens.

Mais le temps avait passé, et il n'avait rien trouvé.

L'échec avait été total. Même elle, sa protectrice, lui avait conseillé d'abandonner. Elle ne voulait pas le voir s'épuiser ainsi. Il devrait passer la main à des hommes plus jeunes. Mais il avait refusé d'obtempérer. C'était *sa* découverte! La Légende des Jumelles! Alors elle avait continué à signer des chèques pour lui et il s'était acharné jusqu'à ce qu'il soit trop vieux pour escalader les montagnes et tailler son chemin à travers la forêt.

Ces dernières années, il n'avait donné que de rares conférences. Il ne parvenait plus à intéresser les étudiants à cette énigme, même en leur montrant le papyrus, le vase, les tablettes. Après tout, ces pièces ne s'intégraient réellement nulle part, il était impossible de les dater avec précision. Et les grottes, qui serait capable de les repérer maintenant?

Mais sa protectrice lui avait été fidèle. Elle lui avait acheté cette maison à Rio, lui avait constitué un legs qui reviendrait à sa fille après sa mort. Son argent avait payé les études de la jeune fille, et tant d'autres choses. C'était étrange, ce confort dans lequel ils vivaient. Comme si, en fin de compte, il avait réussi.

– Appelle-la, répéta-t-il.

Il commençait à s'agiter, griffant de ses mains vides les photographies. Sa fille n'avait toujours pas bougé. Debout à son chevet, elle regardait les planches, les peintures des jumelles.

– D'accord, papa.

Elle l'embrassa et le laissa à son livre.

L'après-midi touchait à sa fin quand, le lendemain, sa fille vint le voir. L'infirmière lui dit qu'il avait sangloté comme un enfant. Il ouvrit les yeux quand elle lui prit la main.

— Maintenant, je sais ce qu'ils leur ont fait, murmura-t-il. Je l'ai vu! C'est un sacrilège qu'ils ont commis.

Sa fille essaya de le calmer. Elle lui annonça qu'elle avait appelé la femme. Que celle-ci était en route.

— Elle n'était plus à Bangkok. Elle s'est installée en Birmanie, à Rangoon. Mais j'ai pu la joindre là-bas, et elle était contente d'avoir de tes nouvelles. Elle m'a dit qu'elle partait sur-le-champ. Elle veut connaître tes rêves.

Quel bonheur! Elle allait venir. Il ferma les yeux et enfonça son visage dans l'oreiller.

— Les rêves reprendront après la tombée de la nuit, chuchota-t-il. La tragédie se poursuivra.

— Repose-toi, papa. Jusqu'à son arrivée.

Il mourut pendant la nuit. Quand sa fille entra dans la chambre, son corps était déjà froid. L'infirmière attendait ses directives. Il avait le regard vitreux et à demi voilé des morts. Son crayon était posé sur le dessus-de-lit et sa main droite crispée sur un morceau de papier chiffonné – la page de garde de son livre.

Elle ne pleura pas. Immobile un moment, elle se rappela la grotte en Palestine, la lanterne allumée. « Tu les vois? Les deux femmes, là-bas? »

Doucement, elle lui abaissa les paupières et déposa un baiser sur son front. Il avait écrit quelque chose sur le morceau de papier. Elle souleva ses doigts rigides et glacés, retira la page et lut les quelques mots griffonnés de son écriture tremblée :

DANS LA JUNGLE... ELLE MARCHE

Qu'est-ce que cela pouvait bien signifier?

Et maintenant il était trop tard pour joindre cette femme. Elle arriverait sans doute dans la soirée. Tout ce chemin...

Eh bien, elle lui donnerait le papier – peut-être avait-il un intérêt quelconque – et elle lui raconterait ce qu'il avait dit au sujet des jumelles.

2

L'HEUREUSE ET COURTE VIE
DE BÉBÉ JENKS
ET DU GANG DES CROCS

Ici on sert
le Murder Burger.
Pas besoin d'attendre
aux portes du Paradis
une mort sans épices.
Tu peux être partant,
ici et tout de suite.
Mayonnaise, oignons, plus ton content de chair.
Si tu veux en manger
tu dois en fournir toi aussi.
« Tu en redemanderas. »
« Pour sûr. »

STAN RICE, 1975

Ses mains blanches gelées par le vent, Bébé Jenks poussa la Harley à cent dix à l'heure. Elle avait eu quatorze ans l'été dernier, quand ils lui avaient fait le coup, quand ils l'avaient transformée en macchab, et poids mort ou non, elle pesait au maximum quarante kilos. Plus jamais elle n'avait eu à se coiffer depuis ce jour-là – c'était inutile – et ses deux minuscules tresses blondes soulevées par le vent volaient derrière son blouson de cuir noir. Penchée sur son guidon, les sourcils froncés, les coins de sa petite bouche abaissés en une moue boudeuse, elle avait un air triste et trompeusement adorable. Ses grands yeux bleus fixaient le vide.

Avec la musique rock de Lestat le vampire qui beuglait dans son walkman, elle n'avait conscience que des vibrations de la gigantesque moto et de la solitude dingue de ces cinq nuits, depuis qu'elle avait quitté Gun Barrel City. Sans compter ce rêve qui la tracassait, un rêve qui se répétait chaque nuit, juste avant son réveil.

Elle voyait ces jumelles rousses, ces deux jolies dames, et ensuite le cauchemar continuait. Non, elle n'aimait pas du tout ce rêve et elle se sentait si seule qu'elle en devenait maboule.

Le gang des Crocs n'était pas venu au rendez-vous comme promis. Elle avait poireauté deux nuits près du cimetière au sud de Dallas avant de comprendre que quelque chose devait clocher à coup sûr. Jamais ils ne seraient partis pour la Californie sans elle. Ils allaient à San Francisco pour le concert du vampire Lestat, mais ils avaient tout le temps devant eux. Non, quelque chose ne tournait pas rond. Elle le savait.

Déjà quand elle était vivante, Bébé Jenks avait ce genre d'intuition. Et maintenant qu'elle était devenue un macchab, elle avait dix fois plus de flair. Elle était certaine que le gang des Crocs avait de sérieux ennuis. Le Tueur et Davis ne l'auraient pas plaquée comme ça. Le Tueur disait qu'il l'avait à la bonne. Pourquoi diable l'aurait-il choisie, s'il n'avait pas eu un faible pour elle ? Sans lui, elle serait morte à Detroit.

Elle perdait tout son sang, le docteur avait fait ce qu'il fallait, le fœtus avait été expulsé et tout, mais elle était en train de mourir, il avait dû coupailler quelque chose à l'intérieur, et elle s'était tellement shootée qu'elle s'en fichait. Puis ce drôle de truc lui était arrivé. Elle flottait au plafond et regardait son propre corps ! Et ce n'était pas parce qu'elle était défoncée. Elle avait l'impression qu'un tas d'autres choses allaient se passer.

Mais là, en bas, le Tueur était entré dans la pièce, et du plafond où elle planait, elle avait aussitôt vu que c'était un macchab. Bien sûr, elle ne connaissait pas alors ce nom qu'il se donnait. Elle savait seulement qu'il n'était pas vivant. A part ça, il n'avait rien de particulier. Des jeans noirs, les cheveux noirs et des yeux d'un noir très profond. Au dos de son blouson de cuir, il y avait écrit : « *Le gang des Crocs* ». Il s'était assis sur le lit à côté de son corps et s'était penché au-dessus.

— Tu es drôlement mignonne, fillette, avait-il dit.

Exactement la même phrase que le proxo quand il

l'avait obligée à porter des nattes et se mettre des barrettes en plastique pour faire le trottoir.

Puis boum! elle avait réintégré son corps, et une substance plus chaude et sublime que la horse avait coulé dans ses veines. Elle l'avait entendu qui disait :

– Tu ne mourras pas, Bébé Jenks, jamais!

Elle avait les dents plantées dans son cou, et bon dieu, tu parles d'un trip!

Mais son histoire d'immortalité, elle n'en était plus tellement certaine à présent.

Avant de quitter Dallas en trombe, abandonnant l'idée de retrouver le gang des Crocs, elle avait vu que la maison sur Swiss Avenue où habitaient les macchabs du coin avait flambé. Plus une vitre aux fenêtres. Et pareil à Oklahoma City. Qu'était-il donc arrivé à tous ces types dans ces baraques? Et c'étaient les suceurs de sang des grandes villes, les gars chics qui se faisaient appeler vampires.

Comme elle avait rigolé quand le Tueur et Davis lui avaient raconté ça, que ces macchabs se baladaient en costard trois pièces, écoutaient de la musique classique et se faisaient appeler vampires. Bébé Jenks en avait croulé de rire. Davis jugeait ça très marrant, lui aussi, mais le Tueur l'avait mise en garde. Surtout ne t'approche pas d'eux.

Juste avant qu'elle ne quitte la bande pour se rendre à Gun Barrel City, le Tueur et Davis, et Tim et Russ, lui avaient montré la maison de Swiss Avenue.

– Il faut toujours repérer ces maisons, avait dit Davis. Comme ça on peut les éviter.

Ils lui avaient indiqué les maisons de vampires de chacune des grandes villes qu'ils traversaient. Mais c'était en lui montrant la première, à Saint Louis, qu'ils lui avaient expliqué toute l'affaire.

Elle avait été vraiment heureuse avec le gang des Crocs depuis leur départ de Detroit. Ils se nourrissaient des clients qu'ils attiraient hors des buvettes au bord de la route. Tim et Russ étaient des types pas mal, mais elle adorait le Tueur et Davis, et c'étaient les chefs de la bande.

De temps à autre, ils entraient dans les villes et se dégotaient une petite bicoque, complètement abandonnée, avec peut-être deux ou trois clodos dedans, des types qui ressemblaient à son père, avec leurs casquettes et leurs mains calleuses à cause du travail qu'ils faisaient. Alors ils s'offraient un festin. On avait intérêt à se rabattre sur ce genre de bonshommes, lui expliquait le Tueur, parce que tout le monde se fichait pas mal de ce qu'ils pouvaient leur advenir. Vlan! ils leur sautaient dessus et aspiraient leur sang à toute pompe jusqu'au dernier battement de cœur. Ce n'était pas drôle d'avoir à torturer les gens comme ça, disait le Tueur. On ne pouvait pas s'empêcher d'avoir pitié d'eux. On achevait la besogne, puis on brûlait la baraque ou on les traînait dehors, on creusait un trou vraiment profond et on les fourrait dedans. Et si aucune de ces solutions n'était possible pour brouiller les pistes, on s'en tirait par ce petit truc : on se coupait au doigt, on laissait son sang mort couler sur la morsure par laquelle on les avait saignés et, miracle, les petits coups de crocs disparaissaient. Clac! Ni vu ni connu. Les gens penseraient à une attaque ou à une crise cardiaque.

Bébé Jenks s'en était payé une tranche. Elle était capable de manœuvrer une Harley, de transbahuter un cadavre sous son bras, de sauter au-dessus du capot d'une voiture. C'était phénoménal. Et elle ne faisait pas encore ce maudit rêve, le rêve qui avait commencé à Gun Barrel City – avec ces jumelles rousses et ce corps de femme noirci comme du bois brûlé, étendu sur un autel. Que pouvaient-elles bien fabriquer, ces deux bonnes femmes?

Comment s'en sortirait-elle si elle ne parvenait pas à retrouver le gang des Crocs? Dans quarante-huit heures, là-bas en Californie, le vampire Lestat monterait sur scène. Et tous les macchabées de la terre assisteraient au concert, du moins c'est ce qu'elle supposait, et c'est ce qu'avait supposé la bande, et ils étaient tous censés se rassembler là-bas. Alors que fichait-elle, toute seule sans ses potes, à foncer vers cette putain de ville de Saint Louis?

La seule chose qu'elle voulait, c'était que tout redevienne comme avant. Le sang était si bon, miam! il était si bon, même maintenant qu'elle était seule et qu'il lui fallait un drôle de cran, comme cette nuit, quand elle s'était arrêtée dans la station-service et qu'elle avait attiré le vioque derrière la baraque. Oh, ouais, quand, crac, elle lui avait encerclé le cou et que le sang avait jailli, ç'avait été formidable. Comme si elle bâfrait de hamburgers, de frites, de milk-shake à la framboise. De bière et de glaces au chocolat. C'était comme un shoot, une ligne de coke ou du hasch. C'était meilleur que de baiser. C'était tout ça à la fois.

Mais ç'avait été encore plus chouette avec la bande. Ils avaient compris quand elle en avait eu marre des vieux chnoques avachis et qu'elle avait eu envie de goûter une chair jeune et tendre. Pas de problème. C'était un gentil petit fugueur qu'il lui fallait, avait dit le Tueur. Allez, ferme les yeux et fais un vœu. Et en effet, ils l'avaient trouvé qui faisait de l'auto-stop sur la route nationale, à une dizaine de kilomètres d'une ville dans le Nord du Missouri. Un nommé Parker. Un joli garçon, avec une longue tignasse noire, à peine douze ans, mais vraiment grand pour son âge, du duvet au menton, qui essayait de faire croire qu'il en avait seize. Elle l'avait chargé sur sa moto et ils l'avaient emmené dans les bois. Là, Bébé Jenks s'était couchée à côté de lui, très gentiment, un truc vraiment bien, et glup, bye-bye, Parker.

C'était délicieux, pour sûr, juteux, voilà le mot. Mais à vrai dire, elle se demandait si c'était tellement meilleur que les vieux types minables, à partir du moment où on s'y mettait pour de bon. Et avec eux, c'était plus réglo. Du sang de bon petit vieux, comme disait Davis.

Davis était un macchab noir. Et drôlement beau, de l'avis de Bébé Jenks. Sa peau avait un éclat doré, cet éclat propre aux macchabs qui, lorsqu'ils étaient blancs, donnait l'impression qu'ils se tenaient sous un tube fluorescent. Il avait aussi des cils magnifiques, incroyablement longs et épais, et il se couvrait de tous les objets en or qu'il pouvait dénicher. Il piquait les bagues, les montres, les chaînes et tous les colifichets de leurs victimes.

Davis adorait danser. Tous, ils aimaient ça. Mais Davis était un as. Ils allaient danser dans les cimetières vers les trois heures du matin, une fois qu'ils s'étaient nourris, avaient enterré les cadavres et tout le bataclan. Ils posaient l'énorme radiocassette sur une tombe et mettaient à pleins tubes *Le Grand Sabbat*, la chanson du vampire Lestat, qui était bien pour danser. Et qu'est-ce que c'était chouette de se tortiller, de tourner et de sauter, ou seulement de regarder Davis et le Tueur se démener ou Russ pivoter sur lui-même jusqu'à ce qu'il en perde l'équilibre. Voilà ce qui s'appelait une vraie danse de macchabs!

Alors si ces suceurs de sang des grandes villes n'appréciaient pas, c'est qu'ils étaient complètement nuls.

Seigneur! si seulement elle avait pu parler à Davis de ce rêve qu'elle faisait depuis qu'elle avait débarqué à Gun Barrel City. Comment ça avait commencé dans la caravane de sa maman, la première fois où elle était restée à l'y attendre. Tout était si précis dans ce rêve, ces deux rouquines, et le corps étendu là, avec la peau toute noire, comme rissolée. Et qu'est-ce qu'il pouvait bien y avoir dans les plats que tenaient ces bonnes femmes? Ouais, c'est ça, un cœur dans l'un, et un cerveau dans l'autre. Bon dieu! tous ces gens agenouillés autour du corps et ces plats. Elle en avait la chair de poule. Et ce rêve n'arrêtait pas de la poursuivre. Aussitôt qu'elle fermait les yeux, il lui tombait dessus, et de nouveau juste avant de s'extraire de la cachette où elle s'était planquée pendant la journée.

Le Tueur et Davis auraient compris. Ils auraient su si ça avait une signification quelconque. Ils voulaient tout lui apprendre.

Quand ils avaient traversé Saint Louis en route vers le sud, ils avaient quitté le boulevard pour s'engager dans une de ces longues rues sombres avec des grilles en fer forgé qu'on appelle des voies privées à Saint Louis. Bébé Jenks avait bien aimé ces grands arbres. Il n'y en avait pas assez dans le Sud du Texas. Il n'y avait pas grand-chose de quoi que ce soit dans le Sud du Texas. Ici, les arbres étaient si imposants que leurs branches formaient un toit au-dessus de votre tête. Et les rues étaient jonchées de feuilles qui bruissaient sous vos pas, et les maisons étaient immenses, avec des toits pointus et des lumières enfouies loin à l'intérieur. La maison où s'assemblaient les types morts était en briques et elle avait ce que le Tueur appelait des entourages de fenêtres mauresques.

— Ne t'approche pas plus, lui avait chuchoté Davis.

Le Tueur s'était contenté de rire. Il n'avait pas peur des macchabs des grandes villes. Ça faisait soixante ans qu'il en était. Il était vieux, il avait de l'expérience.

— Ils essayeront de te faire du mal, Bébé Jenks, l'avait-il quand même avertie tout en poussant sa Harley quelques mètres plus bas dans la rue. (Il avait un visage en lame de couteau, une boucle en or à une oreille, et des petits yeux, plutôt pensifs.) Regarde, cette maison-là est ancienne, ils l'habitent depuis le début du siècle.

— Mais pourquoi voudraient-ils nous faire du mal ? avait demandé Bébé Jenks.

Elle était dévorée de curiosité. Comment vivaient les macchabs dans ces maisons ? Quel genre de mobilier avaient-ils ? Qui payait les factures, grand dieu ?

Elle avait cru apercevoir un chandelier par l'interstice des rideaux de l'une des grandes pièces qui donnaient sur la rue. Un haut chandelier très chouette. Bon sang, la vraie vie de château !

— T'inquiète pas pour eux, avait dit Davis, lisant dans ses pensées. D'ailleurs les voisins les prennent pour des gens normaux. Vise-moi cette voiture dans l'allée, tu sais ce que c'est ? Une Bugatti, bébé. Et l'autre à côté, une Mercedes Benz.

Et après ? Une Cadillac rose, voilà le genre de bagnole qu'elle aurait aimé avoir, une grosse décapotable qui pompait des litres d'essence et pouvait faire des pointes à cent quatre-vingt-dix à l'heure en ligne droite. Même que c'était à cause de ça qu'elle s'était fourrée dans le pétrin, qu'elle avait abouti à Detroit ; à cause d'un connard avec une Cadillac décapotable. Mais il n'y avait pas de raison de se geler sur une Harley et de dormir tous les jours dans la boue sous prétexte qu'on était un macchab, non ?

— Au moins on est libres, mon chou, avait observé Davis, devinant de nouveau ce qui lui passait par la tête. Tu n'imagines pas tous les salamalecs qu'il faut se coltiner pour mener la grande vie comme ces types des villes. Explique-lui, le Tueur. En tout cas, moi, on ne me ferait pas entrer dans une baraque de ce genre pour y roupiller dans une caisse sous le plancher.

Il avait éclaté de rire. Le Tueur aussi. Elle aussi. Mais comment était-ce, là-dedans ? Ils allumaient la télé la nuit pour regarder les films de vampires ? Davis rigolait comme un bossu.

— Le fait est, Bébé Jenks, qu'on est des moins que rien pour eux, avait dit le Tueur. Ils veulent tout régenter. Ils pensent qu'on n'a pas le droit d'être des macchabs. Eux, quand ils fabriquent un nouveau vampire, comme ils appellent ça, c'est toute une cérémonie.

— Comme un mariage ou un truc de ce genre?

Les deux s'étaient remis à rire.

— Pas exactement, avait répondu le Tueur. Plutôt comme un enterrement!

Ils faisaient trop de bruit. Ces types morts dans la maison allaient sûrement les entendre. Mais du moment que le Tueur n'avait pas peur, Bébé Jenks s'en moquait pas mal. Où Russ et Tim avaient-ils filé? Ils chassaient peut-être?

— N'empêche qu'ils ont toutes ces règles, avait ajouté le Tueur, et je vais te dire quelque chose, Bébé Jenks, ils racontent partout qu'ils vont faire la peau au vampire Lestat la nuit de son concert, mais tu sais quoi : ils lisent son livre comme si c'était la Bible. Ils utilisent le même charabia, ils parlent du Don Obscur, de la Transfiguration Obscure, c'est le truc le plus stupide que j'aie jamais vu, ils vont brûler ce type sur un bûcher et ensuite se servir de son bouquin comme si c'était Emily Post [1] ou Miss Bonnes Manières.

— Ils n'auront jamais Lestat, avait ricané Davis. Impossible, mon vieux. On ne peut pas tuer le vampire Lestat, c'est impensable. On a déjà essayé, tu sais, et on n'y est pas arrivé. Ce mec est totalement immortel.

— Bon dieu, ils vont là-bas comme nous on y va, avait grommelé le Tueur pour faire partie de sa bande, s'il veut bien de nous.

Bébé Jenks ne comprenait pas tout dans cette affaire. Elle ignorait qui étaient Emily Post et Miss Bonnes Manières. Et n'étaient-ils pas censés être tous immortels? Et pourquoi Lestat le vampire accepterait-il de fréquenter le gang des Crocs? C'était une rock star, après tout. Il avait sans doute sa propre limousine. En tout cas, mort ou vivant, il était joli comme un cœur! Des cheveux blonds à se damner et un sourire à se rouler par terre et à lui tendre le cou pour qu'il y morde.

Elle avait essayé de lire son livre — toute l'histoire des macchabs depuis la nuit des temps —, mais il y avait trop de mots compliqués et boum, chaque fois, elle piquait du nez.

1. Auteur célèbre de livres sur les bonnes manières.

Le Tueur et Davis lui disaient qu'il lui suffisait de s'y mettre, et elle s'apercevait qu'elle pouvait le lire à toute allure. Ils avaient toujours sur eux un exemplaire du livre de Lestat, et du premier aussi, celui avec le titre dont elle ne parvenait jamais à se souvenir, un truc du genre *Le Vampire m'a dit...* ou *Tout en causant avec le vampire* ou *Mon rencard avec le vampire*. De temps à autre, Davis en lisait des passages à haute voix, mais Bébé Jenks n'y entravait pas grand-chose. C'était super rasoir! Le type mort, Louis, ou un nom comme ça, avait été transformé en macchab à La Nouvelle-Orléans, et le bouquin était plein de grandes phrases sur les feuilles de bananier, les rampes en fer forgé et la mousse d'Espagne.

— Ils ont une sacrée expérience, ces vieux chnoques d'Europe, Bébé Jenks, lui avait dit Davis. Ils savent comment tout a débuté, ils savent qu'on peut se perpétuer indéfiniment à condition de se cramponner, vivre jusqu'à mille ans et se transformer en marbre blanc.

— Tu parles d'une veine! s'était exclamée Bébé Jenks. C'est déjà assez embêtant de ne pas pouvoir entrer dans un Seven Eleven [1] avec toutes ces lumières sans que les gens vous dévisagent. Qui aurait envie de se transformer en marbre blanc?

— Mais qu'est-ce que tu irais fiche dans un Seven Eleven? avait répliqué Davis très posément.

N'empêche qu'elle avait marqué un point.

Cette histoire de bouquins mise à part, Bébé Jenks adorait la musique du vampire Lestat, elle ne se lassait pas d'écouter ses chansons : surtout celle sur Ceux Qu'Il Faut Garder – le Roi et la Reine d'Égypte – quoique, pour être franche, tout ça était du chinois pour elle jusqu'à ce que le Tueur lui explique.

— Ce sont les premiers ancêtres des vampires, Bébé Jenks, la Mère et le Père. Tu vois, on forme une chaîne de sang ininterrompue qui remonte au Roi et à la Reine de l'Égypte ancienne, Ceux Qu'Il Faut Garder. Et la raison pour laquelle il faut les garder, c'est que si on les supprime, on se supprime du même coup.

Un tas de conneries, tout ça, oui.

— Lestat les a vus, avait poursuivi Davis. Il les a découverts cachés dans une île grecque, aussi il sait de quoi il

---

1. Chaîne de magasins d'alimentation ouverts toute la nuit.

parle. Et il le répète à tout le monde dans ses chansons...
et c'est la vérité.

– Et le Père et la Mère ne bougent ni ne parlent plus.
Ils ne boivent plus de sang, avait repris le Tueur. (Il
paraissait songeur, presque triste.) Ils sont là, immobiles,
à regarder dans le vide, depuis des milliers d'années. Personne n'a la moindre idée de ce que savent ces deux-là.

– Rien, probablement, avait dit Bébé Jenks, écœurée.
Bonjour l'immortalité! Et c'est quoi, cette histoire des
types des grandes villes qui peuvent nous tuer? Comment
s'y prendraient-ils?

– On est vulnérables au feu et au soleil, avait répondu
le Tueur, une note d'impatience dans la voix. Je te l'ai
déjà dit. Maintenant, écoute-moi bien. Tu peux toujours
te bagarrer contre les macchabs des grandes villes. Tu es
une dure. Le fait est que ces gars ont aussi peur de toi
que toi d'eux. N'empêche qu'il faut se casser dès qu'on
voit un type mort qu'on connaît pas. C'est la règle chez
tous les macchabs.

Cette nuit-là, après qu'ils se furent éloignés de la maison, le Tueur l'avait une fois encore estomaquée. Il lui
avait raconté les bars à vampires. D'énormes boîtes chics
à New York, San Francisco et La Nouvelle-Orléans où
les morts se réunissaient dans les pièces du fond tandis
que ces crétins d'humains buvaient et dansaient dans la
première salle. Là, aucun macchab, qu'il vienne de la
haute, d'Europe ou de la zone, ne pouvait vous tuer.

– Si les macchabs des villes te cherchent des crosses, tu
te dépêches de te planquer dans un de ces endroits.

– Je suis trop jeune pour être admise dans un bar, avait
répliqué Bébé Jenks.

Ah, c'était la meilleure, celle-là. Le Tueur et Davis
avaient ri à s'en rendre malade. Ils avaient failli dégringoler de leurs motos.

– Tu trouves un bar à vampires, Bébé Jenks, avait
répété le Tueur. Tu leur fais le coup du mauvais œil et tu
leur dis de te laisser entrer.

En effet, elle avait déjà utilisé ce truc-là pour obtenir ce
qu'elle voulait, et ça marchait plutôt bien. Mais à vrai
dire, ils n'avaient jamais vu de bars à vampires, ils en
avaient seulement entendu parler. Son imagination travaillait ferme quand ils avaient enfin quitté Saint Louis.

Ce soir-là, cependant, alors qu'elle fonçait vers le nord en direction de cette même ville, la seule chose qui lui importait était de se rendre dans cette fichue maison. Salut me voilà, les macchabs des grandes villes. Elle allait devenir complètement cinglée, si elle restait seule plus longtemps.

Son walkman s'arrêta. La cassette était terminée. Elle ne pouvait pas supporter le silence au milieu du mugissement du vent. Le rêve revint, ce rêve qui l'obsédait : elle revit les jumelles, les soldats qui surgissaient. Doux Jésus! Si elle ne stoppait pas ce fichu cauchemar, il allait se dévider dans sa tête comme la cassette.

Tenant son guidon d'une main, elle plongea l'autre à l'intérieur de son blouson pour ouvrir le petit lecteur et retourner la bande.

— Chante, mon vieux, dit-elle d'une voix qui lui parut grêle, presque inaudible dans la bourrasque.

De Ceux Qu'Il Faux Garder
Que pouvons-nous savoir?
Quelle explication nous sauvera?

Pour ça, oui, elle aimait cette chanson. C'était celle-là qu'elle était en train d'écouter quand elle s'était endormie en attendant que sa mère revienne de son boulot à Gun Barrel City. Ce n'étaient pas les mots qui la chamboulaient, c'était la façon dont il chantait, ces gémissements à vous fendre le cœur qu'il poussait dans le micro comme Bruce Springsteen.

La chanson ressemblait un peu à un cantique. Elle résonnait pareil, et pourtant Lestat était bien là tout du long, à chanter pour elle, avec le martèlement régulier de la batterie qui la pénétrait jusqu'à la moelle des os.

— O.K., mon vieux, O.K., tu es le dernier macchab qui me reste. Chante, Lestat, chante!

Et voilà qu'à cinq minutes de Saint Louis, elle se remettait à penser à sa mère, à l'étrangeté, à l'abomination de cette histoire.

Bébé Jenks n'avait pas raconté au Tueur et à Davis pourquoi elle voulait passer par chez elle, mais ils s'en doutaient, ils comprenaient.

Il fallait qu'elle le fasse, il fallait qu'elle tue ses parents avant que le gang des Crocs ne descende vers l'ouest. Même maintenant, elle ne le regrettait pas. Sauf ce moment bizarre où sa mère agonisait par terre, là, à ses pieds.

Cela dit, Bébé Jenks avait toujours détesté sa mère. Elle la jugeait idiote de fabriquer à longueur de journée, avec des petits coquillages roses et des fragments de miroir, des croix qu'elle allait vendre pour dix dollars au marché aux puces de Gun Barrel City. Sans compter que ces trucs étaient immondes, de la vraie camelote fabriquée à la chaîne, avec en plein milieu un petit Jésus recroquevillé fait de minuscules perles bleues et rouges et d'autres saloperies.

Mais il n'y avait pas que ça. Tout dans sa mère lui tapait sur les nerfs et la débectait. Cette manie qu'elle avait d'aller à l'église et, par-dessus le marché, sa façon de parler si gentiment aux gens, de se résigner à l'ivrognerie de son mari et de dire du bien de tout le monde.

Bébé Jenks n'avait jamais cru à ces salades. Elle restait affalée sur sa couchette dans la caravane à se demander qu'est-ce qui pourrait bien faire réagir cette andouille ? Quand allait-elle exploser comme un bâton de dynamite ? Ou était-elle vraiment trop amorphe ? Sa mère ne l'avait plus regardée en face depuis des années. Bébé Jenks avait douze ans quand elle était entrée dans leur turne et avait déclaré : « Tu sais que je l'ai fait, hein ? Ne va pas t'imaginer que je suis encore vierge. »

Et sa mère s'était écrasée ; elle avait détourné ses stupides yeux hagards et s'était remise à son travail en fredonnant, comme toujours lorsqu'elle bricolait ses croix en coquillage.

Un jour, un gros ponte lui avait dit qu'elle faisait du véritable art populaire.

Ils se moquent de toi, avait ricané Bébé Jenks. Tu ne t'en rends pas compte ? Ils ne t'ont jamais acheté une seule de ces horreurs, oui ou non ? Tu sais à quoi ces trucs ressemblent pour moi ? Je vais te le dire. A de la camelote de Prisunic.

Elle ne s'était pas défendue, elle avait tendu l'autre joue.

– Tu veux dîner, chérie ?

Le cas était désespéré, avait fini par juger Bébé Jenks. C'est pourquoi cette nuit-là, elle avait quitté Dallas dès le coucher du soleil pour atteindre en moins d'une heure le lac des Cèdres avec le panneau familier qui symbolisait son charmant vieux patelin :

BIENVENUE A GUN BARREL CITY
NOTRE ACCUEIL VOUS DÉSARMERA

Elle avait caché sa Harley derrière la caravane et comme personne n'était à la maison, elle s'était allongée pour faire un petit somme, son walkman avec les chansons de Lestat vissé aux oreilles et le fer à vapeur à la portée de la main. Quand sa mère entrerait, paf, bang, merci m'dame, elle l'expédierait dans l'autre monde avec ça.

C'était alors que le rêve lui était tombé dessus. Bon sang, elle n'était même pas endormie quand il avait débuté. On aurait dit que la voix de Lestat s'estompait et, crac, le rêve l'avait engloutie :

Elle était dans un endroit en plein soleil. Une clairière au flanc d'une montagne. Et ces jumelles étaient là, ces belles femmes à la chevelure rousse et ondulée, agenouillées les mains jointes, comme les anges dans les églises. Il y avait une foule tout autour, des gens vêtus de longues tuniques, à la façon des personnages dans la Bible. Et une musique résonnait, un martèlement terrifiant et la sonnerie d'une trompe, un truc vraiment lugubre. Mais le plus sinistre était le cadavre, le cadavre carbonisé de la femme sur la dalle. Seigneur, on avait l'impression qu'elle avait été cuite ! Et sur les plats s'étalaient un gros cœur luisant et une cervelle. Ouais, pas de doute, c'étaient bien un cœur et une cervelle.

Bébé Jenks s'était réveillée, morte de trouille. Au diable, cette absurdité. Sa mère se tenait sur le seuil de la porte. Jenks s'était levée d'un bond et l'avait frappée avec le fer à repasser jusqu'à ce qu'elle ne bouge plus. Elle l'avait vraiment sonnée. Elle aurait déjà dû être morte, mais elle ne l'était pas encore. Puis il y avait eu ce moment dingue.

Sa mère était étendue par terre, moribonde, l'œil fixe. Et elle, assise dans le fauteuil, une jambe passée au-dessus du bras du siège, tantôt appuyée sur un coude, tantôt jouant avec une de ses tresses, elle attendait, tout en songeant vaguement aux jumelles dans le rêve, et à ce cadavre tout noir et aux choses dans les plats, et à quoi tout cela pouvait bien rimer. Mais surtout elle attendait. Meurs, espèce d'idiote, allez, meurs. Compte pas sur moi pour te flanquer un autre coup!

Encore maintenant, Bébé Jenks n'était pas certaine de ce qui s'était passé. C'était comme si les pensées de sa mère s'étaient transformées, qu'elles s'étaient dilatées, agrandies. Peut-être flottait-elle quelque part au plafond comme Bébé Jenks quand elle avait failli mourir, avant que le Tueur ne la sauve. Mais quelle qu'en fût la cause, les pensées étaient ahurissantes. Carrément ahurissantes. Comme si sa mère avait soudain tout su! Tout sur le bien et le mal, et combien l'amour était important, le véritable amour, tellement plus important que la kyrielle des inter-dictions et obligations, ne bois pas, ne fume pas, prie Jésus. Ce n'était plus du prêchi-prêcha. C'était farami-neux.

Sa mère étendue là s'était mise à songer que la séche-resse de cœur de sa fille était aussi atroce qu'une anoma-lie génétique qui l'aurait fait naître privée de la vue ou de l'usage d'un membre. Mais là n'était pas l'important. Tout allait s'arranger. Bébé Jenks se libérerait de cette existence, comme elle l'avait presque fait avant que le Tueur n'intervienne, et alors elle commencerait à mieux comprendre. Qu'est-ce que cette histoire pouvait bien vouloir dire? Un truc du genre que les choses autour de nous faisaient partie d'un gigantesque tout – les fibres du tapis, les feuilles de l'autre côté de la fenêtre, l'eau qui coulait goutte à goutte dans l'évier, les nuages au-dessus du lac, les arbres dénudés, d'ailleurs ils n'étaient pas aussi affreux que Bébé Jenks l'avait cru, ces arbres. Non, la beauté de tout ça était trop incroyable pour pouvoir la décrire. Et la mère de Bébé Jenks l'avait toujours su, senti de cette façon! Elle pardonnait à sa fille. Pauvre Bébé Jenks si ignorante, qui n'avait jamais connu cet émer-veillement devant l'herbe verte, les coquillages scintillant sous la lumière de la lampe.

Puis la mère de Bébé Jenks était morte. Dieu merci! N'empêche que Bébé Jenks avait pleuré. Elle avait ensuite sorti le corps de la caravane et l'avait enseveli, très profond, en se félicitant d'être un macchab, d'avoir tant de force et d'être capable de soulever toutes ces pelletées de terre.

Alors son père était rentré. Celui-là, ç'avait été de la rigolade. Elle l'avait enterré vivant. Jamais elle n'oublierait l'expression de son visage quand il avait franchi le pas de la porte et qu'il l'avait vue avec la hache.

– Hé, tu te prends pour Lizzie Borden, ou quoi ?

Qui diable était Lizzie Borden ?

Puis, le menton pointé en avant, il avait voulu lui envoyer son poing dans la figure, il était si sûr de lui !

– Espèce de petite traînée !

Elle lui avait fendu son putain de front en deux. Oui, ç'avait été formidable, sentir les os du crâne céder – « Crève, salaud ! » et lui recouvrir la figure de terre pendant qu'il la fixait. Paralysé, incapable de bouger, il était redevenu enfant, dans une ferme ou quelque chose de ce genre, au Nouveau-Mexique. Il babillait. *Ordure, j'ai toujours su que tu avais de la merde dans le cerveau. Maintenant je la sens.*

Mais qu'est-ce qui lui avait pris de retourner là-bas ? Pourquoi avait-elle quitté le gang des Crocs ?

Si elle n'avait pas commis cette bourde, elle serait avec eux en ce moment même, à San Francisco, à attendre le concert de Lestat. Peut-être même avaient-ils déniché le bar à vampires. Du moins s'ils étaient arrivés jusque là-bas. Si quelque chose n'avait pas vraiment tourné de travers.

Et pourquoi donc rebroussait-elle chemin ? Peut-être aurait-elle dû foncer vers l'ouest. Il ne restait plus que deux nuits. Elle pourrait toujours louer une chambre dans un motel le soir du concert, et elle le regarderait à la télé. Mais avant tout, il lui fallait trouver d'autres macchabs à Saint Louis. Elle ne pouvait pas continuer seule comme ça.

Comment repérer le quartier. Dans quelle partie de la ville était-ce ?

Ce boulevard lui semblait familier. Elle roulait à petite allure, priant le ciel qu'un flic trop fouineur ne la prenne pas en chasse. Naturellement, elle le sèmerait, comme d'habitude, même si elle avait toujours rêvé de coincer un de ces fumiers sur une route isolée. Mais cette fois-ci, elle ne voulait pas avoir à décamper de Saint Louis.

A présent, cet endroit lui rappelait quelque chose. Ouais, c'était bien le quartier. Elle tourna à droite et descendit une rue bordée de vieilles maisons et ombragée de grands arbres touffus. Ils lui faisaient repenser à sa mère, à l'herbe verte, aux nuages. Sa gorge se noua.

Si seulement elle ne s'était pas sentie aussi seule! C'est alors qu'elle aperçut les grilles, ouais, c'était bien cette rue. Le Tueur lui avait dit que les macchabs n'oubliaient jamais rien, que son cerveau fonctionnerait comme un petit ordinateur. Il avait peut-être raison. Les grilles étaient là, de hautes grilles en fer forgé, grandes ouvertes et tapissées de lierre sombre. Sans doute ne se donnait-on jamais le mal de fermer vraiment une voie privée.

Elle ralentit puis coupa le moteur. Ça faisait trop de bruit dans ce goulet sombre d'hôtels particuliers. Une salope risquait d'appeler les flics. Elle dut descendre pour pousser sa bécane. Ses jambes n'étaient pas assez longues autrement. Mais ça ne l'ennuyait pas. Elle aimait marcher dans l'épais tapis de feuilles mortes. Elle aimait cette rue paisible.

Bon dieu, si j'étais un vampire des grandes villes, j'habiterais ici, moi aussi, pensa-t-elle. Et alors, tout au bout de la rue, elle vit soudain la maison, les murs de briques et les décors mauresques autour des fenêtres. Son cœur bondit dans sa poitrine.

Ravagée par le feu!

D'abord, elle n'en crut pas ses yeux! Puis elle dut se rendre à l'évidence. De longues traînées noires sur les briques, toutes les vitres soufflées, pas un carreau intact. Jésus! Elle devenait folle. Elle s'approcha, se mordant la lèvre jusqu'au sang. Regardez-moi ça. Qui donc avait pu faire une chose pareille? De minuscules éclats de verre jonchaient la pelouse et s'étaient même accrochés aux branches des arbres, de sorte que l'endroit scintillait d'une façon qui aurait sans doute paru étrange aux êtres humains. Pour elle, c'était comme des décorations de Noël dans un cauchemar. Et cette puanteur de bois brûlé qui imprégnait l'air.

Elle avait envie d'éclater en sanglots! De se mettre à hurler! Mais elle entendit quelque chose. Pas un vrai bruit : le genre de son que le Tueur lui avait appris à détecter. Il y avait un macchab là-dedans!

Elle avait une sacrée veine, et elle se fichait pas mal de ce qui se passerait, elle allait entrer dans cette baraque. Ouais, quelqu'un remuait là-dedans. Tout juste un bruissement. Elle avança de quelques pas en écrasant bruyamment les feuilles mortes sous ses bottes. Aucune lumière, pourtant, quelque chose bougeait à l'intérieur, et cette chose savait qu'elle approchait. Comme elle se tenait là, le cœur battant, effrayée, folle d'impatience. Une silhouette apparut sur le perron, un macchab qui la fixait droit dans les yeux.

Dieu soit loué! murmura-t-elle. Et ce n'était pas un de ces frimeurs en costume trois pièces. Non, c'était un jeune gars, sans doute pas plus de deux ans son aîné quand ils lui avaient fait le coup, et il avait vraiment un look d'enfer. Primo, ses cheveux étaient argentés, il avait de jolies boucles grises toutes courtes, et c'était génial pour un jeune. Sans compter qu'il était grand, dans les un mètre quatre-vingts, et mince avec ça, un type vraiment super à son avis. Sa peau était si blanche qu'on aurait juré de la glace, et il portait un sweater marron foncé à col roulé, un truc extra, avec un veston et un pantalon en cuir brun drôlement bien coupés, rien à voir avec l'uniforme des motards. Génial, ce type, et plus mignon que tous les macchabs du gang des Crocs réunis.

— Entre! souffla-t-il. Dépêche-toi.

Elle grimpa quatre à quatre les marches du perron. Des cendres flottaient encore dans l'air. Ses yeux la piquaient et elle se mit à tousser. Le porche était à moitié écroulé. Elle se fraya précautionneusement un chemin jusque dans le vestibule. Une partie de l'escalier avait résisté, mais tout en haut de la cage, un trou béant s'ouvrait dans la toiture. Et le chandelier était par terre, tout tordu et noir de suie. Une vraie maison hantée, un endroit à vous donner la chair de poule.

Le macchab était dans le salon, ou du moins ce qui en restait, en train de trier à coups de pied rageurs parmi les objets, les tentures, les meubles carbonisés.

— Bébé Jenks, n'est-ce pas? fit-il, découvrant ses dents et ses petits crocs de nacre dans un étrange simulacre de sourire, ses yeux gris scintillant. Et tu es paumée, hein?

D'accord, un autre fichu liseur de pensées comme Davis. Et avec un accent étranger, celui-là.

– Ouais, et après? répliqua-t-elle.

Et stupéfaction, elle capta son nom, comme si c'était une balle qu'il lui avait lancée : Laurent. Voilà un nom qui avait de la classe, un nom qui sonnait français.

– Ne bouge pas, Bébé Jenks, ordonna-t-il. (L'accent était probablement français, lui aussi.) Ils étaient trois dans cette maison, et deux ont flambé. La police ne pourra pas détecter leurs restes, mais toi oui, si tu marches dessus, et tu n'aimeras pas ça.

Seigneur! Il ne racontait pas de salades, car il y en avait un juste là, sans blague, au fond du vestibule, et on aurait cru un costume à moitié brûlé posé sur le sol avec vaguement la forme d'un bonhomme, et pour sûr, elle le reconnaissait à l'odeur, il y avait eu un macchab dans ces vêtements, et seules les manches, les jambes de pantalon et les chaussures étaient intactes. Au milieu s'étalait une sorte de chose grisâtre et infâme qui avait plus l'air d'un amas de graisse et de poudre que de cendres. Bizarre, la façon dont la manchette dépassait soigneusement de la manche de veston. Ç'avait peut-être été un costume trois pièces.

Elle avait envie de vomir. On pouvait vomir quand on était un macchab? Il fallait absolument qu'elle se tire d'ici. Et si la chose qui avait fait ça revenait? Immortels, mon œil!

– Ne bouge pas, répéta le macchab, on partira ensemble dès que possible.

– Illico, oui, répondit-elle.

Elle tremblait comme une feuille : c'était ça les sueurs froides dont on parlait!

Il avait trouvé une boîte en fer dont il sortait les billets.

– Hé, mon pote, je mets les bouts, l'avertit-elle.

Elle flairait quelque chose aux alentours, et ça n'avait rien à voir avec cette immonde flaque de graisse sur le sol. Elle se mit à penser aux maisons brûlées des macchabs à Dallas et à Oklahoma City et à la façon dont le gang des Crocs s'était volatilisé. Il lisait dans son cerveau, elle en était sûre. Son visage s'adoucit, il était mignon tout plein de nouveau. Il jeta la boîte par terre et s'avança si vite vers elle que sa peur redoubla.

– Oui, *ma chère*, dit-il d'une voix très gentille, toutes ces maisons, en effet. La côte Est a flambé comme une torche. Personne ne répond dans les maisons de Paris et de Berlin.

Il lui prit le bras tandis qu'ils se dirigeaient vers la porte d'entrée.

– Qui donc fait ça ? s'exclama-t-elle.

– Qui diable le saurait, *chérie* ? Cette chose mystérieuse détruit les maisons, les bars des vampires, tous les types seuls sur son passage. Il faut décamper d'ici. Démarre ta bécane.

Mais Bébé Jenks s'immobilisa à l'extrémité du perron. *Quelque chose rôdait dehors.* A coup sûr, il y avait quelque chose. Elle avait aussi peur d'avancer que de retourner dans la maison.

– Que se passe-t-il ? souffla-t-elle.

Comme cet endroit était sombre avec ces grands arbres et ces maisons qui avaient toutes l'air hantées, et elle entendait un son très léger comme... comme une respiration. Un truc de ce genre.

– Bébé Jenks, magne-toi.

– Mais où on va ? demanda-t-elle.

Cette chose faisait presque un vrai bruit, maintenant.

– Le seul endroit où on puisse aller. Auprès de lui, mon chou, auprès du vampire Lestat. Il est là-bas, sain et sauf, à nous attendre à San Francisco.

– Ouais ? fit-elle, les yeux fixés sur la rue obscure. O.K., on y va.

Plus que dix pas jusqu'à la moto. Du cran, Bébé Jenks. Ma parole, le gars s'apprêtait à filer sans elle.

– Non, pas de ça, espèce de salaud, ne touche pas à ma bécane.

C'était devenu un bruit bien distinct, Bébé Jenks n'avait jamais rien entendu de pareil. Mais on perçoit plein de sons quand on est un macchab – les trains à des kilomètres et les conversations des gens dans les avions au-dessus de votre tête.

Le type entendait aussi, mais à travers elle.

– C'est quoi ? chuchota-t-il.

Jésus, qu'il était paniqué. A présent, il entendait par lui-même.

Il la tira en bas des marches. Elle trébucha et faillit s'étaler ; il la souleva et la hissa sur sa bécane.

Le bruit s'amplifiait, saccadé, comme de la musique.

Et il était si fort qu'il couvrait la voix du macchab. Elle mit le contact, commença à donner les gaz, le type était déjà installé derrière elle. Mais Seigneur, quel boucan! Elle en avait la tête à l'envers et n'aurait su préciser si le moteur de sa Harley tournait.

Elle baissa les yeux, essayant de voir ce qui se passait, si la moto avait démarré, elle n'était même plus capable de sentir les vibrations. Puis elle leva la tête et sut qu'elle regardait en plein dans la direction de la chose qui émettait ce vacarme. Là-bas dans l'ombre, derrière les arbres.

Le macchab avait bondi à terre et baragouinait des trucs à l'adresse de la chose, comme s'il la voyait vraiment. Mais non, il roulait des yeux affolés et se parlait tout seul pareil à un dingue. Elle n'entravait pas un mot de ce qu'il disait. Elle savait seulement que la chose était là qui les observait et que le cinglé gaspillait sa salive!

Elle n'était plus sur sa moto. La Harley était tombée. Le bruit cessa. Puis un énorme bourdonnement lui déchira le tympan.

– ... tout ce que vous voulez, bredouillait le macchab à côté d'elle, tout, dites-le et on le fera. Nous sommes vos serviteurs...!

Il passa devant Bébé Jenks en courant, la renversant presque, et empoigna sa moto.

– Holà! cria-t-elle.

Mais au moment où elle allait sauter sur lui, il prit feu! Il hurla.

Bébé Jenks hurla à son tour. Elle ne pouvait plus s'arrêter. Dévoré par les flammes, le type se tordait sur le sol, lançant des gerbes multicolores. Derrière elle, la maison explosa. Elle sentit le souffle brûlant dans son dos. Des objets étaient projetés dans le jardin. Le ciel brillait comme en plein jour.

Ô doux Jésus, laissez-moi vivre, laissez-moi vivre!

Une fraction de seconde, elle crut que son cœur avait éclaté. Elle voulut vérifier si sa poitrine était déchirée et si ses artères vomissaient le sang tel un volcan la lave en fusion, mais la chaleur s'accrut à l'intérieur de son crâne et, pfitt, elle décolla.

Elle montait à travers un interminable tunnel noir, puis, haut dans le ciel, elle se mit à flotter, dominant la scène du regard.

Oh oui, exactement comme l'autre fois. Et là, elle distingua la chose qui les avait tués, une silhouette blanche dans un fourré. Et aussi les vêtements du type mort qui fumaient sur le trottoir. Et son propre corps en train de se calciner.

A travers les flammes, elle voyait le contour noir de son squelette. Mais ça ne l'effrayait pas. A la limite, ça ne lui paraissait pas tellement intéressant.

C'était la silhouette blanche qui la fascinait. On aurait dit une statue, comme celle de la Sainte Vierge dans les églises. Elle fixa les fils d'argent qui semblaient rayonner de la silhouette, des fils qui dansaient semblables à des feux follets. Et au fur et à mesure qu'elle s'élevait, ils s'allongeaient, s'enchevêtrant les uns les autres pour former un gigantesque filet tout autour de la terre. A l'intérieur, emprisonnés comme des mouches dans une toile d'araignée, s'agglutinaient des macchabées. De minuscules points lumineux qui palpitaient, reliés à la silhouette blanche, et ce spectacle aurait été presque beau, s'il n'avait pas été aussi triste. Les pauvres âmes de tous ces macchabs, piégés dans une matière indestructible, incapables de vieillir et de mourir.

Mais Bébé Jenks, elle, était libre. Le filet était loin maintenant. Elle découvrait tant de choses.

Par exemple, des milliers et des milliers d'autres morts, flottant là, eux aussi, dans une immense nappe de brume grise. Certains cherchaient leur chemin, d'autres se battaient entre eux. D'autres encore se penchaient sur le lieu où gisait leur cadavre, comme s'ils ignoraient leur sort ou refusaient d'y croire. Deux d'entre eux essayaient en vain de se montrer aux vivants, de les héler.

Elle, en revanche, savait qu'elle était morte. Ça lui était déjà arrivé. Elle ne faisait que traverser ce refuge obscur où se morfondaient des malheureux. Son voyage avait commencé! Et la misère de son existence sur terre l'affligeait. Mais là n'était plus l'important, désormais.

La lumière étincelait de nouveau, cette lumière somptueuse qu'elle avait entraperçue quand elle avait failli mourir la première fois. Elle se dirigeait vers elle, y pénétrait. Et c'était merveilleux. Jamais elle n'avait vu pareilles couleurs, pareille clarté, ni entendu une musique aussi pure. Il n'y avait pas de mots, pas de langue pour décrire cette splendeur. Et ce coup-ci, personne ne la ramènerait sur terre!

Parce que l'être qui venait à sa rencontre, pour la guider, l'aider... cet être était sa mère. Et cette mère ne la laisserait pas repartir.

Jamais elle n'avait ressenti autant d'amour qu'elle en éprouvait pour sa mère; mais l'amour était partout; la lumière, les couleurs, l'amour formaient un tout indissociable.

Pauvre Bébé Jenks, pensa-t-elle en jetant un dernier coup d'œil sur la terre. Mais il n'y avait plus de Bébé Jenks. Non, plus l'ombre d'une Bébé Jenks.

3

LA DÉESSE PANDORA

Jadis nous avions les mots.
Bœuf et faucon. Sillons.
Il y avait la clarté.
Sauvages comme des cornes
recourbées,
nous vivions dans des chambres de pierre.
Nous laissions nos cheveux pendre aux fenêtres
pour que les hommes y grimpent.
Les boucles, un jardin derrière les oreilles.
Sur chaque colline, le roi
de la colline. La nuit, nous défaisions
les tapisseries. Les hommes démasqués criaient.
Les astres perçaient la nuit et nous avions les mots.

STAN RICE, 1983

La créature qui avançait le long de l'abrupt sentier enneigé – si vite que nul humain n'aurait pu la suivre – était grande, enveloppée dans un vêtement noir qui ne laissait voir que ses yeux.

La nuit illuminée d'une myriade de minuscules étoiles était presque claire, dans l'air raréfié des hauteurs de l'Himalaya, et loin devant – à quelle distance, elle ne pouvait le dire – se découpaient les flancs plissés de l'Everest, au-dessus d'une couronne de turbulents nuages blancs. Chaque fois qu'elle posait les yeux sur ce paysage, elle en avait le souffle coupé ; pas seulement à cause de sa beauté, mais aussi parce qu'il semblait le dépositaire de tant de secrets bien qu'il n'en possédât aucun.

Vénérer cette montagne ? Oui, on le pouvait impunément, car elle resterait à jamais silencieuse. Ce vent qui sifflait et la glaçait ne parlait de rien ni au nom de personne. Et cette magnificence fortuite et indifférente lui donnait envie de pleurer.

Comme la vue de ces pèlerins loin en contrebas qui, telle une colonne de fourmis, escaladaient l'étroit sentier escarpé et tortueux. Leur foi aveugle la remplissait de tristesse. Et pourtant, c'était vers le même temple, caché dans cette montagne, qu'elle se dirigeait, vers le même dieu abject et illusoire.

Le froid la mordait cruellement. Le givre avait recouvert son visage, ses paupières, et accroché des cristaux à ses cils. Et chaque pas dans cette tourmente était une épreuve, même pour elle. La douleur ou la mort ne pouvaient pas l'atteindre, elle était trop vieille pour cela. C'est de son esprit que venait sa souffrance. De la résistance fantastique des éléments, de l'immensité immaculée et éblouissante de ces neiges infinies.

Qu'importait. Un frisson d'angoisse l'avait parcourue plusieurs nuits auparavant, dans les rues grouillantes et nauséabondes de New Delhi, et depuis, pas une heure ne s'était écoulée sans que cette sensation ne se répète, comme si la terre avait commencé à trembler en son centre.

Par moments, elle était sûre que le Père et la Mère renaissaient à la vie. Quelque part, très loin, dans une crypte où son bien-aimé Marius les avait placés, Ceux Qu'Il Faut Garder s'étaient enfin éveillés. Seule cette résurrection était capable de déclencher un signal de cette nature, à la fois aussi puissant et vague : après six mille années d'une terrifiante immobilité, Akasha et Enkil s'étaient levés du trône qu'ils partageaient.

Mais tout ceci n'était qu'imagination, sans doute. Autant demander à la montagne de parler. Car les ancêtres de tous les buveurs de sang n'étaient pas une légende pour elle. Contrairement à bon nombre de leurs descendants, elle les avait vus de ses propres yeux. C'est à la porte de leur mausolée qu'elle avait été faite immortelle. Elle s'était avancée à genoux et avait touché la Mère ; elle avait transpercé la surface lisse et brillante qui avait été jadis une peau humaine et avait reçu dans sa bouche ouverte le flot du sang sacré. A cette époque déjà, il lui avait semblé miraculeux que ce fluide vivant jaillisse du corps sans vie et que les blessures se referment d'elles-mêmes.

Mais dans ces siècles reculés où régnait la foi, elle avait partagé avec Marius la certitude que le Père et la Mère ne faisaient que dormir paisiblement et que, le temps venu, ils s'éveilleraient et parleraient de nouveau à leurs enfants.

A la lueur des chandelles, Marius et elle leur avaient chanté des hymnes; elle avait brûlé de l'encens, placé des fleurs devant eux; elle avait juré de ne jamais révéler le lieu du sanctuaire de crainte que d'autres buveurs de sang ne viennent supprimer Marius et se repaître du sang originel et tout-puissant.

Mais c'était il y a longtemps, quand le monde était divisé en tribus et empires, quand les héros et les empereurs étaient couronnés dieux en un jour. En ce temps-là, elle se piquait d'idées philosophiques subtiles.

Comme la montagne, elle savait maintenant ce que signifiait l'éternité.

Danger. Encore une fois, la sensation fulgurante la traversa comme une décharge électrique. Puis en un éclair, elle aperçut un endroit vert, humide, un sol spongieux, une végétation étouffante. Mais la vision disparut presque aussitôt.

Elle s'arrêta, aveuglée un instant par l'éclat de la neige sous le clair de lune, et leva les yeux vers les étoiles qui clignotaient à travers une fine traînée de nuages floconneux. Elle essaya de capter les voix d'autres immortels. Mais aucun message ne lui parvint distinctement – seulement une pulsation sourde venue du temple vers lequel elle se dirigeait et, loin derrière elle, montant du dédale des ruelles obscures d'une ville sale et surpeuplée, la musique enregistrée, à jamais figée, de ce buveur de sang fou, « la rock star », le vampire Lestat.

Il était voué à l'échec, cet impétueux jeune coq qui avait osé composer des chansons à partir de vérités tronquées et approximatives. Elle avait tant vu de jeunes accéder au firmament de la gloire pour en retomber aussitôt.

Cependant son audace l'intriguait tout autant qu'elle la

scandalisait. Se pouvait-il que le cri d'alarme qu'elle avait perçu ait quelque chose à voir avec ces chants plaintifs et rauques ?

Akasha, Enkil
Écoutez vos enfants

Comment osait-il révéler ces noms sacrés au monde des mortels ? Il semblait impensable, insensé, qu'une telle créature ne soit pas condamnée sur l'heure. Pourtant le monstre se délectait de cette invraisemblable célébrité et il divulgait des secrets qu'il n'avait pu apprendre que de la bouche de Marius. Mais où était Marius, celui qui depuis deux mille ans dissimulait, d'un sanctuaire à l'autre, Ceux Qu'Il Faut Garder ? Son cœur allait se briser si elle s'autorisait à penser à lui et aux querelles qui, jadis, les avaient séparés.

La voix de Lestat s'était tue, brouillée par d'autres enregistrements, des vibrations qui parvenaient des villes et des villages, et par les gémissements toujours distincts des âmes des mortels. Comme souvent, son esprit puissant ne pouvait isoler un son en particulier. La marée déferlait – informe, terrifiante –, et elle dut se fermer aux bruits du monde. De nouveau, elle se retrouva seule avec le vent.

Ah, que devait être la clameur de la terre pour la Mère et le Père dont les pouvoirs n'avaient cessé de croître depuis la nuit des temps ? Leur était-il possible, à eux aussi, de stopper le flot des voix, ou d'y distinguer parfois celle qu'ils souhaitaient entendre ? Peut-être étaient-ils aussi passifs dans ce domaine que dans les autres. Peut-être était-ce ce vacarme ininterrompu qui les pétrifiait, qui engourdissait leur cerveau, tandis que les assaillaient sans fin les cris, mortels et immortels, de la création tout entière.

Elle regarda la haute cime dentelée devant elle. Il lui fallait continuer. Elle resserra un peu plus sa cape autour de son visage et se remit en marche.

Alors qu'elle arrivait sur un petit promontoire, elle aperçut enfin le but de son expédition. Au-delà d'un immense glacier, perché sur un versant escarpé, se dressait le temple, construction de pierres que sa blancheur rendait presque invisible, son clocher masqué par la neige qui recommençait à tomber en tourbillons.

Aussi rapide fût-elle, combien de temps lui faudrait-il pour l'atteindre ? Elle savait ce qu'il lui restait à faire, mais ne pouvait s'y résoudre. Elle devait lever les bras, défier les lois de la nature et sa propre raison, et s'élever au-dessus de l'abîme qui la séparait du temple, puis descendre doucement une fois sur l'autre versant du ravin glacé. Aucun de ses autres pouvoirs ne lui faisait éprouver un tel sentiment d'étrangeté, d'inhumanité, d'éloignement par rapport à la femme qu'elle avait jadis été.

Mais elle voulait, elle devait gagner ce temple. Alors elle déploya lentement ses bras, avec une grâce étudiée. Les yeux fermés, elle ordonna à son corps de quitter le sol, et elle le sentit qui décollait, libre de toute entrave, chevauchant le vent de sa propre volonté.

Un long moment, elle s'abandonna au gré des courants. Son corps dérivait, tournoyait. Elle prenait de plus en plus d'altitude, traversant les nuages, les yeux fixés sur les étoiles. Comme ses vêtements lui pesaient ! N'était-elle pas sur le point de se désintégrer ? Était-ce l'étape suivante ? Une poussière dans l'œil de Dieu, songea-t-elle. Son cœur se serra. Quelle horreur, perdre ainsi toute attache... Les larmes lui montèrent aux yeux.

Et comme chaque fois en de pareils instants, son passé lointain de mortelle, auquel elle se raccrochait, lui paraissait plus que jamais un mythe à chérir, tandis que toutes les autres croyances la désertaient. *J'ai vécu, j'ai aimé et ma chair était tiède.* Elle revoyait Marius, son créateur, non pas tel qu'il était aujourd'hui, mais le jeune immortel d'alors, brûlant d'un secret surnaturel : « Pandora, mon adorée... » « Donne-moi l'immortalité, je t'en prie. » « Pandora, viens avec moi demander la bénédiction de la Mère et du Père. Viens dans le sanctuaire. »

Désespérée, comme exilée, elle aurait pu dans son désarroi oublier sa destination et se laisser emporter vers le soleil levant. Mais le message resurgit, silencieux, lancinant, pour lui rappeler sa mission. *Danger*. Elle écarta les bras, s'obligea à regarder vers la terre et vit, juste au-dessous d'elle, la cour du temple et ses bûchers.

Sa descente vertigineuse la stupéfia, la désorienta quelques secondes. Elle se retrouva dans l'enceinte du temple, le corps douloureux ; puis le froid et le calme l'envahirent à nouveau.

Les hurlements du vent lui parvenaient assourdis. La musique à l'intérieur du temple résonnait à travers les murs – pulsation hallucinante, battements de tambours et de tambourins, voix mêlées en une incantation répétitive et lugubre. Et devant elle se dressaient les bûchers crépitants sur lesquels noircissaient des cadavres. La puanteur lui donnait la nausée. Pourtant, longtemps, elle contempla les flammes qui léchaient les chairs grésillantes, les squelettes calcinés, les cheveux d'où s'échappaient soudain des volutes de fumée blanche. Elle suffoquait; l'air pur de la montagne ne pouvait l'atteindre en ce lieu.

Elle fixa le portail de bois qui menait au sanctuaire. Une fois de plus, elle allait, à son corps défendant, mettre son pouvoir à l'épreuve. Les portes s'ouvrirent et elle pénétra au cœur du temple, étourdie par les lumières, la chaleur et les chants.

« Azim! Azim! Azim! », psalmodiaient les fidèles qui se pressaient vers le centre de la salle illuminée de flambeaux, agitant en cadence leurs poignets et leur tête. « Azim! Azim! Azim-Azim-Azim! Ahhhh Ziiiim! » De la fumée s'élevait des encensoirs; des nuées de silhouettes tourbillonnaient interminablement, marquant le sol de leurs pieds nus, mais nul ne la voyait. Leurs yeux étaient clos, leurs faces sombres impénétrables, seules leurs lèvres bougeaient, répétant à l'infini le nom vénéré.

Elle se fraya un chemin au plus épais de cette multitude d'hommes et de femmes, certains vêtus de loques, d'autres couverts de soieries éclatantes et de joyaux, tous récitant la même invocation avec une monotonie terrifiante. Elle sentit l'odeur de fièvre, de faim, celle des cadavres, écrasés par la foule dans son délire. Elle se cramponna à une colonne de marbre, comme pour s'amarrer dans ce fleuve tumultueux de mouvements et de bruits.

Enfin, elle distingua Azim au milieu de la cohue. Sa peau de bronze était moite et luisante à la lueur des torches, un turban de soie noire entourait sa tête, sa longue tunique brodée était maculée du sang mêlé des mortels et des immortels. Ses yeux noirs, cerclés de khôl, semblaient démesurés. Au rythme sourd des tambours, il dansait d'un mouvement ondoyant, lançant ses poings en avant, puis les ramenant à lui comme s'il frappait contre un mur invisible. Ses pieds chaussés de babouches battaient frénétiquement les dalles de marbre. Un filet de sang coulait au coin de sa bouche. Son expression était celle de la plus complète hébétude.

Cependant il avait conscience de sa présence. Sans interrompre ses gesticulations, il la dévisagea, et elle vit ses lèvres se retrousser en un sourire.

Pandora, ma belle et immortelle Pandora...

Il était repu, gras et congestionné comme rarement elle avait vu un immortel le devenir. Il renversa la tête en arrière, pivota sur lui-même et jeta un cri perçant. Ses servants s'avancèrent et lui tailladèrent les poignets avec leurs couteaux de cérémonies.

Les fidèles se précipitèrent, la bouche tendue pour recevoir le sang sacré qui jaillissait. La mélopée s'intensifia, couvrant les cris étouffés de ceux qui étaient le plus près de lui. Et soudain, il fut hissé dans les airs, le corps étendu sur les épaules de ses adorateurs, les babouches dorées pointées vers le haut plafond en mosaïque, les couteaux incisant ses chevilles puis ses poignets dont les blessures s'étaient déjà refermées.

La foule en délire semblait grossir et ses mouvements devenir plus frénétiques. Des corps ruisselants d'une sueur nauséabonde s'écrasaient contre elle, indifférents à la froideur et à la dureté de ses membres séculaires sous l'ample vêtement de laine douce. Elle ne bougea pas. Elle se laissa submerger par la marée humaine. Elle vit qu'on reposait Azim sur le sol, saigné, geignant, ses entailles déjà cicatrisées. Il lui fit signe de le rejoindre. Elle refusa silencieusement.

Elle l'observa tandis qu'il empoignait au hasard une jeune femme aux yeux maquillés et aux pendants d'oreilles en or, et tranchait sa gorge gracile.

La foule ne scandait plus les syllabes de son nom; c'était maintenant un cri inarticulé qui sortait de toutes les poitrines.

Les yeux exorbités, semblant terrifié par son propre pouvoir, Azim vida sa victime de son sang en une seule et formidable aspiration, puis jeta sur les dalles le corps déchiqueté que les fidèles entourèrent, les mains tendues comme dans une supplique à leur dieu enivré et titubant.

Elle fit volte-face et sortit dans la cour intérieure,

s'écartant de la chaleur des bûchers. L'odeur d'urine et de tripaille la prit à la gorge. Elle s'adossa au mur, les yeux levés, pensant à la montagne, ne prêtant nulle attention aux officiants qui passaient près d'elle, tirant les cadavres des victimes fraîchement sacrifiées pour les jeter dans les flammes.

Pandora songeait aux pèlerins qu'elle avait vus sur le sentier conduisant au temple, cette longue cohorte qui serpentait lentement nuit et jour à travers la montagne hostile en direction de ce lieu sans nom. Combien succombaient sans avoir même atteint ce précipice ? Combien mouraient devant le portail en attendant d'être admis à l'intérieur ?

Elle abominait ce culte immonde. Et en même temps, quelle importance ? L'horreur durait depuis si longtemps. Elle demeura patiemment dans la cour. Puis, Azim l'appela.

Elle pénétra de nouveau dans le temple et franchit une porte jusqu'à une petite antichambre décorée de fresques, où, sur un tapis rouge frangé de rubis, il l'attendait, silencieux, entouré de l'or et de l'argent de toutes les offrandes, la musique dans la salle, assourdie, langoureuse et inquiétante.

– Mon aimée, dit-il.

Il saisit son visage entre ses mains et l'embrassa. Un flot de sang chaud jaillit de sa bouche dans celle de Pandora, et durant un instant extatique, la visiteuse ne fit plus qu'un avec les chants et la mélopée des fidèles, leurs cris entêtants. Elle s'abandonna au torrent brûlant de l'adoration des mortels. A l'amour.

Oui, l'amour. Marius lui apparut. Elle rouvrit les yeux et recula. Elle ne distingua d'abord que les murs ornementés de paons et de lis, et les monceaux d'or. Puis elle vit Azim.

A l'image de son peuple, il ne changeait pas, comme ne changeaient pas les villages d'où venaient ses sujets à travers les étendues désertiques et enneigées pour trouver cette fin horrible et absurde. Depuis plus de mille ans, Azim régnait sur ce temple d'où aucun fidèle n'était jamais ressorti vivant. Sa peau souple et dorée nourrie d'un fleuve intarissable de sang sacrificiel n'avait que très légèrement pâli au cours des siècles, tandis que celle de

Pandora avait perdu tout éclat humain en moitié moins de temps. Seuls ses yeux, et peut-être ses cheveux bruns, lui donnaient encore l'apparence de la vie. Elle était belle, elle le savait, mais lui avait quelque chose de plus : la force du mal. Idolâtré de ses fidèles, enveloppé de légende et de mythe, il régnait, sans passé ni avenir, aussi mystérieux pour elle maintenant que toujours.

Elle ne voulait pas s'attarder. L'endroit la répugnait plus qu'elle ne voulait le lui laisser deviner. Elle lui dit en silence la raison de sa visite, les cris d'alarme qu'elle avait perçus. Quelque chose allait de travers, un changement s'était produit, quelque chose qui n'était jamais arrivé auparavant! Et elle lui parla aussi du jeune buveur de sang qui enregistrait des chansons en Amérique, des chansons véridiques sur la Mère et le Père, qu'il appelait par leurs noms. Elle lui ouvrait son esprit, tout simplement.

Elle observa Azim, consciente de l'immense pouvoir qu'il avait de lire ses pensées tout en ne laissant percer aucun de ses propres secrets.

– Chère Pandora, dit-il avec dédain, qu'ai-je à faire de nos précieux ancêtres? Ils ne me sont rien. Et que m'importe ton irremplaçable Marius et ses cris incessants? Rien de tout cela ne me concerne!

Elle demeura interdite. Marius qui appelait à l'aide! Azim éclata de rire.

– Explique-toi, l'implora-t-elle.

Il rit encore et lui tourna le dos. Elle ne pouvait rien faire d'autre qu'attendre. Marius, son initiateur. La terre entière résonnait peut-être de la voix de Marius, mais elle était incapable de l'entendre. Était-ce un écho qui lui était parvenu, un faible écho du cri formidable que les autres avaient capté? *Dis-moi ce que tu sais, Azim. Pourquoi faire de moi ton ennemie?*

Quand cédant à sa prière, il lui fit face, son visage rebondi avait une expression songeuse, presque humaine, tandis qu'il pressait ses mains dodues l'une contre l'autre à hauteur de sa lèvre humide. Il voulait quelque chose d'elle. Il n'y avait plus trace de dédain, ni de malveillance en lui.

– C'est un avertissement, dit-il. Il provient de très loin, par vagues régulières, propagé par la chaîne de ceux qui le comprennent : un danger nous menace. Il est suivi d'un appel au secours, plus faible : aidez-moi afin que j'essaye d'écarter ce danger. Mais ce message manque de conviction. C'est à l'avertissement que Marius désire par-dessus tout que nous prêtions attention.

— Les mots ? Quels sont les mots exacts ?

Il haussa les épaules.

— Je ne les écoute pas. Ça ne m'intéresse pas.

— Ah bon ! Très bien !

Elle lui tourna le dos à son tour et l'entendit qui s'approchait, puis sentit ses mains sur ses épaules.

— Réponds à ma question toi aussi, dit-il en l'obligeant à le regarder. C'est le rêve au sujet des jumelles qui m'inquiète. Que signifie-t-il ?

Le rêve des jumelles ? Elle ne savait que répondre. La question était bizarre. Elle avait fait tant de rêves.

Il la dévisageait sans un mot, comme s'il la soupçonnait de mentir. Puis il se mit à parler, très lentement, guettant chacune de ses réactions.

— Deux femmes, rousses. Des événements terribles leur arrivent. Elles m'apparaissent juste avant que je n'ouvre les yeux. Je les vois se faire violer devant une foule assemblée. Et je ne sais ni qui elles sont, ni où et quand cet acte se déroule. Mais je ne suis pas le seul à m'interroger. Disséminés dans le monde entier, d'autres dieux des ténèbres font ces mêmes rêves.

Dieux des ténèbres ! Nous sommes loin d'être des dieux, pensa-t-elle, méprisante.

Il lui sourit. Ce lieu n'était-il pas son temple ? N'enten-dait-elle pas les lamentations des fidèles ? Ne sentait-elle pas l'odeur de leur sang ?

— Je ne sais rien de ces deux femmes, dit-elle.

Des jumelles rousses... Non, vraiment. Elle effleura ses doigts d'un geste presque enjôleur.

— Azim, ne me tourmente plus. Dis-moi ce que tu sais sur Marius. D'où son appel vient-il ?

Comme elle le haïssait en cet instant de s'entêter à lui dissimuler ce secret.

— D'où ? fit-il d'un ton provocant. Ah, c'est bien là le problème ! Te figures-tu qu'il oserait nous conduire au mausolée de nos ancêtres ? Si j'en étais convaincu, je lui répondrais tout de suite. J'abandonnerais mon temple pour partir à sa recherche, tu peux en être sûre. Mais aucun de nous n'est dupe. Il se détruirait plutôt que de révéler où se trouve ce sanctuaire.

– Mais d'où appelle-t-il? répéta-t-elle, patiente.

– Ces rêves, insista-t-il à son tour, le visage assombri par la colère. Les rêves des jumelles, je veux qu'on me les explique.

– Je le ferais si je le pouvais.

Elle songea aux paroles des chansons de Lestat. Les chansons sur Ceux Qu'Il Faut Garder et sur les cryptes creusées au cœur des cités d'Europe, les chansons de quête et de malheur. Mais de femmes rousses, il n'en était jamais question...

Furieux, il l'interrompit dans sa réflexion.

– Lestat le vampire, ricana-t-il. Ne me parle pas de cet être infâme. Comment se peut-il qu'il n'ait pas encore été éliminé? Que font les dieux des ténèbres? Dorment-ils comme la Mère et le Père?

Il la scruta, l'air soupçonneux, tandis qu'elle gardait le silence.

– Bon, je te crois, conclut-il. Tu m'as vraiment dit tout ce que tu savais.

– Oui.

– Je reste sourd aux cris de Marius, je te l'ai dit. Ce voleur d'ancêtres peut bien m'appeler au secours jusqu'à la fin des temps. Mais pour toi, Pandora, que j'aime plus que jamais, je condescends à me mêler de cette affaire. Traverse l'océan jusqu'au Nouveau Monde. Dirige-toi vers le Grand Nord glacé au-delà des terres où poussent les forêts, près de la mer de l'Ouest. Là tu découvriras peut-être Marius, emprisonné dans une citadelle de glace. Il crie qu'il ne peut bouger. Quant à sa mise en garde, elle est aussi vague que persistante. Un danger nous menace. Nous devons l'aider afin qu'il écarte ce péril. Qu'il puisse se rendre auprès de Lestat.

– Ah, c'est donc ce jeune fou qui est la cause de tout!

Un frisson la traversa, violent, douloureux. Elle vit en esprit les faces impénétrables et immobiles de la Mère et du Père, monstres indestructibles aux formes humaines. Déconcertée, elle considéra Azim. Il s'était tu un instant. Elle attendit qu'il reprenne.

– Non, dit-il enfin, la voix soudain plus basse, tout

accent de colère évanoui. Nous courons un danger, Pandora, un grand danger, et nous n'avions pas besoin de Marius pour nous l'annoncer. Ce péril a un rapport avec les jumelles rousses (il paraissait étonnamment sérieux, moins sur ses gardes), de cela je suis sûr, car j'étais déjà vieux lorsque Marius a été métamorphosé. Les jumelles, Pandora. Oublie Marius et écoute plutôt tes rêves.

Elle le contempla, interloquée. Il la fixa un long moment, puis ses yeux semblèrent se rétrécir, comme se solidifier. Elle pouvait le sentir qui s'isolait en lui-même, oubliant les paroles qu'ils avaient échangées. Bientôt, il n'eut même plus conscience de sa présence.

Il écoutait les lamentations pressantes de ses adorateurs et la soif le tenaillait de nouveau ; il voulait des hymnes et du sang. Il fit demi-tour, mais avant de quitter l'antichambre, il lui jeta un dernier regard.

– Viens avec moi, Pandora ! Une heure seulement !

Sa voix était avinée, grasseyante.

L'invitation la prit au dépourvu. Elle hésita. Il y avait des années qu'elle n'avait goûté à ce plaisir sublime. Elle ne pensait pas uniquement au sang, mais à cette union éphémère et parfaite avec un autre être. Et soudain cette volupté était là, à sa portée, avec ces milliers de pèlerins qui avaient escaladé la chaîne de montagnes la plus inaccessible de la terre à la recherche de cette mort. Elle songeait aussi à la quête qu'il lui fallait entreprendre – retrouver Marius – et à tous les sacrifices qu'elle lui coûterait.

– Viens, mon aimée.

Elle accepta la main tendue et se laissa guider hors de la pièce jusqu'au centre du sanctuaire. L'intensité de la lumière la surprit. Oui, encore du sang. L'odeur des humains la pénétra, torturante.

Les cris des fidèles étaient assourdissants. Le battement de leurs pieds semblait ébranler les murs décorés de fresques et le plafond scintillant d'or. L'encens irritait ses yeux. Des souvenirs depuis longtemps enfouis du mausolée, de Marius l'étreignant, l'envahirent. Azim la débarrassa de sa lourde cape, découvrant son visage, ses bras nus, la simple tunique de laine noire qu'elle portait et la longue chevelure brune qui couvrait ses épaules. Elle vit son image se refléter dans un millier de prunelles humaines.

– La déesse Pandora, annonça-t-il en renversant la tête en arrière.

Des hurlements couvrirent les roulements rapides des tambours. D'innombrables mains mortelles l'effleurèrent. « Pandora, Pandora, Pandora! » Les incantations mêlaient maintenant son nom à celui d'Azim.

Un jeune homme à la peau brune dansait devant elle, sa chemise de soie blanche collée par la sueur à son torse sombre. Sous ses noirs sourcils, une lueur de défi brillait dans ses yeux d'encre. *Je suis votre victime! Déesse!* Tout à coup, dans la lumière vacillante et le bruit qui la submergeaient, elle ne vit plus que les yeux, le visage du garçon. Elle le saisit, broyant ses côtes dans sa hâte, ses dents s'enfonçant profondément dans son cou. *Vivant.* Le sang se répandit dans ses veines, irrigua son cœur, puis diffusa sa chaleur dans ses membres glacés. Elle avait oublié la radieuse sensation – l'exquise volupté, le désir insatiable. La mort la laissa foudroyée, haletante. Elle la sentit qui envahissait son cerveau. Aveuglée, elle gémit. Puis, soudainement, sa vue devint si pénétrante qu'elle en fut pétrifiée. Les colonnes de marbre vivaient et respiraient. Elle abandonna le corps sans vie et s'empara d'un autre jeune homme, poitrine nue, défaillant de faim, mais dont la force aux portes de la mort lui fit perdre la tête.

Elle brisa sa nuque délicate et elle but, tandis que son cœur se dilatait, que sa peau s'imprégnait de sang. Juste avant de fermer les yeux, elle vit ses mains se colorer. Oui, des mains humaines. Et la mort plus lente à venir cette fois, plus rebelle, puis cédant soudain dans une explosion de lumières et de rugissements.

« Pandora! Pandora! Pandora! »

Dieu, n'y a-t-il ni justice ni fin?

Elle oscillait d'avant en arrière. Les visages cuivrés, chacun bien distinct, tourbillonnaient devant elle. Le sang bouillonnait dans ses veines comme s'il cherchait à s'infiltrer dans chacune des cellules de son corps. Sa troisième victime se rua sur elle. Ses jeunes membres graciles, ses cheveux si doux, ce duvet sur ses bras, ses os fragiles; il était si léger, comme désincarné. Elle eut soudain l'impression que c'était elle qui existait réellement.

Elle arracha à moitié la tête et fixa un instant la colonne vertébrale brisée, puis aspira la mort d'un trait quand le sang gicla de l'artère béante. Mais le cœur, le cœur qui battait, elle voulait le voir, le goûter. Elle renversa le corps sur son bras droit et, de sa main gauche, elle fendit le sternum, ouvrit la cage thoracique, puis fouilla dans la cavité chaude pour en retirer le cœur.

Le cœur qui n'avait pas encore cessé de battre, pas complètement. Il était luisant telle une grappe de raisin humide. Les fidèles s'écrasaient maintenant autour d'elle tandis qu'elle brandissait son trophée au-dessus de sa tête, en le pressant doucement afin que le jus de la vie coule entre ses doigts et jusque dans sa bouche. Oui, volupté suprême, puisse-t-elle durer toujours.

« Déesse ! Déesse ! »

Azim l'observait en souriant. Mais elle ne le voyait pas. Elle regardait le cœur qui se flétrissait comme elle en extrayait les dernières gouttes de sang. Quand elle lâcha la pulpe exsangue, ses mains rougies rayonnaient de l'éclat de la vie. Elle sentait sur sa peau le picotement de la chaleur. Une vague de souvenirs déferla, une vague d'images incompréhensibles. Elle les repoussa. Cette fois elle ne se laisserait pas asservir par sa mémoire.

Elle prit sa cape et s'en enveloppa. Elle éprouva une sensation de bien-être, tandis que des mains tièdes et attentives rabattaient le tissu de laine douce sur ses cheveux et sur le bas de son visage. Ignorant les voix ardentes qui scandaient son nom, elle se retourna et sortit, heurtant et blessant sans le vouloir les fidèles fanatisés qui se jetaient sur son passage.

Dehors, l'air lui parut délicieusement frais. Elle releva la tête pour respirer le vent des cimes qui soufflait par rafales dans la cour où il attisait les bûchers avant d'entraîner au loin leur fumée âcre. Le clair de lune illuminait les pics enneigés au-delà des murs d'enceinte.

Elle resta immobile à écouter le sang circuler dans ses veines et s'étonna, presque avec désespoir, qu'il puisse encore la vivifier. Accablée de tristesse, elle considéra l'austère et grandiose paysage qui encerclait le temple, les nuages qui couraient dans le ciel. Comme le sang lui donnait du courage. Elle avait le sentiment passager que tout dans l'univers était à sa place – fût-ce au prix d'un acte abominable, impardonnable.

Ce que la raison ne peut expliquer, nos sens en ont le

pouvoir. Laissons-les donc parler aux misérables que nous sommes.

Elle s'approcha d'un bûcher et, avec précaution, elle tendit ses mains au feu pour qu'il les purifie, qu'il brûle le sang, les lambeaux de cœur. La chaleur des flammes n'était rien comparée à celle du sang en elle. Quand enfin elle ressentit une vague douleur, elle recula et examina ses paumes immaculées.

Elle devait quitter cet endroit maintenant. Marius avait besoin d'elle. *Danger.* L'appel résonna en elle, plus fort qu'auparavant parce que le sang la rendait plus réceptive. Et il ne semblait pas émaner d'une seule personne. C'était plutôt comme la voix d'un immense chœur, l'écho assourdi d'un savoir commun. Elle avait peur.

Les yeux embués de larmes, elle fit le vide dans son esprit. Elle leva ses mains, juste ses mains, délicatement. Et l'ascension commença. Silencieuse, rapide, invisible comme le vent.

Haut dans le ciel, au-dessus du temple, son corps traversa un tourbillon de brume. L'intensité de la lumière la stupéfia. Partout une blancheur éclatante. Et au-dessous, les crêtes dentelées et les glaciers miroitants qui descendaient vers l'ombre douce des forêts et des vallées. Nichés çà et là, des bouquets de lumières scintillantes dessinaient le tracé des villages et des villes. Elle ne se lassait pas de contempler ce spectacle. Mais, en quelques secondes, un amoncellement de nuages floconneux l'obscurcit. Elle était seule parmi les étoiles.

Les étoiles – dures, clignotantes, qui semblaient l'entourer comme si elle était des leurs. Mais les étoiles n'avaient besoin de rien ni de personne, en vérité. Elle fut saisie de terreur. Puis d'un chagrin profond, pas si différent du bonheur en fait. Plus de luttes, plus de tourments.

Embrassant du regard la multitude des constellations, elle ralentit son ascension et tendit les deux mains vers l'ouest.

Le lever du jour était encore à neuf heures derrière elle. Ainsi, fuyant le soleil, commença son voyage avec la nuit, vers l'autre côté du globe.

L'HISTOIRE DE DANIEL,
LE PETIT AMI DU DÉMON,
OU LE GARÇON D'*ENTRETIEN*
AVEC UN VAMPIRE

> *Ces ombres tant attendues*
> *qui un soir du ciel descendront*
> *en limousine, qui sont-elles ?*
> *La rose,*
> *bien qu'elle le sache,*
> *sans gorge*
> *ne peut le dire.*
> *La moitié mortelle de mon âme rit.*
> *Code et message sont différents.*
> *Et qu'est-ce qu'un ange*
> *sinon un fantôme travesti ?*

> STAN RICE, 1983

C'était un grand garçon mince aux cheveux cendrés et aux yeux violets. Sous ses jeans gris et son sweat-shirt crasseux, il frissonnait dans le vent glacial qui balayait l'avenue Michigan en cette fin d'après-midi.

Daniel Molloy – c'était son nom – avait trente-deux ans, mais paraissait plus jeune. Un éternel étudiant, pas un homme, ce genre de visage qui ne vieillit pas. Tout en marchant, il se murmura à lui-même : « Armand, j'ai besoin de toi. Armand, ce concert est demain soir. Et quelque chose de terrible va arriver, quelque chose de terrible... »

Il avait faim. Trente-six heures qu'il n'avait rien

mangé. Le réfrigérateur de sa sordide petite chambre d'hôtel était vide, et du reste, on l'avait mis à la porte ce matin parce qu'il n'avait pas payé sa note. Difficile de tout se rappeler d'un coup.

Puis il se souvint du rêve qui le hantait, le rêve qui revenait chaque fois qu'il fermait les yeux, et il en oublia sa faim.

Il y voyait les jumelles, le corps calciné de la femme, son crâne dénudé, sa peau craquelée. Son cœur luisait comme un fruit trop mûr sur le plat posé à côté d'elle. Sur l'autre plat, il y avait comme une cervelle cuite.

Armand savait certainement de quoi il retournait, il devait le savoir. Ce n'était pas un rêve ordinaire. C'était sans aucun doute un truc qui avait un rapport avec Lestat. Et Armand serait bientôt là.

Seigneur, comme il se sentait faible. Il délirait. Il avait besoin d'avaler quelque chose, un verre d'alcool au moins. Il n'avait pas un sou en poche, seulement le vieux chèque tout chiffonné de ses droits d'auteur sur le livre *Entretien avec un Vampire*, « écrit » sous un pseudonyme, il y avait plus de douze ans.

Un tout autre univers, l'époque où, jeune journaliste, il vadrouillait de bar en bar à travers le monde avec un magnétophone pour recueillir les confidences des noctambules paumés. Enfin une nuit à San Francisco, il avait trouvé le sujet en or. Et la lumière de la vie ordinaire s'était subitement obscurcie.

Aujourd'hui, il n'était plus qu'une épave qui marchait trop vite sous le ciel automnal de Chicago. Dimanche dernier, il était à Paris, et le vendredi précédent à Édimbourg. Avant Édimbourg, il avait été à Stockholm, et avant ça, il ne se rappelait plus. Le chèque lui était parvenu à Vienne, mais quand, il n'en savait plus rien.

Dans tous ces endroits, il effrayait les gens qu'il croisait. Lestat avait une bonne formule dans son autobiographie pour décrire les types de son espèce : « L'un de ces mortels assommants qui ont vu des esprits... » *C'est moi tout craché!*

Où avait-il fourré ce bouquin, *Lestat, le Vampire?* Ah oui, on le lui avait volé cet après-midi sur le banc dans le parc, pendant qu'il dormait. Bah, qu'ils le gardent. Lui-même l'avait fauché, et il l'avait déjà lu trois fois.

N'empêche que s'il l'avait encore en ce moment, il aurait pu le vendre, et peut-être en tirer assez d'argent pour un verre de cognac, histoire de se réchauffer. Et lui, que valait-il à présent, ce vagabond affamé et frigorifié qui traînait les pieds sur l'avenue Michigan en maudissant le vent qui transperçait ses vêtements élimés et sales? Dix millions? Cent millions? Il l'ignorait. Armand l'aurait su, bien sûr.

Tu as besoin d'argent, Daniel? Je vais t'en trouver. C'est plus simple que tu ne le crois.

A mille cinq cents kilomètres au sud, Armand l'attendait dans leur île privée, une île qui appartenait en fait à Daniel. Et si seulement il avait eu une pièce de vingt-cinq cents, juste une pièce, il aurait pu appeler d'un taxiphone et dire à Armand qu'il voulait rentrer. Aussitôt, comme par miracle, on serait venu le chercher. C'était toujours comme ça. Tantôt dans le grand avion avec la chambre à coucher tapissée de velours, tantôt dans le petit avec le plafond bas et les fauteuils en cuir. Quelqu'un dans cette rue accepterait-il de lui prêter vingt-cinq cents contre un voyage jusqu'à Miami? Certainement pas.

Armand, je t'en prie! J'ai envie d'être en sécurité auprès de toi quand Lestat montera sur cette scène demain soir.

Qui voudrait lui passer de l'argent contre ce chèque? Personne. Il était sept heures et la plupart des magasins chics sur l'avenue étaient déjà fermés, sans compter qu'il n'avait plus aucun papier d'identité depuis que son portefeuille avait bizarrement disparu avant-hier. Ce crépuscule hivernal gris et aveuglant était sinistre. On aurait dit que le ciel bouillonnait derrière les nuages aux reflets métalliques. Même les magasins avaient pris un air lugubre, avec leurs façades de marbre ou de granit et leurs marchandises luxueuses qui luisaient comme des pièces archéologiques derrière les vitrines des musées. Il enfonça ses mains dans ses poches pour les réchauffer et baissa la tête pour se protéger de la pluie qui commençait à tomber en rafales.

A vrai dire, il se moquait pas mal du chèque. Il était en tout cas incapable de composer un numéro de téléphone. Plus rien ne lui semblait réel, même pas le froid. Seulement le rêve, et ce pressentiment d'une catastrophe imminente, la sensation que le vampire Lestat avait déclenché quelque chose dont lui-même n'était plus maître.

Ça lui était bien égal de fouiller dans les poubelles pour se nourrir, de dormir n'importe où, même dans un parc. Mais il allait crever de froid s'il devait s'allonger dehors, et par-dessus le marché, le rêve recommencerait.

Il revenait chaque fois qu'il fermait les yeux. Et chaque fois, plus longuement et avec plus de détails. Les jumelles rousses étaient si touchantes de beauté. Il ne voulait pas entendre leurs cris.

La première fois, dans sa chambre d'hôtel, il n'y avait pas attaché d'importance. Cette histoire n'avait aucun sens. Il s'était replongé dans l'autobiographie de Lestat, tout en jetant un coup d'œil de temps à autre sur les clips qui défilaient sur l'écran de la télé en noir et blanc qu'on vous fourguait dans ce genre de piaule.

Il avait été fasciné par l'audace de Lestat; bien sûr, ça ne lui avait pas été difficile de se déguiser en rock star, avec ses yeux perçants, son corps svelte et musclé et son sourire canaille. N'empêche qu'il était impossible de deviner. Ou peut-être que si, dans le fond. Il n'avait jamais vu Lestat, après tout.

Mais il connaissait bien Armand, pour ça oui, il avait observé chaque centimètre de son corps et de son visage d'éphèbe. Ah, quel plaisir de découvrir que Lestat parlait de lui dans son bouquin. Il n'avait cessé de se demander si les piques du chanteur et ses commentaires passionnés avaient provoqué la fureur d'Armand.

Médusé, Daniel avait regardé ce clip où Armand était dépeint comme le grand maître des vampires, officiant sous les cimetières de Paris et présidant aux cérémonies démoniaques jusqu'à ce que Lestat, l'iconoclaste du XVIIIe siècle, eût bousculé les Rites Anciens.

Armand avait dû détester ce déballage, sa vie privée étalée en une succession d'images indécentes, tellement plus frustes que le portrait relativement circonspect du livre. Armand qui n'arrêtait pas de se défier des êtres humains autour de lui, qui refusait de parler des morts vivants. Mais il était au courant. Le contraire eût été impensable.

Et tout ce ramdam à l'adresse des foules – comme la

publication en édition de poche du rapport d'un anthropologue, initié aux pratiques les plus occultes, qui vend les secrets de la tribu pour être cité sur la liste des best-sellers.

Laissons donc les dieux démoniaques guerroyer entre eux. Ce mortel est grimpé au sommet de la montagne où ils croisent le fer. Et il a été renvoyé.

Mais Daniel, assis dans son lit, le livre sur ses genoux, avait oublié ce conseil de prudence aussitôt ses yeux fermés. Le rêve était là, aussi précis qu'une hallucination. Il ne pouvait pas l'avoir inventé. Il n'avait jamais vu des gens pareils, ni ce genre de bijoux bruts sculptés dans l'os et le bois.

Le rêve avait repris le surlendemain. Il était en train de regarder, pour la quinzième fois peut-être, un clip de Lestat – celui-là sur les ancêtres marmoréens des vampires, Ceux Qu'Il Faut Garder :

> Akasha et Enkil,
> Nous sommes vos enfants,
> Mais que nous offrez-vous ?
> Votre silence
> Est-il plus précieux que la vérité ?

Et soudain, il avait sombré dans le rêve. Les jumelles s'apprêtaient à célébrer la cérémonie. Elles se partageraient les viscères posés sur les plats de terre cuite.

Il s'était réveillé épouvanté. Quelque chose de terrible allait arriver. Quelque chose qui les concernait tous... Et c'était alors qu'il avait fait le rapprochement entre le cauchemar et Lestat. Il avait songé à téléphoner. Il était quatre heures du matin à Miami. Pourquoi diable ne l'avait-il pas fait ? Armand était sans doute sur la terrasse de la villa à observer le va-et-vient ininterrompu des bateaux blancs entre la côte et l'île de Nuit. « Oui, Daniel ? » Cette voix sensuelle, envoûtante. « Calme-toi, Daniel, et dis-moi où tu es. »

Mais Daniel n'avait pas appelé. Six mois s'étaient écoulés depuis qu'il avait quitté l'île de Nuit, en principe pour de bon, cette fois-ci. Il avait renoncé définitivement à cet univers de limousines et d'avions privés, de celliers garnis de bouteilles millésimées et d'armoires remplies de vêtements bien coupés, à la présence attentive de son ami immortel qui exauçait le moindre de ses désirs.

Et maintenant il grelottait sur cette avenue, il n'avait ni abri ni argent, et la peur le gagnait.

Tu sais très bien où je suis, espèce de démon. Tu sais ce que Lestat a fait. Et tu sais que j'ai envie de rentrer.

Qu'aurait répondu Armand à cet appel?

Mais non, je ne le sais pas, Daniel. J'écoute. Je m'efforce de capter les messages. Je ne suis pas Dieu, Daniel.

D'accord. Mais viens, Armand. Viens, c'est tout! Il fait noir et froid à Chicago. Et demain Lestat le vampire chantera dans cette salle de San Francisco. Et une catastrophe va nous tomber dessus. Le mortel que je suis le sait.

Sans ralentir le pas, Daniel glissa la main dans l'encolure déformée de son sweat-shirt et toucha le lourd médaillon d'or dont il ne se séparait jamais – son talisman, comme disait Armand avec sa passion refoulée de la mise en scène – et qui contenait la fiole minuscule remplie du sang de son bien-aimé.

S'il n'avait jamais goûté à ce breuvage, aurait-il été hanté par ce rêve, cette vision, ce présage funeste?

Les gens se retournaient sur son passage. Sans doute recommençait-il à parler tout seul. Pour la première fois depuis toutes ces années, il était tenté d'ouvrir le flacon et de sentir la brûlure de ce sang sur sa langue. *Armand, viens!*

Ce jour même, à midi, le rêve s'était abattu sur lui, plus angoissant que jamais.

Il était assis sur un banc dans le petit parc, près de la place du Château d'Eau. Quelqu'un y avait laissé un journal, et quand il l'avait ouvert, il avait vu l'entrefilet: « Demain soir, Lestat le vampire sur scène, à San Francisco. » Le concert serait retransmis à la télé de Chicago à vingt-deux heures. Charmante attention pour ceux qui possédaient encore un toit et de quoi payer leur note d'électricité. Toute cette histoire lui avait paru du plus haut comique, il avait eu envie d'en rire – ah, ils allaient voir la surprise que leur réservait Lestat! Mais il avait été parcouru d'un frisson, puis une douleur, fulgurante comme une décharge électrique, l'avait traversé.

Quelque chose d'horrible allait se produire. Et si

Armand n'était pas au courant? Mais tous les disquaires de l'île devaient avoir l'album de Lestat dans leurs vitrines. Et dans tous les bars à la mode on devait entendre ses chansons.

A çe moment-là, il avait même songé à se rendre en Californie par ses propres moyens. Un miracle était toujours possible – comme récupérer son passeport à l'hôtel, entrer dans n'importe quelle banque toucher son chèque. Il était riche, oui, si riche, ce pauvre petit mortel...

Mais quelle détermination subite! Allongé sur le banc, il avait senti la caresse du soleil sur son visage et sur ses épaules. Il avait plié le journal pour s'en faire un oreiller.

Et le rêve tapi dans son crâne avait repris...

Il était également midi dans le monde des jumelles. La clairière ruisselait de soleil. Pas un bruit, hormis le chant des oiseaux.

Les deux femmes étaient agenouillées côte à côte, parfaitement immobiles. Si pâles, avec leurs yeux verts, les vagues cuivrées de leurs longues chevelures. Elles portaient de belles tuniques de lin blanc rapportées des lointains marchés de Ninive par les villageois, afin d'honorer ces puissantes sorcières, auxquelles obéissaient les esprits.

Le festin funéraire était prêt. Le four de brique avait été démonté, et le corps gisait encore fumant sur la dalle de pierre, le suc jaune s'écoulant de la peau craquelée. Une forme brune et dénudée, recouverte seulement de feuilles calcinées. Daniel était horrifié par ce spectacle.

Mais aucun des participants ne l'était, ni les jumelles ni les villageois agenouillés.

Les jumelles avaient le droit et le devoir d'accomplir ce rite : le corps noirci appartenait à leur mère. Et ce qui est humain doit demeurer parmi les humains. Un jour et une nuit seraient peut-être nécessaires, mais tous veilleraient à ce que le sacrifice soit consommé.

A présent, un mouvement agite la foule. L'une des jumelles lève le plat où reposent le cœur et les yeux de la morte, tandis que l'autre acquiesce d'un hochement de tête et saisit celui où se trouve le cerveau.

Ainsi est décidé le partage. Un tambour bat quelque part dans l'ombre. Un battement lent, rythmé, brutal.

« Que le festin commence. »

Alors le cri affreux retentit, ce cri que Daniel attendait.

Arrêtez les soldats. Mais il ne le peut pas. Tout ceci s'est passé pour de vrai. Il en est certain, maintenant. Ce n'est pas un rêve, c'est une vision. Et lui n'en est que le spectateur. Les soldats prennent d'assaut la clairière, les villageois se dispersent, les jumelles reposent les plats et se jettent sur le cadavre fumant pour le protéger. Mais c'est de la folie!

Les soldats les en arrachent sans effort, et comme ils soulèvent la pierre, le corps bascule en se disloquant et les viscères roulent dans la poussière. Les deux femmes hurlent interminablement.

Mais les villageois crient eux aussi et les soldats les frappent de leurs armes alors qu'ils s'enfuient. Les sentiers de la montagne sont jonchés de morts et d'agonisants. Les yeux de la mère sont foulés au pied de même que le cœur et le cerveau.

L'une des jumelles, les bras immobilisés dans le dos, demande vengeance aux esprits. Et ceux-ci accourent, oui, ils accourent. Ils déclenchent une tornade. Pas assez forte, cependant.

Si seulement ce cauchemar se terminait. Mais Daniel ne parvient pas à se réveiller.

Le calme est revenu. Une épaisse fumée flotte dans l'air. Il ne reste plus rien de ce lieu où des gens ont vécu pendant des siècles. Les briques sont éparpillées, les poteries brisées, tout ce qui pouvait flamber a brûlé. Des bébés, la gorge tranchée, gisent nus sur le sol où bourdonnent les mouches. Personne ne rôtira leur cadavre, personne ne mangera leur chair. Leur corps, ses pouvoirs et ses mystères, ne réintégrera pas la chaîne humaine. Déjà les chacals approchent. Et les soldats sont partis. Où sont donc les jumelles? Il les entend gémir mais n'arrive pas à distinguer où elles sont. Un violent orage gronde le long du chemin qui serpente à travers la vallée jusque dans le désert. Les esprits se métamorphosent en tonnerre, ils se métamorphosent en pluie.

Ses paupières s'étaient ouvertes. Chicago. L'avenue Michigan à midi. Le rêve avait disparu d'un coup comme une lumière qu'on éteint. Il était resté sur le banc à grelotter et à transpirer.

Tout près de lui, une radio diffusait la voix triste et obsédante de Lestat célébrant Ceux Qu'Il Faut Garder:

Mère et Père,
Gardez le silence,
Gardez vos secrets,
Mais ceux d'entre vous qui peuvent parler,
Entonnez ma chanson.

Fils et filles,
Enfants des ténèbres
Élevez la voix,
Formez un chœur
Que le ciel nous entende.

Assemblez-vous,
Frères et sœurs,
Rejoignez-moi.

Il s'était levé et avait commencé à marcher. Il avait erré sur la place du Château d'Eau, si semblable à l'île de Nuit avec ses magasins emplis de musique, ses vitrines étincelantes.

Et maintenant il était presque huit heures et il n'avait cessé de déambuler le long des trottoirs, pour échapper au sommeil et au rêve. Combien de temps le cauchemar durerait-il la prochaine fois ? Saurait-il si les jumelles étaient vivantes ou mortes ? *Mes beautés, mes pauvres beautés...*

Il s'immobilisa, tournant un instant le dos au vent, et écouta sonner un carillon, puis repéra une horloge poussiéreuse au-dessus du comptoir d'un snack-bar. Oui, Lestat était réapparu sur la côte Ouest. Qui était avec lui ? Louis l'avait-il rejoint ? Le concert débuterait dans moins de vingt-quatre heures. Quelle horreur ! *Armand, je t'en prie !*

Une rafale de vent le fit reculer de quelques pas, et il se mit à trembler de tous ses membres. Il avait les mains gelées. Jamais il n'avait eu aussi froid de sa vie. Il se raidit, traversa au feu rouge avec le flot des passants et s'arrêta devant la devanture de la librairie où se trouvait exposé *Lestat le Vampire*.

Armand l'avait sûrement lu, de cette façon mystérieuse et inquiétante qu'il avait de dévorer les livres, tournant les pages à toute allure jusqu'à ce que le bouquin soit terminé et qu'il le jette au loin. Comment une créature pouvait-elle être tout à la fois aussi éclatante de beauté et inspirer une telle... mais qu'était-ce donc, de la répulsion ? Non, Armand ne l'avait jamais répugné. Il ne ressentait pour lui qu'un désir ardent, éperdu.

Dans la tiédeur ouatée du magasin, une jeune fille prit un exemplaire du bouquin de Lestat, puis le dévisagea à travers la vitrine. Son souffle formait un écran de buée sur la vitre. *Ne t'inquiète pas, ma chérie, je suis riche. Je pourrais acheter ce magasin avec tous les livres et te l'offrir. Je règne sur une île. Je suis le petit ami du diable et il exauce le moindre de mes désirs. Tu veux qu'on s'en aille bras dessus, bras dessous ?*

Il faisait nuit depuis des heures en Floride. L'île était déjà envahie de monde.

Les magasins, les restaurants, les bars installés sur les cinq étages de galeries avaient ouvert leurs baies vitrées dès le coucher du soleil. Les escalators chromés bourdonnaient sans interruption. Daniel ferma les yeux et imagina les parois translucides au-dessus des terrasses du port. Il pouvait presque voir les longues plates-bandes de jonquilles et de tulipes qui fleurissaient tout au long de l'année, entendre le bruissement des fontaines, la musique envoûtante qui cognait comme les battements d'un cœur sous ces jardins et ces constructions.

Et Armand ? Sans doute errait-il dans les pièces doucement éclairées de la villa, à seulement quelques pas des touristes et des chalands, et pourtant à l'abri derrière les murs blancs et les portes blindées. Leur immense palais percé de baies et de balcons, surplombant les étendues de sable blanc. Isolé, mais si proche de l'agitation incessante, avec son grand salon qui donnait sur les plages scintillantes de Miami.

A moins qu'il ne se soit glissé par l'une des nombreuses portes dérobées dans les galeries marchandes. « Pour vivre et respirer parmi les mortels », comme il disait dans cet univers protégé et libre que lui et Daniel s'étaient construit. Comme il aimait la brise chaude du golf, le printemps éternel de l'île de Nuit.

Les lumières ne s'éteindraient pas avant l'aube.

Envoie-moi quelqu'un, Armand, j'ai besoin de toi ! Tu as envie que je rentre, toi aussi, tu le sais bien.

C'était toujours la même histoire. Pas besoin, pour qu'elle se répète, de rêves étranges ou d'un Lestat grondant soudain, tel Lucifer, sur les cassettes et les clips.

Pendant des mois tout se passait bien. Contraint par une nécessité intérieure, Daniel se déplaçait de ville en ville, arpentant les trottoirs de New York, Chicago ou La Nouvelle-Orléans. Puis, soudain, tout s'écroulait. Il s'apercevait qu'il n'avait pas bougé de sa chaise depuis cinq heures. Ou il se réveillait en sursaut dans des draps défraîchis, terrorisé, incapable de se souvenir du nom de la ville où il se trouvait, ou ce qu'il avait fait les jours précédents. Alors la voiture venait le chercher et l'avion le ramenait au bercail.

N'était-ce pas Armand qui était à l'origine de ce scénario immuable ? N'était-ce pas lui qui provoquait chez Daniel ces accès de folie ? Qui, par quelque maléfice, tarissait toute source de plaisir, supprimait tout moyen de subsistance, jusqu'à ce que Daniel accueille avec soulagement le chauffeur familier qui le conduisait à l'aéroport, cet homme que son comportement, sa barbe de plusieurs jours, ses vêtements crasseux ne scandalisaient jamais ?

Quand enfin Daniel débarquait sur l'île de Nuit, Armand niait toute responsabilité.

– Tu es revenu parce que tu le voulais, Daniel, objectait-il calmement, le visage radieux, le regard débordant d'amour. Il ne te reste plus que moi. Tu le sais. La folie te guette dehors.

– Toujours la même rengaine, répliquait alors Daniel.

Et il se laissait griser par ce luxe, les lits moelleux, la musique, le verre de vin placé dans sa main. Les pièces étaient fleuries en permanence, les plats dont il avait envie lui arrivaient sur des plateaux d'argent.

Ganymède en pantalon blanc et chemise de soie, Armand, blotti dans une bergère capitonnée de velours noir devant la télévision, regardait tour à tour le journal, les films, les bandes qu'il avait enregistrées de lui-même récitant des poèmes, les feuilletons ineptes, les dramatiques, les comédies musicales.

– Entre, Daniel, assieds-toi, je ne t'attendais pas si tôt.

– Espèce de salaud, rétorquait Daniel. Tu voulais que je rentre, tu m'y as obligé. J'étais incapable de dormir, manger, faire quoi que ce soit, sinon errer et penser à toi. C'est toi qui as manigancé tout ça.

Armand souriait, parfois même il riait. Il avait un beau rire chaleureux qui exprimait la gratitude et l'humour. Il avait l'air d'un mortel, quand il riait.

— Calme-toi, Daniel. Ton cœur bat à toute vitesse. Ça m'inquiète. (Une ride se creusait sur le front lisse, la voix devenait soudain plus grave.) Dis-moi ce que tu désires, et j'irai te le chercher. Pourquoi t'enfuis-tu sans cesse ?

— Tu mens, ordure. Avoue que tu voulais que je revienne. Tu me harcèleras jusqu'à la fin de mes jours, hein, et ensuite tu me regarderas mourir, et tu trouveras ça intéressant, pas vrai ? Louis avait raison. Tu observes l'agonie de tes esclaves mortels, ils ne comptent pas pour toi. Tu observeras mon visage changer de couleur quand je rendrai mon dernier soupir.

— Ce sont les phrases de Louis, répondait patiemment Armand. Je t'en prie, ne me récite pas ce livre. Je préférerais mourir moi-même que de te voir mourir, Daniel.

— Alors, bon dieu, donne-la-moi, cette immortalité ! Elle est si proche, aussi proche que le sont tes bras.

— Non, Daniel, je préférerais également mourir que de faire ça.

Même à supposer qu'Armand ne suscitât pas cette folie qui ramenait Daniel au bercail, il savait toujours où il était. Il entendait son appel. Le sang devait les lier l'un à l'autre — ces minuscules et brûlantes gorgées de sang surnaturel. Jamais assez abondant pour éveiller en Daniel autre chose que des rêves, et cette soif d'éternité, pour faire danser et chanter les fleurs du papier peint. En tout cas, c'était certain, Armand le retrouvait toujours.

Au début, avant même qu'ils n'échangent leur sang, Armand avait poursuivi Daniel avec une habileté digne d'un sorcier. Il n'y avait aucun endroit sur terre où Daniel pût se cacher.

Combien horrifiante, et pourtant enivrante, avait été leur rencontre à La Nouvelle-Orléans, douze ans plus tôt, ce jour où Daniel avait pénétré dans une vieille maison en ruine du quartier des Jardins et aussitôt compris que là était le repaire de Lestat le vampire.

Dix jours auparavant, il avait quitté San Francisco après avoir interviewé une nuit entière le vampire Louis et s'être vu confirmer de façon terrifiante l'histoire horrible qui lui avait été contée. Louis s'était soudain jeté sur lui et lui avait fait la démonstration de ses pouvoirs surnaturels en le vidant pratiquement de son sang. Les traces des morsures avaient disparu presque aussitôt, mais le souvenir de ces instants avait rendu Daniel à moitié fou. Fiévreux, parfois pris de délire, il avait été incapable de parcourir plus de cent cinquante kilomètres par jour. Dans les motels bon marché où il s'arrêtait au bord de la route, se forçant à avaler un peu de nourriture, il avait repiqué une à une les bandes de l'interview et en avait envoyé les copies à un éditeur new-yorkais, si bien que le livre était en cours de fabrication avant même qu'il ne débarque devant la grille de la maison de Lestat.

Mais cette publication n'avait qu'une importance secondaire – un simple épisode rattaché aux valeurs d'un monde désormais lointain et estompé.

Avant tout, il lui fallait mettre la main sur le vampire Lestat. Découvrir l'immortel qui avait fait de Louis ce qu'il était, et qui survivait quelque part dans cette vieille ville humide, décadente et magnifique, attendant peut-être que Daniel le réveille, le ramène dans ce siècle qui l'avait horrifié et contraint à se terrer.

Là était sûrement l'objectif de Louis. Sinon pourquoi aurait-il fourni tant d'indications à cet émissaire mortel ? Pourtant, certains détails se révélaient inexacts. Était-ce une marque d'ambivalence de la part de Louis ? Peu importait, dans le fond. Aux archives, Daniel avait déniché les titres de propriété sous le nom facilement reconnaissable de Lestat de Lioncourt.

La grille n'était même pas fermée, et après s'être frayé un chemin à travers le jardin envahi par les mauvaises herbes, il avait réussi sans peine à fracturer la serrure rouillée de la porte d'entrée.

Il n'avait sur lui qu'une petite lampe de poche. Mais la lune brillait haut dans le ciel et versait sa blanche clarté entre les branches du chêne. Il avait vu distinctement les rangées de livres empilés qui dissimulaient entièrement les murs de chacune des pièces. Jamais un humain n'aurait pu ni voulu procéder à un rangement aussi maniaque et méthodique. Puis, dans la chambre du haut, il s'était agenouillé sur le tapis moisi que recouvrait une épaisse couche de poussière et avait ramassé la montre de gousset en or gravée au nom de Lestat.

Oh, cet instant extraordinaire, cet instant où le pendule s'était écarté de la démence qui menaçait Daniel pour s'immobiliser sur une passion nouvelle – traquer jusqu'au bout du monde les pâles et redoutables créatures dont il n'avait fait qu'entrevoir l'existence.

Que recherchait-il durant ces premières semaines ? Espérait-il percer les somptueux secrets de la vie ? Ce savoir ne l'inciterait certes pas à poursuivre une existence déjà si chargée de désillusions. Non, il voulait échapper à tout ce qu'il avait jadis aimé. Il avait hâte de pénétrer dans l'univers sensuel et violent de Louis.

Le mal. Il n'en avait plus peur.

Peut-être était-il comme l'explorateur égaré qui, taillant son chemin à travers la jungle, aperçoit soudain devant lui le mur du temple légendaire, ses sculptures enfouies sous les lianes et les toiles d'araignées ; peu importe qu'il soit mort avant d'avoir pu raconter son histoire ; il a contemplé la vérité de ses propres yeux.

Mais si seulement il pouvait pousser un peu plus la porte, voir cette magnificence en son entier. S'ils acceptaient de le laisser entrer ! Peut-être aspirait-il uniquement à l'éternité. Qui aurait pu l'en blâmer ?

Il s'était senti à l'aise et en sécurité, seul dans la vieille maison délabrée de Lestat, où l'églantier se faufilait par les vitres cassées et le lit à baldaquin n'était plus qu'une carcasse aux rideaux effilochés.

Tout près d'eux, à proximité de leurs précieuses ténèbres, de leur merveilleuse mélancolie dévorante. Comme il avait aimé ce triste décor, les chaises vermoulues, les lambeaux de velours, le tapis rongé par les larves.

Mais la relique ! Rien ne comptait en comparaison de cette relique, cette montre gravée au nom d'un immortel !

Au bout d'un moment, il avait ouvert l'armoire. Les redingotes noires étaient tombées en poussière quand il les avait touchées. Des bottes racornies s'alignaient sur les étagères de cèdre.

Tu es là, Lestat. Il avait sorti le magnétophone, introduit la première cassette et laissé la voix de Lestat s'élever doucement dans la chambre sombre. Des heures durant, les bandes s'étaient succédé.

Puis, un peu avant l'aube, il avait distingué une silhouette dans le vestibule, et compris que l'inconnu se manifestait de propos délibéré. Les rayons de lune éclairaient le visage enfantin, la chevelure auburn. La terre avait basculé et l'obscurité s'était abattue sur lui. Armand. Tel était le dernier mot qu'il avait prononcé.

Il aurait dû mourir, alors. Par quel caprice avait-il été épargné ?

Il s'était réveillé dans une cave noire et humide. L'eau suintait le long des murs. Il avait repéré à tâtons une fenêtre murée et une porte blindée.

A quoi lui servait d'avoir découvert encore un autre dieu du panthéon occulte – Armand, le plus ancien des immortels évoqués par Louis, le grand maître du Théâtre des Vampires à Paris au XIXᵉ siècle, cet Armand même qui avait confié à Louis son terrible secret : de nos origines nous ne connaissons rien.

Combien de temps Daniel avait-il croupi dans sa prison ? Trois jours et trois nuits, peut-être. Impossible d'évaluer avec exactitude la durée du cauchemar. Révulsé par l'odeur de sa propre urine, rendu fou par le grouillement de la vermine, il avait bien failli mourir. Cependant, il s'était senti animé d'une ferveur mystique. Chaque minute le rapprochait des sombres et palpitantes vérités révélées par Louis. Dans cet état à demi comateux, il avait rêvé de Louis, Louis lui parlant dans cette petite chambre sordide à San Francisco, *les créatures que nous sommes ont toujours existé, toujours,* Louis l'étreignant, ses yeux verts soudain voilés, tandis qu'il lui laissait voir ses crocs.

La quatrième nuit, Daniel avait subitement eu conscience d'une présence dans la pièce. La porte était ouverte sur un couloir. De l'eau coulait avec force quelque part, comme dans un énorme égout souterrain. Lentement ses yeux s'étaient accoutumés à la lumière glauque qui venait du corridor et il avait reconnu la pâle silhouette adossée au mur.

Impeccable, le costume noir, la chemise blanche empesée – on aurait dit un mannequin habillé en homme du XXᵉ siècle. Et les cheveux auburn coupés court, les ongles des mains qui luisaient vaguement dans la pénombre. Comme un cadavre avant la mise en bière. Aussi soigné, aseptisé.

La voix était douce, avec une pointe d'accent. Pas

européen; plus brusque et caressant à la fois. Arabe ou grec, peut-être, cette sorte d'intonation chantante. Il parlait posément, sans colère.

— Va-t'en et emporte tes cassettes. Elles sont à côté de toi. Je suis au courant pour ton livre. Personne n'en croira un mot. Maintenant, va-t'en et débarrasse-moi de ça.

Alors tu ne vas pas me tuer. Et tu ne vas pas non plus faire de moi ton semblable. Des pensées stupides, désespérées, mais il ne pouvait les contenir. Il avait approché le pouvoir! Plus de mensonges, plus de ruses ici. Et il s'était mis à pleurer comme un petit enfant tant la peur et la faim l'avaient affaibli.

— Faire de toi mon semblable? (La voix soudain plus grave s'attardait mélodieusement sur chaque syllabe.) Je ne ferais pas une chose pareille à mon pire ennemi. Pourquoi le ferais-je à un pauvre idiot comme toi?

Je le veux. Je veux vivre éternellement. Daniel s'était péniblement hissé sur ses jambes, s'efforçant de distinguer les traits d'Armand. Une faible ampoule brûlait quelque part au fond du couloir. *Je veux rester avec Louis et toi.*

Un rire sourd, doux. Mais dédaigneux.

— Je comprends pourquoi il t'a choisi pour confident. Tu es beau et naïf. Mais peut-être est-ce uniquement pour ta beauté, tu sais.

Silence.

— Tes yeux ont une couleur étrange, presque violette. Et bizarrement, tu es tout à la fois arrogant et pleurnichard.

Rends-moi immortel. Fais-moi ce don!

Un autre rire. Presque triste. Puis le silence, le bruit de l'eau quelque part au loin. Il voyait la pièce maintenant, un cul-de-basse-fosse immonde. Et la silhouette qui paraissait s'animer. La peau lisse avait même légèrement rosi.

— C'est vrai, tout ce qu'il t'a dit. Pourtant, personne ne le croira. Et tu deviendras fou à la longue à cause de ce qu'il t'a appris. Ça finit toujours comme ça. Mais tu n'en es pas encore là.

Non. C'est bien réel, ce qui se passe. Tu es Armand et nous parlons ensemble. Et je ne suis pas fou.

108

– En effet. Et je trouve plutôt intéressant... oui, très intéressant que sachant mon nom, tu sois toujours vivant. Je n'ai jamais dit mon nom à quelqu'un qui soit encore de ce monde. (Il hésita :) Je n'ai pas l'intention de te tuer. Pas encore.

Daniel avait senti pour la première fois la peur le gagner. En examinant attentivement ces êtres, on devinait leur nature véritable. Ç'avait été la même chose avec Louis. Non, ils ne vivaient pas vraiment. Ils n'étaient qu'une caricature monstrueuse de la vie. Et celui-là donc, ce mannequin d'adolescent à la peau brillante !

– Je vais te laisser partir d'ici, avait poursuivi Armand, d'un ton si poli, si affable. J'ai envie de te suivre, t'observer, voir ce que tu fais. Tant que tu exciteras ma curiosité, je ne te tuerai pas. Et bien sûr, il se peut aussi que je me désintéresse de toi au point de ne même pas me donner la peine de te supprimer. C'est tout à fait possible. Tu peux te raccrocher à cet espoir. Sans compter que tu peux me semer, avec un peu de chance. Mes pouvoirs ont leurs limites, après tout. Toi, tu peux parcourir le globe et te déplacer de jour. Déguerpis, maintenant. File. Je veux voir ce que tu fais, savoir qui tu es.

Va, cours !

Le matin même, il avait pris l'avion pour Lisbonne, la montre de Lestat serrée dans sa main. Cependant, deux nuits plus tard, à Madrid, il avait tourné la tête pour découvrir Armand assis dans le bus à quelques centimètres de lui. La semaine d'après, à Vienne, dans un café, il l'avait aperçu qui le guettait de l'autre côté de la rue. A Berlin, Armand s'était glissé à côté de lui dans un taxi et l'avait regardé fixement, jusqu'à ce qu'il se décide à bondir hors de la voiture en plein milieu de la circulation et à se sauver à toutes jambes.

Au bout de quelques mois, pourtant, ces tête-à-tête silencieux et exaspérants avaient fait place à des assauts plus vigoureux.

Il se réveillait dans une chambre d'hôtel à Prague pour trouver Armand penché au-dessus de lui, furieux, violent.

– Parle-moi, à présent ! Je te l'ordonne. Réveille-toi. Je veux que tu me parles, que tu me montres cette ville. Pourquoi as-tu choisi de t'y arrêter ?

Une nuit où il traversait la Suisse en train, il avait tout à coup levé les yeux de sa lecture et vu sur la banquette en face de lui Armand qui l'observait, abrité derrière sa pelisse. Celui-ci lui avait arraché le livre des mains et insisté pour qu'il lui explique ce que c'était, pourquoi le sujet l'intéressait et ce que signifiait le dessin sur la couverture.

A Paris, Armand le poursuivait la nuit sur les boulevards et dans les bas quartiers, le questionnant de temps à autre sur les endroits où il se rendait, ce qu'il y faisait. A Venise, il l'avait entrevu de sa chambre au Danieli qui l'épiait d'une fenêtre de l'autre côté de la cour.

Puis des semaines s'écoulaient sans qu'il apparaisse. Daniel était partagé entre la terreur et une bizarre impatience, doutant de nouveau de sa santé mentale. Et soudain il le repérait en train de l'attendre à l'aéroport de New York. La nuit suivante, à Boston, il était installé dans la salle à manger du Copley quand Daniel y entrait. Le dîner avait déjà été commandé.

— Assieds-toi, je t'en prie.

Daniel savait-il que *Entretien avec un Vampire* était déjà en librairie ?

— Je dois avouer que cette petite notoriété ne me laisse pas indifférent, avait cette fois susurré Armand avec une politesse exquise et un sourire pervers. Ce qui m'intrigue, c'est que tu n'aies pas envie de te faire connaître ! Ton nom ne figure même pas sur la couverture, ce qui veut dire que tu es d'une infinie modestie ou d'une lâcheté exemplaire. Et ces deux conclusions sont aussi déprimantes l'une que l'autre.

— Je n'ai pas faim, allons-nous-en, avait répondu Daniel d'une voix blanche.

Mais soudain leur table avait croulé sous les plats. La salle tout entière avait les yeux fixés sur eux.

— Je ne savais pas ce dont tu aurais envie, avait confessé Armand, son sourire maintenant extatique. Alors j'ai commandé toute la carte.

— Tu penses pouvoir me rendre dingue, hein ? avait grondé Daniel. Eh bien, tu te trompes. Je vais te dire quelque chose. Il suffit que je te voie pour me rendre compte que tu n'es pas le fruit de mon imagination, et que je suis parfaitement sain d'esprit.

Et il s'était mis à manger, avidement, rageusement – un peu de poisson, un peu de bœuf, une cuillerée de ris de veau, une bouchée de fromage, un peu de chacun des plats, le tout mélangé, quelle importance, et Armand, hilare, le regardait dévorer, les bras croisés, riant aux éclats comme un écolier. C'était la première fois que Daniel avait entendu ce rire doux et velouté. Si merveilleux. Il s'était soûlé à toute allure.

Leurs rencontres avaient tendance à se prolonger. Conversations, disputes amicales, véritables bagarres devenaient la règle. Une nuit, à La Nouvelle-Orléans, Armand avait tiré Daniel du lit et lui avait crié :

– Ce téléphone, je veux appeler Paris, je veux voir s'il peut vraiment transmettre ma voix aussi loin.

– Va te faire voir, débrouille-toi tout seul! avait hurlé Daniel. Tu es cinq fois centenaire et tu n'es même pas capable de te servir d'un téléphone! Lis le mode d'emploi. Tu es un impérissable crétin, ou quoi? Je ne composerai pas le numéro pour toi.

Armand avait eu l'air interloqué. Daniel avait cédé.

– D'accord, je le fais. Mais c'est toi qui payes la communication.

– Bien sûr, avait dit candidement Armand.

Il avait sorti de son manteau des dizaines de coupures de cent dollars et les avait éparpillées sur le lit de Daniel.

De plus en plus souvent ils discutaient de philosophie au cours de leurs retrouvailles. Tout en entraînant Daniel hors d'un théâtre à Rome, Armand lui avait demandé quelle idée il se faisait de la mort. Les gens qui vivaient encore savaient ces choses-là! Daniel se doutait-il de ce que craignait Armand?

Il était minuit passé, et Daniel était si ivre et épuisé qu'il dormait à poings fermés au théâtre quand Armand l'avait découvert. Il se moquait pas mal de métaphysique.

– Je vais te dire ce dont j'ai peur, avait repris Armand avec une fougue d'étudiant. Qu'il n'y ait que le chaos après la mort, comme un rêve dont on ne pourrait se réveiller. Imagine-toi sombrant dans l'inconscience puis en émergeant, t'évertuant en vain à te rappeler ce que tu es ou as été. T'épuisant à jamais à retrouver la lucidité des vivants.

Ces paroles avaient effrayé Daniel. Quelque chose en

elles sonnait juste. Ne racontait-on pas que certains médiums conversaient avec des esprits incohérents et pourtant puissants ? Comment diable aurait-il pu savoir ? Peut-être qu'après la mort, c'était le vide total. Armand en était terrifié, il n'essayait même pas de cacher sa détresse.

– Tu ne te figures pas que tu vas réussir à me terroriser ? avait lancé Daniel en scrutant le pâle visage de son interlocuteur. Combien d'années me reste-t-il à vivre ? Tu peux le deviner rien qu'en me regardant, non ? Dis-le-moi.

Une autre fois, à Port-au-Prince, Armand l'avait tiré du lit pour parler de la guerre. Qu'en pensaient les hommes d'aujourd'hui ? Daniel savait-il qu'Armand était encore un gamin quand il avait été métamorphosé en vampire ? Il avait dix-sept ans, et dans ce temps-là, c'était jeune, très jeune. Au XXe siècle, les garçons de dix-sept ans étaient des monstres, ils avaient de la barbe, des poils sur la poitrine, tout en demeurant des enfants. A cette époque, non. Pourtant les enfants travaillaient alors comme des adultes.

Mais il s'écartait du sujet. Le problème était qu'il ignorait ce que ressentaient les hommes. Il ne l'avait jamais su. Oh, bien sûr, il avait connu les plaisirs de la chair, c'était dans les mœurs alors. Personne dans ce temps-là ne croyait que les enfants étaient purs et innocents. Pourtant de la véritable violence, il ne connaissait pas grand-chose. Il tuait parce que sa nature de vampire l'y obligeait; et le sang était si délicieux. Mais pourquoi les hommes étaient-ils à ce point fascinés par la guerre ? A quoi correspondait ce désir de s'opposer par les armes à la volonté d'un autre ? Ce besoin physique de détruire ?

Daniel s'était efforcé de répondre : pour certains, c'était le besoin d'assurer leur propre existence en détruisant leurs semblables. Armand savait d'expérience ce dont il s'agissait, non ?

– Savoir ? Savoir ? A quoi cela rime-t-il si on ne comprend pas ? avait demandé fébrilement Armand, son accent soudain plus marqué. Si on ne peut pas progresser d'une idée à une autre ? Tu ne vois donc pas que c'est ce dont je suis incapable.

Lorsqu'il avait retrouvé Daniel à Francfort, il s'interrogeait sur la nature de l'histoire, sur l'impossibilité d'expliquer les événements de façon cohérente sans tomber dans le mensonge. L'impossibilité de traduire la vérité par des généralités et l'impossibilité d'apprendre sans y recourir.

De temps à autre, ces rencontres n'étaient pas totalement intéressées de la part d'Armand. Dans une auberge anglaise, Daniel s'était réveillé pour entendre Armand l'enjoindre de quitter la maison sur-le-champ. Dans l'heure qui avait suivi, le bâtiment avait été entièrement ravagé par un incendie.

Une autre nuit, il était en prison à New York pour ivresse sur la voie publique, quand, jeune avocat en veston de tweed et pantalon de flanelle, Armand avait surgi pour verser la caution, l'air tellement humain comme toujours après avoir festoyé. Il l'avait conduit dans une chambre du Carlyle, où il l'avait laissé cuver son vin non sans l'avoir au préalable muni d'une valise de vêtements neufs et d'un portefeuille bourré d'argent caché au fond d'une poche.

Après un an et demi de cette existence délirante, Daniel avait commencé lui aussi à interroger Armand. Comment était-ce de son temps à Venise ? Regarde ce film, il se passe au XVIIIe siècle, dis-moi ce qui ne va pas.

Mais, bizarrement, Armand ne trouvait rien à redire.

— Je suis incapable de te répondre, je n'en ai aucune idée. Je manque totalement d'esprit de synthèse. J'enregistre les détails en un clin d'œil. Demande-moi s'il pleuvait à Paris dans la nuit du samedi 5 juin 1793. Là, je pourrai peut-être te répondre.

Pourtant, à d'autres moments, il réagissait violemment à ce qu'il voyait autour de lui, la propreté minutieuse et sinistre de ce siècle, la terrible accélération du progrès.

— Vois toutes les inventions foudroyantes qui deviennent inutiles et tombent dans l'oubli en quelques décennies — le bateau à vapeur, le chemin de fer, par exemple ; et néanmoins tu te rends compte de ce qu'elles signifiaient après six mille ans à s'échiner sur les rames d'une galère et à dos de cheval ? Et maintenant les filles dans les dancings achètent des produits chimiques pour détruire la semence de leurs amants, et elles vivent jusqu'à soixante-quinze ans dans des pièces pleines de gadgets qui refroidissent l'air et dévorent la poussière. Pourtant, malgré tous les films en costumes d'époque et les livres d'histoire à grand tirage qu'on nous vend dans les drugstores, plus personne ne se souvient de rien avec précision ; chaque problème social est étudié en fonction de « normes » qui en fait n'ont jamais existé, les gens s'imaginent « privés » d'un luxe, d'une paix et d'une tranquillité qui en réalité n'ont jamais été l'apanage d'aucune civilisation.

— Mais la Venise de ton époque, raconte-moi...

— Te raconter quoi ? Qu'elle était sale ? Magnifique ? Que les gens se promenaient vêtus de haillons, les dents pourries, l'haleine fétide, et qu'ils riaient pendant les exécutions capitales. Tu veux savoir quelle est la différence essentielle ? Les individus sont terriblement seuls, aujourd'hui. Non, écoute-moi. Nous habitions à six ou sept dans la même chambre du temps où j'étais encore parmi les vivants. Une marée humaine envahissait les rues. Et à présent, dans ces tours errent des malheureux, chacun claquemuré dans son confort, contemplant par la lucarne de la télévision un univers lointain de baisers et de caresses. Un tel isolement ne peut que produire une uniformisation des connaissances, une nouvelle échelle des valeurs, un bizarre scepticisme.

Daniel se surprit à être fasciné par ces propos au point d'essayer parfois de les noter par écrit. Cependant, Armand l'effrayait toujours. Il continuait de le fuir.

Il ne savait plus trop combien de temps avait duré cette course éperdue, bien que la nuit où elle s'était terminée fût gravée dans sa mémoire.

Quatre ans peut-être s'étaient écoulés depuis que le jeu avait commencé. Daniel avait passé dans le Sud de l'Italie un long été paisible, au cours duquel son démon familier ne s'était pas une seule fois manifesté.

Dans une modeste pension, à quelques mètres seulement des ruines de Pompéi, il avait occupé ses loisirs à lire, écrire, essayant de déterminer en quoi sa vision fugitive du surnaturel l'avait transformé, et comment il devait réapprendre à vouloir, imaginer, rêver. L'immortalité sur cette terre était possible. Il en avait la preuve indéniable, mais que lui importait s'il ne pouvait y accéder ?

Dans la journée, il arpentait les rues de l'antique cité romaine. Et les nuits de pleine lune, il flânait seul parmi les décombres. Il lui semblait que la raison lui était revenue. Et que bientôt peut-être il reprendrait goût à la vie. Les feuilles sentaient bon quand il les écrasait entre ses doigts. Il regardait les étoiles et, plus que du ressentiment, il éprouvait de la tristesse.

A d'autres moments, il brûlait de retrouver Armand, tel un moribond l'élixir qui le sauvera. Le feu obscur qui l'avait embrasé durant quatre ans lui manquait. Il rêvait qu'Armand était auprès de lui et se réveillait en pleurs. Puis, au matin, il se résignait mélancoliquement à cette absence.

C'est alors qu'Armand avait reparu.

Il était tard, peut-être dix heures, ce soir-là, et le ciel, comme souvent dans le Sud de l'Italie, brillait d'un bleu profond. Daniel avait suivi la longue allée qui mène de la cité même de Pompéi à la villa des Mystères, espérant qu'aucun gardien ne surgirait pour le chasser.

Aussitôt arrivé devant la vieille maison, une sensation de quiétude l'avait pénétré. Aucun gardien ici. Pas âme qui vive. Seulement Armand devant la porte.

Adolescent en jeans sales et veste de toile usée, il avait émergé de l'ombre dans le clair de lune, avait glissé son bras autour de Daniel et lui avait doucement embrassé le visage. Une peau si chaude, gorgée du sang frais de sa victime. Daniel avait cru sentir l'odeur du vivant encore collée à Armand.

— Tu as envie d'entrer dans cette maison ? avait-il murmuré.

Aucune serrure ne lui résistait jamais. Les larmes aux yeux, Daniel s'était mis à trembler. Pourquoi cette subite émotion ? Bon dieu, il était si content de le voir, de le toucher !

Tous deux avaient parcouru les pièces basses et sombres. La pression de la main d'Armand contre son dos lui était si étrangement rassurante. Oh oui, cette intimité, car c'était bien ce dont il s'agissait, n'est-ce pas ? Toi, mon...

... *mon amour secret.*

Oui.

Dans la grande salle aux célèbres fresques de flagellation rituelle qu'on ne pouvait que deviner dans le noir, Daniel avait soudain compris que son ami ne le tuerait pas. Non, il ne le ferait pas. Bien sûr, il ne le rendrait jamais semblable à lui, mais il ne le tuerait pas. Le jeu ne se terminerait pas ainsi.

– Mais comment pouvais-tu en douter? avait dit Armand, lisant dans ses pensées. Je t'aime. Si je ne t'aimais pas, je t'aurais déjà tué depuis longtemps.

Sous les rayons de lune, les personnages orgiaques des fresques prenaient vie, se détachant sur le fond rouge, couleur de sang séché.

Daniel examina la créature qui lui faisait face, cet être qui paraissait humain et qui ne l'était pas. Brusquement la réalité bascula : devant lui se dressait un insecte géant, un prédateur féroce qui s'était nourri de millions de vies. Et pourtant, il aimait ce monstre. Il aimait sa peau lisse et pâle, ses grands yeux bruns. Il l'aimait non pas à cause de sa grâce juvénile, de son affection vigilante, mais parce qu'il était tout à la fois terrifiant, abominable et si merveilleusement beau. Il l'aimait comme on vénère le mal qui vous fait frissonner jusqu'au tréfonds de l'âme. Imaginez, tuer comme ça, ôter la vie quand l'envie vous en prend, planter ses dents dans un autre être et lui ravir tout ce qu'il peut donner.

Et cet accoutrement! Cette chemise de coton bleue, cette veste de toile à boutons de cuivre. Où avait-il été les dégoter? Sur l'une de ses victimes, bien sûr, comme lorsqu'on sort son couteau et qu'on écorche le gibier encore pantelant. Pas étonnant qu'ils empestent tous le sang! Et ses cheveux soigneusement coupés, comme s'ils n'allaient pas repousser en vingt-quatre heures jusqu'à ses épaules. Il était le mal incarné. Une chimère. *C'est ce que je désire être, moi aussi, et voilà pourquoi il m'est insupportable de le regarder.*

Armand avait esquissé un sourire tendre. Puis ses yeux s'étaient embués. Il avait fermé les paupières et pressé ses lèvres contre la gorge de Daniel.

Et cette fois encore, de même que dans la petite chambre de la rue Divisadero à San Francisco avec le vampire Louis, Daniel avait senti ses crocs s'enfoncer dans sa chair. Une douleur soudaine. Une vague de chaleur. *Tu t'es enfin décidé à me tuer?* Une sorte de torpeur l'engourdissait, il était brûlant, débordant d'amour. *Oui, fais-le.*

Mais Armand n'avait aspiré que quelques gouttes. Il l'avait aussitôt libéré et, les mains doucement posées sur ses épaules, l'avait fait s'agenouiller. Quand Daniel avait levé les yeux, il avait vu le sang jaillir du poignet d'Armand. A peine ce sang dans sa bouche, il s'était senti comme secoué de décharges électriques. Tout à coup, il lui avait semblé que la ville de Pompéi s'emplissait de murmures, de cris, réminiscences confuses, frémissantes d'une souffrance et d'une mort surgies de la nuit des temps. Des milliers de gens asphyxiés et réduits en cendres. Des milliers de gens mourant ensemble. *Ensemble.* Il s'était agrippé à Armand. Mais le sang avait tari. Une gorgée – pas plus.

– Tu es à moi maintenant, mon tout beau, avait dit Armand.

Le lendemain, lorsqu'il s'était réveillé dans une chambre de l'Excelsior à Rome, Daniel avait compris qu'il ne fuirait plus jamais Armand. Moins d'une heure après le coucher du soleil, celui-ci l'avait rejoint. Ils partaient pour Londres le soir même, la voiture les attendait pour les conduire à l'aéroport. Mais ils avaient quand même le temps d'échanger une fois encore leur sang, non ?

– Là, dans mon cou, avait murmuré Armand en guidant délicatement la tête de Daniel.

Un spasme silencieux. Autour des lampes la lumière s'était dilatée, intensifiée, effaçant la pièce.

Ils étaient amants. Oui, ils vivaient un amour absolu, enivrant.

– Tu seras mon professeur, lui avait dit Armand. Tu m'initieras aux mystères de ce siècle. J'ai déjà appris des secrets qui m'avaient de tout temps échappé. Tu t'endormiras au lever du soleil, si tu le veux, mais tes nuits m'appartiennent.

Ils avaient plongé dans le tourbillon du monde. Armand était un formidable comédien, et après avoir chassé tôt chaque nuit, il passait pour humain partout où ils allaient. Sa peau était fiévreuse durant ces premières heures, son visage empreint d'une curiosité passionnée.

Il aurait fallu être soi-même immortel pour suivre un rythme pareil. Daniel somnolait durant les concerts, les opéras et les films où le traînait Armand. Sans compter les innombrables réceptions, les réunions bruyantes et agitées de Chelsea et de Mayfair où Armand discutait de politique et de philosophie avec des étudiants, des femmes du monde ou le premier interlocuteur venu. Son regard brillait d'excitation, sa voix perdait sa suavité surnaturelle et vibrait à l'unisson de celle des autres jeunes gens dans la pièce.

Les habits le fascinaient, non pour leur beauté, mais à cause de ce qu'ils signifiaient pour lui. Il portait des jeans et des sweat-shirts comme Daniel; mais aussi des chandails à torsades, des brodequins d'ouvrier, des capotes en cuir et des lunettes noires relevées au sommet de son crâne; des costumes faits sur mesure, des smokings, des cravates blanches et des queues-de-pie quand l'envie lui en prenait; un soir ses cheveux étaient coupés court, semblables à ceux de n'importe quel étudiant de Cambridge, et le lendemain il les laissait pendre, crinière d'ange longue et bouclée.

Il semblait à Daniel qu'ils étaient toujours en train de grimper des escaliers mal éclairés pour visiter l'atelier d'un peintre, d'un sculpteur ou d'un photographe, ou assister à la projection d'un film aussi hermétique que révolutionnaire. Ils passaient des heures dans les appartements sans confort de jeunes femmes aux prunelles de braise qui les abreuvaient de musique rock et de tisanes d'herbes exotiques auxquelles Armand ne touchait pas.

Hommes et femmes tombaient amoureux d'Armand. Il était, bien sûr, « si candide, si enthousiaste, si intelligent »! Pas possible? Il séduisait sans même s'en donner la peine. Et dans la mesure où il parvenait à arranger l'affaire, c'était à Daniel de coucher avec ces infortunés, tandis qu'assis à quelques mètres de là, un sourire approbateur aux lèvres, Cupidon à l'œil sombre, Armand observait la scène. Combien voluptueuses, épuisantes pour les nerfs étaient ces exhibitions auxquelles se livrait Daniel, jouant avec l'autre corps dans le plus total abandon, troublé par l'ambiguïté de chaque geste intime. Pourtant, une fois son désir assouvi, il demeurait étendu, exténué, fixant Armand d'un regard froid, irrité.

Arrivés à New York, ils avaient couru de vernissages en bars, adopté un jeune danseur dont ils payaient les leçons. Ils s'installaient aux terrasses des cafés de Soho et de Greenwich Village, tuant le temps avec le premier passant qui acceptait de s'asseoir à leur table. Ils suivaient des cours du soir de littérature, philosophie, histoire de l'art et sciences politiques. Ils étudiaient la biologie, achetaient des microscopes, accumulaient les préparations sur lamelle. Ils potassaient des bouquins d'astronomie et montaient des télescopes géants sur les toits des immeubles où ils élisaient successivement domicile pour quelques jours, un mois au maximum. Ils assistaient à des matches de boxe, des concerts rock, des pièces de théâtre.

Armand se mit à se passionner pour la technologie. Son intérêt se porta d'abord sur les mixers, dans lesquels il concoctait d'effroyables mélanges basés principalement sur les couleurs des ingrédients; puis sur les fours à micro-ondes dans lesquels il cuisait des cafards et des rats. Les broyeurs de déchets l'enchantaient; il y enfournait des paquets de serviettes en papier et des cartouches entières de cigarettes. Ensuite ce fut le téléphone. Il multipliait les appels à longue distance, conversant des heures durant avec des « mortels » en Australie ou aux Indes. Il se laissa finalement captiver par la télévision et l'appartement s'emplit bientôt de haut-parleurs beuglants et d'écrans tremblotants.

Le moindre coin de ciel bleu sur l'image le ravissait. Il ingurgitait donc nouvelles, séries, documentaires, et au bout du compte tous les films enregistrés sur cassette, quelle que fût leur qualité.

A la longue, il marqua une préférence pour certains films. Il repassait sans cesse *Blade Runner* de Ridley Scott, fasciné par la carrure puissante de Rutger Hauer qui, dans le rôle du chef des androïdes, se rebellait contre son créateur humain et l'embrassait pour mieux lui broyer le crâne. Le craquement des os, le regard glacial de Hauer provoquaient immanquablement chez Armand un long rire, presque gamin.

– C'est le portrait de ton ami Lestat, avait-il chuchoté une fois à Daniel. Lestat aurait le... comment dites-vous ?... le cran ?... de faire ça !

Après *Blade Runner* venait *Time Bandits*, une comédie anglaise aussi stupide que désopilante dans laquelle cinq nains dérobaient une « Carte de la Création » afin de voyager à travers les trous du temps. Chapardant et se querellant, ils basculaient d'un siècle à l'autre en compagnie d'un petit garçon, pour finir dans le repaire du diable.

Sa scène favorite était celle où les nains chantaient pour Napoléon dans un théâtre délabré de Castiglione *Me and my Shadow*. Il en perdait son calme surnaturel et riait aux larmes comme le plus humain des hommes.

Daniel était obligé d'admettre que le numéro de *Me and my Shadow* était d'un mauvais goût extravagant, avec les nains qui bousillaient le spectacle à force de tituber et de se bagarrer, et les musiciens du XVIIIe siècle, hébétés dans leur fosse d'orchestre, ne sachant comment se dépêtrer de cette chanson du XXe. Napoléon était d'abord médusé, puis hilare ! Géniale, cette scène. Mais combien de fois un mortel pouvait-il la revoir ? Armand, lui, ne s'en lassait pas.

Cependant, au bout de six mois, sa fringale de cinéma s'était calmée au profit des joies de la caméra vidéo. La nuit, il traînait Daniel à travers New York pour filmer et interviewer les passants. Il avait des cassettes entières de lui-même récitant des poèmes en italien ou en latin, ou se contentant de fixer l'objectif, les bras croisés, pâle silhouette opalescente, tantôt floue, tantôt nette, sous un faible éclairage immuablement couleur de bronze.

Puis – où, comment, Daniel l'ignorait – Armand avait tourné une longue séquence où on le voyait étendu dans son cercueil, pendant son sommeil diurne si semblable à la mort. Daniel jugeait ce spectacle intolérable. Mais Armand, lui, restait des heures à contempler cette succession de plans, regardant sa chevelure, coupée juste avant le lever du soleil, s'allonger lentement sur le capitonnage de satin où il gisait immobile, les yeux fermés.

Ensuite, il s'emballa pour les ordinateurs. Il remplissait disquette sur disquette de ses écrits secrets, au point qu'il en arriva à louer des appartements supplémentaires dans Manhattan pour pouvoir loger ses diverses machines à traitement de texte et son matériel vidéo.

Sa dernière toquade fut pour les avions.

Daniel avait toujours été un voyageur acharné, il avait fui Armand à travers le globe, et tous deux avaient souvent pris l'avion ensemble. Rien de neuf là-dedans. Mais désormais l'exploration avait un but précis : passer la nuit entière dans les airs. Décoller pour Boston, puis sauter dans un avion pour Chicago via Washington, et revenir à New York était monnaie courante. Armand observait tout, les passagers, les hôtesses; il discutait avec les pilotes; enfoncé dans les fauteuils profonds de première classe, il écoutait le grondement des moteurs. Les Boeings l'enchantaient particulièrement. Il lui fallut bientôt tenter des périples plus longs, plus audacieux : jusqu'à Port-au-Prince, San Francisco, Rome, Madrid ou Lisbonne, peu importait, dès lors qu'à l'aube il se retrouvait sain et sauf sur la terre ferme.

Armand disparaissait en effet au point du jour. Daniel n'avait jamais découvert où il dormait. Mais, à vrai dire, lui-même était sur les genoux à ce moment-là. Durant ces cinq années, pas une fois il n'avait vu le soleil de midi.

Souvent, Armand était déjà dans la chambre quand il se réveillait. L'odeur du café emplissait la pièce, un disque tournait – du Vivaldi ou de la musique de bastringue, selon le goût du moment –, et Armand arpentait la chambre, attendant que Daniel se lève.

– Viens, mon cœur, j'ai retenu des places pour un ballet, ce soir. Je veux voir Barychnikov. Et après, nous ferons un tour au Village. Tu te rappelles cet orchestre de jazz que j'aimais tant l'été dernier ? Eh bien, il est de retour. Dépêche-toi, mon bien-aimé. Partons vite.

Et si Daniel lambinait, Armand le poussait sous la douche, le savonnait, le rinçait et le tirait dehors pour le sécher, puis il le rasait avec autant d'amoureuse précision qu'un barbier d'autrefois et enfin l'habillait non sans avoir au préalable choisi avec soin les vêtements adéquats parmi sa garde-robe loqueteuse.

Daniel aimait le contact des mains dures et brillantes qui glissaient sur sa peau nue. Et les yeux bruns si troublants. Ah, ce délicieux vertige, cet abîme qui se creusait, hors de la réalité. Et enfin les doigts qui lui entouraient doucement la gorge, et les dents qui transperçaient sa peau.

Il fermait les yeux tandis que lentement son corps se

réchauffait, pour s'embraser au contact du sang d'Armand sur ses lèvres. De nouveau, il entendait les soupirs lointains, les cris – étaient-ce les âmes égarées qui gémissaient ? Il éprouvait alors un sentiment prodigieux de continuité, comme si ses rêves s'enchaînaient soudain, tous d'une égale importance, sensation fugace qui le désertait aussitôt.

Une fois, il avait empoigné Armand et tenté de lui entailler la gorge. Avec une infinie patience, son ami s'était prêté au jeu et l'avait laissé plus longtemps que d'habitude refermer sa bouche sur son cou avant de l'écarter avec douceur.

Daniel était totalement dépendant. Éperdu d'amour, il passait tour à tour de l'extase au désarroi. Il ne savait jamais à quel moment sa soif serait apaisée. Pas plus qu'il ne savait pourquoi les choses lui paraissaient maintenant si différentes – les œillets dans les vases qui le fixaient, les gratte-ciel soudain monstrueux comme des plantes jaillies de graines d'acier en l'espace d'une nuit. Était-ce à cause de cet échange ou seulement parce qu'il perdait la raison ?

Puis une nuit, Armand avait déclaré qu'il était prêt à faire véritablement son entrée dans ce siècle, qu'il en comprenait suffisamment les mécanismes à présent. Il désirait posséder une fortune « incalculable ». Une grande demeure remplie de tous ces objets qu'il avait appris à aimer. Et des yachts, des avions, des voitures... des millions de dollars. Il voulait offrir à Daniel tout ce dont il rêvait.

– Qu'est-ce que tu racontes, avec tes millions de dollars ! s'était esclaffé Daniel. Tu jettes tes vêtements après les avoir portés une fois, tu loues des appartements et tu oublies où ils sont. Sais-tu seulement ce que c'est qu'un code postal ou une tranche de revenus ? C'est moi qui suis obligé d'acheter ces fichus billets d'avion. Comment va-t-on décrocher ces millions ? En piquant une ou deux Maserati ?

– Louis m'a drôlement gâté en t'envoyant à moi, avait tendrement répondu Armand. Comment me débrouille-rais-je sans toi ? Tu comprends tout de travers. (Ses grands yeux avaient une expression enfantine.) Je veux régir l'univers, comme autrefois le Théâtre des Vampires à Paris. Tu te souviens, non ? Je veux être l'ulcère au cœur même du monde.

Daniel avait été ébloui par la célérité avec laquelle l'affaire avait été conduite.

Tout avait débuté par la découverte d'un trésor au large des côtes de la Jamaïque, et Armand avait affrété un bateau pour montrer à Daniel où les plongées devaient avoir lieu. Au bout de quelques jours, un galion espagnol chargé d'or et de pierreries avait été trouvé. Puis des statuettes olmèques d'une valeur inestimable avaient été mises à jour. Deux autres épaves avaient été repérées coup sur coup. Un terrain acheté pour une bouchée de pain en Amérique du Sud recélait une mine d'émeraudes depuis longtemps oubliée.

Ils avaient acquis un domaine en Floride, des yachts, des hors-bord, un petit avion à réaction luxueusement aménagé.

Désormais, il leur fallait être vêtus comme des princes en toutes circonstances. Armand lui-même avait supervisé la confection des chemises, costumes et chaussures de Daniel. Il avait choisi les tissus de son invraisemblable collection de vestes de sport, pantalons, robes de chambre et foulards de soie. Bien sûr, dans la garde-robe de Daniel devaient figurer des pelisses de vison pour les climats froids, des smokings pour Monte-Carlo, des boutons de manchettes ornés de pierres précieuses, et même une longue cape de daim noire qui mettrait en valeur « sa stature d'homme du XXe siècle ».

Quand Daniel se réveillait au crépuscule, ses habits étaient déjà préparés. Et il n'avait pas intérêt à changer un seul détail de l'ordonnance vestimentaire, que ce fût le mouchoir de fil ou les chaussettes de soie noires. Le dîner attendait dans l'immense salle à manger ouverte sur la piscine. Armand était déjà installé dans le bureau attenant. Il avait du travail : des cartes à consulter, plus de richesses à amasser.

— Mais comment fais-tu ? l'avait interrogé Daniel tout en le regardant prendre des notes et rédiger des instructions pour de nouvelles acquisitions.

— Lorsqu'on est capable de lire dans les pensées, on peut obtenir tout ce qu'on veut, avait répondu patiemment Armand.

Ah, cette voix douce et posée, ce visage ouvert d'adolescent, cette mèche indisciplinée qui lui tombait sans cesse sur l'œil, ces gestes calmes, naturels.

– Donne-moi ce que je veux, avait supplié Daniel.

– Je te couvre de cadeaux.

– Oui, mais tu ne me donnes pas ce que je t'ai demandé, ce que je désire véritablement.

– Reste en vie, Daniel. (Sa voix s'était faite aussi légère qu'un baiser :) Crois-moi, mieux vaut être vivant que mort.

– Je ne veux pas vivre, Armand, je veux l'éternité, et alors je te dirai si la vie vaut mieux que la mort.

Le fait est que cette nouvelle existence le rendait fou, il ressentait sa condition de mortel plus douloureusement que jamais. Quand il naviguait sur les eaux chaudes du Gulf Stream, un ciel semé d'étoiles au-dessus de sa tête, il aspirait à ce que cet instant dure toujours. Le cœur déchiré de haine et d'amour, il fixait Armand qui barrait sans effort. Aurait-il la cruauté de le laisser mourir ?

La chasse aux richesses continuait.

Armand collectionnait les Picasso, les Degas, les Van Gogh – une infime fraction des tableaux volés qu'il récupérait et remettait sans explication à Daniel pour les revendre ou toucher la récompense. Bien sûr, les dépositaires précédents n'oseraient pas se présenter, en admettant qu'ils aient survécu à la visite discrète d'Armand dans les musées secrets où ces trésors avaient reposé. Parfois la provenance de l'œuvre n'était même pas connue. Dans les ventes, ces toiles atteignaient des millions. Mais cette source de revenus ne suffisait pas à Armand.

Il couvrait Daniel de perles, de rubis, d'émeraudes, de diamants. « Ne t'inquiète pas, personne ne viendra les réclamer. » Et aux féroces trafiquants de drogue qui croisaient au large de Miami, il volait tout et n'importe quoi, des armes, des valises bourrées d'argent, jusqu'à leurs bateaux.

Daniel contemplait les liasses de billets verts qu'empilaient les secrétaires pour les déposer sur des comptes numérotés dans des banques européennes.

Souvent Daniel observait Armand alors qu'il partait seul écumer les mers : un jeune homme en chemise de soie et pantalon noirs, pilotant un hors-bord, sa longue crinière fouettée par le vent. Un adversaire impitoyable. Quelque part, loin du rivage, il repérerait les contrebandiers et, pirate solitaire, il fondrait sur eux. Les jetait-il par-dessus bord ? Avant de s'enfoncer dans l'océan, ces malheureux levaient-ils un dernier regard vers leur meurtrier ? Ce gamin ! Eux qui se croyaient le mal incarné...

– Je peux t'accompagner ? Tu veux bien que je regarde ?

– Non, répondait Armand.

Ses ambitions financières enfin satisfaites, Armand se décida à passer sérieusement à l'action.

Il ordonna à Daniel d'entreprendre sans délai quelques emplettes : une flottille de yachts de plaisance, une chaîne de restaurants et d'hôtels. Quatre avions étaient maintenant à leur disposition, et Armand jonglait désormais avec huit téléphones.

Puis vint l'apothéose ; l'île de Nuit. L'œuvre d'Armand, avec ses cinq étages de baies vitrées abritant théâtres, restaurants et magasins. Il avait dessiné les plans pour les architectes sélectionnés par ses soins, dressé les listes interminables de tous les matériaux qu'il désirait, des sculptures pour les pièces d'eau, et même des fleurs et des arbres en pot.

Elle était là enfin, cette île de Nuit, assiégée du crépuscule à l'aube par les flots de touristes qui débarquaient de Miami. La musique emplissait les salons des hôtels, les pistes de danse. Les ascenseurs translucides ne cessaient de monter vers les terrasses. Les bassins, les ruisseaux, les cascades miroitaient entre les parterres fleuris de corolles délicates.

On pouvait acheter n'importe quoi dans l'île de Nuit – des diamants, un Coca-Cola, des livres, un piano, des perroquets, des vêtements haute couture, des poupées de porcelaine. On pouvait y déguster les cuisines les plus raffinées du monde entier. Cinq films passaient chaque nuit dans les salles de cinéma. On y trouvait des tweeds anglais, des cuirs d'Espagne, des soieries indiennes, des tapis chinois, de l'argenterie fine, des cornets de glace, de la barbe à papa, de la porcelaine fine, des chaussures italiennes.

Ou encore on pouvait se réfugier dans un luxe secret,

en marge de cette agitation, libre de s'y mêler ou de s'en abstraire.

– Tout ceci est à toi, avait dit Armand en parcourant lentement les vastes pièces de leur villa des Mystères haute de trois étages – sans compter les caves interdites à Daniel – et ouverte sur les lumières de Miami et sur les hauts nuages qui couraient dans le ciel.

Ce mélange subtil d'ancien et de moderne était somptueux. Les portes en verre fumé des ascenseurs coulissaient sur de grandes salles tendues de tapisseries médiévales et ornées de chandeliers d'époque; un téléviseur géant trônait dans chacune des pièces. Des tableaux de la Renaissance et des tapis persans décoraient les appartements de Daniel. Les artistes les plus célèbres de l'école vénitienne veillaient sur Armand dans son cabinet de travail moquetté de blanc et truffé d'ordinateurs, d'interphones et d'écrans de contrôle. Livres, revues et journaux leur parvenaient du monde entier.

– Voici ta maison, Daniel.

Et cette maison avait en effet conquis Daniel, mais il aimait davantage encore la liberté, le pouvoir, le luxe qui l'accompagnaient partout où il allait.

Armand et lui avaient erré la nuit dans les ruines mayas au cœur des forêts de l'Amérique Centrale. Ils avaient escaladé les flancs de l'Anapurna pour entrevoir son lointain sommet éclairé par la lune. Ils avaient flâné dans les rues grouillantes de Tokyo, Bangkok, Damas, Lima, Rio et Katmandou. Dans la journée, il s'abandonnait au confort des meilleurs hôtels; la nuit, il se promenait sans crainte aux côtés d'Armand.

De temps à autre, cependant, le vernis de cette existence civilisée se fissurait. Parfois, Armand devinait au loin la présence d'autres immortels. Il rassurait Daniel, lui disant qu'il était sous sa protection, mais qu'il n'en était pas moins inquiet, que celui-ci ne devait pas le quitter d'une semelle.

– Rends-moi semblable à toi, et tu n'auras plus à te faire de souci.

– Tu dis n'importe quoi, avait répliqué une fois Armand. Tu n'es qu'un mortel parmi des milliards d'autres. Si je cédais à ton caprice, tu serais aussi visible qu'une bougie dans le noir.

Daniel s'était entêté.

— Ils te repéreraient à coup sûr, avait poursuivi Armand.

Il était soudain furieux, non pas à cause de Daniel, mais parce qu'il détestait aborder ce sujet.

— As-tu donc oublié que les anciens détruisent systématiquement les jeunes ? Ton cher Louis ne te l'a-t-il pas expliqué ? C'est ce à quoi je m'emploie partout où nous nous installons : éliminer ces parasites. Mais je ne suis pas invincible. (Il s'était interrompu un instant comme s'il s'interrogeait sur l'opportunité de cette mise au point.) Je suis comme un animal à l'affût, entouré d'adversaires plus vieux et plus forts qui n'hésiteraient pas à me détruire, s'ils y avaient un intérêt quelconque.

— Plus vieux ? mais je croyais que tu étais le plus vieux de tous ? s'était exclamé Daniel.

Ils n'avaient plus parlé depuis des années de *Entretien avec un Vampire*. A vrai dire, ils n'en avaient jamais discuté en détail.

— Bien sûr que non, avait répondu Armand qui semblait quelque peu mal à l'aise. Je suis seulement le plus vieux que ton ami Louis ait pu trouver. Il y en a plein d'autres. Je ne connais pas leurs noms et je n'ai jamais qu'entraperçu leurs visages. Mais parfois, je sens leur présence. Nous nous devinons les uns les autres. Nous échangeons le même signal, muet mais intense : « Ne t'approche pas de moi. »

Le lendemain, il avait offert à Daniel le médaillon, le talisman comme il l'appelait. Il l'avait d'abord effleuré de ses lèvres et frotté entre ses mains comme pour le réchauffer. Étrange rituel ! Le bijou était encore plus étrange avec cette lettre A gravée sur le boîtier et la minuscule fiole remplie de son sang à l'intérieur.

— Regarde, tu ouvres le fermoir s'ils s'approchent de toi. Et tu brises aussitôt le flacon. Ils sauront alors que tu es protégé. Ils n'oseront pas...

— Bref, tu te moques pas mal qu'ils me tuent, avoue-le, avait rétorqué Daniel, de plus en plus braqué. Donne-moi le pouvoir de me défendre moi-même.

Mais depuis cette nuit, le médaillon ne l'avait pas quitté. Il avait examiné sous la lampe le A et les entrelacs gravés sur toute la surface du bijou pour découvrir que c'étaient de minuscules personnages enchevêtrés, certains mutilés, d'autres convulsés de douleur, comme agonisants, d'autres morts. Un horrible objet, pour tout dire. Il avait glissé la chaîne à l'intérieur de sa chemise et senti le froid du médaillon contre son torse nu. Ainsi il ne le voyait plus.

Cependant, Daniel n'avait jamais eu conscience de la présence d'un autre immortel. Il se souvenait de Louis comme d'une hallucination, une vision qui lui serait apparue dans un accès de fièvre. Armand était son seul et unique oracle, son dieu démoniaque, aimant et impitoyable.

Son amertume ne cessait de croître. L'existence avec Armand l'irritait, l'exaspérait. Il y avait des années qu'il ne songeait plus à sa famille, à ses amis d'autrefois. Ses parents recevaient régulièrement des chèques, il y veillait, toutefois ils n'étaient plus désormais que des noms sur une liste.

— Toi, tu ne mourras jamais, mais tu me regardes mourir. Nuit après nuit, tu guettes ma mort.

Des disputes atroces, violentes. Armand vaincu, aveuglé par la rage, puis secoué de sanglots irrépressibles, comme si une émotion oubliée remontait à la surface, menaçant de le détruire.

— Je ne le ferai pas, je ne le peux pas. Demande-moi plutôt de te tuer, ce me serait plus facile. Tu ne te rends pas compte de ce que tu exiges de moi. Tu ne comprends donc pas que c'est un crime odieux ? N'importe lequel d'entre nous renoncerait à l'immortalité pour vivre le temps d'une vie humaine.

— Renoncer à l'immortalité pour une malheureuse vie humaine ? Je ne te crois pas. C'est la première fois que tu me mens de manière aussi éhontée.

— Comment oses-tu me parler ainsi ?

— Ne me frappe pas. Tu risquerais de me tuer. Tu es si fort.

— J'y renoncerais. Si je n'étais pas aussi lâche dès qu'il s'agit de considérer la réalité en face, si après un demi-siècle de cette vie monstrueuse, je n'étais pas toujours terrifié jusqu'à la moelle des os par la mort.

— Non, tu ne le ferais pas. La peur n'a rien à voir là-dedans. Imagine que tu sois obligé de revivre dans le siècle où tu es né. Toute cette expérience perdue! Ce pouvoir et ce luxe de notre époque dont Gengis Khan lui-même n'aurait jamais rêvé! Mais laissons de côté les miracles de la technique. Te résignerais-tu à ignorer le destin du monde? Ah, ne me dis pas que tu t'y résignerais.

Jamais ces scènes n'aboutissaient à une quelconque décision. Elles se terminaient par le baiser rituel, l'échange brûlant de leur sang, les voiles du rêve qui se refermaient sur Daniel comme un gigantesque filet, la soif inextinguible. Je t'aime. Encore! oui, encore! Hélas, jamais assez.

Tout ça ne rimait à rien.

En quoi ce sang magique avait-il modifié son corps et son esprit? Sans doute était-il capable de suivre avec plus d'attention la chute d'une feuille morte! Armand ne lui donnerait jamais l'immortalité!

Il laisserait Daniel partir, sombrer dans le cauchemar du quotidien, il prendrait ce risque plutôt que d'accéder à sa prière. Daniel ne pouvait rien faire, il n'avait rien à offrir en échange.

L'errance commença donc, la fuite éperdue, et jamais Armand ne le suivait. Il attendait que Daniel supplie de revenir – ou qu'il n'ait plus la force d'appeler, qu'il soit à l'agonie. Alors, et alors seulement, Armand le ramenait dans leur havre de paix.

La pluie tombait à verse sur les larges trottoirs de l'avenue Michigan. La librairie était vide, ses lumières éteintes. Quelque part, une horloge venait de sonner neuf heures. Daniel s'adossa à la vitrine, observant le flot des voitures. Nulle part où aller. Et s'il buvait la goutte de sang dans le médaillon? Pourquoi pas?

Lestat, lui, était en Californie, à l'affût déjà, peut-être même en train de traquer une victime. Les mortels s'affairaient à préparer la salle pour le concert, non? Ils réglaient les éclairages, la sonorisation, installaient les stands, sans se rendre compte des messages secrets qui s'échangeaient, des spectateurs sinistres qui s'apprêtaient à se mêler à la cohue insouciante et bientôt hystérique. Et si Daniel s'était dangereusement fourvoyé? Si Armand se trouvait là-bas, lui aussi?

129

Cette hypothèse lui parut d'abord impossible, puis évidente. Pourquoi n'y avait-il pas songé plus tôt?

Armand était sûrement parti! Si ce qu'avait écrit Lestat était le moins du monde vrai, Armand était parti reconnaître le terrain, voir ce qui se passait, rechercher peut-être ceux dont il avait perdu la trace au cours des siècles et qui maintenant répondaient eux aussi à l'appel du traître.

Qu'avait-il alors à faire d'un amoureux mortel, d'un pauvre humain qui lui avait servi de jouet pendant dix ans? Oui. Armand avait quitté l'île sans lui. Il ne viendrait pas à la rescousse, ce coup-ci.

Planté sur cette avenue, Daniel était transi. Il se sentait misérablement seul et vulnérable. Il se moquait pas mal de ses prémonitions, de ce rêve des jumelles. C'étaient comme de grandes ailes noires qui l'auraient frôlé au passage. Leur souffle froid l'effleurait à peine. Armand s'acheminait sans lui vers une destinée que Daniel ne comprendrait jamais vraiment.

Il était glacé d'horreur, de tristesse. Comme pris au piège. L'angoisse provoquée par le rêve se mêlait à une peur sourde et nauséeuse. Il était à bout de forces. Qu'allait-il faire? Avec lassitude, il imagina l'île de Nuit désormais interdite. Il vit la ville derrière ses murs blancs, perchée au-dessus de la plage, hors d'atteinte. Il n'avait plus ni passé, ni avenir. La mort n'était que l'adhésion au présent immédiat, l'acceptation du néant.

Il fit quelques pas en avant. Ses mains étaient engourdies par le froid. La pluie avait transpercé son sweat-shirt. Il avait envie de s'allonger là, sur le trottoir, et de laisser les jumelles réapparaître. Les phrases de Lestat lui revenaient sans cesse. La Transfiguration Obscure, c'est ainsi qu'il dénommait le moment du retour à la vie. Le Jardin Sauvage, le monde qui pouvait renfermer ces monstres ô combien exquis.

Laisse-moi t'aimer dans le Jardin Sauvage, et la lumière qui a disparu de mon existence rayonnera dans tout l'éclat de sa splendeur. J'abandonnerai ma défroque mortelle pour entrer dans l'éternité. Je serai des vôtres.

La tête lui tournait. Il avait failli tomber. Quelqu'un lui parlait, lui demandait si ça allait. Non, bien sûr que non. Pourquoi irait-il bien?

Mais une main se posa sur son épaule.

Daniel.

Il releva la tête.

Armand se tenait au bord du trottoir.

Il n'en croyait pas ses yeux, il aurait tant voulu que ce fût vrai, mais oui, Armand était bien là. Il le fixait en silence, ses traits pétrifiés dans une immobilité qui ne semblait pas appartenir à cette terre, son visage légèrement coloré sous le glacis de sa pâleur surnaturelle. Il avait l'air tellement normal, si toutefois la beauté pouvait l'être. Et cependant il tranchait bizarrement avec le monde matériel qui l'entourait, les vêtements qu'il portait. Derrière lui, la longue Rolls grise attendait, comme un génie domestique, son toit métallique couvert de gouttelettes de pluie.

— Dépêche-toi, Daniel. Tu m'as donné assez de fil à retordre cette fois-ci !

Pourquoi usait-il de ce ton impératif alors que la main qui le poussait avait tant de force ? Il était si rare de voir Armand véritablement furieux. Ah, comme Daniel aimait cette fureur ! Ses genoux cédèrent sous lui. Il fut soulevé de terre. Puis il sentit contre sa joue le velours de la banquette arrière de la voiture. Il se prit la tête dans les mains et ferma les yeux.

Armand le redressa doucement et le serra contre lui. La voiture avançait en tanguant délicieusement. C'était si bon de pouvoir enfin se reposer dans les bras d'Armand. Mais il avait tant de choses à lui raconter, à propos du rêve, du livre.

— Je suis au courant, tu sais, murmura Armand.

Quelle était cette lueur étrange dans son regard ? Son expression avait quelque chose de vulnérable, de crispé, comme si son calme l'avait abandonné. Il tendit à Daniel une timbale à demi remplie de cognac.

— Et pendant ce temps, tu me fuyais à Stockholm, Édimbourg et Paris. Pour qui me prends-tu à m'imaginer capable de suivre tant de pistes à une telle allure ? Et avec cette menace...

Ses lèvres, tout à coup, sur le visage de Daniel. Ah, voilà qui est mieux, j'aime être couvert de baisers. Et me blottir contre des corps sans vie, oui, serre-moi. Il enfouit son visage au creux de l'épaule d'Armand. *Ton sang.*

– Pas maintenant, mon aimé.

La main tendrement appuyée sur sa bouche, Armand l'écarta. La voix basse et distante vibrait soudain d'une émotion si singulière.

– Écoute bien ce que je te dis. A travers le globe, notre espèce est en train d'être exterminée.

Exterminée. La panique le saisit, et son corps se raidit malgré la fatigue. Il essaya de concentrer son attention sur Armand, mais les jumelles réapparurent, et aussi les soldats, le corps carbonisé de la mère qui roulait au milieu des cendres. Que signifiaient ces images, ce rêve obsédant ?

– Je n'en sais rien, dit Armand.

Et c'était du rêve qu'il parlait, car il le faisait, lui aussi. Il versa un peu de cognac entre les lèvres de Daniel.

Oh, cette merveilleuse chaleur. Il allait sombrer dans l'inconscience s'il ne luttait pas. Ils avaient quitté Chicago et roulaient sur l'autoroute, enfermés ensemble dans ce cocon tapissé de velours, avec le rideau de la pluie qui coulait sur les vitres. Comme ces gouttes argentées étaient jolies! Armand s'était détourné, l'air absent, on aurait dit qu'il écoutait une musique au loin, les lèvres entrouvertes, comme figées sur les paroles qu'il s'apprêtait à prononcer.

Je suis avec toi, en sûreté à tes côtés.

– Non, Daniel, pas en sûreté, répondit-il. Ni une nuit, ni peut-être une seule heure.

Daniel s'efforça de réfléchir, de formuler une question, mais il était trop faible, trop somnolent. La voiture était si confortable, son balancement si rassurant. Et les jumelles. Les magnifiques jumelles rousses s'insinuaient dans son cerveau. Une seconde, ses yeux se fermèrent, et il s'effondra contre l'épaule d'Armand, sentant la tiédeur de sa main au creux de ses reins.

Dans le lointain, il entendit la voix de son compagnon :

– Que vais-je faire de toi, mon aimé ? Surtout à présent que j'ai si peur moi-même.

L'obscurité de nouveau. Le rêve. Il tenta de se raccrocher au goût du cognac dans sa bouche, au contact de la main d'Armand dans son dos, mais il s'endormit. Déjà, il rêvait.

Les jumelles marchaient dans le désert; le soleil qui

brillait haut dans le ciel dardait ses rayons sur leurs bras, leurs visages. Leurs lèvres étaient enflées, craquelées par la soif, leurs robes maculées de sang.

— Ordonnez à la pluie de tomber, murmura Daniel, vous en avez le pouvoir, ordonnez-le-lui.

L'une des jumelles s'écroula sur le sable et sa sœur s'agenouilla aussitôt, la serrant dans ses bras. Chevelure de feu contre chevelure de feu.

Quelque part, très loin, il entendit de nouveau la voix d'Armand. Il disait qu'elles étaient avancées trop profond dans le désert. Les esprits eux-mêmes ne pourraient pas faire tomber la pluie dans ces sables arides.

Pourquoi donc? Les esprits n'étaient-ils pas tout-puissants?

Il sentit les lèvres d'Armand effleurer son front.

Les jumelles pénétraient maintenant dans un défilé entre deux collines. Mais elles souffraient toujours du soleil, car celui-ci était au zénith, et les rochers trop traîtres pour y grimper. Elles s'obstinaient à poursuivre leur marche. Personne ne pouvait donc leur venir en aide? Elles trébuchaient et tombaient à chaque pas. La caillasse était comme chauffée à blanc. Finalement l'une d'entre elles s'effondra, le visage contre le sable, et l'autre s'étendit sur elle pour lui faire un abri de ses cheveux.

Oh, si seulement le soir pouvait venir, apportant la brise rafraîchissante.

Tout à coup, la jumelle qui protégeait sa sœur leva les yeux. Quelque chose bougeait sur la crête. Puis tout redevint immobile. Un rocher dévala l'un des versants de la colline et le bruit de sa chute se répercuta, léger et cristallin, à travers la gorge. Alors Daniel vit les silhouettes se profiler sur le ciel, des hommes du désert depuis des millénaires semblables, avec leur peau sombre et leurs lourdes tuniques blanches.

Les jumelles se hissèrent sur leurs genoux tandis que les hommes s'approchaient. Ils leur offrirent à boire et versèrent de l'eau sur elles. Soudain, les deux femmes se mirent à rire et à parler nerveusement, tant était grand leur soulagement, mais leurs sauveurs ne comprenaient pas ce qu'elles disaient. Alors l'une d'entre elles pointa le ventre de sa sœur, puis croisa les bras comme si elle berçait un enfant. Ah, oui. Les hommes relevèrent la femme enceinte. Et tous se dirigèrent vers l'oasis autour de laquelle se dressait leur campement.

A la lumière du feu allumé devant leur tente, les jumelles finirent par s'endormir, en sécurité parmi les Bédouins. Se pourrait-il que cette race nomade soit aussi ancienne, que son histoire remonte à des milliers et des milliers d'années? A l'aube, l'une des jumelles, celle qui ne portait pas d'enfant, se leva. Sous le regard de sa sœur, elle s'avança vers l'oliveraie et tendit les bras vers le ciel comme si elle saluait le soleil levant. Des membres de la tribu, eux aussi réveillés, s'assemblèrent pour observer la scène. Le vent se leva, agitant délicatement les branches des oliviers. Et la pluie, la pluie douce et légère, commença à tomber.

Il ouvrit les yeux. Il était dans l'avion.

Il reconnut aussitôt la petite cabine aux murs tendus de vinyle blanc et l'éclairage blond et diffus. Tous les objets étaient faits de matière synthétique, durs et polis comme les os d'une créature préhistorique. Le cercle se refermait-il? La technologie avait recréé la chambre de Jonas dans le ventre de la baleine.

Il était étendu sur la couchette. Quelqu'un lui avait lavé le visage et les mains. Il était rasé de près. Ah, quel bien-être! Et le ronronnement des moteurs faisait comme un immense silence, le souffle de la baleine quand elle fend l'océan. Il repéra soudain des objets autour de lui. Une carafe. Du bourbon. Il eut envie de boire, mais il était trop fatigué pour bouger. Et quelque chose clochait. Oui, quelque chose... il porta la main à son cou. Le talisman avait disparu! Quelle importance, du moment qu'il avait retrouvé Armand.

Armand était assis à une petite table, près du hublot, la paupière en plastique blanc tirée sur l'œil de la baleine. Il avait coupé ses cheveux et était maintenant vêtu de noir. De la tête à la pointe de ses chaussures vernies, il était aussi impeccable qu'un cadavre préparé pour la mise en bière. Un spectacle sinistre. Quelqu'un allait se mettre à lire le psaume XXIII. Par pitié, qu'il troque cet accoutrement contre ses habits blancs.

— Tu vas mourir, annonça doucement Armand.

— « Dans la vallée de l'ombre, je ne crains pas la mort car je suis avec toi », et caetera, murmura Daniel.

Il avait la gorge sèche, sa tête lui faisait mal. Peu importait qu'il précise ou non ce qui le préoccupait. Tout avait été dit depuis longtemps.

Tel un rayon laser, la parole silencieuse d'Armand pénétra son cerveau :

Tu veux que je mette les points sur les i ? Tu pèses à peine soixante kilos. L'alcool te ronge à l'intérieur. Tu es à moitié fou. Tout t'ennuie dans l'existence.

– Sauf nos petites conversations. C'est si facile de comprendre ce que tu dis.

Si tu ne devais plus jamais me revoir, ce serait encore pire. Continue ainsi, et dans cinq jours tu es mort.

Cette perspective lui était intolérable. Mais alors pourquoi avait-il passé son temps à fuir Armand ?

Pas de réponse.

Tout devenait limpide. Ce n'était pas seulement le ronronnement des moteurs, mais aussi le curieux mouvement de l'avion, comme si l'appareil suivait dans les airs un chemin accidenté, cahotant sur des bosses, franchissant des écueils, montant et descendant, telle la baleine filant son chemin de baleine, comme chantait Beowulf[1].

Une raie de côté partageait la chevelure d'Armand. A son poignet brillait une montre en or, l'une de ces inventions à la pointe de la technique qui le fascinaient tant. Imaginer ce cadran digital affichant ses chiffres à l'intérieur d'un cercueil tout au long de la journée ! Le veston noir était plutôt démodé avec ses revers étroits. Le gilet semblait de soie noire. Mais sa figure, Seigneur, il n'avait pas lésiné sur la nourriture. Pour ça, non.

Te souviens-tu de ce dont je t'ai parlé tout à l'heure ?

– Oui, fit Daniel.

Mais, à vrai dire, il avait du mal à se souvenir. Puis cela lui revint brusquement, et l'angoisse le tenailla :

– Une histoire d'extermination, je crois. Mais je meurs, moi aussi. On est tous dans la même galère. Eux, ils doivent être immortels pour que la mort les fauche. Moi, il suffit que je sois vivant. Tu vois que j'ai de la mémoire. Passe-moi ce bourbon, maintenant.

---

1. Héros anglo-saxon célébré dans un long poème épique de l'époque préchrétienne.

Je ne peux donc rien faire qui te redonnerait goût à la vie?

— Tu ne vas pas remettre ça, non? Je saute de l'avion si tu continues.

Alors, écoute-moi. Écoute-moi bien.

— De toute façon, je n'ai pas le choix. Je n'arrive pas à échapper à ta voix quand tu veux que je t'écoute. C'est comme un minuscule micro à l'intérieur de mon crâne. Mais tu pleures? Tu pleures à cause de moi?

Une seconde, Armand parut si jeune. Quelle mascarade!

— Va au diable, dit-il en sorte que Daniel l'entende prononcer ces mots.

Daniel fut parcouru d'un frisson. C'était horrible de contempler pareille souffrance. Il ne trouva rien à répondre.

— Nous sommes une aberration de la nature, tu sais ça, continua Armand. Pas besoin de lire le bouquin de Lestat pour le comprendre. N'importe lequel d'entre nous aurait pu te dire que ce fut une abomination, une fusion démoniaque...

— Alors c'est vrai ce qu'a écrit Lestat.

Un démon prenant possession des souverains égyptiens. Un esprit, en tout cas. Ils l'appelaient démon dans ce temps-là.

— Peu importe que ce soit vrai ou non. Le commencement n'a plus d'intérêt. Ce qui compte, c'est que la fin est peut-être toute proche.

La gorge serrée par l'angoisse, le rêve qui revenait, les hurlements stridents des jumelles.

— Écoute-moi, répéta patiemment Armand, l'arrachant à l'emprise des deux femmes. Lestat a réveillé quelque chose ou quelqu'un...

— Akasha... Enkil.

— Peut-être. Il se pourrait qu'ils soient plus nombreux. Personne n'est sûr de rien. Un cri confus se répète qui nous prévient d'un danger, mais aucun d'entre nous ne semble savoir d'où il vient. Nous savons seulement que nous sommes poursuivis et éliminés, que nos phalanstères, nos lieux de réunion flambent.

— Moi aussi, j'ai entendu ce cri, murmura Daniel. Quelquefois très fort, en plein milieu de la nuit, et à d'autres moments lointain comme un écho.

Il vit de nouveau les jumelles. Cet appel avait certainement un rapport avec le rêve.

– Mais d'où tiens-tu ces informations sur les phalanstères, les...

– Arrête de mettre en doute tout ce que je dis. Nous n'avons pas de temps à perdre. Je le sais, un point c'est tout. Les autres aussi. C'est comme un courant qui parcourerait les mailles d'un énorme filet.

– Oui, je vois.

Chaque fois que Daniel avait bu le sang d'Armand, il avait entrevu en un éclair cet immense réseau scintillant d'idées et d'images dont il ne saisissait qu'à moitié la signification. C'était donc vrai. Cette toile gigantesque s'était formée du temps de la Mère et du Père...

– Il y a quelques années encore, reprit Armand, tout ça m'aurait été égal.

– Que veux-tu dire ?

– Je ne veux pas de cette fin, plus maintenant. Et pourtant je n'ai pas envie que cette horreur se prolonge, à moins que tu ne... (Tout à coup, son visage revêtit une expression de surprise :) Je refuse que tu meures.

Daniel ne réagit pas.

La quiétude de cet instant avait quelque chose d'angoissant. A présent, l'avion se laissait doucement porter par les courants. Armand, dont les paroles démentaient le calme de la voix, était assis là, si maître de lui, si patient.

– Je n'ai pas peur tant que tu es là, lança soudain Daniel.

– Ça prouve que tu es idiot. Mais il y a un autre fait bizarre.

– Lequel ?

– Que Lestat soit toujours de ce monde. Il poursuit son manège. Et ceux qui se sont regroupés autour de lui sont épargnés.

– Comment en es-tu si sûr ?

Un petit rire velouté.

– Te voilà qui recommence. C'est un trait bien humain de ton caractère. Soit tu me portes aux nues, soit tu me mets plus bas que terre. Tu es toujours à côté de la plaque.

– Je me débrouille avec les faibles instruments dont je

137

dispose. Mes cellules sont soumises à un processus de détérioration qu'on nomme le vieillissement et...

– Ils sont tous à San Francisco. Ils s'entassent dans l'arrière-salle d'une taverne appelée la Fille de Dracula. Si je le sais, c'est peut-être parce que d'autres le savent ; nos cerveaux captent ces images, et sciemment ou non, ils les transmettent. Peut-être aussi qu'un seul d'entre nous propage la nouvelle. Je l'ignore. En tout cas, ces pensées, ces sensations, ces voix existent bel et bien. Elles circulent le long de chacun des fils de la toile. Certaines sont claires, d'autres brouillées. De temps à autre, l'avertissement couvre tous les autres messages. *Danger*. C'est comme si une chape tombait sur notre monde. Puis d'autres voix s'élèvent de nouveau.

– Et Lestat. Où est-il ?

– Ils ne l'aperçoivent que par éclairs. Personne n'est parvenu à repérer l'endroit où il se terre dans la journée. Il est trop malin pour ça. N'empêche qu'il les nargue. Il fonce dans sa Porsche noire à travers les rues de San Francisco. Peut-être ignore-t-il ce qui se passe.

– Explique-toi.

– Le don de télépathie est à double tranchant. Écouter les pensées des autres suppose souvent qu'on puisse lire dans vos propres pensées. Lestat se cache. Il a peut-être coupé tout contact avec nous.

– Et les jumelles ? Les deux femmes du rêve, qui sont-elles ?

– Je n'en ai pas la moindre idée. Nous ne faisons pas tous ce rêve. Mais bon nombre d'entre nous ont entendu parler de ces jumelles, et tous semblent les craindre, et penser que Lestat d'une façon ou d'une autre est responsable de ce qui arrive.

– Un démon parmi les démons, se moqua Daniel.

Armand accueillit la boutade d'un petit hochement de tête las. Il sourit même.

Cette immobilité. Les moteurs qui ronronnaient.

– Tu comprends ce que je suis en train de te dire ? Notre espèce est partout menacée sauf à San Francisco.

– Là où est Lestat.

– Exactement. Mais l'exterminateur se déplace de manière imprévisible. Il ne semble pas avoir le pouvoir de détruire à distance. Sans doute attend-il le concert pour terminer son œuvre.

– Il ne peut rien contre toi. Il t'aurait déjà...

Le même éclat de rire moqueur. A peine audible. Un rire télépathique, peut-être.

– Ta confiance m'émeut comme à l'accoutumée, mais dans ce cas précis, c'est me faire trop d'honneur. Ce monstre est tout-puissant. Je ne peux pas me mouvoir à la vitesse du son. Tâche de comprendre ma décision. Nous allons rejoindre Lestat parce que nous n'avons aucun autre endroit où nous réfugier. Des vampires isolés ont été débusqués dans leurs cachettes et réduits en cendres...

– Et aussi parce que tu veux retrouver Lestat.

Pas de réponse.

– Avoue que tu crèves d'envie de le voir. Que tu veux être là-bas au cas où il aurait besoin de toi. Si une bataille éclatait...

Toujours pas de réponse.

– Sans compter que si Lestat est à l'origine de ce massacre, il doit pouvoir l'arrêter.

Armand s'obstinait dans son silence. Il avait l'air hésitant.

– C'est plus simple que ça, finit-il par dire. Je dois y aller.

L'avion semblait flotter sur une écume sonore. D'un regard somnolent, Daniel fixa au plafond une tache de lumière qui se déplaçait.

Voir Lestat enfin. Il songea à la vieille maison de La Nouvelle-Orléans. A la montre en or qu'il avait ramassée sur le tapis poussiéreux. Et maintenant l'histoire repartait à zéro, elle se répétait à San Francisco, avec Lestat cette fois. Seigneur, si seulement il avait pu boire ce bourbon. Pourquoi Armand refusait-il de lui en donner ? Il était si faible. Ils iraient au concert, ils y rencontreraient Lestat...

Mais le sentiment de terreur revint, plus intense, cette terreur que lui inspiraient les rêves.

– Ne me laisse pas rêver de ces femmes, murmura-t-il soudain.

Il crut entendre Armand le rassurer.

Tout à coup, une ombre s'étendit sur lui. Le ventre de la baleine lui parut rétrécir à la dimension du halo qui entourait Armand, maintenant debout à son chevet.

– Regarde-moi, mon aimé, murmura une voix.

L'obscurité. Puis les hautes grilles en fer forgé

s'ouvrirent et la lune entra à flots dans le jardin. *Quel était cet endroit ?*

Ce ne pouvait être que l'Italie, avec cet air tiède qui vous enveloppait et la pleine lune qui brillait sur le vaste paysage planté d'arbres et de fleurs, et tout là-bas, à la lisière de l'ancienne Pompéi, la villa des Mystères.

– Comment sommes-nous arrivés ici ?

Il se tourna vers Armand qui se tenait à ses côtés, vêtu d'étranges vêtements d'une autre époque. Hébété, il fixa un instant son compagnon, la tunique de velours noir, les cuissardes, la longue chevelure auburn.

– Nous n'y sommes pas vraiment, tu le sais bien, dit Armand.

Il se retourna et s'enfonça dans le jardin en direction de la villa. On entendait à peine ses talons résonner sur les dalles grises usées par le temps.

Mais si, tout cela était bien réel ! Il suffisait de regarder les vieux murs de brique, les massifs de fleurs, et le chemin avec la trace humide des pas d'Armand. Et les étoiles au-dessus de sa tête, les étoiles ! Il arracha d'un citronnier une feuille odorante.

Armand revint vers lui et lui prit le bras. L'odeur de la terre fraîchement retournée montait des parterres. *Ah, comme j'aimerais mourir ici !*

– Oui, dit Armand. Et c'est ici que tu mourras. Ce que je vais faire, je ne l'ai jamais fait auparavant. Je n'ai cessé de te le répéter, mais tu ne voulais pas me croire. Pourtant, Lestat l'a écrit dans son livre. Je ne l'ai jamais fait. Tu me crois ?

– Bien sûr. Tu as tout expliqué, le serment que tu as prononcé, tout le reste. Mais, Armand, cette promesse, à qui l'as-tu faite ?

Éclat de rire.

Leurs voix résonnaient à travers le jardin. Comme ces roses, ces chrysanthèmes étaient énormes. Et la villa des Mystères était illuminée. Était-ce de la musique qu'on entendait ? La ruine étincelait sous le bleu incandescent du ciel nocturne.

– Ainsi tu veux que je rompe mon serment, tu t'acharnes à obtenir ce que tu t'imagines désirer. Mais contemple bien ce jardin, parce qu'une fois la métamorphose accomplie, tu ne liras plus jamais dans mes pensées, tu n'intercepteras plus jamais mes visions. Un voile de silence tombera entre nous.

– Mais nous serons frères, non ? demanda Daniel.

Armand se tenait si près de lui que leurs visages se frôlaient. Tout autour d'eux, des fleurs, de grands dahlias jaunes assoupis, de lourds glaïeuls blancs au parfum pénétrant. Ils s'étaient arrêtés sous un arbre mort où grimpait une glycine sauvage. Les grappes délicates frissonnaient, les longues lianes s'entremêlaient, aussi blanches que des os. Et là-bas, la villa bruissait de voix. On aurait dit que des gens chantaient.

– Où sommes-nous vraiment ? interrogea Daniel. Réponds-moi !

– Ce n'est qu'un rêve, je te le répète. Si tu tiens à nommer ce lieu, appelons-le la porte de la vie et de la mort. Je t'en ferai franchir le seuil. Pourquoi ? Parce que je suis lâche. Et que je t'aime trop pour te perdre.

Quelle joie éprouvait Daniel, quel délicieux sentiment de triomphe ! Le moment était enfin arrivé. Il n'était plus entraîné dans la chute terrifiante du temps. Il n'était plus l'un de ces millions d'êtres anonymes qui dormiraient dans cette terre spongieuse et odorante, sous les fleurs fanées, sans plus rien savoir, à jamais aveugles.

– Je ne te promets rien. Comment le pourrais-je ? Je t'ai prévenu de ce qui nous attend.

– Ça m'est égal, du moment que je suis avec toi.

Armand avait les yeux rougis, fatigués. Il était habillé avec recherche, mais ses vêtements étaient poussiéreux comme ceux d'un fantôme. Les esprits apparaissaient-ils toujours ainsi quand ils renonçaient à feindre ?

– Ne pleure pas ! Tu n'en as pas le droit, dit Daniel. Comment peux-tu pleurer alors que je renais à une autre existence ? Ne sais-tu pas ce que ça signifie ? Est-il possible que tu l'aies toujours ignoré ?

Il s'interrompit soudain pour contempler le paysage enchanté, la villa au loin, les collines ondoyantes tout autour. Puis il renversa la tête en arrière et regarda la voûte céleste.

On aurait cru que le ciel s'élevait à l'infini, scintillant de tant d'étoiles qu'il était impossible de distinguer les constellations. Plus de trame. Plus d'ordre. Seulement la sublime victoire de l'énergie et de la matière. C'est alors qu'il aperçut les Pléiades – les étoiles préférées des malheureuses jumelles dans le rêve – et il sourit. Les deux femmes lui apparurent, heureuses, au sommet d'une montagne, et il fut rempli de joie.

– Tu n'as qu'un mot à dire, mon amour, reprit Armand, et je le ferai. Nous nous abîmerons en enfer ensemble, finalement.

– Mais ne comprends-tu donc pas que toutes les décisions des humains sont aussi hasardeuses ? T'imagines-tu que la mère connaît le sort de l'enfant qu'elle porte dans son sein ? Ah, nous sommes condamnés, condamnés, je t'assure. Si tu me fais ce don, qu'importe que ce soit un crime. Il n'y a pas de crime. Il n'y a que le désespoir, et je l'accepte. Je veux l'immortalité, je veux vivre éternellement avec toi.

Il ouvrit les yeux. Le plafond de la cabine de l'avion, la lumière blonde, et tout autour, le jardin, les senteurs, les fleurs ployant sous le poids de leurs corolles.

Ils se tenaient sous l'arbre mort où s'enroulait la glycine. Et les grappes violettes lui caressaient le visage de leurs fleurs délicates, lisses comme de la cire. Quelque chose lui revint à l'esprit, quelque chose qu'il avait jadis appris, que dans certaines langues anciennes le même mot désignait les fleurs et le sang. Il sentit soudain les dents s'enfoncer dans son cou.

Son cœur fut comme happé dans un formidable étau ! La douleur était intolérable. Cependant, par-dessus l'épaule d'Armand, il voyait la nuit glisser lentement vers eux, les étoiles se dilater et devenir aussi grandes que les fleurs du jardin emperlées de rosée. Mais oui, tous deux s'élevaient dans le ciel !

Une fraction de seconde, il aperçut le vampire Lestat qui fendait la nuit au volant de sa longue voiture noire. Il avait l'air d'un lion, avec sa crinière qui flottait au vent, son regard fou et ardent. Il tourna la tête, observa Daniel et éclata d'un rire velouté.

Louis était là, lui aussi. Debout devant une fenêtre, dans l'appartement de la rue Divisadero, il l'attendait. « *Oui, rejoins-nous, Daniel, puisque le destin en a décidé ainsi.* »

Mais ils n'étaient pas au courant des phalanstères brûlés ! Ils ne savaient rien des jumelles ! Du cri qui avertissait d'un danger !

En fait, ils se trouvaient tous dans une pièce bondée, à l'intérieur de la villa, et Louis, vêtu d'une redingote, était accoudé à la cheminée. Tout le monde était présent! Même les jumelles!

– Dieu merci, tu es venu, dit Daniel. (Il embrassa Louis sur les deux joues.) Regarde, ma peau est aussi pâle que la tienne!

Tout à coup, il poussa un cri, tandis que l'étau se desserrait, et l'air emplit ses poumons. Il était dans le jardin de nouveau. L'herbe l'environnait. Les fleurs lui paraissaient gigantesques. *Ne me laissez pas ici, pas ici, contre la terre.*

– Bois, Daniel.

Le prêtre prononça les mots liturgiques en versant entre ses lèvres le vin de l'eucharistie. Les jumelles saisirent les plats rituels – le cœur, le cerveau.

– Ceci est le cerveau et le cœur de notre mère que nous dévorons avec tout le respect dû à ses mânes...

– Donnez-le-moi, à la fin!

Il fit tomber le calice sur le dallage de marbre de l'église, il était si maladroit, mais, Seigneur, il avait tant envie de ce sang!

Il se redressa, serra Armand contre lui et but son sang à longs traits. Ils avaient tous les deux basculé dans le doux parterre de fleurs. Ses lèvres étaient refermées sur la gorge de son compagnon, source intarissable.

– Pénètre dans la villa des Mystères, chuchota Louis en lui effleurant l'épaule. Nous t'attendons.

Les jumelles enlacées se caressaient l'une l'autre leurs longues chevelures flamboyantes.

Les gamins hurlaient à l'extérieur du bâtiment parce qu'on ne vendait plus de tickets pour le concert. Ils allaient camper dans le parking jusqu'à demain soir.

– Avons-nous des places? s'inquiéta-t-il. Armand, les tickets!

Danger. Un désert de glace. Le cri vient de quelqu'un emprisonné sous la glace.

Quelque chose le frappa. Un coup violent. Il planait maintenant.

– Dors, mon bien-aimé.

– Je veux retourner dans le jardin, dans la villa.

Il essaya d'ouvrir les yeux. Une douleur au ventre le tenaillait. Une douleur étrange, sourde, lointaine.

– Tu sais qu'il est enseveli sous la glace?

– Dors, répéta Armand en le couvrant d'un plaid moelleux. Et à ton réveil, tu seras semblable à moi. Un mort vivant.

SAN FRANCISCO. Avant même d'ouvrir les yeux, il sut qu'il était dans cette ville. Et il avait fait un rêve horrible, il était content de s'en évader – suffoqué, aveuglé, il était emporté sur une mer déchaînée! Mais le rêve s'estompait. Un rêve sans image, seulement le fracas de l'eau, son étreinte glacée. Un rêve terrifiant. Il était une femme dans ce rêve, désarmée, sans langue pour crier.

Qu'il se réveille vite!

Ce souffle hivernal sur son visage, cette fraîcheur blanche qu'il pouvait presque goûter. Oui, bien sûr, il était à San Francisco. Le froid l'enserrait comme un vêtement trop étroit, et pourtant, à l'intérieur, il éprouvait une délicieuse chaleur.

Immortel. Pour toujours.

Il ouvrit les paupières. C'était Armand qui l'avait installé dans cette pièce. A travers l'obscurité visqueuse de son cauchemar, il l'avait entendu qui lui disait de rester là, qu'il y serait en sécurité.

Là.

Les portes-fenêtres étaient ouvertes. Une chambre fastueuse, regorgeant de meubles, l'un de ces décors splendides qu'Armand avait le talent de découvrir, qu'il appréciait tant.

Il contempla les rideaux de dentelle que le vent rabattait à l'intérieur de la pièce, le motif de plumes blanches qui s'enroulait et luisait sur le tapis d'Aubusson. Il se leva péniblement et sortit sur la terrasse.

Un entrelacs de branches dissimulait le ciel miroitant d'humidité. Le feuillage raide d'un cyprès. Au loin, à travers les branchages, l'arche embrasée du Golden Gate se découpait sur l'obscurité veloutée. Telle une épaisse fumée blanche, le brouillard glissait le long des tours immenses. Par vagues, il essayait d'engloutir les pylônes, les câbles, puis disparaissait comme si le pont lui-même avec son flot de voitures scintillantes l'avait fait s'évaporer.

Quelle splendeur que ce spectacle! Et le contour sombre des collines lointaines sous leur chaud manteau de lumières. Chacun des détails l'émerveillait – les toits mouillés qui cascadaient jusqu'au bas de la ville, les branches noueuses qui se dressaient devant lui. Comme une peau d'éléphant, cette écorce, ce tissu vivant.

Immortel... pour toujours.

Il se passa les mains dans les cheveux et un léger frisson le parcourut. Il pouvait sentir l'empreinte de ses doigts sur son cuir chevelu après qu'il les eut retirés. Le vent le cinglait délicieusement. La mémoire lui revint et il fit un geste vers sa bouche. Oui, ses crocs étaient admirablement longs et pointus.

Quelqu'un lui frôla l'épaule. Il se retourna si brusquement qu'il faillit perdre l'équilibre. Tout était si étonnamment différent! Il se maîtrisa, mais à la vue d'Armand, il eut envie de pleurer. Les yeux bruns de son ami brillaient d'émotion dans l'ombre. Et son expression était si tendre. Il tendit la main et effleura les paupières d'Armand. Il brûlait de caresser les fines stries de ses lèvres. Mais Armand l'embrassa, et il se mit à trembler. Le contact de cette bouche, si fraîche et soyeuse. Un baiser de l'esprit, la pureté foudroyante d'une pensée!

– Rentrons, mon novice, dit Armand. Il ne nous reste plus qu'une heure.

– Et les autres.

Armand avait découvert quelque chose de très important. Qu'était-ce? L'horreur s'abattit sur eux, les phalanstères étaient réduits en cendres. Pourtant, en cet instant, rien ne semblait plus important que cette chaleur à l'intérieur de son corps, que cette sensation de picotement quand il bougeait ses membres.

– Ils prospèrent, ils conspirent, répondit Armand.

Parlait-il tout haut? Sans doute, cependant sa voix était si claire!

– Ce massacre les terrifie, mais San Francisco est indemne. Certains disent que Lestat a déclenché le carnage pour les attirer tous ici. D'autres pensent que c'est l'œuvre de Marius ou même des jumelles. Ou encore de Ceux qu'Il Faut Garder qui usent de leurs pouvoirs illimités depuis leur mausolée.

Les jumelles! Les ténèbres du rêve l'enserrèrent de

nouveau. Un corps de femme, la langue arrachée, la terreur retomba sur lui. Ah, plus rien ne pouvait l'atteindre, maintenant. Plus rien. Ni rêves, ni complots. Il était l'enfant d'Armand.

– Tout ceci peut attendre, dit Armand avec douceur. Suis-moi et obéis. Nous devons terminer ce qui a été commencé.

– Terminer?

Tout était déjà terminé. Sa renaissance avait eu lieu.

Armand le guida à l'intérieur. Les reflets du lit de cuivre dans le noir, d'un vase de porcelaine décoré d'une multitude de dragons dorés. Du piano à queue avec son clavier comme un sourire. Oui, effleure-le, caresse les touches d'ivoire, les pompons de velours de l'abat-jour.

La musique, d'où venait cette musique? Un solo de trompette, assourdi, mélancolique. Il s'arrêta, captivé par ce chant triste, dont les notes s'engrenaient lentement l'une dans l'autre. Il était incapable de bouger pour le moment. Il aurait voulu dire à Armand qu'il comprenait ce qui se passait, pourtant il ne pouvait que s'imprégner de chacun des accords déchirants.

Il essaya de remercier son compagnon pour cette musique, mais sa voix résonnait si étrangement – plus aiguë et cependant plus sonore. Même la texture de sa langue lui paraissait différente, et là-bas, dehors, ce brouillard, s'étonna-t-il, ce brouillard qui envahissait la terrasse, qui dévorait la nuit.

Armand savait ce qu'il ressentait. Il le dirigea à travers la pièce obscure.

– Je t'aime, dit Daniel.

– Tu en es certain? répondit Armand, moqueur.

Ils étaient maintenant dans un long vestibule haut de plafond. Un escalier qui descendait dans le noir. Une rampe polie. Armand le fit avancer. Daniel aurait voulu examiner le tapis sous ses pieds, une longue suite de médaillons entrelacés de lis, mais Armand l'introduisit dans une pièce brillamment éclairée.

L'intensité de la lumière lui coupa le souffle. Le cuir des canapés et des fauteuils bas chatoyait. Et ces tableaux sur les murs.

Les personnages semblaient prêts à bondir de leurs cadres, des créatures informes, à vrai dire d'énormes taches rouges et jaunes étalées en couche épaisse. Tout ce qui paraissait vivant l'était effectivement. C'était ainsi – il suffisait de peindre des êtres sans bras, nageant dans une couleur aveuglante, pour qu'ils soient condamnés à exister jusqu'à la fin des temps. Pouvaient-ils vous voir avec ces myriades d'yeux minuscules ? Ou, accrochés au mur par un morceau de fil de fer entortillé, ne percevaient-ils que le ciel et l'enfer de leurs propres royaumes éclatants ?

Rien que d'y penser, d'entendre la plainte gutturale de la trompette, il aurait pu pleurer – et pourtant, il ne pleurait pas. La pièce exhalait une odeur forte, excitante. *Seigneur, qu'était-ce ?* Inexplicablement, son corps se raidit. Puis, soudain, il eut conscience qu'il fixait une adolescente.

Assise sur une petite chaise dorée, les chevilles croisées, son épaisse tignasse brune encadrant son visage pâle, elle l'observait elle aussi. Ses vêtements étaient sales et trop légers pour la saison. Une jeune fugueuse en jeans déchirés et chemise poussiéreuse. Quel tableau ravissant ! Tout était adorable chez elle, son petit nez criblé de taches de rousseur et jusqu'au sac à dos maculé de graisse posé à ses pieds. La délicatesse de ses bras, la finesse de ses jambes ! Et ses yeux, ses yeux marron ! Il rit doucement, mais c'était un rire sans gaieté, un rire fou. Sinistre. Il se rendit compte qu'il tenait le visage de la fille entre ses mains et qu'elle plongeait son regard dans le sien, souriante, ses bonnes joues toutes roses.

L'odeur du sang, voilà ce qu'il avait senti ! Les doigts lui brûlaient. Il pouvait même distinguer les veines sous sa peau ! Et le battement de son cœur, il l'entendait. De plus en plus fort. Un bruit... mouillé. Il recula.

– Bon dieu, fais-la sortir ! cria-t-il.

– Prends-la, murmura Armand. Tout de suite.

5

KHAYMAN, MON KHAYMAN

Personne n'écoute,
Maintenant tu peux chanter la chanson secrète,
comme chante l'oiseau, non pour marquer son territoire
ou pour dominer,
mais par désir de s'épanouir,
et pour que quelque chose
naisse du néant.
. . .

Stan Rice, 1983

Jusqu'à cette nuit, cette horrible nuit, il disait de lui-même en forme de plaisanterie que s'il ne savait pas qui il était ni d'où il venait, il savait ce qu'il aimait.

Et ce qu'il aimait était tout autour de lui – les étals de fleurs au coin de la rue, les grands bâtiments d'acier et de verre plein de la lumière laiteuse du crépuscule, les arbres, et bien évidemment, l'herbe sous ses pieds. Et aussi les objets de plastique et de métal brillants qu'il achetait – des jouets, des ordinateurs, des téléphones, qu'importait puisqu'une fois leur fonctionnement maîtrisé, il les écrasait en petites balles compactes et multicolores avec lesquelles il jonglait ou qu'il lançait à travers les baies vitrées quand personne n'était en vue.

Il aimait le piano, le cinéma et la poésie.

Il aimait aussi les automobiles qui brûlaient le pétrole de la terre comme les lampes. Et aussi les grands avions qui volaient par-delà les nuages selon le même principe de combustion.

Quand un de ces appareils passait au-dessus de sa tête, il s'arrêtait toujours pour écouter les gens qui parlaient et qui riaient là-haut dans les airs.

Conduire était pour lui un plaisir extraordinaire. Dans une Mercedes Benz à la carrosserie argentée, il avait roulé à tombeau ouvert toute une nuit sur des routes désertes, ralliant Rome à Venise via Florence. Il aimait aussi la télévision – tout ce système électrique avec ces microscopiques points lumineux le captivait. Et puis, ces visages si habilement maquillés derrière la lucarne scintillante faisaient comme une présence amicale.

Il aimait également le rock and roll. Il aimait toutes les musiques. Il aimait entendre Lestat le vampire chanter *Requiem pour la Marquise*. Il ne faisait pas trop attention aux paroles. Mais le timbre mélancolique et l'accompagnement sourd des percussions éveillaient en lui une envie de danser.

Il aimait les gigantesques machines jaunes qui fouillaient la terre dans la nuit des grandes villes, des hommes en uniforme juchés dans leurs cabines. Il aimait les bus à deux étages de Londres et les humains – tous ces ingénieux mortels de par le monde – il les aimait aussi, bien sûr.

Il aimait marcher dans les rues de Damas le soir et voir apparaître, par les failles de sa mémoire, la ville antique fourmillante de Romains, de Grecs, de Perses et d'Égyptiens.

Il aimait les bibliothèques où il trouvait des reproductions photographiques de monuments anciens dans de grands livres aux couvertures patinées et odorantes. Il prenait lui-même des photos des cités modernes qu'il traversait et parfois des images du passé se juxtaposaient à celles imprimées sur le papier. Ainsi, sur ses photographies de Rome, des Romains en tunique et sandales se gravaient en surimpression sur les passants d'aujourd'hui dans leurs costumes lourds et disgracieux.

Oh oui! tant de merveilles s'offraient à lui – un concerto pour violon de Bartok, des petites chanteuses tout de blanc vêtues, sortant de l'église après la messe de minuit.

Il aimait le sang de ses victimes aussi. C'était indéniable. Mais là s'interrompait la plaisanterie, car la mort ne l'amusait pas. Il traquait ses proies en silence; il ne voulait rien savoir d'elles. Pour sauver sa vie, le mortel n'avait qu'à lui adresser la parole. Il lui semblait inconvenant de converser avec ces êtres aux yeux si doux pour ensuite les vider de leur sang, rompre leurs os, en sucer la moelle, et les réduire enfin en une bouillie sanguinolente. Car c'était ainsi qu'il festoyait maintenant, avec cette violence. Sans réel besoin, par plaisir. Incapable de résister au pur désir qui le dévorait. Il aurait pu répéter trois ou quatre fois cette ripaille nocturne.

Et pourtant il était sûr, absolument sûr, d'avoir été un être humain autrefois. Un homme qui avait marché en plein soleil, dans la chaleur du jour, oui, il en était certain, bien qu'il ne s'y risquât plus aujourd'hui. Il se revoyait assis à une table de bois blanc, ouvrant en deux une pêche mûre à l'aide d'un petit couteau de cuivre. Le fruit était magnifique, et il en connaissait le goût. Il connaissait le goût de la bière et du pain. Il avait vu le soleil briller sur un désert de sable. « Allonge-toi et repose-toi », lui avait murmuré quelqu'un. Était-ce au dernier jour de sa vie? Oui, repose-toi, car ce soir le Roi et la Reine rassembleront la cour, et quelque chose de terrible...

Mais il ne parvenait pas à se souvenir précisément.

Non, il le savait, c'est tout. Du moins jusqu'à cette nuit. Cette horrible nuit...

Même en entendant Lestat le vampire, la mémoire ne lui était pas revenue. Tout simplement, le personnage l'intriguait – un chanteur de rock qui se disait buveur de sang. Et c'était vrai qu'il n'avait pas tout à fait l'air de ce monde, mais allez savoir avec la télévision! Nombreux étaient les mortels qui, dans cet univers extravagant, semblaient venir d'une autre planète. Et il y avait une émotion tellement humaine dans la voix du vampire Lestat.

Pas seulement une émotion; une ambition humaine fort singulière. Le vampire Lestat aspirait à l'héroïsme. A travers ses chansons il répétait « Comprenez-moi! Je suis ce que je dis être! Je suis le symbole du mal; et si pour vous je suis un symbole vivant, alors j'œuvre pour le bien. »

Fascinant! Seule la pensée humaine pouvait concevoir un tel paradoxe. Et il était capable d'en juger puisqu'il avait été humain lui-même.

Il est vrai qu'il fallait également tenir compte de ses facultés mentales transcendantes. Les hommes ne pouvaient pas, comme lui, regarder les machines et en comprendre aussitôt le fonctionnement. Et cette impression que tout lui était « familier » – cela aussi était lié à ses pouvoirs surnaturels. En fait, rien ne le surprenait réellement. Ni la physique quantique, ni les théories de l'évolution, ni la peinture de Picasso, pas plus que la manière dont on inoculait les germes d'une maladie aux enfants pour les en protéger. C'était comme s'il avait eu conscience de ces choses bien avant d'émerger des limbes de l'oubli. Bien avant de pouvoir proclamer : « Je pense, donc je suis. »

Mais exception faite de ce don, sa perception de l'existence était celle des mortels. Personne ne pouvait le nier. Il ressentait la douleur avec une acuité effrayante. Il savait ce que c'était que d'aimer et d'être seul, oh oui, il le savait au plus profond de son être, et plus intensément encore lorsqu'il écoutait les chansons du vampire Lestat. Voilà pourquoi il ne prêtait pas attention aux paroles.

Et autre chose : plus il buvait de sang et plus son aspect s'humanisait.

Quand il avait réapparu cette dernière fois, pour lui et pour les autres, il n'avait plus rien d'humain. Un squelette répugnant qui marchait le long de la route en direction d'Athènes, ses veines gonflées enserrant ses os dans leur filet, le tout emprisonné dans une peau blême et dure. A sa vue les gens avaient été terrifiés. A quelle allure ils s'étaient enfuis, poussant au maximum le moteur de leurs petites voitures. Mais il avait lu leurs pensées – il s'était vu comme ils le voyaient – et il comprenait, il était navré bien sûr.

A Athènes, il s'était procuré des gants, un ample vêtement de laine aux boutons en matière plastique et de ces drôles de chaussures comme on les fait maintenant qui vous emprisonnent le pied. Il avait entouré son visage de bandes et dissimulé son immonde chevelure noire sous un chapeau de feutre gris.

Ils continuaient à le regarder, mais ils ne s'enfuyaient

plus en hurlant. A la tombée de la nuit, il se mêlait à la foule dense de la place Omonia et personne ne se souciait de lui. Comme il appréciait l'activité trépidante de cette antique cité qui n'avait rien perdu de sa vitalité de naguère, quand des étudiants venus de tous les horizons s'y rassemblaient pour s'initier à la philosophie et à l'art. En levant les yeux vers l'Acropole, il voyait le Parthénon comme il était alors, un chef-d'œuvre d'architecture, le temple de la déesse, et non la ruine qu'il était devenu.

Les Grecs n'avaient guère changé, ils étaient toujours aussi chaleureux et confiants, même si le sang turc qui coulait maintenant dans leurs veines avait assombri leur peau et leurs cheveux. Ils se moquaient pas mal de son accoutrement et adoraient l'entendre parler de sa voix douce, imitant leur langue à merveille – sauf pour quelques erreurs apparemment hilarantes. Dans le secret de son antre, il avait remarqué que son corps s'assouplissait. Ses chairs étaient encore dures comme la pierre, mais elles se métamorphosaient. Une nuit, après avoir déroulé les linges qui l'enveloppaient, les contours d'un visage humain lui apparurent enfin. Ainsi donc, c'était à cela qu'il ressemblait.

De grands yeux noirs aux paupières lisses, de fines rides aux tempes. La bouche était belle, souriante, le nez droit, délicatement dessiné. Et les sourcils de jais, comme il les aimait! Une ligne bien droite, ni broussailleuse ni brisée, tracée haut, qui lui donnait une expression ouverte, teintée d'étonnement. Oui, c'était un beau visage d'homme jeune.

Après cela, il ne tenta plus de dissimuler ses traits et se mit à porter des chemises et des pantalons comme tout le monde. Mais il veillait encore à se tenir dans l'ombre. Il était trop lisse et trop blanc.

Quand on lui demandait son nom, sans trop savoir pourquoi, il répondait Khayman. Il s'était appelé Benjamin lors d'un de ses autres passages sur cette terre, il s'en souvenait. Et d'autres noms s'étaient succédé... mais quand? Ce nom de Khayman, c'était le premier qu'il eût porté, celui qu'il n'avait jamais oublié. Il pouvait encore l'écrire, en tracer les deux signes, mais d'où ces symboles venaient-ils, il n'en avait pas la moindre idée.

Sa force surtout le stupéfiait. Il était capable de passer à

152

travers les murs, de soulever une voiture et de la lancer dans le champ voisin. Pourtant, il était extraordinairement léger et vulnérable. Il pouvait se transpercer la main d'une longue lame effilée. Quelle étrange sensation! Le sang jaillissait. Puis les plaies se refermaient et il devait les rouvrir pour retirer le couteau.

Quant à la légèreté, eh bien, il n'y avait rien qu'il ne pût escalader. C'était comme si la pesanteur n'existait pas pour peu qu'il la défiât. Une nuit, après avoir fait l'ascension du plus haut immeuble du centre de la ville, il s'était envolé du toit et avait descendu doucement jusque dans la rue en contrebas.

Une expérience formidable. Il avait conscience de pouvoir franchir de grandes distances, à condition de s'y risquer. S'élever dans les nuages, il l'avait certainement déjà fait. Mais... peut-être pas... dans le fond.

Il avait aussi d'autres pouvoirs. Le soir, quand il s'éveillait, il se surprenait à entendre des voix des quatre coins de la terre. Il restait étendu dans l'obscurité, baignant dans ce bruit. Il entendait parler grec, anglais, roumain, hindi. Il entendait des rires et des plaintes. Et s'il demeurait parfaitement immobile, il pouvait capter les pensées des gens – un torrent confus, dément, qui l'effrayait. Il ne savait pas d'où venaient les voix, ni pourquoi soudain l'une d'entre elles couvrait les autres. C'était comme s'il était Dieu et que vers lui montaient les prières du monde.

Parfois, bien distinctes des voix des humains, il percevait celles des immortels. D'autres êtres semblables à lui, qui, là, dehors, pensaient, ressentaient des émotions, criaient au danger. Perdu dans le lointain, le timbre métallique de leurs voix puissantes se détachait clairement de la trame sonore du bourdonnement humain.

Mais cette réceptivité lui était douloureuse. Elle lui rappelait ces années horribles, interminables, où il avait été muré dans l'obscurité avec ces voix pour toute compagnie. Sa panique d'alors, il refusait de s'en souvenir. Il y a des choses qu'il faut ensevelir dans l'oubli. Comme d'avoir été brûlé, emprisonné. Comme lorsque la mémoire vous revient et qu'on pleure, qu'on sanglote de remords.

Oui, sur cette terre, il avait vécu des événements tragiques, sous d'autres noms, à d'autres époques. Mais toujours avec la même douceur de caractère, le même optimisme, et le même amour de la vie. Était-il une âme errante ? Non, il avait toujours eu ce corps. C'est pourquoi il était si léger et si fort.

Évidemment, il se barricadait contre les voix. Il se souvenait de l'ancienne exhortation : la folie guette celui qui n'apprend pas à faire taire les voix. Cela lui était facile, maintenant. Il lui suffisait d'ouvrir les yeux et de se lever pour les chasser de son esprit. A vrai dire, il lui aurait fallu se concentrer pour les écouter. La cacophonie continuait son bruit de fond irritant sans qu'il y prête attention.

L'ivresse de l'instant présent l'attendait. Il lui était aisé de juguler les pensées des mortels qu'il croisait. Il pouvait chanter par exemple ou fixer son attention sur n'importe quoi. Quel calme divin ! A Rome, les distractions abondaient. Comme il aimait les vieilles maisons peintes de couleur ocre, terre de Sienne ou vert foncé. Les étroites rues pavées. Il pouvait foncer en voiture sur les larges avenues pleines de noctambules ou traîner Via Veneto jusqu'à ce qu'il rencontre une femme dont il tomberait amoureux un moment.

Il appréciait tant l'intelligence des gens de cette époque. Leur savoir était immense. Qu'un chef d'État soit assassiné en Inde, et dans l'heure qui suivit, le monde entier pleurait sa disparition. Catastrophes, inventions, miracles médicaux venaient alourdir la somme de connaissances du commun des mortels. La réalité côtoyait la fiction. Des serveuses écrivaient la nuit des romans à succès. Des ouvriers louaient des cassettes vidéo et s'amourachaient des reines de l'écran en petite tenue. Les riches portaient des guirlandes en papier et les pauvres achetaient des diamants minuscules. Des princesses se pavanaient sur les Champs-Élysées vêtues de guenilles soigneusement délavées.

Ah, comme il aurait aimé être humain. Mais qu'était-il donc ? Et les autres, à quoi ressemblaient-ils ? – ceux dont il faisait taire les voix. Ils n'étaient pas du Premier Sang, de ça il était sûr. Ceux du Premier Sang ne pouvaient pas communiquer entre eux par la pensée. Mais que diable signifiait ce terme ? Il n'arrivait pas à se le rappeler ! Il fut pris de panique. « Ne pense pas à ces choses. » Il écrivait des poèmes dans un cahier – des poèmes qu'on disait modernes et dépouillés, mais dont le style, il le savait, lui était depuis toujours familier.

Il sillonnait sans cesse l'Europe et l'Asie Mineure, tantôt à pied, tantôt par la voie des airs, se déplaçant par sa seule volonté d'un endroit à l'autre. Il envoûtait ceux qui auraient pu se mettre en travers de sa route et dormait, sans trop de précautions, dans des abris sombres pendant la journée. Il ne craignait plus la brûlure du soleil à présent, mais il était comme engourdi par son éclat. Ses yeux se fermaient dès les premières lueurs de l'aube. Les voix, toutes ces voix, les autres buveurs de sang qui criaient leur angoisse – puis plus rien. Il se réveillait au crépuscule, impatient de lire dans les étoiles la carte éternelle du ciel.

Il redoublait d'audace au cours de ses exploits aériens. Un soir, dans les faubourgs d'Istanbul, il se propulsa comme un ballon loin au-dessus des toits. Il culbutait et virevoltait, riant à gorge déployée ; puis l'envie lui vint de se rendre à Vienne et il s'y posa avant le chant du coq. Personne ne le remarqua. Il volait trop vite, et de plus il ne se livrait pas à ces petites expériences devant des yeux indiscrets.

Il avait un autre don, fort intéressant également. La faculté de se déplacer sans son corps. Pas exactement se déplacer. Mais il pouvait en quelque sorte commander à son esprit de voir à distance. Allongé, immobile, il pensait à tel ou tel lieu qu'il aimerait connaître et il s'y retrouvait en un éclair. Bien sûr, certains mortels avaient ce pouvoir, soit à travers leurs rêves, soit même en état de veille, mais au prix d'une concentration incroyable. Quelquefois, il survolait leurs corps endormis et s'apercevait que leurs âmes étaient en train de voyager. Mais ces âmes, jamais il ne les voyait. Pas plus que les revenants, fantômes, ni esprits d'aucune sorte d'ailleurs...

Il se rendait compte cependant qu'ils étaient là, qu'ils existaient. Il fallait qu'ils existent.

Et un souvenir diffus lui revenait, du temps où il était un homme mortel et où les prêtres dans le temple lui avaient donné à boire une terrible mixture, et où il avait voyagé de cette manière, hors de son corps, dans le firmament. C'étaient les prêtres qui l'avaient rappelé. Il ne voulait pas réintégrer son enveloppe charnelle. Il avait rejoint les morts qui lui étaient chers. Mais il savait qu'il devait revenir. C'était ce qu'on attendait de lui.

Il était bien humain alors. Oui, sans aucun doute! Il se rappelait la sueur sur son torse nu tandis qu'il gisait dans la pièce poussiéreuse et qu'on lui apportait le breuvage. Et sa peur. Mais tous alors devaient passer par cette épreuve initiatique.

Peut-être valait-il mieux être ce qu'il était maintenant, et être capable de voler, son corps et son âme réunis.

Mais ne pas savoir, ne pas se souvenir réellement, ne pas comprendre comment il accomplissait ces choses, ni pourquoi il se nourrissait de sang humain – tout cela le torturait.

A Paris, il était allé voir des films de vampires, et il se demandait quelle était la part de la vérité et celle de l'imagination. Certains détails lui semblaient familiers, mais l'ensemble était plutôt niais. Lestat le vampire s'était d'ailleurs inspiré, pour sa tenue, de ces vieux films en noir et blanc. La plupart des « créatures de la nuit » portaient le même costume : cape noire, chemise blanche empesée, habit queue-de-pie.

Idiotie que tout ça, mais combien rassurante. Après tout, c'étaient bien des buveurs de sang, des êtres qui parlaient courtoisement, aimaient la poésie et qui pourtant n'arrêtaient pas de tuer des mortels.

Il acheta des bandes dessinées de vampires et y découpa de beaux princes buveurs de sang comme Lestat. Peut-être devrait-il adopter ce si joli costume. Ce serait une nouvelle source de réconfort, il aurait l'impression d'appartenir à une communauté, même si cette communauté n'était qu'imaginaire.

A Londres, une nuit, dans les rayons déserts et obscurs d'un grand magasin, il trouva son uniforme de vampire. Frac, chaussures vernies, chemise au plastron aussi raide que le papyrus nouveau et écharpe de soie blanche; sans oublier la cape noire doublée de satin blanc qui balayait le sol. Une splendeur!

Il prit quelques poses avantageuses devant le miroir. De quoi faire pâlir de jalousie Lestat, car lui, Khayman, ne jouait pas la comédie. Il était un vampire pour de vrai. Pour la première fois, il laissa flotter son épaisse chevelure de jais. Dans une vitrine, il découvrit des parfums et des pommades et s'en enduisit comme il convient pour un soir de gala. Il dénicha des bagues et des boutons de manchettes en or.

Voilà, il était superbe, comme autrefois dans un autre costume. Et immédiatement, dans les rues de Londres, les gens tombèrent sous son charme. Il avait eu raison de se déguiser de la sorte! La foule le suivait tandis qu'il avançait, souriant, saluant de la tête, jouant de la prunelle à l'occasion. Même quand il tuait, c'était mieux. Sa victime écarquillait les yeux comme si un spectre lui apparaissait, comme si elle *comprenait*. Il se penchait alors sur sa gorge, à la manière de Lestat dans ses clips à la télé, et buvait à petites gorgées avant d'étriper sa proie.

Bien sûr, tout ceci n'était qu'une mascarade. Une mise en scène dérisoire qui n'avait rien à voir avec la terrible réalité des buveurs de sang, cet obscur secret, rien à voir avec ces bribes de souvenirs qui émergeaient par intermittence, et qu'il chassait aussitôt de son esprit. Néanmoins, c'était amusant d'être en cet instant « quelqu'un » et « quelque chose ».

Oui l'instant, l'instant présent était merveilleux. Et ce présent était son unique bien. N'était-il pas condamné à oublier, cette fois encore? Ces nuits et leurs péripéties exquises se volatiliseraient elles aussi; et à nouveau, il se réveillerait, perdu, dans un monde futur toujours plus sophistiqué et hostile, ne se rappelant que son nom.

Finalement, il retourna à Athènes.

La nuit, il parcourait les salles du musée, inspectant, à la lueur d'une bougie, les antiques tombeaux avec leurs personnages taillés dans la pierre, qui l'émouvaient aux larmes. Une morte assise – les morts sont toujours assis – tendait les bras vers l'enfant vivant qu'elle avait quitté à jamais et que portait son époux. Des noms lui revenaient, comme s'ils lui étaient soufflés à l'oreille. *Va en Égypte, là tu te souviendras*. Mais il ne pouvait s'y résoudre. Trop tôt pour implorer le secours de la folie et de l'oubli. Bien à l'abri, il errait sous l'Acropole, dans l'ancien cimetière dont toutes les stèles avaient été retirées; indifférent au bruit de la circulation. La terre, ici, était magnifique, et elle appartenait toujours aux morts.

Il s'était constitué une garde-robe complète de vampire. Il s'était même acheté un cercueil, mais il n'aimait pas s'y étendre. D'abord, ce cercueil n'avait pas la forme du corps humain, pas de visage sculpté, et aucune inscription pour guider l'âme du mort. Un sarcophage de comédie. Tout au plus un coffret à bijoux. Mais enfin, en tant que vampire il se devait de posséder cet objet cocasse. Les mortels qu'il invitait dans son appartement trouvaient le décor génial! Il leur servait du vin rouge sang dans des verres en cristal, leur récitait *La ballade du vieux marin* ou chantait des chansons dans des langues étranges qu'ils adoraient. Quelquefois il leur lisait ses poèmes. Braves mortels! Le cercueil alors leur servait de siège dans ces pièces vides de tout mobilier.

Mais peu à peu, les chansons du rocker américain, ce Lestat le vampire, commencèrent à le troubler. Elles ne le distrayaient plus. Pas plus que les vieux films ridicules. Lestat le vampire le tracassait vraiment. Quel buveur de sang rêverait d'actes héroïques et purs? Et le ton tragique de son chant!

Buveur de sang... Parfois, quand il se réveillait, seul sur le plancher de son appartement surchauffé et sans air, et que les dernières lueurs du jour s'effaçaient derrière les rideaux, il se sentait noyé dans un rêve oppressant rempli de gémissements et de râles. Avait-il vraiment traqué, dans la nuit lugubre, deux femmes à la chevelure flamboyante, victimes d'une injustice innommable? Ces belles jumelles qu'il devait rejoindre coûte que coûte? Après qu'on lui eut coupé la langue, la femme rousse du rêve l'avait arrachée des mains de ses tortionnaires et l'avait avalée. Son courage avait stupéfié les soldats.

Non, détourne les yeux!

Son visage le brûlait, comme s'il avait pleuré, lui aussi; l'anxiété l'étreignait. Il reprenait lentement pied dans la réalité. Regarde la lampe. Les fleurs jaunes. Rien d'autre n'existe. Seulement la ville avec ses kilomètres d'immeubles identiques et les ruines du temple d'Athéna sur la colline qui se découpent sur le ciel obscurci de fumées. Le soir venait. Le flot des citadins dans leurs vêtements de travail ternes s'engouffrait dans les escaliers mécaniques des métros. Les badauds indolents de la place Syntagma, écrasés de chaleur, sirotaient un verre d'ouzo ou de retsina.

Il ne supportait plus d'entendre les chansons de Lestat le vampire. Il quittait les discothèques quand on passait son disque. Il s'écartait des jeunes gens avec leur walkman accroché à la ceinture.

Et une nuit, au cœur du vieux quartier de Plaka aux lumières éblouissantes et aux tavernes bruyantes, il vit d'autres buveurs de sang qui fendaient la foule. Son cœur cessa de battre. Un sentiment de peur et de solitude l'envahit. Un instant, il fut comme paralysé. Puis, il se mit à les suivre dans les ruelles escarpées, dans les innombrables boîtes où beuglait la même musique électronique. Il les observa à leur insu, comme ils se faufilaient dans la cohue des touristes.

Deux hommes et une femme sanglés de soie noire, la femme perchée sur des sandales à talons aiguilles. Des lunettes à verre miroir masquaient leurs yeux; ils chuchotaient et, brusquement, partaient d'un grand rire strident; couverts de bijoux et de parfum, ils affichaient l'éclat surnaturel de leur peau et de leurs cheveux.

Mais hormis ces détails, ils étaient très différents de lui. Ils n'approchaient en rien sa dureté ni sa blancheur. Ils étaient faits de tant de tissus humains qu'ils ressemblaient à des cadavres animés. Trompeusement roses et fragiles. Et comme ils avaient besoin de sang! En ce moment même, ils souffraient le martyre. Et sûrement chaque nuit, le supplice recommençait. Car le sang devait sans cesse agir sur ces tendres cellules, non seulement pour les nourrir mais pour lentement les transformer.

Pour lui, la mutation était terminée. Il n'avait plus un atome de tissus humains. Et s'il avait soif de sang, ce n'était pas pour se métamorphoser. Il en prenait conscience soudain, le sang le revigorait, aiguisait son pouvoir télépathique, le rendait plus habile à voler, à se dégager de son corps, et décuplait sa force prodigieuse. Ah, il comprenait enfin! Il était maintenant l'hôte presque parfait de cette énergie obscure qui les façonnait tous.

Oui, c'était exactement cela. Et eux étaient plus jeunes, voilà tout! Ils avaient tout juste débuté leur voyage vers l'immortalité vampirique. Ne se souvenait-il pas? Non, à vrai dire non, mais il n'en *savait* pas moins qu'ils étaient encore novices, à peine cent ou deux cents ans de service!

C'était la période dangereuse où la folie vous guettait, quand les autres ne vous tombaient pas dessus pour vous enfermer, vous brûler, enfin ce genre de chose. Beaucoup ne survivaient pas à ces années-là. Depuis combien de temps avait-il émergé de ce cauchemar, lui qui était du Premier Sang ? Rien que d'y penser, il en avait le vertige ! Il s'arrêta près du mur d'un jardin et s'appuya à une branche noueuse, laissant les feuilles fraîches et duveteuses caresser son visage. Il se sentit triste soudain, d'une tristesse plus terrible que la peur. Dans sa tête, il entendit quelqu'un pleurer. Qui était-ce ? Arrêtez !

Non, il n'allait pas leur faire de mal à ces tendres enfants ! Il voulait seulement les rencontrer, les prendre dans ses bras. N'étaient-ils pas, après tout, de la même famille des buveurs de sang ?

Mais comme il s'approchait d'eux, comme il leur adressait un salut silencieux, ils se retournèrent et le regardèrent avec une terreur non dissimulée. Avant qu'il ait pu faire le moindre geste, ils prirent la fuite. A travers le dédale des ruelles sombres ils dévalaient la colline, s'éloignant des lumières de Plaka.

Il n'avait pas bougé, transpercé par une douleur aiguë qu'il ne connaissait pas. Une chose étrange et monstrueuse se produisit alors. Il se mit à les pourchasser et quand il les vit à nouveau, la fureur prit possession de lui. *Chiens maudits. Soyez punis pour m'avoir offensé !* Mais que lui arrivait-il ? Il eut soudain l'impression que son front s'ouvrait sous une vrille de glace. Une force jaillit de lui, telle une langue invisible. Elle atteignit la femme que ses compagnons avaient distancée et dont le corps s'embrasa comme une torche.

Stupéfié, il contemplait la scène. Il se rendait compte cependant de ce qui venait de se produire. Le rayon, d'une précision diabolique, émis par son cerveau avait pénétré la fugitive, enflammant ce sang combustible que tous deux avaient en commun. Aussitôt, le feu s'était répandu dans les veines et les artères. Puis il s'était propagé à la moelle des os, provoquant l'explosion du corps. En une fraction de seconde, la malheureuse était morte.

Grands dieux ! C'était lui qui avait fait ça ! Foudroyé par le chagrin et l'effroi, il fixait, hagard, les vêtements vides, calcinés et maculés de graisse. Sur le trottoir, il ne restait qu'une touffe de cheveux qui partit en minces volutes de fumée.

Peut-être était-il victime d'une illusion! Mais non, c'était lui l'auteur de cette atrocité. Tout au long, il avait été lucide. Et elle avait eu si peur!

Il rentra chez lui, hébété. Il savait qu'il n'avait jamais utilisé ce pouvoir auparavant, qu'il n'en avait même jamais été conscient. Lui était-il venu récemment, après que le sang eut métamorphosé pendant des siècles ses cellules, les desséchant, les rendant fines et blanches et dures comme les alvéoles d'un nid de guêpes?

Seul dans son appartement que réchauffaient la flamme des bougies et le parfum de l'encens, il enfonça de nouveau un couteau dans sa chair et regarda son sang couler. Épais et chaud, il se répandait sur la table devant lui, brillant dans la lumière de la lampe, comme palpitant de la vie qu'il renfermait. Oui, la vie!

Dans le miroir, il observa son teint qui avait retrouvé son éclat cuivré après tant de semaines de chasse et de bombance. Un reflet ambré sur ses joues, une trace de rose sur ses lèvres. Mais au fond, il était comme une peau de serpent abandonnée sur un rocher après la mue – une enveloppe morte, légère, cassante, si ce n'était le sang qui l'irriguait. Ce sang maudit. Et son cerveau, à quoi ressemblait-il maintenant? Translucide comme du cristal, avec le sang qui circulait dans ses méandres. Et tapi au plus profond de ses replis, le pouvoir et son dard invisible.

Il ressortit pour essayer son nouveau pouvoir sur des animaux, sur des chats surtout, pour lesquels il avait une aversion irraisonnée, et sur des rats, espèce méprisée des hommes. Le phénomène ne se reproduisit pas. Les bêtes succombaient, mais elles ne prenaient pas feu. On aurait dit que leur cerveau et leur cœur s'arrêtaient de fonctionner, mais leur sang ne s'enflammait pas.

Il était tout à la fois fasciné et torturé par ces expériences.

– Quel beau sujet d'étude je fais! soupira-t-il, les yeux soudain brillants de larmes.

Les capes, les écharpes blanches, les films de vampires, qu'avait-il à voir avec cette imagerie? *Qui donc était-il?* Le bouffon des dieux, revenant cyclique, vagabond éternel? Et quand il croisa, sur une grande affiche, le regard ironique de Lestat le vampire qui semblait le narguer dans la devanture d'une boutique vidéo, il se planta devant la vitrine et de sa langue de feu invisible la fit voler en éclats.

Oh oui, quel pouvoir formidable! A moi les forêts, les étoiles. Il s'en fut à Delphes cette nuit-là, survolant sans bruit les terres obscures. Il se posa dans l'herbe humide et marcha jusqu'à la colline où la Pythie s'était jadis tenue, dans ces ruines du temple d'Apollon.

Mais il ne pouvait se résoudre à quitter Athènes. Il lui fallait retrouver les deux buveurs de sang survivants, leur dire combien il était désolé et que jamais, jamais plus il n'utiliserait son pouvoir contre eux. Il devait les convaincre de lui parler! De se ranger à ses côtés! Oui, il y était décidé!

Le lendemain soir, à son réveil, il essaya de capter leurs voix. Une heure plus tard, il les entendit qui se levaient de leurs tombeaux dans les profondeurs d'une maison de Plaka. Une de ces tavernes bruyantes et enfumées ouverte sur la rue. Il comprit qu'ils dormaient dans la cave durant le jour et que, la nuit tombée, ils montaient observer les mortels qui dansaient et chantaient dans la salle. L'établissement se dénommait Lamia, ce qui signifiait vampire en grec ancien. Les guitares électriques y égrenaient des airs du folklore, tandis que des couples d'éphèbes tournoyaient en se déhanchant avec lascivité et que le retsina coulait à flots. Sur les murs, des photos de vieux films de vampires – Bela Lugosi en Dracula, l'évanescente Gloria Holden dans le rôle de sa fille – et des affiches du blond Lestat le vampire.

Ils avaient donc, eux aussi, le sens de l'humour, songea-t-il avec une émotion complice. Mais les deux vampires, assommés de chagrin et de peur, se tenaient assis, serrés l'un contre l'autre, l'œil rivé sur la porte ouverte. Comme ils semblaient aux abois.

Ils ne firent pas un geste quand ils virent sa silhouette enveloppée d'une cape se découper dans l'encadrement de la porte. Que pensèrent-ils alors? Qu'un monstre était descendu d'une de leurs affiches pour les détruire, eux que presque rien d'autre sur terre ne pouvait atteindre.

Ne craignez rien. Je ne vous veux aucun mal. Je veux seulement vous parler. Je ne me mettrai pas en colère. Je viens vers vous en toute amitié.

Ils avaient l'air pétrifiés. Soudain, l'un d'eux bondit sur ses pieds, et un cri affreux jaillit de leurs poitrines. Le feu l'aveugla comme il aveugla les mortels qui le bousculaient dans leur fuite éperdue vers la rue. Les buveurs de sang étaient en flammes, bras et jambes convulsés en une horrible danse macabre. La maison aussi brûlait ; la charpente fumait, des bouteilles explosaient, des étincelles orangées fusaient dans le ciel plombé.

Était-il responsable de cette nouvelle tuerie ? Était-il, malgré lui, porteur de mort pour ceux de son espèce ?

Des larmes de sang ruisselèrent sur ses joues blêmes et jusqu'à son plastron empesé. Il cacha son visage derrière sa cape, dans un geste de déférence face à l'horreur qui se déroulait sous ses yeux — l'agonie des deux buveurs de sang.

Non, ce n'était pas lui qui avait fait ça. Il se laissa porter par le mouvement de la foule qui se ruait dehors. Le hurlement des sirènes lui déchirait les tympans. Il cligna des yeux pour essayer de voir malgré les faisceaux éblouissants des gyrophares.

Alors, il eut une illumination ; il n'était pour rien dans ce forfait. Il aperçut, drapée dans une cape de laine grise, l'observant, à demi dissimulée dans l'obscurité d'une ruelle, celle qui avait perpétré l'acte criminel.

Quand leurs regards se croisèrent, elle murmura son nom :

— Khayman, mon Khayman !

Le vide se fit dans son esprit. Un vide total. Comme si une lumière blanche descendait sur lui, effaçant tout. Pendant un moment, il ne ressentit plus rien. Il n'entendait plus le grondement du brasier, les cris de ceux qui continuaient à le heurter dans leur panique.

Il se contentait de regarder cette créature d'une beauté immuable. L'épouvante le saisit, et il se souvint de tout — de tout ce qu'il avait vu, éprouvé, de toutes ses existences successives.

Les siècles s'ouvraient devant lui, les millénaires se déployaient à travers la nuit des temps, jusqu'aux origines. *Le Premier Sang*. Il tremblait. Il pleurait. Il proféra avec rancœur :

— Toi !

Dans un éclair foudroyant, il perçut alors la force

colossale du pouvoir de sa souveraine. La chaleur le frappa en pleine poitrine, et il recula en titubant.

O dieux, tu vas me tuer, moi aussi! Mais elle ne pouvait lire ses pensées. Il était écrasé contre le mur chaulé, une douleur atroce aux tempes.

Il continuait cependant à voir, à sentir, à penser! Et son cœur battait avec la même régularité. Aucune flamme ne le dévorait.

Avec une détermination soudaine, il mobilisa son énergie et résista de toute sa volonté au rayon invisible.

– Un autre de tes tours, ma Reine, cria-t-il dans la langue ancienne. Le son de sa voix était étrangement humain!

Mais c'était terminé. La ruelle était vide. Elle était partie.

Ou plus exactement, elle s'était envolée, s'élevant tout droit, comme lui-même l'avait si souvent fait, et à une telle vitesse que nul ne pouvait la voir. Il leva les yeux et la repéra aussitôt – minuscule trait de plume qui se dirigeait vers l'ouest au-dessus de la pâle traînée de nuages.

Le bruit le ramena à la réalité – le hurlement des sirènes et des voix, le craquement des dernières poutres qui s'effondraient. La rue étroite grouillait de monde. La musique beuglait toujours dans les autres tavernes. Il s'éloigna en pleurant et jeta un dernier coup d'œil sur ce qui restait du repaire des malheureux buveurs de sang. Combien de milliers d'années avaient passé, il ne pouvait le calculer, et c'était toujours la même guerre.

Pendant des heures, il erra dans les ruelles sombres.

Peu à peu la ville s'apaisait. Les gens dormaient derrière les murs de bois. Le pavé brillait sous une brume aussi épaisse que la pluie. Son histoire pesait sur ses épaules comme la coquille d'un escargot géant, sinueuse et immense au-dessus de lui, le retenant prisonnier de la terre.

Parvenu au sommet d'une colline, il finit par pénétrer dans le bar luxueux et frais d'un hôtel moderne tout de verre et d'acier. L'endroit était à son image, noir et blanc, avec sa piste de danse comme un échiquier, ses tables et ses banquettes noires.

Il se glissa au fond de la salle et s'enfonça dans un

siège. Là, dans la pénombre, il laissa couler ses larmes. Il pleurait comme un idiot, la tête dans les mains.

La folie ne vint pas, pas plus que l'oubli. Il divaguait de siècle en siècle, revisitant les lieux familiers qu'il avait hantés de sa tendre insouciance. Il pleurait sur tous ceux qu'il avait connus et aimés.

Mais ce qui le faisait le plus souffrir, c'était ce sentiment oppressant du commencement, du commencement véritable, avant même ce jour lointain où dans sa maison des bords du Nil, il s'était allongé dans le silence du midi, sachant qu'il devait se rendre au palais le soir même.

Car tout avait vraiment débuté une année auparavant, quand le Roi lui avait dit : « N'était le respect que je dois à ma Reine bien-aimée, je prendrais mon plaisir de ces deux femmes et montrerais ainsi que je ne crains pas leurs sortilèges. En mon nom et place, tu accompliras cet acte. »

Il revivait cet instant ; le malaise qui avait parcouru la Cour rassemblée ; ces hommes et ces femmes aux yeux noircis de khôl, vêtus de pagnes de lin et coiffés de perruques élaborées, certains retirés derrière les piliers sculptés, d'autres se tenant orgueilleusement près du trône. Et les jumelles rousses, debout toutes droites devant lui, ses belles prisonnières qu'il avait appris à aimer durant leur captivité. *Je ne peux pas faire cela.* Mais il avait obéi. Tandis que le Roi, la Reine et leur suite attendaient, il avait passé autour de son cou les attributs royaux, le lourd collier et le médaillon d'or, et il avait descendu les marches du trône. Les jumelles ne l'avaient pas quitté des yeux. L'une après l'autre, il les avait violées.

Cette douleur ne pourrait pas durer éternellement.

S'il en avait eu la force, il aurait rampé dans les entrailles de la terre. Comme il regrettait ses bienheureuses éclipses de mémoire. Comme il aurait aimé retourner à Delphes, marcher sans but dans l'herbe haute et odorante, cueillir les fleurs des champs. S'ouvriraient-elles pour lui, à la lumière d'une lampe, comme sous les rayons du soleil ?

Mais non, il ne voulait pas oublier. Quelque chose avait changé. Quelque chose avait fait de ce moment un moment unique. *Elle* s'était réveillée de son long sommeil! Il l'avait vue de ses propres yeux dans cette rue d'Athènes! Le passé et le présent s'étaient rejoints.

Il sécha ses larmes, se redressa, écoutant, réfléchissant.

Les danseurs tourbillonnaient sur le damier éclairé. Des femmes lui souriaient. N'était-il pas pour elles un joli Pierrot de porcelaine avec sa face enfarinée et ses joues tachées de rouge? Il leva les yeux vers l'écran vidéo qui dominait la salle. Son esprit s'affermissait à l'égal de ses pouvoirs physiques.

En ce mois d'octobre de la fin du xxᵉ siècle après la naissance du Christ, il avait vu, seulement quelques nuits auparavant, les jumelles en rêve. Non, il ne se déroberait pas. Pour lui la torture ne faisait que commencer, mais il s'en moquait. Il était plus *vivant* qu'il ne l'avait jamais été.

Il essuya lentement son visage avec un fin mouchoir de fil, puis trempa ses doigts dans le verre de vin posé devant lui, comme pour les consacrer. Il regarda de nouveau l'écran suspendu où Lestat le vampire modulait son chant tragique.

Un démon aux yeux bleus, crinière ébouriffée, le corps d'un homme dans toute la vigueur de la jeunesse, les gestes saccadés et pourtant gracieux, les lèvres provocantes.

Et tout ce temps, tu me parlais, tu me prévenais? Tu m'appelais! Tu disais son nom!

L'image sur l'écran semblait ne fixer que lui, lui répondre, chanter pour lui, mais bien sûr ce n'était qu'une illusion. « Ceux Qu'Il Faut Garder! Mon Roi et ma Reine. » Il écoutait attentivement chacune des syllabes qui se détachaient distinctement sur le vacarme des cuivres et les roulements de la batterie.

Ce n'est que lorsque l'image et le son s'évanouirent qu'il quitta le bar pour se fondre dans la nuit.

Des voix l'appelaient, des voix de buveurs de sang à travers le monde qui s'alertaient les uns les autres. Des voix qui avaient toujours été là. Elles parlaient d'une catastrophe, d'une conjuration pour prévenir un terrible désastre. *La Reine est en marche.* Elles parlaient du rêve mystérieux des jumelles. Et il était resté sourd à leurs cris!

– Que sais-tu vraiment, Lestat, murmura-t-il.

Il escalada un promontoire et contempla dans le lointain l'enceinte sacrée et ses temples – ruines de marbre blanc miroitant sous les pâles étoiles.

– Maudite sois-tu, ma Souveraine, souffla-t-il. Sois damnée pour ce que tu as fait. Pour ce que tu as fait de tes enfants!

Des êtres condamnés à errer encore dans cet univers d'acier et de pétrole, dans ce monde bourdonnant de symphonies électroniques où règnent en silence les ordinateurs.

Mais une autre malédiction lui remonta à la mémoire, une malédiction bien plus redoutable que celle qu'il venait de prononcer. Une imprécation proférée un an après ce moment infâme où il avait violé les deux sœurs, un long hurlement qui avait résonné dans la cour du palais, par une nuit aussi distante et indifférente que celle-ci.

« Que les esprits me soient témoins, puisque la connaissance du futur leur appartient – celui qui est écrit, et celui que trace ma volonté. Tu es la Reine des Damnés! Le mal est ton seul destin. Mais à l'heure de ton apogée, je me dresserai contre toi et te jugulerai. Grave mon visage dans ta mémoire car c'est de moi que viendra ta défaite. »

Combien de fois, pendant les siècles qui suivirent, s'était-il souvenu de ces paroles? Dans combien d'endroits, à travers combien de montagnes, de déserts et de vallées fertiles avait-il cherché en vain les deux sœurs rousses? Parmi les Bédouins qui les avaient recueillies une fois déjà, parmi les chasseurs vêtus encore de peaux de bêtes et jusqu'à Jéricho, la plus ancienne cité au monde. Mais elles étaient déjà entrées dans la légende.

Alors, la folie bénie l'avait emporté dans ses abîmes; il avait perdu toute rancœur, tout savoir et toute douleur. Il était Khayman, plein d'amour pour tout ce qui l'entourait, un être qui comprenait le sens du mot *bonheur*.

Se pouvait-il que l'heure soit enfin venue? Que les jumelles aient survécu comme lui? Et que la mémoire lui ait été rendue pour accomplir le grand dessein?

A l'idée que Ceux du Premier Sang soient enfin réunis, qu'ils sortent victorieux de ce combat, une immense joie dilata son cœur.

Puis il pensa avec amertume à Lestat, à sa soif humaine d'héroïsme. *Oui, mon frère, pardonne-moi mon mépris. Moi aussi, j'aspire au bien, à la gloire. Mais pour nous, il n'y a sans doute ni futur ni rédemption. Seulement ce dont témoigne ce paysage séculaire dévasté : la naissance et la mort toujours recommencées et l'horreur qui nous attend tous.*

Il jeta un dernier regard à la cité endormie, la ville moderne, laide et dégradée, où il avait été si heureux.

Puis il prit son envol. En quelques secondes, il était au-dessus des nuages. Maintenant il allait soumettre à l'épreuve décisive son pouvoir immense, et cette résolution soudaine, aussi illusoire fût-elle, l'enchantait. Il partit vers l'ouest, vers le vampire Lestat, et vers les voix qui suppliaient qu'on leur explique le rêve des jumelles. Il partit vers l'ouest, comme elle l'avait fait avant lui.

Sa cape battait telles des ailes luisantes. La fraîcheur délicieuse de l'air le saisit et le fit rire tout à coup comme si, pour un instant, il était redevenu l'innocent bienheureux d'hier.

6

L'HISTOIRE DE JESSE,
DE LA GRANDE FAMILLE
ET DE TALAMASCA

Les morts ne partagent pas.
Bien que de leurs tombes, j'en jurerais,
Ils tendent,
Non pas leur cœur,
Mais leur visage,
La partie qui regarde.

STAN RICE, 1983

Recouvrez son visage
Mes yeux sont aveuglés
Elle est morte jeune

MARLOWE

TALAMASCA

Investigateurs du Paranormal
Nous observons
Et sommes toujours là

Londres   Amsterdam   Rome

Jesse gémit dans son sommeil. C'était une jeune femme d'environ trente-cinq ans, à la longue chevelure rousse et bouclée. Le lit au fond duquel elle était douillettement étendue sur un matelas de plume se balançait doucement au bout de quatre chaînes rouillées.

Quelque part dans le dédale de la maison, une horloge carillonna. Elle devait se réveiller. Il ne lui restait plus que deux heures avant le concert de Lestat le vampire. Mais elle ne parvenait pas à s'arracher aux jumelles.

Cette partie de l'histoire lui était inconnue, d'autant que le rêve se déroulait si vite et, comme toujours, avec une imprécision exaspérante. Elle savait cependant que les deux femmes avaient été ramenées dans le royaume du désert. Une foule hostile les entourait. Comme elles avaient changé, comme elles étaient pâles. Peut-être était-ce une illusion, ce halo phosphorescent, mais leurs corps semblaient luire dans la pénombre, et leurs gestes étaient lents, on aurait dit qu'ils obéissaient au rythme d'une danse. On brandissait des torches autour des sœurs enlacées. Mais quelque chose semblait étrange. Oui, bien sûr, l'une d'elles était maintenant aveugle.

Ses paupières délicates étaient fermées, toutes ridées, enfoncées dans l'orbite. Oui, on lui avait arraché les yeux. Et l'autre, pourquoi poussait-elle ces cris atroces ? « Calme-toi, ne te débats plus », murmurait l'aveugle dans ce langage ancien que Jesse comprenait toujours dans les rêves. Sa sœur émettait alors une plainte horrible, gutturale. Elle ne pouvait pas parler. On lui avait coupé la langue !

Je ne veux pas en voir plus, je veux me réveiller. Mais

170

les soldats écartaient la foule. Quelque chose de monstrueux se préparait, et les jumelles attendaient, immobiles. Les hommes s'emparaient d'elles et les séparaient.

Ne faites pas ça! Vous ne comprenez donc pas ce que cela signifie pour elles? Éloignez ces torches. Ne les brûlez pas. N'enflammez pas leurs cheveux roux.

La jumelle aveugle tendait les bras vers sa sœur en hurlant son nom: «Mekare!» Et en réponse, la muette rugissait comme un animal blessé.

Les gens s'écartaient pour livrer passage à deux immenses sarcophages, portés sur de lourds brancards. Des sarcophages grossièrement taillés, mais dont les couvercles ébauchaient une forme humaine. Quel crime avaient commis les jumelles pour qu'on les enterre ainsi vivantes? On posait maintenant les brancards à terre, on soulevait les couvercles, on traînait les deux femmes jusqu'aux cercueils. Arrêtez, ce spectacle est insupportable! L'aveugle luttait contre ses tortionnaires, comme si elle avait pu voir les sinistres préparatifs, mais elle était maîtrisée, soulevée et enfermée dans la prison de pierre. Tirée de force jusqu'à l'autre cercueil, Mekare regardait, terrifiée, le supplice de sa sœur. Ne rabaissez pas ce couvercle, ou je vais crier pour Mekare! Pour toutes les deux...

Jesse se redressa, les yeux grands ouverts. Elle avait crié.

Seule dans cette maison, sans personne pour l'entendre, elle avait crié, et l'écho de sa voix se répercutait à travers les pièces. Puis le silence retomba, rompu seulement par le craquement du lit qui se balançait au bout des chaînes, le chant des oiseaux dehors dans la forêt, la forêt profonde, et le souvenir bizarrement gravé en elle des six coups sonnés par l'horloge.

Le rêve s'estompait. Elle s'efforça en vain de le retenir, de discerner les détails qui toujours se dérobaient – le costume de ce peuple inconnu, les armes des soldats, le visage des jumelles! Mais tout s'effaçait. Seule l'impression de maléfice demeurait, et la conscience aiguë de ce qui s'était passé – la certitude aussi qu'il y avait un lien entre Lestat le vampire et ce cauchemar.

D'un œil somnolent, elle vérifia l'heure à sa montre. Elle n'avait plus de temps à perdre si elle voulait être au pied de la scène quand Lestat le vampire ferait son entrée.

Elle hésita pourtant, fixant du regard le bouquet de roses blanches sur la table de nuit. Au-delà, par la fenêtre ouverte, le ciel se teintait d'orange. Elle prit la lettre posée à côté des fleurs et la relut.

Ma chérie,

Ta lettre vient seulement de me parvenir car je suis en voyage. Je comprends la fascination que ce Lestat exerce sur toi. Même à Rio, on joue sa musique. J'ai déjà lu les livres que tu m'as envoyés. Et je suis au courant des recherches que tu poursuis sur cette créature pour Talamasca. Quant à tes rêves sur les jumelles, il faudra que nous en parlions. C'est de la plus extrême importance. Car tu n'es pas la seule à être hantée par ce drame. Mais je te demande – non, je t'ordonne de ne pas aller à ce concert. Demeure à Sonoma jusqu'à mon arrivée. Je quitte le Brésil dès que possible.

Attends-moi. Je t'aime.

Ta tante Maharet.

– Excuse-moi, Maharet, chuchota-t-elle.

Il lui était impossible de ne pas se rendre à ce concert. Et si quelqu'un au monde pouvait la comprendre, c'était bien Maharet.

Talamasca, pour qui elle avait travaillé pendant douze longues années, ne lui pardonnerait jamais d'avoir enfreint les ordres. Mais Maharet connaissait bien la raison de sa décision. *Elle-même en était la cause.* Elle ne lui en voudrait donc pas.

La tête lui tournait. Le cauchemar ne se dissipait pas. Les objets qui décoraient la chambre s'effaçaient dans la pénombre, mais le crépuscule s'embrasa soudain avec une telle violence que même les collines boisées réfléchissaient la lumière. Les roses luisaient, comme la chair pâle des jumelles dans le rêve.

Des roses blanches. Elle tenta de se rappeler ce qu'on racontait à propos des roses de cette couleur. N'envoyait-on pas des roses blanches pour les enterrements ? Mais non, Maharet n'avait pu songer à une chose pareille.

Jesse saisit l'une des fleurs entre ses deux mains, et les

172

pétales se détachèrent aussitôt. Quelle douceur. Alors qu'elle les pressait contre ses lèvres, une image floue mais nimbée de lumière lui remonta à la mémoire. Elle se souvenait de cet été lointain où elle avait découvert Maharet étendue dans une pièce éclairée aux bougies sur un lit de pétales de roses, de ces corolles blanches, roses et jaunes qui lui recouvraient le visage et la gorge.

Jesse avait-elle réellement vu cette scène ? Tous ces pétales accrochés à la longue chevelure rousse de Maharet ? Une chevelure semblable à la sienne. Et à celle des jumelles dans le rêve – épaisse, ondulée et striée d'or.

C'était l'un des innombrables souvenirs fragmentaires qu'elle avait été ensuite incapable d'assembler en un tout cohérent. Mais peu importait à présent ce dont elle se rappelait ou non de cet été enfui. Lestat le vampire attendait. A défaut de réponse aux questions qu'elle se posait, il y aurait un dénouement, la mort peut-être.

Elle se leva et enfila une chemise d'homme à col ouvert, des jeans et une vieille veste de chasse. Puis elle mit ses bottes de cuir usées et se passa une brosse dans les cheveux.

Maintenant, elle devait prendre congé de la maison déserte qu'elle avait investie ce matin. Il lui en coûtait de la quitter. Mais moins qu'il ne lui en avait coûté d'y revenir.

Aux premières lueurs de l'aube, elle était parvenue à la lisière de la clairière, étonnée après quinze années de retrouver inchangée cette maison, une construction sans plan défini taillée dans le flanc de la montagne, son toit et ses porches cachés sous les grappes de volubilis. Plus haut, à demi dissimulées sur les versants couverts d'herbe, quelques minuscules fenêtres miroitaient dans la lumière.

Lorsqu'elle avait grimpé les marches du perron, sa vieille clé à la main, elle avait eu l'impression de se comporter en intruse. Personne n'avait mis les pieds ici depuis des mois, semblait-il. Partout, les feuilles mortes s'amoncelaient.

Pourtant, des roses s'épanouissaient dans un vase en cristal, et une enveloppe contenant la lettre et la nouvelle clé était épinglée sur la porte.

Des heures durant, elle avait erré de pièce en pièce, revisitant, explorant, oubliant la fatigue d'une nuit de route. Elle n'avait pu s'empêcher de parcourir les galeries sombres, les salles aux dimensions impressionnantes. Jamais l'endroit n'avait autant ressemblé à un palais barbare, avec ses énormes poutres soutenant les plafonds de bois grossièrement équarri, ses foyers de pierre circulaires surmontés de hottes rouillées.

Même les meubles étaient massifs – les tables de granit, les chaises et les banquettes de bois brut recouvertes de coussins moelleux, les bibliothèques et les niches creusées dans les murs d'adobe.

Le décor possédait une grandeur médiévale. Les terres cuites mayas, les vases étrusques, les statuettes hittites paraissaient à leur place dans ce lieu, entre les fenêtres aux embrasures profondes et les dalles de pierre. Comme dans une forteresse, on s'y sentait à l'abri.

Seules les œuvres de Maharet tranchaient par la vivacité de leurs coloris dont l'éclat semblait émaner des arbres, du ciel au-dehors. Le souvenir n'avait nullement exagéré leur beauté. Les épais tapis en lirette qui revêtaient comme d'une terre le sol de leurs motifs de fleurs des bois et d'herbes. Les innombrables coussins en patchwork avec leurs figurines naïves et leurs étranges symboles. Et les gigantesques tentures, tapisseries modernes qui déroulaient sur les murs leurs paysages enfantins où se mêlaient prairies, rivières, montagnes, forêts, ciels éclairés tout à la fois de lunes et de soleils, nuages radieux et gouttes de pluie. Ils étaient empreints de la magie de la peinture primitive, avec leur myriade de petits bouts de tissu assemblés pour figurer le miroitement d'une cascade ou la chute d'une feuille.

Jesse avait été bouleversée de revoir tout ça.

Vers midi, affamée et légèrement étourdie après sa longue nuit de veille, elle avait rassemblé son courage et soulevé le loquet de la porte qui menait aux pièces aveugles creusées dans la montagne. Haletante, elle avait suivi le long couloir de pierre. Elle avait cru défaillir quand elle avait trouvé la bibliothèque ouverte et donné de la lumière.

Ah, quinze ans auparavant, le plus bel été de son existence. Toutes les aventures exaltantes qu'elle avait connues ensuite à pourchasser les revenants pour Talamasca n'étaient rien en comparaison.

Maharet et elle, dans la bibliothèque, au coin du feu. Et les innombrables volumes de l'histoire de la famille qui la fascinaient, l'émerveillaient. La lignée de « la Grande Famille », comme disait Maharet, « le fil auquel nous nous accrochons dans le labyrinthe de la vie ». Avec quelle ferveur elle avait descendu les livres pour Jesse, sorti les vieux parchemins des coffrets où ils étaient enfermés.

Cet été-là, Jesse n'avait pas totalement mesuré la portée de ses découvertes. L'esprit peu à peu troublé, il lui avait semblé flotter délicieusement en marge de la réalité, comme si les papyrus couverts d'une écriture dont elle ne pouvait définir la provenance appartenaient au monde des rêves. Après tout, déjà à l'époque, elle était une archéologue confirmée. Elle avait participé à des fouilles en Égypte et à Jéricho. Pourtant, elle ne parvenait pas à déchiffrer ces étranges hiéroglyphes. Seigneur à quand remontaient ces pièces ?

Pendant des années, elle avait essayé de se rappeler les autres documents qu'elle avait vus. Elle était certaine d'être entrée un matin dans la bibliothèque et d'avoir aperçu une porte ouverte sur un réduit sombre.

Elle avait longé à tâtons un corridor sur lequel donnait une enfilade de pièces obscures; finalement ses doigts avaient rencontré un interrupteur, et elle s'était retrouvée dans une grande salle pleine de tablettes d'argile – des tablettes gravées de minuscules dessins! Nul doute qu'elle avait tenu ces objets entre ses mains.

Autre chose s'était passé; une chose qu'elle avait longtemps refoulée dans sa mémoire. Y avait-il un autre couloir derrière? Elle se rappelait avoir descendu les marches métalliques d'un escalier à vis jusqu'à des caves aux murs de terre. Des petites ampoules étaient fixées sur d'anciens manchons en porcelaine. Elle avait tiré sur les chaînettes pour les allumer.

Elle était sûre d'avoir fait ce geste, d'avoir poussé une lourde porte de séquoia...

Par éclairs, durant des années, cette vision lui était réapparue – une vaste pièce basse de plafond avec des chaises en chêne, une table et des bancs taillés dans la pierre. Et quoi d'autre ? Quelque chose qui, au premier abord, lui avait semblé familier. Et puis...

Plus tard, cette nuit-là, elle ne s'était souvenue que de l'escalier. Il était dix heures du soir, elle avait ouvert les yeux, et Maharet était à son chevet, Maharet qui s'était penchée pour l'embrasser. Un baiser plein d'affection, qui l'avait fait tressaillir de bonheur. Elle lui avait expliqué qu'on l'avait découverte au coucher du soleil, endormie près du ruisseau de la clairière.

Près du ruisseau ? Pendant des mois, elle s'était réellement « souvenue » de s'être assoupie là. Elle revivait pleinement ce sentiment de paix dans la forêt immobile, avec le bruissement de l'eau qui cascadait le long des rochers. Mais ce n'était qu'une illusion, elle en avait la certitude à présent.

Cependant, aujourd'hui encore, quelque quinze années plus tard, elle ne parvenait toujours pas à déterminer lesquelles de ces réminiscences étaient fondées. Les pièces étaient verrouillées. Même les volumes contenant l'histoire de la famille étaient enfermés dans des vitrines qu'elle n'osait pas forcer.

Pourtant, jamais elle n'avait été aussi convaincue de la justesse de ses souvenirs. Ces tablettes d'argile couvertes de dessins naïfs de personnages, d'arbres, d'animaux, elle les avait descendues des étagères et examinées sous la faible lumière de l'ampoule qui pendait du plafond. Et l'escalier, et la salle qui l'avait effrayée, non, terrifiée... oui, tout était bien là, dans cette demeure.

Quoi qu'il en soit, elle avait connu le paradis durant ces chaudes journées et nuits d'été, où les heures s'écoulaient en conversations avec Maharet, en danses au clair de lune avec Maharet et Mael. Elle en oubliait pour l'instant la douleur qu'elle avait éprouvée ensuite, à essayer de comprendre pourquoi Maharet l'avait renvoyée à New York pour ne plus jamais revenir dans cette maison.

Ma chérie,

Mon amour pour toi est si grand que je crains de me comporter abusivement à ton égard. Nous devons nous séparer, Jesse, afin que tu aies la liberté de forger ton propre avenir, de réaliser tes ambitions, tes rêves...

Ce n'était pas pour revivre l'ancienne souffrance qu'elle était revenue, c'était pour goûter quelques heures, aux joies passées.

Luttant contre la lassitude, elle s'était décidée dans l'après-midi à sortir de la maison et à descendre le long sentier à travers les chênes. Il lui avait été si facile de retrouver les layons de jadis dans la forêt de séquoias. Et la clairière frangée de fougères et de trèfles du côté où les rochers dévalaient vers le petit ruisseau turbulent.

Une nuit, Maharet l'avait guidée dans l'obscurité jusqu'à l'eau dont elles avaient longé la rive caillouteuse. Mael les avait rejointes, et tous trois avaient chanté une ballade dont Jesse était incapable de se rappeler, même si de temps à autre elle se surprenait à fredonner l'étrange mélodie dont les notes lui échappaient aussitôt.

Elle aurait pu s'endormir près du ruisseau, bercée par les bruits profonds de la forêt, si semblables à ceux de son « souvenir » imaginaire d'autrefois.

Le vert vif des érables qui captait les rares rayons de lumière était si éblouissant. Et comme les séquoias paraissaient monstrueux dans cette immobilité inaltérable. Gigantesques, indifférents, élançant leurs troncs à des hauteurs vertigineuses avant que le lacis sombre de leurs feuillages ne se referme sur la dentelle du ciel.

Mais en dépit de son désir de recouvrer des forces avant d'affronter ce soir Lestat et ses admirateurs fanatiques, elle avait eu peur que le rêve des jumelles ne recommence.

Elle était donc retournée dans la maison et avait pris la lettre et les roses au passage. Son ancienne chambre. Trois heures. Qui remontait les horloges dans cet endroit pour qu'elles continuent de sonner ? Le rêve des jumelles la poursuivait. Mais elle était trop fatiguée pour lutter. La pièce était si rassurante. Aucun spectre ici pareil à ceux auxquels elle s'était si souvent mesurée dans son travail. Seulement une grande paix. Elle s'était allongée sur le vieux lit suspendu, sur la couverture matelassée qu'elle avait fabriquée elle-même, avec l'aide de Maharet, cet été-là. Et les jumelles avaient surgi en même temps que le sommeil.

Maintenant, il ne lui restait que deux heures pour atteindre San Francisco. Encore une fois, il lui fallait s'arracher à cette maison. Elle vérifia le contenu de ses poches. Passeport, papiers, argent, clés.

Elle ramassa sa sacoche en cuir, passa la courroie sur son épaule et parcourut à la hâte le long couloir jusqu'à l'escalier. La nuit tombait vite, et quand l'obscurité couvrait la forêt, il était difficile de se diriger.

L'entrée était encore faiblement éclairée. A travers les fenêtres orientées à l'ouest, le soleil frappait de ses longs rayons poussiéreux l'immense tapisserie en patchwork accrochée au mur.

Jesse la contempla en retenant son souffle. C'était sa préférée, à cause de sa complexité, de sa taille. A première vue, ce n'était qu'un assemblage de minuscules morceaux de tissu choisis au hasard – puis, peu à peu, le paysage boisé émergeait de la multitude de taches colorées. Un instant, on le distinguait, la minute d'après, il s'évanouissait. Ce même phénomène s'était produit des centaines de fois, cet été-là, quand, grisée par le vin, elle s'approchait et reculait de la tapisserie, ne discernant plus rien, puis retrouvant chacun des détails : la montagne, la forêt, un petit village niché au fond de la vallée verdoyante.

– Je suis désolée, Maharet, répéta-t-elle doucement.

Elle devait partir, elle touchait presque au terme du voyage.

Mais comme elle se détournait, un détail dans le patchwork attira son regard. Elle fit volte-face et l'examina de nouveau. N'y avait-il pas à cet endroit des personnages qu'elle n'avait jamais remarqués auparavant ? Cette fois encore, elle ne distingua qu'un fouillis de bouts de tissu cousus ensemble. Puis, lentement, le flanc de la montagne lui apparut, l'oliveraie, et enfin le village avec ses huttes jaunes éparpillées dans la vallée. Et les personnages, alors ? Elle ne parvint pas à les repérer. Du moins, jusqu'à ce qu'elle tourne la tête. Alors, du coin de l'œil, elle les aperçut une fraction de seconde. Deux microscopiques silhouettes enlacées, des femmes à la chevelure rousse !

Hésitante, elle revint sur ses pas. Son cœur battait. Oui, là. Mais était-ce une illusion ?

Elle se planta devant la tapisserie et l'effleura. En effet ! Sur chacune des petites poupées de chiffon, une paire de minuscules boutons bleus en guise d'yeux, un nez et une bouche soigneusement cousus, tout comme les cheveux de coton rouge, frisés en vagues dentelées, qui retombaient sur les épaules blanches !

Elle fixa les jumelles, à demi incrédule. Car c'étaient bien elles ! Et comme elle restait debout, pétrifiée, devant le patchwork, l'ombre commença à envahir la pièce. Les derniers rayons de soleil avaient disparu derrière l'horizon. La tapisserie s'estompait sous ses yeux en un dessin indéchiffrable.

Dans un brouillard, elle entendit l'horloge sonner le quart. Elle devait prévenir Talamasca. Appeler David à Londres. Lui raconter une partie de l'affaire, n'importe quoi – mais c'était hors de question, elle le savait. Elle était déchirée à l'idée que, quoi qu'il lui arrive cette nuit, Talamasca ne connaîtrait jamais l'histoire en son entier.

Comme un automate, elle s'arracha à sa contemplation, verrouilla la porte derrière elle, descendit les marches du perron, puis le long sentier.

Elle ne comprenait pas bien pourquoi elle était aussi bouleversée, presque au bord des larmes. Cette découverte avivait ses soupçons, étayait ses hypothèses. Et pourtant, elle avait peur. Elle s'aperçut qu'elle pleurait.

Tu dois attendre Maharet.

Mais c'était impossible. Maharet la subjuguerait, la désorienterait, l'obligerait par sa tendresse à oublier cette énigme. La même chose s'était produite lors de ce lointain été. Lestat le vampire, lui, ne cachait rien de ce qu'il connaissait. Il était la pièce maîtresse du puzzle. Le voir, le toucher confirmerait le reste.

La Mercedes rouge démarra au quart de tour. Dans une pluie de gravier, Jesse fit marche arrière, braqua et s'engagea dans l'étroit chemin de terre. Dans sa décapotable, elle serait gelée avant d'arriver à San Francisco, mais peu lui importait. Elle aimait le souffle froid de l'air sur son visage, elle aimait la vitesse.

La route plongea aussitôt dans l'obscurité de la forêt. La lune qui se levait ne parvenait pas à pénétrer l'épaisseur du feuillage. Jesse roulait déjà à soixante, négociant habilement les virages. Sa tristesse s'intensifia soudain, mais elle ne pleurait plus. Bientôt, Lestat le vampire...

Quand enfin elle déboucha sur la route nationale, elle accéléra et se mit à chanter à tue-tête dans le vent qui engloutissait sa voix. La nuit tombait tout à fait quand elle traversa dans un vrombissement la jolie petite ville de Santa Rosa et rejoignit la file des voitures sur l'autoroute 101.

La brume marine arrivait du large. A l'est et à l'ouest les collines sombres dressaient leurs silhouettes fantomatiques. Mais le ruban scintillant des feux arrière illuminait la route devant elle. L'excitation la gagnait, chassant sa mélancolie. Dans une heure, le Golden Gate. Toute sa vie, elle avait été sûre d'elle, et la chance lui avait souri – au point que parfois la pusillanimité des autres l'exaspérait. Et en dépit de son fatalisme, de sa conscience aiguë des dangers qu'elle encourait, elle avait l'impression qu'encore une fois sa bonne étoile veillerait sur elle cette nuit. Elle n'était pas vraiment effrayée.

Une bonne étoile avait en effet présidé à sa naissance, estimait-elle. Quelques minutes après l'accident qui avait coûté la vie à sa très jeune mère enceinte de sept mois, elle avait été découverte sur le bord de la route – un bébé expulsé spontanément, arraché à la mort, et qui criait déjà pour dégager ses petits poumons quand l'ambulance était arrivée.

Un nouveau-né sans nom durant les deux semaines où elle s'était étiolée dans l'hôpital du comté, condamnée des heures durant à la froideur aseptisée des machines; mais les infirmières qui s'étaient entichées d'elle et l'avaient surnommée « le moineau », la câlinaient et lui chantaient des berceuses aussi souvent qu'elles le pouvaient.

Des années plus tard, elles devaient lui écrire, lui envoyant les photos qu'elles avaient prises et lui racontant des petites anecdotes, ce qui avait grandement contribué à développer en elle le sentiment d'avoir été aimée.

C'était Maharet qui avait fini par venir la réclamer, l'identifiant comme la seule survivante de la famille Reeves de Caroline du Sud. Elle l'avait emmenée à New

York où elle l'avait confiée à des cousins éloignés. Là, Jesse avait grandi dans un somptueux appartement ancien de Lexington Avenue, sous la protection de Maria et de Matthew Godwin, qui l'avaient choyée et comblée de leur amour. Une nurse anglaise avait veillé sur elle jour et nuit jusqu'à l'âge de douze ans.

Elle ne se rappelait pas quand elle avait appris que sa tante Maharet avait assuré son avenir, qu'elle pouvait entrer dans n'importe quel collège, choisir la carrière qu'elle désirait. Matthew Godwin professait la médecine, Maria avait jadis enseigné la danse; ils ne cachaient pas leur attachement pour Jesse qu'ils considéraient comme la fille qu'ils avaient toujours souhaitée. Et ces années avaient été heureuses et fécondes.

Maharet avait commencé à lui écrire avant même qu'elle ne sache lire. Ses lettres étaient merveilleuses, souvent accompagnées de cartes postales originales et de curieuses pièces de monnaie des divers pays où elle élisait domicile. Jesse avait un plein tiroir de roupies et de lires. Mais surtout, elle avait en Maharet une amie fidèle, une amie qui répondait tendrement et attentivement à chacun des mots qu'elle lui envoyait.

C'était Maharet qui l'avait guidée dans ses lectures, avait encouragé son goût pour la musique et la peinture, organisé ses vacances d'été en Europe et s'était occupée de l'inscrire à l'université de Columbia où elle étudiait les civilisations et langues anciennes.

C'était également grâce à Maharet que Jesse avait séjourné pour Noël chez des cousins d'Europe – en Italie d'abord, chez les Scartinos, de puissants banquiers qui possédaient une villa dans la campagne siennoise, puis à Paris, chez les Borchardts, une famille plus modeste, qui l'avaient accueillie dans leur joyeuse tribu.

L'été de ses dix-sept ans, elle avait été à Vienne faire la connaissance de la branche russe de sa famille émigrée autrefois en Autriche, de jeunes intellectuels et musiciens débordants d'enthousiasme qui l'avaient conquise. Puis, elle s'était embarquée pour l'Angleterre où elle avait rencontré les Reeves, de proches parents de sa propre famille installée aux États-Unis depuis plusieurs siècles.

A dix-huit ans, elle avait été invitée dans leur villa de Santorin par ses cousins Petralona, de riches Grecs au charme exotique. Ils vivaient dans un luxe quasi féodal, entourés des paysans de leur domaine, et en son honneur avaient organisé à l'improviste une croisière sur leur yacht via Istanbul, Alexandrie et la Crète.

Elle était presque tombée amoureuse du jeune Constantin Petralona. Maharet lui avait écrit que cette union recueillerait la bénédiction de tous les membres de la famille, mais que c'était à elle d'en décider. Jesse avait dit tendrement adieu à son amoureux et repris l'avion pour New York, l'université et la préparation de son premier stage archéologique en Irak.

Cependant, durant toutes ses années d'études, elle était demeurée proche de son immense famille. Tout le monde était si attentionné à son égard. Mais tout le monde était plein d'attentions pour tout le monde. Chacun croyait aux vertus de la famille. Les contacts entre les diverses branches étaient fréquents; les nombreux mariages entre membres de la famille avaient tissé des liens multiples; dans chacun des foyers, une chambre était prête en permanence pour accueillir les parents en visite. Les arbres généalogiques semblaient remonter à la nuit des temps; des histoires cocasses circulaient sur des ancêtres illustres morts depuis trois ou quatre siècles. Jesse s'était sentie en communion étroite avec ces gens, aussi dissemblables fussent-ils les uns des autres.

A Rome, elle avait été fascinée par ses cousins qui conduisaient leur Ferrari à tombeau ouvert, la radio à pleins tubes, pour rentrer à l'aube dans un charmant vieux palais où la plomberie ne marchait pas et où la toiture fuyait. Les cousins juifs de Caroline du Sud formaient une brochette de brillants musiciens, décorateurs et producteurs qui tous, d'une façon ou d'une autre, avaient été mêlés à la création cinématographique des cinquante dernières années. Leur ancienne demeure dans une rue écartée de Hollywood était le refuge d'une vingtaine d'acteurs sans emploi. Jesse pouvait débarquer quand bon lui semblait; les hôtes tenaient table ouverte tous les soirs à partir de six heures.

Mais qui était Maharet, cette conseillère lointaine et pourtant vigilante, qui par ses lettres fréquentes et attentives avait guidé Jesse dans ses études, qui exerçait sur elle l'autorité dont elle avait secrètement besoin ?

Tous les cousins de Jesse connaissaient Maharet, même si ses rares visites étaient à marquer d'une pierre blanche. Elle était la gardienne des archives de la Grande Famille. C'était elle qui souvent les faisait se rencontrer, qui arrangeait même des mariages entre les différentes branches essaimées à travers le monde, qui ne manquait pas de les aider dans les périodes difficiles et à qui certains devaient la vie.

Avant Maharet, il y avait eu sa mère, maintenant dénommée la Vieille Maharet, laquelle avait succédé à la Grand-Tante Maharet, et ainsi de suite aussi loin que remontait la mémoire. « Il y aura toujours une Maharet », disait un adage familial, récité tour à tour en italien, allemand, russe, yiddish ou grec. Ce qui signifiait qu'à chaque génération, une descendante reprendrait ce prénom en même temps que la responsabilité de consigner la suite de l'histoire – ou du moins, le supposait-on, car tous hormis Maharet ignoraient comment le flambeau était transmis.

« Quand vous rencontrerai-je ? » n'avait cessé de lui écrire Jesse pendant des années. Elle collectionnait les timbres oblitérés à Delhi, Rio, Mexico, Bangkok, Tokyo, Lima, Saigon ou Moscou.

La famille tout entière était très attachée à cette femme, fascinée par elle, mais un lien secret unissait Jesse à sa mystérieuse tante.

Depuis sa prime enfance, Jesse était sujette à des expériences « insolites ».

Elle pouvait, par exemple, lire dans les pensées des gens, elle « savait » quand on ne l'aimait pas ou quand on lui mentait. De même, son don pour les langues venait de ce qu'elle comprenait souvent la signification d'une phrase alors que les mots lui étaient étrangers.

Et elle avait des visions – elle voyait des gens, des objets qui n'existaient pas en réalité.

Toute petite, elle avait souvent aperçu de sa fenêtre à Manhattan un élégant hôtel particulier aux contours gris et flous. Elle s'était bien rendu compte que c'était une illusion, et tout d'abord, elle avait ri de cette façon qu'il avait de lui apparaître puis de disparaître, tantôt transparent, tantôt aussi distinct que les autres immeubles dans la rue, avec ses fenêtres illuminées derrière leurs voilages de dentelle. Des années plus tard, elle avait appris que la maison fantôme avait appartenu à l'architecte Stanford White et qu'elle était détruite depuis des décennies.

Les formes humaines qu'elle percevait alors n'étaient pas aussi nettes. Ces manifestations fugitives et vacillantes se produisaient souvent dans des lieux qui lui inspiraient un inexplicable sentiment de malaise.

Mais au fur et à mesure qu'elle grandissait, ces phénomènes devenaient plus tangibles. Un après-midi pluvieux et sombre, la silhouette translucide d'une vieille femme s'était lentement avancée jusqu'à elle pour finalement la traverser. Folle de terreur, elle s'était précipitée dans un magasin, où les vendeurs avaient alerté Matthew et Maria. Jesse avait en vain essayé de décrire le visage hagard de la femme, son regard vitreux qui semblait ignorer le monde extérieur.

Les amis auxquels elle se confiait étaient le plus souvent sceptiques. Mais ces histoires les fascinaient et ils ne se lassaient pas de les lui faire répéter. Jesse en était mortifiée. Aussi s'efforçait-elle de ne plus en parler, même si dès sa dixième année, ces âmes égarées se mirent à lui apparaître de plus en plus fréquemment.

En plein milieu de la journée, dans la foule dense de la Cinquième Avenue, il lui arrivait d'entrevoir ces pâles créatures. Puis un matin, dans Central Park, alors qu'elle avait seize ans, elle vit un jeune homme, assis sur un banc, non loin d'elle. Le parc était bruyant, plein de promeneurs; pourtant l'individu semblait ne pas appartenir à ce monde. Les bruits autour de Jesse s'estompèrent peu à peu, comme si cet être les absorbait. Elle pria le ciel que l'apparition se dissolve. Au lieu de quoi, le spectre se retourna et la fixa, essayant de lui parler.

Jesse courut tout le long du chemin jusqu'à Lexington Avenue. Elle était paniquée. Les esprits l'avaient repérée, expliqua-t-elle à Matthew et à Maria. Elle craignait de quitter l'appartement. Matthew finit par lui administrer un sédatif en lui disant qu'elle allait pouvoir dormir. Il laissa la porte de la chambre ouverte pour qu'elle n'ait pas peur.

Alors que Jesse commençait à somnoler, une jeune fille entra dans la pièce. Jesse eut conscience que la visiteuse ne lui était pas étrangère ; bien sûr, elle faisait partie de la famille, elle avait toujours été là, à ses côtés, toutes deux avaient souvent bavardé ensemble ; il n'était pas étonnant qu'elle fût aussi tendre et amicale. C'était une adolescente, quelqu'un de son âge.

La jeune fille s'assit au chevet de Jesse et lui dit de ne pas s'inquiéter, que les esprits ne pouvaient pas lui faire de mal. Aucun revenant n'avait jamais attaqué qui que ce soit. Ils n'en avaient pas le pouvoir. C'étaient de pauvres êtres désarmés et pitoyables.

— Écris à tante Maharet, conseilla-t-elle en embrassant Jesse et en lui lissant les cheveux en arrière.

Le somnifère agissait maintenant. Jesse était incapable de garder les yeux ouverts. Elle avait envie de poser une question au sujet de l'accident de voiture qui avait précédé sa naissance, mais elle n'arrivait pas à se rappeler laquelle.

— Au revoir, mon ange, murmura la visiteuse, et Jesse s'endormit aussitôt.

Quand elle se réveilla, à deux heures du matin, l'appartement était plongé dans l'obscurité. Elle entreprit immédiatement d'écrire une lettre à Maharet, lui racontant tous les incidents étranges dont elle se rappelait.

A l'heure du dîner, elle sursauta soudain en repensant à l'adolescente. Il était impossible qu'elle ait habité ici, qu'elle lui ait toujours tenu compagnie. Comment avait-elle pu imaginer une histoire pareille ? Elle avait été jusqu'à écrire à Maharet : « Bien entendu, Miriam était là, et elle m'a dit... » Et d'abord, qui était Miriam ? Un nom sur son certificat de naissance. Sa mère.

Jesse ne raconta à personne ce qui s'était passé. Pourtant, une sorte de chaleur rassurante l'enveloppait. Elle sentait la présence de Miriam à ses côtés, elle en était certaine.

La réponse de Maharet lui parvint cinq jours plus tard. Sa tante la croyait. Ces apparitions n'avaient rien de surprenant. Ce genre de phénomène existait bien évidemment, et Jesse n'était pas la seule à l'avoir expérimenté.

Au cours des générations, notre famille a compté bien des médiums. Tu sais sans doute qu'on les considérait jadis comme des sorciers. Ce pouvoir apparaît fréquemment chez ceux que la nature a dotés, à ton image, d'yeux verts, d'un teint pâle et d'une chevelure rousse. Il semblerait que ces caractères héréditaires aillent de pair. Peut-être la science expliquera-t-elle un jour cette coïncidence. Mais sois certaine, en tout cas, que nos pouvoirs n'ont rien de surnaturel. Ce qui ne signifie pas qu'ils soient obligatoirement positifs.

Les esprits existent, certes, mais ils sont terriblement rétifs. Ils peuvent être puérils, vindicatifs, perfides. Tu ne peux empêcher ces entités d'essayer de communiquer avec toi, et parfois ce que tu contemples n'est qu'un fantôme sans vie – le reflet d'une personnalité disparue.

Ne les crains pas, mais ne les laisse pas te perturber. Car c'est leur activité favorite, une fois qu'ils savent que tu peux les voir. Quant à Miriam, préviens-moi si elle revient. Mais comme tu as suivi son conseil et que tu m'as écrit, je ne pense pas qu'elle juge nécessaire de le faire. Elle ne se laisse vraisemblablement pas aller aux tristes bouffonneries de ceux qui se manifestent le plus souvent à toi. Parle-moi de ces apparitions si elles t'effrayent. Mais efforce-toi d'être discrète avec les autres, car jamais ils ne te croiront.

Jesse attacha un grand prix à cette lettre. Des années durant, elle l'emporta partout avec elle, glissée dans son sac ou dans sa poche. Non seulement Maharet était convaincue de sa bonne foi, mais elle lui avait expliqué comment interpréter ce pouvoir embarrassant et s'en accommoder. Tout ce qu'elle lui avait écrit était cohérent.

Par la suite, Jesse fut encore de temps à autre terrorisée par les esprits; et il lui arrivait de se confier à ses proches. Mais dans l'ensemble, elle se conforma aux instructions de sa tante et ne fut plus guère importunée par ces manifestations qui pendant de longues périodes semblaient comme en veilleuse.

Maharet lui écrivait de plus en plus souvent. Sa tante était sa confidente, sa meilleure amie. Lors de son entrée au collège, Jesse avait le sentiment que cette correspondante lointaine était plus réelle à travers ses lettres que tous les gens qu'elle côtoyait. Mais elle avait fini par se résigner à peut-être ne jamais la rencontrer.

Puis un soir, au cours de sa troisième année à Columbia, elle avait ouvert la porte de son appartement pour trouver la lumière allumée, une flambée dans la cheminée et une longue femme svelte debout devant l'âtre.

Jesse avait été saisie par la beauté de l'inconnue. Son visage subtilement maquillé avait une immobilité orientale que démentaient l'éclat intense des yeux verts et l'exubérance de la chevelure cuivrée.

— Ma chérie, avait dit la femme, je suis Maharet.

Jesse s'était aussitôt précipitée dans ses bras. De ses mains gantées, Maharet l'avait écartée avec douceur, comme pour mieux la contempler, puis elle l'avait couverte de baisers. Jesse gardait un souvenir magique de ce moment. Elle avait caressé les cheveux soyeux de Maharet. Des cheveux si semblables aux siens.

— Tu es mon enfant, avait murmuré la visiteuse. Tu as comblé tous mes espoirs. Tu ne peux pas savoir combien je suis heureuse.

Cette nuit-là, Maharet lui avait paru de feu et de glace. Extraordinairement forte et cependant si chaleureuse. Tout à la fois sculpturale et fine, avec ses jupes vaporeuses, sa longue cape de laine brune qui épousait chacun de ses mouvements, elle possédait une grâce mystérieuse et troublante, l'aura étrange de ces femmes qui ont fait de leur corps un objet d'art.

Toute la nuit, elles avaient erré dans la ville, visité des galeries, assisté à une pièce de théâtre, puis soupé, bien que Maharet n'eût rien voulu manger. Elle était trop émue, avait-elle prétexté. Elle n'avait même pas retiré ses gants au restaurant. Elle désirait seulement écouter Jesse lui raconter sa vie. Et Jesse lui avait parlé interminablement de Columbia, de ses études en archéologie, de son rêve d'entreprendre des fouilles en Mésopotamie.

Cette rencontre avait été si différente de leurs relations épistolaires. Elles avaient même flâné à travers Central Park dans l'obscurité, après que Maharet eut assuré qu'il n'y avait aucune raison d'avoir peur. Du coup, cette promenade avait semblé tout à fait normale à Jesse! Et merveilleuse aussi, comme si toutes deux parcouraient les sentiers d'une forêt enchantée, sans la moindre appréhension, continuant à mi-voix leur conversation animée. Quelle impression divine de se sentir à ce point en sécurité! A l'approche de l'aube, Maharet avait raccompagné Jesse chez elle, en lui promettant de la faire venir très bientôt en Californie. Elle avait une maison là-bas, dans les monts de Sonoma.

Mais deux ans s'étaient écoulés avant que l'invitation n'arrive. Jesse venait de décrocher sa licence. Elle devait partir en juillet travailler sur une fouille au Liban.

Dans ce cas, reste seulement quinze jours, avait insisté Maharet. L'enveloppe contenait un billet d'avion. Mael, *un ami très cher,* l'attendrait à l'aéroport.

Bien que Jesse ne l'eût pas admis à l'époque, ce séjour avait débuté sous le signe de l'étrange.

A commencer par le personnage de Mael. Un colosse, le cheveu blond et ondulé, l'œil bleu profondément enfoncé. Ses gestes, le timbre de sa voix, la maîtrise avec laquelle il conduisait, avaient quelque chose de presque inquiétant. Mis à part les fins gants de chevreau noirs et les grosses lunettes teintées de bleu et cerclées d'or, il portait, semblait-il, y compris les bottes en alligator, le costume de daim commun à tous les éleveurs.

Et pourtant, il n'avait pas caché sa joie de la rencontrer, et elle-même avait tout de suite ressenti de la sympathie pour lui. Avant qu'ils n'atteignent Santa Rosa, elle lui avait déjà raconté sa vie. Il avait un rire agréable. Mais deux ou trois fois, elle avait été bizarrement prise de vertige en le regardant. Elle s'était demandé pourquoi.

La maison elle-même, isolée au bout d'un chemin cahoteux, était incroyable. Qui avait pu concevoir pareille architecture ? Quels engins gigantesques avaient pu creuser ainsi dans le flanc de la montagne ? Plus extraordinaire encore était la charpente. Avait-elle été taillée dans des séquoias plusieurs fois centenaires ? Les poutres devaient bien faire trois mètres cinquante de circonférence. Et les murs en adobe étaient certainement très anciens, eux aussi. Des pionniers européens s'étaient-ils implantés en Californie à une époque assez lointaine pour avoir pu... mais qu'importait ? L'endroit était magnifique, après tout. Elle adorait les cheminées rondes et leurs hottes en fonte, les tapis de peau, l'observatoire et son antique télescope en cuivre.

Elle s'était prise d'amitié pour les serviteurs qui

venaient chaque matin de Santa Rosa faire le ménage et préparer les somptueux repas. La solitude des journées ne lui pesait pas. Elle aimait se promener dans la forêt, pousser jusqu'au bourg pour acheter des journaux ou des romans. Elle passait des heures à étudier les tapisseries en patchwork, les objets anciens dont elle ne parvenait pas à déterminer la provenance.

En outre, la maison possédait tout le confort moderne. Des antennes installées sur la crête captaient les chaînes de télévision à travers le monde. Dans la cave était installée une salle de projection nantie d'une collection de films digne d'une cinémathèque. Par les chauds après-midi, elle nageait dans la piscine aménagée devant la façade sud de la maison. Quand le crépuscule tombait, apportant la fraîcheur de la montagne, de grands feux flambaient dans les cheminées.

Bien sûr, le plus formidable pour elle avait été de découvrir ses origines – l'histoire de toutes les branches de la Grande Famille retracée depuis des siècles dans d'innombrables volumes reliés en cuir. Avec émotion, elle avait feuilleté des centaines d'albums de photos, fouillé dans des malles pleines de portraits, de miniatures ovales, de toiles poussiéreuses.

Elle s'était immédiatement plongée dans l'histoire des Reeves de Caroline du Sud, ses aïeux en ligne directe – de riches propriétaires que la guerre de Sécession avait ruinés. Leurs photographies l'avaient bouleversée. Elle voyait enfin ses ancêtres, elle reconnaissait ses propres traits sur leurs visages. Ils avaient le teint clair comme elle, des expressions identiques, et deux d'entre eux, la même chevelure flamboyante! Pour Jesse, une enfant adoptée, cette révélation était infiniment précieuse.

Ce fut seulement à la fin de son séjour, alors qu'elle étudiait les parchemins en latin, en grec ancien et enfin ceux couverts de hiéroglyphes, qu'elle commença à mesurer l'importance de cette masse de documents. Autant était flou son souvenir des tablettes d'argile disposées dans la salle souterraine, autant celui de ses conversations avec Maharet demeurait précis. Des heures durant, elles avaient parlé des chroniques familiales.

Jesse avait demandé de pouvoir travailler sur ces archives. Elle aurait abandonné sans regret ses études pour cataloguer le contenu de cette bibliothèque. Elle brûlait de traduire et d'interpréter ces pièces, d'en traiter les données par ordinateur. Pourquoi ne pas publier l'histoire de la Grande Famille ? Une aussi longue généalogie était exceptionnelle, voire unique. Même les têtes couronnées d'Europe étaient incapables de remonter aussi loin dans le temps.

Maharet avait tenté de modérer l'enthousiasme de sa nièce. Elle lui avait rappelé combien ce travail serait lent et ingrat. Après tout, ces documents ne retraçaient jamais que la chronologie d'une famille à travers les siècles ; ils se réduisaient parfois à des listes de noms ou à de brèves descriptions d'existences paisibles, des énumérations de dates de naissance et de décès, des déclarations d'immigration.

Ces conversations dans la lumière veloutée de la bibliothèque, parmi les senteurs délicieuses du cuir, des parchemins, de la cire fondue et du bois dans la cheminée, restaient gravées dans sa mémoire. Maharet, majestueuse comme toujours, ses yeux de jade dissimulés derrière des verres légèrement teintés, la mettait en garde, lui disait que cette tâche risquait de dévorer tout son temps, de l'empêcher de mener à bien des projets plus passionnants. C'était la Grande Famille qui comptait et non pas ses archives, le dynamisme de chacune des générations, la possibilité de connaître et d'aimer ses proches. Ces documents n'avaient d'intérêt que dans la mesure où ils permettaient cette fidélité au passé.

Jamais Jesse n'avait éprouvé un tel désir d'entreprendre un travail. Maharet lui permettrait certainement de rester, non ? Elle en avait pour des années dans cette bibliothèque à découvrir les origines de la famille !

Plus tard seulement, les réticences de Maharet lui parurent receler un mystère – l'un parmi tous ceux auxquels elle s'était heurtée cet été-là. Plus tard seulement, nombre de petits détails lui revinrent.

Par exemple, le fait que Maharet et Mael n'apparaissaient jamais avant le coucher du soleil, et que leur explication – ils dormaient dans la journée – n'en était pas une. Du reste où dormaient-ils ? Une question tout aussi intrigante. Leurs chambres demeuraient vides, les portes grandes ouvertes, les placards débordant de vêtements extraordinaires. Au crépuscule, ils surgissaient si brusquement qu'on aurait dit qu'ils se matérialisaient devant ses yeux. Jesse levait la tête. Et Maharet était là, au coin du feu, le visage impeccablement maquillé, la tenue grandiose, ses pendentifs et son collier scintillant à la lumière des flammes. Mael, vêtu comme à l'accoutumée de son costume de daim, était adossé au mur.

Mais lorsque Jesse les interrogeait sur leurs horaires singuliers, les réponses de Maharet étaient absolument convaincantes! Leur peau était délicate, ils détestaient le soleil, et ils veillaient si tard! Pour sûr, ils veillaient. A quatre heures du matin, ils discutaient encore de politique ou d'histoire, abordant les problèmes avec un bizarre recul, appelant les villes par leurs noms anciens, et s'exprimant parfois dans une langue rapide que Jesse ne parvenait pas à situer, encore moins comprendre. Grâce à son don télépathique, elle saisissait de temps à autre le sens de leurs discours, mais l'étrangeté des sons la déconcertait.

Il était également évident que quelque chose en Mael contrariait Maharet. Était-il son amant? C'était peu probable.

Ce qui l'intriguait aussi, c'était la manière dont Mael et Maharet parlaient entre eux, comme si chacun avait le pouvoir de pénétrer la pensée de l'autre. Tout d'un coup, Mael s'écriait : «Mais je t'ai dit de ne pas t'inquiéter», alors que Maharet n'avait pas prononcé un mot. Parfois, ils faisaient de même avec Jesse. Une nuit, elle avait entendu Maharet l'appeler, lui demandant de descendre dans la salle à manger, bien que la voix, elle en aurait juré, n'eût résonné que dans sa propre tête.

Bien sûr, Jesse détenait ce pouvoir de communiquer à distance. Mais Mael et Maharet le possédaient-ils également? Dans ce cas, pourquoi n'y faisaient-ils jamais allusion?

Les repas constituaient une autre énigme – ses plats préférés qui défilaient régulièrement sur la table. Elle n'avait pas à expliquer aux serviteurs ses goûts et ses dégoûts. Ils les connaissaient! Escargots, huîtres farcies, fettucini à la carbonara, filet de bœuf Wellington, tous les mets les plus savoureux lui étaient servis chaque soir. Et les vins, elle n'avait jamais goûté à des crus aussi rares. Pourtant, ses hôtes mangeaient comme des oiseaux, semblait-il. Il leur arrivait même de ne pas ôter leurs gants de tout le dîner.

Et ces étranges visiteurs ? Santino, entre autres, un Italien aux cheveux aile de corbeau, venu à pied une nuit, en compagnie d'un adolescent dénommé Éric. Il l'avait dévisagée comme on regarde un animal exotique, puis lui avait baisé la main et offert une magnifique émeraude montée sur bague, qui avait mystérieusement disparu quelques nuits plus tard. Deux heures d'affilée, Santino avait parlementé avec Maharet dans cette langue inconnue, puis il était reparti furieux, avec son compagnon quelque peu démonté.

Sans compter ces fêtes extravagantes. Jesse ne s'était-elle pas réveillée deux ou trois fois à quatre heures du matin pour découvrir la maison pleine de monde ? Et tous ces gens avaient des traits communs – le même teint livide éclairé par des yeux aussi remarquables que ceux de ses hôtes. Mais Jesse avait si sommeil. Elle se rappelait seulement avoir été entourée de beaux jeunes gens qui lui offraient du vin. Puis elle s'était retrouvée allongée dans son lit. Le soleil entrait à flots par la fenêtre. La maison était vide.

Jesse avait également entendu des bruits à des heures insolites. Le vrombissement d'un hélicoptère, d'un petit avion. Néanmoins personne ne parlait de ces incursions.

Et Jesse baignait dans un tel bonheur ! Ces bizarreries ne semblaient pas tirer à conséquence ! Les explications de Maharet dissipaient aussitôt les doutes de la jeune fille. Cette malléabilité de sa part était pourtant inhabituelle. Elle avait tant d'assurance, des opinions si tranchées. D'ordinaire, elle était d'un naturel plutôt têtu. Alors que là, il suffisait que Maharet lui dise quelque chose, pour qu'elle se sente partagée entre deux attitudes. D'un côté, « mais c'est ridicule ! », de l'autre, « ça tombe sous le sens ! ».

Quoi qu'il en soit, Jesse se divertissait trop pour se pencher longtemps sur ce problème. Les premières soirées, elle avait discuté d'archéologie avec ses hôtes. Et Maharet était un puits de science, même si certaines de ses idées paraissaient étranges.

Elle maintenait, entre autres, que l'agriculture était née du fait que les tribus qui jusque-là subsistaient en pratiquant la chasse, avaient voulu emmagasiner des plantes hallucinogènes afin de favoriser leurs transes rituelles. Et également fabriquer de la bière. Bien entendu, cette assertion n'était fondée sur aucune donnée scientifique. Continue à creuser, ma fille! Tu trouveras!

Mael lisait merveilleusement la poésie. Maharet jouait parfois du piano, très lentement, absorbée dans ses rêveries. Éric avait reparu deux nuits de suite, et il s'était joint à leurs chants.

Il avait apporté des films du Japon et d'Italie, et tous les avaient regardés avec ravissement. *Kwaïdan* surtout, bien que terrifiant, les avait passionnés. Jesse avait fondu en larmes pendant la projection de *Juliette des Esprits*.

Et tous ces gens paraissaient s'intéresser à Jesse. Mael lui posait des questions surprenantes. Avait-elle déjà fumé des cigarettes? A quoi ressemblait le goût du chocolat? Comment osait-elle monter seule dans les voitures des jeunes gens ou dans leurs appartements? Ne se rendait-elle pas compte qu'ils pouvaient la tuer? Elle étouffait un rire. Mais si, s'obstinait-il, c'étaient des choses qui pouvaient arriver. Il commençait à s'énerver. Il suffit de lire les journaux. Les femmes dans les grandes villes sont traquées par les hommes comme les biches dans les bois.

Le mieux était de changer de sujet, de le faire parler de ses voyages. Il avait une façon merveilleuse de décrire les endroits où il avait été. Il avait vécu des années dans la forêt amazonienne. Néanmoins, il refusait de monter dans un « aéroplane ». Trop dangereux. Et si l'engin explosait? Il se méfiait également des « vêtements en tissu » parce qu'ils n'étaient pas assez solides.

Un incident curieux s'était produit entre eux. Ce soir-là, ils avaient longuement bavardé pendant le dîner. Elle lui avait expliqué ses histoires de fantômes, et il avait rétorqué, furieux, que ces morts étaient des hurluberlus, des fous, ce qui l'avait fait rire malgré elle. N'empêche qu'il avait raison. Les spectres se comportaient comme des êtres décérébrés, et c'était bien ce qui était terrifiant dans ces manifestations. Retombons-nous dans le néant après la mort? Ou subsistons-nous dans un état d'hébétude, nous matérialisant n'importe quand, adressant des inepties aux médiums ? Mise à part sa mère, elle ne se souvenait pas avoir jamais entendu un fantôme prononcer une seule parole sensée.

– Mais, bien sûr, ces ombres appartiennent aux morts qui ne parviennent pas à se détacher de la terre, avait poursuivi Mael. Qui sait où nous allons quand nous renonçons à la chair et aux vanités terrestres ?

Jesse, qui avait trop bu, avait été prise d'épouvante au souvenir de la maison fantôme de Stanford White, des esprits rôdant au milieu des foules new-yorkaises. Elle avait concentré son attention sur Mael qui, pour une fois, avait retiré ses gants et ses lunettes teintées. Dans ses yeux saphir, les pupilles brillaient d'un éclat de jais.

– Cependant d'autres esprits hantent ce monde depuis toujours, avait-il repris. Ils n'ont jamais été incarnés, ce qui les met en fureur.

Quelle drôle d'idée il avait !

– Comment le sais-tu ? avait demandé Jesse, tout en continuant à le dévisager.

Il était beau. Sa beauté était la somme de toutes ses imperfections : le nez en bec d'aigle, la mâchoire proéminente, le visage osseux qu'encadrait la crinière paille. Même ses yeux trop enfoncés ajoutaient à son charme. Oui, il était beau – elle avait envie de le toucher, de l'étreindre... L'attirance qu'elle avait toujours éprouvée pour lui la foudroyait soudain.

Elle avait alors été saisie d'une illumination étrange. *Cet être n'était pas humain.* Il n'en avait que l'apparence. C'était l'évidence même. Mais quelle pensée ridicule ! S'il n'était pas humain, qu'était-il donc ? Certainement pas un fantôme ni un esprit. C'était tout aussi évident.

– J'imagine que nous ne connaissons pas la frontière entre le réel et l'irréel, avait-elle dit malgré elle. On regarde un moment quelque chose, et subitement cette chose devient monstrueuse.

En fait, elle avait détourné les yeux pour fixer le bouquet qui ornait le centre de la table. Des roses thé qui s'effeuillaient au milieu des jacinthes, des fougères et des zinnias pourpres. Elles lui paraissaient venir d'un autre monde, un peu comme les insectes, et lui inspiraient une sorte d'horreur ! Qu'étaient-elles, en réalité ? Soudain le vase s'était brisé, l'eau s'était répandue sur la nappe. Mael s'était écrié :

– Oh, excuse-moi. Je ne l'ai pas fait exprès.

Le vase s'était vraiment cassé. Sans raison. Tout seul. Mael s'était esquivé après l'avoir embrassée sur le front, sa main un instant tremblante comme il ébauchait un geste pour lui caresser les cheveux.

Bien sûr, Jesse était un peu grise. Elle s'enivrait chaque soir sans que ses hôtes ne s'en formalisent apparemment.

Parfois, ils sortaient danser au clair de lune dans la clairière. Leurs danses n'étaient pas concertées. Ils évoluaient tantôt seuls, tantôt en cercle, les yeux levés vers la voûte céleste, tandis que Mael fredonnait ou que Maharet chantait dans cette langue mystérieuse.

A quoi songeait Jesse pour virevolter ainsi des heures ? Et pourquoi ne s'était-elle jamais posé de questions, à défaut de les formuler, sur cette étrange habitude qu'avait Mael de porter des gants à l'intérieur de la maison ou de se promener dans la nuit noire avec ses lunettes de soleil ?

Puis un matin où Jesse s'était couchée complètement ivre bien avant l'aube, elle avait fait un terrible cauchemar. Mael et Maharet se disputaient. Mael ne cessait de répéter : « Et si elle mourait ? Si quelqu'un la tuait ou si une voiture l'écrasait ? Si, si si... » Sa voix s'enflait dans un vacarme assourdissant.

Quelques nuits plus tard s'était déclenchée la catastrophe décisive. Après une courte absence, Mael était revenu. Toute la soirée, elle avait bu du bourgogne, et l'avait rejoint sur la terrasse. Quand il l'avait embrassée, elle avait perdu conscience, et pourtant rien ne lui échappait de ce qui se passait. Il la serrait dans ses bras, lui baisait les seins, tandis qu'elle glissait dans des ténèbres aveugles. Puis, la jeune fille avait surgi, l'adolescente qui lui était apparue à New York, la fois où elle avait eu tellement peur. Mael, lui, ne la voyait pas, mais Jesse savait que c'était Miriam, sa mère, et qu'elle était terrorisée. Mael avait soudain relâché son étreinte.

– Où diable est-elle ? avait-il crié, exaspéré.

Jesse avait ouvert les yeux, Maharet se tenait devant eux. Elle avait frappé Mael avec une telle violence qu'il avait basculé par-dessus la balustrade. Jesse avait hurlé et couru jusqu'au bout de la terrasse, repoussant par mégarde l'adolescente au passage.

Tout en bas, dans la clairière, elle avait aperçu Mael, sain et sauf. Elle n'en croyait pas ses yeux. Il s'était déjà relevé et saluait cérémonieusement Maharet. La lumière qui tombait des fenêtres du rez-de-chaussée l'éclairait. Du bout des doigts, il avait envoyé un baiser à la jeune femme qui lui avait répondu par un sourire triste. Elle avait prononcé quelques mots à mi-voix et l'avait congédié d'un petit geste, comme pour lui montrer que sa colère était tombée.

Jesse était paniquée à l'idée que Maharet puisse lui en vouloir, mais quand elle avait plongé son regard dans celui de sa tante, elle avait compris que ses craintes n'étaient pas fondées. Puis elle avait baissé les yeux et vu que son corsage était déchiré. Une douleur aiguë la transperçait là où Mael l'avait couverte de baisers, et quand elle s'était retournée vers Maharet, elle avait été comme prise de délire, elle n'entendait même plus ses propres paroles.

Sans savoir comment, elle s'était retrouvée dans son lit, calée contre les coussins, enveloppée dans une longue chemise de flanelle. Elle racontait à Maharet que sa mère était revenue, qu'elle l'avait vue sur la terrasse. Mais ce n'était qu'une partie de leur conversation, car toutes deux parlaient depuis des heures. Mais de quoi ? Maharet lui avait dit qu'elle allait oublier.

Ô Seigneur, comme elle avait essayé de se rappeler par la suite. Ces bribes de souvenirs l'avaient tourmentée pendant des années. Maharet avait dénoué ses cheveux qui descendaient jusqu'au creux des reins. Tels des fantômes, elles avaient ensemble parcouru la maison plongée dans l'obscurité, Maharet la guidant et s'arrêtant de temps à autre pour l'embrasser tandis qu'elle-même se blottissait dans ses bras. Le corps de Maharet était dur comme une pierre qui aurait respiré.

Elles étaient montées tout en haut, dans une pièce secrète creusée dans la montagne et remplie d'ordinateurs qui bourdonnaient et clignotaient de toute leur batterie de voyants rouges. Là, sur un immense écran rectangulaire, haut d'une dizaine de mètres, scintillait un gigantesque arbre généalogique. L'arbre de la Grande Famille, plongeant ses racines à travers les millénaires. Oui, jusqu'à une souche unique ! La filiation était matrilinéaire, comme il en avait toujours été chez les peuples anciens – les Égyptiens, dont la transmission du pouvoir se faisait par les princesses de sang royal. Comme chez les Hébreux et pour les Juifs encore aujourd'hui.

Sur le moment, aucun élément n'avait échappé à Jesse – les noms ancestraux, les lieux, l'origine – Seigneur! avait-elle même connu l'origine? –, les centaines de générations matérialisées graphiquement sous ses yeux! Elle avait observé le cheminement de la famille à travers les anciens royaumes d'Asie Mineure, de Macédoine et d'Italie, puis vers l'Europe et le Nouveau Monde! Et ce diagramme aurait pu être celui de n'importe quelle famille!

Plus jamais elle n'avait été capable de se remémorer les détails de cette carte électronique. Non, Maharet lui avait bien dit qu'elle oublierait. C'était miracle que tout ne se fût pas effacé de sa mémoire.

Mais que s'était-il passé d'autre? Quel avait été l'enjeu de leur longue conversation?

Maharet avait pleuré, de ça elle se souvenait. Maharet sanglotant doucement comme une petite fille. Jamais elle ne lui avait paru aussi séduisante; ses traits soudain adoucis, la lumière sur son visage, ses rides si délicates. Mais il faisait sombre alors, et Jesse ne voyait pas distinctement. Elle se rappelait les joues et le front incandescents dans l'obscurité, les yeux verts embués de larmes mais brûlants, les cils blonds comme saupoudrés d'or.

Sa chambre éclairée aux bougies. Par la fenêtre, l'à-pic de la forêt. Jesse avait supplié, protesté. Mais au nom de quoi se battait-elle, Seigneur?

Tu oublieras. Tout s'effacera.

Quand elle avait ouvert les yeux, le lendemain matin, elle avait su que tout était fini, qu'ils étaient partis. Durant ces premières secondes, elle ne s'était souvenue de rien, sinon que des paroles irrévocables avaient été prononcées.

Puis elle avait trouvé le mot sur la table de nuit.

Ma chérie,

Il ne faut pas que tu restes plus longtemps avec nous. Je crains que nous ne soyons trop attachés à toi, que nous ne t'influencions et t'empêchions d'accomplir le destin que tu t'es fixé.

Pardonne-nous de te quitter si subitement. Je suis persuadée que c'est la meilleure solution. La voiture te conduira à l'aéroport. Ton avion part à quatre heures. Maria et Matthew sont avertis de ton retour.

Crois bien que je t'aime plus que les mots ne peuvent l'exprimer. Une lettre plus longue t'attendra à New York. Une nuit, dans quelques années, nous reparlerons de l'histoire de la famille. Peut-être alors pourras-tu me seconder, si tu en éprouves toujours le désir. Mais, pour l'heure, tu ne dois pas te laisser accaparer par cette tâche, lui sacrifier ton existence.

Avec tout mon amour,

Maharet.

Jesse n'avait plus jamais revu sa tante.

Les lettres arrivaient avec la même régularité qu'autrefois, toujours aussi affectueuses et attentives. Mais il n'y avait plus eu de visite ni d'invitation dans la maison de Sonoma.

Durant les mois qui suivirent, Jesse avait été inondée de cadeaux – une somptueuse maison dans Greenwich Village, une nouvelle voiture, une augmentation faramineuse de ses revenus, et les habituels billets d'avion pour faire la tournée des membres de la famille à travers le monde. Maharet avait également financé une bonne part de la mission archéologique de Jesse à Jéricho. En fait, les années passant, Jesse n'avait pas le temps de formuler un vœu que celui-ci se réalisait.

Elle n'en avait pas moins été profondément marquée par le séjour à Sonoma. Une nuit, à Damas, elle avait rêvé de Mael pour se réveiller en pleurs.

Les souvenirs n'avaient resurgi que bien plus tard, à Londres, où elle travaillait alors au British Museum. Elle ne sut jamais ce qui avait déclenché ces réminiscences. Peut-être l'effet de l'exhortation de Maharet s'émoussait-il avec le temps. Mais la raison pouvait être tout autre. Un soir, à Trafalgar Square, elle avait aperçu Mael ou son sosie. L'homme, qui était à quelque distance, l'avait regardée fixement. Mais quand elle avait ébauché un geste de la main, il s'était retourné et éloigné sans manifester le moindre signe de reconnaissance. Elle avait essayé de le rattraper, mais il s'était évaporé aussi subitement qu'une ombre.

Elle en avait été blessée, dépitée. Pourtant, trois jours plus tard, elle avait reçu un cadeau anonyme, un bracelet en argent repoussé. Un bijou d'origine celte, avait-elle découvert, d'une valeur sans doute inestimable. Était-ce Mael qui lui avait envoyé cet objet ravissant et précieux? Elle avait tellement envie de le croire.

Chaque fois qu'elle serrait le bracelet dans sa main, elle avait l'impression de sentir sa présence. Elle se rappelait la nuit lointaine où ils avaient parlé des fantômes écervelés, et cette pensée amenait un sourire sur ses lèvres. C'était comme s'il était là, à la tenir, l'embrasser. Elle mentionna ce mystérieux présent à Maharet quand elle lui écrivit, et plus jamais il ne quitta son bras.

Elle consignait dans un journal les souvenirs qui lui revenaient. Elle y notait ses rêves, les détails qui émergeaient en un éclair. Mais elle n'en soufflait mot à Maharet dans ses lettres.

Durant son séjour à Londres, elle eut une aventure amoureuse. L'histoire se termina mal, et elle se sentait plutôt seule. Ce fut alors que Talamasca entra en contact avec elle et que le cours de son existence fut bouleversé.

Elle logeait dans une vieille maison de Chelsea, non loin de celle où avait vécu Oscar Wilde. James McNeill Whistler avait habité dans les parages, de même que Bram Stoker, l'auteur de *Dracula*. Jesse adorait ce quartier. Mais les propriétaires avaient omis de lui signaler que leur demeure était depuis longtemps visitée par les esprits. Durant les premiers mois, elle vit des choses étranges. Des apparitions floues, vacillantes, comme celles qui souvent se produisent dans ce genre d'endroit : les pâles reflets, ainsi que les dénommait Maharet, des gens qui avaient vécu là des années auparavant. Jesse affectait de les ignorer.

Pourtant, lorsqu'un journaliste l'arrêta dans la rue un après-midi en lui expliquant qu'il rédigeait un article sur la maison hantée, elle lui énuméra d'un ton neutre les manifestations dont elle avait été témoin. Des fantômes somme toute fort ordinaires pour les Londoniens – une vieille femme qui sortait de l'office, un broc à la main, un homme en redingote et chapeau haut de forme dont l'image tremblotait quelques secondes dans l'escalier.

Il en résulta un article mélodramatique à souhait. De toute évidence, Jesse avait trop parlé. Elle était qualifiée de « spirite » ou de « médium-née » qui ne cessait d'avoir des visions. L'un de ses cousins Reeves l'appela du Yorkshire pour la taquiner. Jesse trouvait l'histoire cocasse, elle aussi. Mais elle n'y attacha pas grande importance. Elle était trop absorbée par ses recherches au British Museum pour s'en soucier vraiment.

Cependant, Talamasca, ayant pris connaissance du papier, l'appela.

Aaron Lightner, un vieux gentleman à la chevelure blanche et aux manières exquises, invita Jesse à déjeuner. Une Rolls Royce antédiluvienne mais méticuleusement entretenue les déposa devant un petit club fort élégant.

Ce fut l'une des rencontres les plus étranges qu'il eût été donnée à Jesse de faire. Elle lui rappelait l'été à Sonoma, non parce que cette expérience ressemblait en quoi que ce fût à la première, mais à cause de leur exceptionnelle singularité.

Lightner avait grande allure. Il était un brin dandy avec sa crinière neigeuse et son costume de tweed irlandais impeccablement coupé. Jamais auparavant Jesse n'avait vu quelqu'un se promener avec une canne à pommeau d'argent.

En quelques mots, il expliqua aimablement à Jesse qu'il était un « détective psychique »; qu'il travaillait « pour un ordre secret nommé Talamasca » dont l'unique objectif était de recueillir des données sur des expériences « paranormales » et de les stocker afin d'étudier ces phénomènes. Talamasca s'intéressait aux gens qui possédaient des pouvoirs parapsychologiques. L'organisation accueillait en son sein les plus doués d'entre eux, leur proposant de participer directement à ses investigations, ce qui tenait plus de la vocation que d'autre chose, étant donné le dévouement inconditionnel, la fidélité et la discipline que Talamasca exigeait de ses membres.

Jesse faillit éclater de rire. Mais de toute évidence, Lightner s'attendait à une réaction sceptique de la part de son interlocutrice. Il disposait de quelques « tours » auxquels il recourait lors de ces entretiens préliminaires. A la stupéfaction de Jesse, il réussit à faire bouger plusieurs objets sur la table sans les toucher. Un petit talent, expliqua-t-il, dont il se servait comme d'une « carte de visite ».

Les yeux écarquillés, Jesse regardait la salière virevolter sur la nappe. Mais quand Lightner lui confessa qu'il savait tout d'elle, sa surprise fut totale. Il savait d'où elle venait, où elle avait fait ses études. Il savait que dès son plus jeune âge elle avait vu des esprits. L'ordre avait été mis au courant par les « filières habituelles », et un dossier avait été constitué. Surtout qu'elle ne s'en formalise pas.

Elle devait comprendre que Talamasca menait ses enquêtes avec le plus grand respect de l'individu. Le dossier contenait exclusivement les récits qu'elle-même avait faits à des voisins, professeurs ou camarades de classe. Il était à sa disposition si elle voulait le consulter. Telle était la règle à Talamasca. On essayait éventuellement de prendre contact avec les personnes mises en observation. Les informations, par ailleurs confidentielles, étaient librement communiquées à l'intéressé.

Jesse bombarda Lightner de questions. Elle comprit bientôt que s'il en savait en effet beaucoup à son sujet, il ignorait tout de Maharet et de la Grande Famille.

Et ce fut ce mélange de précisions et de lacunes qui convainquit Jesse. Une seule allusion à Maharet et elle aurait définitivement tourné le dos à Talamasca, car sa loyauté envers la Grande Famille était inébranlable. Mais l'ordre ne s'intéressait qu'aux dons de Jesse. Et en dépit des conseils de Maharet, celle-ci n'avait cessé de leur accorder une grande importance.

Sans compter que l'histoire de Talamasca s'avérait passionnante. Cet homme racontait-il la vérité ? Un ordre secret dont la création remonterait à l'an 758, un ordre qui depuis cette époque reculée avait accumulé les documents sur les sorciers, magiciens, médiums et voyants ? Elle en était éblouie comme jadis par la découverte de la bibliothèque à Sonoma.

Lightner essuya de bonne grâce une nouvelle salve de questions. Manifestement, il connaissait son affaire sur le bout des doigts. Il parla avec précision des persécutions cathares, de la destruction de l'ordre des Templiers, de l'exécution de Grandier et d'une dizaine d'autres « événements » historiques. Pas une fois Jesse ne parvint à le coller. Bien au contraire, il fit mention de magiciens et de sorciers dont elle n'avait jamais jusque-là entendu parler.

Ce soir-là, quand ils arrivèrent à la maison mère, dans les environs de Londres, Jesse avait déjà décidé de sa destinée. Elle ne quitta cette demeure qu'une semaine plus tard, pour fermer son appartement de Chelsea et rejoindre définitivement Talamasca.

C'était un gigantesque édifice du XVIe siècle acquis par l'ordre quelque deux cents ans plus tôt. Si les bibliothèques et les salons lambrissés de somptueuses boiseries avaient été aménagés et ornés de stucs et de frises au XVIIIe siècle, la salle à manger et la plupart des chambres dataient de l'époque élisabéthaine.

Jesse fut aussitôt conquise par ce lieu, son mobilier austère, ses cheminées en pierre, ses parquets de chêne polis. Elle fut également séduite par l'accueil des membres de l'ordre qui lui adressèrent quelques mots amicaux avant de retourner paisiblement à leurs discussions et à la lecture des journaux dans les vastes salles chaudement éclairées. La surprenante richesse de l'endroit ne faisait que confirmer les déclarations de Lightner. Et l'atmosphère était si paisible, si rassérénante. Les gens ici étaient foncièrement honnêtes.

Mais ce furent les bibliothèques qui la subjuguèrent, la ramenant à cet été tragique où un lieu semblable et les trésors qu'il contenait lui avaient été interdits. Ici, d'innombrables volumes consignaient procès en sorcellerie, apparitions, manifestations de spiritisme, cas de possession, de télékinésie, de réincarnation et autres. Dans les soubassements étaient aménagées des salles remplies d'objets mystérieux associés aux phénomènes métapsychiques. Certaines des caves n'étaient ouvertes qu'aux membres les plus anciens de l'ordre. La perspective d'avoir un jour accès à ces secrets l'enchantait.

— Le travail ne manque pas, avait remarqué sans insister Aaron. Voyez, toutes ces archives sont en latin, et nous ne pouvons plus exiger de nos jeunes recrues qu'elles lisent et écrivent cette langue. C'est hors de question aujourd'hui. Dans ces réserves, une grande partie de la documentation n'a plus été réexaminée depuis quatre siècles...

202

Bien évidemment, Aaron savait que Jesse connaissait non seulement le latin, mais le grec, l'égyptien ancien et le sumérien. Ce qu'il ignorait, c'était que dès cette première visite, Jesse avait substitué une quête à une autre, une famille à une autre.

Cette même nuit, une voiture alla chercher dans l'appartement de Chelsea, les vêtements de Jesse et tout ce dont elle avait besoin. Sa nouvelle chambre, orientée au sud-ouest, était une petite pièce douillette décorée d'un plafond à caissons et d'une cheminée Tudor.

Jesse se sentait désormais liée à cette maison, et Aaron en était conscient. Le vendredi de cette même semaine, seulement trois jours après son arrivée, elle fut admise en tant que novice dans l'ordre. Il lui fut attribué des appointements impressionnants, un cabinet de travail attenant à sa chambre, un chauffeur à plein temps et une vieille automobile confortable. Elle quitta son travail au British Museum aussitôt que possible.

Le règlement était simple. Sa formation durerait deux ans au cours desquels elle serait à tout moment disponible pour accompagner les autres membres à travers le globe. Elle pouvait bien sûr parler de l'ordre à sa famille ou à ses amis. Mais les enquêtes et les dossiers demeuraient confidentiels. Et il lui était interdit de publier quoi que ce soit sur Talamasca. En fait, toute « mention publique » de l'ordre était tabou, toute allusion à des missions spécifiques devait demeurer vague, les noms de personnes et de lieux n'étant en aucun cas cités.

Elle serait plus particulièrement chargée de traduire et d'« interpréter » les chroniques et procès-verbaux archivés. Et elle consacrerait au minimum une journée par semaine à classer diverses pièces dans les salles souterraines. Mais les enquêtes sur le terrain – les investigations sur les apparitions et autres phénomènes paranormaux – primeraient toujours sur la recherche.

Elle attendit un mois avant d'annoncer à Maharet sa décision. Dans cette lettre, elle s'épanchait librement. Elle aimait, disait-elle, ces gens et la mission qu'ils s'étaient fixée. Bien sûr, la bibliothèque lui rappelait les archives familiales à Sonoma et cette époque de bonheur intense. Maharet la comprenait-elle ?

La réponse de sa tante l'étonna. Maharet n'ignorait

rien des objectifs de Talamasca. Elle paraissait très au fait de l'histoire de cet ordre. Elle affirmait admirer énormément les efforts de cette communauté pour sauver les innocents du bûcher durant les chasses aux sorcières des XVe et XVIe siècles.

Ils t'ont sûrement parlé de leur « filière d'évasion » grâce à laquelle nombre de malheureux ont pu s'enfuir des villages et hameaux où ils risquaient le supplice du feu et trouver refuge à Amsterdam, cette ville des lumières, qui depuis longtemps n'était plus dupe des mensonges et absurdités de l'ère de la sorcellerie.

Jesse tomba des nues, mais elle fut bientôt en mesure de vérifier l'exactitude de ce fait. Maharet émettait cependant certaines réserves sur Talamasca :

Autant j'admire leur humanité envers les persécutés à travers les siècles, autant j'estime superflues leurs investigations. Je m'explique : sans doute les esprits, fantômes, vampires, loups-garous, sorciers et autres entités qui dépassent l'entendement, existent-ils, et Talamasca peut fort bien passer un autre millénaire à les étudier, mais en quoi la destinée de l'humanité en sera-t-elle modifiée ?

Assurément, dans le lointain passé, des médiums et autres spirites ont exercé leurs talents. Et peut-être ces individus, à l'instar des sorciers ou des chamans, étaient-ils de quelque utilité pour leurs tribus ou leurs peuples. Mais des religions complexes et extravagantes ont été fondées sur des expériences aussi simplistes, baptisant de noms mythiques de vagues entités, véhiculant un énorme méli-mélo de superstitions. Ces religions n'ont-elles pas été plus nocives que bénéfiques ?

Permets-moi de suggérer que nous avons largement dépassé, quelle que soit notre interprétation de l'histoire, le stade où le contact avec les esprits puisse nous être d'un quelconque secours. Le scepticisme du commun des mortels concernant les fantômes, médiums et autres n'est que justice. Le surnaturel, sous quelque forme qu'il se manifeste, n'a pas sa place dans l'histoire de l'humanité.

Bref, mis à part le réconfort apporté ici et là à quelques âmes troublées, je soutiens que Talamasca ne fait que compi-

ler des documents sur des phénomènes qui n'ont pas d'intérêt et ne devraient pas en avoir. C'est une organisation certes édifiante, mais qui n'est pas en mesure d'accomplir de grands desseins.

Bien que respectant ta décision, j'espère pour toi que tu te lasseras vite de ce travail et que tu retourneras au monde réel.

Jesse réfléchit longuement avant de répondre. La pensée que Maharet n'approuvait pas sa décision la tourmentait, bien que ce choix, elle en avait conscience, eût été en partie dicté par le ressentiment : Maharet ne lui avait pas permis d'accéder aux secrets de la Grande Famille, alors que Talamasca lui avait ouvert grandes ses portes.

Dans sa lettre, elle assurait Maharet que les membres de l'ordre ne s'illusionnaient pas sur l'importance de leur activité. Ils avaient prévenu Jesse que son travail demeurerait secret, qu'elle n'en tirerait ni gloire, ni satisfaction véritable dans la plupart des cas. Ils partageaient certainement l'opinion de Maharet quant aux médiums, esprits et revenants.

Mais des millions de gens ne jugeaient-ils pas que les découvertes poussiéreuses des archéologues étaient tout aussi dérisoires ? Jesse demandait à Maharet de comprendre ce que cette entreprise signifiait pour elle. Et, à sa propre surprise, elle terminait par ces lignes :

Je ne révélerai jamais rien à Talamasca de la Grande Famille, ni de la maison de Sonoma et des choses étranges qui m'y sont arrivées. Ils sont trop curieux de ce genre de mystère. Et je te dois avant tout fidélité. Mais un jour, je t'en prie, laisse-moi retourner chez toi, laisse-moi te confier ce que j'ai vu. Des souvenirs me sont revenus récemment. J'ai fait des rêves curieux. Cependant, je me fie à ton jugement. Tu as été si généreuse à mon égard. Je sais combien tu m'aimes. Crois en mon amour pour toi.

La réponse de Maharet était concise :

Jesse,

Je suis quelqu'un de bizarre et d'obstiné. J'ai presque toujours obtenu ce que je désirais. De temps à autre, je mesure mal les conséquences de mes actes. Je n'aurais jamais dû t'amener dans la maison de Sonoma; c'était égoïste de ma part, et je ne me le pardonne pas. Aide-moi, je t'en prie, à soulager ma conscience et oublie cette visite. Ne remets pas en cause la véracité de tes souvenirs; mais ne t'appesantis pas sur le passé non plus. Mène ta vie comme si elle n'avait pas été imprudemment bouleversée. Un jour, je répondrai à toutes tes questions, mais plus jamais je ne tenterai de modifier le cours de ton existence. Je te félicite de ta nouvelle vocation. Mon amour pour toi demeure sans réserve.

Une kyrielle de cadeaux somptueux suivirent. Des bagages en cuir pour les voyages de Jesse et une pelisse de vison pour lui tenir chaud « dans cet abominable climat anglais ». Un pays que « seul un druide pourrait aimer », écrivait Maharet.

Jesse fut ravie du manteau parce que le vison était à l'intérieur et n'attirait pas l'attention. Les valises lui rendirent grand service. Et Maharet continuait à lui écrire deux à trois fois par semaine. Des lettres comme toujours attentives.

Mais au fur et à mesure que les années passaient, Jesse devenait plus distante, sa correspondance plus brève et irrégulière, du fait sans doute du caractère confidentiel de son travail à Talamasca.

Pour Noël et pour Pâques, elle continuait à rendre visite à ses cousins. Quand ils passaient par Londres, elle les guidait à travers la ville ou déjeunait avec eux. Mais ces relations étaient superficielles. Talamasca représentait l'essentiel de sa vie.

Elle découvrit un univers nouveau en se plongeant dans la traduction des archives : rapports sur des médiums ou des familles investies de ce don, cas de sorcellerie « manifeste », « véritables » *envoûtements*, et comptes rendus répétitifs mais fascinants à force d'horreur de procès en sorcellerie où se trouvaient invariablement impliqués les innocents et les faibles. Elle travaillait jour et nuit, transcrivant directement les données sur ordinateur, extrayant un matériel historique inestimable de parchemins vétustes.

Mais un autre monde, encore plus envoûtant, s'ouvrait à elle sur le terrain. En l'espace d'une année, Jesse avait été témoin d'apparitions suffisamment effrayantes pour précipiter des hommes mûrs hors de leurs maisons. Elle avait vu un enfant soulever une table de chêne et l'expédier par la fenêtre sans même la toucher. Elle avait communiqué en silence avec des télépathes qui captaient tous ses messages. Elle avait contemplé des spectres plus tangibles que son imagination ne pouvait le concevoir. Elle avait assisté à des séances extraordinaires d'écriture automatique, de lévitation, de transe médiumnique, prenant des notes, et s'étonnant chaque fois de son propre étonnement.

S'accoutumerait-elle jamais à ces phénomènes ? Les admettrait-elle un jour comme allant de soi ? Même les membres les plus avertis de Talamasca confessaient qu'ils étaient continuellement ébranlés par les manifestations qu'ils observaient.

Et assurément, le pouvoir « visionnaire » de Jesse était exceptionnel. Soumis à un exercice constant, il ne cessait de se développer. Deux ans après son admission à Talamasca, Jesse était envoyée en mission dans des maisons hantées à travers l'Europe et les États-Unis. Pour une ou deux journées dans le calme de la bibliothèque, elle passait huit jours dans un vestibule éventé à guetter les apparitions intermittentes d'un fantôme silencieux qui avait terrorisé tout son monde.

Jesse tirait rarement de conclusion de ces expériences. Elle avait appris ce que tout membre de Talamasca savait – qu'aucune théorie ne pouvait rendre compte de la totalité des phénomènes occultes. Le travail était passionnant mais en définitive frustrant. Jesse était incertaine chaque fois qu'elle s'adressait à ces « entités turbulentes » ou ces esprits écervelés comme Mael les avait fort justement qualifiés. Néanmoins elle les adjurait de s'élever à des « sphères supérieures », de rechercher la paix et par là même de laisser tranquilles les mortels.

C'était l'unique attitude possible, lui semblait-il, malgré ses réticences à arracher ces fantômes à la seule vie qui leur restait. Et si la mort se réduisait au néant, et que ces manifestations constituaient l'ultime recours des âmes obstinées qui refusaient de sombrer à jamais ? C'était trop abominable de penser à cette émergence des esprits comme aux derniers soubresauts cahoteux et confus avant la plongée dans les ténèbres.

Quoi qu'il en soit, Jesse débusquait les fantômes. Et chaque fois, le soulagement des vivants la réconfortait. Elle avait le sentiment exaltant de mener une existence exceptionnelle. Elle ne l'aurait échangée pour aucune autre.

Ou presque. Qui sait si elle n'aurait pas tout laissé en plan à la minute où Maharet aurait surgi pour lui demander de retourner à Sonoma et de s'occuper des archives de la Grande Famille ? Mais peut-être pas, dans le fond.

Jesse fit cependant une expérience qui jeta le trouble dans son esprit. En transcrivant les documents de sorcellerie, elle finit par découvrir que Talamasca avait observé pendant des siècles certaines « familles de sorciers », dont la prospérité semblait de toute évidence due à des interventions surnaturelles. L'ordre étudiait encore nombre de ces familles ! En règle générale, apparaissait à chaque génération un « sorcier » qui, selon les rapports, était capable de manœuvrer les esprits en sorte d'assurer à ses proches fortune et autres avantages matériels. Cette faculté semblait héréditaire, inscrite dans les gènes, bien que personne ne l'eût prouvé jusqu'ici. Quelques-unes de ces familles ignoraient totalement l'histoire de leur passé et ne reconnaissaient pas à ceux de leurs « bienfaiteurs » qui s'étaient manifestés au cours de ce siècle la qualité de sorcier. Malgré leurs efforts pour entrer en contact avec ces familles, les membres de Talamasca étaient souvent éconduits, ou amenés à juger le travail trop « dangereux » pour le poursuivre. Tout bien pesé, ces sorciers pouvaient fort bien être maléfiques.

Durant plusieurs semaines, bouleversée et incrédule, Jesse ne réagit pas à cette découverte. Mais elle ne cessait de retourner dans sa tête ce modèle d'organisation familiale. Il ressemblait trop au type de structure de la Grande Famille.

Puis elle s'attela à la seule tâche qu'elle pouvait entreprendre sans trahir personne. Elle réexamina chacun des dossiers. Elle vérifia et revérifia, remonta jusqu'aux documents les plus anciens et les étudia minutieusement.

Aucune mention d'une Maharet ni de quiconque susceptible, à sa connaissance, d'être allié à une branche de la Grande Famille. Aucun indice qui puisse éveiller les soupçons.

Son soulagement fut immense, mais en fin de compte, elle ne fut pas étonnée. Son instinct lui avait dit qu'elle était sur la mauvaise piste. Maharet n'était pas une sorcière. Pas dans la véritable acception du terme. *C'était plus compliqué.*

Il est vrai cependant que Jesse n'essaya jamais de tirer cette affaire au clair. Pas plus sur ce problème que sur les autres, elle ne voulait théoriser. A maintes reprises, il lui vint à l'esprit qu'elle s'était engagée dans la voie de Talamasca pour engloutir sous un déluge de mystères l'énigme qui lui tenait à cœur. Entourée de spectres, d'esprits frappeurs et d'enfants possédés, elle songeait de moins en moins à Maharet et à la Grande Famille.

Le temps que Jesse devienne membre en titre de Talamasca, elle connaissait à fond les règles de l'ordre, les procédures, le protocole des enquêtes, de même qu'elle savait quand et comment apporter son aide à la police dans les affaires criminelles et comment éviter tout contact avec la presse. Elle en était également arrivée à apprécier que Talamasca ne soit pas une organisation dogmatique. L'ordre n'exigeait pas de ses membres qu'ils croient en quoi que ce soit, il leur demandait seulement d'être honnêtes et consciencieux dans leurs recherches.

Modèles, similitudes, répétitions – voilà ce qui intéressait Talamasca. La terminologie existait, mais le vocabulaire n'était pas rigide. Les dossiers étaient classés en sorte de permettre un croisement exhaustif des informations.

Néanmoins, les membres de l'ordre étudiaient les théoriciens. Jesse avait lu les œuvres des grands investigateurs du surnaturel, des médiums et des aliénistes. Elle étudiait tout ce qui se rapportait aux sciences occultes.

Et souvent elle pensait aux remarques de Maharet. Ce qu'elle avait dit était vrai. Les spectres, les apparitions, la télépathie, la télékinésie – tous ces phénomènes, certes fascinants pour ceux qui en étaient témoins, n'avaient qu'une valeur fort relative pour la race humaine en général. Aucune découverte occulte n'avait modifié ni ne modifierait jamais l'histoire de l'humanité.

Toutefois, Jesse ne se lassait pas de son travail. Elle avait pris goût à cette vie trépidante, même au secret qui entourait ses activités. Elle se fondait dans le moule de Talamasca, et bien qu'elle s'habituât au luxe de ce cadre – aux dentelles anciennes, aux lits à baldaquin, à l'argenterie, aux chauffeurs de maître et aux domestiques –, elle-même devenait plus simple et plus réservée.

A trente ans, c'était une femme pâle et frêle dont la chevelure indomptée cascadait librement sur les épaules. Elle ne se maquillait pas, ne se parfumait pas et ne portait aucun bijou, à l'exception du bracelet celte. Une veste de cachemire accompagnée d'un pantalon de flanelle, ou de jeans quand elle séjournait aux États-Unis, constituait son uniforme favori. Sa séduction naturelle lui attirait pourtant un peu trop à son goût l'attention des hommes. Elle avait des aventures, mais celles-ci étaient toujours brèves. Et rarement très sérieuses.

Ce qui lui importait le plus était l'amitié fraternelle qui la liait aux membres de l'ordre. Ils étaient tous profondément attachés les uns aux autres. Elle aimait cette vie communautaire. A n'importe quelle heure de la nuit, on pouvait descendre dans un petit salon où veillaient d'autres pensionnaires, lisant ou discutant à voix basse. On pouvait également se rendre dans la cuisine où l'équipe de nuit préparait aussitôt à votre demande un petit déjeuner ou un souper tardif.

Jesse aurait pu demeurer le restant de ses jours à Talamasca. A l'instar des congrégations religieuses, l'ordre veillait sur ses vieux et ses infirmes. Y terminer son existence voulait dire s'éteindre entouré de confort et de soins médicaux, passer ses dernières heures seul ou soutenu par la présence d'autres membres. On pouvait aussi, si on en exprimait la volonté, retourner au sein de sa famille. Mais la plupart choisissaient de mourir dans la maison mère. Les funérailles étaient dignes et fastueuses. A Talamasca, la mort faisait partie de la vie. Une assemblée nombreuse accompagnait chaque enterrement.

Oui, Jesse avait trouvé une famille. Et si tout s'était déroulé normalement, elle aurait dû ne jamais s'en séparer.

Mais à la fin de sa huitième année, un événement se produisit qui bouleversa le cours de son existence et la conduisit finalement à quitter l'ordre.

L'action de Jesse avait été jusque-là remarquable. Cependant, à l'été 1981, elle travaillait toujours sous la houlette de Aaron Lightner, et n'avait que rarement l'occasion d'adresser la parole aux sommités du conseil de Talamasca ou à la poignée d'hommes et de femmes qui assumaient véritablement le rôle directeur.

Quelle ne fut donc pas sa surprise lorsque David Talbot, le président de l'ordre, la convoqua dans son bureau de Londres. C'était un homme énergique et cordial, d'environ soixante-cinq ans, corpulent, le cheveu poivre et sel. Il offrit à Jesse un verre de xérès et lui parla un quart d'heure à bâtons rompus avant d'entrer dans le vif du sujet.

L'organisation proposait à Jesse une mission d'un genre tout nouveau. Il lui tendit un livre intitulé *Entretien avec un Vampire* en la priant de le lire.

– Mais je l'ai déjà lu, rétorqua Jesse, surprise. Il y a deux ans, je crois. En quoi ce roman peut-il nous intéresser ?

Jesse se souvenait avoir choisi au hasard un livre de poche dans un aéroport et l'avoir dévoré au cours d'un long vol transcontinental. L'histoire, censément racontée par un vampire à un jeune journaliste dans le San Francisco d'aujourd'hui, lui avait laissé une impression cauchemardesque. Elle n'était pas sûre de l'avoir aimé. De fait, elle avait jeté le bouquin à l'arrivée, plutôt que de le laisser sur une banquette, de crainte qu'un voyageur non prévenu ne l'ouvre.

Les héros de ce récit – des immortels plutôt séduisants, à dire vrai – avaient formé une petite famille diabolique dans La Nouvelle-Orléans d'avant la guerre de Sécession, où pendant plus de cinquante ans ils avaient fait des ravages dans la population. Lestat, l'âme damnée de la bande, conduisait les opérations. Louis, son sous-fifre angoissé, narrait l'aventure. Claudia, leur délicieuse « fille » vampire, qui vieillissait d'année en année tout en conservant un corps d'enfant, était tragiquement dépeinte. Les remords stériles de Louis constituaient manifestement le thème central du livre, mais la haine de Claudia pour ces deux êtres qui l'avait faite vampire, et son anéantissement final, avaient autrement bouleversé Jesse.

– Ce livre n'est pas une fiction, se contenta d'expliquer David. Cependant, nous ne savons pas exactement dans quel but il a été écrit. Et sa publication, même sous le couvert d'un roman, n'est pas sans nous alarmer.

– Pas une fiction ? s'exclama Jesse. Je ne comprends pas.

– Le nom de l'auteur est un pseudonyme, et les droits vont à un jeune homme vagabond qui élude toute rencontre avec nous. Il a cependant été journaliste, un peu comme le garçon qui conduit l'interview dans le roman. Mais là n'est pas le propos, pour le moment. Votre travail consisterait à vous rendre à La Nouvelle-Orléans pour vous documenter sur les événements qui se déroulent dans le roman avant la guerre de Sécession.

– Une seconde. Vous êtes en train de me dire que les vampires existent ? Que ces personnages – Louis, Lestat et la petite Claudia – sont réels !

– Exactement, répondit David. Sans compter Armand, le mentor du Théâtre des Vampires à Paris. Vous vous souvenez de ce personnage ?

Elle ne se souvenait que trop bien d'Armand et du théâtre. Armand, le plus ancien des immortels dans le livre, possédait un visage et un corps d'adolescent. Quant au théâtre, c'était un lieu d'épouvante où l'on massacrait sur scène des êtres humains devant des spectateurs qui croyaient à une mise en scène grand-guignolesque.

La répulsion qu'elle avait ressentie à la lecture du livre lui remontait à la mémoire. Les épisodes où apparaissait Claudia l'avaient surtout horrifiée. L'enfant était morte dans ce théâtre. Le phalanstère, sous les ordres d'Armand, l'avait éliminée.

– David, si je comprends bien vos paroles, vous affirmez que ces créatures existent pour de bon ?

– Absolument, répondit David. Nous les observons depuis la fondation de Talamasca. A dire vrai, c'est même la raison pour laquelle cette organisation a été créée, mais ceci est une autre histoire. Selon toute probabilité, aucun de ces personnages n'est imaginaire, et vous auriez pour tâche de rechercher des documents prouvant l'existence de chacun des membres de ce phalanstère – Claudia, Louis, Lestat.

Jesse ne put réprimer un éclat de rire. Elle riait vraiment. L'expression indulgente de David ne faisait qu'augmenter son hilarité. Mais cet accès de gaieté ne semblait pas plus déconcerter David qu'il n'avait étonné Aaron Lightner, huit ans plus tôt, lors de leur première rencontre.

– Excellente attitude, observa David avec un sourire ironique. Trop d'imagination ou de crédulité nuirait à cette investigation. Mais l'affaire requiert beaucoup de vigilance, Jesse, et une stricte obéissance aux règles. Croyez-moi, cette mission risque d'être dangereuse. Vous êtes, bien sûr, libre de la refuser.

– Je vais me remettre à rire, s'esclaffa Jesse.

Elle avait rarement, si ce n'est jamais, entendu prononcer le mot « dangereux » à Talamasca. Elle ne l'avait vu écrit que dans les dossiers sur les familles sorcières. D'accord, elle parvenait à croire sans trop de difficulté à l'existence de telles dynasties. Les sorciers étaient des êtres humains, et les esprits pouvaient selon toute probabilité être manipulés. Mais de là à avaler cette histoire de vampires !...

– Bon, procédons par ordre, reprit David. Avant que vous ne décidiez quoi que ce soit, nous examinerons certains objets entreposés dans nos caves concernant ces créatures.

La perspective était grisante. Visiter les dizaines de salles souterraines où elle n'avait jamais pénétré. Pas question de rater l'occasion.

Alors qu'elle descendait en compagnie de David l'escalier qui menait aux caves, elle retrouva subitement l'atmosphère de Sonoma. Même le long couloir avec ses rares ampoules lui rappelait ses expéditions dans les soussols de Maharet. Elle n'en était que plus fébrile.

A la suite de David, elle traversa en silence une enfilade de salles. Elle aperçut des livres, un crâne sur une étagère, un monceau de ce qui lui parut être de vieux vêtements entassés sur le sol, des meubles, des tableaux, des malles, des coffres-forts et beaucoup de poussière.

– Tout ce bazar, déclara David avec un geste dédaigneux, est d'une façon ou d'une autre lié à nos immortels amis buveurs de sang. Pour tout dire, les biens matériels ne leur sont pas indifférents. Et ils laissent derrière eux un véritable bric-à-brac. Quand ils se lassent d'un endroit ou d'un état civil, ils ont coutume d'abandonner la maison tout entière, y compris le mobilier, la garde-robe, et même les cercueils – des cercueils ouvragés et fort intéressants. Mais je veux vous montrer certains objets en particulier. Ils seront suffisamment convaincants, j'imagine.

Convaincants ? Parce qu'il y avait quelque chose de convaincant dans cette histoire ? Décidément, l'après-midi était riche en surprises.

David la guida dans la dernière salle, une immense pièce doublée de plaques d'étain et éclairée par un rail de spots disposé au plafond.

Elle vit, appuyé contre le mur du fond, un tableau gigantesque qu'elle data immédiatement de la Renaissance – une œuvre de l'école vénitienne, sans doute, peinte a tempera sur bois – et qui possédait la merveilleuse transparence propre à cette technique, un éclat satiné qu'aucun colorant synthétique ne peut créer. Elle déchiffra dans le coin droit, en bas, le titre en latin ainsi que le nom de l'artiste, calligraphiés en petits caractères romains :

LA TENTATION D'AMADEO
par Marius

Elle se recula pour mieux étudier l'ensemble.

Un chœur magnifique d'anges aux ailes noires planait au-dessus de la silhouette agenouillée d'un adolescent auburn. Derrière le groupe, à travers une enfilade d'arcades, apparaissait un ciel bleu de cobalt semé de nuages dorés. Au premier plan, le dallage de marbre avait une perfection photographique. On pouvait sentir sa froideur, distinguer les veines de la pierre.

Mais les personnages surtout étaient remarquables. Le modelé délicat du visage des anges, chacun des détails de leurs tuniques pastel, les plumes noires de leurs ailes. Et le garçon. Le garçon avait l'air vivant ! Une lueur brillait dans son regard brun qui fixait un point au-delà du tableau. Sa peau miroitait. Il semblait sur le point de parler ou de bouger.

Réflexion faite, la peinture était trop réaliste pour être de la Renaissance. Les personnages, au lieu de répondre à un canon idéal, étaient bien distincts les uns des autres.

Les anges arboraient une expression amusée, presque cynique. Et la texture de la tunique du garçon, de ses jambières, était trop fidèlement rendue. Jesse discernait même des reprises dans le tissu, un minuscule accroc, des grains de poussière sur la manche. D'autres détails se détachaient tout aussi bizarrement – des feuilles mortes éparses sur le sol, deux pinceaux posés dans un coin sans raison apparente.

– Qui est ce Marius ? murmura-t-elle.

Le nom ne lui disait rien, et elle n'avait jamais observé dans une œuvre italienne autant d'éléments troublants. Des anges aux ailes noires...

David ne répondit pas. Il désigna du doigt le perron.

– C'est sur lui que votre analyse doit porter. Il n'est pas l'objet principal de votre investigation, mais un chaînon essentiel.

L'objet de son investigation ? Un chaînon... Elle était trop captivée par le tableau pour relever les paroles de David.

– Et voyez ces os dans le coin, souffla-t-elle, des ossements humains recouverts de poussière, comme si quelqu'un les avait écartés d'un coup de balai. Qu'est-ce que tout cela peut bien signifier ?

– Oui, chuchota David. Les œuvres intitulées *Tentation* représentent d'ordinaire un saint aux prises avec des démons.

– En effet. Et la technique est exceptionnelle. (Plus elle contemplait le tableau, plus son trouble augmentait :) Où avez-vous trouvé cette peinture ?

– L'ordre l'a achetée il y a plusieurs siècles. Notre émissaire à Venise l'a récupérée dans les ruines calcinées d'un palais sur le Grand Canal. Au fait, ces vampires sont continuellement mêlés à des histoires d'incendie. C'est l'une des armes dont ils disposent les uns contre les autres. Les brasiers se multiplient autour d'eux. Il y a plusieurs incendies dans *Entretien avec un Vampire*, si vous vous rappelez. Louis met le feu à une maison à La Nouvelle-Orléans quand il essaye d'éliminer Lestat, son créateur et mentor. Et il fait de même avec le Théâtre des Vampires, après la mort de Claudia.

La mort de Claudia. Jesse fut parcourue d'un frisson.

– Mais regardez attentivement ce garçon, reprit David. C'est lui qui nous intéresse pour l'instant.

Amadeo. Le nom signifiait « celui qui aime Dieu ». Le garçon était vraiment beau. Dans les seize, dix-sept ans peut-être, avec un visage carré aux traits vigoureux et une expression curieusement implorante.

David lui avait mis quelque chose dans la main. A contrecœur, elle détourna les yeux du tableau et se surprit à fixer un daguerréotype de la fin du XIXe siècle. Au bout d'un moment, elle murmura :

– Mais c'est le même garçon !

– Oui. Et la photo est une drôle de prouesse. Elle a dû être prise juste après le coucher du soleil, dans des conditions d'éclairage impossibles qui n'auraient sans doute rien donné avec un autre sujet. Notez que rien ne ressort vraiment à part son visage.

En effet. Elle remarqua pourtant que le personnage était coiffé à la mode de l'époque.

– Jetez un coup d'œil à ceci, poursuivit David.

Cette fois, il lui tendit un vieux magazine, un périodique du XIXe, avec d'étroites colonnes à caractères minuscules et des illustrations au trait. De nouveau, le même garçon, descendant d'une calèche – un croquis rapide, qui laissait cependant deviner le sourire du modèle.

– L'article parle de lui et de son Théâtre des Vampires. Voici également une revue anglaise datée de l'année 1789, c'est-à-dire antérieure d'au moins huit décennies, j'imagine. Vous y trouverez cependant une description minutieuse de l'établissement et de notre jeune homme.

– Le Théâtre des Vampires... (Jesse fixa de nouveau le garçon auburn agenouillé dans le tableau :) Mais alors, c'est Armand, le personnage du roman !

– Exactement. Il paraît affectionner ce nom. Il s'appelait peut-être Amadeo du temps où il hantait l'Italie, mais il a troqué ce prénom contre Armand aux alentours du XVIIIe siècle et s'y est tenu depuis.

– Pas si vite, je vous en prie, l'interrompit Jesse. Le Théâtre des Vampires aurait donc été surveillé par nos services ?

– Avec la plus grande attention. Le dossier est énorme. D'innombrables rapports retracent l'histoire du théâtre. Nous possédons en outre les titres de propriété. Ce qui nous amène à une autre corrélation entre nos investigations et ce petit roman. L'homme qui acheta le théâtre en 1789 s'appelait Lestat de Lioncourt. Et l'immeuble qui l'a remplacé depuis appartient aujourd'hui à un individu du même nom.

– Ces renseignements ont été vérifiés ?

– Toutes les pièces sont dans le dossier. Les photocopies des actes anciens et récents. Vous pouvez examiner la signature de Lestat, si vous voulez. Il a la folie des grandeurs. Les jambages de sa signature majestueuse couvrent la moitié de la page. Nous en avons de multiples exemplaires. Nous voulons que vous emportiez ces documents avec vous à La Nouvelle-Orléans. Il y a, entre autres, un article sur l'incendie qui détruisit le théâtre, en tous points identique au récit qu'en fait Louis. La date correspond également. Vous devez étudier à fond ce dossier, bien sûr. Et par la même occasion, relire attentivement le roman.

Avant la fin de la semaine, Jesse prenait l'avion pour La Nouvelle-Orléans. Après avoir annoté le livre et en avoir souligné les passages clés, elle devait se mettre en quête de tous éléments – titres de propriété, actes de cession, journaux et revues de l'époque – susceptibles de corroborer la réalité des personnages et des faits.

Elle n'en continuait pas moins à être sceptique. Sans aucun doute, il y avait anguille sous roche, mais ce mystère ne relevait-il pas plutôt de la mystification ? Selon toute probabilité, un romancier futé était tombé sur des archives intéressantes à partir desquelles il avait bâti une histoire fictive. Après tout, des billets de théâtre, des actes notariés et autres découvertes de la même eau, ne prouvaient en rien l'existence de suceurs de sang immortels.

Quant aux règles à respecter, elles étaient proprement grotesques.

Elle n'avait le droit d'enquêter à La Nouvelle-Orléans qu'après le lever du soleil et jusqu'à quatre heures de l'après-midi, heure à laquelle elle devait monter dans sa voiture et se rendre à Baton Rouge où elle dormirait en sécurité dans une chambre perchée au seizième étage d'un hôtel moderne. Au cas où elle aurait le moins du monde l'impression d'être épiée ou suivie, il lui fallait aussitôt chercher refuge dans une rue passante et trouver un établissement bien éclairé d'où elle téléphonerait immédiatement à Talamasca.

En aucun cas, elle ne devait entreprendre l'« approche » d'une de ces créatures. L'ordre n'avait pu déterminer l'étendue de leur pouvoir. Mais une chose était certaine : ces êtres lisaient dans les pensées. Ils étaient également capables de créer la confusion dans les esprits des humains. Et tout tendait à prouver qu'ils étaient exceptionnellement puissants. De toute évidence, ils n'hésitaient pas à tuer. D'autant que certains d'entre eux connaissaient sans aucun doute l'existence de Talamasca. Au cours des siècles, plusieurs membres de l'ordre avaient disparu lors de semblables investigations.

Jesse devait chaque jour examiner attentivement les journaux. Talamasca avait toute raison de croire qu'aucun vampire n'était à La Nouvelle-Orléans pour l'instant. Sinon Jesse n'y aurait pas été envoyée. Mais Lestat, Armand ou Louis risquaient de surgir à n'importe quel moment. Si Jesse tombait sur un article relatant un accident mortel bizarre, elle était priée de quitter aussitôt la ville pour ne plus jamais y revenir.

Jesse jugeait toutes ces précautions du plus haut comique. Quelques vieux documents sur des morts mystérieuses ne l'impressionnaient guère. Ces malheureux pouvaient aussi bien avoir été victimes d'un quelconque culte satanique.

Mais Jesse avait quand même tenu à se charger de cette mission.

Sur le chemin de l'aéroport, David lui avait demandé de lui expliquer la raison de sa détermination.

– Si vous doutez réellement de ce que je dis, pourquoi voulez-vous enquêter sur ce livre ?

Elle avait réfléchi un moment.

– Ce roman a un côté malsain. La vie de ces créatures y est dépeinte sous un jour séduisant. On ne s'en rend pas compte tout de suite. D'abord, c'est comme un cauchemar auquel on ne peut échapper. Puis, tout à coup, on s'y sent à l'aise, et on ne le lâche plus. Même l'histoire atroce de Claudia ne détruit pas vraiment le sortilège.

– Et alors ?

– Je veux prouver que ces personnages sont inventés de toutes pièces.

Le mobile était suffisant pour Talamasca, surtout venant d'une enquêtrice confirmée.

Mais durant le long vol jusqu'à New York, Jesse comprit qu'il y avait autre chose, quelque chose qu'elle ne pouvait pas confier à David. Elle-même n'en avait conscience que maintenant. *Entretien avec un Vampire*, elle ne savait trop pourquoi, lui « rappelait » cet été lointain avec Maharet. Perdue dans ses pensées, elle interrompait sans cesse sa lecture. Une foule de détails lui remontaient à la mémoire. Au point qu'elle se laissait aller de nouveau à rêver de cette parenthèse dans son existence. Pure coïncidence, essayait-elle de se convaincre. Pourtant, il existait un lien – une correspondance dans le climat du roman, le caractère des personnages, même leur comportement – et la façon dont certains événements vous apparaissaient pour finalement se révéler tout autres. Jesse n'arrivait pas à analyser cette impression. Curieusement, sa raison, de même que sa mémoire, se refusait à fonctionner.

Les premières journées à La Nouvelle-Orléans furent les plus étranges de toute sa carrière métapsychique. La ville, imprégnée de la moiteur des Caraïbes, possédait une beauté particulière, une atmosphère coloniale qui la séduisit aussitôt. Cependant, partout où elle allait, elle « sentait » une présence. La cité tout entière semblait comme hantée. Les imposantes résidences d'avant la guerre de Sécession étaient nimbées de silence et de mélancolie. Même les rues grouillantes de touristes du Quartier français étaient empreintes d'une sensualité lugubre qui la faisait sans cesse dévier de son chemin ou s'arrêter sur un banc de la place Jackson pour s'abandonner à des rêveries interminables.

C'était à contrecœur qu'elle quittait la ville à quatre heures. Elle appréciait le luxe divin de son hôtel gratte-ciel de Baton Rouge. Mais elle ne pouvait se détacher de la douceur nonchalante de La Nouvelle-Orléans. Chaque matin, elle se réveillait vaguement consciente d'avoir rêvé des personnages du roman. Et aussi de Maharet.

Puis, le quatrième jour, une série de découvertes la fit se précipiter sur le téléphone. Un certain Lestat avait manifestement figuré sur le rôle d'impôt de la Louisiane.

En fait, il avait acheté en 1862 un hôtel particulier de la rue Royale à Louis de Pointe du Lac, son associé. Ce Pointe du Lac possédait à l'époque sept domaines en Louisiane, dont la plantation décrite dans *Entretien avec un Vampire*. Jesse était tout à la fois sidérée et ravie.

Mais là n'était pas son unique trouvaille. Quelqu'un dénommé Lestat de Lioncourt était aujourd'hui propriétaire de plusieurs immeubles dans la ville. Et sa signature, qui apparaissait sur des titres datant de 1895 et de 1910, était identique à celles du XVIIIe siècle.

C'était trop extraordinaire. Jesse était littéralement grisée.

Elle décida aussitôt d'aller photographier les maisons de Lestat. Deux d'entre elles, situées dans le Quartier des Jardins, croulaient à l'abandon derrière leurs grilles rongées par la rouille. Mais les autres, y compris l'ancien hôtel particulier de la rue Royale – celui-là même dont les titres de propriété avaient été transférés à Lestat en 1862 –, étaient louées par les soins d'une agence locale qui envoyait le montant des baux à un avoué parisien.

Jesse ne tenait plus en place. Elle expédia une dépêche à David pour lui réclamer de l'argent. Il fallait donner congé au plus vite aux occupants de la maison de la rue Royale, car c'était sûrement la demeure jadis habitée par Lestat, Louis et la petite Claudia. Vampires ou non, ils avaient vécu là !

David envoya immédiatement un mandat télégraphique, accompagné d'instructions lui prescrivant de ne s'approcher en aucun cas des maisons en ruine qu'elle lui avait décrites. Elle répondit par retour du courrier qu'elle avait déjà examiné ces endroits. Ils étaient inhabités depuis des années.

Seul l'hôtel particulier présentait un intérêt. Avant la fin de la semaine, le bail était à son nom. Les locataires abandonnèrent sans trop rechigner leur logement, les poches bourrées de billets. Et le lundi, dès l'aube, elle franchissait le seuil de l'appartement du premier étage.

Les anciennes cheminées de marbre, les moulures, les huisseries, tout était là, dans un état de délabrement merveilleux !

Armée d'un tournevis et d'un burin, Jesse attaqua les pièces du devant. Louis avait parlé d'un incendie dans ces salons au cours duquel Lestat aurait été grièvement brûlé. Eh bien, elle allait vérifier.

En l'espace d'une heure, elle avait mis au jour des poutres calcinées! En réparant les dégâts, les plâtriers – bénis soient-ils! – avaient colmaté les trous avec des journaux datant de 1862, ce qui coïncidait parfaitement avec le récit de Louis. En effet, il avait cédé l'hôtel à Lestat et préparé son départ pour Paris juste avant que ne se déclare le sinistre auquel Claudia et lui avaient réchappé.

Bien sûr, Jesse ne se départissait pas de son scepticisme, mais les personnages du livre devenaient étrangement réels. Les fils du vieux téléphone noir dans le vestibule avaient été coupés. Il lui fallait donc sortir pour appeler David, ce qui l'ennuyait. Elle ne pouvait pourtant pas attendre pour tout lui raconter.

Mais elle ne se décida pas à quitter l'appartement. Elle resta assise dans le salon à regarder pendant des heures les rayons de soleil se déplacer sur le plancher inégal, à écouter les craquements de la bâtisse. Une maison aussi ancienne n'est jamais silencieuse, pas sous ce climat humide. Elle réagit comme un être vivant. Il n'y avait pas de fantômes ici, du moins elle ne les voyait pas. Pourtant, elle ne se sentait pas seule. Au contraire, une sorte de chaleur l'enveloppait. Quelqu'un la secoua pour la réveiller. Non, bien sûr que non. Il n'y avait personne, à part elle, dans cet endroit. Une horloge sonna quatre heures.

Le lendemain, elle loua une décolleuse à papier et se mit au travail dans les pièces du fond. Elle espérait retrouver les papiers peints d'origine afin de déterminer l'époque des motifs... et autre chose peut-être. Mais un canari chantait tout près, sans doute à un autre étage ou dans un magasin, et ses trilles la distrayaient. Un chant si joli. N'oublie pas le canari. Il mourra si tu l'oublies. De nouveau, elle s'endormit.

Quand elle se réveilla, la nuit était tombée. A proximité elle entendait le son d'un clavecin. Longtemps, elle écouta, les yeux fermés. C'était du Mozart. Le jeu était rapide. Trop rapide, mais quel brio. Des notes cascadantes qui se répétaient en un leitmotiv éblouissant, une virtuosité incroyable. Au bout d'un moment, elle se força à se lever, alluma le plafonnier et rebrancha la décolleuse.

L'appareil était lourd, l'eau chaude dégoulinait le long de son bras. Dans chacune des chambres, elle dénudait une partie du mur, puis elle passait à la suivante. Mais le ronronnement du moteur la gênait. Il lui semblait que s'y mêlaient des bruits de voix – des rires, des conversations, un murmure insistant en français, les pleurs d'un enfant – ou était-ce une femme ?

Elle arrêta la maudite machine. Rien. Juste un phénomène acoustique dans l'appartement vide qui résonnait.

Elle s'attela de nouveau à la tâche, oubliant l'heure, sa faim, la torpeur qui la gagnait. Elle s'acharnait, agrippée à l'instrument quand, soudain, dans la chambre du milieu, elle découvrit ce qu'elle cherchait – une peinture murale.

Un instant, elle s'arrêta, comme pétrifiée. Puis elle se remit frénétiquement au travail. Oui, c'était bien la fresque de la « forêt magique » que Lestat avait commandée pour Claudia. Ses deux mains crispées sur l'appareil ruisselant, elle décapa un fragment de la peinture à grands mouvements circulaires.

« Des licornes, des oiseaux d'or, des arbres chargés de fruits entre des ruisseaux scintillants. » Exactement la description de Louis. Elle finit par dégager une grande partie du paysage qui couvrait les quatre murs. Sans aucun doute, c'était la chambre de Claudia. La tête lui tournait. Elle tombait d'inanition. Elle jeta un coup d'œil à sa montre. Une heure du matin.

Une heure ! Elle avait passé la moitié de la nuit dans cet appartement. Il fallait qu'elle s'en aille. Vite ! C'était la première fois depuis toutes ces années qu'elle contrevenait à une règle !

Cependant, elle ne parvenait pas à bouger. En dépit de son exaltation, elle était trop épuisée. Elle était assise, le dos contre la cheminée de marbre, et la lumière de l'ampoule qui pendait du plafond était tellement lugubre, sans compter cette douleur qui lui vrillait les tempes. Pourtant, elle continuait à fixer les oiseaux dorés, les fleurs si délicatement ouvragées et les arbres. Dans le ciel d'un vermillon intense qu'éclairait la pleine lune et non pas le soleil, dérivait une traînée de minuscules étoiles. Une poussière d'argent adhérait encore à leurs pointes.

Peu à peu, elle distingua un mur de pierre à l'arrière-plan. Derrière se profilait un château. Comme il devait être bon de marcher à travers cette forêt, de franchir le portail de bois soigneusement peint. De pénétrer dans cet autre royaume. Une chanson résonna dans sa tête, un air qu'elle ne pouvait effacer de sa mémoire, celui que chantait Maharet.

Puis, tout à coup, elle s'aperçut que le porche dissimulait une ouverture dans le mur!

Elle se pencha en avant. On devinait les joints dans le plâtre. Oui, un orifice carré, qu'elle n'avait pas vu alors qu'elle peinait derrière la lourde décolleuse. Elle s'agenouilla et l'effleura. Une porte en bois. Elle saisit aussitôt le tournevis et essaya de la forcer. Les gonds ne cédèrent pas. Elle s'escrima sur un bord, puis sur l'autre. Elle ne faisait qu'abîmer la fresque sans le moindre résultat.

Elle s'accroupit et réfléchit. Un porche peint recouvrant une porte en bois. Et la peinture était écaillée en plein milieu de la poignée! Elle appuya son doigt à cet endroit. La porte s'ouvrit aussitôt.

Elle leva sa torche électrique. Un placard garni de cèdre. Et il y avait des choses dedans. Un petit livre relié de cuir blanc! Un rosaire, lui sembla-t-il, et une poupée, une très vieille poupée de porcelaine.

Un instant, elle hésita à toucher ces objets. C'était comme profaner une tombe. Et une faible odeur se dégageait du placard – on aurait dit du parfum. Était-elle en train de rêver? Non, sa tête lui faisait trop mal pour que ce soit un rêve. Elle tendit la main et retira d'abord la poupée.

Le corps était rudimentaire, mais les membres en bois habilement façonnés et articulés. La robe blanche et la large ceinture lavande commençaient à montrer la trame. Cependant, la tête de porcelaine était ravissante, les grands yeux bleus de verre, la longue perruque blonde encore intacts.

– Claudia, murmura-t-elle.

Sa voix lui fit prendre conscience du silence. Il n'y avait plus de circulation dans la rue. Seulement les craquements des vieux planchers. La douce lueur vacillante d'une lampe à huile sur une table voisine. Puis le son de ce clavecin à proximité; quelqu'un jouait du Chopin maintenant, la valse en ré bémol majeur, avec la même maestria que tout à l'heure. Elle resta assise à contempler la poupée étendue sur ses genoux. Elle avait envie de lui brosser les cheveux, d'arranger sa ceinture.

Les épisodes dramatiques d'*Entretien avec un Vampire* lui revinrent. Claudia tuée à Paris. Claudia surprise par la lumière meurtrière du soleil levant dans un puits d'aération aux parois de brique, luttant en vain pour s'échapper. Horrifiée, Jesse eut d'abord une sensation de vide, puis l'impression qu'un étau se resserrait autour de sa gorge. Claudia disparut alors que les autres continuaient leurs misérables existences. Lestat, Louis, Armand...

Elle se rendit soudain compte qu'elle avait les yeux fixés sur les autres objets dans le placard. Elle saisit le livre.

Un carnet intime! Les pages étaient abîmées, piquées de taches de moisissure. Mais la calligraphie désuète à l'encre sépia était encore lisible, surtout à présent que toutes les lampes à huile étaient allumées et que la chambre avait un air coquet, presque confortable. Jesse lut sans effort le texte français. Le journal commençait le 21 septembre 1836:

Louis m'a offert ce carnet pour mon anniversaire. J'en ferai ce que je veux, m'a-t-il dit. Mais peut-être aimerais-je y recopier les poèmes qui me plaisent, et les lui lire de temps à autre?

Je ne sais pas trop ce qu'on entend par anniversaire. Suis-je née un 21 septembre, ou est-ce à cette date que j'ai quitté le monde des humains pour devenir ce que je suis?

Messieurs mes parents sont peu disposés à m'éclairer sur ce point. A croire qu'il est de mauvais goût d'aborder pareil sujet. Louis prend un air étonné, puis pitoyable, avant de se replonger dans son journal. Quant à Lestat, il me joue quelques mesures de Mozart, puis répond avec un haussement d'épaules: «C'est le jour où tu es née pour nous.»

Bien sûr, comme à l'accoutumée, il m'a donné une poupée, mon sosie miniature, invariablement vêtu de la copie exacte de ma dernière robe. Il commande ces poupées en France, tient-il chaque fois à me préciser. Et moi, que suis-je censée faire de son cadeau? Jouer avec, comme si j'étais vraiment une enfant?

«Vous cherchez par ce biais à me délivrer un message,

mon père bien-aimé ? » lui ai-je demandé ce soir. « Vous voudriez que je demeure à jamais une poupée, moi aussi ? »

Il m'a déjà offert trente poupées au cours des ans, si ma mémoire ne me trahit pas, ce qu'elle ne fait jamais hélas. Chacune identique à la précédente. Je ne pourrais même plus poser un pied dans ma chambre, si je les avais gardées. Mais je ne les garde pas. Tôt ou tard, je les brûle. Je brise leurs têtes de porcelaine à coup de tisonnier. Je regarde le feu dévorer leurs cheveux. Je ne peux pas dire que j'aime faire cela. Après tout, ces poupées sont belles. Et elles me ressemblent, en effet. Cependant, c'est le geste qui convient. La poupée s'y attend. Moi aussi.

Et ce soir, il m'en a apporté une autre, il se tient ensuite sur le seuil de ma chambre, les yeux écarquillés, comme si ma question le poignardait. Son expression est si sombre, tout à coup, que je pense, ce n'est pas mon Lestat.

Je souhaiterais pouvoir le haïr, les haïr tous les deux. Mais ils me désarment, non par leur force, mais par leur faiblesse. Ils sont si affectueux! Et si plaisants à regarder. Mon Dieu, comme les femmes se jettent à leur tête!

Alors qu'il restait planté là à m'observer pendant que j'examinais sa poupée, je lui ai demandé d'un ton sec :

« Nous formons un tableau tellement attendrissant, votre poupée et moi, dites ? »

« Tu ne veux plus de ces poupées, n'est-ce pas ? » a-t-il murmuré.

Jamais je ne l'avais vu dans cet état. La colère embrasait son visage et il plissait les yeux comme pour s'éclaircir la vue. Sa vue perçante. Il m'a quittée et s'est rendu dans le salon. Je l'ai suivi. En vérité, je ne pouvais supporter de le voir comme ça, et pourtant j'avais envie de le harceler.

« Vous en voudriez, si vous étiez à ma place ? » ai-je répété.

Il m'a regardée comme si je lui faisais peur, lui, un homme d'un mètre quatre-vingts, et moi, une enfant qui lui arrive à peine à la taille.

« Vous me trouvez belle ? », lui ai-je demandé.

Il est passé devant moi dans le vestibule et s'est échappé par la porte de service. Mais je l'ai rattrapé. Sur le palier, je me suis accrochée à sa manche.

« Répondez-moi ! » lui ai-je ordonné. « Observez-moi bien. Que ressentez-vous ? »

Il était hors de lui. J'ai pensé qu'il allait me repousser, éclater de rire, me servir ses discours habituels. Au lieu de quoi, il est tombé à mes genoux et m'a saisi les mains. Il m'a embrassée brutalement sur la bouche.

« Je t'aime », a-t-il soufflé. « Oui, je t'aime ! »

Puis il m'a récité ce poème, cette strophe ancienne :

> Recouvrez son visage
> Mes yeux sont aveuglés
> Elle est morte jeune.

C'est de Marlowe, je crois. L'un de ces drames dont raffole Lestat. Je me demande si Louis apprécierait ce petit poème. Pourquoi pas ? Il n'a que trois vers, mais il est ravissant.

Jesse referma lentement le journal. Sa main tremblait. Elle souleva la poupée et la serra contre sa poitrine, la berçant, adossée à la fresque.

— Claudia, murmura-t-elle.

Une douleur lancinante lui transperçait le crâne. Mais elle n'y faisait pas attention. La lumière des lampes à huile était si apaisante, tellement moins violente que celle de l'ampoule électrique. Immobile, elle caressait la poupée un peu comme une aveugle, effleurant ses cheveux soyeux, sa petite robe empesée. L'horloge sonna de nouveau. Fort, cette fois, égrenant ses mornes notes qui se répercutèrent dans la pièce. Il ne fallait pas qu'elle s'évanouisse ici. Il fallait qu'elle se lève. Qu'elle prenne le livre, la poupée, le rosaire, et qu'elle s'en aille.

Les vitres étaient comme des miroirs qui reflétaient la nuit. Elle avait enfreint les règles. Appelle David, oui, appelle-le tout de suite. Mais le timbre du téléphone retentit soudain. Le téléphone. A une heure pareille. Et David n'avait pas le numéro de l'appartement, puisque la ligne... Elle s'efforça d'ignorer la sonnerie qui s'obstinait à carillonner. Bon, va répondre !

Elle baisa la poupée au front et chuchota :

— Je reviens tout de suite, ma chérie.

Où donc était ce damné téléphone ? Dans la niche du vestibule, bien sûr. Elle était sur le point de décrocher le combiné quand elle remarqua le fil coupé enroulé autour du socle. L'appareil n'était pas branché. Elle voyait qu'il

n'était pas branché. Pourtant il sonnait, elle l'entendait, et ce n'était pas une hallucination, la calotte de métal vibrait par à-coups! Et les lampes à huile! Seigneur, il n'y avait pas de lampes à huile dans cet appartement!
D'accord, tu as déjà été témoin de phénomènes semblables. Ne t'affole pas, pour l'amour de Dieu. Réfléchis! Que dois-tu faire? Mais elle était sur le point de hurler, elle le sentait. Ce téléphone ne cesserait donc jamais de sonner? Si tu cèdes à la panique, tu vas perdre tous tes moyens. Il faut que tu éteignes ces lampes et que tu arrêtes cette sonnerie. Mais les lampes ne peuvent pas être réelles. Et le salon au bout du vestibule – le mobilier n'est pas réel non plus! Ni les flammes qui dansent dans la cheminée! Et le personnage qui bouge là-bas, qui est-ce, un homme? Évite surtout de le regarder! D'un revers de main, elle jeta le téléphone par terre. En tombant, le récepteur se décrocha. Une voix en sortit, faible, grêle.
– Jesse?
Saisie d'épouvante, elle retourna en courant dans la chambre, butant au passage contre un pied de chaise, s'emmêlant dans le lourd rideau d'un lit à colonnes. L'appartement était vide. Ces meubles n'existaient pas. Attrape la poupée, le carnet, le rosaire! Elle les enfourna dans son sac de toile, puis se releva tant bien que mal et se rua hors de l'appartement par l'escalier de service. Elle faillit glisser sur les marches métalliques. Ce jardin, cette fontaine... Mais tu sais bien que cette cour n'est qu'un fouillis de mauvaises herbes. Une grille en fer forgé lui barrait la route. Une hallucination visuelle. Traverse-la! Vite!
Le cauchemar classique, et elle ne parvenait pas à s'en évader. Le bruit des sabots et des attelages grondant dans ses oreilles, elle dévala la chaussée pavée. Chacun de ses gestes maladroits lui semblait durer une éternité : fouiller dans ses poches pour y trouver ses clés, ouvrir la portière, faire démarrer le moteur récalcitrant.
Le temps d'atteindre le Quartier français, elle sanglotait, le corps ruisselant de sueur. Elle continua de conduire, les mains crispées sur le volant, à travers les rues bruyantes du centre et jusqu'à l'autoroute. Bloquée par la circulation à la rampe d'accès, elle tourna la tête. Le siège

arrière était vide. Bon, ils ne l'avaient pas suivie. Et le sac reposait sur ses genoux, la tête de porcelaine de la poupée contre sa poitrine. Elle fonça jusqu'à Baton Rouge.

Elle était malade quand elle s'arrêta devant l'hôtel. Elle tituba jusqu'à la réception. Un cachet d'aspirine, un thermomètre. Aidez-moi, s'il vous plaît, à prendre l'ascenseur. Huit heures plus tard, lorsqu'elle émergea du sommeil, il était midi. Ses bras étaient toujours refermés sur le sac. Elle avait quarante de fièvre. Elle téléphona à David, mais la communication était épouvantable. Il la rappela ; la ligne grésillait de plus belle. Néanmoins, elle essaya de se faire comprendre. Le journal, c'était celui de Claudia, oui, absolument, il confirmait toute l'histoire. Et le téléphone, il n'était pas branché, pourtant elle avait entendu cette voix de femme ! Les lampes à huile brûlaient encore quand elle s'était enfuie de l'appartement. Les pièces étaient remplies de meubles, les cheminées ronflaient. L'appartement ne risquait-il pas de prendre feu ? Il fallait que David fasse quelque chose ! Il lui répondait, mais elle discernait à peine ses paroles. Surtout qu'il ne s'inquiète pas, elle avait le sac, lui dit-elle.

Quand elle rouvrit les yeux, la pièce était plongée dans la pénombre. La douleur dans sa tête l'avait réveillée. La pendule à affichage numérique sur la commode marquait dix heures trente. Elle avait soif, horriblement soif, et le verre près de son lit était vide. *Quelqu'un d'autre se trouvait dans la chambre.*

Elle se retourna ; la lumière de la rue filtrait à travers les voilages. Oui, là. Une enfant, une petite fille, assise sur la chaise contre le mur.

Jesse ne distinguait que sa silhouette – les longs cheveux blonds, la robe à manches bouffantes, les jambes ballantes. Une enfant... non, impossible. Une apparition. Non plus. Quelque chose qui occupait l'espace. Quelque chose de maléfique. Une menace. Et la forme l'observait. *Claudia.*

Elle dégringola du lit, chancelante, le sac pressé contre elle, et se recula jusqu'au mur. La petite fille se leva. Le frottement de ses pas sur la moquette se rapprochait. La sensation de menace grandit. La lumière qui venait de la fenêtre éclaira un instant l'enfant – ses yeux bleus, ses joues rondes, ses bras nus et potelés.

Jesse poussa un hurlement. Agrippée au sac, elle se rua en direction de la porte. Elle s'escrima sur la serrure et la chaîne de sécurité, craignant de regarder par-dessus son épaule. Les cris sortaient de sa bouche sans qu'elle puisse les maîtriser. Une voix appelait de l'autre côté de la porte. Elle réussit enfin à tourner la clé et s'écroula dans le couloir.

Des gens l'entourèrent; mais ils ne l'empêcheraient pas de fuir cette pièce. Puis quelqu'un l'aida à se relever, car elle avait dû tomber de nouveau. Quelqu'un d'autre approcha une chaise. Elle se mit à sangloter, s'efforçant de se calmer, mais incapable de contrôler ses nerfs.

Quand l'ambulance arriva, elle refusa qu'on lui prenne le sac. A l'hôpital, on lui administra des antibiotiques et des sédatifs, à doses suffisantes pour rendre n'importe qui fou. Elle gisait, recroquevillée dans son lit comme un enfant, le sac dissimulé tout contre son corps sous la couverture. Aussitôt qu'une infirmière le frôlait par mégarde, Jesse se réveillait en sursaut.

Lorsque Aaron Lightner débarqua deux jours plus tard, elle le lui remit. Elle n'était pas vraiment rétablie quand elle monta dans l'avion pour Londres. Aaron garda le sac sur ses genoux durant l'interminable vol. Et il était si gentil avec elle, la rassurant, la dorlotant pendant qu'elle somnolait. Ce fut à l'atterrissage qu'elle s'aperçut de la disparition de son bracelet, son beau bracelet en argent. Les yeux clos, elle pleura doucement. Elle avait perdu le bracelet de Mael.

Ils lui retirèrent la mission.

Elle le savait avant qu'ils le lui annoncent. Elle était trop jeune, dirent-ils, trop inexpérimentée. Ils avaient commis une erreur en l'envoyant là-bas. C'était trop dangereux pour elle de continuer. Bien sûr, elle avait accompli un travail « inestimable ». Et cette apparition avait dû posséder un pouvoir exceptionnel. L'esprit d'un vampire mort ? Tout à fait possible. Et ce téléphone qui sonnait, en effet, de nombreux rapports signalaient ce genre de phénomène – les spectres disposaient de tout un éventail de moyens pour « communiquer » ou terroriser. Il valait mieux qu'elle se repose, qu'elle n'y pense plus. D'autres poursuivraient l'enquête.

Quant au journal, il ne contenait que quelques autres notes, rien qui ajoutât à ce qu'elle-même avait lu. Les psychométriciens qui avaient examiné le rosaire et la poupée n'avaient rien relevé d'intéressant. Ces objets seraient conservés avec le plus grand soin. Mais Jesse devait immédiatement tirer un trait sur cette histoire. Jesse argumenta, supplia, finit par se mettre en colère. C'était comme s'adresser au Vatican. Un jour, dans dix ans, vingt peut-être, elle pourrait reprendre les recherches. Personne n'excluait cette possibilité, mais pour l'instant, il n'en était pas question. Jesse devait retrouver son équilibre, oublier ce qui s'était passé.

Oublier ce qui s'était passé.

Elle fut malade pendant des semaines. Emmitouflée dans de longues chemises de flanelle blanche, elle buvait du thé chaud à longueur de journée. Elle s'asseyait dans le renfoncement en chêne de sa fenêtre et laissait errer son regard sur les pelouses verdoyantes du parc, sur les chênes majestueux. Elle observait le va-et-vient des voitures, ces minuscules taches de couleur qui sillonnaient sans bruit la lointaine allée de gravier. Ce calme était si apaisant. On lui présentait des choses délicieuses à boire et à manger. David venait converser avec elle, abordant mille sujets, hormis celui des vampires. Aaron remplissait sa chambre de fleurs. D'autres lui rendaient visite.

Elle répondait à peine à toutes ces marques d'affection. Elle ne pouvait pas expliquer combien cette situation lui était douloureuse, combien elle lui rappelait l'été de jadis où d'autres secrets, d'autres mystères, d'autres documents scellés dans des caves lui avaient été interdits. C'était toujours la même vieille histoire qui recommençait. Sitôt avait-elle entraperçu quelque chose d'un intérêt capital qu'on le mettait sous clé.

Jamais elle n'éluciderait l'expérience qu'elle avait vécue. Elle devait rester là, enfermée dans son mutisme, avec ses regrets. Pourquoi n'avait-elle pas pris le téléphone, parlé, écouté la voix au bout du fil sectionné ?

Et l'enfant, que recherchait l'esprit de cette enfant ? Était-ce le journal, la poupée ? Non, c'était à Jesse qu'il avait incombé de les trouver, de les prendre ! Et pourtant, elle avait fui le fantôme de l'enfant ! Elle qui avait communiqué avec tant d'entités indéfinissables, qui avait bravé dans des pièces obscures des formes vacillantes, les interpellant alors que les autres se sauvaient terrifiés. Elle qui rassurait les gens en leur affirmant que ces êtres, quelle que fût leur nature, n'étaient en aucun cas dangereux !

Donnez-moi une dernière chance, supplia-t-elle enfin. Elle récapitula chacun des faits. Il fallait qu'elle retourne dans cet appartement de La Nouvelle-Orléans. Mais David et Aaron gardaient le silence. Puis David s'approcha et lui entoura les épaules.

– Jesse chérie, dit-il, nous vous aimons beaucoup. Mais dans ce champ d'investigation, surtout dans celui-là, on ne peut enfreindre les règles.

La nuit, elle rêvait de Claudia. Une fois, elle se réveilla à quatre heures et posa son front contre la vitre pour contempler le parc, s'efforçant de percer l'obscurité au-delà des bandes de lumière qui filtraient des fenêtres du rez-de-chaussée. Dehors, debout sous les arbres, une enfant, une minuscule silhouette enveloppée dans un manteau rouge à capuchon, la regardait. Elle dévala les escaliers pour se retrouver sur la pelouse déserte dans l'aube qui se levait, froide et grise.

Au printemps, on l'envoya en Inde.

Elle était chargée d'enquêter sur des phénomènes de réincarnation, des témoignages d'enfants indiens rapportant le souvenir d'existences antérieures. Un certain docteur Ian Stevenson avait déjà accompli un travail prometteur dans ce domaine. Jesse devait de son côté entreprendre pour le compte de Talamasca une étude visant à des résultats pareillement fructueux.

A Delhi, des doyens de l'ordre l'accueillirent à bras ouverts dans leur vieille demeure au charme britannique. Elle finit par se passionner pour son travail ; et après les heurts et les difficultés du début, elle se prit également à aimer l'Inde. Avant la fin de l'année, elle était de nouveau heureuse... et efficace.

Un événement survint alors, un incident minime, mais qui lui parut de bon augure. Dans une poche de sa vieille valise – celle que lui avait offerte Maharet des années plus tôt – elle découvrit le bracelet en argent de Mael. Oui, elle était heureuse.

Mais elle n'avait pas oublié La Nouvelle-Orléans. Certaines nuits, l'image de Claudia lui apparaissait avec une telle précision qu'elle se levait précipitamment et allumait toutes les lumières dans sa chambre. D'autres fois, elle croyait apercevoir dans les rues de la ville des êtres insolites au visage blême qui ressemblaient aux héros d'*Entretien avec un Vampire*. Elle avait le sentiment qu'on l'épiait.

Faute de pouvoir confier à Maharet son aventure étrange, ses lettres devenaient encore plus brèves et superficielles. Mais Maharet n'en demeurait pas moins fidèle. Des cousins rendaient visite à Jesse. Ils essayaient de la retenir au sein de la famille. Ils la tenaient au courant des mariages, des naissances, des décès, l'invitaient à passer les vacances avec eux. Maria et Matthew écrivaient des États-Unis, insistant pour qu'elle rentre vite à la maison. Elle leur manquait tellement.

Jesse passa quatre années exaltantes en Inde. Elle enquêta sur plus de trois cents cas comportant des preuves saisissantes de réincarnation. Elle travaillait avec une équipe de parapsychologues exceptionnelle. Et elle trouvait sa tâche continuellement gratifiante, presque réconfortante. A l'opposé de la chasse aux fantômes de ses débuts professionnels.

A l'automne de la cinquième année, elle finit par céder aux prières de Matthew et de Maria. Elle reviendrait pour un mois aux États-Unis. Ils furent transportés de joie. Ce retour compta plus pour Jesse qu'elle ne l'avait imaginé. Elle prit plaisir à se retrouver dans le vieil appartement de New York, à bavarder jusque tard dans la nuit avec ses parents adoptifs qui évitaient discrètement de lui poser des questions sur son travail. Dans la journée, elle déjeunait avec ses anciens copains d'université ou faisait de longs pèlerinages dans la métropole de ses espoirs, ses rêves et ses chagrins d'enfant.

Deux semaines après son arrivée à New York, elle aperçut dans la devanture d'un libraire *Lestat, le Vampire*. Un instant, elle crut s'être trompée. C'était impossible. Mais le livre était bien là. Le vendeur lui parla de l'album de disques du même nom, et du concert prochain à San

Francisco. Jesse acheta un billet en même temps que l'album chez un disquaire.

Toute la journée, elle resta étendue sur son lit à lire le roman. C'était comme si le cauchemar d'*Entretien avec un Vampire* recommençait et qu'elle ne pouvait s'en échapper. Pourtant, elle ne parvenait pas à s'arracher à sa lecture. *Oui, vous êtes bien réels, j'en suis sûre.* Le récit s'enchevêtrait et rebondissait, remontant dans le temps jusqu'au phalanstère romain de Santino, à l'île où Marius avait trouvé refuge, à la forêt celte de Mael. Et enfin à Ceux Qu'il Faut Garder toujours en vie sous leur blanche enveloppe marmoréenne.

Oh, oui, elle avait touché ce marbre! Elle avait plongé son regard dans les prunelles de Mael; elle avait serré la main glacée de Santino. Dans les caves de Talamasca, elle avait contemplé la peinture faite par Marius!

Ses yeux se fermèrent de sommeil et Maharet lui apparut sur la terrasse de Sonoma. La lune brillait haut dans le ciel au-dessus de la cime des séquoias. Inexplicablement, la nuit semblait pleine de promesses et de menaces. Éric et Mael étaient là. Ainsi que d'autres dont elle ne connaissait l'existence qu'à travers les pages de Lestat. Tous du même clan; les yeux incandescents, les cheveux flamboyants, la peau lisse, comme phosphorescente. Des milliers de fois elle avait suivi du doigt sur son bracelet en argent les symboles séculaires figurant les divinités celtes que les druides imploraient dans des forêts semblables à celle où Marius avait été jadis emprisonné. Combien d'indices lui fallait-il donc pour établir le lien entre ces romans et l'été inoubliable?

Un ultime, incontestablement. Lestat le vampire lui-même. Quand elle l'aurait vu et touché à San Francisco, alors la vérité lui apparaîtrait.

Le tic-tac du réveil emplissait la chambre. Sa loyauté envers les membres de Talamasca se dissolvait dans ce havre de paix. Elle ne pouvait pas leur confier son projet. Et elle en était d'autant plus déchirée qu'ils auraient fait preuve de tant d'attention généreuse, n'auraient pas hésité à la croire.

Cet après-midi lointain. Elle le revivait, elle descendait l'escalier à vis qui menait aux caves. Ne pourrait-elle pas refermer la porte? Regarde plutôt. Vois ce que tu as aperçu alors. Un spectacle qui ne l'avait pas tellement horrifiée au premier abord – les êtres qu'elle aimait endormis dans l'obscurité, oui, endormis. Mais Mael gît comme mort sur le sol et Maharet est assise toute raide contre le mur. Ses paupières sont ouvertes!

Elle se réveilla en sursaut, la figure en feu. La pièce était plongée dans une pénombre glaciale.

– Miriam, appela-t-elle à voix haute.

Peu à peu, sa terreur se calma. Elle s'était approchée malgré sa peur. Elle avait touché le corps de Maharet. Froid, pétrifié. Et Mael était mort! Le reste n'était plus que ténèbres.

New York. Elle était allongée sur son lit, le livre à la main. Et Miriam ne répondait pas à son appel. Lentement, elle se leva et traversa la chambre jusqu'à la fenêtre.

Là, de l'autre côté de l'avenue, dans la lumière blafarde de cette fin de journée se dressait, haute et étroite, la maison fantôme de Stanford White. Si dense en apparence, et pourtant bizarrement distincte des autres immeubles. Elle regarda l'image s'effacer progressivement.

Sur la pochette de l'album appuyée contre la coiffeuse, le vampire Lestat lui souriait.

Elle ferma les yeux. Elle imagina le couple tragique de Ceux Qu'il Faut Garder. Les souverains indestructibles sur leur trône égyptien à la gloire desquels le vampire Lestat trompetait ses hymnes dans les radios, les juke-boxes et les walkmans. Elle vit luire dans l'obscurité le visage blanc de Maharet. De l'albâtre. La pierre qui reflète la lumière.

Le soir tomba, brusquement, comme toujours à la fin de l'automne, la grisaille de l'après-midi engloutie dans l'éclat violent de la nuit. Les façades des immeubles répercutaient le vrombissement des voitures dans la rue embouteillée. Existait-il une ville au monde où la circulation fût aussi bruyante qu'à New York? Elle appuya son front contre la vitre. Du coin de l'œil, elle distingua l'hôtel de Stanford White. Des silhouettes bougeaient à l'intérieur.

Jesse quitta New York le lendemain dans la vieille décapotable de Matthew. Elle l'avait convaincu de lui vendre sa voiture, sachant qu'elle ne la ramènerait jamais. Puis elle embrassa ses parents et, du ton le plus dégagé possible, prononça les mots tendres et simples qu'elle avait toujours voulu leur dire.

Le matin, elle avait envoyé à Maharet une lettre par exprès, accompagnée des deux romans. Elle lui expliquait qu'elle avait quitté Talamasca, qu'elle partait assister au concert du vampire Lestat et qu'elle désirait s'arrêter en chemin à Sonoma. Il fallait absolument qu'elle approche Lestat. Sa vieille clé était-elle toujours bonne ou avait-on changé la serrure ? Maharet l'autorisait-elle à faire une halte là-bas ?

Ce fut la première nuit, à Pittsburgh, qu'elle rêva des jumelles. Les deux femmes étaient agenouillées devant l'autel où gisait le corps carbonisé, prêt pour le festin rituel. L'une d'entre elles avait levé le plat avec le cœur, l'autre celui avec le cerveau. Puis avaient surgi les soldats, et le sacrilège avait été commis.

Quand elle atteignit Salt Lake City, le cauchemar avait trois fois hanté son sommeil. D'abord la scène terrifiante et confuse du viol des jumelles. L'une des femmes avait ensuite donné naissance à un bébé. Et toutes deux avaient caché l'enfant avant d'être de nouveau traquées et emmenées en captivité. Les avait-on tuées ? Elle n'en savait rien. Ces cheveux roux. Si seulement elle pouvait discerner leurs visages, leurs yeux ! Cette chevelure flamboyante la tourmentait.

Lorsqu'elle appela David d'un taxiphone au bord de la route, elle apprit que d'autres à travers le monde faisaient ce même rêve – des médiums, des télépathes. Pour eux tous, ce songe était lié au vampire Lestat. David ordonna à Jesse de rentrer immédiatement.

Elle tenta de s'expliquer. Elle se rendait au concert pour voir Lestat de ses propres yeux. Il le fallait. Elle ne pouvait en dire plus, il était trop tard maintenant. David devait essayer de lui pardonner.

– Je vous interdis de faire cela, Jesse, la coupa David. Il ne s'agit plus ici de dossiers ni d'archives. Revenez. Nous avons besoin de vous. Terriblement besoin. Il n'est pas question que vous entrepreniez seule cette « approche ». Soyez raisonnable, Jessica.

– Je ne peux pas vous obéir, David, malgré mon attache-

ment pour vous tous. Mais répondez-moi. Ce sera ma dernière question. Pourquoi ne venez-vous pas vous-même ?
– Jesse, vous ne m'écoutez pas.
– Dites-moi la vérité, je vous en prie, David. Avez-vous jamais cru à la réalité de ces créatures ? Ou vous êtes-vous borné à accumuler des objets, des dossiers et des peintures dans des caves, des choses tangibles ? Vous comprenez ce que je veux dire – comme le prêtre catholique à la messe quand il consacre le pain et le vin. Croit-il vraiment à la présence du Christ dans le calice ? Ou se contente-t-il de réciter des formules sacrées et d'accomplir des rites ?
Quelle hypocrite elle était de lui taire ce qu'elle savait et de le harceler. Il n'éluda pourtant pas sa question.
– Vous faites fausse route, Jesse. Je connais la nature de ces créatures. De tout temps, je l'ai connue. Jamais je n'ai eu le moindre doute. Et par là même, aucun pouvoir sur terre ne pourrait me décider à assister à ce concert. C'est vous qui refusez la vérité. Il vous faut voir pour croire ! Jesse, vous courez un véritable danger. Lestat est exactement ce qu'il déclare être, et d'autres, plus redoutables encore, le rejoindront ; d'autres qui risquent de vous repérer et de vous attaquer. Soyez lucide et faites ce que je vous demande. Revenez tout de suite.
Quelle conversation atroce ! Il s'évertuait à la convaincre alors qu'elle lui faisait ses adieux. Il insista encore : il lui raconterait « l'histoire en son entier », lui ouvrirait tous les dossiers, sa collaboration leur était indispensable.
Mais elle n'écoutait plus. Hélas, elle ne pouvait, quant à elle, lui raconter « l'histoire en son entier ». La torpeur la gagnait de nouveau, le rêve la poursuivait déjà quand elle raccrocha le récepteur. Elle avait vu les plats avec le cœur et le cerveau, le corps carbonisé de la femme sur l'autel. Leur mère. Oui, leur mère. Il était temps de dormir. Le rêve s'insinuait en elle. Ensuite, elle repartirait.

L'autoroute 101. Sept heures trente-cinq. Dans vingt-cinq minutes, le concert.
Alors qu'elle franchissait le défilé de Waldo Grade, comme chaque fois, le miracle se produisit – les toits de San Francisco cascadant le long des collines, et dans le lointain, l'émail sombre de l'océan. Les tours du Golden Gate se dessinaient à l'horizon, le vent glacé qui soufflait de la baie gelait ses mains agrippées au volant.

236

Lestat le vampire serait-il à l'heure? Elle eut envie de rire à l'idée qu'une créature immortelle se devait d'être à l'heure. Elle, en tout cas, serait exacte au rendez-vous, elle touchait au terme de son voyage.

Son chagrin d'avoir perdu Aaron, David, tous ceux qu'elle aimait, la Grande Famille, se dissipait. Elle n'éprouvait plus que gratitude. Pourtant David avait peut-être raison. Sans doute n'avait-elle pas accepté la froide et terrifiante vérité et s'était-elle laissée glisser dans le monde des souvenirs et des spectres, des créatures livides, essence des rêves et de la folie.

Elle avançait vers la maison fantôme de Stanford White, sans plus se soucier de qui y habitait. Elle y serait la bienvenue. D'aussi loin que remontait sa mémoire, ils avaient essayé de le lui dire.

DEUXIÈME PARTIE

LA NUIT DE HALLOWEEN

*Bien peu de choses
méritent plus notre attention
qu'essayer de comprendre
le génie de la Substance.*

*Une abeille, une abeille vivante,
contre la vitre, cherchant à s'échapper, captive,
ne peut comprendre.*

STAN RICE, 1976

Daniel

Un long foyer circulaire. La foule semblable à une masse liquide clapotant contre les murs ternes. Des adolescents en costume de Halloween se ruaient à l'intérieur. Des gens s'alignaient pour acheter perruques jaunes, capes de satin noir – « cinquante cents, la paire de crocs ! » – et programmes sur papier glacé. Partout où son regard se posait, des visages blêmes. Des yeux grimés, des bouches peintes. Et çà et là, des groupes d'hommes et de femmes en habits du XIXᵉ siècle, coiffés et maquillés avec art.

Une femme vêtue de velours lança en l'air une pluie de boutons de rose. Des gouttes de sang peinturlurées ruisselaient le long de ses joues blafardes. Il éclata de rire.

Il aspirait les odeurs maintenant oubliées des fards et de la bière – un relent de pourriture. Les battements de cœur autour de lui vibraient délicieusement à ses tympans délicats.

Il avait dû rire fort, car il sentit Armand lui pincer le bras :

– Daniel !

– Pardon, chef, murmura-t-il. (De toute façon, personne n'avait rien remarqué ; tous les mortels alentour étaient déguisés ; et sous leurs pull-overs noirs, leurs jeans, leurs casquettes de marin enfoncées jusqu'aux sourcils et leurs lunettes noires, Armand et lui se fondaient dans la cohue). Quelle mouche te pique ? Je n'ai même plus le droit de rire de ce spectacle carnavalesque ?

Armand avait un air hagard, il tendait l'oreille de nouveau. Daniel refusait de se laisser envahir par la peur. Il avait ce qu'il voulait à présent. Nous ne sommes plus frères et sœurs désormais!

Un peu plus tôt, Armand lui avait dit : « Tu n'es pas un élève commode. » C'était durant la battue, les manœuvres de séduction, la mise à mort, le flot de sang irriguant son cœur insatiable. Mais la perversité lui était devenue naturelle, une fois surmontée l'anxiété maladroite du premier meurtre, celui qui en quelques secondes l'avait transporté de la culpabilité craintive à l'extase. La vie bue à grands traits. Il s'était réveillé assoiffé.

Et une demi-heure plus tôt, ils avaient levé deux adorables petites fugueuses à proximité du parc, dans les ruines d'une école abandonnée où des adolescents vivaient, vêtus de guenilles, dans des pièces aux fenêtres condamnées, avec pour tout confort des sacs de couchage et des boîtes de conserve vides où cuire les détritus chapardés dans les décharges de Haight-Ashbury. Aucune protestation, cette fois-ci. Non, seulement la soif et le sens de plus en plus intense de la perfection de l'acte, de son inexorabilité, le souvenir magique du goût dans sa bouche. Vite, dépêche-toi! Pourtant Armand avait orchestré l'opération avec art, rien de la précipitation de la nuit précédente où tout avait été terminé avant même qu'il ne s'en aperçoive.

Armand s'était planté devant le bâtiment, le scrutant, attendant que sortent « ceux qui désiraient mourir »; c'était sa méthode préférée; il suffisait de les appeler silencieusement, et ils accouraient. La mort alors était sereine. Jadis, il avait essayé d'enseigner cette tactique à Louis, avait-il expliqué, mais celui-ci avait été horrifié.

Et en effet, les gamines en jeans avaient surgi d'une petite porte, hypnotisées, comme les enfants de Hamelin, par le joueur de flûte. « Oui, vous êtes venus, nous savions que vous viendriez »... Elles les avaient accueillis, la voix nasillarde, et guidés dans l'escalier qui menait à une salle commune délimitée par des couvertures militaires tendues sur des cordes. Mourir dans ce taudis, avec les pinceaux des phares qui balayaient la pièce par les fentes du contre-plaqué.

La tiédeur des petits bras sales autour du cou de Daniel; l'odeur du haschich dans la tignasse de la fille; puis la danse irritante, hanches pressées contre son corps à lui; ses canines s'étaient enfoncées dans la chair. « Tu m'aimes, hein ? » avait-elle dit. Il avait répondu que oui, la conscience tranquille. Serait-ce toujours aussi bon ? Il lui avait saisi le menton et rejeté la tête en arrière, et alors la mort comme un coup de poing, dans sa gorge, ses tripes, la chaleur irradiant ses reins, son cerveau.

Il l'avait relâchée. La plénitude et le manque. Un instant, il avait labouré la cloison de ses ongles, pensant qu'elle devait, elle aussi, être faite de chair et de sang, et que, si elle l'était, elle lui appartenait également. Mais il s'était aperçu avec stupéfaction que sa faim avait disparu. Il était repu, et la nuit l'attendait, pure et lumineuse ; l'autre était morte, pelotonnée sur le plancher crasseux comme un bébé dans son sommeil, avec Armand qui rayonnait dans l'obscurité, se contentant d'observer.

Le plus ardu avait été de se débarrasser ensuite des dépouilles. La veille, l'opération avait été effectuée hors de sa présence, pendant qu'il pleurait. Le privilège du novice. Cette fois, Armand avait dit : « Pas de traces, pas d'indices, ni vu ni connu. » Aussi avaient-ils descendu les corps par l'escalier de la cave et les avaient-ils enterrés profond dans l'ancienne chaufferie, en prenant soin de replacer ensuite les dalles. Une tâche éreintante malgré leur force. C'était si répugnant de manipuler ces cadavres. Une seconde, il s'était demandé qui étaient leurs victimes. Deux épaves. Plus *maintenant*, elles avaient touché la rive. Et la petite fugueuse de la nuit dernière ? Quelqu'un la recherchait-il ? Il s'était soudain remis à pleurer. Il avait entendu son sanglot, puis touché les larmes qui lui coulaient sur les joues.

– Que t'imaginais-tu ? Vivre un petit roman à sensation ? avait persiflé Armand en l'obligeant à l'aider. Si tu veux te nourrir, tu dois être capable de brouiller les pistes.

La bâtisse grouillait de naïfs humains qui n'avaient rien remarqué quand ils avaient dérobé les vêtements qu'ils portaient encore, l'uniforme de la jeunesse, avant de se faufiler dans une ruelle par une porte défoncée. Nous ne sommes plus frères et sœurs. Les bois ont toujours été remplis de ces douces créatures aux yeux de biche, aux cœurs qui palpitent d'être un jour transpercés par une flèche, une balle ou une lance. Et aujourd'hui se révèle enfin ma nature secrète : je suis de la race des chasseurs.

– Tu es fier de moi ? avait-il demandé à Armand. Tu es content ?

7 h 35 , la rue Haight. Les voitures pare-chocs contre pare-chocs, les camés gueulant sur les trottoirs. Pourquoi n'allaient-ils pas directement au concert ? Les portes devaient déjà être ouvertes. Il ne pouvait supporter cette attente.

Mais le phalanstère était à deux pas, lui avait expliqué Armand, une grande demeure en ruine à un pâté de maisons du parc, et des vampires s'y terraient encore à comploter la liquidation de Lestat. Il voulait passer devant, juste un instant, histoire de savoir ce qui se tramait.

– Tu cherches quelqu'un ? avait interrogé Daniel. Réponds, es-tu content de moi ou non ?

Qu'avait-il vu dans le regard d'Armand ? Une lueur d'ironie, de sensualité ? Son mentor l'avait guidé à la hâte le long des trottoirs jonchés de détritus, des bars, des cafés, des boutiques bourrées de vieilles fripes nauséabondes, des clubs louches aux devantures crasseuses ornées de lettres dorées dont les ventilateurs brassaient la fumée de leurs pales scintillantes et les fougères en pot s'étiolaient lentement dans la chaleur et la pénombre. Un premier groupe d'enfants en taffetas et paillettes – « des bonbons ou du bâton ! » – les avaient croisés.

Armand s'était arrêté, aussitôt encerclé de frimousses recouvertes de masques à trois sous, une ronde de fantômes, de vampires, de sorcières en plastique. Ses yeux bruns s'étaient illuminés ; en guise de sucreries, il avait versé une pluie de dollars en argent dans leurs sacs de papier ; puis il avait pris Daniel par le bras et l'avait entraîné.

– Tu es assez réussi, mon premier-né, lui avait-il murmuré avec un sourire ravageur, son visage encore éclairé de tendresse. (Sa voix n'avait-elle pas tremblé, n'avait-il pas jeté un regard circulaire comme s'il se sentait traqué ? Mais il s'était ressaisi :) Sois patient. J'ai peur pour nous deux, ne l'oublie pas.

Oh, nous grimperons ensemble jusqu'aux étoiles ! Rien ne peut nous arrêter. Les revenants qui hantent ces rues sont tous mortels !

C'est alors que le phalanstère avait explosé.

Il avait entendu la déflagration avant de voir le feu – un

faisceau tournoyant de flammes et de fumées, une vibration stridente que jamais il n'aurait pu percevoir auparavant : un son étrange, comme celui du papier d'argent qui se tord sous l'effet de la chaleur. Des humains, le cheveu en bataille, s'étaient précipités vers l'incendie.

Armand avait aussitôt poussé Daniel dans l'étroite échoppe enfumée d'un débit de boissons. Des regards torves ; des relents de sueur et de tabac. Des mortels, indifférents à la catastrophe, plongés dans des revues pornographiques. Armand l'avait fait avancer jusqu'au bout du minuscule réduit. Une vieille femme prenait un petit carton de lait et deux boîtes de nourriture pour chat dans l'armoire frigorifique. Un cul-de-sac, cet endroit.

Mais comment se cacher de cette chose qui passait au-dessus d'eux à en juger par le bruit assourdissant que les consommateurs ne discernaient même pas ? Il se boucha les oreilles, un geste idiot, inutile. La mort rôdait alentour. Des créatures semblables à lui se ruaient dans les arrière-cours délabrées, aussitôt rattrapées et foudroyées en pleine course. Cette image lui apparaissait par saccades. Puis, plus rien. Le silence qui résonnait dans sa tête. Le vacarme du tocsin, le crissement des pneus du monde des mortels.

Il était encore trop fasciné par cet univers de sensations nouvelles pour avoir peur. Chaque seconde avait un parfum d'éternité, le givre sur la porte de l'armoire frigorifique dessinait des arabesques. Les prunelles de la vieille dame brillaient comme deux petites pierres bleues.

Armand, ses mains glissées dans les poches de ses jeans étroits, avait un visage de marbre derrière le masque de ses lunettes noires. La clochette de la porte tinta, et un jeune homme entra, acheta une seule bouteille de bière allemande, puis repartit.

– C'est terminé, non ?

– Pour l'instant, avait répondu Armand.

Il n'en avait pas dit plus jusqu'à ce qu'ils soient dans le taxi.

– Elle savait que nous étions là ; elle nous a entendus.

– Alors pourquoi n'a-t-elle pas...

– Je n'en sais rien. Je sais seulement qu'elle le savait.

Et maintenant, la bousculade dans le hall, comme il aimait ça, le mouvement de la foule qui les entraînait vers les portes de la salle. Il ne pouvait même pas lever les bras, tant la cohue était dense ; pourtant des jeunes gens le dépassèrent en jouant des coudes et le heurtèrent délicieusement. Il rit de nouveau à la vue des affiches grandeur nature de Lestat qui tapissaient les murs.

Il sentit les doigts d'Armand soudain crispés dans son dos. Devant eux, une femme rousse s'était retournée et leur faisait face tout en se laissant porter par le flot des spectateurs.

Une douce onde de chaleur parcourut Daniel.

– Regarde, Armand, les cheveux roux. (Des cheveux semblables à ceux des jumelles dans le rêve. Les yeux verts de l'inconnue étaient rivés sur lui, lui sembla-t-il.) Armand, les jumelles !

Puis la femme fit volte-face et disparut à l'intérieur de la salle.

– Non, murmura Armand en hochant la tête.

Il était plongé dans une fureur muette, Daniel le devina. Il avait cette expression figée qu'il prenait lorsqu'il était offensé.

– Talamasca, chuchota-t-il avec un petit ricanement incongru.

Talamasca. La sonorité du mot frappa Daniel par sa beauté. Il en décomposa les racines latines. Quelque part dans sa mémoire, le sens surgit : masque d'animal. L'ancienne dénomination des sorciers et des chamans.

– Mais qu'est-ce que ça signifie au juste ? demanda-t-il.

– Que Lestat est un fou, répliqua Armand, le regard assombri d'une douleur profonde. Mais ça n'a plus d'importance, maintenant.

Khayman

Du porche, Khayman vit la voiture de Lestat s'engager dans le parc de stationnement. Il passait presque inaperçu malgré le fringant costume en jean qu'il venait de dérober sur un mannequin dans la vitrine d'un magasin. Ses lunettes à verres miroir dissimulaient inutilement ses yeux. La luminescence de sa peau n'avait guère d'importance. Partout où se posait son regard, il ne distinguait que masques et grimages, taffetas, tulles et paillettes.

Il se rapprocha de Lestat en se frayant comme à la nage une voie au milieu des adolescents hystériques qui prenaient d'assaut la voiture. Il entrevit enfin la crinière blonde et les yeux clairs du chanteur, lequel souriait et soufflait des petits baisers à ses adorateurs. Quel charme avait ce démon! Il conduisait lui-même, faisant vrombir son moteur. Tandis que son pare-chocs écartait la marée de ses fans, il lançait des œillades et minaudait, comme si son cerveau et son pied posé sur l'accélérateur n'étaient pas reliés l'un à l'autre.

Ivresse. Triomphe. Voilà ce que ressentait Lestat en ce moment. Et même son compagnon réticent, Louis, le garçon brun assis à ses côtés, qui considérait ces gamins braillards avec la même stupéfaction que des oiseaux de paradis, ne comprenait pas ce qui se passait vraiment.

Ni l'un ni l'autre ne savaient que la Reine était sortie de son immobilité. Pas plus qu'ils n'avaient connaissance du rêve des jumelles. Leur ignorance était stupéfiante. Et il était si facile de pénétrer leurs jeunes esprits. De toute évidence, le vampire Lestat, qui s'était fort habilement dissimulé jusqu'à cette nuit, était maintenant prêt à livrer bataille. Il arborait ses pensées et ses intentions comme autant de médailles.

— Traquez-nous! criait-il à ses fans qui ne l'entendaient pas. Massacrez-nous. Nous sommes malfaisants, pervers. D'accord, applaudissez et chantez avec nous pour le moment. Mais quand la vérité vous aura sauté aux yeux, alors nous en viendrons aux choses sérieuses. Et vous vous souviendrez que je ne vous ai jamais menti.

Une seconde, son regard croisa celui de Khayman. *Je veux être bon! Je donnerais mon immortalité pour le devenir!* Mais sa prière resta sans réponse.

Louis, le témoin, le fidèle, était là uniquement par amour. Tous deux s'étaient retrouvés la veille, et leur rencontre avait été extraordinaire. Louis suivait Lestat comme son ombre. Il périrait avec lui s'il le fallait. Mais leurs peurs et leurs espoirs pour cette nuit étaient désespérément humains.

Ils ne soupçonnaient même pas que la Reine les menaçait de sa fureur, qu'elle avait brûlé une heure plus tôt le phalanstère de San Francisco. Ni que la taverne infâme de la rue Castro était en flammes, les fuyards pourchassés.

Les nombreux buveurs de sang dispersés parmi la foule étaient d'ailleurs tout aussi ignorants. Ils étaient trop novices pour capter les messages des anciens, les cris des victimes. Le rêve des jumelles n'avait fait que brouiller leurs esprits. Paralysés par la haine ou une ferveur quasi religieuse, ils fixaient Lestat. Ils le détruiraient ou l'idolâtreraient. Ils ne se doutaient pas du danger qui les attendait.

Mais les jumelles dans tout ça ? Que signifiaient ces rêves ?

Khayman suivit du regard la voiture qui s'ouvrait un passage dans la marée humaine en direction de l'arrière du bâtiment. Il leva les yeux vers les étoiles, minuscules pointes de lumière dans la nappe de brume qui planait sur la ville. Il crut deviner la présence de son ancienne souveraine.

Il se retourna vers l'entrée et avança avec précaution au milieu de la cohue. Oublier de maîtriser sa force dans une telle foule serait catastrophique : il meurtrirait des chairs et briserait des os sans même s'en rendre compte.

Après avoir jeté un dernier regard sur la voûte céleste, il pénétra dans le hall, berna sans difficulté le contrôleur posté devant le tourniquet et se dirigea vers l'escalier le plus proche.

L'auditorium était presque plein. Il l'examina pensivement, savourant cet instant comme chacun des moments de son existence. L'architecture était neutre, résolument moderne et irrémédiablement laide – un simple réceptacle de lumières et de sons.

Mais les mortels, comme ils étaient beaux, rayonnants de santé, les poches bourrées de billets, partout des corps robustes dans lesquels aucun organe n'avait été rongé par la maladie, aucun os fracturé.

Du reste, la prospérité de cette ville stupéfiait Khayman. Dieu sait les richesses inimaginables qu'il avait vues en Europe, mais elles n'étaient rien en comparaison de la perfection de ce coin de terre surpeuplé – jusqu'aux minuscules cottages dans la campagne qui regorgeaient d'articles de luxe. Les allées étaient encombrées de voitures. Devant les banques, les pauvres tiraient leur argent de machines avec des cartes magiques en matière plastique. Aucun taudis. Des tours immenses, des hôtels fabuleux, des résidences à profusion. Cependant, encerclée comme elle l'était par la mer, les montagnes et les eaux scintillantes de la baie, cette cité prenait des allures de lieu de villégiature, d'escale où s'évader des souffrances et des turpitudes de ce monde.

Pas étonnant que Lestat eût choisi cet endroit pour jeter le gant. Dans l'ensemble, ces gamins choyés par l'existence semblaient résistants. Les privations ne les avaient ni meurtris ni affaiblis. Ils se révéleraient peut-être des adversaires à la hauteur d'un démon. A partir du moment, bien sûr, où ils s'apercevraient que le mythe et le personnage ne faisaient qu'un. Réveillez-vous, jeunes gens, humez l'odeur du sang.

Mais l'affrontement pourrait-il encore avoir lieu ?

Le dessein grandiose de Lestat, quel qu'il fût, risquait d'avorter car la Reine avait sûrement le sien, dont le chanteur ignorait tout.

Khayman se faufila jusque tout en haut de la salle. Jusqu'au siège en bois qu'il avait précédemment occupé. Il s'installa confortablement, écartant du pied les deux livres de vampires qui se trouvaient toujours là.

Quelques heures plus tôt, il avait dévoré ces récits. Le testament de Louis (« voyage dans le néant »). Et l'histoire de Lestat (« bavardages et ragots que tout cela »). Cette lecture avait clarifié bien des points. Et ses pressentiments quant aux intentions de Lestat en avaient été confirmés. Mais du mystère des jumelles, il n'était pas question, bien évidemment.

Pour ce qui était des visées de la Reine, elles lui échappaient toujours.

Elle avait exterminé des centaines de buveurs de sang à travers le globe, mais en avait épargné d'autres.

Marius vivait encore. En détruisant le mausolée, elle l'avait châtié mais non supprimé, ce qui lui aurait été facile. De sa prison de glace, il appelait les anciens, les mettant en garde, suppliant qu'on vienne à son secours. Khayman discernait sans effort deux immortels qui accouraient à l'aide du captif, bien que l'une, la propre fille de Marius, ne pût même pas capter ses cris. Pandora était son nom, Pandora la forte et la solitaire. L'autre, dénommé Santino, qui entendait par contre la voix de Marius, s'efforçait de suivre sa puissante compagne.

A n'en pas douter, la Reine aurait pu les terrasser, si telle avait été sa volonté. Elle les voyait et les entendait qui poursuivaient leur route, sans pour autant s'interposer.

Au nom de quoi la Reine choisissait-elle ses victimes ? Ceux qui se trouvaient dans cette salle avaient sûrement été préservés dans un but quelconque...

Daniel

Ils avaient atteint les portes et devaient maintenant franchir les derniers mètres de la rampe étroite qui débouchait sur l'immense parterre ovale.

La foule s'éparpilla comme une poignée de billes qui roulent dans tous les sens. Daniel progressait en direction du centre, tenant Armand par la ceinture pour ne pas le perdre, parcourant du regard la salle en fer à cheval, les rangées de sièges qui s'élevaient jusqu'au plafond. Les mortels grouillaient sur les escaliers en ciment, se penchaient au-dessus des balustrades en fer ou s'agglutinaient aux remous de la multitude autour de lui.

Soudain, il ne distingua plus qu'une masse confuse, le crissement sourd d'une machinerie géante. Ce fut alors, pris dans cette hallucination, qu'il vit *les autres*. Il perçut la différence évidente entre les morts et les morts vivants. Partout, des créatures comme lui, dissimulées dans la forêt des humains, mais luisant tels les yeux des hiboux sous la lumière de la lune. Ni les maquillages, ni les lunettes noires, ni les capuchons ne pouvaient les camoufler aux yeux de leurs semblables. Ce n'était pas seulement l'éclat mystérieux de leurs visages et de leurs mains. C'était la grâce nonchalante et souple de leurs mouvements, comme si en eux l'esprit dominait la chair.

Mes frères, mes sœurs, enfin !

Mais ils respiraient la haine. Une haine perfide ! Tout à la fois, ils adoraient Lestat et le condamnaient. Ils avaient le goût de haïr et de punir. Soudain, il surprit le regard d'un mastodonte aux cheveux noirs et huileux qui, découvrant ses crocs dans une grimace hideuse, lui révéla la machination avec une précision stupéfiante. Sur scène, devant les spectateurs, ils démembreraient et décapiteraient Lestat, puis brûleraient sa dépouille sur un bûcher au bord de la mer. L'anéantissement du monstre et de sa légende. *Es-tu avec ou contre nous ?*

Daniel partit d'un éclat de rire :

– Vous ne le tuerez jamais, dit-il.

Le souffle coupé, il entraperçut la lame tranchante de la faux que la créature cachait sous sa cape. Puis la brute se retourna et disparut. *Tu fais partie du clan maintenant. Tu en connais tous les secrets !* La tête lui tournait, il se sentit au bord de la folie.

La main d'Armand se referma sur son épaule. Ils étaient parvenus au centre du parterre. Au fur et à mesure qu'ils avançaient, la foule devenait plus dense. De jolies filles en robe de soie noire se pressaient contre des motards harnachés de blousons de cuir râpés. Des plumes lui frôlèrent la joue ; il vit un diable écarlate, le front garni de cornes énormes ; une figure osseuse et décharnée couronnée de boucles dorées et de peignes de nacre. Des cris sporadiques s'élevèrent dans la pénombre bleuâtre. Les types en cuir noir hurlaient comme des loups ; une voix tonitruante clama « Lestat ! », suivie aussitôt par d'autres.

Armand avait de nouveau cet air absent, cette expression de profonde concentration, comme si le spectacle qui l'entourait l'indifférait totalement.

– Trente peut-être, pas plus, murmura-t-il à l'oreille de Daniel. Et un ou deux sont si vieux qu'ils pourraient tous nous anéantir en un instant.

– Où sont-ils ? Montre-moi où ils sont.

– Tends l'oreille et détecte-les toi-même, répondit Armand. On ne leur échappera pas longtemps.

Khayman

L'enfant de Maharet. Jessica. Protège l'enfant de Maharet. Protège-la. Fuis cet endroit. Ce message assaillit Khayman à l'improviste.

Il se redressa, tous ses sens en alerte. De nouveau, il avait entendu Marius, Marius qui s'efforçait d'atteindre par ses cris les jeunes oreilles peu exercées du vampire Lestat, lequel se préparait à entrer en scène. *L'enfant de Maharet. Jessica.* Que pouvait signifier cet appel qui, sans aucun doute, se rapportait à une mortelle ?

Cette supplication inattendue, émise par un esprit puissant et qui pourtant se laissait pénétrer, l'envahit une nouvelle fois : *Défends Jesse. Retiens la Mère...* Une supplication inarticulée, une image fulgurante, un déferlement de lumière.

Khayman scruta les rangées de balcon grouillant de monde. Très loin, dans un coin de la ville, errait un ancien, terrorisé par la Reine et pourtant impatient de la contempler. Il était venu ici pour mourir, mais aussi pour découvrir son visage à l'heure ultime.

Khayman ferma les yeux pour repousser cette vision. Mais tout à coup, il capta la voix. *Jessica, ma Jessica.* Et à travers cette imploration lui apparut Maharet ! Il la vit soudain, nimbée d'amour, aussi vieille et pâle que lui. Étourdi de chagrin, il retomba sur son siège et inclina un instant la tête. Puis il fouilla du regard les poutrelles d'acier, l'enchevêtrement de fils électriques et de projecteurs rouillés.

– Où es-tu ? murmura-t-il.

A l'autre bout de la salle, il repéra le personnage dont provenaient ces pensées. Le buveur de sang le plus âgé qu'il eût jamais aperçu jusqu'alors. Un Nordique gigantesque, endurci et rusé, vêtu de cuir brut grossièrement taillé, les cheveux longs couleur paille, l'œil petit et profondément enfoncé sous un sourcil épais, ce qui lui donnait un air songeur.

L'inconnu poursuivait une femme gracile qui se frayait un chemin à travers la foule du parterre. Jesse, la fille mortelle de Maharet.

Fou de douleur, incrédule, il observa attentivement la femme qui se laissait ballotter au gré de la bousculade. La ressemblance était si frappante que les larmes lui montèrent aux yeux. Les longues boucles cuivrées de Maharet, le même corps élancé et fragile, son regard vert, intelligent et curieux, qui explorait la salle.

Le profil de Maharet. Sa peau, si pâle, presque lumineuse du temps où elle était mortelle, comme l'intérieur nacré d'un coquillage.

En un éclair, il revit la peau de Maharet à travers l'étau sombre de sa propre main. Lorsqu'il avait plaqué son visage sur le côté pendant qu'il la violait, ses doigts avaient touché les paupières délicates. Ce n'était qu'un an plus tard, quand on lui avait arraché les yeux, qu'il s'était rappelé cet instant, le contact de cette chair. Juste avant qu'il ne ramasse les yeux et...

Il frémit. Une douleur aiguë lui coupa le souffle. Non, sa mémoire ne le trahirait pas. Il ne se déroberait plus, lui le bouffon bienheureux qui se berçait d'oubli.

La fille de Maharet, d'accord. Mais comment ? A travers combien de générations ces caractères héréditaires avaient-ils survécu pour éclore dans cette jeune femme qui semblait s'escrimer à atteindre le devant de la scène ?

Ce n'était pas impossible, pourtant. Trois cents ancêtres, peut-être, séparaient cette femme du xxe siècle de l'après-midi lointain où il avait passé autour de son cou le collier du Roi et descendu les marches du trône pour commettre le forfait au nom de son souverain. Moins même, qui sait ?

Mais plus étonnant encore, Maharet n'avait jamais perdu la trace de sa descendance. Elle connaissait à coup sûr cette femme. Le message du grand buveur de sang en témoignait.

Il scruta les pensées du colosse. Maharet vivante. Maharet, gardienne de sa lignée mortelle. Maharet, incarnation d'une force et d'une volonté illimitées. Maharet qui n'avait donné aucune explication sur le rêve des jumelles à ce blond serviteur, mais l'avait envoyé à sa place sauver Jessica.

Elle était donc vivante ! Et si elle était vraiment en vie, alors sa sœur aussi l'était !

Il sonda avec encore plus d'attention la créature. En vain. Seule lui parvenait l'ardeur protectrice qui animait cet être. Défendre Jesse de la fureur de la Mère, mais la soustraire également à cet endroit où ses yeux verraient ce que personne jamais ne pourrait justifier.

Et comme ce géant blond, tout à la fois guerrier et prêtre, haïssait la Reine ! Il la haïssait pour avoir troublé la sérénité de son existence éternelle et mélancolique. Parce que son amour si triste, si tendre pour Jessica exacerbait sa propre angoisse. Il connaissait certes l'ampleur du massacre, il savait que d'un bout à l'autre de ce continent, les buveurs de sang avaient été exterminés, à l'exception de quelques privilégiés, pour la plupart massés sous ce toit, n'imaginant même pas le sort qui les attendait.

Le rêve des jumelles l'avait hanté, lui aussi, mais il ne le comprenait pas. Que lui importaient deux sœurs rousses dont il ignorait tout ! Une seule beauté flamboyante gouvernait sa vie. Alors, une fois encore, le visage de Maharet apparut à Khayman, l'image fugitive d'un regard humain, las et doux, derrière un masque de porcelaine. *Arrête de me harceler de questions, Mael. Fais ce que je te dis.*

Le silence retomba. Le buveur de sang avait soudain pris conscience d'être épié. Il inspecta la salle, essayant de découvrir l'intrus.

L'évocation de son propre nom avait suffi, comme souvent, à éveiller sa méfiance. La créature s'était sentie identifiée, percée à jour. Khayman, quant à lui, avait été frappé par ce nom, l'associant immédiatement au Mael du livre de Lestat. C'était sans aucun doute le même personnage – le druide qui avait attiré Marius dans la forêt sacrée où le dieu du sang l'avait métamorphosé en l'un des leurs et envoyé en Égypte à la recherche de la Mère et du Père.

Oui, c'était le même Mael. Et il écumait de rage à l'idée de s'être laissé reconnaître.

Une fois maîtrisée sa colère, toute pensée et émotion s'effacèrent. Une démonstration de force plutôt éblouissante, dut admettre Khayman. Il se détendit et s'adossa à son siège. La créature ne parvenait pas à le repérer. Elle avait détecté dans la foule une douzaine de faces blanches, mais pas la sienne.

Maintenant, l'intrépide Jessica était arrivée à ses fins. Courbée en deux, elle s'était faufilée entre les motards qui monopolisaient les premiers rangs et s'était redressée pour agripper le rebord de l'estrade.

Son bracelet d'argent étincela dans la lumière – minuscule poignard qui transperça la cuirasse de Mael. Une fraction de seconde, l'amour du Celte transparut.

« Celui-là va mourir, lui aussi, s'il n'apprend pas à être plus prudent », songea Khayman. Il avait été formé par Maharet certainement, et peut-être nourri de son sang, mais de toute évidence, il ne disciplinait ni son cœur ni ses humeurs.

Puis, quelques mètres derrière Jesse, dans le tourbillon de couleurs et de bruits, Khayman remarqua un autre personnage mystérieux, beaucoup plus jeune que le colosse, pourtant presque aussi puissant à sa manière.

Il tenta de capter son nom, mais la créature avait fait le vide dans son cerveau : pas une pensée ne s'en échappait. Un jeune garçon à l'époque de sa mort, les cheveux raides et auburn, des yeux qui lui dévoraient le visage. Cependant Khayman détecta sans peine le nom de cet être en fouillant l'esprit de son fils nouvellement promu, debout à ses côtés. Il s'appelait Armand. Le novice, quant à lui, était depuis peu initié. Toutes les molécules de son corps dansaient pour se combiner aux éléments démoniaques et invisibles.

Armand séduisit immédiatement Khayman. Il était sûrement le complice que Louis et Lestat décrivaient dans leurs récits – l'immortel à jamais adolescent. Malgré sa jeunesse – cinq cents ans tout au plus –, il était parvenu à se forger une armure inébranlable. Il paraissait astucieux, maître de lui, mais dépourvu de toute affectation – son comportement montrait qu'il ne cherchait nullement à s'afficher. Averti par son instinct, il leva ses grands yeux bruns et doux et les braqua aussitôt sur la silhouette lointaine de Khayman.

– Je ne vous veux aucun mal, à toi et à ton protégé, murmura Khayman en sorte que ses lèvres modèlent et contrôlent ses pensées. Je ne suis pas un allié de la Mère.

Armand entendit mais ne répondit pas. Quelle que fût sa terreur à la vue d'un si vieux vampire, il la contrôla. On aurait pu croire qu'il contemplait le mur derrière Khayman, le flot continu de gamins excités qui se déversait dans l'escalier par les portes du haut.

Et, sans hésitation, ce petit être d'un demi-siècle à l'étrange séduction, fixa son regard sur Mael lorsqu'une nouvelle vague d'inquiétude pour la fragile Jesse submergea celui-ci.

Khayman avait le sentiment de comprendre et d'aimer Armand. Quand leurs yeux se rencontrèrent une seconde fois, il eut l'impression que tout ce qu'il avait lu sur cette créature dans les deux livres se trouvait confirmé en même temps que justifié par la simplicité foncière du jeune garçon. La solitude qu'il avait ressentie à Athènes lui devint insoutenable.

– Tu es un peu comme moi, reprit-il tout bas. Tu es désorienté parce que tu connais trop bien le terrain. Tu as beau essayer de les fuir, tu butes toujours sur les mêmes montagnes, la même vallée.

Pas de réponse, comme de juste. Khayman sourit en haussant les épaules. A celui-là, il aurait donné n'importe quoi. Dans un élan de confiance, il lui découvrit sa tendresse.

A présent, il s'agissait de les aider, ces deux-là, qui peut-être gardaient l'espoir de dormir du sommeil de l'immortalité jusqu'au prochain coucher du soleil. Et plus essentiel encore, comment faire pour atteindre Maharet, déjouer la surveillance jalouse du farouche Mael.

Dans un souffle, Khayman dit à Armand :

– Crois-moi, je ne suis pas un allié de la Reine. Fonds-toi dans la foule des mortels. Si tu t'en écartes, elle te repérera aussitôt. C'est aussi simple que ça.

Le visage d'Armand resta de marbre. A côté de lui, le jeune Daniel, béat, savourait le spectacle qui l'entourait. Il ignorait la peur, les conspirations, le rêve. Et pourquoi pas ? Sous la protection de cette créature aux pouvoirs exceptionnels, il était autrement mieux loti que les autres.

Khayman se leva, surtout pour échapper à la solitude. Il allait s'approcher d'Armand ou de Mael. C'était cela qu'il avait désiré à Athènes, quand la mémoire de son glorieux passé avait resurgi. Être près de ses semblables. Parler, toucher... quelque chose.

Il longea la galerie qui courait tout autour de la salle, de part et d'autre du gigantesque écran de vidéo dressé au fond de la scène.

Il avançait précautionneusement, attentif à ne pas broyer les mortels qui le bousculaient. S'il progressait de la sorte, c'était aussi pour permettre à Mael de le repérer.

Il se doutait qu'il offenserait terriblement cette créature fière et belliqueuse s'il lui tombait dessus par surprise. Il n'accéléra donc le pas que lorsqu'il fut certain que Mael avait conscience de sa présence.

Mael n'était pas capable comme Armand de cacher sa peur. A l'exception de Maharet, il n'avait jamais vu un buveur de sang de l'âge de Khayman. Un ennemi peut-être. Khayman lui adressa le même message amical qu'à Armand – Armand qui les observait –, mais le vieux guerrier demeura sur la défensive.

La salle était maintenant close. A l'extérieur, des gamins hurlaient et martelaient les portes. Khayman entendit la plainte stridente entrecoupée de grésillements des radios de la police.

Lestat le vampire et ses compagnons jaugeaient le public, l'œil collé contre les trous pratiqués dans l'immense rideau de serge.

Lestat étreignit Louis, et tous deux s'embrassèrent sur la bouche, tandis que les musiciens mortels faisaient cercle autour d'eux.

Khayman s'immobilisa un instant pour s'imprégner de cette atmosphère électrisée.

Jesse attendait, les bras appuyés sur le rebord du plateau, son menton dans ses mains. Les types derrière elle, des mastodontes bardés de cuir noir, à demi ivres et hystériques, tentaient brutalement de la déloger sans y parvenir.

Pas plus que ne l'aurait pu Mael, s'il avait essayé.

Alors qu'il la contemplait, un mot s'imposa soudain à Khayman. Un seul : Talamasca. Cette femme appartenait à cette organisation, elle était membre de cet ordre.

« Impossible », pensa-t-il une fois encore, puis il se mit à rire intérieurement de sa naïveté. C'était la nuit des coups de théâtre, non ? Pourtant, il semblait incroyable que Talamasca eût survécu depuis l'époque reculée, des siècles auparavant, où il s'était amusé à tourmenter ses membres, puis avait renoncé à ces facéties, soudain désarmé devant la candeur, l'ignorance des malheureux.

Ah, quel miroir horrible que le souvenir! Puissent ses vies passées retomber dans l'oubli! Il revoyait les visages de ces moines séculiers et aventureux qui l'avaient si maladroitement pourchassé à travers l'Europe, notant ses apparitions fugitives dans de grands registres reliés en cuir, faisant grincer leurs plumes d'oie jusque tard dans la nuit. Durant ce bref sursaut de conscience, il se dénommait Benjamin, et dans leur calligraphie latine alambiquée, ils l'avaient baptisé Benjamin le démon, envoyant à leurs supérieurs d'Amsterdam d'interminables épîtres sur des parchemins cachetés de gros sceaux dégoulinant de cire.

Ç'avait été un jeu d'enfant de subtiliser leurs missives et d'y ajouter ses remarques personnelles; de les terroriser; de ramper de dessous leurs lits en plein milieu de la nuit, de les empoigner à la gorge et de les secouer. Quelle partie de plaisir! Mais tout pour lui était divertissement. Et quand le divertissement cessait, il replongeait dans le sommeil.

N'empêche qu'il les avait appréciés; ils n'étaient ni des

exorcistes, ni des prêtres chasseurs de sorcières, ni des mages se flattant de dompter et de contrôler son pouvoir. Il avait même songé une fois que lorsque le temps viendrait pour lui de se rendormir, il choisirait pour refuge les caves de leur maison mère délabrée. En dépit de leur curiosité intempestive, ils ne l'auraient jamais trahi.

Et dire que l'ordre avait traversé ces siècles avec la même opiniâtreté que l'Église catholique, et que cette jolie mortelle au bracelet scintillant, adorée de Maharet et de Mael, était l'une de leurs prosélytes! Pas étonnant qu'elle se fût frayé un chemin jusqu'au premier rang comme jusqu'au pied d'un autel.

Khayman se rapprocha encore de Mael, mais par égard pour cette créature que la peur étreignait et qui en avait honte, il ne franchit pas les derniers mètres qui les séparaient. Ce fut Mael qui en prit l'initiative.

La foule impatiente ne les remarquait même pas. Mael se pencha vers Khayman, ce qui devait être une forme de salutation, un gage de confiance. Il parcourut du regard la salle comble, le parterre, mosaïque de couleurs criardes, de chevelures chatoyantes et de minuscules poings levés. Puis il tendit le bras et toucha Khayman, comme mû par une force irrésistible. Du bout des doigts, il lui palpa le dos de la main. Khayman se garda de bouger le temps de cette petite exploration.

Combien de fois avait-il assisté à ce genre de scène entre immortels, le jeune vérifiant la texture et la dureté de la chair de son aîné. Un saint de la religion chrétienne n'avait-il pas glissé sa main dans les plaies du Christ afin de se convaincre que sa vue ne l'avait pas trompé? Une autre comparaison plus terre à terre le fit sourire. Ils étaient plutôt comme deux chiens féroces qui se flairent.

Là-bas, à l'orchestre, Armand, toujours impassible, ne les quittait pas des yeux. Il remarqua sûrement le regard hautain que lui jeta Mael, mais l'ignora.

Khayman se tourna vers Mael et lui étreignit la main. Celui-ci eut un mouvement de recul qui le blessa. Il s'écarta toutefois. Un instant, il céda au découragement. Il contempla Armand. Le bel Armand qui le fixait avec la plus totale indifférence. Mais il se ressaisit. Il était temps d'en venir au fait.

— Tu dois renforcer ton armure, mon ami, dit-il doucement à Mael. Ne laisse pas ton amour pour cette fille te trahir. Jesse n'a rien à craindre si tu évites de penser à elle et à sa protectrice. Le nom de Maharet est à jamais maudit pour la Reine.

– Et où est-elle donc, cette Reine ? demanda Mael, sa peur déferlant en même temps que la fureur pour la combattre.

– Tout près.

– Oui, mais où ?

– Je n'en sais rien. Elle a brûlé leur taverne. Elle traque les quelques vampires qui ne sont pas venus au concert. Elle prend son temps. Cela, je l'ai appris en captant les cris de ses victimes.

Khayman vit la créature frémir. Il perçut en elle une transformation subtile qui trahissait sa colère croissante. Fort bien. La terreur s'étiolerait dans le feu de la rage. Mais quel être irascible, incapable de raisonner.

– Et pourquoi m'administres-tu ces conseils alors qu'aucun des mots que nous prononçons ne lui échappe.

– Permets-moi d'en douter, répliqua calmement Khayman. Je suis du Premier Sang, mon ami. Intercepter les pensées de nos pairs comme nous le faisons de celles des mortels, ce fléau est l'apanage de ceux d'entre nous dont la parenté est éloignée. Il me serait impossible de lire dans son esprit, même si elle était à côté de moi, et le mien lui est également fermé, tu peux en être sûr. Il en a toujours été ainsi pour notre espèce depuis les premières générations.

Cette déclaration troubla le géant blond. Alors, Maharet ne pouvait pas entendre la Mère ! Elle ne le lui avait jamais avoué.

– En effet, dit Khayman. Et la Mère ne peut la détecter qu'à travers tes pensées, aussi surveille-toi, je t'en prie. Désormais, parle-moi comme entre humains, car cette ville gronde déjà de milliers de voix.

Les sourcils froncés, Mael réfléchit. Il lança un regard courroucé à Khayman, comme s'il voulait le frapper.

– Et ce minable stratagème suffira à la vaincre ?

– Souviens-toi que le mieux est parfois l'ennemi du bien. (Tout en parlant, Khayman continuait à observer Armand :) Dans cette clameur assourdissante, peut-être ne parvient-elle à isoler aucune voix. Et si elle veut en écouter une attentivement, il lui faut se barricader contre les autres. Tu as suffisamment vécu pour connaître la tactique.

Mael ne répondit pas. Mais il était évident qu'il comprenait. Pour lui aussi, le don télépathique avait toujours été une malédiction, qu'il fût assailli par les voix de ses semblables ou celles des humains.

Khayman acquiesça d'un signe de tête. La transmission de pensée. Un terme si anodin pour décrire la folie dans laquelle il avait sombré, il y avait une éternité de cela, après des années, allongé immobile, recouvert de poussière, dans les profondeurs d'un tombeau égyptien, à écouter les lamentations du monde, sans plus savoir qui il était.

— Précisément, mon ami, répliqua-t-il. Pendant deux mille ans, tu as combattu ces voix, alors que notre Reine s'y est peut-être noyée. Il semble que le vampire Lestat ait couvert le tumulte par ses vociférations ; d'un claquement de doigts, il a rompu le charme, en quelque sorte. Mais ne surestime pas une créature qui est demeurée si longtemps pétrifiée. C'est absurde.

Ces arguments surprirent quelque peu Mael, mais leur logique l'ébranla. En bas, Armand demeurait attentif.

— Qu'elle en soit consciente ou non, elle n'est pas omnipotente, poursuivit Khayman. Elle était toujours prête à atteindre les étoiles, puis elle reculait, comme frappée d'horreur.

— Comment ça ? interrogea Mael fiévreusement en se penchant vers son compagnon. Qui est-elle véritablement ?

Khayman haussa les épaules.

— Elle était pleine de rêves et de nobles idéaux. Comme Lestat. Le blondin derrière le rideau qui brûle de dispenser le bien, de rassembler sous sa houlette ses misérables adorateurs.

Un sourire glacial, cynique, se dessina sur les lèvres de Mael.

— Mais qu'a-t-elle l'intention de faire, bon dieu ? D'accord, il l'a réveillée avec ses rengaines abominables. Est-ce une raison pour nous exterminer ?

— Elle a une idée derrière la tête, sois en certain. Notre Reine n'a jamais été à court d'idées. Elle ne pouvait esquisser le moindre geste sans nourrir un grand dessein. Et comme tu le sais sûrement, nous ne changeons pas avec le temps ; nous sommes pareils aux fleurs qui s'ouvrent, nous ne faisons que devenir un peu plus nous-mêmes. (Il regarda de nouveau Armand :) Quant à son objectif, je n'ai que des suppositions à te proposer...

— Alors parle.

— Ce concert aura lieu, parce que Lestat le souhaite. Et aussitôt qu'il sera terminé, le massacre reprendra. Mais elle épargnera certains d'entre nous, quelques-uns pour servir sa cause, d'autres peut-être pour témoigner de son acte.

Khayman observait Armand. Il s'étonnait que son visage fermé exprime tant de sagesse, à l'inverse des traits ravagés de Mael. Et qui pouvait dire lequel saisissait le mieux la situation ?

— Témoigner de son acte ? ricana Mael. Je n'en crois rien. A mon avis, elle est moins machiavélique. Elle épargne ceux qui ont la faveur de Lestat, un point c'est tout.

Cette hypothèse n'était pas venue à l'esprit de Khayman.

— Réfléchis une seconde, reprit Mael dans son anglais rocailleux. Louis, le compagnon de Lestat, il est toujours vivant, que je sache ? Et Gabrielle, la mère de ce monstre, elle est tout près d'ici, à attendre sagement de retrouver son fils. Et cet Armand, là-bas, que tu dévores des yeux, il semble que Lestat aurait plaisir à le revoir, alors il est indemne, et avec lui ce paria, ce type qui a publié le livre maudit et que les autres dépèceraient si seulement ils le devinaient...

— Non, c'est plus compliqué. Il ne peut en être autrement. Elle n'a pas le pouvoir d'éliminer certains d'entre nous. Et ceux qui rejoignent Marius en ce moment même, Lestat ne sait rien d'eux, à part leurs noms.

Mael tressaillit imperceptiblement. Sa peau se teinta d'un éclat humain tandis que ses yeux se plissaient. Il aurait volé au secours de Marius s'il l'avait pu, c'était évident. Il serait parti cette nuit même, si Maharet avait été là pour protéger Jessica. Il s'efforçait maintenant de chasser de son esprit le nom de Maharet. Il craignait Maharet, terriblement.

— Je vois, remarqua Khayman, tu essayes de me cacher

ce que tu sais. Et c'est précisément ce que tu dois me révéler.

— Mais je ne le peux pas, dit Maël. (Le mur s'était refermé, impénétrable). On ne me donne pas d'explication, seulement des ordres, mon ami. Ma mission est de survivre à cette nuit, et de sortir sain et sauf d'ici l'être confié à ma garde.

Khayman voulut le harceler, insister. Mais il n'en fit rien. Une modification subtile, légère, s'était produite autour de lui, un changement si net et pourtant si infime qu'il ne pouvait déterminer si c'était un mouvement ou un bruit.

Elle arrivait. Elle se rapprochait. Il eut l'impression de se détacher de son corps tant il s'appliquait à écouter. Oui, c'était elle. Toutes les rumeurs de la nuit refluaient pour l'embrouiller, mais il capta le son — un son mat, distinct, qu'elle ne pouvait déguiser, le son de sa respiration, du battement de son cœur, d'une force précipitée à travers l'espace à une vitesse aberrante, provoquant l'inéluctable collision du visible et de l'invisible.

Mael le discerna. Armand aussi. Même Daniel le perçut alors que beaucoup d'autres novices n'en avaient nullement conscience. Certains des mortels les plus réceptifs s'agitaient, comme s'ils le devinaient, eux aussi.

— Je dois te quitter, mon ami, fit Khayman. Rappelle-toi mon conseil.

Impossible d'en dire plus à présent.

Elle était tout près. Sans aucun doute, elle scrutait, guettait.

Pour la première fois, il éprouva le besoin irrésistible de la voir, de pénétrer les cerveaux des infortunés, là-bas dans la nuit, dont le regard s'était peut-être posé sur elle.

— Au revoir, mon ami, répéta-t-il. Il vaut mieux que nous nous séparions.

Mael le fixa, déconcerté. En bas, Armand attrapa Daniel par le bras et entreprit de se dégager de la foule.

La lumière s'éteignit brusquement. Une seconde, Khayman pensa que la Reine exerçait son pouvoir, que l'heure du châtiment insensé avait sonné.

Mais le public autour de lui connaissait le rituel. Le concert allait commencer! Une tempête de hurlements, d'ovations, de battements de pieds emplit la salle. Un rugissement collectif. Il sentit le sol trembler.

De minuscules flammes vacillèrent tandis que les mortels grattaient des allumettes, allumaient leurs briquets. Et dans cette clarté diffuse se profilaient des milliers de formes mouvantes. Les cris se mêlaient en un chœur grandiose.

– Je ne suis pas un lâche, murmura Mael dans une impulsion soudaine.

Il prit la main de Khayman, puis la relâcha comme si sa dureté le répugnait.

– Je sais, dit Khayman.

– Aide-moi. Aide Jessica.

– Ne prononce plus son nom. Tiens-toi à distance d'elle. La guerre a repris, druide. Te rappelles-tu ? Il est temps de faire appel à la ruse, non à la fureur. Demeure au milieu du troupeau des mortels. Je t'aiderai au moment opportun, si je le peux.

Il aurait tant voulu le questionner encore ! Dis-moi où est Maharet ! Mais il était trop tard maintenant. Il se détourna et longea la galerie jusqu'à un espace libre qui ouvrait sur un étroit escalier en ciment.

Au-dessous de lui, dans la pénombre de la scène, apparurent les musiciens mortels qui se précipitaient entre les fils et les haut-parleurs pour rassembler leurs instruments posés sur le sol.

Lestat le vampire franchit d'un pas résolu le rideau, sa cape noire voltigeant autour de lui tandis qu'il avançait vers la rampe. Le micro à la main, il s'arrêta à moins d'un mètre de Jesse. La foule était en extase. Applaudissant, sifflant, beuglant dans un vacarme inimaginable. Malgré lui, Khayman rit de cette frénésie absurde, du minuscule personnage béat qui riait lui aussi de son succès.

Puis dans un grand éclair blanc, le plateau s'illumina. Khayman fixa non pas les petites silhouettes qui se pavanaient dans leurs costumes de scène, mais l'immense écran vidéo qui descendait du plafond. L'image de Lestat le vampire, haute de dix mètres, resplendit soudain. La bouche entrouverte, il souriait. Il leva les bras, secoua sa crinière blonde. Alors, rejetant la tête en arrière, il poussa un long hurlement.

Le public, debout, délirait. L'édifice tout entier grondait. Mais ç'était ce hurlement qui déchirait les tympans. La voix puissante de Lestat absorbait le tumulte.

Khayman ferma les yeux. Derrière le cri monstrueux de Lestat, il tenta d'isoler l'autre son, celui de la Mère, mais il n'y parvint pas.

— Ma Reine, murmura-t-il, cherchant, sondant, aussi inutile que ce fût.

Dressée sur une butte verdoyante, écoutait-elle le chant de son troubadour ? Il sentit la brise humide et vit le ciel plombé comme n'importe quel mortel voit et sent ces choses. Les lumières de San Francisco, ses collines pailletées, ses tours scintillantes, luisaient telles des balises dans la nuit de la ville, soudain aussi redoutables que le paysage lunaire ou que la dérive des galaxies.

Elle lui apparut, telle qu'elle était dans cette rue d'Athènes, alors qu'elle regardait brûler la taverne qui avait abrité ses enfants. Sa cape en lambeaux flottait autour de ses épaules, le capuchon découvrant sa chevelure tressée. Ah, elle était bien la Reine des Cieux, comme autrefois elle avait tant aimé qu'on la célébrât, orchestrant l'éternelle litanie. Son regard absent brillait dans la lumière électrique ; ses lèvres étaient douces, candides. Son visage délicat, un miracle de beauté.

Cette vision le ramena des siècles en arrière jusqu'à ce moment obscur où, homme mortel, il s'était présenté devant elle, le cœur battant, pour entendre sa volonté. Sa Reine, maintenant maudite et vouée au culte de la Lune, possédée par un démon avide de sang, ne pouvait plus supporter l'éclat des lampes autour d'elle. Comme elle était agitée, arpentant le sol de terre battue, prisonnière des murs de sa chambre hérissés de sentinelles peintes et muettes.

— Ces jumelles, avait-elle explosé, ces sœurs malfaisantes, ont prononcé des paroles sacrilèges.

— Aie pitié d'elles, avait-il plaidé. Elles ne te voulaient aucun mal. Je te jure qu'elles disent la vérité. Laisse-les s'en aller, ma princesse. Elles n'ont pas le pouvoir de modifier ce qui est.

Quelle compassion il avait ressentie pour elles trois! Les jumelles et sa souveraine tourmentée.

— Il nous faut pourtant départager la vérité du mensonge, avait-elle répliqué. Approche, mon fidèle intendant, toi qui m'as toujours servie avec tant de dévotion...

— Ma Reine, ma Reine bien-aimée, que veux-tu de moi ?

Et le visage empreint de la même douceur, elle avait posé ses mains de glace sur sa gorge, l'étreignant avec une force terrifiante. Il avait observé, horrifié, son regard qui lentement se figeait, sa bouche béante. Les deux minuscules crocs avaient brillé un instant, tandis qu'elle se dressait sur la pointe des pieds avec cette grâce étrange des créatures de cauchemar. *Pas moi. Tu ne me ferais pas ça à moi. Je suis Khayman, ma Reine.*

Il aurait dû périr depuis longtemps, comme tant de buveurs de sang par la suite. Disparus sans laisser de traces, telle la multitude anonyme réduite en poussière dans les entrailles de la terre. Mais il n'avait pas péri. Et les jumelles – du moins, l'une d'entre elles – avaient également survécu.

Le savait-elle ? Avait-elle connaissance de ces rêves terribles ? Son esprit les avait-il captés à travers les pensées de ceux qui en étaient hantés ? Ou n'avait-elle eu de cesse, toute cette nuit, depuis sa résurrection, que de parcourir les continents, tendue vers une unique tâche ?

Elles vivent, ma Reine, elles continuent d'exister, fusionnées en une seule, même si l'autre est morte. *Rappelle-toi l'ancienne prophétie!* Si seulement elle pouvait entendre sa voix !

Il rouvrit les yeux. Il avait de nouveau basculé dans le présent, prisonnier de cette carapace ossifiée qu'était devenu son corps. Et la musique le soûlait de son rythme impitoyable. Elle lui martelait les oreilles. Les lumières tournoyantes l'aveuglaient.

Il se retourna et s'agrippa au mur. Jamais le bruit ne l'avait submergé à ce point. Il crut qu'il allait s'évanouir, mais la voix de Lestat le fit revenir à lui. A travers ses doigts écartés, il fixa l'éblouissant carré blanc de la scène, incapable de réprimer son émotion. Regarda ce démon chanter et danser avec ivresse.

La voix puissante de ténor n'avait nul besoin d'amplificateurs. Et même les immortels disséminés au milieu de leurs proies accompagnaient son chant, tant la passion qu'il exprimait était contagieuse. Le public tout entier, vivant ou mort vivant, vibrait. Les corps oscillaient du même mouvement que les musiciens sur l'estrade. Les timbres se mêlaient. La salle tanguait par vagues successives.

Le visage gigantesque de Lestat se déploya sur l'écran tandis que la caméra s'en rapprochait. L'œil bleu s'immobilisa, complice, sur Khayman.

Pourquoi ne me tuez-vous pas ? Vous savez ce que je vaux !

Le rire du vampire couvrit le gémissement nasillard des guitares.

Ne reconnaissez-vous pas le mal quand vous le voyez ?

Quelle foi en la bonté, en l'héroïsme. Ce désir tragique se reflétait dans le regard de la créature soudain voilé d'une ombre grise. Lestat rejeta la tête en arrière et rugit de nouveau. Il tapa des pieds, hurlant, les yeux levés vers les poutrelles comme vers le firmament.

Khayman s'obligea à bouger. Il fallait qu'il échappe à cet envoûtement. Il se fraya maladroitement un chemin jusqu'à la porte, comme suffoqué par ce vacarme assourdissant. Il en perdait l'équilibre. Le grondement de la musique le poursuivit dans la cage d'escalier, mais au moins il était à l'abri de la lumière. Adossé au mur, il cligna des paupières pour s'éclaircir la vue.

Une odeur de sang. Tant de vampires affamés dans la salle. Et la pulsation des instruments qui filtrait à travers les cloisons.

Il descendit les marches, incapable de distinguer le bruit de ses pas sur le béton, et finit par s'effondrer sur un palier désert. Les genoux serrés entre ses bras, il courba la nuque.

La musique ressemblait à celle des temps anciens, lorsque les chants émanaient du corps, et non de l'esprit comme aujourd'hui.

Il se revit dansant. Il vit tournoyer et bondir le Roi – ce roi mortel qu'il avait vénéré. Il entendit le battement des tambours, la note plaintive des flûtes. Le Roi lui tendait la bière. La table croulait sous des montagnes de gibier rôti, de fruits vernissés, de pains fumants. Pure et sereine, la Reine trônait sur le siège d'or, sa coiffure surmontée d'un minuscule cône de cire odorante qui fondait lentement dans la chaleur pour parfumer sa chevelure tressée.

Puis quelqu'un avait mis le sarcophage dans sa main, le cercueil miniature, symbole du destin, que se passaient les invités ; le petit aide-mémoire :

Il l'avait tenu serré entre ses doigts. Devait-il le donner maintenant au Roi ?

Tout à coup, il avait senti le souffle du Roi contre son oreille : « Danse, Khayman. Bois. Demain, nous partons en direction du nord exterminer les derniers mangeurs de chair humaine. » Le Roi avait pris le petit sarcophage et, sans même y jeter un regard, l'avait passé à la Reine qui, avec la même indifférence, l'avait remis à son voisin.

Les derniers mangeurs de chair humaine. Comme cette entreprise lui avait paru simple. Et juste. Jusqu'à ce qu'il eût découvert les jumelles agenouillées devant cet autel.

Le fracas des tambours étouffait la voix de Lestat. Des mortels frôlaient Khayman, remarquant à peine sa silhouette recroquevillée contre le mur ; un buveur de sang traversa en courant le palier, sans même prêter attention à sa présence.

Le chant de Lestat s'éleva de nouveau, célébrant les Fils des Ténèbres, terrés dans le cimetière des Innocents, ainsi dénommé par peur et superstition.

> *Au grand jour*
> *Nous apparaissons*
> *Mes Frères et Sœurs !*
> *Tuez-nous !*
> *Mes Frères et Sœurs !*

Lentement, Khayman se releva. Les jambes vacillantes, il continua de descendre jusqu'au foyer où le bruit était un peu assourdi, et il resta là, en face des portes de la salle, dans un courant d'air frais.

La tête baissée, les mains enfouies dans ses poches, il s'efforçait de recouvrer son calme, quand il se rendit compte que deux mortels le dévisageaient.

Il se vit soudain à travers leurs regards. Il devina leur appréhension mêlée de satisfaction. Des hommes qui connaissaient l'existence de son espèce, des hommes qui avaient attendu ce moment, tout en le redoutant, et n'y avaient jamais vraiment cru.

Insensiblement, il se redressa. Ils se tenaient à environ

six mètres de lui, près du bar assailli par la foule, s'y croyant à l'abri. D'authentiques gentlemen britanniques, âgés, l'air cultivé, la figure sillonnée de rides, vêtus de costumes impeccables. Leurs élégants pardessus gris qui laissaient entrevoir une pointe de col empesé, le nœud chatoyant d'une cravate de soie, détonnaient dans ce lieu. On aurait dit des explorateurs venus d'une autre planète parmi la jeunesse bariolée qui s'agitait, gorgée de bruits barbares et de bavardages incohérents.

Et ils l'observaient avec tant de dignité; comme s'ils étaient trop bien élevés pour céder à la peur. Des doyens de Talamasca à la recherche de Jessica.

Vous nous connaissez ? Oui, bien sûr. Nous ne vous voulons aucun mal. Ne vous inquiétez pas.

Son message silencieux fit reculer d'un pas celui qui se dénommait David Talbot. La respiration de l'homme s'accéléra, des gouttes de sueur perlèrent sur son front et sa lèvre supérieure. Pourtant quelle maîtrise. Il se contenta de plisser les paupières comme s'il craignait d'être ébloui, comme s'il tentait d'isoler chacun des grains de poussière qui dansaient dans la clarté.

Combien dérisoire paraissait soudain la durée d'une existence. Il suffisait de contempler cet être fragile dont la bonne éducation et les manières raffinées ne faisaient qu'accroître la vulnérabilité. Il était si facile de modifier ses pensées, ses convictions. Khayman devait-il leur indiquer où se trouvait Jessica ? Devait-il se mêler de cette histoire ? Ça ne changerait rien, en fin de compte.

Cloués sur place, comme hypnotisés par lui, ils semblaient tout aussi effrayés de s'enfuir que de rester. C'était par considération, d'une certaine façon, qu'ils demeuraient plantés là, à le fixer. Ils attendaient apparemment quelque chose de lui, ne serait-ce que de mettre fin à cet horrible examen.

Ne la rejoignez pas. Ce serait absurde de votre part. Nous sommes plusieurs de mon espèce à veiller maintenant sur elle. Mieux vaut quitter cet endroit. C'est ce que je ferais à votre place.

Comment allaient-ils consigner cette aventure dans les archives de Talamasca ? Une de ces nuits, il irait peut-être y jeter un œil. Dans quelle cache moderne avaient-ils déménagé leurs antiques documents et trésors ?

Je suis Benjamin le démon. Ce nom vous rappelle quelque chose ?

Il se sourit à lui-même, puis laissa retomber sa tête et s'absorba dans la contemplation du sol. Cet accès de vanité le surprenait. Il s'aperçut subitement qu'il se moquait pas mal de ce qu'ils pensaient.

Il songea distraitement à cette époque lointaine en France où il s'était amusé à tarabuster des membres de leur ordre. « Autorise-nous à te parler ! » avaient-ils imploré. Des savants poussiéreux, l'œil pâle éternellement bordé de rouge, le velours de leur toge lustré, si différents de ces deux gentlemen distingués pour qui le surnaturel était objet de science, non de philosophie. L'inanité de ce siècle reculé l'effraya soudain ; mais ce siècle-ci était tout aussi désespérant.

Partez !

Il devina que David Talbot avait esquissé un hochement de tête. Discrètement, lui et son compagnon s'esquivèrent. Guettant par-dessus leurs épaules, ils traversèrent à la hâte le foyer et pénétrèrent dans la salle.

Khayman était de nouveau seul, avec le flot de musique qui s'échappait de la porte ; seul, et se demandant pourquoi il était venu ici, ce qu'il cherchait ; espérant encore une fois tout oublier ; aspirant à un endroit apaisant, caressé par une brise tiède, peuplé de mortels qui ignoreraient ce qu'il était, un endroit scintillant de lumières sous des nuages vaporeux, avec des trottoirs lisses et interminables où errer jusqu'au matin.

Jesse

Laisse-moi tranquille, abruti !
Jesse envoya un coup de pied au type qui l'avait saisie par la taille pour la tirer en arrière.

– Garce !

Plié en deux par la douleur, il n'était pas de taille à lutter contre cette furie. Il perdit l'équilibre et faillit tomber.

Cinq fois déjà on l'avait ainsi repoussée. Mais elle revint à la charge, se glissant comme un poisson entre les jambes gainées de cuir de ceux qui avaient pris aussitôt sa place. Elle se redressa pour agripper la rampe de bois brut. D'une main, elle saisit le lourd tissu synthétique qui la recouvrait et le tordit, prête à s'en servir comme d'une corde.

Dans les faisceaux du laser, elle vit Lestat le vampire faire un saut prodigieux et retomber sans bruit sur les planches, tandis que sa voix remplissait l'auditorium et que ses guitaristes se démenaient autour de lui comme des diables.

De minces filets de sang coulaient sur son visage blafard, comme sur celui du Christ sous sa couronne d'épines, ses longs cheveux blonds voltigeaient, accompagnant chacune de ses pirouettes. Sa chemise déchirée dénudant sa poitrine, sa cravate noire desserrée, ses yeux bleus vitreux et injectés de sang, il hurlait ses strophes insensées.

Jesse sentit les battements de son cœur s'accélérer à la vue de ses hanches ondoyantes, de ses cuisses musclées sous le tissu tendu de son pantalon noir. Il bondit de nouveau, sans effort, comme s'il allait s'élever jusqu'au plafond.

Oui, c'est bien ça, pas d'erreur! Il n'y a pas d'autre explication!

Elle s'essuya le nez. Elle pleurait encore. Mais touche-le, allez, tu dois le toucher! Dans un brouillard, elle le regardait qui terminait sa chanson, battant du pied sur les dernières mesures, au milieu de ses musiciens qui tentaient de suivre son tempo, se balançant d'avant en arrière, agitant leurs têtes chevelues, leurs voix couvertes par celle du chanteur.

Seigneur, il exultait! Il ne jouait pas la comédie. Il baignait dans l'adoration qu'on lui portait. Il l'absorbait, s'en imprégnait.

Et maintenant, alors que résonnaient les accords frénétiques d'une nouvelle chanson, il détacha sa cape de velours noir, la fit tournoyer à bout de bras et l'envoya voler dans le public. La foule hurla et se précipita, Jesse sentit un genou dans son dos, une botte écorcha son talon. Les gorilles sautèrent dans la salle pour arrêter la mêlée. C'était l'occasion ou jamais.

Les deux mains sur le rebord de l'estrade, elle se hissa à plat ventre et d'un rétablissement se redressa. Elle courut jusqu'à la silhouette gesticulante.

— Toi, oui, toi! hurla-t-elle.

Un des gardes du corps approchait. Elle se jeta de toutes ses forces contre Lestat le vampire. Les yeux clos, elle referma ses bras autour de lui. Elle sentit le choc froid de sa poitrine lisse contre sa joue, le goût du sang tout à coup sur ses lèvres.

– Mon Dieu! Tout est vrai! murmura-t-elle.

Le cœur près d'éclater, elle ne desserra pourtant pas son étreinte. La même peau que celle de Mael, que celle de Maharet, que celle de tous les autres. Oui, c'était cela, ils n'étaient pas humains, et la preuve était là entre ses bras. Il était trop tard, cette fois, pour que quiconque l'arrête.

Sa main gauche plongea dans la chevelure blonde. Quand elle rouvrit les yeux, elle le vit qui lui souriait, elle reconnut la peau opalescente et les petits crocs acérés.

– Démon! dit-elle dans un souffle, et elle se mit à rire comme une folle, à rire et à pleurer.

– Je t'aime, Jessica, lui chuchota-t-il d'un ton moqueur, son regard dissimulé derrière le rideau de sa crinière ruisselante de sueur.

A sa stupéfaction, il la souleva, la bascula sur sa hanche et l'entraîna dans un tourbillon vertigineux. Les musiciens n'étaient plus qu'une masse confuse, les lumières des éclairs blancs et rouges. Elle gémissait mais ne quittait pas son regard. Non, elle ne rêvait pas. Elle se cramponnait désespérément à lui, persuadée qu'il allait la jeter en vol plané au-dessus de la foule. Mais quand il la reposa à terre et se pencha sur elle, ses cheveux lui effleurèrent la joue, et sa bouche se posa sur la sienne.

La musique lancinante lui parvint étouffée, comme du fond d'un océan. Son haleine la pénétrait, ses doigts remontaient le long de sa nuque. Jesse percevait les battements du cœur du démon contre ses seins; et une voix lui parlait, sans détour, comme cette voix d'autrefois, cette voix amie qui comprenait ses questions et savait y répondre.

Des démons, Jesse, c'est ce que nous sommes, et tu l'as toujours su.

Puis des mains l'arrachèrent à lui, des mains humaines. Elle hurla.

Surpris, il la regarda; il sondait ses rêves à la recherche d'une vague réminiscence. Le festin funèbre! Les jumelles rousses agenouillées de part et d'autre de l'autel.

Mais la vision s'évanouit aussitôt. Il était perplexe. Son sourire étincela de nouveau, aussi impersonnel que la lumière des projecteurs qui aveuglait Jesse.

– Belle Jesse, dit-il, sa main levée comme en un geste d'adieu.

On l'emmenait de force, on l'éloignait de lui, de la scène.

Elle riait quand ils la relâchèrent.

Son chemisier blanc était maculé de sang. Ses mains aussi étaient couvertes de pâles traces dont il lui semblait reconnaître le goût salé. Elle rejeta la tête en arrière et éclata de rire. Quelle curieuse expérience que de ne pas entendre son propre rire, d'en sentir seulement les vibrations à l'intérieur de son corps, d'avoir conscience de rire et de pleurer en même temps. Le gorille l'insulta en termes grossiers, menaçants. Mais peu lui importait.

Elle était de nouveau engloutie par la marée humaine qui la refoulait, la pressait de toutes parts. Un lourd brodequin écrasa son pied droit. Elle trébucha et se laissa entraîner vers les portes.

Tout lui était égal maintenant. *Elle savait.* Elle savait tout. La tête lui tournait. Elle serait tombée si la cohue ne l'avait pas maintenue debout. Jamais encore elle n'avait éprouvé un aussi merveilleux sentiment d'abandon, une telle libération.

La cacophonie démentielle continuait – les visages apparaissaient puis disparaissaient dans un brouillard de lumières colorées. Des relents de marijuana et de bière lui parvenaient. Elle avait soif. Oui, elle avait envie d'une boisson fraîche. Elle avait si soif! Elle porta sa main à sa bouche et se mit à lécher le sel et le sang. Son corps tremblait, comme souvent au bord du sommeil. Un doux frémissement qui signifiait que les rêves arrivaient. Elle continua de lécher le sang, les yeux fermés.

Il lui sembla soudain qu'elle était dans un espace dégagé. Plus personne ne la bousculait. Elle releva la tête et vit qu'elle avait atteint la rampe qui menait au foyer, quelque trois mètres en contrebas. La foule était derrière elle, au-dessus d'elle. Elle allait pouvoir se reposer ici. Elle était tirée d'affaire.

Elle laissa courir sa main le long du mur graisseux, tout en enjambant des gobelets en carton écrasés et une perruque jaune de quatre sous. Elle s'adossa à la paroi et se détendit. La lumière crue du foyer l'éblouissait. Le goût du sang était encore sur sa langue. Elle allait se remettre à pleurer, et c'était la meilleure chose à faire. Pour le moment, il n'y avait ni passé ni présent, aucune obligation ; le monde tout entier, du plus simple au plus sublime, était changé. Elle flottait dans un état miraculeux de paix, de détachement jusque-là inconnu. Si seulement elle avait pu parler de tout cela avec David. Si seulement elle avait pu partager cet écrasant secret avec quelqu'un.

Quelque chose la toucha, quelque chose qui lui était hostile. A contrecœur, elle se retourna et aperçut une silhouette massive à ses côtés. Qui était-ce ? Elle s'efforça d'identifier l'intrus.

Des membres noueux, maigres, des cheveux noirs plaqués en arrière, une bouche au rictus mauvais peinte en rouge, mais la peau, la même peau. Et les canines. Il n'était pas humain... C'était l'un des leurs.

Talamasca ?

Cette interrogation haineuse lui arriva comme un sifflement, elle la reçut en pleine poitrine. Instinctivement, elle leva les bras pour se protéger.

Talamasca ?

Une vibration silencieuse et pourtant grondante de rage.

Elle eut un mouvement de recul, mais une main la saisit à la gorge, des doigts s'enfoncèrent dans son cou. Elle tenta de crier quand la créature la souleva de terre.

Puis elle se sentit voler à travers la pièce et elle cria jusqu'à ce que sa tête s'écrase contre le mur.

Le trou noir. Elle vit la douleur. Des éclairs jaunes puis blancs le long de sa colonne vertébrale, qui se ramifièrent en milliers de flammèches dans ses membres. Son corps s'engourdit. Elle s'écroula sur le sol, son visage et ses paumes déchirées par le ciment, puis elle bascula sur le dos.

Elle ne voyait plus rien. Peut-être ses yeux étaient-ils fermés, mais bizarrement, s'ils l'étaient, elle ne pouvait pas les ouvrir. Elle entendit des voix, des clameurs, un coup de sifflet ou était-ce le tintement d'une cloche ? Il y eut comme un bruit de tonnerre, c'étaient les applaudissements du public là-haut. Des gens autour d'elle discutaient.

Quelqu'un dit, tout près de son oreille :

– Ne la bougez pas, elle a une fracture de la colonne vertébrale.

La colonne vertébrale! Peut-on vivre avec la colonne vertébrale fracturée ?

Quelqu'un posa la main sur son front, mais elle ne perçut qu'un vague picotement, comme lorsqu'on a très froid, qu'on marche dans la neige et qu'on ne ressent plus rien. *Je ne vois plus rien.*

– Écoutez, mon petit (une voix de jeune homme – une voix comme on pouvait en entendre à Boston, La Nouvelle-Orléans ou New York. Un pompier, un policier, un brancardier), on s'occupe de vous. L'ambulance arrive. Ne vous agitez surtout pas. Tout ira bien.

Quelqu'un lui palpait la poitrine. Non, on prenait ses papiers dans la poche de son chemisier – Jessica Miriam Reeves.

Elle était auprès de Maharet et toutes deux examinaient la carte géante piquetée de petites lumières. Et elle comprit. Jesse, fille de Miriam, fille d'Alice, fille de Carlotta, née de Jane Marie, née d'Anne, née de Janet Belle, née d'Elizabeth, née de Louise, née de Frances, née de Frieda.

– Laissez-nous passer, s'il vous plaît, nous sommes des amis.

David.

On la soulevait. Un hurlement retentit. Elle avait hurlé malgré elle. De nouveau, l'écran lui apparut avec le grand arbre et les noms. Frieda, née de Dagmar, née de...

– Doucement, allez-y doucement, bon sang!

L'air devint frais et humide. La brise lui caressa le visage, mais ses extrémités étaient comme mortes. Elle sentait ses paupières, mais elle ne parvenait pas à les bouger.

Maintenant Maharet lui expliquait : « Depuis la Palestine, jusqu'en Mésopotamie, puis la lente remontée à travers l'Asie Mineure jusqu'à la Russie et l'Europe de l'Est... »

Était-elle dans un corbillard ou dans une ambulance ? Pas dans une ambulance, c'était trop calme. Et le mugissement de la sirène, bien qu'il fût régulier, résonnait dans le lointain. Qu'était-il arrivé à David ? Il ne l'aurait abandonnée que morte. Mais comment David se trouvait-il là ? N'avait-il pas dit que rien au monde ne pourrait le faire venir ? Non, David n'était pas là, elle avait tout imaginé. Mais plus étrange encore, Miriam n'était pas à ses côtés non plus. « Sainte Marie, mère de Dieu... maintenant et à l'heure de notre mort... »

Elle écouta. Ils traversaient la ville à toute vitesse. Le véhicule se pencha dans un virage. Mais où était son corps ? Elle n'en avait aucune conscience. Les vertèbres cassées. Cela voulait sûrement dire qu'on était mort.

Qu'est-ce que c'était, cette trouée dans la jungle ? Une rivière ? Non, une rivière ne pouvait pas être aussi large. Comment traverser ? Mais ce n'était pas Jesse qui marchait dans la jungle, puis qui longeait le fleuve. C'était quelqu'un d'autre. Pourtant, elle voyait les mains tendues qui écartaient les lianes et les grandes feuilles humides, comme si c'étaient ses propres mains. Les cheveux roux, tout emmêlés, pleins de brindilles et de terre.

– Est-ce que vous m'entendez, mon petit ? On est là, on s'occupe de vous. Vos amis sont dans la voiture derrière. Ne vous faites pas de souci.

Il continua à la rassurer. Mais elle avait perdu le fil. Elle ne distinguait plus ses paroles, seulement son intonation apitoyée. Pourquoi était-il si désolé pour elle ? Il ne la connaissait même pas. Se rendait-il compte que le sang qui couvrait son chemisier, ses mains, n'était pas le sien ? Était-elle coupable ? Lestat avait essayé de lui dire qu'ils étaient tous des démons, mais cela lui avait paru alors sans importance, impossible à relier au reste. Non qu'elle se moquât de ce qui était juste et bon. Mais pour elle, la découverte de la vérité était à ce moment-là primordiale. Il lui avait parlé comme si elle avait eu une idée en tête alors qu'il n'en était rien.

Voilà pourquoi il valait mieux qu'elle meure. Si seulement Maharet pouvait comprendre. Et dire que David était dans la voiture derrière. De toute façon, David était au courant d'une partie de l'histoire. Ils ouvriraient un nouveau dossier : Reeves Jessica. Ça ferait une preuve supplémentaire : « Un de nos membres dévoués... victime de... extrêmement dangereux... n'entreprendre en aucun cas une " approche ". »

On la déplaçait une fois de plus. De nouveau l'air frais, des odeurs d'essence et d'éther. Elle savait que de l'autre côté de cette léthargie, de cette obscurité, l'attendait une douleur atroce et qu'elle devait rester immobile, ne pas tenter de franchir cette frontière. Qu'ils me transportent, qu'ils roulent le chariot dans le hall.

Quelqu'un pleurait. Une petite fille.

– M'entendez-vous, Jessica ? Je veux que vous sachiez que vous êtes à l'hôpital et que nous faisons tout ce qui est en notre pouvoir pour vous sortir de là. Vos amis sont dans la salle d'attente. David Talbot et Aaron Lightner. Nous leur avons dit que vous ne deviez pas vous agiter...

Bien sûr, ça allait de soi. Avec les vertèbres brisées, le moindre mouvement peut vous être fatal, si vous n'êtes pas déjà mort. Des années plus tôt, dans un hôpital, elle avait vu une jeune fille avec la colonne vertébrale cassée. Elle s'en souvenait, maintenant. Le corps de la jeune fille était attaché à un énorme cadre en aluminium. De temps en temps, une infirmière bougeait le cadre pour changer la jeune fille de position. C'est ce que vous allez me faire ?

Il recommençait à parler, mais cette fois, il était plus loin. Elle pressait le pas à travers la jungle, elle se rapprochait, le grondement de la rivière s'amplifiait. Il disait...

– ... Bien sûr que nous pouvons faire des radios, des analyses, mais vous devez comprendre que son état est désespéré. La partie postérieure de la boîte crânienne a subi une grave lésion. Le cerveau est apparent et présente un hématome qui ne sera plus résorbable dans les heures qui viennent...

Salaud, tu m'as tuée. Tu m'as écrasée contre ce mur. Si je pouvais mouvoir ne serait-ce qu'une infime partie de moi-même – mes paupières, mes lèvres. Mais je suis emmurée. Je n'ai plus de corps et pourtant j'y suis emmurée ! Quand j'étais petite, c'est ainsi que j'imaginais la mort : enterré vivant, sans yeux pour voir, sans bouche pour crier. Et les années passaient, interminablement...

Ou alors, on errait dans le royaume crépusculaire en compagnie des spectres, se croyant vivant alors qu'on était mort. Mon Dieu, je veux savoir si je suis morte et je veux savoir quand.

Ses lèvres. Une sensation ténue. Quelque chose

d'humide, de chaud. On lui entrouvrait les lèvres. Mais il n'y avait personne ici, non ? Ils étaient dehors dans le couloir, et la chambre était vide. Elle aurait su si quelqu'un avait été là. Et pourtant elle pouvait maintenant sentir le chaud liquide couler dans sa bouche.

Qu'est-ce que c'est ? Que me donnez-vous ? Je veux rester lucide.

Dors, mon aimée.

Non, je ne veux pas. Je veux sentir la mort venir. Je veux savoir !

Mais le liquide remplissait sa bouche et elle l'avalait. Les muscles de sa gorge réagissaient encore ! Ce goût délicieux, un peu salé, elle le connaissait ! Elle connaissait cette divine sensation qui lui chatouillait le palais. Elle déglutit plus énergiquement. Elle pouvait sentir la peau de son visage s'animer, la brise qui la frôlait. Une douce chaleur descendait le long de son épine dorsale, de ses jambes, de ses bras, suivant exactement le même chemin que la douleur un peu plus tôt, et tous ses membres semblaient reprendre vie.

Dors, ma bien-aimée.

Sa nuque la picotait, et ce picotement se propagea jusqu'à la racine de ses cheveux.

Ses genoux étaient contusionnés, mais ses jambes n'étaient pas touchées, elle pourrait remarcher ; et le drap était soudain lourd et rêche sous ses doigts. Elle eut envie de se redresser, mais il était encore trop tôt pour essayer.

D'autant qu'on la soulevait du lit, qu'on l'emportait.

Mieux valait dormir, à présent. Car si c'était ça la mort... eh bien, elle n'avait rien contre. Les voix à peine audibles, les hommes qui discutaient, se querellaient, quelle importance maintenant. Il lui sembla que David l'appelait. Mais que voulait-il qu'elle fasse ? Qu'elle meure ? Le docteur menaçait d'appeler la police. Qu'aurait pu faire la police ? La situation était presque comique.

Ils descendirent un escalier interminable. Un souffle d'air frais la caressa.

Le bruit de la circulation s'intensifia, un autobus gronda tout près. Elle n'avait jamais aimé ce vacarme, mais en cet instant, il lui sembla aussi pur que la chanson du vent. Le même balancement que tout à l'heure, comme si elle était étendue dans un berceau. Elle sentit une secousse quand la voiture démarra, puis le roulis lent et égal. Miriam était là, et Miriam voulait que Jesse la regarde, mais Jesse était trop fatiguée.

— Je ne veux pas venir, Mère.

— Jesse, je t'en prie. Il n'est pas trop tard. Tu peux encore me rejoindre.

Comme David quand il l'avait appelée.

Daniel

Vers le milieu du concert, Daniel comprit la manœuvre. Tout au long du spectacle, ses frères et sœurs livides tourneraient les uns autour des autres, s'observeraient, se menaceraient même, mais personne n'agirait. La règle était trop rigoureuse, trop ancrée en chacun d'entre eux : ne laisser aucune preuve de leur véritable nature – pas de victimes, et pas la moindre cellule de leurs tissus vampiriques.

Lestat serait le seul sacrifié, et l'opération serait conduite avec une prudence extrême. Sauf accident, les faux devaient échapper aux regards des mortels. Empoigner le misérable quand il tenterait de s'en aller, puis le dépecer en présence des conjurés, tel était le projet. A moins qu'il ne résiste, auquel cas, il faudrait le tuer devant son public et faire alors disparaître le corps.

Daniel riait à gorge déployée à l'idée que Lestat pourrait se laisser ainsi massacrer.

Il riait à la figure de ces êtres pervers, blêmes comme des orchidées, qui empoisonnaient la salle de leur hargne, leur jalousie, leur avidité. On aurait pu croire qu'ils ne haïssaient Lestat qu'à cause de sa beauté flamboyante.

Daniel avait fini par s'écarter d'Armand. Après tout, nul ne pouvait lui faire de mal. Pas même le personnage de pierre qu'il avait vu luire dans la pénombre, celui si vieux et dur qu'il ressemblait au Golem * de la légende. Quelle vision de cauchemar, cette statue de pierre penchée sur la mortelle qui gisait, les vertèbres cervicales broyées, la rousse qui lui rappelait les jumelles du rêve.

* Être légendaire de la Kabbale, sorte de robot, créé à l'image d'Adam.

Un humain avait dû commettre cet acte stupide, lui briser la nuque. Et le vampire blond, vêtu de peau de daim, qui les avait bousculés en se précipitant vers la pauvre forme disloquée, lui aussi était terrifiant, avec ses veines qui saillaient comme des cordes. Armand avait regardé les hommes emporter la femme rousse, une expression inhabituelle sur son visage, comme s'il hésitait à intervenir; à moins que ce ne fût ce Golem qui éveillait sa méfiance. Finalement, il avait de nouveau entraîné Daniel au milieu de la foule qui continuait à brailler. Mais il n'y avait rien à craindre. Cette cathédrale de lumières et de sons était un sanctuaire inviolable.

Et Lestat était le Christ cloué sur la croix de cette cathédrale. Comment décrire ce charisme écrasant, insensé? Sa physionomie aurait été cruelle, n'était ce ravissement, cette exubérance enfantine qui se dégageaient de tout son être. Brandissant son poing, il vociférait, implorait, interpellait les puissances obscures, chantait sa déchéance – Lelio, l'acteur de boulevard, métamorphosé contre sa volonté en une créature de la nuit!

Sa voix vibrante de ténor semblait libérée de son corps tandis qu'il narrait ses échecs, ses résurrections, la soif inextinguible que jamais le sang ne pourrait étancher. « Ne suis-je pas le démon qui vous habite? » criait-il, non pas aux monstres qui éclosent sous la lune, mais à ses admirateurs mortels.

Daniel lui-même, beuglait, bondissait à l'unisson, bien qu'il n'accordât, en fin de compte, aucune importance aux paroles; seule la violence du défi le fascinait. Lestat maudissait le Ciel au nom de tous les parias, de tous ceux qui un jour avaient enfreint la loi et s'étaient retournés par culpabilité et rancœur contre leurs semblables.

Dans son exaltation, il semblait à Daniel qu'avoir reçu cette immortalité la veille de cette messe solennelle était une bénédiction. Lestat le vampire était Dieu; ou du moins l'être le plus proche de la divinité qu'il eût jamais connu. Le géant sur l'écran vidéo glorifiait ses désirs.

Comment les autres pouvaient-ils résister? La frénésie de leur future victime ne les fascinait-elle pas? Derrière chacune des strophes perçait un unique message. Lestat possédait le don qui avait été promis à chacun d'entre eux : l'invulnérabilité. En lui se consumaient les souffrances que le destin lui imposait, et chaque fois, il en émergeait plus endurant. Se joindre à lui, c'était vivre à jamais.

Ceci est mon Corps. Ceci est mon Sang.

Cependant, les frères et les sœurs vampires s'impatientaient. Comme le concert touchait à sa fin, Daniel sentit le souffle brûlant de leur haine – une odeur qui montait de la foule, un sifflement strident sous le roulement de la musique.

Tuez le dieu. Arrachez-lui les membres un à un. Que les adorateurs mortels fassent de même qu'ils ont toujours fait – pleurer celui dont la destinée est de mourir. « Allez, la messe est dite. »

Les projecteurs étaient toujours allumés. Les fans prirent d'assaut la scène et, arrachant le rideau noir, se ruèrent sur les musiciens qui s'enfuyaient.

Armand saisit Daniel par le bras.

– Par la porte de côté, chuchota-t-il. Notre seule chance est de le rattraper au plus vite.

Khayman

Il l'avait prévu. Elle frappa le premier qui s'attaqua à lui. Lestat avait surgi de l'entrée des artistes, Louis à ses côtés, et s'était précipité vers sa Porsche noire quand les conjurés s'étaient jetés sur lui. Le cercle des assaillants menaçait de se refermer, mais le premier qui leva sa faux prit feu. La foule fut saisie de panique, des enfants terrifiés s'enfuyaient dans tous les sens. Un autre des agresseurs immortels s'embrasa comme une torche. Puis un troisième.

Khayman se recula le dos au mur, tandis que les humains butaient contre lui dans leur course éperdue. Il vit une buveuse de sang, grande, élégante, fendre subrepticement la cohue et se glisser au volant de la voiture de Lestat, criant aux deux jeunes gens de la rejoindre. Gabrielle, la mère du démon. Et comme de juste, le feu meurtrier ne l'atteignit pas. Aucune peur dans son regard bleu tandis qu'avec des gestes rapides et précis, elle mettait le moteur en marche.

Pendant ce temps, Lestat tournait sur lui-même tel un fauve enragé. Irrité, frustré de la bataille dont il avait rêvé, il finit par céder aux exhortations de ses compagnons et grimper dans la voiture.

Et alors que la Porsche fonçait dans les adolescents qui cernaient le véhicule, les buveurs de sang flambaient de tous côtés. Leurs gémissements, leurs imprécations, leurs ultimes interrogations s'élevaient en un chœur horrible et silencieux.

Khayman se couvrit le visage. La Porsche était à mi-chemin de la barrière du parking quand la foule la bloqua. Des sirènes hurlaient, des voix rugissaient des ordres. Des enfants gisaient, les membres fracturés. Des mortels criaient de douleur et d'affolement.

Retrouve Armand, songea Khayman. Mais à quoi bon ? Partout il les voyait se consumer en immenses volutes orange et bleues qui viraient brusquement au blanc lorsque leurs vêtements calcinés tombaient sur l'asphalte. Comment aurait-il pu s'interposer entre le feu et Armand ? Sauver le jeune, ce Daniel ?

Il leva les yeux vers les lointaines collines, vers une minuscule silhouette qui se découpait, brillante, sur le ciel, invisible à la multitude en déroute.

Soudain, il sentit la chaleur ; il la sentit qui le frappait en pleine poitrine comme à Athènes, qui dansait autour de son visage et faisait larmoyer ses yeux. Il s'appliqua à fixer la source ténue qui émettait le rayon de mort. Et alors, pour des raisons que peut-être jamais il ne comprendrait, il décida de ne pas repousser le faisceau, mais d'observer plutôt ce qui allait se produire. Chacune des fibres de son corps se révoltait. Cependant, il demeurait immobile, inondé de sueur, la tête vide. Le feu l'encercla, l'étreignit. Puis il s'éloigna, le livrant à la solitude, au froid, à une douleur indicible. Khayman implora dans un murmure : *Puissent les jumelles te détruire.*

Daniel

Le feu ! » Daniel reconnut l'odeur fétide et grasse en même temps qu'il vit s'élever des flammes çà et là parmi la multitude. La foule ne les protégeait plus. Le feu se propageait en minuscules explosions, tandis que des groupes d'adolescents hystériques s'enfuyaient, se heurtant les uns les autres dans leur panique.

Le bruit. Daniel l'entendit de nouveau qui se déplaçait au-dessus d'eux. Armand le plaqua contre le bâtiment. Ça ne servait à rien. Pas moyen de rejoindre Lestat. Aucun abri à proximité. Traînant Daniel dans son sillage, Armand battit en retraite à l'intérieur du hall. Deux vampires terrifiés franchirent les portes en courant et s'embrasèrent.

Épouvanté, Daniel regarda les squelettes se calciner et fondre dans un flamboiement jaune pâle. Derrière eux, au milieu de la salle déserte, une forme fut soudain surprise dans sa fuite par le rayon monstrueux. Elle se tordit et virevolta avant de s'écrouler sur le ciment, masse fumante de vêtements vides. Une flaque de graisse apparut sur le sol pour s'évaporer aussitôt.

Ils s'élancèrent dehors, au milieu de la ruée des mortels, et foncèrent sur la vaste étendue goudronnée, en direction de l'entrée du parking.

Brusquement, Daniel eut l'impression de voler tant ils allaient vite. Le monde n'était plus qu'une éclaboussure de couleurs. Même les cris affolés de la cohue se distendaient en une lamentation sourde. Ils stoppèrent net devant les grilles au moment précis où la Porsche noire de Lestat franchissait en trombe l'une des barrières et s'engageait dans l'avenue. Elle partit comme une fusée vers l'autoroute et disparut.

Armand ne tenta pas de la suivre ; il paraissait ne même pas l'avoir remarquée. Il se retourna pour contempler l'horizon lointain, au-delà du dôme du bâtiment. Le bruit était assourdissant. Il couvrait le tumulte terrestre ; il annihilait toute autre sensation.

Daniel ne pouvait retenir ses mains de se coller contre ses oreilles, ses genoux de trembler. Il devina qu'Armand se rapprochait de lui. Mais il ne voyait plus rien. Il savait que si l'horreur devait se produire, ce serait à l'instant même. Pourtant, il n'éprouvait aucune peur. Il ne croyait toujours pas à sa propre mort. Il était stupéfié, pétrifié.

Peu à peu, le son diminua d'intensité. Hébété, il sentit sa vue se clarifier : il distingua l'énorme masse rouge d'une voiture de pompiers, les hommes casqués qui lui criaient de s'écarter. Le rugissement de la sirène semblait venir d'un autre monde, une aiguille invisible qui lui aurait percé les tympans.

Armand le fit reculer doucement. Des gens effrayés les dépassaient dans un grondement de tonnerre, comme balayés par le vent. Il eut conscience de chanceler. Mais Armand le soutint. Ils se mêlèrent à l'interminable colonne des mortels et passèrent la barrière, se faufilant parmi ceux qui contemplaient la mêlée à travers le grillage.

Des centaines de fugitifs. Le hurlement des sirènes, aigu et discordant, couvrait leurs cris. Une file de voitures de pompiers pénétrait en vrombissant dans le parking et se frayait un chemin à travers la marée humaine. Mais ces bruits lui parvenaient, grêles, diffus, encore amortis par le son surnaturel qui s'éloignait. Armand se cramponna à la grille, les yeux fermés, le front pressé contre le métal. Les barreaux vibraient, comme si, eux aussi, entendaient le souffle monstrueux.

Le son s'évanouit soudain.

Un silence glacial les étreignit. Le silence de l'horreur, du vide. Le tumulte persistait, mais ne les atteignait plus.

Ils étaient seuls, maintenant. La foule se dispersait. De nouveau, l'air charriait, telle une poussière incandescente, les longues plaintes des immortels. D'autres mouraient, mais où ?

Ils traversèrent l'avenue. Posément. Puis ils descendirent une ruelle obscure au pavé défoncé, bordée de maisons aux façades délavées, de boutiques miteuses, d'enseignes au néon déglinguées.

Ils continuèrent à marcher dans la nuit froide et immobile. Au loin, les sirènes gémissaient, lugubres.

Comme ils débouchaient dans la lumière crue d'un boulevard, un énorme trolleybus apparut, baigné d'une lueur glauque. On aurait dit un fantôme qui surgissait du néant. Quelques passagers scrutaient l'obscurité au travers des vitres sales. Le conducteur avait l'air de dormir.

Armand leva des yeux las, comme pour regarder le véhicule. Et, à la surprise de Daniel, celui-ci s'arrêta aussitôt devant eux.

Ils grimpèrent à bord et, ignorant le composteur, allèrent s'effondrer, côte à côte, sur la longue banquette de moleskine.

Pas une fois, le conducteur ne détourna la tête. Adossé à la fenêtre, Armand s'absorba dans la contemplation du tapis de caoutchouc noir. Ses cheveux étaient ébouriffés, sa joue maculée de suie. Sa lèvre inférieure avançait, imperceptiblement. Perdu dans ses pensées, il paraissait se moquer de son apparence.

Daniel observa les passagers amorphes : la matrone ridée comme un pruneau, la bouche fendue en tirelire, qui le fixait avec hargne ; le poivrot qui ronflait, le cou enfoncé dans les épaules ; le petit bout de bonne femme, la figure en tête d'épingle, le cheveu gras, des rides amères au coin du museau, qui tenait sur ses genoux un gamin porcin et bouffi. Tous avaient quelque chose de monstrueux, non ? Et le cadavre, là-bas, sur le siège arrière, avec ses paupières en berne et une traînée de bave sur le menton. Personne ne se rendait-il compte qu'il était mort ? Une flaque d'urine s'évaporait sous lui en dégageant une odeur infecte.

Les propres mains de Daniel semblaient inertes, blafardes. Le conducteur manœuvrait le volant comme un zombie. Était-ce une hallucination ? Étaient-ils dans le bus pour l'enfer ?

Non, un trolley identique aux milliers d'autres qu'il avait pris de son vivant, et dans lesquels les paumés, les démunis parcouraient les rues de la ville jusque tard dans la nuit. Il sourit brusquement, sans raison. Il sentit le rire le gagner à la pensée de ce mort au fond du véhicule, de tous ces gens qui se laissaient ballotter, et de leurs mines macabres sous l'éclairage verdâtre, puis la terreur le reprit.

Le silence le déroutait. Le balancement lent du bus. Le défilé des bâtisses délabrées derrière la vitre. L'expression indifférente d'Armand, son regard absent.

– Va-t-elle revenir ? demanda-t-il.

Il ne pouvait plus supporter cette attente.

– Elle savait que nous étions là, dit Armand, les yeux éteints, la voix sourde. Elle nous a épargnés.

Khayman

Il s'était réfugié sur les hauteurs verdoyantes qui surplombaient l'océan glacé.

Il contemplait le panorama : au loin, parmi les lumières, la mort, les plaintes éthérées des âmes surnaturelles entremêlées aux voix plus amples, plus ténébreuses qui montaient de la ville.

Les démons avaient poursuivi Lestat et fait basculer la Porsche au-dessus de la rambarde de l'autoroute. Lestat était sorti indemne de l'épave, brûlant de se battre ; mais une fois encore, le feu avait consumé et dispersé ses assaillants.

Enfin seul avec Louis et Gabrielle, il s'était résigné à abandonner le combat, sans vraiment savoir quelle force mystérieuse l'avait protégé.

Et à l'insu des trois rescapés, la Reine continuait de pourchasser leurs ennemis.

Par-dessus les toits tournoyait son rayon meurtrier, frappant ceux qui fuyaient, qui tentaient de s'abriter, qui s'attardaient, affolés, près des restes de leurs compagnons.

Dans la nuit montait l'odeur de chair brûlée de ces fantômes gémissants dont il ne restait que des vêtements calcinés. En bas, sous les lampes à arc du parking désert, les policiers cherchaient en vain des corps, les pompiers des blessés à secourir. Les jeunes mortels criaient.

On soignait les plaies légères, on administrait des sédatifs à ceux qui avaient perdu la tête, avant de les emmener vers les ambulances. Les cités étaient si efficacement organisées en ce siècle d'abondance ! D'énormes lances d'incendie arrosaient l'asphalte pour déblayer les guenilles carbonisées.

Des gens, minuscules silhouettes à cette distance, erraient encore aux alentours, protestant et jurant qu'ils avaient été témoins de ces immolations. Mais toute preuve avait disparu. La Mère avait intégralement anéanti ses victimes.

A présent, elle s'éloignait de la salle de concert pour explorer les recoins de la ville. Sa langue de feu fouillait les moindres encoignures, pénétrait les fenêtres et les porches. Une flamme jaillissait dans le lointain, comme lorsqu'on gratte une allumette ; puis plus rien.

La nuit s'apaisait. Les tavernes et les magasins fermaient, jetant une dernière lueur clignotante dans l'obscurité qui s'épaississait. La circulation s'éclaircissait sur les autoroutes.

Dans l'une des rues de North Beach, elle repéra l'ancien, celui qui désirait tant voir son visage, et elle le brûla lentement. Les os du malheureux s'éparpillèrent en cendres, son cerveau flamboya un instant telle une grosse masse de braise. Elle en attaqua un autre, sur le toit plat d'un immeuble, et il tomba comme une étoile filante au-dessus de la ville miroitante. Ses vêtements, lambeaux de papier noir, voltigèrent longtemps dans le ciel, après que tout fut terminé.

Lestat, lui, s'acheminait en direction du sud, vers son refuge de la vallée de Carmel. Grisé d'avoir retrouvé ses bien-aimés Louis et Gabrielle, il parlait des temps anciens et de ses rêves nouveaux, sans plus songer au massacre ultime qu'il avait tant souhaité.

– Maharet, où es-tu ?, murmura Khayman.

La nuit demeura silencieuse. Si Mael était près, s'il avait entendu son appel, il n'en montrait rien. Pauvre Mael, prêt à tout, qui s'était précipité dans le foyer, au mépris du danger, après que Jessica eut été agressée. Mael qui était peut-être mort, lui aussi, Mael qui avait regardé, impuissant, l'ambulance emporter Jesse.

Khayman n'arrivait pas à le repérer.

Il sonda les collines constellées de lumières, les vallées profondes où les pulsations des âmes résonnaient comme une traînée d'orage. « Pourquoi ai-je dû assister à ces horreurs ? » s'interrogea-t-il. « Pourquoi ces rêves m'ont-ils conduit ici ? »

Il écouta la rumeur terrestre.

A la radio, les journalistes péroraient, avançant des hypothèses : un culte satanique, une émeute, des feux accidentels, un phénomène d'hallucination collective. Ils se lamentaient sur les actes de vandalisme, les hordes de jeunes. Mais en dépit de son étroitesse géographique, la cité était grande. L'opinion avait déjà digéré l'événement et ne s'en préoccupait plus. Des milliers d'habitants l'avaient déjà effacé de leur mémoire. D'autres révisaient laborieusement le souvenir des choses inouïes qu'ils avaient vues. Lestat le vampire était une star du rock, rien de plus, et son concert, le théâtre de réactions hystériques prévisibles bien qu'incontrôlables.

Peut-être la Reine, avec sa délicatesse proverbiale, avait-elle en partie eu pour dessein d'entraver les rêves de

286

Lestat. De brûler ses ennemis en sorte qu'ils disparaissent de la surface de cette terre avant que le voile ténu des présomptions humaines ne soit irrémédiablement endommagé. S'il en était ainsi, finirait-elle par punir le coupable ?

Aucune réponse ne lui parvint.

Il parcourut du regard le paysage assoupi. La brume marine s'étirait en nappes d'un rose intense autour des collines. Une douceur féerique se dégageait en cette heure du milieu de la nuit.

Il se concentra et tenta, comme le *ka* * errant du mort égyptien, de se détacher de son corps, de percevoir à distance ceux que la Mère avait peut-être épargnés, de se rapprocher d'eux.

– Armand, appela-t-il. Aussitôt les lumières de la ville s'estompèrent. La chaleur et la clarté d'un autre lieu le pénétra, et Armand lui apparut.

Lui et son novice, Daniel, avaient regagné sans encombre la demeure où ils dormiraient en paix sous le sol de la cave. Le jeunot dansait d'un pas titubant à travers les vastes pièces somptueuses, la tête emplie des chansons et des rythmes de Lestat. Armand fixait les ténèbres, son visage juvénile toujours aussi impénétrable. Il vit Khayman. Une forme immobile sur la colline éloignée, une forme si proche pourtant, qu'il aurait pu la toucher. Silencieusement, immatériellement, ils s'observèrent.

Un sentiment de solitude intolérable étreignit Khayman ; mais les yeux d'Armand n'exprimèrent ni émotion ni confiance.

L'image s'effaça. Rassemblant ses forces, élevant son esprit à une telle hauteur qu'il ne réussissait plus à localiser son enveloppe charnelle, Khayman poursuivit sa quête. Il alla en direction du nord, criant les noms de Santino, de Pandora.

Dans un désert de neige et de glace, il les distingua, deux silhouettes sombres qui se détachaient sur cette blancheur infinie – ses vêtements lacérés par le vent, des larmes de sang aux yeux, Pandora essayait de repérer les

* Dans la mythologie égyptienne, double d'essence divine qui se sépare du corps au moment de la mort et se réunit au cadavre momifié selon les prescriptions rituelles.

contours imprécis de la citadelle de Marius. La présence de Santino, cet explorateur incongru dans son élégante tenue de velours noir, la réconfortait. Après la longue nuit de veille et de pérégrination autour du globe, Pandora était moulue de fatigue, sur le point de s'effondrer. Toute créature a besoin de dormir, de rêver. Si elle ne s'allongeait pas bientôt dans un abri obscur, les voix, les images, le délire l'envahiraient. Elle n'avait plus le courage de voler, et ce Santino n'en avait pas le pouvoir, aussi marchait-elle à ses côtés.

Santino se pressait contre elle, seulement conscient de la force de sa compagne, le cœur meurtri par les cris de ceux que la Reine avait exterminés. Il sentit le regard de Khayman l'effleurer et resserra sa cape autour de son visage. Pandora, elle, n'y prêta pas la moindre attention.

Khayman s'écarta. Une vague douleur le saisit à la vue de ces deux êtres réunis, blottis l'un contre l'autre.

Dans la demeure sur la colline, Daniel venait d'égorger un rat qui se débattait encore, et recueillait le sang de l'animal dans un verre de cristal.

— Prenez et buvez-en tous, comme dirait Lestat, fit-il en levant sa coupe. Assis au coin du feu, Armand observa le sang couleur rubis que Daniel portait amoureusement à ses lèvres.

Khayman s'enfonça dans la nuit, plus haut encore, loin des lumières de la ville, gravitant comme un corps céleste sur son orbite.

Mael, réponds-moi. Dis-moi où tu es.

Le rayon de feu l'avait-il frappé, lui aussi ? Ou, muré dans son désespoir d'avoir perdu Jessica, était-il désormais sourd aux clameurs du monde ? Pauvre Jesse, aveuglée par des mirages, terrassée par un jeune vampire enragé, avant que quiconque ait pu intervenir.

L'enfant de Maharet, mon enfant!

Khayman avait peur de ce qui pouvait lui apparaître, peur de ce qu'il n'osait pas tenter de modifier. Mais peut-être le druide était-il tout simplement trop puissant; peut-être se dissimulaient-ils, lui et sa protégée, des regards et des esprits. Sinon, la Reine avait triomphé, et tout était fini.

Jesse

L'endroit était si calme. Elle était couchée sur un lit ferme et doux, et son corps lui semblait mou comme celui d'une poupée de chiffon. Elle pouvait soulever sa main, mais celle-ci retombait aussitôt, et elle ne voyait toujours pas, rien que des objets cernés d'un halo, une hallucination peut-être.

Ainsi les lampes autour d'elle. D'anciennes lampes à huile en argile, en forme de poisson. Elles dégageaient en brûlant un parfum entêtant. Était-elle dans un salon funéraire ?

La peur la saisit de nouveau, celle d'être morte, emprisonnée dans sa chair et séparée du reste du monde. Elle perçut un son curieux. Qu'était-ce donc ? Un cliquetis de ciseaux. On était en train de lui couper les cheveux ; la sensation se propagea de son cuir chevelu jusqu'à son estomac.

On faisait sa toilette mortuaire, c'était ça ! Sinon, pourquoi prendrait-on tant soin d'elle, de ses mains, de ses ongles ?

Puis la douleur revint, une décharge électrique qui lui sillonna le dos, elle cria. Et son cri résonna à travers cette chambre où elle était allongée seulement quelques heures auparavant, dans ce même lit aux chaînes grinçantes.

Quelqu'un, tout près d'elle, étouffa un soupir. Elle essaya de distinguer sa silhouette, mais elle ne voyait toujours que les lampes. Et une forme floue derrière la fenêtre. Miriam qui guettait.

– Où est-elle ? demanda Mael, surpris, essayant en vain de repérer l'apparition.

Cette scène ne s'était-elle pas déjà produite ?

– Pourquoi ne puis-je pas ouvrir mes yeux ? gémit-elle.

Il pourrait scruter jusqu'à la fin des temps, jamais Miriam ne se manifesterait à lui.

– Tes yeux sont ouverts, répondit-il. (Comme sa voix était rude et tendre !) Je ne peux pas t'en donner davantage, à moins de tout te donner. Nous ne sommes pas des guérisseurs, nous sommes des prédateurs. Tu dois me dire ce que tu veux. Personne d'autre ne peut le faire à ta place.

Je ne sais pas ce que je veux. Tout ce que je sais, c'est que je ne veux pas mourir! Je ne veux pas cesser de vivre! Quels lâches nous sommes, pensa-t-elle, et quels menteurs. Une sorte de résignation triste l'avait habitée jusqu'à cette nuit, et pourtant, au fond d'elle, il y avait toujours eu cet espoir. Pas uniquement de voir, de savoir, mais d'être acceptée...

Elle voulut expliquer, formuler ce vœu avec des mots clairs, mais la douleur resurgit. Un tison lui embrasa la moelle épinière, et le feu fusa dans ses jambes. Puis l'engourdissement bienfaisant. Il lui semblait que la chambre s'emplissait de ténèbres et que les flammes des anciennes lampes vacillaient. Dehors, la forêt chuchotait. La forêt frissonnait dans l'obscurité. La main de Mael autour de son poignet était plus légère; non parce que son étreinte s'était relâchée, mais parce qu'elle ne sentait plus rien.

– Jesse!

Il la prit aux épaules et la secoua, faisant jaillir des étincelles de douleur du fond de sa nuit. Elle cria à travers ses dents serrées. De la fenêtre, Miriam, silencieuse, les yeux durs, la fixait.

– Mael, fais-le! hurla-t-elle.

Dans un effort terrible, elle se redressa. La douleur était monstrueuse; le hurlement s'étrangla dans sa gorge. Mais elle ouvrit les yeux, elle les ouvrit vraiment. Dans une brume lumineuse, elle vit l'expression froide, impitoyable de Miriam. L'ombre immense de Mael penché sur elle. Puis elle tourna son regard vers la porte ouverte. Maharet venait.

Mael l'ignorait. Il n'en eut conscience qu'au moment où elle-même le pressentit. De son pas souple, Maharet montait les escaliers, ses longues jupes ondoyant dans un bruissement mat; elle longeait le couloir.

Enfin, après toutes ces années, ces longues années! A travers ses larmes, Jesse regarda Maharet s'avancer dans la lumière des lampes, le visage miroitant, la chevelure flamboyante. Elle la vit faire signe à Mael de les laisser seules.

Maharet s'approcha du lit. Elle leva les mains, paumes offertes, dans un geste d'exhortation. Elle les tendit comme pour y recevoir un nouveau-né.

– Oui, fais-le, murmura Jesse.

– Alors, ma chérie, dis adieu à Miriam pour toujours.

Dans les temps anciens existait à Carthage un terrible rite. Au dieu Baal, le peuple offrait en sacrifice ses nouveau-nés. Les petits corps étaient couchés entre les bras tendus de la grande statue de bronze puis, mus par un ressort, les bras se relevaient et les enfants étaient précipités dans la fournaise, dans le ventre grondant du dieu.

Après la destruction de Carthage, les Romains continuèrent à transmettre la vieille légende. Cependant, les siècles passant, des hommes sages mirent en doute sa véracité. L'immolation d'enfants semblait une chose trop abominable pour qu'on y prête foi. Mais quand les archéologues commencèrent à creuser, ils trouvèrent les ossements des petites victimes. Ils mirent au jour des nécropoles entières remplies de minuscules squelettes.

Le monde sut alors que la légende était véridique. Que les hommes et les femmes de Carthage livraient le fruit de leur chair au dieu et s'inclinaient, soumis, lorsque leurs enfants tombaient en hurlant dans le feu. Tel peut être l'esclavage de la religion.

Tandis que Maharet la soulevait, que ses lèvres effleuraient son cou, Jesse repensa à l'ancienne légende. Les bras de Maharet étaient comme les bras d'airain du dieu Baal, et un instant, Jesse fut hantée de visions atroces.

Ce n'était pas sa propre mort qu'elle voyait, c'était la mort des autres – les âmes des morts vivants immolés, fuyant la terreur et la souffrance, les flammes qui consumaient leurs corps surnaturels. Elle entendait leurs cris, leurs appels, elle distinguait leurs visages comme ils quittaient la terre, éblouissants, lumineux, emportant dans leur sillage l'empreinte d'une forme humaine désincarnée; elle les sentait qui passaient de cette misérable existence à un monde inconnu; elle entendait le chant d'allégresse qu'ils entonnaient.

Puis les images s'évanouirent, comme l'écho d'une musique dont il ne vous reste que quelques notes. Elle était aux frontières de la mort, son corps dissous, la douleur aussi, tout sentiment de permanence ou d'angoisse disparus.

Elle se tenait dans la clairière ensoleillée et regardait la Mère étendue sur l'autel.

– Dans la chair, dit Maharet, c'est dans la chair que la sagesse prend racine. Méfie-toi de ce qui n'est pas chair. Méfie-toi des dieux, méfie-toi des esprits, méfie-toi des idées, méfie-toi du diable.

Puis le sang jaillit, il se répandit dans chacune des fibres de son corps, ramenant la vie dans ses membres, les électrisant, lui brûlant la peau, la faisant tressaillir de désir tandis que son âme s'ancrait à jamais dans la matière.

Elles reposaient dans les bras l'une de l'autre. La peau de marbre de Maharet devenait douce et tiède. Emperlées de sueur, leurs chevelures mêlées, elles ne formaient plus qu'un seul être. Extasiée, Jesse enfouit son visage dans le cou de Maharet, s'enivrant à la source magique.

Soudain, Maharet s'écarta et lui tourna la tête contre l'oreiller. Elle lui couvrit les yeux de sa main, et Jesse sentit les petites canines, aussi tranchantes que des lames de rasoir, transpercer sa peau ; elle fut aspirée, comme par une tornade, vidée, dévorée, réduite à néant.

– Bois encore, ma chérie.

Lentement, Jesse ouvrit les yeux et vit la gorge blanche, les seins d'albâtre. Elle saisit le cou de cygne entre ses doigts, et cette fois ce fut elle qui déchira la chair. Et quand le sang bouillonna sur sa langue, elle renversa Maharet sous elle. Maharet soumise, docile, toute à elle. Les seins de Maharet contre les siens, les lèvres de Maharet contre son visage, elle suçait le sang, le suçait de plus en plus avidement. *Tu es mienne, totalement mienne.* Les images, les voix, les visions avaient disparu.

Enlacées, elles dormirent, ou somnolèrent plutôt. Il semblait que le plaisir rayonnait encore en Jesse ; respirer, se retourner dans les draps de soie, se lover contre la peau satinée de Maharet c'était le sentir renaître.

Un vent parfumé parcourut la pièce. Un grand soupir s'éleva de la forêt. Plus de Miriam, plus d'esprits du royaume crépusculaire, prisonniers entre vie et mort. Elle avait trouvé sa place, la place qui lui était dévolue de toute éternité.

Comme elle fermait les yeux, elle vit la chose dans la jungle s'arrêter et la regarder. La chose aux cheveux roux la vit et vit Maharet dans ses bras, elle vit les cheveux roux ; deux femmes aux cheveux roux. Et la chose reprit sa marche dans leur direction.

Khayman

Un havre de paix, la vallée de Carmel. Le petit phalanstère était si heureux dans la maison, si heureux d'être enfin réuni.

Lestat avait troqué ses vêtements sales contre une fringante tenue de vampire, la cape de velours noir négligemment jetée sur une épaule. Et les autres, comme ils étaient gais. Gabrielle dénouait distraitement sa longue tresse blonde, tout en bavardant avec passion. Et Louis, le plus humain d'entre eux, se taisait, transporté de joie par la présence de ses compagnons, émerveillé par le moindre de leurs gestes.

En d'autres circonstances, Khayman aurait été bouleversé au spectacle de ce bonheur. Il aurait désiré toucher leurs mains, plonger son regard dans leurs yeux, leur dire qui il était et ce qu'il avait vu, simplement se joindre à eux.

Mais elle rôdait dans les parages. Et la nuit n'était pas terminée.

Le ciel pâlit, et un souffle tiède glissa à travers les champs. La nature s'éveillait dans la lueur de l'aube. Les arbres frissonnaient, les feuilles déroulaient lentement leurs nervures.

Debout sous un pommier, guettant le lever du jour, Khayman contemplait les ombres, qui peu à peu, se coloraient. Elle était là, sans aucun doute.

Elle se dissimulait, délibérément, usant de sa formidable puissance. Mais elle ne pouvait abuser Khayman. A l'affût, il attendait, prêtant l'oreille aux rires et aux conversations du trio.

Lestat et sa mère apparurent sur le seuil de la porte et s'embrassèrent. D'un pas alerte, Gabrielle s'avança dans la lumière grise du matin, sa veste et son pantalon kaki couverts de poussière, son épaisse chevelure blonde rejetée en arrière, l'image même de la vagabonde. Et l'autre, le joli garçon aux cheveux de jais, la suivait.

Khayman les observa qui traversaient le pré. La femme s'éloigna en direction du bois où elle avait l'intention de s'enfuir pour dormir, tandis que le jeune homme pénétrait dans la fraîcheur d'une remise. Quelle grâce possédait celui-là, même lorsqu'il se faufilait sous le plancher, quelque chose dans la façon dont il s'allongeait comme dans une tombe et sombrait immédiatement dans le sommeil.

Et la femme! Avec une énergie stupéfiante, elle se creusa une tanière profonde qu'elle camoufla sous un tapis de feuilles avant de s'y couler. La terre lui maintenait les bras en croix, la tête penchée. Le rêve des jumelles l'engloutit, un rêve hanté d'images de jungle et de rivière dont elle ne se souviendrait jamais.

Jusque-là tout allait bien. Khayman ne voulait pas qu'ils meurent, qu'ils se désintègrent dans les flammes. Épuisé, il s'adossa au tronc du pommier, dans l'odeur acide des fruits.

Pourquoi était-elle ici ? Et où se cachait-elle ? Soudain, il capta des radiations sourdes, des ondes comparables à celles qu'émettent les machines modernes, le bourdonnement persistant de sa présence, de son pouvoir létal.

Lestat sortit enfin de la maison et courut vers le repaire qu'il s'était construit au pied du coteau, sous les acacias. Il ouvrit une trappe et descendit des marches taillées dans la terre jusqu'à une cavité suintante.

Tous étaient en paix maintenant, en paix jusqu'au soir, quand il leur annoncerait les mauvaises nouvelles. Le jour commençait à poindre. Les premiers rayons perçaient l'horizon. Il s'appliqua à contempler les teintes passées du verger qui doucement s'intensifiaient, et le reste du monde s'estompa. Un instant, il ferma les yeux, conscient de devoir pénétrer dans la maison, y chercher un recoin où les mortels ne risqueraient pas de le déranger.

Au coucher du soleil, il serait là, à les attendre. Il leur apprendrait ce qu'il savait, il leur parlerait des autres. Une douleur le poignarda à la pensée de Mael, de Jesse. Tous deux disparus, comme dévorés par la terre.

Il songea à Maharet et eut envie de pleurer. Mais il se dirigea vers la maison. Le soleil lui réchauffait le dos, ses membres s'alourdissaient. La nuit prochaine, quoi qu'il arrive, il ne serait plus seul. Il serait avec Lestat et sa cohorte. Et s'ils l'éconduisaient, il rejoindrait Armand. Il irait retrouver Marius.

Il entendit d'abord le bruit – un grondement, un crépitement d'orage. Protégeant ses yeux de la lumière, il se retourna. Un énorme jet de terre fusa des entrailles du bosquet. Les acacias oscillaient comme sous la tempête. Leurs branches craquaient, leurs racines se soulevaient, leurs troncs s'abattaient pêle-mêle.

Dans une noire traînée de voiles fouettés par le vent, la Reine s'éleva comme une flèche, le corps de Lestat inerte entre ses bras. Elle cingla vers l'ouest, fuyant le lever du soleil.

Khayman ne put réprimer un cri. Et son cri résonna dans le silence de la vallée. Ainsi, elle l'avait enlevé.

Pauvre amoureux, pauvre prince blond...

Mais il n'avait plus le temps d'agir, de réfléchir, de sonder son propre cœur; il se réfugia dans la maison. Le soleil avait dissipé les nuages et le ciel était devenu un enfer.

Daniel s'agita dans le noir. Il semblait repousser le sommeil comme une couverture trop lourde. Il vit la lueur dans les yeux d'Armand et il l'entendit murmurer :

– Elle l'a enlevé.

Jesse poussa un gémissement. Légère, elle flottait dans des ténèbres moirées. Elle vit les deux silhouettes, enlacées comme un couple de danseurs. La Mère et le Fils. Comme les saints qu'on voit, montant aux cieux, sur les fresques des églises. Ses lèvres formèrent les mots : « la Mère ».

Dans leur tombe creusée profond sous les glaces, Pandora et Santino dormaient dans les bras l'un de l'autre. Pandora entendit le bruit. Elle entendit le cri de Khayman. Elle vit Lestat, les yeux fermés, la tête rejetée en arrière, abandonné à l'étreinte d'Akasha. Elle vit les yeux noirs d'Akasha rivés sur le visage du dormeur. Le cœur de Pandora en fut glacé d'épouvante.

A bout de force, Marius ferma les yeux. Au-dessus de lui, les loups hurlaient, le vent arrachait les poutrelles d'acier de la maison. A travers le blizzard, les pâles rayons de soleil semblaient embraser la neige tourbillonnante, et Marius pouvait sentir la chaleur s'infiltrer dans les profondeurs de la glace et engourdir son corps.

Il vit Lestat endormi dans les bras de la Reine; il la vit planer dans les airs.

– Prends garde à toi, Lestat! murmura-t-il dans un dernier éclair de conscience. Elle est dangereuse!

Sur le sol frais, jonché de tapis, Khayman s'étira puis replia son bras sur son visage. Un rêve vint aussitôt, le doux rêve d'une nuit d'été, d'un lieu idyllique, où le ciel était immense au-dessus des lumières de la ville et où ils étaient tous rassemblés, ces immortels dont il connaissait maintenant les noms et qu'il aimait de tout son cœur.

TROISIÈME PARTIE

COMME IL ÉTAIT
AU COMMENCEMENT
AINSI EST MAINTENANT
ET EN SERA
ÉTERNELLEMENT...

Cache-moi
de moi-même.
Emplis ces cavités
d'un regard
car mes yeux me sont étrangers.
Protège-moi,
corps et âme,
car je ne vaux rien,
mort vivant
depuis si longtemps.
Deviens aile
et abrite-moi
de ce désir que j'ai
d'être poisson et ver.
Douce est
cette liqueur d'immortalité
qui aveugle
mon moi.
Et masque
mon cœur
car à la longue
lui aussi
je le dévorerai.

STAN RICE, 1975

COMME IL ÉTAIT
AU COMMENCEMENT
AINSI EST MAINTENANT
ET EN SERA
ÉTERNELLEMENT...

1

LESTAT :
DANS LES BRAS DE LA DÉESSE

Je ne peux pas dire quand je me suis réveillé, quand j'ai repris connaissance.

Je me souviens avoir su que nous étions ensemble, elle et moi, depuis longtemps, que je me repaissais de son sang avec un abandon animal, que Enkil était détruit et qu'elle seule détenait le pouvoir originel, et qu'à cause d'elle, je voyais et comprenais des choses qui me faisaient pleurer comme un enfant.

Deux siècles auparavant, quand j'avais bu à sa source dans le mausolée, son sang m'avait alors apporté le silence, un silence mystérieux, magique. Maintenant chaque gorgée m'enivrait d'images, comblait mon cerveau autant que mon corps ; j'apprenais tout ce qui s'était passé, j'étais là tandis que les autres un à un se consumaient dans les flammes.

Et puis, il y avait les voix, les voix qui s'élevaient et s'éteignaient comme le murmure d'un chœur au fond d'une grotte.

Dans un éclair de lucidité, je crois que je parvins à relier toutes ces visions – le concert rock, la maison de la vallée de Carmel, son visage rayonnant. J'étais bien avec elle, dans ce lieu sombre et neigeux. Je l'avais réveillée. Ou plutôt, comme elle l'avait dit, je lui avais donné une raison de sortir de son immobilité. Une raison de se retourner pour contempler le trône où elle était restée figée des millénaires, d'ébaucher les premiers pas qui l'en éloigneraient.

Imagines-tu ce que cela signifie de lever sa main et de la voir bouger dans la lumière ? D'entendre soudain l'écho de sa propre voix dans cette salle de marbre ?

Sans doute avions-nous dansé dans la forêt recouverte

de neige, ou était-ce que nous n'avions cessé de nous aimer ?

La terreur s'était appesantie sur le monde. Ceux qui n'auraient jamais dû naître à la vie – *la descendance du démon* – avaient été exterminés. Le massacre du concert avait été le point d'orgue de ce cauchemar.

Pourtant, je me blottissais contre elle, dans l'obscurité glacée empreinte des senteurs familières de l'hiver. Son sang m'appartenait de nouveau, il m'enchaînait à elle. Quand elle s'écarta, je souffris le martyre. Il fallait que je rassemble mes esprits, que je sache si Marius était encore vivant, si Louis et Gabrielle, si Armand avaient été épargnés. Je devais me ressaisir.

Mais les voix, la marée des voix qui montait ! Des mortels, au loin et tout près. Peu importait la distance. Seule comptait l'intensité. Mon ouïe était mille fois plus fine qu'autrefois lorsque je captais, la nuit, au hasard des rues, les paroles, les pensées, les prières des gens claquemurés dans leurs appartements.

Aussitôt qu'elle se mit à parler, le silence retomba.

– Gabrielle et Louis sont sains et saufs. Je te l'ai déjà dit. Crois-tu que j'aurais frappé ceux que tu aimes ? Maintenant regarde-moi et écoute bien. J'en ai épargné beaucoup plus qu'il n'est nécessaire. Et si je l'ai fait pour moi – pour pouvoir discerner mon reflet dans des yeux immortels, entendre mes enfants s'adresser à moi –, je l'ai aussi fait pour toi. J'ai sauvé tes amis parce que je ne voulais pas t'ôter ce réconfort. Mais désormais tu es avec moi, et il te faut accepter ta destinée. Ton courage doit égaler le mien.

Elles m'étaient intolérables, ces visions qu'elle m'imposait – cette horrible petite Bébé Jenks, comment était-elle morte, emportée dans un rêve désespéré, un défilé d'images qui vacillaient à l'intérieur de son cerveau moribond ? C'était atroce. Et Laurent, mon compagnon de jadis, calciné sur un trottoir ; et à l'autre bout du globe, Félix, que j'avais également connu au Théâtre des Vampires, fuyant, torche vivante, dans les ruelles de Naples jusqu'à la mer. Et les autres, tant d'autres, à travers le monde. Je les pleurais. Je pleurais sur cette souffrance absurde.

– Une vie si misérable, dis-je en larmes à propos de Bébé Jenks.

300

– C'est pourquoi je ne t'ai rien caché de cette malheureuse créature, c'est pourquoi je l'ai frappée. Les Enfants des Ténèbres n'existent plus. Désormais ils seront nos anges.

– Mais les autres ? Qu'est-il arrivé à Armand ?

Les voix reprenaient, ce bourdonnement qui menaçait de s'amplifier en une clameur assourdissante.

– Allons, mon prince, murmura-t-elle.

De nouveau, le silence. Elle se haussa sur la pointe des pieds et prit mon visage entre ses mains. Ses yeux noirs s'agrandirent, son masque blanc soudain mobile, presque tendre.

– Puisque tu y tiens, je te montrerai ceux qui ont survécu, ceux dont les noms entreront dans la légende en même temps que le nôtre.

La légende ?

Imperceptiblement, elle tourna la tête. Lorsqu'elle baissa ses paupières, la vie se retira d'elle. Un miracle de beauté. Une statue d'albâtre, parfaite, ses cils noirs délicatement recourbés. Je fixai sa gorge, l'artère mauve sous la chair soudain si tentante. Mon désir s'exacerba. La déesse m'appartenait ! Je la pris avec une violence qui aurait blessé une mortelle. Sa peau de glace paraissait impénétrable, mais tout à coup mes dents la transpercèrent et la source brûlante rugit en moi.

Les voix surgirent, mais elles se turent cette fois à mon commandement. Je ne sentis plus que le sourd jaillissement de son sang et le lent battement de son cœur près du mien.

L'obscurité. Une cave aux murs de brique. Un cercueil de chêne poli. Des serrures d'or. L'instant magique. Les serrures s'ouvrirent comme mues par une clé invisible, et le couvercle se souleva, révélant le capitonnage de satin blanc. Une légère odeur de parfum oriental se dégagea. Je vis Armand étendu, séraphin aux longs cheveux auburn, la tête posée de côté sur un coussin, le regard lointain, comme étonné de se réveiller. Je le regardai sortir du cercueil avec des gestes lents, élégants ; des gestes qui ne sont qu'à nous, car nous sommes les seuls êtres à nous extirper quotidiennement d'un cercueil. Il referma le couvercle et traversa le sol pavé de briques humides jusqu'à un autre cercueil qu'il entrebâilla avec respect, comme si c'était un écrin. A l'intérieur dormait un autre jeune homme. Il semblait mort, mais en fait il rêvait. Il rêvait d'une forêt vierge où marchait une femme rousse, une femme dont je ne distinguais pas les traits. Puis d'une scène étrange, une scène que j'avais déjà entraperçue, mais où ? Deux femmes agenouillées devant ce que je supposais être un autel...

Je la sentis se raidir contre moi : une statue de la Vierge prête à m'écraser. Je défaillis. Je crus l'entendre prononcer un nom. Mais le sang m'emplit de nouveau, et mon corps vibra de plaisir. Plus de terre, plus de pesanteur.

La même cave de brique. Une ombre se projetait sur le corps du jeune homme. Quelqu'un d'autre était entré dans la pièce et avait posé sa main sur l'épaule d'Armand. Armand le connaissais. Mael était son nom. *Viens.*

Où les emmène-t-il donc ?

Le crépuscule violet dans la forêt de séquoias. Gabrielle avançait de son long pas insouciant et régulier, le dos droit, les yeux comme deux éclats de pierre bleue, le visage impassible, et à ses côtés, Louis s'efforçait de ne pas traîner. Il était si touchant, si incongru au milieu de cette nature sauvage, avec sa grâce, son allure policée. Débarrassé du costume de vampire de la nuit précédente, il n'en paraissait que plus distingué dans ses vieux vêtements défraîchis. Un peu plus abattu, peut-être. En tout cas, pas à la hauteur de sa solide compagne. En était-elle consciente ? Le protégerait-elle ? *Mais tous deux ont peur, ils ont peur pour moi !*

La trouée de ciel au-dessus d'eux brillait comme de la porcelaine. Les arbres semblaient attirer la lumière le long de leurs troncs massifs et presque jusqu'à leurs racines. J'entendis un ruisseau cascader dans la pénombre. Puis je vis Gabrielle entrer dans l'eau, chaussée de ses bottes fauves. Où vont-ils ? Et qui était le troisième personnage que j'aperçus seulement quand Gabrielle se retourna vers lui ? Seigneur, quelle sagesse émanait de lui ! Ancien, puissant, il laissait pourtant les deux jeunes le précéder. A travers les arbres, je distinguais une clairière, une maison. Sur une haute véranda de pierre se tenait une femme rousse. La femme que j'avais vue dans cette espèce de jungle ? Un masque impénétrable comme celui de l'homme dans la forêt qui maintenant levait les yeux vers elle. Comme celui de ma Reine.

Qu'ils se rassemblent. Ça n'en sera que plus simple. Je soupirai, le sang irriguait mes veines. Mais qui étaient ces créatures au visage aussi hermétique que le sien?

La vision s'effaça. Cette fois, les voix nous enveloppaient de leurs volutes. Elles criaient, murmuraient. Un instant, j'eus envie de les écouter, d'isoler dans ce chœur monstrueux le chant fugitif d'un mortel. Imaginez, des voix fusant de partout, des montagnes de l'Inde, des rues d'Alexandrie, de minuscules hameaux à travers le monde.

Mais une autre image m'assaillit.

Marius. Aidé de Pandora et de Santino, Marius émergeait d'une crevasse rougie de sang. Ils venaient d'atteindre le rebord déchiqueté d'un sous-sol. Des plaques de sang séché recouvraient la moitié du visage de Marius et s'emmêlaient dans sa longue chevelure blonde. Il paraissait furieux. Ses compagnons derrière lui, il monta en boitillant un escalier à vis aussi étroit qu'un conduit. Quand Pandora fit un geste pour le soutenir, il la repoussa brutalement.

Le vent. La morsure du froid. La maison de Marius ouverte aux éléments, comme éventrée par un tremblement de terre. Des débris de verre jonchaient le sol; les poissons exotiques gisaient, gelés, sur le tapis de sable de l'aquarium cassé. Les meubles disparaissaient presque sous la neige qui s'amoncelait devant les bibliothèques, les statues, les casiers à disques et à cassettes. Les oiseaux étaient morts dans leurs cages. Des aiguilles de glace pendaient aux feuilles des plantes vertes. Marius regarda les poissons emprisonnés dans la couche de boue glacée au fond de l'aquarium. Il considéra les algues géantes échouées au milieu des fragments de verre étincelants.

Ses blessures se cicatrisaient déjà. Les ecchymoses sur sa figure s'estompaient, ses traits reprenaient forme. Sa fracture à la jambe se ressoudait. Il se tenait presque droit maintenant. Fou de rage, il contempla une dernière fois le minuscule poisson bleu rayé d'or. Puis il scruta le ciel, le tourbillon blanc qui cachait les étoiles. Il se débarrassa du sang encore collé à son visage et à ses cheveux.

Des milliers de feuilles volaient dans la tempête – des pages de parchemins, de vieux livres. A présent, la neige tombait à légers flocons dans le salon dévasté. Marius s'empara du tisonnier de cuivre pour s'en faire une canne et observa derrière le mur écroulé les loups affamés qui hurlaient dans leur enclos. Ils n'avaient plus rien mangé depuis que lui, leur maître, avait été enseveli sous la glace. Ah, ce hurlement des loups! J'entendis Santino parler à Marius, essayer de lui expliquer qu'ils devaient partir, qu'ils étaient attendus par une femme rousse dans une forêt de séquoias, une femme aussi ancienne que la Mère, et que le grand conseil ne pouvait commencer sans eux. Aussitôt la peur me saisit. Un conseil? Marius comprit mais ne répondit pas. Il écoutait les loups. Les loups...

La neige et les loups. Mon esprit se mit à dériver. Je m'enfonçai dans mes rêves et mes souvenirs. Une bande de loups m'apparut qui courait sur la neige poudreuse.

J'étais un jeune homme et je me battais contre la troupe de loups qui était venue attaquer le village de mon père, deux cents ans plus tôt, au cœur de l'hiver. Je me vis, mortel, si près de la mort que j'en sentais l'odeur. Mais j'avais terrassé les loups, l'un après l'autre. Ah, quelle brutalité, quelle vigueur juvénile, la volupté effrénée d'une vie insouciante! En apparence, du moins. Car à l'époque, l'expérience avait été terrible! La vallée gelée, mon cheval et mes chiens égorgés. Mais en cet instant, je me rappelais seulement... non, je voyais la neige qui recouvrait les montagnes, mes montagnes, la terre de mon père.

J'ouvris les yeux. Elle avait relâché son étreinte et m'avait obligé à reculer d'un pas. Pour la première fois, je compris où nous étions. Pas au cœur d'une nuit imaginaire, mais dans un lieu bien réel, l'endroit même où j'avais grandi.

— Oui, murmura-t-elle. Regarde bien autour de toi.

Je reconnus aussitôt l'odeur hivernale et quand ma vue s'éclaircit, je distinguai les remparts effondrés et la tour.

— La maison de mon père, soufflai-je. Le château où je suis né.

L'immobilité. La neige qui scintillait sur les vieilles dalles. Nous étions à présent dans ce qui avait été la grande salle. Seigneur, la retrouver en ruine, savoir qu'elle était désertée depuis si longtemps. Les pierres paraissaient aussi moelleuses que la terre. Là s'était dressée la table, la longue table qui datait des Croisades. Ici la cheminée monumentale, ici la porte d'honneur.

La neige s'était arrêtée de tomber. Je levai les yeux et

aperçus les étoiles. La haute tour ronde s'élançait, intacte, au-dessus des toitures défoncées, au-dessus du château semblable à une coquille éclatée. La demeure de mon père...

Elle s'éloigna de son pas aérien et se mit à lentement tournoyer sur le tapis de neige, la tête rejetée en arrière, comme si elle dansait.

Se mouvoir, toucher des objets, passer du royaume des rêves à celui de la réalité, toutes ces joies, elle me les avait décrites plus tôt. Le souffle coupé, je la contemplai. Ses vêtements étaient intemporels, une cape de soie noire, une tunique plissée qui voltigeait autour de son corps svelte. Des vêtements portés par les femmes de toute éternité. J'eus envie de la prendre dans mes bras, mais elle m'écarta d'un geste vif et doux. Que m'avait-elle dit ? « Imagine ce que j'ai ressenti, quand j'ai compris qu'il ne pouvait plus me retenir auprès de lui. Que j'étais debout devant le trône et qu'il ne manifestait pas la moindre réaction ! »

Elle sourit. La pâle lumière du ciel éclairait les contours ravissants de son visage, les hautes pommettes, la ligne délicate du menton. Elle avait l'air vivante, bien vivante.

Puis elle disparut !

– Akasha !

– Rejoins-moi, m'ordonna-t-elle.

Mais où était-elle ? Je la découvris à l'autre bout de la salle. Une silhouette frêle à l'entrée de la tour. Je pouvais à peine distinguer ses traits, mais je voyais derrière elle le rectangle noir que dessinait l'embrasure de la porte.

Je m'avançai vers elle.

– Non, dit-elle. Utilise le pouvoir que je t'ai donné. Allez.

Je restai planté là. Mon esprit, ma vue fonctionnaient. Je savais de quoi il s'agissait. Mais j'avais peur. J'ai toujours aimé foncer, sauter, jouer des tours. La vitesse surnaturelle qui stupéfie les mortels ne m'a jamais effrayé. Mais elle exigeait autre chose de moi. Que je quitte l'endroit où je me trouvais et me projette jusqu'à elle. Pour accomplir un tel acte, il fallait que je m'abandonne à sa volonté.

– C'est ça, abandonne-toi, murmura-t-elle. Viens.

Je me concentrai et la regardai, je regardai sa main opalescente qui se détachait sur le panneau de bois vermoulu. Puis je décidai de me lancer. Ce fut comme si j'étais pris dans le bruit et la fureur aveugle d'un ouragan. J'avais réussi ! Je frissonnais de partout. Ma figure me brûlait un peu, mais quelle importance ! Je plongeai mes yeux dans les siens et lui souris triomphalement.

Elle était belle, si belle. Une déesse à la longue chevelure tressée couleur d'ébène. Je l'enlaçai. Je baisai ses lèvres froides et les sentis céder imperceptiblement sous ma caresse.

Puis le sacrilège de cet acte m'apparut, comme lorsque je l'avais étreinte dans le mausolée. Je voulus me jeter à ses pieds, mais je ne pouvais détacher mon regard de sa gorge. La soif me torturait. J'étais fasciné à l'idée de boire son sang, alors qu'elle pouvait m'anéantir rien qu'en le souhaitant. Comme elle l'avait fait pour les autres. Mystérieusement, le danger m'électrisait. Je refermai mes doigts autour de son cou, et sa chair s'anima. Je l'embrassai longuement. La saveur du sang dans sa bouche me pénétra.

Elle se détourna et posa son index sur mes lèvres. Puis elle me prit par la main et m'entraîna dans la tour. La clarté des étoiles filtrait à travers le plancher effondré de la dernière salle, des dizaines de mètres au-dessus de nous.

– Tu vois ? dit-elle. La pièce du haut existe toujours. L'escalier est démoli. Elle est inaccessible. Sauf pour nous, mon prince.

Lentement, elle s'éleva dans les airs. Son regard rivé au mien, sa tunique ondoyant autour d'elle, sa cape comme agitée par la brise, elle poursuivit son ascension. Interdit, je l'observai. Elle franchit l'ouverture béante et atterrit sur le rebord du gouffre.

Une cinquantaine de mètres ! Il m'était impossible de faire ça...

Sa voix douce résonna dans le vide.

– Viens, mon prince. Fais comme l'autre fois. Lance-toi et ne regarde pas en bas, comme disent les mortels.

Un rire étouffé.

A supposer que j'accomplisse un cinquième du chemin – un fameux bond déjà, la hauteur d'un immeuble d'environ quatre étages –, c'était dans mes cordes, mais après... Rien que d'y penser, je fus pris de vertige. Inconcevable. J'étais complètement déboussolé. Comment avions-nous abouti ici ? La tête me tournait. Je distinguai sa silhouette, mais comme dans un rêve, et les voix recommençaient à m'envahir. Je ne voulais pas gâcher cet instant. Je voulais que le temps s'enchaîne en une série de moments cohérents. Je ne voulais pas perdre pied.

– Lestat! murmura-t-elle. Dépêche-toi.

Le geste qu'elle ébaucha pour m'encourager était si plein de tendresse.

Je lui obéis. Je la fixai et décidai de me retrouver instantanément à ses côtés.

De nouveau, l'ouragan. Je levai les bras pour vaincre la résistance de l'air. Je ne crois pas que je vis la brèche avant de l'avoir traversée. Puis je fus debout sur la plate-forme, hébété, terrifié à l'idée de tomber.

Nous riions tous les deux, me sembla-t-il; mais j'imagine que la folie me gagnait, car je pleurais, en réalité.

– Mais comment, comment ai-je fait? demandai-je.

– Tu le sais très bien, dit-elle. Le fluide qui t'anime a beaucoup plus de force, maintenant. Avancer d'un pas ou s'élancer dans les airs n'est jamais qu'une question de degré.

– Et si j'essayais encore une fois.

Elle eut un petit rire.

– Regarde cette pièce. Tu t'en souviens?

Je hochai la tête.

– C'était mon refuge dans ma jeunesse.

Je m'avançai pour examiner le mobilier entassé – les bancs et tabourets massifs qui avaient jadis orné notre château, des meubles médiévaux, si pesants, si solides qu'ils étaient pratiquement indestructibles, comme les arbres qui tombent dans la forêt et subsistent des siècles, ou les troncs couverts de mousse qui enjambent les rivières. Ainsi, ces objets n'avaient pas pourri, pas plus que les vieux coffres. Sous la poussière, j'aperçus de vagues taches de couleur: les tapisseries – mais elles étaient en lambeaux.

Ces meubles avaient dû être mis à l'abri dans cette salle durant la Révolution, avant que l'escalier ne s'effondre.

Je m'approchai d'une des meurtrières et contemplai notre domaine. Au loin, nichées au flanc de la montagne, clignotaient les lumières clairsemées d'un bourg. Une voiture descendait la route étroite. Le monde moderne si proche et si lointain! Dans ce paysage, le château n'était plus que l'ombre de lui-même.

– Pourquoi m'as-tu amené ici? l'interrogeai-je. Il m'est

tellement pénible de revenir dans cette maison, aussi pénible que les visions que tu m'imposes.

— Vois, près des armures. Tu te rappelles les armes que tu as prises le jour où tu es parti tuer les loups ?

— Oui, je me rappelle.

— Observe-les bien. Je t'en donnerai de nouvelles, d'infiniment plus puissantes pour tuer en mon nom.

— Tuer ?

Je jetai un coup d'œil sur les armures, ces fantômes d'une gloire passée, et sur les armes. Toutes étaient rouillées, ébréchées. Sauf le glaive, le plus beau, celui qui, dans ma famille, avait été transmis de génération en génération depuis l'époque de Saint Louis. Le glaive seigneurial dont je m'étais emparé ce matin lointain, moi, le septième fils, quand j'étais allé, tel un prince du Moyen Age, exterminer les loups.

— Mais qui devrai-je tuer ? questionnai-je.

Elle se rapprocha. Quelle douceur, quelle innocence sur son visage. Ses sourcils se froncèrent. Une minuscule ride verticale se dessina sur son front. Puis ses traits redevinrent lisses.

— J'aurais apprécié que tu m'obéisses sans discuter. Ensuite seulement mon dessein te serait apparu. Mais ce n'est pas dans ton tempérament.

— Non, avouai-je. Il y a longtemps que je ne suis plus capable d'obéir à qui que ce soit.

— Tu es bien téméraire, dit-elle avec un sourire.

D'un geste gracieux, elle ouvrit sa main droite, et tout à coup j'y vis l'épée. Un souffle d'air, rien de plus, comme si l'arme s'était déplacée d'elle-même. J'admirai le fourreau incrusté de pierreries, l'énorme poignée de bronze en forme de croix. Le baudrier était toujours là, le baudrier de cuir épais et de mailles d'acier que j'avais acheté un été.

C'était une arme redoutable, façonnée pour frapper d'estoc et de taille. Je me souvenais de son poids, de mon bras douloureux quand je m'étais battu contre les loups. Jadis, dans les combats, les chevaliers tenaient souvent à deux mains les glaives de cette taille.

Mais que connaissais-je alors de ces combats ? Je n'étais pas chevalier. J'avais seulement pourfendu des animaux. Et mon unique exploit de mortel, que m'avait-il apporté ? L'admiration d'un damné suceur de sang qui avait décidé de faire de moi son héritier.

Elle me tendit le glaive.

– Il n'est plus lourd maintenant, mon prince. Tu es immortel. Vraiment immortel. Mon sang coule dans tes veines. Et tu useras de tes armes nouvelles comme naguère tu as usé de cette épée.

Un frisson me parcourut au contact de la poignée. C'était comme si elle avait gardé la mémoire de ce dont elle avait été témoin. La vision de cette chasse me revint. L'affût dans l'obscurité de la forêt glacée.

Puis je me vis à Paris, un an plus tard, devenu, à cause de cette action d'éclat, un mort vivant, un monstre. « Le tueur de loups », m'avait surnommé le vampire. Il m'avait distingué du commun des mortels parce que j'avais taillé en pièces ces satanés loups! Et que j'arborais fièrement leurs peaux dans les rues de la capitale.

Pourquoi ressentais-je encore une telle amertume? Avais-je donc envie d'être mort et enterré, en bas, dans le cimetière du village? Je regardai de nouveau par la fenêtre le flanc enneigé de la colline. La même histoire ne se répétait-elle pas aujourd'hui? J'étais aimé pour ma prouesse durant mon insouciante jeunesse mortelle.

– Mais qui devrai-je tuer? insistai-je.

Pas de réponse.

Je repensai à Bébé Jenks, cette pitoyable gamine, et à tous les buveurs de sang disparus. Dire que j'avais voulu fomenter une guerre contre eux, une guerre si dérisoire! Et tous avaient été exterminés. Tous ceux qui avaient répondu à mon défi. Le phalanstère d'Istanbul m'apparut dévoré par les flammes. Cet ancien, aussi, qu'elle avait fait mourir à petit feu, celui qui l'avait bravée et maudite. Je me remis à pleurer.

– Oui, je t'ai privé de ton public, dit-elle. J'ai réduit en cendres l'arène où tu comptais briller. Je t'ai volé ta bataille! Mais ne comprends-tu donc pas? Ce que je t'offre est autrement plus précieux. Je t'offre le monde, mon prince.

– Comment cela?

– Cesse de pleurnicher sur Bébé Jenks et sur toi-même. Songe aux mortels qui méritent tes larmes. Imagine ces malheureux qui ont souffert tout au long de ces siècles désolés, victimes de la famine, de la misère, de la violence. Victimes de l'injustice et des luttes incessantes. Comment peux-tu te lamenter sur une race de monstres qui a sacrifié, sans principe ni raison, tous les humains que le hasard mettait sur son chemin !

– Je sais. Je comprends...

– Tu en es sûr ? Ou te dérobes-tu pour mieux te consacrer à tes jeux allégoriques ? Le chanteur de rock symbole du démon. C'est une plaisanterie, mon prince, une plaisanterie.

– Pourquoi ne m'as-tu pas tué avec les autres ? répliquai-je, agressif et misérable.

Je saisis la poignée du glaive dans ma main droite. Le sang séché du loup adhérait peut-être toujours à la lame. Je la sortis du fourreau. Oui, le sang du loup.

– Je ne vaux pas mieux qu'eux. Pourquoi épargner quelques-uns d'entre nous ?

La peur m'arrêta. Une peur terrible pour Gabrielle, Louis et Armand. Pour Marius. Même pour Pandora et Mael. Pour moi aussi. Pas une créature sur cette terre qui ne se batte pour conserver la vie, même lorsque rien ne justifie ce réflexe. Je désirais vivre. Je l'avais toujours désiré.

– Je souhaite que tu m'aimes, murmura-t-elle tendrement. (Une voix si merveilleuse. Un peu comme celle d'Armand ; une voix qui vous caressait, vous envoûtait.) C'est pourquoi je suis patiente avec toi. (Elle posa ses mains sur mes bras et plongea son regard dans le mien :) Essaye de comprendre. Tu es mon instrument ! Et les autres aussi le seront s'ils ont un brin de bon sens. Ne sais-tu donc pas ? Ta venue et mon réveil ne sont pas le fruit du hasard. Désormais, les espoirs millénaires vont enfin pouvoir être exaucés. Regarde ce bourg en bas, ton château en ruine. Ils seront le nouveau Bethléem, mon prince, mon rédempteur. Ensemble, nous réaliserons les rêves immémoriaux de l'humanité.

– Mais comment serait-ce possible ? demandai-je.

S'était-elle aperçue de ma frayeur ? Savait-elle que chacune de ses paroles augmentait mon effroi ? Bien évidemment.

– Tu es si fort, mon dauphin, me souffla-t-elle. Tu m'étais certainement prédestiné. Rien ne t'abat. Tu es brave en dépit de ta peur. Durant un siècle, je t'ai vu souffrir, dépérir et t'enfouir sous terre pour dormir, puis je t'ai vu resurgir, à l'image de ma propre résurrection.

310

Elle pencha la tête de côté, comme si elle écoutait des bruits au loin. Les voix. Je les percevais, moi aussi, peut-être parce qu'elle les entendait. La clameur m'assourdit, et je la repoussai, agacé.

– Si fort, se moqua-t-elle. Tu ne laisses pas les voix te submerger. Mais ne méprise pas ce pouvoir que tu as de les capter. Il est aussi important que les autres. Les voix t'implorent comme elles m'ont de tout temps implorée.

Je comprenais le sens de ses paroles. Mais que m'importaient ces lamentations ? Qu'y pouvais-je ? Il était insensé d'adresser des prières à un être tel que moi.

– Pendant des siècles, elles ont été mon unique réconfort, poursuivit-elle. Tout au long des heures, des semaines, des années, elles m'accompagnaient. Au début, elles semblaient tisser autour de moi un linceul dans lequel je m'enlisais. Puis j'ai appris à exercer mon oreille. A isoler une voix dans ce tumulte comme on choisit un fil dans une toile. Cette voix, je la suivais, et à travers elle, je connaissais les victoires et les défaites d'une âme.

Je l'observai en silence.

– Avec les années, j'ai acquis un pouvoir plus grand encore – celui de quitter mon corps et de m'introduire dans celui du mortel dont j'écoutais la voix, de voir à travers ses yeux. Je me glissais dans le corps de celui-ci ou de celle-là. Je marchais au grand jour ou dans le noir. Je souffrais, je subissais la faim, la douleur. Parfois je choisissais le corps d'un immortel, comme celui de Bébé Jenks, par exemple. Souvent, je me suis faufilé dans celui de Marius. L'égoïste, le vaniteux Marius, qui confond l'envie avec le respect, qui ne cesse de s'éblouir des inventions décadentes d'un siècle aussi narcissique que lui. Oh, ne fais pas cette tête. Je l'aimais. Je l'aime encore. Il a pris soin de moi. Mon gardien. (Un instant, l'amertume perça dans sa voix.) Mais la plupart du temps, je me coulais dans le corps des pauvres, des malheureux. C'était l'âpreté de la vie que je voulais connaître.

Elle se tut. Son front se rembrunit. J'avais vaguement expérimenté le pouvoir dont elle parlait. J'aurais tellement voulu la consoler, mais quand je lui tendis les bras, elle coupa d'un geste mon élan.

– J'oubliais qui j'étais, où j'étais. Je devenais la créature dont j'avais choisi la voix. Durant des années, parfois. Puis

311

le cauchemar revenait, la conscience d'être cet objet figé, stérile, condamné pour toujours à demeurer assis sur un trône d'or! T'imagines-tu l'horreur que c'est de découvrir soudain que tout ce que tu as vu, entendu, vécu, n'est qu'une illusion, une existence dérobée à un autre? Je rentrais en moi-même. Je redevenais ce que tu as devant toi. Cette idole nantie d'un cœur et d'un cerveau.

Je hochai la tête. Des siècles plus tôt, lorsque j'avais pour la première fois posé mon regard sur elle, j'avais deviné une souffrance indicible sous son enveloppe marmoréenne. Et j'avais eu raison.

— Je savais qu'il te retenait dans ce mausolée, dis-je.

Je parlais d'Enkil. Enkil maintenant disparu, anéanti. Une idole brisée. Je me souvenais de ces minutes dans le mausolée où j'avais bu le sang de sa Reine et où il s'était levé pour revendiquer ses droits et m'avait presque laissé pour mort. Savait-il alors ce qu'il faisait? Ou toute raison l'avait-elle déjà abandonné? Elle se contenta de sourire tout en observant la nuit. La neige tombait à gros flocons tourbillonnants qui semblaient réfléchir à l'infini la lumière des étoiles.

— Tout était écrit, finit-elle par répondre. Ces interminables années passées à affirmer mes pouvoirs. A me forger une puissance telle que personne... personne ne puisse m'égaler. (Une seconde, son assurance parut vaciller, mais elle se ressaisit :) Il n'était plus qu'une masse inerte, mon pauvre époux bien-aimé, mon compagnon de supplice. Son esprit avait cessé de fonctionner. Je ne l'ai pas détruit, pas vraiment. J'ai pris en moi ce qui restait de lui. Il m'est arrivé parfois d'être aussi vide que lui, aussi silencieuse, incapable même de rêver. Seulement lui était pétrifié à jamais. Plus aucune image ne pénétrait son cerveau. Il était désormais inutile. Sa mort a été celle d'un dieu, et elle m'a rendue plus forte. Tout était écrit, mon prince. Écrit du début jusqu'à la fin.

— Mais comment? Par qui?

— Par qui? (Elle sourit encore une fois :) Tu ne comprends toujours pas? Tu n'as plus à chercher qui est à l'origine de quoi. J'étais le livre, désormais je suis aussi la plume... Personne ni rien ne peut plus m'arrêter. (Son visage se durcit; l'hésitation réapparut :) Les vieilles malédictions n'ont plus aucun sens. Dans mon isolement, je me suis élevée à une telle puissance que plus aucune force au monde ne peut m'atteindre. Même Ceux du Premier Sang en sont incapables bien qu'ils complotent contre moi. Il était écrit que ces millénaires devaient s'écouler avant que tu ne paraisses.

— Qu'ai-je donc modifié?

Elle se rapprocha et m'enlaça. Son bras si dur me parut délicieusement doux. Nous n'étions plus que deux êtres blottis l'un contre l'autre, elle si incroyablement jolie, pure et détachée. Et j'eus encore soif de son sang. Soif de me pencher et d'embrasser sa gorge, de la posséder ainsi que j'avais possédé des milliers de mortelles, elle, la déesse au pouvoir incommensurable. Je sentis le désir monter, m'enfiévrer.

De nouveau, elle posa son doigt sur mes lèvres, comme pour calmer mon ardeur.

— Te rappelles-tu ton adolescence ici? demanda-t-elle. Quand tu suppliais ta famille de t'envoyer au séminaire? Te rappelles-tu ce que t'ont enseigné les moines? Les prières, les cantiques, les heures de travail dans la bibliothèque, les heures de veille solitaire dans la chapelle?

— Bien sûr que je me rappelle.

J'avais les larmes aux yeux. Je revoyais avec une telle précision la bibliothèque du monastère, les moines qui m'avaient formé et avaient cru en ma vocation. La petite cellule glaciale avec ses lits de planches. Le cloître et le jardin voilés d'une ombre rose. Seigneur, je ne voulais plus repenser à cette époque. Mais certains souvenirs sont gravés à jamais.

— Te rappelles-tu ce matin où tu es entré dans la chapelle, poursuivit-elle, où tu t'es agenouillé, les bras en croix, sur les dalles de marbre et où tu as dit au Seigneur que tu ferais n'importe quoi pourvu que la bonté te soit donnée?

— Oui, la bonté...

Maintenant c'était ma voix qui était teintée d'amertume.

— Tu lui as dit que tu étais prêt à souffrir le martyre, à endurer les supplices les plus cruels s'il faisait de toi un être bon.

— Oui, je m'en souviens.

Les vieilles statues des saints se dressèrent devant mes

yeux, les hymnes déchirants retentirent à mon oreille. Je me remémorai le jour où mes frères étaient venus me rechercher et où je m'étais traîné à leurs pieds pour qu'ils m'autorisent à rester.

— Et plus tard, quand, ta pureté envolée, tu as pris la grand-route pour Paris, tu allais quérir la même chose; lorsque tu dansais et chantais dans ton théâtre de boulevard, tu désirais aussi être bon.

— Mais je l'étais, dis-je, hésitant. C'était bien de les rendre heureux.

— Oui, heureux, murmura-t-elle.

— Je n'ai jamais pu faire comprendre à Nicolas, mon ami, tu sais, combien il est important de... croire en l'idée de bonté, même si nous l'inventons de toutes pièces. Nous ne l'inventons pas vraiment. Elle existe, non ?

— Elle existe bel et bien. Elle existe par notre volonté.

Quelle tristesse ! Je ne pouvais plus parler. Je regardai tomber la neige. Je lui serrai la main et sentis ses lèvres effleurer ma joue.

— Tu m'étais destiné, mon prince, chuchota-t-elle. Les épreuves t'ont poli. Et cette nuit où tu as pénétré dans la chambre de ta mère et où tu l'as entraînée à ta suite dans le monde des morts vivants, cette nuit n'a été que la préfiguration de l'instant où tu m'as réveillée. Je suis ta mère véritable. La mère qui jamais ne t'abandonnera. Moi aussi, je suis morte et j'ai ressuscité. Toutes les religions du monde nous célèbrent, toi et moi, mon prince.

— Comment ça ? Que veux-tu dire ?

— Oh, mais tu le sais. *Tu le sais !*

Elle me prit le glaive des mains et caressa longuement le baudrier, puis elle les laissa tomber sur le monceau d'armes rouillées – les derniers vestiges de mon existence mortelle. Et comme si un vent les balayait, les dagues et les épées glissèrent lentement sur le sol recouvert de neige et disparurent.

— Renonce à tes illusions, dit-elle. A tes inhibitions. Elles ne valent pas mieux que ce tas de ferraille. Ensemble, nous créerons les mythes du monde réel.

Je me sentis transi, tout à la fois incrédule et troublé. Mais sa beauté triompha de mon désarroi.

— Tu aspirais à devenir un saint quand tu t'es agenouillé dans cette chapelle, dit-elle. Désormais, tu seras un dieu à mes côtés.

Je voulus protester. J'avais peur. Un sombre pressentiment m'envahit. Que pouvaient bien signifier ces paroles ?

Mais soudain je fus dans ses bras, et nous nous élevions dans les airs à travers le toit effondré de la tour. Le vent était si violent qu'il me lacérait les paupières. Je me tournai vers elle, lui entourai la taille et enfouis ma tête contre son épaule.

J'entendis sa voix douce me souffler à l'oreille de dormir. La route serait longue avant que le soleil ne se couche sur le pays où nous allions, le lieu du premier châtiment.

Un châtiment ? Je sanglotais, agrippé à elle. Je pleurais parce que j'étais perdu et que je n'avais plus qu'elle à qui me raccrocher. Qu'allait-elle exiger de moi ? J'en étais terrifié.

2

MARIUS : LE PACTE

Ils se retrouvèrent à l'orée de la forêt de séquoias, leurs vêtements en lambeaux, leurs yeux rougis par le vent, Pandora à la droite de Marius, Santino à sa gauche. Venant de la maison, de l'autre côté de la clairière, Mael se précipita vers eux à longues enjambées.

Sans un mot, il étreignit Marius.

– Mon ami, dit ce dernier d'une voix lasse.

Épuisé, il regarda par-dessus l'épaule de Mael la façade éclairée, et devina que derrière le fronton et les toits pentus, la maison pénétrait dans les profondeurs de la montagne.

Et tapi à l'intérieur, quelque chose l'attendait sans doute, les attendait tous. Si seulement il avait pu rassembler son courage pour l'affronter, redevenir lui-même.

– Je n'en peux plus, dit-il à Mael, ce voyage m'a exténué. Laisse-moi reprendre mon souffle, et je te suis.

Contrairement à Pandora, Marius ne détestait pas voler, mais il en était éprouvé à chaque fois. Cette nuit, particulièrement, sa résistance avait été mise à rude épreuve, et il avait maintenant besoin de sentir la terre sous ses pieds, de respirer l'odeur de la forêt et de se concentrer pour scruter les lieux. Il resserra la lourde cape noire autour de son corps, non que la température de la nuit l'eût exigé, mais parce qu'il était encore transi et moulu du voyage.

Cette pause ne parut pas du goût de Mael, mais il s'y résigna. Il lança un coup d'œil soupçonneux à Pandora dont il s'était toujours défié, puis il considéra avec une hostilité non dissimulée Santino, occupé à brosser son costume sombre, et à discipliner ses courtes mèches noires. Un instant, leurs regards se croisèrent, celui de Santino étincelant de haine, puis Mael fit demi-tour.

Marius se tenait immobile, aux aguets. Lentement ses plaies finissaient de se cicatriser, et il s'étonnait d'être une fois encore indemne. Tout comme les mortels constatent, année après année, qu'ils vieillissent et s'affaiblissent, les immortels doivent admettre qu'ils deviennent chaque jour un peu plus forts. Cette pensée l'exaspéra.

Il y avait une heure à peine que Santino et Pandora l'avaient dégagé de la crevasse et déjà, c'était comme si jamais il n'y avait été emprisonné, écrasé, impuissant, pendant ces dix nuits et ces dix jours hantés du cauchemar des jumelles. Pourtant, rien ne serait plus pareil.

Ce rêve des jumelles. La femme rousse à l'intérieur de la maison attendait. Santino le lui avait annoncé. Mael le savait aussi. Mais qui était-elle ? Et pourquoi redoutait-il de l'apprendre ? Pourquoi vivait-il l'heure la plus noire de son existence ? Son corps était à présent complètement guéri, mais les blessures de son âme se refermeraient-elles jamais ?

Armand était dans cette étrange maison de bois au pied de la montagne. Il allait le revoir après tout ce temps ? Santino lui avait dit qu'Armand, mais aussi tous les autres, Louis, Gabrielle, avaient été épargnés.

Mael l'observait.

— Viens, ton Amadeo t'attend, lui dit-il respectueusement, sans la moindre trace de cynisme ou d'impatience.

Et de la mémoire de Marius jaillirent des images depuis longtemps enfouies, mais d'une précision incroyable. Mael lui rendant visite dans son palais vénitien en ces années si heureuses du quattrocento ; Mael remarquant le jeune mortel en train de travailler avec les autres élèves à la fresque murale que Marius venait de leur abandonner. Il pouvait, encore aujourd'hui, sentir l'odeur de la détrempe, celle des bougies et ces effluves familiers, pas si désagréables dans son souvenir, qui imprégnaient alors tout Venise – cette odeur de pourriture qui montait des eaux sombres et putrides des canaux. « Alors, c'est celui-ci que tu as choisi ? » lui avait demandé Mael à brûle-pourpoint. « Qui vivra verra », avait-il répondu évasivement. Moins d'une année plus tard, c'en était fait de ses hésitations, et il accueillait dans ses bras l'enfant sans lequel il ne pouvait plus vivre.

Marius fixait la maison à l'autre bout de la clairière. *Mon univers vacille et je ne pense qu'à lui, mon Amadeo, mon Armand.* Les émotions qui l'envahissaient étaient tout à la fois douces et amères comme cette musique aux accents tragiques d'un Brahms ou d'un Chostakovitch, qu'il avait appris à aimer.

Mais le moment était mal choisi pour rêver à cette rencontre, savourer son intensité, s'en réjouir et pour confier à Armand tout ce qu'il brûlait de lui dire.

L'amertume était un sentiment bien tendre comparé à ceux qui l'animaient. *J'aurais dû détruire la Mère et le Père. J'aurais dû tous nous détruire.*

— Remercions les dieux que tu n'en aies rien fait, déclara Mael.

— Pourquoi donc? répliqua Marius.

Pandora tressaillit. Il sentit qu'elle passait son bras autour de sa taille. Pourquoi ce geste l'irritait-il à ce point? Il se tourna brusquement vers elle, en proie à une envie terrible de la frapper, de la repousser. Mais ce qu'il vit l'arrêta net. Son regard était perdu dans le vague, son expression si absente, si abattue que sa propre fatigue lui pesa davantage; il en aurait pleuré. Le bien-être de Pandora avait toujours été essentiel à sa survie à lui. Il n'avait pas besoin d'être auprès d'elle, bien au contraire; mais il lui était nécessaire de savoir qu'elle errait quelque part dans le monde, qu'elle existait toujours et qu'ils pourraient de nouveau se rencontrer. Ce qu'il lisait sur son visage en ce moment le remplissait d'inquiétude, car s'il était amer, Pandora, elle, était désespérée.

— Allons, dit Santino de sa voix suave, ils nous attendent.

— Je sais, répondit Marius.

— Quel trio nous formons! laissa échapper Pandora.

Bien que rompue, ivre de sommeil, elle raffermit, autour de Marius, son étreinte protectrice.

— Je peux encore marcher tout seul, merci! fit-il avec

une méchanceté inhabituelle, surtout à l'endroit de la personne qu'il aimait le plus au monde.

– Prouve-le alors et avance! lança-t-elle, et l'espace d'un instant il eut devant lui l'ancienne Pandora, chaleureuse et emportée. Elle lui donna une petite tape et s'éloigna en direction de la maison.

Il lui emboîta le pas. Aigri, voilà ce qu'il était. Il ne serait d'aucune utilité à ces immortels. Et pourtant, il avançait avec Mael et Santino dans la lumière qui tombait des fenêtres. La forêt disparaissait dans l'ombre, pas une feuille ne bougeait. Mais ici l'air était doux, embaumé, et faisait oublier le froid cinglant du Nord.

Armand. A l'évocation de ce nom, les larmes lui montèrent aux yeux.

Une femme apparut sur le seuil de la maison. Une sylphide aux longues boucles rousses nimbées d'or.

Il fut saisi d'une appréhension, mais n'en montra rien. L'inconnue était certainement aussi ancienne qu'Akasha. Dans son visage luminescent, ses sourcils et sa bouche avaient perdu toute couleur. Et ses yeux... Ses yeux ne lui appartenaient pas vraiment. Non, ils avaient été prélevés sur une victime mortelle et ils la trahissaient déjà. Elle le regardait, mais ne le voyait pas distinctement. La jumelle des rêves, l'aveugle, c'était elle. Une douleur lancinante parcourait les nerfs délicats reliés aux yeux d'emprunt.

Pandora s'était arrêtée au bas du perron.

Marius la dépassa et gravit les quelques marches qui menaient au porche. Il s'immobilisa devant la femme rousse, admirant sa haute stature – elle était aussi grande que lui – et la symétrie parfaite de ses traits hiératiques. Elle portait une tunique de laine noire, souple et ample, au col montant et aux longues manches brodées. De longs plis tombaient en s'évasant d'une cordelière nouée sous sa poitrine menue. Une tenue délicieuse qui mettait en valeur son visage opalin, comme éclairé de l'intérieur et auréolé de cuivre.

Mais plus étonnant que cette beauté physique que, somme toute, elle possédait déjà six mille ans plus tôt, était la vigueur incroyable qui se dégageait de sa personne et lui donnait cet air de fragilité extrême et d'inflexibilité redoutable. Était-elle l'immortelle véritable ? Celle qui n'avait jamais sombré dans le sommeil, l'oubli et la folie libératrice ? Celle qui avait avancé avec mesure et lucidité, à travers les millénaires, depuis les commencements ?

Elle jugea bon de lui faire savoir qu'il avait vu juste.

Sa force incommensurable lui paraissait brûler comme une flamme incandescente ; et en même temps, il percevait en elle une simplicité, une sensibilité propres aux intelligences supérieures.

Comment interpréter son expression ? Comment savoir ce qu'elle ressentait vraiment ?

Il émanait d'elle une douceur non moins mystérieuse que le reste de sa personnalité, une vulnérabilité qu'il n'avait rencontrées que chez les femmes et, exceptionnellement, chez les très jeunes garçons. Dans les rêves, tout son être irradiait cette tendresse, invisible pour l'heure, mais néanmoins décelable. En d'autres circonstances il en aurait été ému, mais en cet instant, il ne faisait que noter ce trait, comme il remarquait les ongles dorés, si joliment taillés en amande et les bagues serties de pierres précieuses qui ornaient ses doigts.

– Pendant toutes ces années, dit-il respectueusement, en latin, tu connaissais mon existence. Tu savais que je veillais sur la Mère et le Père. Pourquoi n'es-tu jamais venue à moi ? Pourquoi ne t'es-tu pas manifestée ?

Elle médita un long moment avant de répondre, laissant errer son regard sur les autres qui s'étaient rapprochés de Marius.

Santino était terrifié par cette femme, qu'il connaissait pourtant fort bien. Mael aussi avait peur d'elle, mais en fait, il semblait également l'aimer et lui être assujetti. Quant à Pandora, elle était seulement inquiète. Elle se pressa contre Marius comme pour montrer qu'elle était de son côté, quoi qu'il arrive.

– Oui, je connaissais ton existence, admit enfin la femme.

Elle s'exprimait en anglais moderne. Mais, on ne pouvait s'y tromper, la voix était bien celle d'une des jumelles du rêve, l'aveugle qui criait le nom de sa sœur muette, Mekare, tandis que la foule haineuse les enfermait dans les sarcophages. Ainsi, nos voix, elles, ne changent pas, pensa Marius. Le timbre était resté jeune et mélodieux.

– Si j'étais venue, reprit-elle avec une émotion contenue, j'aurais rasé ton sanctuaire, englouti le Roi et la Reine sous les eaux. Je les aurais peut-être même détruits et nous avec eux. Et cela, je ne le voulais pas. Qu'aurais-tu souhaité que je fasse? Que je te décharge de ton fardeau? Je ne pouvais rien pour toi, c'est pourquoi je ne suis pas venue.

L'explication le satisfit plus qu'il ne s'y attendait. Cette créature n'était pas si haïssable après tout, mais il était encore trop tôt pour en juger, d'autant qu'elle n'avait pas dévoilé l'entière vérité.

– Ah non? s'étonna-t-elle. (De fines rides se dessinèrent sur son visage, reflets de la femme mortelle qu'elle avait jadis été.) Quelle est donc l'entière vérité? Que je n'avais aucune obligation à ton égard, et surtout pas celle de te faire connaître mon existence, et que tu es bien impertinent de suggérer qu'il aurait pu en être autrement? J'en ai vu des milliers comme toi, je les ai vus naître, je les ai vus périr. Tu n'es rien pour moi! Nous sommes réunis aujourd'hui par nécessité, parce que nous sommes en danger, parce que tout ce qui vit est menacé! Peut-être, quand tout sera fini, nous aimerons-nous et nous respecterons-nous les uns les autres. Peut-être pas. Et peut-être aussi serons-nous tous morts.

– En effet, dit-il posément.

Il ne put s'empêcher de sourire. Elle avait raison. Et il aimait son attitude, son langage direct.

Il l'avait souvent observé, les immortels étaient irrévocablement marqués du sceau de l'époque qui les avait vus naître. Et il en était ainsi de cette ancienne dont les paroles, sous leur vernis policé, trahissait une simplicité barbare.

– Je ne suis plus moi-même, ajouta-t-il, hésitant. Il me reste des séquelles de cette mésaventure. Mon corps est guéri certes, le vieux miracle de toujours, fit-il, sarcastique. Mais ma vision des choses est complètement bouleversée. Je ne comprends pas cette amertume qui me ronge, cette totale...

Il s'interrompit.

– Cette totale vacuité, dit-elle.

– Oui, c'est cela, jamais la vie ne m'a paru si dénuée de sens. Pas seulement pour nous, mais, pour tout ce qui vit, comme tu aimes à le dire. Cette prise de conscience tardive est bien ridicule, n'est-ce pas ?

— Non, fit-elle. Certainement pas.

— Je ne suis pas d'accord avec toi, ne m'en veux pas ! Dis-moi plutôt : combien de millénaires as-tu traversés avant que je ne vienne au monde ? Quelle somme de connaissances as-tu accumulée qui m'est inaccessible ?

Il repensa à son emprisonnement, aux blocs de glace qui le broyaient, à la douleur qui explosait dans ses membres. Il se souvint des voix immortelles qui lui avaient répondu, de tous ceux qui s'étaient précipités à son secours pour finir, l'un après l'autre, dévorés par le feu d'Akasha. Il avait entendu leur agonie à défaut d'y assister ! Et le sommeil ne lui avait apporté pour tout réconfort que le cauchemar des jumelles.

Elle eut un mouvement brusque et saisit sa main droite entre les siennes. C'était comme être pris entre les mâchoires d'acier d'une machine. Bien que Marius eût infligé cette épreuve à de nombreux jeunes au cours des ans, lui-même n'avait jamais été happé dans pareil étau.

— Marius, nous avons besoin de toi aujourd'hui, dit-elle avec chaleur, ses yeux étincelant un court instant dans le flot de lumière blonde qui ruisselait par l'embrasure de la porte et par les fenêtres qui l'encadraient.

— Pour l'amour du ciel, pourquoi donc ? interrogea Marius.

— Cesse ce jeu. Entre. Nous avons à parler et nous devons le faire pendant qu'il en est encore temps.

— Parler de quoi ? insista-t-il. Des raisons pour lesquelles la Mère nous a laissés vivre ? Je les connais et les trouve bien risibles. Toi, de toute évidence, elle ne peut te tuer, et nous... elle nous a épargnés parce que tel était le bon vouloir de Lestat. C'est la triste réalité, et tu le sais. Pendant deux mille ans, j'ai veillé sur elle, je l'ai protégée, vénérée, et elle ne m'a épargné que pour l'amour d'un blanc-bec de deux cents ans.

— N'en sois pas si sûr, intervint Santino.

— Non, insista la femme, là n'est pas l'unique raison. Quoi qu'il en soit, nous avons plusieurs points à éclaircir.

— Tu as raison, mais je n'ai pas le cœur à discuter. J'ai perdu mes illusions, vois-tu. Je poursuivais des chimères et je croyais avoir atteint les sommets de la sagesse! J'étais si fier de côtoyer ainsi l'éternité. Puis, quand je l'ai vue, debout dans le sanctuaire, j'ai cru que mes rêves, mes espoirs les plus fous s'étaient réalisés! Elle était vivante dans ce corps. Vivante tout ce temps où j'étais son serviteur, son esclave, le gardien immuable de son tombeau.

A quoi bon essayer d'expliquer! Son sourire cruel, ses paroles blessantes, l'éboulement du mausolée. Puis l'obscurité glaciale et les jumelles. Oui, les jumelles étaient au cœur de ce drame, et il comprit soudain que les rêves l'avaient comme envoûté. Il aurait pu en avoir conscience plus tôt. Il la regarda, et les rêves semblèrent tout à coup l'envelopper de leurs images, la transporter dans ces temps reculés. Il vit les rayons du soleil, le corps de la mère, il vit les jumelles immobiles devant le cadavre. Tant de questions...

— Mais quel est le rapport entre ces rêves et ce cataclysme? demanda-t-il avec véhémence. Il avait été si désarmé face à ces rêves interminables.

La femme le fixa longuement avant de répondre:

— Je m'efforcerai de te l'expliquer, dans les limites de mon savoir. Mais calme-toi d'abord. On croirait, malheureux, que l'impétuosité de tes jeunes années t'est revenue.

— Je n'ai jamais été jeune, répliqua-t-il en riant. Mais que veux-tu dire par là?

— Tu fulmines, tu divagues, et je ne peux t'apaiser.

— Le ferais-tu si tu le pouvais?

— Bien sûr!

Il rit tout bas.

Avec quelle chaleur elle lui ouvrit les bras. Le geste le surprit, non qu'il fût extraordinaire, mais parce que tant de fois, dans ses rêves, Marius l'avait vue s'avancer de cette manière pour embrasser sa sœur.

— Je suis Maharet, dit-elle. Appelle-moi par mon nom et cesse de te défier. Entre dans ma demeure.

Elle se pencha en avant, emprisonna le visage de son visiteur dans ses mains et déposa un baiser sur sa joue. Ses cheveux roux le frôlèrent et il en fut troublé. Le parfum qui se dégageait de ses vêtements le troubla aussi – cette fragrance orientale qui lui rappelait l'odeur de l'encens et évoquait immanquablement le mausolée.

– Maharet, s'écria-t-il avec colère, si je te suis à ce point nécessaire, pourquoi n'es-tu pas venue me chercher quand je gisais au fond de ce puits de glace ? Aurait-elle pu t'arrêter, *toi* ?

– Je suis là, Marius, répondit-elle, et tu es là avec nous cette nuit. (Elle laissa retomber ses mains et les joignit d'un mouvement gracieux.) Crois-tu vraiment que je sois restée inactive pendant toutes ces nuits où ceux de notre espèce étaient décimés ? Autour de moi et dans le monde entier, elle frappait ceux que j'avais connus et aimés. Je ne pouvais être partout pour les protéger. Des cris me parvenaient des quatre coins de la terre. Et j'avais ma propre quête à poursuivre, mon propre fardeau...

Elle ne put continuer.

Sa peau se colora, les fines rides réapparurent. Elle souffrait, physiquement et mentalement, et ses yeux étaient embués de larmes de sang. Quelle chose étrange que la fragilité de ces yeux dans ce corps indestructible. Et la souffrance qui émanait d'elle était pour Marius insupportable, tout comme dans les rêves. Des images défilèrent, familières et cependant totalement différentes. Et soudain tout s'éclaira...

– Tu n'es pas celle qui nous envoyait les rêves ! murmura-t-il. Tu n'en es pas la source.

Elle ne dit rien.

– Où donc est ta sœur ? cria-t-il. Que signifie tout cela ?

Elle eut un mouvement de recul, comme s'il l'avait frappée au cœur. Elle tenta de lui cacher ses pensées, mais il perçut la douleur insondable. En silence, elle le toisa lentement de haut en bas, pour bien lui faire sentir qu'il venait de commettre une indélicatesse impardonnable.

Il sentit la peur chez Mael et Santino qui n'osaient s'immiscer dans leur controverse. Pandora lui serra la main comme pour l'avertir d'un danger.

Pourquoi avait-il parlé avec une telle brutalité, une

telle impatience? *Ma quête...mon propre fardeau...* Qu'elle aille au diable!

Il l'observa qui fermait les yeux et pressait légèrement ses paupières du bout de ses doigts, pour essayer d'endormir la douleur.

— Maharet, dit-il, repentant, la guerre fait rage et nous voilà, en plein champ de bataille, à échanger des paroles hostiles. C'est moi le coupable. Mais si je t'ai offensée c'est seulement que je voulais comprendre.

La tête toujours inclinée, elle lui lança un regard courroucé, presque haineux. Il ne pouvait cependant pas détacher ses yeux de la courbe délicate de ses doigts, des ongles polis et des bagues de rubis et d'émeraudes qui scintillèrent soudain de mille feux.

Une idée absurde, terrible, s'empara de lui : s'il n'arrêtait pas de se comporter comme un imbécile, il risquait de ne plus jamais revoir Armand. Elle allait le chasser ou pire... Et il voulait absolument, une dernière fois peut-être, revoir Armand.

— Entre maintenant, Marius, fit-elle enfin, magnanime. Je vais te conduire auprès de ton enfant, puis nous nous réunirons avec les autres qui eux aussi s'interrogent.

— Mon enfant, murmura-t-il.

Son désir d'Armand était pareil à une musique. Il lui sembla tout à coup être transporté dans un lieu protégé et secret où il aurait eu l'éternité pour s'imprégner des phrases mélodiques d'un des quatuors de Bartok qu'il aimait tant. Mais il haïssait cette femme, il les haïssait tous, il se haïssait lui-même. L'autre jumelle, où était l'autre jumelle? La jungle étouffante lui apparut. Des lianes arrachées, des racines piétinées. Il tenta en vain de se raisonner. La haine distillait en lui son venin.

Il avait souvent observé, chez les mortels, ce violent refus de vivre. N'avait-il pas, à son grand étonnement, entendu les plus sages d'entre eux déclarer que « la vie ne valait pas la peine d'être vécue » ? Aujourd'hui, il les comprenait.

Dans un brouillard, il s'aperçut que Maharet s'était tournée vers les autres et les invitait à entrer dans sa maison. Il la suivit à l'intérieur. Ses cheveux roux tombaient en une masse soyeuse jusqu'au bas de ses reins.

Il eut envie de les toucher, de vérifier s'ils étaient aussi doux qu'ils en avaient l'air. Quelle chose extraordinaire d'être capable de se laisser distraire par de telles futilités en un tel moment et de s'en sentir revigoré. Comme si rien ne s'était passé, comme si le monde tournait rond. Il vit le sanctuaire intact à nouveau, le sanctuaire au centre de son univers. Ah, quelle calamité que ce cerveau humain qui capte tout et n'importe quoi, songea-t-il. Et dire qu'Armand l'attendait tout près...

Elle les précéda à travers un dédale de grandes salles presque vides de meubles. Les poutres du plafond étaient énormes, les cheminées, de simples foyers de pierre. L'endroit par ses dimensions rappelait ces citadelles du haut Moyen Age, quand les routes romaines étaient tombées en ruine et la langue latine en désuétude, et que les anciennes tribus guerrières avaient relevé la tête. Les Celtes avaient alors fini par triompher et conquérir l'Europe : leurs campements s'étaient érigés en châteaux forts et jusqu'à nos jours leurs superstitions avaient survécu, au détriment de la raison romaine.

Mais l'architecture de cette forteresse remontait à une époque encore plus reculée. Des peuples avaient vécu dans des habitations construites de la sorte avant l'invention de l'écriture ; dans des pièces bâties en pisé et en bois, parmi des objets tissés ou martelés à la main.

Il trouvait ce lieu plaisant. Encore un tour de ce stupide cerveau humain. Comment trouver quoi que ce soit de plaisant en cet instant ? Mais les constructions des immortels l'avaient toujours intrigué. Et celle-ci méritait qu'on s'y attarde pour l'étudier.

Ils franchirent une porte en acier et s'enfoncèrent dans les entrailles de la montagne. L'odeur entêtante de la terre les enveloppait. Pourtant ils longeaient des couloirs revêtus de plaques d'étain. Il entendait le bruit des génératrices et des ordinateurs, ce doux bourdonnement qui lui avait donné un si grand sentiment de sécurité dans sa propre demeure.

A la suite de Maharet, ils empruntèrent un interminable escalier en colimaçon. Les parois brutes révélaient maintenant les secrets de la montagne, ses veines d'argile ocre et de roches dures. De petites fougères poussaient çà et là. D'où la lumière venait-elle? De cette verrière tout là-haut, minuscule porte du paradis. Il leva un regard reconnaissant vers la pâle lueur bleutée.

Ils arrivèrent enfin sur un large palier et pénétrèrent dans une petite pièce sombre. Une porte était ouverte sur une salle bien plus vaste où les autres étaient déjà assemblés. Mais la clarté aveuglante du feu qui flambait dans la cheminée obligea Marius à détourner les yeux.

Dans cette petite pièce, debout derrière lui, quelqu'un dont il n'avait pu détecter la présence l'attendait. Tandis que Maharet entraînait Pandora, Santino et Mael dans la grande salle, il comprit ce qui allait arriver. Afin de se ressaisir, il respira profondément et ferma les yeux.

Comme son amertume semblait dérisoire, s'il songeait à celui dont l'existence n'avait été que souffrance ininterrompue durant des siècles, dont la jeunesse avec toutes ses exigences avait été rendue éternelle. Celui qu'il n'avait pas réussi à sauver ou à parfaire. Combien de fois, au cours des innombrables années, avait-il rêvé de cette rencontre sans jamais avoir le courage de la provoquer; et cette nuit, au cœur de la tourmente, en ces temps de ruines et de convulsions, ils allaient enfin se retrouver.

– Mon amour, mon bel Amadeo, murmura-t-il.

La douleur l'étreignit soudain, la même douleur que lorsqu'il survolait les immensités glacées, au-dessus des nuages indifférents. Jamais il n'avait prononcé des mots aussi sincères.

Il tendit la main et toucha celle d'Armand.

La chair était souple encore, comme humaine, fraîche et douce. Il ne put se contenir et se mit à pleurer. Il contempla le visage juvénile de son ami. Oh, cette expression si déférente, si soumise. Alors, il ouvrit les bras au jeune homme.

Bien des siècles auparavant, dans un palais vénitien, il avait tenté de traduire en pigments impérissables la qualité de cet amour. Qu'en restait-il? La certitude qu'aucun autre être au monde ne recelait autant de ferveur et de générosité. Que chez cet enfant ordinaire, cet enfant blessé, il avait trouvé une tristesse et une grâce naturelle qui lui avaient brisé le cœur à jamais. Celui-ci l'avait compris! Celui-ci l'avait aimé, comme personne depuis n'avait su le faire.

A travers ses larmes, il vit ces traits qu'il avait peints, un peu assombris par ce qu'on appelle naïvement la sagesse, et il y lut le même amour qui avait été son réconfort pendant ces nuits enfuies. Nulle rancœur ne l'avait altéré.

Si seulement ils avaient le temps, le temps d'aller dans la forêt chercher le calme – un havre de paix au milieu des arbres géants – et là, se parler des heures, se parler des nuits, de longues nuits, sans hâte. Hélas, les autres attendaient. Et ces instants n'en étaient que plus précieux mais aussi plus pathétiques.

Il referma ses bras sur Armand. Il baisa ses lèvres et ses longs cheveux. Il caressa fébrilement les épaules du jeune homme. Il examina la main blanche et mince qu'il tenait dans la sienne, chacun des détails de ce corps et de ce visage qu'il avait voulu fixer sur la toile, chacun des détails qu'il avait préservé dans la mort.

– Ils nous attendent n'est-ce pas? s'enquit-il. Nous n'avons que quelques minutes.

Armand acquiesça.

– Qu'importe, murmura-t-il. J'ai tant espéré ce moment.

Que de souvenirs le timbre de cette voix faisait remonter à sa mémoire : le palais et ses plafonds à caissons, ses lits drapés de velours pourpre, et le garçon montant quatre à quatre l'escalier de marbre, ses joues rougies par le vent vif de l'Adriatique, ses yeux bruns pétillants.

– Même dans les moments les plus désespérés, continuait la voix. Je savais que nous nous reverrions et que je serais alors libre de mourir.

– Libre de mourir! répéta Marius. Mais Armand, cette liberté nous l'avons toujours eue; ce qui nous a manqué, et ce qu'il nous faut peut-être à présent, c'est le courage de l'exercer.

Armand sembla réfléchir un instant et l'expression absente qui envahit peu à peu son visage renvoya Marius à sa tristesse.

– Oui, c'est vrai, dit-il enfin.

– Je t'aime, souffla Marius avec autant de passion qu'un homme mortel y aurait mis. Je n'ai jamais cessé de t'aimer. Je voudrais, en cet instant, ne croire en rien d'autre qu'en l'amour, mais hélas, je ne le puis.

Un bruit léger les interrompit. Maharet se tenait sur le seuil.

Marius glissa son bras autour des épaules d'Armand. Ils communièrent quelques secondes encore dans le silence. Puis ils suivirent Maharet dans l'immense salle au sommet de la montagne.

La pièce était entièrement vitrée sauf pour le mur derrière eux et la hotte de fonte qui descendait du plafond au-dessus du foyer où brûlait un grand feu. Pas d'autre lumière que celle des flammes et dehors, à l'infini, les cimes aiguës des séquoias et le ciel velouté du Pacifique, avec ses nuages vaporeux et ses timides étoiles.

Quel splendide crépuscule! Tout différent de celui qu'on découvre de la baie de Naples, des flancs de l'Annapurna ou d'un vaisseau voguant en pleine mer, au gré des courants. Par sa seule immensité le ciel était magnifique, et dire qu'à peine quelques instants plus tôt, il avait été là-haut, dérivant dans l'obscurité, visible seulement de ses compagnons de route et des étoiles! La joie l'emplit de nouveau, comme lorsqu'il avait contemplé la chevelure rousse de Maharet. Le chagrin qu'il avait ressenti en pensant à Armand s'était envolé, faisant place à une joie, pure, sublimée. La joie de vivre, tout simplement.

Il lui vint soudain à l'esprit qu'il n'était guère doué pour la rancune et les regrets. Il n'avait pas l'obstination nécessaire, et s'il voulait retrouver sa dignité, il ferait bien de se reprendre.

Un petit rire salua cette résolution. Un rire amical, étouffé, un peu exalté cependant, le rire d'un gamin écervelé. Il sourit en retour, lançant un coup d'œil à l'impertinent, à Daniel. Daniel, l'auteur anonyme d'*Entretien avec un Vampire*. Il comprit d'un seul coup que ce jeune fou était l'enfant d'Armand, le seul enfant qu'il ait jamais engendré. Un bon départ sur le chemin du mal, avec tout ce qu'Armand avait à donner.

Il parcourut du regard l'assemblée réunie autour de la table ovale.

Tout au bout, à droite, se trouvait Gabrielle, sa natte blonde dans le dos, ses yeux reflétant une angoisse non dissimulée. A côté d'elle, Louis, désarmé comme toujours, fixant Marius, avec une curiosité toute scientifique ou une admiration naïve, ou les deux à la fois. Puis, venait Pandora, sa bien-aimée, sa chevelure brune, encore diaprée de gouttelettes de givre fondu, ruisselant sur ses épaules. Santino était assis à sa droite, l'air princier à nouveau, toute trace de poussière disparue de sa tenue de velours noir impeccablement coupée.

Sur la gauche de Marius se tenait Khayman, un autre ancien qui spontanément lui fit connaître son nom. Un être effrayant à vrai dire, dont la chair était encore plus lisse que celle de Maharet. Marius ne pouvait détacher son regard de lui. Jamais les visages de la Mère et du Père ne l'avaient autant frappé, bien que leurs yeux et leurs cheveux eussent été du même noir de jais. C'était ce sourire qui changeait tout! Cette expression ouverte, affable, que le temps n'avait pas réussi à effacer. Il avait l'apparence d'un mystique ou d'un saint, quoiqu'il fût un tueur sans pitié. Ses dernières ripailles avaient un peu assoupli sa peau et coloré ses joues.

Mael, hirsute et débraillé comme à son habitude, avait pris place à la gauche de Khayman. A côté de lui, venait un autre ancien, Éric, vieux de plus de trois mille ans selon les estimations de Marius, émacié, à l'aspect trompeusement fragile, âgé de trente ans peut-être à sa mort. Il posait sur Marius des yeux bruns, doux et pensifs. Ses vêtements sur mesure étaient les répliques exquises des costumes de confection que les hommes d'affaires portaient aujourd'hui.

Quant à cette autre créature assise à la droite de Maharet qui, elle, faisait face à Marius, à l'autre extrémité de la table, celle-là lui donna un véritable choc. L'autre jumelle, supposa-t-il tout d'abord, à la vue de ses cheveux cuivrés et de ses yeux de jade.

Mais il aurait parié que, la veille encore, elle était en vie. Alors, comment expliquer la force qui se dégageait de son être, sa blancheur marmoréenne, la manière perçante qu'elle avait de le dévisager, et l'intensité télépathique qui émanait de son esprit, cette cascade d'images précises, qu'elle semblait cependant incapable de contrôler. Elle était en train d'évoquer, dans ses moindres détails, le tableau que Marius avait peint plusieurs siècles auparavant, son Amadeo agenouillé en prière, entouré d'anges aux ailes noires. Un frisson parcourut Marius.

– Ma peinture dans la crypte de Talamasca ? dit-il dans un souffle. (Il laissa échapper un rire insolent, venimeux.) C'est donc là qu'elle est ?

L'inconnue fut saisie d'effroi. Elle n'avait pas voulu divulguer ses pensées. Décontenancée, soucieuse de protéger Talamasca, elle se referma sur elle-même. Son corps sembla se rétrécir mais son pouvoir n'en parut que plus grand. Une créature monstrueuse aux yeux verts et à l'ossature délicate. Née hier, exactement comme il l'avait deviné. Des tissus vivants subsistaient en elle. Et d'un coup, il sut tout à son sujet. Celle-là, qui s'appelait Jesse, avait été métamorphosée par Maharet et était également sa descendante humaine. Cette révélation le stupéfia, l'effraya quelque peu. Le sang qui courait dans les veines de cette novice avait une puissance que Marius avait du mal à imaginer. Elle n'était pas tout à fait morte, et déjà la soif ne la tenaillait plus.

Mais à présent, il devait cesser cette inquisition. Après tout, ils n'attendaient plus que lui. Pourtant il ne put s'empêcher de se demander où diable se trouvait sa propre descendance mortelle, les enfants de ses neveux et nièces qu'il avait tant aimés de son vivant. Pendant quelques siècles, il avait suivi leur lignée, puis finalement, il en avait perdu le fil. Il ne les reconnaissait plus, comme il ne reconnaissait plus Rome. Il avait laissé la chape du temps les engloutir en même temps que sa ville. Pourtant il était certain que son sang patricien coulait encore dans les veines de beaucoup d'hommes aujourd'hui.

Il continuait de détailler la jeune femme rousse. Quelle ressemblance avec son ancêtre ! Grande et si gracile, belle mais austère. Il y avait là un mystère, une continuité propre à cette lignée, cette famille... Ses vêtements étaient sombres, souples, très semblables à ceux de Maharet. Ses mains étaient immaculées. Elle n'avait ni parfum ni maquillage.

Ils étaient tous magnifiques, chacun à sa manière. Le grand et robuste Santino, à la prunelle de velours et aux lèvres sensuelles était d'une élégance monacale. Mael, lui, avait une présence sauvage et fascinante tandis qu'il dardait sur Maharet un regard chargé d'amour et de haine. Armand était d'une beauté indicible avec son visage séraphique et Daniel, absolument ravissant, avec ses cheveux cendrés et ses yeux d'améthyste.

L'immortalité avait-elle jamais été donnée à quelqu'un de laid? Ou la Transfiguration obscure sublimait-elle en les métamorphosant chacune des victimes immolées dans son brasier? Mais Gabrielle, courageuse comme son fils sans avoir son impétuosité, avait, à l'évidence, été charmante de son vivant; et Louis, bien sûr, avait été choisi pour le modelé délicat de ses traits, la profondeur de ses yeux verts et la mélancolie qui émanait de lui, aujourd'hui encore. Il était comme un humain égaré au milieu d'eux, sa figure triste et rêveuse, vibrante d'émotions, son corps étrangement vulnérable. Même Khayman, si effrayant, possédait une indéniable perfection.

Quant à Pandora, il la revoyait vivante et mortelle, il revoyait la jeune femme innocente et passionnée qui était venue à lui bien des siècles auparavant, dans la nuit d'encre des rues d'Antioche, le suppliant de la rendre immortelle. Pas l'être désolé et absent, figé dans sa tunique drapée à l'antique, contemplant, à travers la paroi de verre, la Voie lactée qui s'estompait derrière les nuages.

Éric, blanchi et nacré par les millénaires, conservait, comme Maharet, un air de grande humanité, et sa grâce androgyne ajoutait à son charme.

Le fait était là, Marius n'avait jamais posé les yeux sur un tel aréopage, un rassemblement d'immortels de tous âges, du novice au plus ancien, chacun avec ses pouvoirs incommensurables et ses faiblesses aussi, jusqu'à ce jeune extravagant qu'Armand avait si bien réussi grâce aux vertus de son sang vierge. Il doutait qu'un tel phalanstère eût jamais été réuni auparavant.

Et comment s'intégrait-il dans ce tableau, lui qui avait été le doyen de son univers soigneusement maîtrisé où les plus anciens que lui étaient des dieux muets?

Tandis qu'il s'approchait de la table ovale, qu'il attendait, arrogant, que Maharet le prie de s'asseoir, il songea qu'il devait avoir l'air aussi monstrueux que les autres, avec son expression glaciale, et cette animosité qui le consumait.

– Je t'en prie, lui dit-elle en lui désignant avec grâce le siège libre devant lui, une place d'honneur sans conteste, juste en face d'elle, à l'autre extrémité de la table.

Le fauteuil était confortable, contrairement à beaucoup de meubles modernes. Le dossier incurvé soutenait parfaitement son dos et les accoudoirs semblaient faits pour ses mains. Armand s'installa à sa droite.

Maharet s'assit, posa ses mains jointes sur le bois poli et inclina la tête comme si elle rassemblait ses pensées avant de commencer.

– Sommes-nous les seuls survivants? demanda Marius. A part la Reine, le prince insolent et...?

Il s'interrompit.

Un frémissement silencieux parcourut l'assistance. La jumelle muette, où était-elle? Quel était ce mystère?

– En effet, répondit Maharet posément. A part la Reine, le prince insolent et ma sœur, nous sommes les seuls survivants. Les seuls qui comptent, du moins.

Elle se tut afin de laisser le temps à ses paroles de produire leur effet, embrassant l'assemblée d'un regard bienveillant.

– Loin d'ici, reprit-elle, il y en a peut-être d'autres. Des anciens qui choisissent de demeurer à l'écart ou des malheureux qu'elle traque encore et qui sont condamnés. Nous sommes donc les derniers de notre espèce à pouvoir décider ou tenter d'influer sur le destin.

– Et mon fils? interrogea Gabrielle d'une voix tendue. Est-ce que l'un d'entre vous va me dire ce qu'elle a fait de lui? (Farouche et désespérée, elle considéra tour à tour Maharet et Marius:) Vous avez sûrement dû voir où il se trouve!

333

Sa ressemblance avec Lestat émut Marius. Sans aucun doute, c'était d'elle que Lestat tenait sa vigueur ; mais il y avait une froideur en elle qui resterait toujours étrangère à son fils.

— Il est avec elle, comme je te l'ai déjà dit, intervint Khayman d'un ton grave et posé. Mais elle ne laisse rien percer de plus.

De toute évidence Gabrielle ne le croyait pas. Elle brûlait d'envie de fuir cet endroit, de partir seule. Pour rien au monde les autres n'auraient quitté cette table. Mais elle ne se sentait pas engagée comme eux par cette réunion.

— Permets-moi de t'expliquer quelque chose, dit Maharet, car c'est de la plus extrême importance. La Mère est certes habile à camoufler ses pensées. Mais nous, les plus anciens, n'avons jamais été capables de communiquer à distance avec la Mère et le Père ni entre nous. Nous sommes simplement trop près de la source du pouvoir qui nous a fait ce que nous sommes. Nous sommes sourds et aveugles à nos pairs ainsi que vous l'êtes entre maître et disciple. C'est seulement au fur et à mesure que les buveurs de sang se sont multipliés, qu'ils ont acquis le pouvoir de lire dans les esprits les uns des autres, comme nous l'avons toujours fait avec les mortels.

— Alors Akasha n'aurait aucun moyen de vous découvrir, toi ou Khayman, dit Marius, si nous n'étions pas près de vous.

— C'est exact ! Elle ne peut nous percevoir qu'à travers vos pensées, de même que nous ne la percevons qu'à travers celle des autres. A part, bien sûr, ce son étrange que nous entendons parfois à l'approche des plus puissants d'entre nous, le bruit d'une respiration, du sang qui bat, et d'un déploiement formidable d'énergie.

— Oui, ce bruit, murmura Daniel, ce bruit insupportable.

— Mais n'y a-t-il aucun endroit où nous puissions nous dissimuler ? demanda Éric de sa voix juvénile et chantante. Nous, qu'elle peut entendre et voir ?

— Tu sais bien que non, répondit Maharet avec une pointe d'impatience. Nous perdons notre temps à discuter de cachettes. Si vous êtes ici, c'est qu'elle ne peut ou ne veut pas vous tuer. Ce point étant réglé, continuons!

— A moins qu'elle n'en ait pas encore fini, lança Éric, ulcéré. Qu'elle n'ait pas encore décidé dans sa folie qui doit vivre et qui doit mourir!

— Je crois que nous ne risquons rien, dit Khayman. La Reine n'a-t-elle pas déjà eu l'opportunité de détruire tous ceux présents ici?

Justement, songea soudain Marius. Il n'était pas du tout certain que la Mère ait eu cette chance avec Éric. Éric qui, apparemment, se déplaçait toujours en compagnie de Maharet. Éric qui ne quittait pas Maharet des yeux. Il y eut entre eux un échange rapide qui ne devait rien à la télépathie. Marius comprit que Maharet avait fait Éric, mais que ni l'un ni l'autre ne savait avec certitude si Éric était assez fort pour résister à la Reine. Maharet tentait de le ramener au calme.

— Mais les pensées de Lestat, tu peux les lire? insista Gabrielle. N'es-tu pas capable de les repérer tous les deux à travers lui?

— Mon esprit n'est pas toujours en mesure de couvrir de grandes distances, répondit Maharet. S'il restait d'autres buveurs de sang pour capter les pensées de Lestat et me les transmettre, alors, je les trouverais en un instant. Or notre race est pratiquement anéantie. De plus, Lestat a toujours été maître dans l'art de masquer sa présence. Il en est ainsi des plus puissants d'entre nous, des plus indépendants et des plus combatifs. Où qu'il soit, à l'heure actuelle, instinctivement, il s'entoure d'une armure invisible.

— Elle l'a enlevé, dit Khayman d'un ton qui se voulait rassurant pour Gabrielle. Elle nous révélera tout quand elle le jugera bon. Et si, entre-temps, elle décide d'éliminer Lestat, il n'y a absolument rien que nous puissions faire.

Marius faillit éclater de rire. Ces anciens semblaient croire qu'assener des vérités premières était d'un quelconque réconfort. En eux, curieusement, cohabitaient une formidable vitalité et une passivité extrême. Était-ce déjà ainsi à l'aube de l'histoire? Lorsque les gens sentaient venir l'irrémédiable, attendaient-ils pétrifiés et soumis? Il lui était difficile de comprendre semblable attitude.

– La Mère ne fera aucun mal à Lestat, dit-il, autant à l'intention de Gabrielle que de l'assemblée tout entière. Elle l'aime, d'un amour, au fond, très humain. Elle ne lui fera pas de mal parce qu'elle-même ne veut pas souffrir. Et comme nous, elle connaît, je parie, tous ses tours. Il ne réussira pas à l'exaspérer, bien qu'il soit assez fou pour le tenter.

Gabrielle approuva d'un hochement de tête accompagné d'un sourire triste. Lestat était en effet capable de provoquer n'importe qui, pourvu qu'on lui en donne le temps ou l'occasion. Mais elle garda cette réflexion pour elle.

Elle n'était ni rassérénée, ni résignée. Elle s'adossa à son siège de bois et laissa errer son regard par-delà ses compagnons. Rien ne la liait à ce groupe, elle ne devait rien à personne, seul Lestat comptait pour elle.

– Fort bien, dit-elle avec froideur. Mais répondez à cette question. Si je détruisais la furie qui a enlevé mon fils, serait-ce la mort pour nous tous?

– Comment diable t'y prendrais-tu pour la détruire? demanda Daniel, surpris.

Éric ricana.

Elle jeta à Daniel un coup d'œil dédaigneux et ignora superbement Éric. Puis elle se tourna vers Maharet.

– L'ancien mythe est donc vrai? Si je détruis cette vipère, je nous détruis tous.

Un murmure impatient parcourut l'assemblée. Marius secoua la tête, mais Maharet adressa à Gabrielle un sourire bienveillant.

– Oui, lui répondit-elle. D'autres ont essayé dans le passé, des incrédules et des fous. L'esprit qui l'habite nous anime tous. Détruire l'hôte, c'est nous anéantir. Les jeunes meurent d'abord, les vieux s'étiolent lentement, les plus anciens périssent les derniers. Car elle est la Reine des Damnés, et les Damnés ne sauraient vivre sans elle. Enkil n'était que son prince consort, c'est pourquoi il est sans importance qu'elle l'ait tué et bu son sang jusqu'à la dernière goutte.

– La Reine des Damnés, ne put s'empêcher de répéter Marius à mi-voix.

Maharet avait prononcé ces mots avec une étrange inflexion, comme s'ils éveillaient en elle des souvenirs, douloureux, atroces, que le temps n'avait en rien adoucis. Des souvenirs aussi vivaces que les rêves. Une fois encore, il eut conscience de la droiture et de la rigueur de ces anciens pour qui le langage, et toutes les pensées qui en découlent, n'étaient pas inutilement compliqués.

– Gabrielle! intervint Khayman. Nous ne pouvons pas aider Lestat, mais nous devons mettre ce temps à profit pour élaborer un plan. (Il se tourna alors vers Maharet :) Les rêves, Maharet. Pourquoi sommes-nous assaillis par ces rêves? C'est ce que nous voulons savoir.

Il y eut un long silence. Tous ceux présents avaient, d'une manière ou d'une autre, été hantés par ces rêves. Toutefois Gabrielle et Louis en avaient été si peu affectés, qu'en fait, Gabrielle, avant cette nuit, n'y avait pas prêté attention, et que Louis, tout à son inquiétude pour Lestat, les avait chassés de son esprit. Même Pandora, qui confessait ne jamais avoir été visitée par ces songes, avait parlé à Marius de la mise en garde d'Azim. Santino, lui, les décrivait comme d'horribles cauchemars à l'emprise desquels il ne pouvait échapper.

Marius découvrit que pour les plus jeunes, Jesse et Daniel, ils avaient été comme un maléfice, aussi cruel pour eux que pour lui.

Maharet se taisait toujours. La douleur dans ses yeux avait augmenté. Marius la ressentait comme une vibration silencieuse à chaque sollicitation des terminaisons nerveuses.

Il se pencha légèrement, ses mains jointes appuyées sur la table.

– Maharet, dit-il. C'est ta sœur qui envoie ces rêves, n'est-ce pas?

Pas de réponse

– Où est Mekare? insista-t-il.

Elle garda le silence.

Il éprouvait dans son corps la douleur qui la taraudait. Il regrettait la brutalité de ses paroles. Mais s'il avait un rôle ici, c'était bien de hâter les décisions. Sans trop savoir pourquoi, il songea à Akasha dans le mausolée. Il revit son sourire. Il fut envahi d'un sentiment protecteur et désespéré pour Lestat. Lestat qui n'était plus que l'incarnation d'un mythe maintenant. Son propre mythe et le leur, à tous.

Maharet le scrutait d'une façon étrange, comme si elle le découvrait pour la première fois. Elle parcourut du regard l'assistance, puis se mit à parler.

– Vous connaissez tous la manière dont ma sœur et moi avons été séparées, dit-elle calmement. Chacun d'entre vous a vu dans les rêves les soldats nous enfermer dans des sarcophages, Mekare incapable de m'appeler puisqu'ils lui avaient coupé la langue, et moi, incapable de la contempler une dernière fois puisqu'ils m'avaient arraché les yeux.

« Mais je voyais à travers les pensées de mes tortionnaires, je savais qu'ils nous emmenaient vers les côtes, Mekare à l'Ouest et moi à l'Est.

« Dix longues nuits, le radeau de bois et de résine dériva, portant le cercueil de pierre où j'étais emprisonnée. Quand enfin il sombra et que les flots soulevèrent le couvercle, je fus libérée. Aveugle, torturée par la faim, je fus rejetée sur un rivage inconnu où je dérobai au premier mortel qui croisa ma route ses yeux et son sang.

« Mais où était Mekare, livrée au grand océan de l'Ouest, celui qui s'étendait jusqu'aux extrémités du monde ?

« Cependant, dès cette première nuit, je partis à sa recherche ; je la cherchai à travers l'Europe, l'Asie, les jungles du Sud, les terres glacées du Nord. Siècle après siècle, je poursuivis ma quête, traversant finalement l'océan de l'Ouest, quand les mortels cinglèrent à la découverte du Nouveau Monde.

« Je n'ai jamais retrouvé ma sœur. Je n'ai jamais rencontré personne, mortel ou immortel, qui l'ait vue ou en ait entendu parler. Pourtant au cours de ce siècle, durant les années qui suivirent la Seconde Grande Guerre, dans les forêts inexplorées des montagnes péruviennes, un archéologue solitaire découvrit, sur les murs d'une grotte peu profonde, la preuve irréfutable du passage de ma sœur en ce lieu : des figures taillées de sa main dans la roche, des silhouettes rudimentaires, colorées de pigments bruts, qui racontaient notre histoire à toutes deux, notre vie et nos souffrances.

« Ces dessins gravés dans la pierre dataient de six mille ans, l'époque de notre séparation. Aucun autre indice de son existence n'a jamais été relevé.

« Pourtant, je n'ai jamais perdu espoir de la rejoindre, j'ai toujours su, avec cette intuition propre aux jumeaux, qu'elle était encore de ce monde, qu'elle ne m'avait pas laissée seule ici-bas.

« Et depuis ces dix dernières nuits, je suis enfin certaine que ma sœur ne m'a pas abandonnée. Cette certitude m'est venue à travers vos rêves.

« Ils traduisent les pensées de Mekare, les visions de Mekare, la rancœur et la douleur de Mekare. »

Tous les yeux étaient fixés sur Maharet. Dans la pièce régnait un silence absolu, que Marius, déconcerté, n'osait rompre. La situation lui paraissait pire qu'il ne l'avait imaginée mais tout s'éclairait.

Ces rêves n'émanaient probablement pas d'une créature qui avait survécu en toute conscience depuis des millénaires; ils provenaient plutôt d'un être à l'intelligence aussi limitée que celle d'un animal, un être dont la mémoire n'était que le moteur d'une action purement instinctive. Cela expliquait la simplicité, la répétition des images.

Et la forme qui lui était apparue par éclairs, bougeant à travers la jungle, cette forme n'était autre que Mekare.

– Oui, dit aussitôt Maharet. « Dans la jungle, elle marche », ce sont les mots qu'en mourant, le vieil archéologue avait griffonnés pour moi sur un bout de papier. « Dans la jungle, elle marche ». Mais où ?

Ce fut Louis qui reprit la parole.

– Peut-être ne faut-il pas chercher dans ces rêves un message cohérent, suggéra-t-il. Peut-être ne sont-ils que les lamentations d'une âme torturée.

– Non, ils renferment un message, déclara Khayman. Une mise en garde, qui s'adresse à nous tous, et à la Mère aussi.

– Comment peux-tu l'affirmer ? répliqua Gabrielle. Nous ignorons si cette malheureuse a encore une étincelle de raison et la moindre notion de notre existence.

– Tu ne connais pas toute l'histoire, répondit Khayman. Moi si, et Maharet va vous éclairer.

Il se tourna vers Maharet.

– Mais je l'ai vue, interrompit timidement Jesse, en regardant Maharet. Elle traversait une grande rivière, elle venait vers nous. Je l'ai vue, ou plutôt j'ai vu cette scène à travers ses yeux.

– Oui, c'est exactement cela, dit Marius. A travers ses yeux.

– J'ai vu ses cheveux roux, poursuivit Jesse. Et quand j'ai baissé la tête, j'ai vu la jungle qui s'ouvrait à chaque pas.

– Les rêves doivent bien être une forme de communication, dit Mael, soudain agacé. Sinon pourquoi ces messages seraient-ils si puissants ? Nos pensées n'ont pas une telle amplitude. Elle crie vers nous, elle veut que l'on sache ce qu'elle pense...

– Ou bien, elle est sous l'emprise d'une obsession, observa Marius. Tendue vers un but précis. (Il marqua un temps d'arrêt.) Te retrouver, toi, sa sœur ! Que pourrait-elle souhaiter d'autre ?

– Non, réfléchit tout haut Khayman, là n'est pas son unique but. Elle a un serment à tenir, un serment fait à la Mère. Voilà ce que les rêves annoncent.

Maharet le dévisagea longuement sans répondre. Il semblait que cette discussion au sujet de sa sœur lui était insupportable, et pourtant, elle rassemblait ses forces pour l'épreuve qui l'attendait.

– Nous étions là quand tout a commencé, continua Khayman. Nous sommes les premiers enfants de la Mère, et dans ces rêves s'inscrit le récit des origines.

– Alors tu dois tout nous raconter, Maharet, dit Marius avec autant de douceur qu'il le put.

Maharet les regarda à tour de rôle, puis ses yeux s'attardèrent sur Jesse.

– Oui, soupira-t-elle, je dois tout vous raconter, afin que vous compreniez le danger que nous sommes peut-être impuissants à enrager. Car cette histoire n'est pas seulement celle des origines, elle est peut-être aussi celle de la fin.

Elle poussa encore un soupir comme si cette perspective lui était terriblement douloureuse.

– Notre monde n'a jamais connu de tels bouleversements, dit-elle à l'adresse de Marius. La musique de Lestat, le réveil de la Reine, tous ces morts.

Un long moment, elle inclina le front, comme pour concentrer son énergie. Puis elle fixa Khayman et Jesse, les êtres qu'elle aimait entre tous.

– Jamais devant personne, je n'ai évoqué ces temps, ces temps où j'étais en vie, où je pouvais encore contempler le soleil. Ils ont pour moi la pureté inaltérable de la mythologie. Et dans cette mythologie sont ancrées les vérités qui me sont essentielles. En plongeant dans le passé, peut-être découvrirons-nous le futur et les armes pour le changer. Le moins que nous puissions faire est d'essayer.

Tous se taisaient. Ils attendaient respectueusement qu'elle commence son récit.

– En ce temps-là, dit-elle enfin, ma sœur et moi étions des magiciennes. Nous parlions aux esprits et les esprits nous chérissaient. Jusqu'à ce jour où la Reine envoya ses soldats envahir nos terres...

3

LESTAT : LA REINE DES CIEUX

Elle me lâcha. Je tombai comme une pierre. Le vent mugissait dans mes oreilles. Mais pire, j'étais comme aveuglé! Je l'entendis qui m'ordonnait : *Remonte*.

Un instant, j'éprouvai un délicieux sentiment d'impuissance. Je piquais vers la terre, et rien ne m'arrêterait dans ma course. Puis, les yeux brûlants, j'examinais la barrière de nuages au-dessus de moi, et je me rappelai la tour, et cette sensation que j'avais eue de décoller. Je décidai : *Allez, monte!* Ma chute s'interrompit aussitôt.

C'était comme si un courant ascendant me portait. En quelques secondes, je m'élevai d'une trentaine de mètres, et je me retrouvai au-dessus des nuages – une masse blanche que je distinguais à peine. Je choisis de dériver au gré du vent. Pourquoi prendre une direction plutôt qu'une autre? Si j'arrivais à dépasser ma douleur, peut-être pourrais-je ouvrir grand mes yeux et voir à travers la tornade?

Quelque part – dans ma tête ou au-dessus de moi – elle riait. *Viens, mon prince, viens plus haut.*

Je pivotai sur moi-même et m'élançai comme une flèche, jusqu'à ce que je l'aperçoive qui venait à ma rencontre, sa tunique tournoyant autour d'elle, sa chevelure tressée doucement soulevée par le vent.

Elle me rattrapa et m'embrassa. Accroché à elle, j'essayai de me calmer, de regarder en bas et de discerner quelque chose par les trouées entre les nuages. Au-dessous de moi, des montagnes étincelantes de neige au clair de lune, avec leurs flancs profonds et bleuâtres qui disparaissaient dans les vallées de glace impénétrables.

– A toi de me porter maintenant, murmura-t-elle à mon oreille. Emmène-moi vers le nord-ouest.

– Je ne sais même pas où c'est.

– Si, tu le sais. Ton corps le sait. Ton esprit aussi. Ne leur demande rien. Dis-leur que c'est là que tu veux aller. Tu connais le principe. Quand tu levais ton fusil, tu visais le loup qui courait. Tu ne calculais pas la distance ni la vitesse de la balle ; tu tirais et le loup tombait.

De nouveau, je m'élevai avec une aisance incroyable ; et tout à coup je me rendis compte que son corps s'était alourdi sur mon bras. Le regard rivé au mien, elle se laissait porter. Je souris. Je crois même que j'éclatai de rire. Je l'attirai et l'embrassai encore une fois sans ralentir mon ascension. *Vers le nord-ouest.* C'est-à-dire à droite, et puis encore à droite, et plus haut. Mon esprit me guidait ; il connaissait l'endroit vers lequel nous nous dirigions. Je décrivis un petit virage habile, puis un autre. Je virevoltais, la serrant contre moi, ravi de sentir le poids de son corps, le contact de ses seins contre ma poitrine et la caresse de ses lèvres sur les miennes.

Sa bouche effleura mon oreille.

– Tu entends ? dit-elle.

J'écoutai. Au milieu des hurlements du vent, une mélopée sourde montait de la terre, un concert de voix humaines ; certaines chantant à l'unisson, d'autres isolées ; des voix priant dans une langue aux résonances asiatiques. Loin, très loin, je pouvais les entendre, et soudain tout près. Deux sons bien distincts. D'abord, une longue procession qui serpentait le long des versants escarpés et des cols de la montagne, psalmodiant pour ne pas s'effondrer de fatigue et de froid. Et dans un édifice, un chœur extatique qui couvrait de ses hymnes sonores et ardents le fracas des cymbales et des tambourins.

Je pressai son visage contre le mien et me penchai pour regarder, mais les nuages formaient à présent une masse compacte. Néanmoins, je pouvais observer à travers les yeux des fidèles l'image éclatante d'une cour intérieure et d'un temple aux voûtes de marbre et aux vastes pièces richement peintes. La procession montait vers le sanctuaire en une file ondoyante.

– J'ai envie de voir ça ! m'exclamai-je.

Elle ne répondit pas, mais ne me retint pas non plus,

tandis que je descendais, planant dans les airs tel un oiseau, jusqu'au cœur des nuages.

Elle était légère maintenant, aussi légère qu'un souffle.

Quand nous eûmes franchi l'océan de blancheur, j'aperçus le temple qui miroitait au-dessous de moi. On aurait dit une minuscule maquette en argile avec ses murs qui sinuaient au gré des irrégularités du terrain. L'odeur nauséabonde des corps qui brûlaient s'élevait des bûchers funéraires. Et aussi loin que portait mon regard, des hommes et des femmes s'avançaient lentement le long de sentiers périlleux vers ce bouquet de toits et de tours.

— Dis-moi qui est à l'intérieur, mon prince, me demanda-t-elle. Dis-moi qui est le dieu de ce temple.

Approche-toi. Le même vieux truc, quoi. Mais tout à coup, je me mis à dégringoler. Je poussai un cri terrible. Elle me rattrapa.

— Attention, mon prince, fit-elle en m'aidant à reprendre mon équilibre.

Je crus que mon cœur allait éclater.

— Tu ne peux pas quitter ton corps pour explorer l'intérieur d'un temple et voler en même temps. Lis dans les yeux des mortels comme tu l'as déjà fait.

Je tremblais encore, agrippé à elle.

— Je te lâche de nouveau si tu ne te calmes pas, m'avertit-elle doucement. Commande à ton cœur de se plier à ta volonté.

J'exhalai un grand soupir. J'étais moulu de partout à cause de la violence incessante du vent. Et mes yeux me brûlaient tellement que ma vue en était brouillée. Mais je m'efforçai de maîtriser ces petites douleurs; ou plutôt de les ignorer, de faire comme si elles n'existaient pas. Je raffermis mon étreinte et me remis à descendre, m'appliquant à aller lentement; une fois encore, j'essayai de percer les esprits des mortels et de voir par leurs yeux.

Des murs recouverts de dorures, des arcs ornés de redents, pas un endroit qui ne fût décoré, l'odeur de l'encens mêlée à celle du sang frais. Par intermittence, comme dans un brouillard, j'apercevais le dieu de ce sanctuaire.

— Un vampire, murmurai-je. Un démon suceur de sang. Il les attire et les massacre à loisir. L'endroit empeste la mort.

– Le carnage ne fait que commencer, chuchota-t-elle à son tour en me baisant tendrement le front. Maintenant dépêche-toi, va si vite que nous soyons invisibles aux yeux des mortels. Dépose-nous dans la cour, près des bûchers funéraires.

Le tour fut joué, j'en aurais juré, avant même que j'aie décidé de me mettre en mouvement. Le temps que cette pensée m'effleure, je me retrouvai contre le crépi d'un mur, des pierres sous mes pieds, secoué de frissons, étourdi, l'estomac tordu de crampes. Mon corps brûlait de poursuivre la descente, à travers la roche compacte.

J'entendis les incantations avant de pouvoir distinguer quoi que ce soit. Je sentis l'odeur du feu, de la chair carbonisée avant de voir les flammes.

– Voilà qui était bien maladroit, mon prince, observat-elle de sa voix douce. Nous avons failli percuter le mur.

– Je ne sais pas précisément ce qui s'est passé.

– Pourtant c'est bien là que se trouve la clé du mystère, dans ce mot « précis ». Ton esprit t'obéit au doigt et à l'œil. Concentre-toi un peu plus. Tes yeux et tes oreilles ne cessent pas de fonctionner quand tu descends ; c'est seulement que tu n'as pas le temps de prendre conscience de ce qui t'arrive. Quand tu claques des doigts, tu décomposes ton geste ? Bien sûr que non. Et cependant tu parviens à le faire. Même un enfant de mortel en est capable.

Je hochai la tête. C'était l'évidence même, comme son histoire de cible et de fusil.

– C'est simplement une question de degré, dis-je, me souvenant de sa première leçon.

– Et d'abandon. Un abandon sans appréhension.

J'acquiesçai de nouveau. A vrai dire, j'avais surtout envie de m'effondrer sur un lit moelleux pour dormir. Je fixai en clignant les paupières le feu qui grondait et les corps peu à peu noircis par les flammes. L'une des victimes vivait encore ; au bout de son bras tendu, ses doigts se crispaient. Maintenant, elle était morte. Pauvre créature !

Sa main froide frôla ma joue, s'attarda sur mes lèvres puis lissa mes cheveux emmêlés.

– Tu n'as jamais eu de maître, n'est-ce pas ? Magnus t'a laissé orphelin la nuit même où il t'a rendu immortel.

Ton père et tes frères étaient des imbéciles. Quant à ta mère, elle détestait ses enfants.

— J'ai toujours été mon propre maître, répliquai-je d'un ton posé. Et mon élève favori, je dois l'avouer.

Un rire.

— Peut-être y avait-il une certaine complicité entre élève et maître. Mais tu as raison, tu es la première.

Elle me souriait. Le feu jouait dans ses prunelles. Son visage était lumineux, d'une beauté terrifiante.

— Abandonne-toi à moi, et je t'enseignerai des choses dont tu n'as même jamais rêvé. Tu n'as jamais combattu. Véritablement combattu. Tu n'as jamais ressenti la pureté d'une juste cause.

Je ne répondis pas. La tête me tournait, pas seulement du fait du long voyage à travers les airs, mais à cause de la caresse de ses mots et de l'éclat sombre et impénétrable de ses yeux. Une grande part de sa beauté venait de la douceur de son expression, de sa sérénité, de l'immobilité de son regard même lorsque son visage opalescent s'animait d'un sourire ou d'un léger froncement de sourcils. Je savais que si je me laissais aller, je céderais à la terreur. Elle devait l'avoir deviné. Elle me prit dans ses bras.

— Bois, prince, murmura-t-elle. Puise la force dont tu as besoin pour agir selon ma volonté.

Je ne sais pas combien de temps nous restâmes enlacés. Quand elle m'écarta, je demeurai hébété un moment, puis, comme d'habitude, tout devint d'une limpidité de cristal. La mélopée tonnait à présent à travers les murs du temple :

« Azim ! Azim ! Azim ! »

Alors qu'elle m'entraînait à sa suite, il me sembla que mon corps était réduit à une image que je m'efforçais de préserver. Je palpai mon visage, les os sous ma peau pour toucher quelque chose de mon être qui fût solide. Mais cette peau ! Cette sensation totalement nouvelle ! Que restait-il de moi ?

Le portail de bois tourna sur ses gonds comme par magie devant nous. Après avoir longé silencieusement un long péristyle aux colonnes de marbre blanc et aux arches dentelées, nous pénétrâmes dans l'immense sanctuaire. La salle était remplie d'adorateurs frénétiques qui, sans même s'apercevoir de notre présence, continuaient à danser, psalmodier et bondir dans l'espoir d'entrevoir leur seul et unique dieu.

— Reste à côté de moi, Lestat, dit-elle, sa voix se coulant dans le vacarme tel un ruban de velours.

Brutalement, la foule s'écarta. Des chants firent place aux hurlements. Dans ce chaos, un chemin s'ouvrit pour nous jusqu'au centre de la salle. Les cymbales et les tambourins s'étaient tus; des gémissements et des cris plaintifs s'élevaient sur notre passage.

Puis un grand murmure d'émerveillement monta de la multitude tandis que Akasha relevait son voile et s'avançait.

A plusieurs mètres de nous, au centre du somptueux pavement, se tenait Azim, le dieu sanguinaire, enturbanné de soie noire et revêtu de tissus chamarrés de pierreries. Les traits décomposés par la fureur, il nous fixa, Akasha et moi.

Alors des prières se firent entendre. Une voix perçante entonna un verset à « la Mère Éternelle ».

— Silence! commanda Azim.

Bien que ne connaissant pas cette langue, je compris ce mot.

J'entendais le sang bouillonner dans sa gorge. Je le voyais s'engouffrer dans ses veines. Jamais vampire ne m'avait paru à ce point soûlé de sang humain. Il était certainement aussi ancien que Marius, mais sa peau avait l'éclat du bronze. Une sueur de sang la recouvrait, perlant même au dos de ses larges mains lisses.

— Tu oses pénétrer dans mon temple! tonna-t-il.

De nouveau, grâce à mon don télépathique, je saisis le sens de cette phrase.

— L'heure de ta mort est venue! dit Akasha, la voix encore plus veloutée. Tu as trompé ces misérables innocents. Tu t'es gavé comme une sangsue de leurs vies et de leur sang.

La foule des adorateurs fit entendre des hurlements, des supplications. Une fois encore, Azim lui ordonna de se taire.

— De quel droit condamnes-tu mon culte, cria-t-il, le doigt pointé vers nous. Toi qui est restée silencieuse sur ton trône depuis le commencement des temps!

— Tu n'as pas connu le commencement des temps,

mon bel ange déchu, répliqua Akasha. J'étais déjà vieille quand tu es né. Et je sors maintenant de mon immobilité pour régner ainsi qu'il était écrit. Tu mourras afin que ton peuple accède à la vérité. Tu es mon premier martyr insigne. Meurs, à présent!

Il tenta de se précipiter sur elle. Je voulus m'interposer, mais tout se déroula en un éclair. Elle le frappa d'un rayon invisible et le repoussa avec une telle violence que son pied glissa sur le marbre et qu'il faillit tomber. Les yeux exorbités, il sautilla un instant, cherchant à retrouver son équilibre.

Un gargouillis sortit de son gosier. Il avait pris feu. Sa tunique brûlait. Une mince volute de fumée grise s'éleva dans la pénombre pendant que ses fidèles hurlaient de terreur. Il se tordait dans le brasier qui le consumait. Puis, tout à coup, courbé en deux, il se rua sur elle, les bras en avant.

Je crus qu'il allait l'atteindre avant qu'elle ne puisse réagir. Je tentai de la protéger, mais d'un revers de la main droite, elle me repoussa au milieu de la mêlée. Des corps à demi nus se dérobaient sous moi comme je m'efforçai de me redresser.

– Meurs, maudit! clama-t-elle. Plonge dans les abîmes de l'enfer. Je les ai créés pour toi.

La tête d'Azim explosa. Des flammes jaillirent de son crâne. Son ossature tout entière s'embrasa. Ses orbites n'étaient plus que deux trous noirs. Il s'écroula, le poing brandi, les jambes fléchies comme s'il voulait se relever. Puis sa forme disparut dans un flamboiement orange.

La panique s'abattit sur la foule, comme sur mes admirateurs lors du concert rock quand les feux avaient éclaté et que Gabrielle, Louis et moi avions réussi à nous échapper.

Mais l'hystérie avait atteint ici son paroxysme. Hommes et femmes allaient s'écraser contre les hautes colonnes de marbre ou étaient piétinés par ceux qui se précipitaient vers les portes.

Akasha tournoyait sur elle-même, ses vêtements voltigeant dans un éclair de soie noire et blanche. Partout à travers la salle, des humains, comme empoignés par des mains invisibles, étaient jetés à terre, le corps convulsé. Penchées sur les victimes, les femmes gémissaient et s'arrachaient les cheveux.

Il me fallut un moment pour me rendre compte qu'elle tuait les hommes. Elle ne les brûlait pas. Elle détruisait mystérieusement leurs organes vitaux. Le sang sortait de leurs oreilles et de leurs yeux. Ivres de douleurs, des femmes s'élancèrent sur elle pour aussitôt subir le même sort. Les hommes qui l'attaquaient étaient terrassés dans l'instant.

Sa voix résonna alors dans ma tête.

Tue-les, Lestat. Extermine les mâles.

J'étais paralysé. Je demeurais à ses côtés de crainte que l'un d'entre eux ne réussisse à s'avancer jusqu'à elle. Mais aucun n'y parvenait. Le spectacle surpassait en horreur les pires cauchemars, toutes les abominations dont j'avais été complice durant ma misérable existence.

Soudain, elle me saisit les bras. Le son de sa voix suave et glaciale se répercuta dans mon cerveau.

Mon prince, mon amour. Accomplis cet acte pour moi. Massacre les mâles afin que le souvenir de leur châtiment éclipse la légende de ce temple. Ils sont les adeptes du dieu du sang. Les femmes sont innocentes. Punis les mâles en mon nom.

— Par la grâce de Dieu, n'exige pas cela de moi, murmurai-je. Aie pitié d'eux.

La foule semblait domptée. Ceux qui s'étaient échappés dans la cour ne pouvaient en sortir. Les morts et leurs pleureuses gisaient autour de nous, tandis qu'à travers le portail d'honneur filtraient les supplications de la multitude ignorante des pèlerins.

— Laisse-les partir, Akasha, je t'en prie.

Jamais de toute ma vie, je n'avais imploré quelqu'un de la sorte. Ces malheureux n'étaient pour rien dans cette terrible histoire.

Elle se rapprocha encore. Je me noyais dans ses yeux sombres.

— Cette guerre est sainte, mon amour. Ce n'est pas cette abominable chasse à l'homme à laquelle tu t'es livré nuit après nuit sans autre principe ni raison que de survivre. Désormais, tu tueras en mon nom et pour ma cause. Je t'offre la plus grande liberté jamais accordée à aucun homme : le droit d'exterminer tes frères humains. Use de ton nouveau pouvoir. Choisis tes victimes une à une, frappe-les de ta force surnaturelle ou de tes mains.

La tête me tournait. Possédais-je ce pouvoir de foudroyer des hommes en pleine course ? Je regardai autour de moi la salle enfumée de vapeurs d'encens où les fidèles culbutaient les uns sur les autres dans une mêlée terrifiée, rampaient contre les murs dans l'espoir d'y trouver refuge.

– Ils n'ont plus d'autre utilité que de servir d'exemple, dit-elle. Fais ce que je t'ordonne.

Une vision m'apparut – une vision qui ne venait ni de mon cœur, ni de mon esprit. Je vis une forme émaciée se dresser devant moi. Les mâchoires serrées, je la fixai, concentrant sur elle ma cruauté comme on dirige un rayon laser. La victime fut soulevée de terre et bascula en arrière, le sang jaillit de ses lèvres. Elle s'effondra, inanimée. J'avais ressenti une sorte de spasme. Puis la mort avait fusé à travers l'espace, telle une balle de revolver, tel un cri, un cri inaudible mais puissant.

Oui, tue-les. Frappe les organes vitaux; déchire-les; fais couler le sang. Tu sais bien que tu as toujours rêvé de pouvoir tuer sans scrupule ni regret.

Ce n'était, hélas, que trop vrai; mais c'était aussi l'acte par-dessus tout proscrit sur cette terre...

Ce désir est aussi courant que la faim, que l'écoulement du temps, mon amour. Mais désormais, grâce à mon pouvoir, nous mettrons fin, tous deux, à cet univers de violence.

Un jeune homme se précipita sur moi, fou de terreur, les mains en avant pour me saisir à la gorge. *Tue-le.* Il m'injuria tandis que je le repoussais de mon pouvoir invisible, mon ventre tordu de spasmes, mes tempes soudain battantes. Je sentis cette force sortir de mon corps et le toucher. Je la sentis avec autant d'acuité que si mes doigts avaient broyé son crâne et déchiqueté son cerveau. Pas besoin d'imaginer ce geste terrifiant. Il me suffisait de voir le sang couler de sa bouche et de ses oreilles sur son torse nu.

Elle avait raison. J'avais toujours voulu accomplir cet acte, j'en avais rêvé durant toute ma jeunesse! Cette volupté de tuer, de tous les massacrer sans distinction, parce qu'ils m'étaient *ennemis*, ceux qui méritaient la mort, ceux qui y étaient destinés, les tuer brutalement, mes muscles bandés, mes mâchoires crispées, ma haine et ma force surnaturelle ne faisant plus qu'un.

350

Ils couraient dans tous les sens, et leur panique attisait ma rage. Je les propulsais contre les murs et les visais au cœur. Je tournoyais sur moi-même, dirigeant mon faisceau fulgurant sur l'un, puis sur l'autre, sur celui qui franchissait le seuil, celui qui se ruait dans le couloir, celui qui s'emparait d'une lampe me la lançait imprudemment.

Grisé par ma puissance, je les poursuivais dans les antichambres du temple, entre les trésors amoncelés, les renversais sur le dos, comprimant leurs artères dans cet étau invisible jusqu'à ce que le sang gicle de leur chair lacérée.

Les femmes gémissaient, blotties les unes contre les autres. J'entendais le craquement des os sous mes pas. Et soudain, je me rendis compte qu'elle aussi tuait, que nous agissions ensemble, et que la salle était jonchée de blessés et de cadavres. L'odeur fétide et noire du sang imprégnait l'air. Un murmure désespéré s'élevait du charnier.

Les yeux exorbités, un colosse bondit sur moi, brandissant son sabre. Dans ma fureur, je lui arrachai l'arme et lui en tranchai le cou. La lame se brisa contre ses vertèbres, et la tête tomba à mes pieds en même temps que le morceau de fer.

Je repoussai négligemment le corps et sortis dans la cour où j'observai un moment les hommes qui reculaient de terreur. J'avais perdu toute raison, toute conscience. Comme par jeu, je les traquais, les acculais, écartais les femmes derrière lesquelles ils croyaient trouver un refuge, et braquais mon rayon droit sur eux jusqu'à ce qu'ils gisent inertes.

Le portail! Elle m'appelait du portail. Les hommes dans la cour étaient morts, les femmes sanglotaient. Je traversai le temple dévasté. Sur le parvis, agenouillée dans la neige, ignorante de ce qui s'était passé, la foule implorait le dieu du sang :

« Laisse-nous pénétrer dans le sanctuaire! Laisse-nous te contempler et assouvir ta faim! »

A la vue d'Akasha, les cris redoublèrent. Tandis que cédaient les serrures et que les portes s'ouvraient, les pèlerins tendirent leurs mains pour toucher ses vêtements. Le vent s'engouffrait en hurlant dans le défilé; la cloche de la tour émit un son grave et sourd.

De nouveau, je les décimai, m'attaquant aux cerveaux,

aux cœurs, aux artères. Leurs bras décharnés s'agitaient dans la neige. Le vent lui-même empestait le sang. Au-dessus du tumulte atroce tonna la voix d'Akasha, ordonnant aux femmes de s'éloigner.

Je tuais vite maintenant, comme un automate. Les hommes, les hommes doivent mourir. Il faut que meurent toutes les créatures mâles qui respirent encore, bougent ou gémissent.

Tel un ange armé d'une épée invisible, je m'engageai dans le sentier sinueux. Bientôt, jusqu'en bas du ravin, le troupeau était agenouillé et attendait la mort. Avec une passivité hallucinante, il l'acceptait !

Tout à coup, bien qu'elle ne fût nulle part à portée de ma vue, je la sentis qui me retenait. Sa voix résonna dans ma tête.

Bravo, mon prince !

Je ne pouvais m'arrêter. Ce rayon impalpable était l'un de mes membres, désormais. J'étais incapable de le contrôler, de le ramener à l'intérieur de mon corps. De même que lorsqu'on cherche son souffle et que de ce souffle dépend votre vie. Mais elle m'immobilisa, et un grand calme m'envahit – comme si un narcotique m'avait été injecté dans les veines. Je finis par juguler ce pouvoir, le résorber en moi.

Lentement, je me retournai. Je contemplai les pics enneigés, l'émail noir du ciel, la longue file de corps sombres étendus sur le sentier qui menait aux portes du temple. Les femmes s'accrochaient les unes aux autres, refusant de croire à cette abomination, poussant de longues plaintes étouffées. Je sentais l'odeur de la mort comme jamais je ne l'avais sentie. Je baissai les yeux sur les lambeaux de chair sanguinolents qui maculaient mes vêtements. Mes mains, cependant ! Mes mains étaient blanches, immaculées. *Seigneur, je n'ai pas fait ça ! Non. Pas moi. Regardez, je n'ai pas de sang sur les mains !*

J'en avais pourtant ! Quel misérable étais-je pour avoir fait une chose pareille ? Et y avoir pris plaisir, un plaisir insensé, comme tous les hommes livrés à eux-mêmes dans la jungle de la guerre...

Le calme enveloppait la montagne.

Si les femmes pleuraient encore, je ne les entendais plus. Pas plus que je n'entendais le vent. Je me mis à marcher sans savoir pourquoi. Soudain, je me retrouvai à genoux devant ma dernière victime, son corps disloqué dans la neige ainsi qu'un tas de brindilles cassées, et je touchai le sang sur sa bouche, puis pressai sur mon visage mes mains rougies.

Jamais en deux cents ans je n'avais tué un être humain sans goûter son sang, le lui ravir en même temps que la vie. Et c'était monstrueux. Mais j'avais fait plus de morts en ces quelques minutes effroyables que durant toute mon existence maudite. Et j'avais accompli ce massacre, la conscience tranquille. Un crime injustifiable, inexpiable !

Je restai là, à fixer la neige à travers mes doigts ensanglantés. Pleurant et me haïssant de pleurer. Puis, peu à peu, je me rendis compte que le comportement des femmes s'était modifié. Quelque chose se passait, je l'éprouvais avec autant d'acuité que si l'air glacial s'était réchauffé, que si le vent avait tourné et cessé de balayer ce versant.

Alors, ce changement sembla me pénétrer, moi aussi, atténuant mon angoisse, ralentissant même le battement de mon cœur.

Les lamentations s'étaient tues. Les femmes descendaient le sentier par groupes de deux ou trois, enjambant les cadavres, comme hypnotisées. On aurait dit qu'une douce musique nous berçait, que la terre s'était subitement recouverte d'un tapis multicolore de fleurs printanières, que la brise embaumait.

Mais ce devait être une illusion. Dans un nuage de couleurs sourdes, les femmes me dépassèrent, vêtues de haillons et de soie, de capes sombres. Il fallait que je me ressaisisse ! Ce n'était pas le moment de perdre la tête. Ce pouvoir que j'avais reçu et ces cadavres n'étaient pas un rêve. Je ne devais pas m'abandonner à cette impression de bien-être et de paix. Non, je ne le devais pas.

— Akasha ! murmurai-je.

Mû par une force irrésistible, je levai les yeux. Elle se tenait sur un éperon rocheux, et les femmes, jeunes et vieilles, avançaient vers elle, certaines si épuisées de froid et de faim que leurs compagnes étaient obligées de les porter.

Le silence pesait sur la montagne.

Sans émettre un son, elle commença à parler à celles déjà assemblées à ses pieds. S'adressait-elle à elles dans leur propre langue ou dans une sorte de langage universel? Je n'en savais trop rien.

Stupéfait, je la vis leur tendre les bras. Ses cheveux noirs ruisselaient sur ses épaules d'albâtre et les plis de sa longue tunique bougeaient à peine dans le vent. Jamais de toute ma vie, je n'avais contemplé un être aussi beau, et cette beauté n'était pas uniquement physique, elle émanait de cette sérénité séraphique que je percevais au plus profond de mon âme. Extasié, je l'écoutai.

N'ayez crainte, disait-elle. Le règne sanguinaire de votre dieu est terminé, et désormais vous connaîtrez la vérité.

Des hymnes s'élevèrent de la multitude des adoratrices. Certaines se prosternèrent, et cette marque de soumission parut la satisfaire ou, du moins, elle la toléra.

Retournez dans vos villages, poursuivait-elle. Annoncez partout la mort du dieu du sang. La Reine des Cieux l'a détruit, de même qu'elle détruira tous les mâles qui croient encore en lui. Grâce à elle, débutera une ère de paix. Les hommes qui vous ont opprimées devront mourir quand je l'ordonnerai.

Aussitôt qu'elle s'interrompit, les cantiques reprirent. La Reine des Cieux, la Déesse, la Mère Bienfaitrice – la litanie séculaire, chantée dans des milliers de langues à travers le monde, renaissait sous une nouvelle forme.

Je frémis. Je me forçai à sortir de mon état de béatitude, à rompre le charme! Cette comédie n'était qu'une autre manifestation de son pouvoir, de même que le massacre – un phénomène définissable, mesurable. Pourtant, sa vue continuait de m'envoûter. Les hymnes aussi. Et le sentiment ensorcelant que tout était comme il le devait, que nous étions en sécurité.

Quelque part, dans les replis ensoleillés de ma mémoire mortelle, me revint le souvenir d'une journée de mai dans mon village, une journée semblable à beaucoup d'autres, où nous avions fleuri une statue de la Vierge et chanté des cantiques. Ah, quel délice que cet instant, quand nous avions posé la couronne de lis blancs au-dessus du voile de la madone. Ce soir-là, j'étais rentré à la maison en répétant ces cantiques. Dans un vieux missel, j'avais trouvé une image de la Vierge, et j'en avais été transporté du même ravissement, de la même ferveur qu'aujourd'hui.

Alors, du tréfonds de mon être, là où le soleil n'avait jamais pénétré, je compris que si je croyais en elle et en ses paroles, ce crime perpétré sur de misérables mortels me serait en quelque sorte pardonné.

Désormais, tu tueras en mon nom et pour ma cause. Je t'offre la plus grande liberté jamais accordée à aucun homme : le droit d'exterminer tes frères.

– Allez, ordonna-t-elle à voix haute. Quittez ce temple pour toujours. Abandonnez les morts à la neige et aux vents. Annoncez à tous qu'une nouvelle ère est venue, une ère de paix, où ceux qui glorifient la mort et la violence devront répondre de leurs fautes. Je reviendrai vers vous, je vous montrerai la voie. Pour l'heure, ayez foi en moi et en ce que vous avez vu. Propagez la nouvelle. Que les hommes sachent ce qui les attend. Bientôt, je me manifesterai à vous.

D'un seul mouvement, les femmes lui obéirent ; elles descendirent en courant le sentier montagneux vers les pèlerins qui avaient fui le massacre. Leurs cris montèrent, cristallins et extatiques, dans le désert de glace.

Le vent rugit à travers la vallée, lacérant les vêtements des morts. Tel un glas, la cloche du temple sonna sur la colline. La neige se remit à tomber, d'abord lentement, puis à gros flocons, recouvrant les jambes, les bras et les visages aux yeux à jamais ouverts.

La sensation de quiétude s'était dissipée, et toute la barbarie de la scène réapparaissait. Ces femmes, ce châtiment... Les corps ensevelis sous la neige, signes irréfutables de son pouvoir meurtrier !

Puis un léger bruit troubla le silence. Des choses s'entrechoquaient dans le temple, au-dessus.

Je me retournai vers elle. Immobile sur le promontoire, sa cape dénouée autour de ses épaules, sa peau aussi blanche que les flocons de neige, elle fixait le temple. Aussitôt je compris ce qui se passait à l'intérieur de l'enceinte sacrée.

Des jarres d'huile brisées, des braseros renversés, des tentures léchées par les flammes. La fumée s'éleva en volutes noires et épaisses du clocher et de la cour intérieure.

Le clocher vacilla puis s'écroula dans un grondement de tonnerre qui se répercuta de crête en crête; les pierres roulèrent au fond du précipice et la cloche gémit une dernière fois avant de disparaître dans le gouffre glacé.

Le temple brûlait.

Je contemplai le brasier, les yeux larmoyants dans le nuage de fumée, de suie et de cendres que la bourrasque rabattait le long du sentier.

J'avais vaguement conscience de la chaleur de mon corps malgré la neige qui m'enveloppait. De ma vigueur après ce massacre épuisant. Ma peau était plus blanche que jamais. Ma respiration plus facile. Même mon cœur battait à un rythme plus régulier. Seule mon âme était meurtrie, déchirée.

Pour la première fois de mon existence, mortelle ou immortelle, j'avais peur de mourir. Peur qu'elle ne me tue parce que j'étais incapable de recommencer pareille atrocité. Je ne pouvais participer à sa croisade. Et je priais le ciel de ne pas avoir à le faire, d'avoir la force de refuser.

Je sentis ses mains sur mes épaules.

– Regarde-moi, Lestat, dit-elle.

Je lui obéis. Et de nouveau, sa beauté me saisit.

Je t'appartiens, mon amour. Tu es mon compagnon véritable, l'instrument parfait de mon œuvre. Tu le sais, non?

J'essayai de me reprendre. Ne sois pas lâche, Lestat! Ne flanche pas, dévoile-lui ta pensée!

– Aide-moi, Akasha, soufflai-je. Explique-moi. Pourquoi as-tu voulu que je prenne part à cette tuerie? Que voulais-tu dire quand tu leur as annoncé que les hommes seraient châtiés? Que la paix régnerait sur cette terre?

Comme mes paroles me paraissaient stupides. Dès que je plongeais mon regard dans le sien, je parvenais à croire qu'elle était en effet la déesse. Elle me vidait de ma volonté comme de leur sang ses victimes autrefois.

Soudain, je me mis à trembler de terreur. Trembler. Je savais désormais ce que signifiait ce mot. Je tentai de poursuivre, mais ne pus que bredouiller. Finalement, je lui lançai:

– Au nom de quelle éthique ce massacre sera-t-il perpétré?

– Au nom de ma propre éthique, répondit-elle avec

son sourire ensorceleur. Je suis la raison, la justification, la loi. (Son ton était glacial, mais son expression toujours aussi douce et impénétrable.) Maintenant, écoute-moi, mon archange. Je t'aime. Tu m'as éveillée de mon long sommeil à ce grand dessein. Te regarder, voir la lumière dans tes yeux bleus, entendre le son de ta voix, me remplit de bonheur. Ta mort serait pour moi une souffrance inimaginable. Mais, les étoiles m'en sont témoins, tu m'aideras dans ma mission. Sinon tu ne seras que l'instrument de mon avènement, comme Judas le fut pour le Christ. Et dès que tu ne me seras plus utile, je te détruirai comme le Christ a détruit Judas.

La fureur m'emporta. Je ne pus la maîtriser. Ma peur s'était évanouie, je bouillais intérieurement.

— Comment oses-tu faire des choses pareilles? explosai-je. Envoyer ces pauvres ignorantes propager des mensonges insensés?

Elle me toisa en silence. Je crus qu'elle allait me frapper. Son visage était de nouveau aussi immobile que celui d'une statue. Voilà, le moment était venu, j'allais mourir de la même mort qu'Azim. Je ne pouvais sauver ni Gabrielle, ni Louis. Ni Armand. Je ne me révolterais pas, c'était inutile. Je ne bougerais pas. Peut-être me retirerais-je en moi-même pour échapper à la douleur. Comme Bébé Jenks, je m'inventerais une dernière illusion et m'y accrocherais jusqu'à ce que je ne sois plus Lestat.

Elle ne bougea pas. Les feux sur la colline s'éteignaient. Dans le tourbillon de la neige, elle avait l'air d'un fantôme, aussi blanc que les flocons.

— N'y a-t-il donc rien qui t'effraie? fit-elle.

— Si, toi.

— Oh! non, je n'en crois rien.

Je hochai la tête.

— Tu as tort. Et je vais te dire ce que je suis. Une vermine à la face de la terre. Rien de plus. Un tueur répugnant. Mais j'en ai conscience! Je ne prétends pas être autre! Toi, tu clames à ces ignorants que tu es la Reine des Cieux! Comment comptes-tu réparer le mal et la confusion que tes paroles auront semés dans ces esprits bornés?

— Quelle arrogance, murmura-t-elle. Quelle incroyable arrogance, et pourtant je t'aime. J'aime ton courage, cette impétuosité qui t'a toujours sauvé. J'aime même ta stupidité. Ne comprends-tu donc pas ? Il n'existe aucune promesse que je ne puisse tenir ! Je reforgerai les mythes ! *Je suis* la Reine des Cieux. Et le ciel régnera enfin sur la terre. Je suis ce que je proclame !

— Oh ! Dieu, soupirai-je.

— Ne prononce pas de mot vide de sens ! Tu as devant toi la seule et unique déesse. Et tu es le seul dieu que ces gens glorifieront ! Alors il est temps de penser comme un dieu, ma beauté. Dépasse tes petites ambitions égoïstes. Tu n'as donc pas conscience de ce qui se passe ?

Je secouai la tête.

— Je ne sais plus rien. Je deviens fou.

Elle rit aux éclats.

— Nous incarnons leurs rêves, Lestat. Nous n'avons pas le droit de les décevoir. Si nous le faisions, nous trahirions la vérité même de cette terre que nous foulons de nos pieds.

Elle s'éloigna et retourna au sommet du rocher où elle s'était tenue auparavant. Elle regarda la vallée, le sentier qui serpentait l'à-pic, les pèlerins qui rebroussaient chemin après avoir appris la nouvelle.

La montagne retentit de cris. Les hommes mouraient en bas, tandis qu'invisible, elle les frappait de ce pouvoir, cet immense pouvoir magique. Éperdues, les femmes balbutiaient, parlant de miracles et de visions. Puis le vent se leva et engloutit le tumulte. Un vent violent, indifférent. Une seconde, j'aperçus son visage opalescent. Elle s'avança vers moi. La mort vient, me dis-je. La mort, la forêt, les loups, et nulle part où me cacher. Alors mes yeux se fermèrent.

Je me réveillai dans une petite pièce. J'ignorais comment nous y étions parvenus et depuis combien de temps avait eu lieu le massacre dans la montagne. J'avais été englouti par les voix qu'interrompait parfois un rêve, un rêve terrifiant mais familier. Les jumelles rousses, agenouillées devant un autel où gisait un corps, attendant d'accomplir un rituel, un rituel essentiel. Et je m'étais efforcé de comprendre ce rêve, car tout, me semblait-il, se nouait autour de lui. Je ne devais en aucun cas l'oublier cette fois-ci.

Mais maintenant le tumulte, les images s'estompaient. Le présent les balayait.

L'endroit où je me trouvais était sombre, sale et nauséabond. Dans des masures autour de nous, parmi les cris des bébés affamés, l'odeur des braseros et de la graisse rance, vivaient des miséreux.

La guerre régnait dans ce lieu, une guerre véritable. Pas cette débandade sur le flanc de la montagne, une vraie guerre archaïque du XXᵉ siècle. A travers les esprits de ces malheureux m'apparurent des visions sordides – des massacres, la terreur : des autobus en flammes, leurs passagers bloqués à l'intérieur frappant désespérément contre les vitres ; des camions qui explosaient ; des femmes et des enfants qui fuyaient le tir des mitrailleuses.

J'étais allongé à même le plancher, comme si on m'y avait jeté. Akasha était debout sur le seuil, scrutant l'obscurité, sa cape rabattue sur son visage.

Je me hissai sur mes jambes et la rejoignit. Le long d'une ruelle creusée de fondrières se dressaient des habitations semblables à celle-ci, certaines recouvertes de tôle ondulée, d'autres de carton. Enveloppés de la tête aux pieds comme dans des linceuls, des hommes dormaient contre les murs sales. Ils remuaient et tressaillaient dans leur sommeil tandis que les rats mordillaient leurs haillons.

La nuit était chaude, et les relents d'urine, d'excréments et de vomissures cuisaient dans cette fournaise. Je pouvais même sentir l'odeur de la faim chez les gamins qui gémissaient, secoués de spasmes. Je pouvais sentir la puanteur de vase que dégageaient les rigoles.

Ce n'était pas un village ; c'était un amoncellement de taudis et de désespoir. Des cadavres gisaient entre les maisons. La maladie régnait. Les vieux et les infirmes restaient assis dans le noir, silencieux, sourds aux pleurs des enfants, ne rêvant à rien, ou peut-être à la mort, ce qui revenait au même.

Un enfant au ventre ballonné remonta à pas chancelants la ruelle, hurlant et frottant de son petit poing son œil tuméfié.

Il ne parut pas nous voir. De porte en porte, il continua son chemin, sa peau brune et lisse brillant dans la lueur vacillante des braseros.

– Où sommes-nous ? demandai-je.

A mon étonnement, elle se retourna et passa tendrement sa main dans mes cheveux. Un sentiment de soulagement m'envahit. Mais l'atrocité de cet endroit était telle que le répit ne dura pas. Ainsi, elle ne m'avait pas tué ; elle m'avait emmené dans cet enfer. Dans quel but ? Tout autour de moi suintait la misère, la désolation. Rien ne pouvait atténuer la souffrance de ces malheureux.

– Mon pauvre guerrier, dit-elle, avec lassitude. Tu ne sais donc pas où nous sommes ?

Je ne répondis pas.

Détachant ses mots, elle me souffla à l'oreille :

– Faut-il te réciter l'éternelle litanie ? Nous sommes à Calcutta, si tu veux, ou en Éthiopie, ou encore à Bombay. Ces pauvres hères pourraient tout aussi bien être des paysans du Sri Lanka, du Pakistan, du Nicaragua ou du Salvador. Peu importent les lieux, ce qui compte, c'est leur nombre, le fait qu'ils existent à la frange de chacune des oasis scintillantes de tes cités occidentales, qu'ils recouvrent les trois quarts du globe ! Ouvre tes oreilles, mon chéri ; écoute les prières de ces indigents ; écoute le silence de ceux qui ont appris l'inutilité de la prière ; car la misère a toujours été leur lot, quel que soit le nom de leur nation, de leur ville ou de leur tribu.

Nous remontâmes la ruelle entre les tas d'excréments, les flaques bourbeuses, les chiens faméliques qui venaient nous flairer et les rats qui filaient en travers de notre chemin. Puis nous débouchâmes sur les ruines d'un ancien palais. Des serpents se coulaient entre les pierres. Des nuées d'insectes tourbillonnaient dans la nuit. Serrés les uns contre les autres, des mendiants dormaient au bord d'un fossé. Au-delà, dans le marais, pourrissaient des cadavres, déjà gonflés et oubliés des vivants.

Au loin, sur la route, passaient des camions, striant de leur grondement la chaleur suffocante. La misère de cet endroit s'infiltrait en moi tel un gaz asphyxiant. Nous étions dans les friches du jardin terrestre, là où l'espoir ne pouvait fleurir. Dans un cloaque.

– Mais que pouvons-nous faire ? murmurai-je. Pourquoi sommes-nous venus ici ?

De nouveau, j'étais étourdi devant sa beauté, sa soudaine expression de compassion qui me donnait envie de pleurer.

— Nous pouvons réformer le monde, je te l'ai dit. Concrétiser les mythes. Le temps viendra où un tel avilissement ne sera plus qu'une légende surannée. Nous y veillerons, mon amour.

— Mais c'est à eux de trouver la solution. Il n'y va pas seulement de leur devoir, mais de leur droit. Comment pourrions-nous les aider ? Toute ingérence de notre part ne peut que déclencher une catastrophe.

— Nous ferons en sorte que cela n'arrive pas, répondit-elle calmement. Quand donc comprendras-tu ? Tu n'as toujours pas conscience de notre pouvoir. Rien ne peut nous arrêter. Mais surveille-toi, désormais. Prépare-toi, car je ne voudrais plus avoir à te contraindre. Quand tu tueras en mon nom, il faut que tu aies foi en notre mission. Je sais qu'on ne peut éduquer un cœur en l'espace d'une nuit. Mais *apprends* ce que tes yeux et tes oreilles te montrent.

Elle s'engagea dans la ruelle fangeuse. Un instant, je ne distinguai plus que sa frêle silhouette dans l'obscurité. Puis tout à coup, j'entendis les gens se réveiller dans les masures, je vis des femmes et des enfants sortir. Les dormeurs s'agitèrent autour de moi. Je reculai dans l'ombre.

Mon corps tremblait. Il fallait absolument que j'intervienne, que je la supplie d'attendre !

Mais encore une fois, cette sensation de paix m'envahit, cette impression magique de bonheur, et je me retrouvai, des années en arrière, dans la petite église de mon enfance, parmi l'assistance qui entonnait des cantiques. A travers mes larmes, j'apercevais l'autel flamboyant, le tableau doré de la Vierge noyé au milieu des fleurs. J'entendais l'incantation sourde des Ave. Sous les voûtes de Notre-Dame de Paris, j'entendais les prêtres chanter le Salve Regina.

Sa voix me parvint, claire, impérieuse, comme si elle surgissait de mon cerveau. Les mortels étaient sans doute, eux aussi, magnétisés par ce message silencieux. Un ordre nouveau est sur le point de naître, disait-elle, un monde dans lequel les humiliés et les offensés connaîtront enfin la paix et la justice. Que les femmes se dressent et tuent les hommes de ce village. Des nouveau-nés aux adultes. Seul un mâle sur cent sera épargné. Une fois cette œuvre accomplie, les guerres cesseront, la prospérité régnera.

Je demeurais paralysé, incapable d'exprimer ma terreur. Les femmes hurlaient frénétiquement. A côté de moi, les mendiants s'extirpèrent de leur sommeil pour être aussitôt repoussés contre les murs et frappés à mort comme les hommes dans le temple d'Azim.

La rue retentissait de cris. Dans un brouillard, je voyais par éclairs des gens courir, des hommes se ruer hors de leurs maisons et s'effondrer dans la boue. Au loin, sur la route, des poids lourds prenaient feu ; les pneus crissaient tandis que les camionneurs perdaient le contrôle de leur véhicule ; les châssis s'enchevêtraient les uns dans les autres ; les réservoirs à essence explosaient. La nuit étincelait de lumière. Les femmes se précipitaient d'une cahute à l'autre, encerclaient les hommes et les rouaient de coups avec la première arme qui leur tombait sous la main. Le bidonville avait-il jamais connu une effervescence semblable à ce déchaînement meurtrier ?

Et elle, la Reine des Cieux, planait au-dessus des toits en tôle, silhouette pure et fragile, flamme blanche contre les nuages.

Je fermai les yeux et me retournai, griffant le mur en ruine. Dire qu'elle et moi, nous étions aussi durs que cette pierre. Cependant, nous n'étions pas faits de la même matière. Nous ne le serions jamais. Et nous n'appartenions pas à ce monde !

Nous n'y avions aucun droit.

Mais, malgré mes larmes, je succombai de nouveau à son envoûtement. Cette douce sensation de somnoler au milieu des fleurs, bercé par le rythme lent d'une mélodie. L'air tiède emplissait mes poumons, les pavés usés me caressaient la plante des pieds.

Des collines verdoyantes ondoyaient à perte de vue, distinctes comme dans les rêves – un univers sans guerre ni misère que les femmes parcouraient, libres et insouciantes, des femmes qui ne craignaient plus la violence tapie dans le cœur de tout homme.

En dépit de ma révolte, j'errais dans ce monde nouveau, sourd aux bruits des corps qui s'affaissaient sur la terre détrempée, aux imprécations des hommes assassinés.

Je voyais des cités métamorphosées; des rues où nul ne redoutait d'être dévalisé ou égorgé, où les passants flânaient sans appréhension. Les maisons n'étaient plus des citadelles, les murs des jardins étaient tombés.

– Oh, Marius, aide-moi! suppliai-je, tandis que le soleil baignait de ses rayons les sentiers bordés d'arbres et les prés éternellement verts. Aide-moi, je t'en prie.

Puis une autre vision m'apparut, dissipant le sortilège. Les champs étaient maintenant plongés dans l'ombre; le paysage était réel, et je le regardais à travers les yeux d'un être qui marchait à longues enjambées, coupant droit à travers les herbes. Qui était-ce? Vers où se dirigeait-il? Cette image, précise, intense, m'était imposée par quelqu'un. Mais dans quel but?

Elle s'évanouit aussi vite qu'elle avait surgi.

Je me retrouvai sous le portique éboulé du palais, au milieu des cadavres, scrutant la mêlée entre les colonnades, étourdi par les clameurs de triomphe.

Sors de ta cachette, mon guerrier. Approche-toi.

Les bras tendus, elle se dressait devant moi. Seigneur, à quel rituel ces gens s'imaginaient-ils assister? Un instant, je refusai d'obéir, puis je m'avançai, hébété et docile, sous le regard extatique des femmes. La foule tomba à genoux quand nous nous rejoignîmes. Ma déesse me saisit la main. Mon cœur battait à tout rompre. *Akasha, c'est un mensonge, un terrible mensonge. Et le mal ensemencé ici se propagera au long des siècles.*

Tout à coup, le monde bascula. Mes pieds quittèrent le sol. Elle me tenait enlacé, et nous nous élevions au-dessus des toits. En bas, les femmes nous saluaient, agitaient les bras et se prosternaient dans la boue.

« Contemplez le prodige, contemplez la Mère, la Mère et son Ange... »

Puis le village ne fut plus qu'un semis de minuscules toitures argentées, toute cette misère transmuée en images, et nous nous laissions de nouveau porter par le vent.

Je jetai un coup d'œil en arrière, m'efforçant en vain

de reconnaître l'endroit – les marais sombres, les lumières de la ville voisine, le mince ruban de route où les camions renversés brûlaient encore. Mais elle avait raison. Qu'importait le lieu.

Le cataclysme était déclenché, et j'ignorais ce qui pourrait l'enrayer.

4

L'HISTOIRE DES JUMELLES

Maharet marqua un temps d'arrêt. Tous les yeux étaient fixés sur elle. Puis elle reprit avec lenteur et concentration. Elle ne semblait pas triste, mais plutôt désireuse de trouver les mots justes.

– Quand je dis que ma sœur et moi étions des magiciennes, je veux dire que nous avions hérité de notre mère, comme elle avait hérité de la sienne, le pouvoir de parler aux esprits, d'obtenir d'eux qu'ils nous obéissent. Nous pouvions sentir leur présence, alors qu'ils sont en général invisibles à l'œil humain, et nous vivions au milieu d'eux.

« Et ceux parmi notre peuple qui étaient aussi puissants que nous étaient révérés et recherchés pour leurs conseils, leurs miracles, leur don de divination et occasionnellement leur influence apaisante sur les esprits des morts. Nous étions considérées comme des figures bénéfiques et avions notre place dans l'ordre de la nature.

« Il y a toujours eu des magiciens et des sorciers, pour autant que je sache. Et il y en a encore aujourd'hui, bien que la plupart ignorent l'étendue de leurs pouvoirs. Certains sont appelés médiums, voyants ou spirites. Même investigateurs psychiques. Quel que soit le nom qu'on leur donne, ces mortels attirent les esprits, pour des raisons que nous ne pourrons peut-être jamais élucider. Ceux-ci les jugent tout simplement irrésistibles; et pour capter leur attention, ils usent de mille stratagèmes.

« Quant aux esprits eux-mêmes, je sais que vous êtes curieux de leur nature et de leurs attributs, et que beaucoup d'entre vous n'ont pas cru ce que Lestat raconte dans son livre sur la métamorphose de la Mère et du Père. Je ne suis pas sûre que Marius lui-même n'ait pas été sceptique quand on lui a relaté cette histoire ancienne, et même quand il l'a transmise à Lestat. »

Marius approuva de la tête. De nombreuses questions lui brûlaient les lèvres, mais Maharet lui fit signe d'attendre.

– Encore un peu de patience, dit-elle. Je vous révélerai ce que nous savions alors des esprits, et qui d'ailleurs diffère peu de ce que j'en sais aujourd'hui. Comprenez, bien sûr, que d'autres peuvent dénommer autrement ces entités, les étudier sous un angle plus scientifique.

« Les esprits communiquaient avec nous. Chacun avait sa personnalité, et au cours des générations, les magiciennes de notre famille leur avaient donné des noms distincts.

« Nous les classions comme les sorciers l'ont toujours fait, en bons et mauvais esprits, bien que leur conception du bien et du mal ne soit pas évidente. Les esprits malins étaient ceux qui se montraient délibérément hostiles aux êtres humains et qui aimaient leur jouer de méchants tours, comme provoquer des éboulements de pierres, soulever une tempête et autres catastrophes. Ainsi, ceux qui possèdent les humains et hantent les maisons sont de cette espèce.

« Les bons esprits, eux, étaient capables d'amour et cherchaient en quelque sorte à être aimés des hommes. Ils se livraient rarement à des espiègleries. Ils nous dévoilaient l'avenir, nous décrivaient ce qui se passait dans des lieux lointains. Pour les sorciers puissants, tels que ma sœur et moi, pour ceux qu'ils affectionnaient tout spécialement, ils accomplissaient la plus féconde de leurs prouesses : ils faisaient tomber la pluie.

« Mais cette classification était surtout d'ordre pratique. Les bons esprits étaient utiles, les mauvais, dangereux et exaspérants. Prêter attention à leurs simagrées, les encourager à rôder dans les parages, c'était jouer avec le feu, car ils se révélaient vite impossibles à maîtriser.

« Il était également évident que ceux que nous appelions les esprits malins nous enviaient d'avoir une existence matérielle et spirituelle, de jouir des plaisirs et des pouvoirs de la chair tout en possédant une âme. Vraisemblablement, cette dualité de l'être humain intrigue et fascine tous les esprits. Mais seuls les plus malfaisants en sont ulcérés, car ils brûlent de connaître une volupté qui leur est interdite.

« Quant au mystère de leur origine, les esprits nous certifiaient qu'ils avaient toujours existé. Ils se vantaient d'avoir observé l'être humain passer du stade de l'animal à celui de l'homme. Nous ignorions ce qu'ils entendaient par là. Nous pensions qu'ils se moquaient de nous ou qu'ils nous mentaient. Mais aujourd'hui, l'étude de l'évolution des espèces démontre que les esprits ont pu en effet être témoins de ce processus. Par contre, aux questions que nous leur posions sur leur nature – comment ils avaient été créés et par qui – ils ne répondaient jamais. Je pense qu'ils ne comprenaient pas ce que nous leur demandions. Ils paraissaient offensés, un peu effrayés même, quand ils ne jugeaient pas que nous nous amusions d'eux.

« J'imagine qu'un jour la science nous éclairera sur la nature des esprits. Ils sont sans doute faits de matière et d'énergie comme toute chose dans notre univers, et il n'y a pas plus de magie en eux que dans l'électricité, les ondes hertziennes, le quark ou l'atome – phénomènes qui auraient semblé surnaturels il y a seulement deux cents ans. En fait, plus qu'aucun autre instrument philosophique, la poésie de la science moderne m'a aidée rétrospectivement à les comprendre. Et cependant, je me raccroche à mes anciennes croyances.

« Mekare affirmait qu'il lui arrivait de les voir, et qu'autour de leur minuscule noyau de matière tourbillonnait une immense masse d'énergie qu'elle comparait à la foudre et aux tornades. Elle certifiait qu'il existait des créatures aquatiques et des insectes tout aussi étrangement structurés. C'était toujours la nuit qu'ils lui apparaissaient, jamais plus d'une seconde, et d'ordinaire quand ils étaient en colère.

« Leur taille était impressionnante, disait-elle, et euxmêmes ne se privaient pas de le clamer. Ils nous racontaient que nous ne pouvions imaginer combien ils étaient grands. Mais leur goût de l'exagération est tel que l'on doit sans cesse démêler dans leurs déclarations le vrai du faux.

« Il est certain qu'ils déploient beaucoup d'énergie pour agir sur le monde physique. Sinon comment pourraient-ils déplacer meubles et objets quand ils jouent aux esprits frappeurs, ou rapprocher les nuages pour produire la pluie ? Pourtant toute cette dépense d'énergie aboutit à bien peu de chose. C'est ce qui permet de toujours les contrôler. Ils peuvent accomplir telle ou telle prouesse, mais pas plus. Et le propre d'une bonne magicienne était de le comprendre.

« Quelle que soit leur structure, ils n'ont apparemment pas de besoins biologiques à satisfaire. Ils ne vieillissent pas, ne changent pas, d'où leurs conduites infantiles et capricieuses. Agir ne leur est pas indispensable. Ils vont à la dérive, sans conscience de l'écoulement du temps, puisqu'ils n'ont aucune raison physique de s'en préoccuper, et ils font tout ce que leur fantaisie leur dicte. De toute évidence, ils voient notre monde, ils en font partie ; mais comment ils le perçoivent, je n'en ai pas la moindre idée.

« Je ne sais pas non plus pourquoi ils sont attirés par les sorciers. Et pourtant, aussitôt qu'ils en repèrent un, ils s'en font connaître et sont très flattés de son intérêt. Ils exécutent ses ordres afin de conserver son attention et même, dans certains cas, de s'en faire aimer.

« A mesure que cette relation progresse, il leur faut, pour l'amour du sorcier, se concentrer sur des tâches précises. Ce qui les épuise, mais en même temps les ravit, car ils découvrent ainsi qu'ils sont capables d'impressionner les êtres humains.

« Essayez d'imaginer comme ce doit être amusant pour eux d'écouter les prières et d'essayer d'y répondre, de rôder autour des autels et de déchaîner le tonnerre après les sacrifices. Quand un spirite invite l'esprit d'un ancêtre disparu à parler à sa descendance, ils sont absolument enchantés de jacasser en nom et place du mort ; et pour abuser davantage les vivants, ils n'hésitent pas à lire dans leurs pensées toute information utile à leur mascarade.

« Vous connaissez certainement ce type de comportement. Il n'a pas changé au cours des siècles. Ce qui est différent, c'est l'attitude des êtres humains envers les esprits, et cette différence est capitale.

« Quand un esprit, de nos jours, hante une maison et fait des prédictions par la voix d'un enfant de cinq ans, personne n'y croit vraiment, sauf ceux qui assistent à l'expérience. Et sur ces faits étranges ne s'édifie pas une religion nouvelle.

« On dirait que l'espèce humaine est immunisée contre ce genre de phénomène ; peut-être a-t-elle atteint un stade plus élevé de son évolution, et les bouffonneries des esprits ne la troublent-elles plus. Et bien que les religions subsistent – celles implantées depuis la nuit des temps –, elles perdent rapidement de leur influence dans les milieux cultivés.

« Mais j'y reviendrai. Pour l'instant, je préfère continuer à définir ce don propre aux sorciers qui marqua notre vie, à ma sœur et à moi.

« Chez nous, ce don était héréditaire. Il se peut même qu'il ait été d'ordre génétique car, toujours transmis par les femmes aux enfants de sexe féminin, il s'accompagnait invariablement de caractères physiques bien spécifiques : des yeux verts et des cheveux roux. Comme vous le savez tous, mon enfant, Jesse, possédait ce pouvoir. Elle en a souvent usé à Talamasca pour soulager ceux que les esprits et les fantômes tourmentaient.

« Les fantômes sont aussi des esprits, bien sûr. Mais ce sont les reflets des humains qui ont vécu sur cette terre, alors que les esprits dont je viens de vous parler n'ont jamais été incarnés. Les choses ne sont pourtant pas toujours aussi simples. On peut imaginer qu'un très vieux fantôme oublie qu'il a un jour été vivant ; et sans doute les esprits les plus malveillants entrent-ils dans cette catégorie. Cela expliquerait pourquoi ils sont si jaloux des plaisirs de la chair, pourquoi lorsqu'ils habitent un pauvre mortel, ils éructent des obscénités. Pour eux, la chair est répugnante, et ils voudraient faire croire aux hommes et aux femmes que la volupté est aussi dangereuse que malsaine.

« En fait, étant donné la façon dont les esprits

mentent, il est impossible de percer à jour le mobile de leurs actions, s'ils ont décidé de le taire. Peut-être leur hantise de l'érotisme n'est-elle qu'un fantasme dérobé aux humains qui ont toujours associé sexe et culpabilité.

« Pour en revenir à notre histoire, dans notre famille, seules les femmes étaient magiciennes. Dans d'autres familles, ce caractère apparaît aussi bien chez les hommes que chez les femmes. Ou encore, pour des raisons qui nous sont inconnues, il surgit, parfaitement développé, chez un être humain isolé.

« Quoi qu'il en soit, notre famille était une très, très ancienne famille de magiciennes. Nous pouvions en dénombrer cinquante générations et remonter jusqu'au Temps d'avant la Lune. Nous affirmions donc avoir vécu au tout début de l'histoire de la Terre, avant que la Lune n'éclaire le ciel nocturne.

« Les légendes de notre peuple relataient la naissance de la Lune, et les inondations, les ouragans, les tremblements de terre qui s'ensuivirent. J'ignore si ces cataclysmes se produisirent réellement. Nous croyions aussi que les Pléiades, les Sept Sœurs, étaient nos étoiles sacrées, et que tous les bienfaits nous venaient de cette constellation. Pourquoi ? Je ne l'ai jamais su, ou ne puis m'en souvenir.

« Je vous parle ici de très vieux mythes, de croyances profondément enracinées avant ma naissance. Or ceux qui communiquent avec les esprits deviennent, et pour cause, plutôt sceptiques.

« Et pourtant, même aujourd'hui, la science ne peut ni infirmer ni confirmer les récits du Temps d'avant la Lune. L'apparition de la Lune et les phénomènes de gravitation qui découlent de la présence de cet astre dans notre ciel, ont été utilisés en théorie pour expliquer le déplacement des calottes polaires et les dernières grandes glaciations. Peut-être y a-t-il dans ces vieilles légendes des éléments de vérité qui seront un jour élucidés.

« Quoi qu'il en soit, notre lignée était ancienne. Notre mère avait été une puissante magicienne à qui les esprits révélaient de nombreux secrets grâce à leur capacité de lire dans la pensée des hommes. Elle apaisait également les esprits agités des morts. Chez Mekare et moi, ses dons semblaient s'être multipliés par deux, comme c'est souvent le cas chez les jumeaux. En conséquence, chacune de nous était deux fois plus puissante qu'elle. Quant au pouvoir que nous détenions ensemble, il était incalculable. Dès le berceau, nous parlions aux esprits. Nous jouions au milieu d'eux. Jumelles, nous avions inventé un langage secret, que même notre mère ne pouvait comprendre. Mais les esprits, eux, le connaissaient et l'utilisaient pour nous répondre.

« Je ne vous dis pas cela par vanité, ce serait absurde. Je vous le raconte afin que vous perceviez ce que nous étions l'une pour l'autre et pour notre peuple quand les soldats d'Akasha et d'Enkil envahirent notre contrée. Je veux vous faire comprendre comment cette horreur – notre métamorphose en vampires – a pu se produire!

« Nous formions une grande famille. Nous avions vécu dans les grottes du mont Carmel aussi loin que pouvait remonter la mémoire. Ceux de notre peuple avaient toujours habité dans la vallée au pied de la montagne. Ils élevaient des chèvres et des moutons. De temps à autre, ils chassaient. Ils cultivaient aussi des plantes qui servaient à la fabrication de la bière et également à la confection des breuvages hallucinogènes que nous prenions pour entrer en transe – l'une des pratiques prescrites par notre religion. Ils moissonnaient le blé sauvage qui poussait alors à profusion.

« Notre village n'était composé que de quelques petites maisons rondes bâties en argile et recouvertes de paille alors que d'autres s'étaient déjà transformés en véritables bourgs; quelques-uns, par contre, demeurés fidèles à l'architecture ancestrale, possédaient encore des huttes où l'on entrait par les toits.

« Notre peuple façonnait des poteries très caractéristiques que nous troquions sur les marchés de Jéricho contre du lapis-lazuli, de l'ivoire, de l'encens, des miroirs d'obsidienne et autres matières précieuses. Bien sûr, nous avions entendu parler de plusieurs villes aussi grandes et belles que Jéricho, des cités maintenant ensevelies et qui le resteront peut-être à jamais.

« Mais, dans l'ensemble, nous étions des gens simples.

Nous savions ce qu'était l'écriture, du moins son principe. Mais il ne nous venait pas à l'idée de l'utiliser, car les mots avaient pour nous grand pouvoir, et nous n'aurions pas osé écrire les noms, ni les formules incantatoires, ni les vérités qui étaient les nôtres. Si quelqu'un s'emparait de votre nom, il pouvait vous jeter un mauvais sort. Il pouvait, au cours d'une transe, quitter son corps et venir jusqu'à vous. Qui sait l'empire qu'il exercerait sur vous s'il pouvait tracer votre nom sur la pierre ou le papyrus ? Même pour ceux qui n'avaient pas peur, cette pratique était déplaisante.

« Dans les grandes villes, l'écriture servait surtout à consigner des documents comptables que nous n'avions pas grand mal, quant à nous, à mémoriser.

« En fait, dans notre peuple, toute connaissance était confiée à la mémoire ; les prêtres qui sacrifiaient à notre dieu-taureau – auquel d'ailleurs nous ne croyions pas – procédaient ainsi, enseignant oralement traditions et croyances aux jeunes clercs. Et bien sûr, l'histoire des familles était transmise de même.

« Nous peignions cependant : les murs des sanctuaires du taureau dans le village étaient couverts de fresques. Et depuis toujours, dans les grottes du mont Carmel, ma famille décorait les parois de nos salles secrètes de peintures que nul autre ne voyait. Nous gardions là des sortes d'archives. Mais tout ceci était fait avec prudence. Jamais je n'ai tracé ma propre image, par exemple, avant que la catastrophe ne nous ait frappées et que nous nous soyons transformées, ma sœur et moi, en ces créatures monstrueuses que nous sommes tous devenus.

« Pour en revenir à notre peuple, il vivait le plus pacifiquement du monde de l'élevage, et accessoirement de l'artisanat et du commerce. Quand les armées de Jéricho partaient en guerre, il arrivait que nos jeunes hommes les rejoignent ; mais ils étaient tous volontaires. Ils voulaient participer à une aventure guerrière, être soldats et connaître la gloire. D'autres gagnaient les cités, pour explorer les grands marchés, admirer la majesté des cours et la splendeur des temples. D'autres encore allaient dans les ports de la Méditerranée voir de près les grands vaisseaux marchands. Mais la plupart du temps, la vie dans notre village suivait son cours tranquille et immuable. Et Jéricho nous protégeait, presque malgré elle, car elle était l'aimant qui attirait les forces ennemies.

« Jamais, au grand jamais, nous ne combattions d'autres hommes pour nous nourrir de leur chair! Ce n'était pas dans nos mœurs. Cette pratique aurait été pour nous une abomination. Nous étions pourtant anthropophages, mais manger la chair humaine avait pour nous une signification très particulière, car nous mangions nos morts. »

Maharet s'arrêta un moment, comme pour s'assurer que tous avaient bien perçu le sens de ses paroles.

Les deux femmes rousses agenouillées devant le festin funéraire apparurent de nouveau à Marius. Il sentit le calme et la chaleur de midi, la solennité de l'instant. Il essaya de chasser cette image de son esprit pour ne plus voir que le visage de Maharet.

– Il faut que vous compreniez, reprit Maharet. Nous pensions bien que l'esprit déserte le corps après la mort, mais nous étions persuadés aussi que les restes de tout être vivant contiennent encore une parcelle de vie. Ainsi, par exemple, les objets personnels d'un individu gardent quelque chose de sa vitalité, et il en est évidemment de même pour sa chair et ses os. Et, bien sûr, quand nous consommions la chair de nos morts, nous absorbions cet atome de vie.

« Mais nous agissions ainsi surtout par respect. C'était pour nous la seule façon d'honorer ceux que nous aimions. Nous absorbions les corps de ceux qui nous avaient donné la vie, les corps qui avaient engendré nos propres corps. Ainsi s'achevait un cycle. Ce faisant, nous préservions de l'horreur de la putréfaction les restes sacrés de ceux que nous aimions, nous leur épargnions d'être dévorés par les bêtes sauvages ou encore brûlés comme des déchets.

« Il y a là une très grande logique, si l'on y réfléchit bien. Mais l'essentiel est que ce rite faisait intrinsèquement partie de l'existence de notre peuple. Le devoir de chaque enfant était de consommer la dépouille de ses parents, le devoir de la tribu, de consommer la dépouille de ses morts.

« Dans notre village, il ne mourait pas d'homme, de femme ou d'enfant dont le corps ne soit consommé par des parents ou des amis. Et il n'y avait pas d'homme, de femme ou d'enfant qui n'ait consommé la chair des morts. »

Maharet s'interrompit de nouveau et parcourut lentement du regard son auditoire avant de continuer.

– A cette époque, aucune grande guerre ne troublait nos contrées. Jéricho était en paix depuis des temps immémoriaux. Et Ninive également.

« Mais loin au sud-ouest, dans la vallée du Nil, un peuple de sauvages combattait, comme il l'avait toujours fait, les tribus installées plus au sud, afin de ramener des captifs pour ses broches et ses marmites. Car ces barbares ne se contentaient pas de manger respectueusement leurs morts comme nous le faisions, ils mangeaient aussi le corps de leurs ennemis et en tiraient gloire et fierté. Ils étaient persuadés d'absorber ainsi la force de leurs adversaires. En outre, et plus simplement, ils étaient friands de chair humaine.

« Nous méprisions leurs coutumes pour les raisons que j'ai expliquées. Comment pouvait-on désirer manger une chair autre que celle des siens ? Mais ce qui nous séparait surtout de ces guerriers de la vallée du Nil était leur caractère belliqueux. Nous étions en effet un peuple pacifique qui ne se connaissait pas d'ennemis.

« Or voilà qu'à peu près au moment où ma sœur et moi entrions dans notre seizième année, il se produisit un important changement dans ce royaume. Du moins, c'est ce qu'on nous rapporta.

« La Reine de cette contrée mourut sans avoir donné le jour à une fille qui puisse perpétuer son sang. Chez de nombreux peuples de l'Antiquité, le sang royal n'était transmis que par les femmes. Aucun mâle ne pouvant être certain d'être le père de l'enfant porté par son épouse, c'était la Reine ou la princesse qui détenait le droit divin au trône. C'est pourquoi, plus tard, les pharaons égyptiens épousèrent souvent leurs sœurs afin d'assurer leur légitimité.

« Il en aurait été ainsi pour le jeune roi Enkil s'il avait eu une sœur ou même une parente proche. Mais

374

il n'en avait aucune. Cependant, comme il était fougueux, vaillant et déterminé à gouverner son pays, il décida de prendre femme, non parmi les siens, mais en terre étrangère, dans la cité d'Uruk, entre le Tigre et l'Euphrate.

« Il choisit Akasha, une beauté de sang royal, adoratrice de la grande déesse Inanna, qui apporterait au royaume d'Enkil la sagesse de son pays. Ainsi en allait la rumeur sur les marchés de Jéricho et de Ninive et parmi les caravanes qui faisaient commerce avec nous.

« A cette époque, les gens du Nil étaient déjà des cultivateurs, mais ils avaient tendance à négliger leurs labours pour chasser et guerroyer afin de se procurer de la chair humaine. Horrifiée, la belle Akasha entreprit de les détourner de cette coutume barbare, tout comme l'aurait fait sans doute n'importe qui issu d'une civilisation plus avancée.

« Il est probable qu'elle amena aussi avec elle l'écriture, car les gens d'Uruk en étaient férus – ils étaient de grands conservateurs d'archives –, mais comme nous-mêmes méprisions cette activité, je n'en suis pas certaine. Peut-être les Égyptiens avaient-ils déjà commencé à écrire par eux-mêmes.

« La lenteur avec laquelle ce genre de progrès pénètre une civilisation est étonnante. Il se peut que l'on ait, des générations durant, tenu les archives des impôts avant que quiconque consigne sur une tablette d'argile les mots d'un poème. Les herbes aromatiques et les épices ont pu être cultivées pendant deux cents ans avant que quelqu'un ait eu l'idée de faire pousser du blé ou du maïs. Comme vous le savez, lorsque les Européens fondirent sur eux, les Indiens d'Amérique du Sud fabriquaient des jouets avec des roues et des bijoux de métal, sans pour autant avoir jamais songé à utiliser les roues à d'autres fins ni le métal pour leurs armes. Aussi furent-ils vaincus presque immédiatement par leurs envahisseurs.

« Quoi qu'il en soit, je n'ai qu'une idée approximative des connaissances qu'apporta Akasha avec elle. Ce que je sais, c'est que le bruit se répandit chez nous de la prohibition du cannibalisme dans la vallée du Nil et des condamnations à mort encourues par ceux qui enfreignaient la loi. Les tribus qui avaient toujours chassé l'homme étaient outrées de ne plus pouvoir s'adonner à ce divertissement; quant au peuple dans son ensemble, il était révolté de se voir interdire de manger ses propres morts. Ne plus chasser était une chose, mais devoir enfouir ses morts sous terre était pour lui un sacrilège, tout comme cela l'aurait été pour nous.

« Aussi, afin que le décret d'Akasha reçoive obéissance, le Roi ordonna que les corps des morts soient embaumés et entourés de bandes de tissu. Non seulement on ne pouvait manger la chair sacrée de son père ou de sa mère, mais les cadavres devaient être à grand prix protégés par des bandelettes et exposés à la vue de tous puis placés dans des tombes avec les offrandes appropriées et les incantations des prêtres. Le plus tôt on enveloppait le corps, le mieux c'était, car ainsi personne ne pouvait toucher à la chair.

« Pour encourager au respect de ce nouveau rite, Akasha et Enkil convainquirent le peuple que les esprits de ses morts ne s'en porteraient que mieux dans leur nouveau royaume si leurs dépouilles étaient momifiées sur cette terre. En d'autres termes, on disait aux affligés : " Vos bien-aimés ancêtres ne sont pas délaissés, au contraire, ils bénéficient de toute votre sollicitude. "

« Nous fûmes amusés quand nous entendîmes parler de cette coutume qui voulait qu'on emmaillote les morts puis qu'on les enferme dans des chambres pleines de meubles au-dessus ou au-dessous des sables du désert. Cela nous parut cocasse que l'on puisse penser réconforter les esprits des disparus en prenant soin de leur enveloppe charnelle ici-bas. Car chacun sait, parmi ceux qui ont communiqué avec l'au-delà, que les morts ont tout intérêt à oublier leur corps; c'est seulement quand ils renoncent à leur image terrestre qu'ils peuvent s'élever à un niveau supérieur.

« Et aujourd'hui en Égypte, dans les tombeaux de ceux qui étaient très riches et très croyants gisent ces choses... ces momies dont beaucoup tombent maintenant en poussière.

« Si l'on nous avait dit que ce rite allait s'implanter durablement, que pendant quatre mille ans les Égyptiens le pratiqueraient, qu'il deviendrait une énigme pour le monde entier, que les enfants du xxᵉ siècle iraient dans les musées contempler ces étranges objets, nous ne l'aurions pas cru.

« Mais en réalité, tout cela nous était égal. Nous habitions très loin de la vallée du Nil. Nous n'imaginions même pas de quoi ces gens avaient l'air. Nous savions que leur religion venait d'Afrique, qu'ils adoraient le dieu Osiris, et Râ, le dieu du soleil ainsi que d'autres dieux totémiques. Mais franchement nous ne comprenions pas ces peuples. Nous ne comprenions pas leur terre d'inondation et de désert. Lorsque nous tenions entre nos mains les beaux objets fabriqués par eux, nous percevions comme un lointain reflet de leur personnalité, mais leur civilisation nous demeurait étrangère. Nous étions désolés pour eux qu'ils ne puissent plus manger leurs morts.

« Quand nous interrogeâmes les esprits à leur sujet, ceux-ci parurent, eux aussi, extrêmement amusés. Ils nous dirent que les Égyptiens avaient des " voix agréables " et prononçaient " de jolies phrases ", qu'il était plaisant de visiter leurs temples et leurs autels. Ils aimaient le son de la langue égyptienne. Puis ils semblèrent se désintéresser de la question, comme c'était souvent le cas, et s'esquivèrent.

« Leur discours nous fascina sans pourtant nous surprendre. Nous savions que les esprits aiment nos paroles, nos chants, nos psalmodies. Ainsi donc, ils jouaient à être les dieux des Égyptiens. L'une de leurs distractions favorites.

« Les années passant, nous entendîmes dire qu'Enkil, pour unifier son royaume et mettre un terme à la rébellion des cannibales les plus irréductibles, avait levé une grande armée, largué les amarres de ses vaisseaux et s'était lancé dans des conquêtes au nord et au sud. Une astuce infaillible : unissez les mécontents contre un ennemi commun, ils cesseront de se quereller à la maison.

« Mais là encore, en quoi cela nous concernait-il ? Notre terre était belle et sereine, nos arbres chargés de fruits, le blé sauvage de nos champs prêt à tomber sous nos faux. C'était une terre de prairies et de brises. Pourtant, nous ne possédions rien qui puisse attiser les convoitises. Du moins le pensions-nous.

« Ma sœur et moi vivions en paix sur les douces pentes du mont Carmel. Avec notre mère et entre nous, nous communiquions souvent silencieusement ou bien nous parlions toutes deux dans notre langage secret ; nous apprenions de notre mère tout ce qu'elle savait des esprits et du cœur des hommes.

« Nous buvions les breuvages hallucinogènes qu'elle fabriquait avec les plantes que nous cultivions sur la montagne, et nous voyagions alors à travers le passé et conversions avec nos aïeules – de très grandes magiciennes dont nous connaissions les noms. Nous attirions leurs esprits jusqu'à nous le temps qu'ils nous transmettent leur savoir. Nous voyagions aussi hors de notre corps et loin dans l'espace.

« Je pourrais passer des heures à vous raconter ce que nous voyions lors des transes, comment il nous arriva, à Mekare et à moi, de marcher la main dans la main dans les rues de Ninive, contemplant des merveilles que nous n'aurions pu imaginer... Mais qu'importe tout ceci, désormais.

« Laissez-moi simplement vous dire ce que représentait pour nous la compagnie des esprits – comment, par moments, l'amour qu'ils nous portaient était aussi palpable que l'amour de Dieu et de ses saints pour les mystiques chrétiens.

« Nous vivions dans la félicité, notre mère, ma sœur et moi. Les grottes de nos ancêtres étaient chaudes et sèches et nous disposions de tout ce qui était nécessaire – belles tuniques, bijoux, peignes d'ivoire, sandales de cuir – grâce aux offrandes faites en échange de nos interventions.

« Chaque jour, les habitants de notre village venaient nous consulter et nous posions leurs questions aux esprits. Nous tentions de prédire le futur, ce dont bien sûr les esprits sont en partie capables, dans la mesure où certains événements semblent inéluctables.

« Grâce à notre pouvoir télépathique, nous lisions dans les pensées de nos solliciteurs et leur prodiguions de sages conseils. De temps à autre, on nous amenait des possédés, et nous exorcisions leur démon, ou plutôt l'esprit malin, car en fait toute l'affaire se réduisait à ça. Quand une maison était hantée, nous nous y rendions et en chassions également l'esprit.

« Nous donnions nos breuvages à ceux qui les réclamaient. Ils entraient en transe ou sombraient dans des rêves peuplés d'images pénétrantes qu'ensuite nous interprétions et expliquions de notre mieux.

« Pour cette tâche, nous n'avions pas vraiment besoin des esprits, bien qu'il nous soit arrivé de leur demander leur avis. Nous utilisions nos propres dons de compréhension et de divination et, bien souvent, les informations fournies par les consultants eux-mêmes.

« Mais notre miracle le plus remarquable – lequel requérait tout notre pouvoir et dont nous ne pouvions garantir la réussite – était de faire tomber la pluie.

« Nous procédions de deux façons : nous déclenchions, soit la Petite Pluie – phénomène surtout symbolique, qui démontrait notre puissance et apportait l'apaisement à notre peuple –, soit la Grande Pluie, nécessaire aux récoltes, mais beaucoup plus difficile à obtenir, si tant est que nous y arrivions.

« Dans les deux cas, il fallait cajoler les esprits, les appeler par leur nom, les prier de se réunir et de concentrer leurs forces. La Petite Pluie était souvent l'œuvre des esprits qui nous étaient les plus attachés, ceux qui nous chérissaient, Mekare et moi, comme ils avaient chéri notre mère et, avant elle, sa mère et tous nos ancêtres, et sur lesquels nous pouvions compter pour s'évertuer en notre faveur.

« Mais pour la Grande Pluie, il était indispensable de mobiliser de nombreux esprits, et comme certains d'entre eux semblaient se détester les uns les autres et refuser toute coopération, nous devions déployer toutes nos ressources de séduction. Nous chantions des mélopées et exécutions une danse solennelle. Nous nous acharnions des heures durant, et petit à petit, les esprits, piqués au jeu, se mettaient au travail.

« Mekare et moi, nous ne parvînmes à provoquer la Grande Pluie que trois fois. Mais quel enchantement de voir les nuages se rassembler au-dessus de la vallée et les grands rideaux de pluie obscurcir l'horizon. Tous accouraient sous l'averse, la terre elle-même semblait gonfler, s'ouvrir et rendre grâce.

« Par contre, nous faisions souvent tomber la Petite Pluie ; nous le faisions pour les autres, pour le plaisir.

« Mais c'est grâce à la Grande Pluie que notre renommée se répandit. Nous avions toujours été connues comme les sorcières de la montagne; maintenant on venait nous consulter des lointaines cités du nord, de contrées dont nous ne connaissions même pas le nom.

« Au village, les voyageurs attendaient leur tour pour absorber le breuvage afin que nous examinions leurs rêves, pour nous demander conseil ou, simplement, nous voir. Bien sûr, les villageois leurs servaient à boire et à manger et recevaient des dons en échange. Chacun y trouvait son compte, semblait-il. D'un certain point de vue, ce que nous faisions était très similaire à ce que font les psychologues à notre époque; nous étudiions les images mentales, nous les interprétions, nous cherchions à tirer quelque vérité de l'inconscient; et les miracles de la Petite Pluie et de la Grande Pluie ne faisaient que renforcer la foi qu'avaient les autres en nos compétences.

« Un jour, une saison environ avant que notre mère ne meure, une missive nous arriva, apportée par un messager de la part du Roi et de la Reine de Kemet, le nom que les Égyptiens donnaient alors à leur contrée. C'était une tablette d'argile, comme on s'en servait à Jéricho et à Ninive, gravée de petits dessins et de signes que l'on devait dénommer plus tard caractères cunéiformes.

« Bien sûr, nous ne pouvions la déchiffrer : nous la trouvions même effrayante, imaginant qu'elle pouvait être maléfique. Nous n'avions pas envie de la toucher, et pourtant il le fallait si nous voulions comprendre le message qu'elle contenait.

« L'homme nous annonça que ses souverains, Akasha et Enkil, avaient entendu parler de notre grand pouvoir et seraient très honorés de notre visite à leur cour; une escorte nous attendait pour nous conduire à Kemet et elle nous raccompagnerait chez nous chargées de présents.

« Toutes trois, nous éprouvâmes de la méfiance à l'égard du messager. Il disait la vérité dans la mesure où il la connaissait, mais l'essentiel lui avait été caché.

« Alors notre mère prit entre ses mains la tablette

d'argile. Elle sentit immédiatement le fluide qui en émanait et fut saisie d'une grande détresse. Tout d'abord, elle refusa de nous confier ce qu'elle avait vu, puis elle nous emmena à l'écart et nous dit que le Roi et la Reine de Kemet étaient dangereux, intolérants et sanguinaires. Elle nous dit aussi qu'un malheur terrible nous viendrait de cet homme et de cette femme, quoi qu'affirmât le message.

« Ensuite Mekare et moi, nous effleurâmes à notre tour la tablette et eûmes la même révélation. Pourtant, il y avait là un mystère, un sombre enchevêtrement où la noirceur des sentiments le disputait au courage et à la noblesse. Il ne s'agissait pas simplement d'une manœuvre pour nous capturer, nous et notre pouvoir, mais d'une démarche inspirée par la curiosité et le respect.

« Finalement nous eûmes recours aux esprits – aux deux que nous aimions le plus, Mekare et moi. Ils s'approchèrent et lurent la missive, ce qui leur était facile. Ils nous affirmèrent que le messager avait dit la vérité, mais que nous courrions un terrible danger si nous acceptions l'invitation du Roi et de la Reine de Kemet.

« – Pourquoi ? demandai-je.

« – Parce que le Roi et la Reine vous interrogeront, et si vous répondez avec franchise, ce que vous ferez, ils se mettront en colère et vous détruiront.

« De toute manière, nous n'aurions pas accepté d'aller en Égypte, car nous ne quittions jamais nos montagnes. Mais à présent nous savions de façon certaine que nous ne devions pas le faire. Nous expliquâmes au messager avec tout le respect possible que nous ne pouvions pas nous éloigner de l'endroit où nous étions nées, qu'aucune magicienne de notre famille ne l'avait jamais fait, et nous le priâmes de rapporter nos paroles à ses souverains.

« Ainsi le messager partit et la vie reprit son cours.

« Sauf que quelques jours plus tard, un esprit malin, celui que nous appelions Amel, vint à nous. Énorme, puissant et plein de rancœur, il dansait dans la clairière devant notre grotte pour attirer notre attention, à Mekare et à moi, et clamait que nous pourrions bientôt avoir besoin de son aide.

« Nous étions depuis longtemps habituées aux fla-gorneries des esprits mauvais. Ils étaient ulcérés que nous refusions de leur parler, contrairement à d'autres sorciers et magiciens. Mais sachant qu'on ne pouvait ni les contrôler ni se fier à eux, nous n'avions jamais tenté d'utiliser leurs services et pensions ne jamais avoir à le faire.

« Cet Amel en particulier était exaspéré par notre " manque d'égards ", comme il disait. Il répétait sans cesse qu'il était " le puissant Amel ", " l'invincible Amel ", et que nous ferions bien de lui témoigner un peu de respect, car nous pourrions avoir besoin de lui dans le futur. Et plus tôt que nous ne l'imaginions vu les ennuis qui nous menaçaient.

« A ce moment-là, notre mère sortit de la grotte et lui demanda quels étaient donc ces ennuis.

« Nous en fûmes stupéfaites, car elle nous avait tou-jours interdit de communiquer avec les esprits malfai-sants, et quand elle-même leur parlait, c'était toujours pour les maudire et les chasser ou encore pour les déconcerter par des énigmes, si bien qu'ils se vexaient, se fâchaient et renonçaient à nous importuner.

« Amel le terrible, le malin, le puissant, quel que soit le nom dont il se para au cours de son interminable fanfaronnade, déclara seulement qu'il augurait mal de l'avenir et que, si nous étions raisonnables, nous ferions bien de lui manifester la considération qui lui était due. Ensuite, il se vanta de tout le mal qu'il avait perpétré au service des sorciers de Ninive. Il pouvait tourmenter les gens, les harceler et même les piquer de partout comme une nuée de moustiques. Il pouvait sucer le sang des humains, prétendit-il, il en aimait le goût et il le ferait couler pour nous le temps venu.

« Notre mère se mit à rire.

« — Comment t'y prendrais-tu ? lui demanda-t-elle. Tu n'as pas de corps, tu ne peux rien goûter du tout !

« Ce genre de remarques rend les esprits furieux, car ils nous envient notre enveloppe charnelle, comme je vous l'ai expliqué.

« Pour démontrer son pouvoir, Amel fondit alors sur notre mère comme une bourrasque. Aussitôt nos esprits protecteurs le combattirent, et il se produisit une grande agitation dans notre clairière. Quand le tumulte se fut calmé et qu'Amel eut été repoussé, nous vîmes sur la main de notre mère des myriades de petites piqûres. Amel le malin avait aspiré son sang exactement comme il l'avait dit.

« Ma mère examina ces minuscules points rouges. Les bons esprits tempêtaient de la voir traitée avec une telle irrévérence, mais elle les fit taire. En silence, elle réfléchissait : comment était-ce possible, comment cet esprit pouvait-il absorber le sang ?

« C'est alors que Mekare nous expliqua que les esprits possédaient au centre de leur immense corps invisible un noyau de matière microscopique et que peut-être Amel goûtait le sang grâce à ce noyau.

« – Imaginez, dit-elle, la mèche d'une lampe, un filament au cœur de la flamme. Ce filament pourrait s'imbiber de sang. Il en est de même pour l'esprit, qui a l'air de n'être que flamme, mais qui possède en lui cette mèche minuscule.

« Bien que cette histoire ne lui plût guère, ma mère n'en laissa rien paraître. Elle dit ironiquement que le monde était déjà assez plein de choses extraordinaires sans que les esprits mauvais se mêlent de goûter le sang. " Va-t'en, Amel ", ordonna-t-elle, et elle le maudit, lui cria qu'il était insignifiant, médiocre, inconsistant et qu'il ferait mieux de disparaître. Bref, elle prononça les formules qu'elle avait l'habitude d'employer pour se débarrasser des esprits importuns – les formules à quelques iotas près dont se servent aujourd'hui encore les prêtres pour exorciser les enfants possédés.

« Mais, bien plus que des bouffonneries d'Amel, notre mère s'inquiétait de son avertissement et du malheur qui nous menaçait. La détresse qu'elle avait ressentie en prenant la tablette égyptienne entre ses mains en fut encore accentuée. Pourtant, elle ne rechercha ni consolation ni conseil auprès des esprits. Sans doute avait-elle ses raisons, je l'ignorerai toujours. En tout cas, notre mère savait qu'un événement grave allait se produire, et de toute évidence elle se sentait impuissante à le prévenir. Peut-être pensait-elle qu'en voulant éviter un désastre, nous faisons parfois le jeu du destin.

« Quoi qu'il en soit, elle tomba gravement malade

dans les jours qui suivirent, s'étiola peu à peu, et fut bientôt incapable de parler.

« Pendant des mois, elle languit, paralysée, à demi endormie. Nous la veillions jour et nuit. Nous chantions pour elle, lui apportions des fleurs, essayions en vain de lire dans ses pensées. Les esprits qui l'animaient étaient terriblement agités. Ils faisaient souffler le vent sur la montagne et arrachaient les feuilles des arbres.

« Tout le village était en peine. Un matin, les pensées de notre mère nous apparurent, mais ce n'étaient que des images incohérentes : d'abord des champs ensoleillés, des fleurs, puis des scènes floues de son enfance, et enfin de simples taches de couleurs vives.

« Nous savions que notre mère agonisait, les esprits le savaient aussi. Nous faisions de notre mieux pour les calmer, mais certains étaient enragés. A sa mort, son fantôme s'élèverait, traversant leur royaume, et alors ils la perdraient à jamais, ce qui pour un temps les rendrait fous de douleur.

« Elle finit par s'éteindre, comme il était naturel et inévitable, et nous sortîmes de la grotte pour annoncer aux villageois que notre mère avait quitté ce monde. Tous les arbres de la montagne furent pris dans le tourbillon provoqué par les esprits, l'air s'emplit de feuilles vertes. Ma sœur et moi, nous pleurions ; pour la première fois de ma vie, je crus entendre la voix des esprits, entendre leurs pleurs et leurs lamentations dans le vent.

« Aussitôt, les villageois vinrent accomplir les actes rituels. D'abord on étendit notre mère sur une dalle de pierre comme le voulait la coutume, afin que tous puissent lui rendre hommage. Elle était vêtue de la tunique blanche que, vivante, elle aimait, et parée de ses plus beaux bijoux de Ninive ainsi que des bagues et des colliers en os qui renfermaient des reliques de nos ancêtres et qui bientôt nous reviendraient.

« Au bout d'une dizaine d'heures, et après que des centaines de personnes de notre village et des villages environnants eurent défilé devant sa dépouille, nous commençâmes à préparer son corps pour le repas funéraire. A n'importe quel autre défunt du village, les prêtres auraient rendu cet honneur. Mais nous étions magiciennes, notre mère l'était aussi, et nous étions seules à pouvoir la toucher. Dans le secret de notre grotte, à la lueur des lampes à huile, nous lui enlevâmes sa robe et recouvrîmes son corps de feuilles et de fleurs fraîches. Nous découpâmes avec précaution son crâne et après en avoir extrait le cerveau, nous disposâmes cet organe sacré ainsi que les yeux sur un plat. Puis, grâce à une incision pratiquée avec tout autant de soin, nous retirâmes son cœur et le plaçâmes sur un autre plat.

« Les villageois construisirent alors un four de briques autour du corps de notre mère à nouveau étendu sur la dalle, y déposèrent les plats recouverts de lourdes cloches d'argile et allumèrent le feu. Ainsi commença la cuisson.

« Elle dura toute la nuit. Les esprits s'étaient calmés car l'âme de notre mère s'en était allée. J'imagine que son corps comptait peu pour eux, alors que pour nous, bien sûr, il avait beaucoup d'importance.

« Comme nous étions magiciennes et que notre mère l'était aussi, nous étions les seules, de par la tradition, à avoir le droit de consommer sa chair. Les villageois ne pouvaient prendre part au repas funéraire comme ils le faisaient d'ordinaire lorsqu'il ne reste que deux enfants pour remplir cette obligation sacrée. Quel que soit le temps qu'il nous faudrait, nous devrions nous partager le corps de notre mère, tandis que les villageois veilleraient avec nous.

« Comme la nuit avançait et que la dépouille de notre mère cuisait dans le four, ma sœur et moi nous interrogeâmes sur ce que nous ferions du cerveau et du cœur. Il nous fallait répartir ces viscères entre nous, et nous nous demandions comment procéder, car nous croyions profondément aux propriétés de chacun d'eux.

« Pour beaucoup de peuples en ce temps-là, le cœur était l'organe essentiel. Les Égyptiens, par exemple, le considéraient comme le siège de la conscience. Et il en allait de même pour les gens de notre village. Mais nous, magiciennes, pensions que dans le cerveau résidait la part spirituelle de chaque homme et de chaque femme, celle qui participe de la même essence que les esprits de l'air. Si nous accordions au cerveau cette importance, c'est que les yeux lui sont rattachés et qu'ils sont les instruments de la vue. Or notre don, à nous autres magiciennes, était justement de " voir ". Nous " voyions " dans les cœurs et dans le futur, nous " voyions " dans le passé. " Celle qui voit ", tel était le vocable qui nous désignait dans notre langue, le vocable qui signifiait " magicienne ".

« Mais tout ceci était surtout une question de rite, car nous savions bien que l'esprit de notre mère s'en était allé. Nous absorbions ces organes par respect, afin qu'ils ne pourrissent pas. Aussi nous fut-il facile de nous mettre d'accord : à Mekare reviendrait le cerveau et les yeux, à moi le cœur.

« Chez les jumeaux, il y en a toujours un qui se comporte en aîné ; de nous deux, c'était Mekare qui tenait ce rôle. Elle était née la première, elle était la plus puissante, celle qui parlait d'abord. Il semblait juste qu'elle s'approprie le cerveau et les yeux, et que moi, plus paisible et secrète, plus lente, je reçoive l'organe que nous associions aux sentiments profonds, à l'amour – le cœur.

« Nous étions satisfaites de ce partage, et comme le ciel nocturne s'éclaircissait, nous nous assoupîmes quelques heures, affaiblies par le jeûne préparatoire au repas funéraire.

« Un peu avant l'aube, les esprits nous réveillèrent. De nouveau, ils avaient déchaîné le vent. Je sortis de la grotte. Le feu rougeoyait sous le four, les villageois chargés de le surveiller dormaient. Je priai sèchement les esprits de se tenir tranquilles. Mais l'un d'eux, celui que j'aimais le plus, affirma que des étrangers, un grand nombre d'étrangers, étaient massés sur la montagne. Ils semblaient impressionnés par notre pouvoir et montraient une dangereuse curiosité quant à la cérémonie à venir.

« – Ces hommes vous veulent quelque chose, à Mekare et à toi, me dit l'esprit, et ce n'est rien de bon.

« Je lui répondis que nous avions souvent la visite d'étrangers, qu'il n'y avait là rien d'inquiétant, et qu'il devait se calmer afin de nous laisser à nos préparatifs. J'allai quand même prévenir un des hommes de notre village et je lui demandai de veiller à ce que tous se tiennent prêts à affronter un éventuel danger et apportent leurs armes quand ils se rassembleraient pour le repas funéraire.

« Ce n'était pas une requête extraordinaire. La plupart des hommes ne se déplaçaient jamais sans leurs armes. Ceux qui avaient été soldats ou qui pouvaient s'offrir des épées les arboraient volontiers, ceux qui possédaient des couteaux les glissaient dans leurs ceintures.

« Cependant, je n'étais pas vraiment inquiète. Après tout, les étrangers affluaient de loin dans notre village ; quoi de plus naturel que d'en voir arriver pour cet événement exceptionnel : la mort d'une magicienne ?

« Vous savez ce qui s'est finalement produit, vous l'avez vu dans vos rêves. Vous avez vu les villageois se regrouper dans la clairière alors que le soleil était presque au zénith ; vous avez vu les briques retirées une à une du foyer refroidi, ou peut-être seulement le corps noirci de notre mère sur la dalle chaude, les fleurs flétries qui le recouvraient, et sur leurs plats, le cœur, le cerveau et les yeux.

« Vous nous avez vues nous agenouiller de part et d'autre du corps de notre mère, et vous avez entendu le battement des tambours.

« Ce que vous n'avez pas vu mais que vous savez maintenant, c'est que pendant des millénaires, notre peuple avait célébré de semblables cérémonies. Pendant des millénaires, nous avions vécu dans cette vallée et sur les pentes de la montagne où poussait l'herbe haute et où mûrissaient les fruits. C'était notre terre, notre coutume, notre moment.

« Notre moment sacré.

« Agenouillées en face l'une de l'autre, parées de nos plus belles tuniques, des bijoux de notre mère ainsi que des nôtres, nous avions oublié les avertissements des esprits et le désarroi de notre mère quand elle avait touché la tablette du Roi et de la Reine de Kemet. Oui, en cet instant, nous ne songions qu'à nos propres vies qui se dérouleraient, nous l'espérions, longues et heureuses, ici même parmi les nôtres.

« J'ignore combien de temps nous restâmes ainsi, préparant nos âmes à ce sacrifice. Je me souviens que finalement nous levâmes nos plats d'un même geste et que, mêlés au chant des oiseaux, le roulement des tambours et le gémissement des flûtes emplirent la clairière.

« C'est alors que le malheur s'abattit sur nous; il s'abattit si brutalement, dans le martèlement des pas et les cris de guerre, que nous comprîmes à peine ce qui nous arrivait. Nous nous jetâmes sur le corps de notre mère pour le protéger de la profanation, mais les soldats égyptiens nous tirèrent aussitôt en arrière et retournèrent la dalle, faisant basculer les plats dans la poussière.

« J'entendis hurler Mekare comme jamais je n'avais entendu hurler un être humain. Je hurlais, moi aussi, encore et encore, en voyant le corps de ma mère renversé dans les cendres.

« Pourtant les insultes retentissaient à mes oreilles; on nous traitait de mangeurs d'hommes, de cannibales, de bêtes tout juste bonnes à être exterminées.

« Mais on ne nous fit aucun mal. Malgré nos cris et notre résistance, nous fûmes ligotées et réduites à l'impuissance tandis que parents et amis étaient massacrés sous nos yeux.

« Des soldats foulèrent aux pieds le corps de notre mère, ainsi que son cœur, son cerveau et ses yeux. Ils dispersèrent les cendres pendant que d'autres passaient au fil de l'épée hommes, femmes et enfants du village.

« C'est alors que je perçus, au milieu de l'épouvantable tumulte, de l'affreux concert des agonisants, la voix de Mekare appelant nos esprits à la vengeance, les conjurant de châtier les soldats pour leur crime.

« Mais qu'étaient le vent et la pluie pour des hommes comme ceux-ci? Les arbres se mirent à trembler, on aurait dit que la terre elle-même tremblait. Les feuilles volèrent à travers les airs comme la nuit précédente, les rochers dévalèrent la montagne, la poussière s'éleva en nuages. Mais les soldats n'hésitèrent qu'un instant, le temps que le roi Enkil en personne s'avance pour les rassurer; il leur dit que ce charivari n'était que magie fort ordinaire et que nous et nos démons n'étions capables de rien de plus.

« Cette remarque n'était, hélas! que trop vraie, et le carnage continua de plus belle. Nous étions prêtes à mourir, ma sœur et moi. Mais ils ne nous tuèrent point. Ce n'était pas dans leurs intentions. Comme ils nous emmenaient de force, nous vîmes notre village en feu ainsi que les champs de blé sauvage, nous vîmes tous les hommes et femmes de notre tribu étendus morts, leurs corps abandonnés aux bêtes sauvages qui les dévoreraient et à la terre qui les engloutirait sans que soient accomplis les rites séculaires. »

Maharet s'interrompit. Elle joignit les mains comme pour une prière et, d'un geste las, appuya son front sur ses doigts. Quand elle reprit, sa voix était plus basse et légèrement rauque, mais aussi ferme qu'avant.

– Qu'est-ce qu'une communauté composée de quelques villages, qu'est-ce qu'un peuple, ou même une vie ? Combien de milliers de peuples, tout comme le nôtre, sont-ils ensevelis à jamais sous la terre ?

« Tout notre savoir, toutes nos traditions avaient été effacés en l'espace d'une heure. Une armée aguerrie avait exterminé de simples bergers, des femmes et des enfants sans défense. Notre village était rasé, les huttes démolies, tout ce qui pouvait brûler était en flammes.

« Au-dessus de la montagne, je sentais la présence des âmes des morts. Une nuée d'âmes, dont certaines étaient si égarées par la violence qui leur avait été faite que, de terreur et de souffrance, elles s'accrochaient à la terre au lieu de s'en dégager.

« Qu'auraient donc pu faire les esprits ?

« Jusqu'en Égypte, ils suivirent notre cortège, harcelant les hommes qui portaient la litière où nous étions enchaînées, blotties en pleurs l'une contre l'autre.

« Chaque soir, quand la troupe dressait le camp, les esprits faisaient lever le vent pour qu'il arrache et disperse les tentes. Mais le Roi exhortait ses soldats à ne pas céder à la frayeur. Il leur affirmait que les dieux de l'Égypte étaient bien plus puissants que les démons des sorciers. Et comme, de fait, les esprits accomplissaient déjà tout ce qui était en leur pouvoir et que les choses n'empiraient pas, les soldats obtempéraient.

« Toutes les nuits, le Roi ordonnait qu'on nous amène devant lui. Il parlait notre langue qui était alors très répandue dans la vallée du Tigre et de l'Euphrate. "Vous êtes de grandes magiciennes, disait-il d'une voix douce, exaspérante de sincérité. C'est pourquoi je vous ai épargnées, bien que vous soyez des cannibales tout comme l'était votre peuple, et que nous vous ayons surprises, moi et mes hommes, vous livrant à cet acte contre nature. Si je ne vous ai pas tuées, c'est que je veux tirer profit de votre savoir, et que ma Reine aussi le désire. Dites-moi ce que je puis faire pour atténuer vos souffrances et je m'y emploierai. Vous êtes désormais sous ma protection, car je suis votre roi."

« Pleurant, muettes, refusant de rencontrer son regard, nous nous tenions devant lui jusqu'à ce qu'il se fatigue et nous renvoie dormir dans la litière suffocante, un coffre de bois exigu, percé de minuscules ouvertures.

« Là, ma sœur et moi, nous reprenions nos conversations silencieuses; nous nous rappelions ce que les esprits avaient annoncé à notre mère, comment celle-ci était tombée malade pour ne jamais se remettre après l'arrivée de la missive du Roi de Kemet. Pourtant nous n'avions pas peur.

« Nous étions trop atterrées pour avoir peur. Nous aurions aussi bien pu être mortes. Notre peuple avait été massacré, le corps de notre mère profané. Nous ne pouvions imaginer pire, sinon peut-être d'être arrachées l'une à l'autre.

« Pourtant, durant ce long voyage vers l'Égypte, il nous fut accordé un réconfort qui demeura gravé dans notre mémoire. Khayman, l'intendant du Roi, veilla sur nous avec compassion, faisant en secret tout ce qui était en son pouvoir pour soulager nos tourments. »

Maharet arrêta son récit et se tourna vers Khayman, assis les yeux baissés et les mains jointes devant lui sur la table. Il semblait profondément absorbé dans les souvenirs de ce lointain passé. L'hommage que venait de lui rendre Maharet paraissait le toucher sans pour autant l'apaiser. Il finit par lancer à Maharet un regard plein de reconnaissance étonnée. Pourtant, il ne posa aucune question. Il dévisagea pensivement chacun des membres de l'assistance, conscient de l'attention qu'on lui portait, mais demeura silencieux.

Alors Maharet poursuivit :

– Khayman desserrait nos liens à la première occasion, il nous autorisait à faire quelques pas le soir, il nous apportait nourriture et eau. Et dans sa générosité, il évitait de s'adresser à nous, n'exigeant aucune gratitude de notre part. Il agissait ainsi par pure bonté d'âme, simplement parce qu'il n'aimait pas voir souffrir les autres.

« Nous mîmes dix jours environ pour atteindre la contrée de Kemet. A un moment durant ce voyage, les esprits se lassèrent de jouer leurs tours, et dans notre abattement, nous ne songeâmes pas à les invoquer. Nous ne parlions plus, nous nous regardions seulement, de temps à autre, au fond des yeux.

« Enfin nous arrîvames dans un royaume à nul autre pareil. Par-delà le désert brûlant, nous fûmes conduites dans ce pays de riche terre noire qui borde le Nil, ce limon qui a donné son nom à Kemet. Là, sur des radeaux, nous franchîmes le fleuve majestueux et arrîvames dans une vaste cité aux maisons de briques et de roseaux, aux temples et aux palais magnifiques construits dans les mêmes matériaux.

« C'était bien avant l'époque de l'architecture de pierre, des temples pharaoniques qui rendirent célèbres les Égyptiens. Mais on sentait déjà le goût du spectaculaire, du monumental. Briques de terre crue, roseaux, joncs étaient utilisés pour monter de hauts murs blanchis ensuite à la chaux et décorés de merveilleuses fresques.

« Devant le palais où l'on nous fit entrer comme prisonnières royales se dressaient de splendides colonnes faites de grandes lianes séchées puis liées et enduites de la boue du fleuve; dans une cour intérieure miroitait un petit lac couvert de fleurs de lotus et bordé d'arbres odorants.

« Jamais nous n'avions vu des gens aussi riches que ces Égyptiens parés de bijoux, la chevelure admirablement tressée, les yeux peints. Ce fard nous déconcertait, car il durcissait le regard; il donnait l'illusion de la profondeur là où peut-être il n'y en avait pas; d'instinct, nous nous défiions d'un tel artifice.

« Mais tout ce faste ne faisait qu'aviver notre douleur, notre aversion. Et nous sentions, sans avoir besoin de comprendre leur langue étrange, que ces gens nous craignaient et nous haïssaient, eux aussi. Notre chevelure rousse, ajoutée au fait que nous étions jumelles, les alarmait, semblait-il. Car s'ils sacrifiaient traditionnellement aux dieux ceux que la nature avait dotés de cheveux flamboyants, ils avaient également à certaines époques immolé les enfants jumeaux.

« Tout ceci nous apparaissait par éclairs; captives, nous attendions dans l'accablement de connaître le sort qui nous était réservé.

« Comme pendant le voyage, Khayman fut, durant ces premières heures, notre unique source de consolation. Il veilla à notre confort, nous apporta du linge propre, des fruits et de la bière. Il nous fournit même des peignes et des tuniques décentes. Et pour la première fois, il nous parla, nous affirmant que nous ne craignions rien, car la Reine était bonne et généreuse.

« Nous savions qu'il était sincère, et pourtant ses paroles sonnaient faux, comme des mois auparavant celles du messager du Roi. Nos tourments ne faisaient que commencer, nous en étions persuadées.

« Nous redoutions aussi que les esprits nous aient abandonnées, qu'ils aient peut-être renoncé à nous protéger jusque dans ce pays. Mais nous ne les appelions pas, de crainte qu'ils ne s'obstinent à se taire, ce qui nous aurait été intolérable.

« Le soir venu, la Reine nous envoya chercher, et nous fûmes amenées devant la Cour.

« Le spectacle d'Akasha et d'Enkil sur leurs trônes nous emplit d'admiration alors même qu'il aurait dû nous paraître abject. La Reine, comme aujourd'hui, était ravissante – la silhouette droite, les membres déliés, un visage presque trop parfait pour exprimer l'intelligence, une voix cristalline. Quant au Roi, revêtu du pagne et des ornements d'apparat, la chevelure tressée, il se manifestait dans toute sa majesté royale et non plus guerrière. Son regard noir était toujours aussi franc; mais nous comprîmes aussitôt que c'était Akasha qui gouvernait ce royaume. Elle possédait le don du verbe, le langage.

« D'emblée elle nous déclara que notre peuple avait été justement puni pour sa barbarie cannibale – et encore avait-il été traité avec clémence, car il aurait mérité la mort lente. Si les Égyptiens s'étaient montrés miséricordieux à notre égard, c'est que nous étions de grandes magiciennes et qu'ils voulaient acquérir nos connaissances. Ils voulaient savoir quelle sagesse issue du royaume de l'invisible nous avions à transmettre.

« Sans plus de transition, elle se mit à nous harceler de questions. Qui étaient nos démons ? Pourquoi certains d'entre eux étaient-ils bons, si c'étaient des démons ? N'étaient-ils pas plutôt des dieux ? Comment faisions-nous tomber la pluie ?

« Nous étions trop horrifiées par son cynisme pour lui répondre. Meurtries par la rudesse de ses manières, nous nous réfugiâmes en pleurant dans les bras l'une de l'autre.

« Cependant quelque chose d'autre transparaissait à travers son discours – la désinvolture de ses propos, le rythme des phrases, l'accent mis sur certaines syllabes : elle mentait, c'était certain, sans même en avoir conscience.

« En sondant ce mensonge, nous perçûmes la vérité, qu'assurément elle-même aurait niée.

« Elle n'avait fait massacrer notre peuple que pour nous amener ici ! Elle avait entraîné son roi et ses soldats dans une guerre sainte uniquement parce que nous avions décliné son invitation et qu'elle désirait nous avoir à sa disposition. Par pure curiosité ! Voilà ce que notre mère avait vu en prenant la tablette d'argile. Et peut-être les esprits l'avaient-ils présagé à leur façon. Nous ne comprenions qu'alors la monstruosité de son projet.

« Notre peuple avait péri parce que nous avions éveillé l'intérêt de la Reine au même titre que celui des esprits. C'était par nous que le malheur était arrivé.

« Pourquoi, nous demandions-nous, les soldats ne nous avaient-ils pas simplement enlevées sous les yeux des villageois impuissants ? Pourquoi avoir anéanti notre univers et ses habitants ?

« Là était l'horreur ! On avait jeté un voile de moralité sur le dessein de la Reine, un voile qui, à elle comme aux autres, masquait la réalité.

« Elle s'était convaincue que ceux de notre peuple devaient mourir, qu'ils le méritaient par leur sauvagerie, même s'ils n'étaient pas égyptiens et si leur contrée était fort éloignée de la sienne. Alors il serait commode de nous épargner et de nous amener ici pour satisfaire sa curiosité. Nous lui serions bien sûr reconnaissantes et répondrions de bon gré à ses questions.

« Et derrière cet artifice, nous distinguâmes l'âme capable de forger pareils paradoxes.

« La Reine n'avait pas de véritable éthique, elle ne s'appuyait sur aucune valeur morale. Elle était de ces humains qui soupçonnent le monde d'être totalement irrationnel. Pourtant elle ne supportait pas cette idée. Aussi édifiait-elle, jour après jour, ses propres principes, essayant désespérément d'y croire, alors qu'ils ne servaient qu'à travestir les mobiles de ses actions. Si elle luttait contre les cannibales, par exemple, c'était par aversion contre de telles coutumes. Son peuple, ceux d'Uruk, ne mangeait pas de chair humaine; aussi ne voulait-elle pas d'une telle inconvenance dans son nouveau royaume. Un point c'est tout. Le désespoir était ancré au tréfonds de son être. Ainsi que le besoin impérieux de trouver une signification à l'absurdité de l'existence.

« Elle ne nous paraissait pas superficielle. Non, ce que nous percevions en elle, c'était plutôt cette assurance juvénile qu'elle avait de pouvoir faire briller la lumière, transformer le monde à sa guise; et aussi son égoïsme farouche. Elle savait que les autres souffraient, mais elle n'avait guère le temps de s'attarder sur semblables détails.

« Enfin, incapables de supporter plus longtemps cette duplicité, nous nous retournâmes pour examiner la souveraine, car nous allions devoir la combattre. A vingt-cinq ans à peine, elle détenait le pouvoir absolu sur ce pays qu'elle avait ébloui de sa culture et de son faste. Elle était presque trop jolie pour être belle, trop ravissante pour être vraiment majestueuse ou mystérieuse. Sa voix gardait un accent enfantin, cet accent qui suscite chez autrui la tendresse et fait de la phrase la plus simple une petite musique. Une musique que nous jugions exaspérante, quant à nous.

« Inlassablement, elle poursuivait son enquête. Comment accomplissions-nous nos miracles? Comment faisions-nous pour lire dans le cœur des hommes ? D'où nous venait notre pouvoir magique et pourquoi prétendions-nous communiquer avec des êtres invisibles ? Pourrions-nous communiquer de la même manière avec ses dieux ? Pourrions-nous l'aider à mieux comprendre le surnaturel ? Elle était prête à nous pardonner notre barbarie si nous nous montrions reconnaissantes, si nous nous agenouillions devant ses autels et si nous lui dévoilions ainsi qu'à ses dieux tout ce que nous savions.

« Elle mettait tant d'acharnement à nous harceler de questions qu'une personne raisonnable aurait pu en sourire. Mais cette opiniâtreté souleva la fureur de Mekare. Avec son impétuosité coutumière, elle explosa :

« – Cesse de nous poser des questions aussi stupides, déclara-t-elle. Vous n'avez pas de dieux dans ce royaume, car les dieux n'existent pas. Les seuls êtres invisibles qui hantent ce monde sont les esprits, et ils se jouent de vous, comme de tous, par le truchement de vos prêtres et de votre religion. Râ et Osiris ne sont que les noms sous lesquels les esprits se laissent flatter et courtiser, et il suffit à ces fausses divinités de vous adresser un signe au gré de leurs caprices pour que vous rampiez devant eux.

« Le Roi et la Reine fixaient tous deux Mekare avec horreur, mais elle n'en continua pas moins :

« – Les esprits sont réels, mais puérils et capricieux. Et dangereux également. Ils nous admirent et nous envient à cause de notre double nature charnelle et spirituelle qui les fascine et les rend empressés à se soumettre à notre volonté. Les magiciennes telles que nous ont toujours su comment les manier, mais cela demande une habileté et un pouvoir que vous ne possédez pas. Vous vous bercez d'illusions, et ce que vous avez fait pour nous capturer est ignoble et malhonnête. Vous vivez dans le mensonge ! Mais ma sœur et moi, nous ne vous mentirons pas.

« Puis, la voix étranglée de sanglots et de rage, Mekare accusa la Reine de duplicité devant la cour tout entière ; elle l'accusa d'avoir massacré de paisibles villageois uniquement pour nous faire amener ici. Depuis mille ans, plaida-t-elle, notre peuple n'avait pas une fois chassé pour consommer de la chair humaine, et c'était un repas funéraire que les soldats avaient profané lors de notre capture. Tout ce mal avait été commis pour que la reine de Kemet ait sous sa coupe des magiciennes à qui parler, poser des questions, et dont elle pourrait utiliser le pouvoir à ses fins personnelles.

« La salle protesta bruyamment. Jamais on n'avait entendu paroles aussi outrageantes, blasphématoires, impies, et ainsi de suite. Mais les vieux seigneurs d'Égypte, ceux qui rongeaient encore leur frein après l'interdiction du cannibalisme sacré furent horrifiés à l'évocation de la profanation d'un repas funéraire. D'autres qui craignaient aussi le châtiment céleste pour n'avoir pas dévoré les restes de leurs parents furent frappés de terreur.

« Le tumulte régnait. Seuls le Roi et la Reine demeuraient étrangement silencieux, comme aux aguets.

« Il était clair que quelque chose dans cette explication avait fait mouche et piqué la curiosité d'Akasha. *Des esprits qui prétendent être des dieux ? Des esprits qui jalousent les êtres de chair ?* s'interrogeait-elle. Quant à l'accusation portée par Mekare, elle n'y accordait aucune attention. Ce massacre ne semblait pas la concerner. Seul l'enjeu spirituel la fascinait, et elle en oubliait le lien entre la chair et l'esprit.

« Permettez-moi d'insister sur ce point. En fait, l'idée abstraite, le concept de spiritualité l'obsédait, et ce concept effaçait tout le reste. Je ne pense pas qu'elle croyait au caractère puéril et capricieux des esprits. Mais quoi qu'il en fût, elle entendait le découvrir et se servir de nous pour ce faire. Elle se moquait éperdument de la destruction de notre peuple !

« Pendant ce temps, le grand prêtre du temple de Râ ainsi que celui du temple d'Osiris réclamaient notre exécution. Nous incarnions le mal, nous étions des sorcières, et tous ceux qui avaient des cheveux roux devaient être brûlés comme le prescrivait la coutume du pays de Kemet. Aussitôt l'assemblée fit chorus. Il fallait dresser un bûcher. En l'espace de quelques minutes, le palais fut au bord de l'émeute.

« Mais le Roi ordonna à tous de se taire. Nous fûmes ramenées dans notre geôle et placées sous bonne garde.

« Folle de rage, Mekare arpentait la cellule, tandis que je l'implorais de ne plus souffler mot désormais. Je lui rappelai ce que nous avaient dit les esprits – que si nous allions en Égypte, le Roi et la Reine nous interrogeraient, et que si nous répondions avec franchise, ce que nous ferions, ils se mettraient en colère et nous détruiraient.

« Mais c'était comme si je me parlais à moi-même, car Mekare refusait d'écouter. Elle marchait de long en large, se frappant de temps à autre la poitrine. Je pouvais ressentir son angoisse.

« – Maudit, disait-elle. Misérable.

« Puis elle reprenait sa marche silencieuse, et soudain répétait ces mêmes mots.

« Je savais qu'elle se remémorait les avertissements d'Amel le malin et que celui-ci n'était pas loin. Je devinais sa présence. Je savais aussi que Mekare était tentée de l'appeler et qu'il ne le fallait pas. Que penseraient les Égyptiens des tortures ridicules de ce démon? Combien de mortels pourrait-il tourmenter de ses piqûres? Ses attaques ne produiraient pas plus d'effet que les tourbillons de vent et les pluies de projectiles divers, phénomènes que nous avions déjà provoqués. Mais Amel surprit ces pensées et se mit à s'agiter.

« – Tiens-toi tranquille, démon, dit Mekare. Attends que j'aie besoin de toi.

« C'était la première fois que je l'entendais s'adresser à un esprit malfaisant et j'en frissonnai d'horreur.

« Je ne sais comment nous trouvâmes le sommeil. Cependant, peu après minuit, je fus réveillée par Khayman.

« D'abord je crus qu'il s'agissait d'un tour d'Amel et me débattis frénétiquement. Mais Khayman me fit signe de me calmer. Lui-même était dans tous ses états. Il ne portait qu'une simple tunique de nuit, pas de sandales, et sa chevelure était en désordre. Ses yeux étaient rouges. Il avait pleuré, semblait-il.

« – Est-ce vrai ce que tu as dit au sujet des esprits? me demanda-t-il en s'asseyant à côté de moi.

« Je ne pris pas la peine de lui faire remarquer que c'était Mekare qui avait tenu ces propos. Les gens nous confondaient fréquemment ou nous traitaient comme un être unique. Je me contentai de lui répondre que c'était vrai.

« J'expliquai que ces entités invisibles avaient de tout temps existé, que les esprits eux-mêmes nous avaient déclaré ne pas avoir connaissance de dieux ni de déesses. Ils s'étaient souvent vantés des tours qu'ils avaient joués à Sumer, à Jéricho ou à Ninive. Il leur arrivait de fondre sur nous en prétendant qu'ils étaient tel ou tel dieu. Mais nous les connaissions bien et quand nous les appelions par leurs noms véritables, ils cessaient aussitôt leur comédie.

« Je ne lui confiai pas à quel point je regrettais que Mekare ait dévoilé ces choses. A quoi cela aurait-il servi désormais ?

« Il était là, prostré, m'écoutant comme si toute sa vie on lui avait menti et qu'il découvrait enfin la vérité. Car il avait été profondément troublé en voyant les esprits faire lever le vent sur notre montagne et pleuvoir les feuilles autour des soldats. Il en avait été glacé jusqu'à l'âme.

« Puis je perçus qu'il avait sur la conscience un fardeau encore plus lourd, qui faisait vaciller sa raison.

« – Et le massacre de ton peuple, m'interrogea-t-il, c'était bien une guerre sainte et pas une action égoïste comme tu l'as soutenu ?

« – Non, le détrompai-je, c'était une action aussi primitive qu'égoïste.

« Je lui racontai l'épisode de la tablette qui nous avait été remise par le messager, ce que les esprits nous en avaient dit, la frayeur puis la maladie de ma mère, et lui parlai de mon propre pouvoir de capter la vérité à travers les propos de la Reine, une vérité qu'elle-même ne pouvait sans doute accepter.

« Mon récit l'abattit davantage encore ; il savait bien que je ne mentais pas, ses propres observations le confirmaient. Il avait mené auprès du Roi de nombreuses campagnes contre des peuplades ennemies. Il lui paraissait normal qu'une armée pille et razzie. Il avait vu des hommes massacrés et des cités incendiées, il avait vu les vaincus réduits en esclavage et les vainqueurs rentrer chargés de trophées et de richesses.

« Mais dans notre village, il n'y avait ni butin à

398

prendre, ni territoire à conquérir. Cette expédition avait eu pour seul but notre capture, il le savait. Aussi cette imposture, cette parodie de guerre sainte contre les cannibales le répugnait-elle. Et sa tristesse était encore plus grande que son accablement. Il était issu d'une ancienne famille, il avait mangé la chair de ses ancêtres, et il participait maintenant à la répression de ces traditions parmi ceux qu'il avait connus et aimés. Il ne songeait qu'avec dégoût à la momification et surtout à la cérémonie qui l'accompagnait, au fatras de superstitions dans lequel était plongé son pays. On entassait des masses de richesses auprès des morts, on consacrait des trésors de soins à ces corps en putréfaction, uniquement pour qu'hommes et femmes ne se sentent pas coupables d'abandonner leurs vieilles coutumes.

« Ces réflexions l'épuisaient, car elles étaient nouvelles pour lui. Ce qui le hantait en fin de compte, c'était le carnage dont il avait été témoin. Si la Reine ne s'en souciait pas, lui ne pouvait l'oublier. Cet homme perdait pied, il s'enlisait dans une fange où il risquait de sombrer.

« Il finit par me quitter. Mais avant de partir, il me promit de tenter l'impossible pour que nous soyons relâchées. Il ignorait encore comment, mais il allait essayer. En cet instant, mon cœur déborda d'amour pour lui. Il était aussi beau qu'il l'est maintenant, mais alors sa peau était plus sombre, son corps plus mince. Avec ses cheveux lisses et tressés qui lui tombaient sur les épaules, il avait l'aspect majestueux de ces hommes qui ont l'affection et l'estime du prince.

« Le lendemain matin, la Reine nous envoya chercher de nouveau. Cette fois, on nous amena en secret dans sa chambre où se trouvaient déjà le Roi et Khayman.

« C'était une pièce encore plus somptueuse que la grande salle du palais. Elle était remplie de meubles splendides : un sofa sculpté en forme de léopards, un lit drapé de soie, des miroirs polis aux reflets magiques... Et la Reine elle-même, parée, parfumée, créée par la nature aussi belle que n'importe lequel des trésors qui l'entouraient, était la tentation faite femme.

« Elle entreprit aussitôt de nous poser des questions.

« Debout, les mains liées, nous dûmes écouter les mêmes sottises.

« Et une fois encore, Mekare lui répéta ce qu'étaient les esprits; elle lui expliqua qu'ils avaient toujours existé et qu'ils se vantaient de berner les prêtres dans d'autres contrées. Elle lui dit qu'ils appréciaient les chants et les hymnes des Égyptiens, mais que tout leur cérémonial n'était qu'un jeu pour eux.

« – Mais alors ces esprits... sont des dieux! s'écria Akasha avec ferveur. Et vous leur parlez? Je veux entendre cela! Faites-le tout de suite!

« – Ils ne sont pas des dieux, insistai-je à mon tour. C'est ce que nous essayons de te démontrer. Et ils n'exècrent pas les mangeurs de chair humaine comme le font tes divinités à t'entendre. Cette coutume ne les concerne pas et ils n'y ont jamais prêté attention.

« Laborieusement, je m'efforçai de lui faire comprendre la différence. Les esprits ne possédaient aucune valeur morale, et en cela ils nous étaient inférieurs. Cependant, je savais qu'elle ne pouvait suivre mon raisonnement.

« J'étais consciente de son combat intérieur, de cette lutte entre la jeune vierge consacrée à la déesse Inanna qui se voulait bénie, et la femme désabusée qui ne croyait en rien. Son cœur n'était qu'un désert de glace, son ardeur religieuse, un maigre feu qu'elle attisait constamment pour y réchauffer son âme transie.

« – Vous ne proférez que des mensonges! finit-elle par déclarer. Vous êtes le mal incarné!

« Et elle ordonna notre exécution. Nous serions brûlées vives le lendemain, enchaînées l'une à l'autre, afin de nous voir mutuellement souffrir et agoniser. Décidément, elle n'aurait jamais dû s'encombrer de nous!

« Le Roi l'interrompit. Il lui dit qu'il avait été témoin, ainsi que Khayman, du pouvoir des esprits. Qu'iraient-ils inventer si l'on nous traitait ainsi? Ne valait-il pas mieux nous relâcher?

« Une lueur cruelle brillait dans le regard de la Reine. Peu lui importaient les paroles du Roi, nous serions mises à mort. Que pouvions-nous faire? On aurait dit qu'elle était furieuse contre nous parce que nous n'avions pas formulé la vérité en des termes qui la servent ou l'agréent. Quel supplice d'avoir à traiter avec cette femme! Pourtant son comportement n'avait rien que de très commun. Nombreux sont les humains qui sentent et raisonnent comme elle le faisait alors, et probablement en ce moment encore.

« Finalement Mekare saisit l'occasion. Elle osa ce que je n'osais pas. Elle invoqua les esprits – les nommant chacun, mais si vite qu'il était impossible à la Reine de se rappeler leurs noms. Elle leur ordonna de manifester leur courroux, de protester contre la façon dont on brutalisait les deux mortelles qu'ils déclaraient aimer.

« C'était risqué. Mais si rien ne se produisait, s'ils nous avaient abandonnées comme je le craignais, elle pourrait toujours recourir à Amel qui rôdait dans les parages, attendant son heure. Tout compte fait, c'était notre dernière chance.

« Le vent se leva aussitôt, mugissant dans la cour et sifflant dans les couloirs du palais. Il déchira les tentures, fit claquer les portes, brisa les vases fragiles. Terrorisée, la Reine le sentait qui tournoyait autour d'elle. Puis des projectiles commencèrent à fendre l'air. Les esprits rassemblèrent les bibelots sur la coiffeuse et en bombardèrent la souveraine; le Roi était à ses côtés, essayant de la protéger; quant à Khayman, il était paralysé de peur.

« Cependant les esprits avaient atteint leurs limites, et encore ils ne pourraient soutenir ce rythme très longtemps. Mais avant même que la démonstration ne s'interrompît, Khayman supplia les souverains d'abroger la sentence de mort, ce qu'ils firent sur-le-champ.

« Aussitôt Mekare, devinant que les esprits étaient épuisés, les somma solennellement d'arrêter. Le silence se fit. Les esclaves, terrifiés, se précipitèrent pour ramasser les objets éparpillés sur le sol.

« La Reine était interdite. Le Roi tenta de lui expliquer qu'il avait déjà vu ce spectacle somme toute inoffensif. Mais quelque chose au plus profond du cœur de la souveraine avait été atteint. Jamais auparavant elle n'avait assisté à une quelconque manifestation surnaturelle, et elle en était frappée de stupeur. Au tréfonds d'elle, dans cet endroit sombre, dépourvu de foi qu'était son âme, il s'était produit une étincelle de lumière, de vraie lumière. Et pour elle, la sceptique impénitente, ce petit miracle avait pris les proportions d'une révélation fulgurante, comme si soudain elle avait été admise à contempler la face des dieux.

« Elle renvoya le Roi et Khayman, disant qu'elle voulait rester seule avec nous. Puis, les larmes aux yeux, elle nous implora d'invoquer les esprits afin qu'elle puisse les entendre.

« Curieusement, je ressentis alors la même impression que quelques mois plus tôt quand j'avais touché la tablette d'argile : un obscur enchevêtrement de bien et de mal qui paraissait encore plus dangereux que le mal en soi.

« Il nous était impossible, répondîmes-nous, de communiquer avec les esprits de manière qu'elle les entende. Mais si elle posait des questions, peut-être pourraient-ils y répondre. Aussitôt elle s'exécuta.

« Ses questions ressemblaient à celles qu'on pose depuis toujours aux devins, aux sorcières et aux saints. "Où est le collier que j'ai perdu étant enfant ? Qu'est-ce que ma mère voulait me dire la nuit de sa mort alors qu'elle ne pouvait plus parler ? Pourquoi ma sœur déteste-t-elle ma compagnie ? Mon fils deviendra-t-il un homme ? Sera-t-il brave et fort ?"

« Avec prudence, luttant pour notre vie, nous posâmes ces questions aux esprits, les cajolant et les flattant afin qu'ils nous prêtent attention. Leurs réponses stupéfièrent Akasha. Ils savaient le nom de sa sœur, de son fils. Devant ces tours relativement simples, elle semblait au bord de perdre la raison.

« Puis Amel le malin surgit, manifestement jaloux de toute cette activité, et il jeta aux pieds de la Reine le collier jadis perdu à Uruk dont elle avait parlé. Ce fut le coup final pour Akasha, sidérée. Elle pleurait maintenant, serrant le collier contre elle. Alors elle nous supplia de poser aux esprits les questions essentielles dont il lui fallait connaître les réponses.

« – Oui, les dieux étaient bien des inventions de son peuple, répondirent-ils. Non, les appellations qu'on leur donnait dans les prières n'avaient pas d'importance. Ils appréciaient seulement la musique et le rythme du langage, la forme des mots, si l'on peut dire. Oui, il existait des esprits malfaisants qui prenaient plaisir à faire souffrir les humains. Pourquoi pas ? Il y en avait également de bons qui les aimaient. Parleraient-ils à Akasha si nous quittions le royaume ? Qu'elle n'y compte pas. Ils parlaient bien maintenant, et elle ne les entendait pas, qu'espérait-elle donc ? Oui, il y avait dans ce royaume des magiciennes qui pouvaient communiquer avec eux, et ils lui demanderaient de venir immédiatement à la cour, si telle était sa volonté.

« Mais au fur et à mesure de cet échange, un changement inquiétant s'opéra en Akasha. Elle passa de la jubilation à la suspicion puis au désarroi. Car les esprits ne faisaient que lui répéter les mêmes vérités désagréables que nous lui avions déjà livrées.

« – Que savez-vous de la vie après la mort ? les interrogea-t-elle encore.

« Quand ils répondirent que les âmes des morts errent autour de la terre dans le trouble et la souffrance, ou alors s'en éloignent pour disparaître à jamais, elle fut cruellement déçue. Son regard se ternit, sa curiosité s'émoussa. Lorsque pourtant elle insista pour connaître ce qu'il advenait de ceux qui avaient mené une mauvaise vie, et à l'inverse, de ceux qui avaient été vertueux, ils ne purent l'éclairer. Ils ne voyaient pas ce qu'elle voulait dire.

« Cependant, l'interrogatoire continua. Nous sentions que les esprits se lassaient et commençaient à se moquer d'elle ; leurs réponses prenaient un tour de plus en plus absurde.

« – Que veulent les dieux ? s'enquit-elle.

« – Que tu chantes du soir au matin, répliquèrent-ils. Nous adorons tes chansons.

« Mais soudain, Amel le malin, très fier de sa précédente prouesse, jeta un autre collier devant Akasha. Cette fois pourtant, elle recula d'horreur.

« Nous nous aperçûmes tout de suite de la gravité de cet acte. Ce bijou avait appartenu à sa mère. Il faisait partie du trésor enseveli avec elle dans son tombeau près d'Uruk, et Amel, n'étant qu'un esprit, n'avait évidemment pas la moindre idée du mauvais goût qu'il y avait à l'exhumer. Même devant la réaction de la souveraine, il ne saisissait toujours pas. Il avait vu l'image de ce bijou dans l'esprit d'Akasha quand elle avait parlé du premier collier. Pourquoi ne voulait-elle pas de celui-ci ? N'aimait-elle pas les pierres précieuses ?

« Mekare dit à Amel que ce miracle-ci n'était pas bien venu et qu'il avait commis un impair. Serait-il assez bon pour attendre désormais ses ordres, car si elle comprenait cette Reine, lui pas du tout.

« C'était trop tard. Une transformation irrévocable s'était produite en Akasha. Elle avait par deux fois été témoin du pouvoir des esprits, elle avait certes entendu des vérités, mais rien qui rivalise avec l'admirable mythologie de ses dieux, en laquelle elle s'était toujours efforcée de croire. Néanmoins, les esprits étaient en train de miner sa foi trop fragile. Comment pourrait-elle jamais échapper au sombre scepticisme enraciné dans son âme si ces manifestations devaient se répéter ?

« Elle se pencha, ramassa le collier de sa mère et demanda comment cet objet était arrivé ici, mais on sentait qu'elle posait cette question pour la forme. Elle savait qu'elle obtiendrait le même genre de commentaire que ceux qu'elle avait recueillis depuis notre arrivée. La peur la gagnait.

« Malgré tout, je lui expliquai et elle m'écouta attentivement.

« – Les esprits lisent en nous. Par ailleurs, ils sont gigantesques et puissants : leur taille dépasse toute imagination, et ils se déplacent à la vitesse de la pensée. Quand tu as songé à ce second collier, l'esprit l'a vu aussitôt et est allé le chercher. Puisqu'un collier t'avait plu, pourquoi pas un autre ? Amel l'a donc trouvé dans le tombeau de ta mère et l'a probablement sorti par une minuscule ouverture, car il est absurde d'imaginer qu'un objet puisse traverser la pierre.

« Tout en prononçant ces mots, j'eus une illumination. Ce collier avait de toute évidence été volé sur le corps de la morte, et selon toute vraisemblance par le père d'Akasha en personne. Sans doute n'avait-il même jamais été déposé dans la chambre funéraire. Peut-être aussi qu'un prêtre l'avait dérobé. En tout cas, c'est ce que semblait penser Akasha qui tenait le bijou dans sa main. Elle détestait l'esprit qui lui avait révélé une chose aussi épouvantable.

« En somme, toutes les illusions de cette femme s'étaient effondrées; il ne lui restait que la stérile vérité qu'elle avait toujours soupçonnée. Elle avait voulu percer les mystères du surnaturel, une initiative fort peu judicieuse, et le surnaturel lui avait apporté des réponses qu'elle ne pouvait ni accepter, ni réfuter.

« – Où sont les âmes des morts ? murmura-t-elle en regardant le collier.

« Avec toute la délicatesse possible, je répondis :

« – Les esprits l'ignorent.

« L'horreur, la terreur l'assaillirent. Puis son cerveau se remit à fonctionner comme il l'avait toujours fait, forgeant une belle théorie qui puisse englober tous les éléments susceptibles de l'inquiéter ou de la déconcerter. Ce lieu opaque enfoui au plus profond d'elle s'agrandissait, menaçant de l'envahir toute. Il lui fallait réagir. N'était-elle pas la reine de Kemet ?

« En même temps, elle ressentait une véritable fureur contre ses parents, ses précepteurs, les prêtres et les prêtresses de son enfance, contre les dieux qu'elle avait adorés et contre tous ceux qui l'avaient encouragée à croire en la beauté de l'existence.

« Son expression avait changé : il y avait maintenant dans ses yeux une lueur froide, désabusée, presque malveillante.

« Alors, le collier de sa mère toujours dans sa main, elle se redressa de toute sa taille et déclara que nous n'avions proféré que des mensonges. Ceux avec qui nous communiquions étaient des démons, des démons qui tentaient de la pervertir, elle, ainsi que ses dieux pleins de bienveillance à l'égard de son peuple. Plus elle parlait, plus elle croyait en ce qu'elle disait, et plus elle était impressionnée par la perfection et la logique de son raisonnement. Jusqu'à ce que finalement, triomphant de l'obscurité qu'elle redoutait, elle éclate en sanglots et se mette à nous accuser, évoquant l'image de ses divinités.

« Alors elle considéra de nouveau le collier. Et Amel le malin furieux de constater que son petit présent n'avait eu aucun succès et qu'une fois de plus elle s'emportait contre nous, nous exhorta à la prévenir que si elle nous faisait le moindre mal, il la bombarderait de bijoux, coupes, miroirs, peignes, bref de tous les objets qu'elle avait pu un jour réclamer ou qu'elle avait ne serait-ce que désiré ou regretté.

« Si notre situation n'avait pas été aussi critique, j'aurais ri tant cette solution, éblouissante du point de vue d'un esprit, était tout bonnement ridicule.

« Mekare transmit à Akasha les menaces d'Amel :

« – Celui qui a été capable de t'apporter ce collier, peut te noyer sous les souvenirs douloureux, dit-elle. Et aucune magicienne sur terre ne parviendra à l'arrêter une fois qu'il aura commencé.

« – Où est-il ? hurla Akasha. Laissez-moi voir ce démon à qui vous parlez !

« A ces mots, Amel, de rage et de vanité, concentra tout son pouvoir et fondit sur Akasha en proclamant qu'il était " Amel le malin, celui qui transperce ". Et il déclencha la bourrasque qu'il avait déchaînée sur notre mère, mais en dix fois plus fort. Jamais je n'avais vu pareille violence. La pièce semblait trembler, tandis que l'énorme esprit se comprimait et se mouvait dans ce minuscule espace. J'entendais craquer les murs de briques. Et partout, sur le beau visage de la Reine et sur ses bras, apparurent de minuscules piqûres où perlaient autant de gouttes de sang.

« Elle criait désespérément. Amel exultait de se découvrir des talents aussi extraordinaires ! Ma sœur et moi étions terrorisées.

« Mekare enjoignit Amel de cesser ses attaques. Elle le couvrit de louanges, lui exprima sa gratitude, lui dit qu'il était tout simplement le plus puissant des esprits, mais que maintenant il devait lui obéir pour montrer que sa sagesse égalait sa force. Elle lui permettrait de frapper à nouveau quand le moment serait venu.

« Entre-temps, le Roi s'était précipité au secours d'Akasha, ainsi que Khayman et les gardes. Mais quand ceux-ci levèrent leurs épées pour nous tuer, elle leur ordonna de nous épargner. Mekare et moi la fixions, la menaçant en silence d'une autre incursion de l'esprit, car c'était notre dernier recours. Et Amel le malin planait au-dessus de nous, emplissant l'air du son le plus sinistre qui soit, le grand rire caverneux des esprits, qui semblait résonner jusqu'aux confins de l'univers.

« Une fois seules dans nos cellules, nous cherchâmes en vain la manière d'utiliser au mieux ce maigre atout que représentait Amel.

« Lui-même refusait de nous quitter. Il faisait la sarabande dans la petite cellule, soulevant les nattes de roseaux, s'engouffrant dans nos tuniques et nos cheveux. C'était exaspérant. Mais ses vantardises me dérangeaient bien davantage. Il clamait qu'il aimait sucer le sang : certes ce liquide l'alourdissait et le ralentissait, mais le goût en était délicieux, et quand les humains offraient des sacrifices sur leurs autels, il adorait venir y boire le sang. Après tout, il ne prenait que ce qui lui était dû, non ? Et de rire de plus belle.

« Nous sentions, Mekare et moi, que les autres esprits étaient profondément scandalisés. Quelques-uns pourtant éprouvaient une pointe de jalousie ; ils voulaient savoir à quoi ressemblait le goût du sang et pourquoi Amel en était si friand.

« Alors Amel dévoila son impulsion profonde : cette haine et cette convoitise de la chair qui animent tant d'esprits mauvais, ce sentiment que nous sommes des monstres, nous autres humains, une aberration de la nature, car nous avons à la fois un corps et une âme. Amel parlait avec emphase du temps où n'existaient sur terre que les montagnes, les océans et les forêts, et aucun être vivant de notre espèce. Il jurait qu'avoir un esprit dans un corps mortel était une malédiction.

« Bien sûr, j'avais déjà entendu les esprits malfaisants maugréer de la sorte, mais je n'y avais jamais accordé beaucoup d'attention. Pour la première fois, ces arguments me touchaient, tandis qu'étendue là, je revoyais le massacre de mon peuple. Comme beaucoup d'hommes et de femmes à travers les âges, je pensais qu'en effet c'était peut-être une malédiction de pouvoir concevoir l'immortalité sans que le corps permette d'y accéder.

« Pour reprendre tes termes, Marius, la vie me semblait une sinistre farce. Mon univers n'était plus qu'obscurité et souffrance. Ce que j'étais n'avait plus d'importance ; rien de ce qui m'environnait ne pouvait me raccrocher à la vie.

« Mekare répliqua cependant à Amel qu'elle préférait de beaucoup son propre sort au sien, n'ayant aucune inclination à errer perpétuellement sans rien faire qui en vaille la peine. Aussitôt Amel explosa. Il allait lui montrer ce dont il était capable!

« – Seulement quand je te l'ordonnerai, Amel! Remets-t'en à moi pour choisir le moment. Alors tu pourras révéler aux humains ce dont tu es capable.

« Cette promesse contenta l'esprit puéril et vaniteux qui déploya sa masse immense dans le ciel sombre.

« Trois jours et trois nuits, nous restâmes enfermées. Les gardes ne nous approchaient ni ne nous regardaient, pas plus que les esclaves. Nous serions mortes de faim si Khayman, l'intendant du Roi, ne nous avait apporté quelque nourriture.

« En cette occasion, il nous apprit ce que déjà les esprits nous avaient dit. Une grande controverse divisait la Cour. Les prêtres voulaient nous mettre à mort, mais la Reine redoutait en nous faisant tuer de déchaîner sur elle les esprits; quant au Roi, il était intrigué par ce qui était arrivé et pensait qu'on pourrait en apprendre plus par notre entremise; il était curieux du pouvoir des esprits et de l'utilisation qu'on pouvait en faire; cependant, il se pliait à la volonté de son épouse qui pour sa part en avait assez vu.

« Finalement, on nous amena devant tous les courtisans assemblés dans la cour intérieure du palais.

« Il était midi, l'heure où selon la coutume, le Roi et la Reine sacrifiaient au dieu du soleil Râ, et nous dûmes assister à cette cérémonie qui ne signifiait rien pour nous. Nous pensions vivre là les dernières heures de notre vie. Je me mis alors à songer à notre montagne, à nos grottes; aux enfants que nous aurions pu mettre au monde, et dont certains auraient pu hériter de notre pouvoir. Je songeais au fil de notre existence si brutalement tranché, à l'anéantissement de notre peuple qui serait bientôt parachevé. Je remerciais pourtant les puissances invisibles de pouvoir contempler le ciel bleu au-dessus de ma tête et d'être encore avec Mekare.

« Enfin le Roi parla. Il y avait en lui une grande tristesse et une terrible lassitude. Son âme ressemblait en cet instant à celle d'un vieil homme. Notre don était immense, nous dit-il, mais de toute évidence nous en avions mésusé et nous ne pouvions en faire bénéficier quiconque. Il nous accusa de mensonges, de pratiques démoniaques et de magie noire. Il ajouta qu'il aurait dû nous condamner au bûcher pour satisfaire son peuple. Mais sa Reine et lui-même avaient pitié de nous; la Reine surtout qui avait plaidé notre grâce.

« C'était un odieux mensonge, mais un coup d'œil à Akasha nous apprit qu'elle avait réussi à se convaincre elle-même de la véracité de ces propos. Le Roi, lui, n'en doutait pas, bien sûr. Peu importait, de toute façon. Nous nous demandions quelle forme cette grâce allait revêtir, essayant de lire au tréfonds d'eux.

« La Reine nous dit alors avec des mots enjôleurs que, grâce à notre formidable pouvoir, elle avait retrouvé les deux colliers qu'elle désirait le plus au monde, et que pour cette seule raison, elle nous laissait la vie sauve. En somme, elle tissait autour de son mensonge une toile de plus en plus vaste et complexe, de plus en plus éloignée de la réalité.

« Ensuite le Roi annonça qu'il allait nous libérer, mais qu'il lui fallait d'abord prouver à toute la Cour que nous n'avions aucun pouvoir, ceci afin d'apaiser les prêtres. Si donc lors de cette démonstration, un démon cherchait à maltraiter les adorateurs de Râ et d'Osiris, notre grâce serait abrogée et nous serions mises à mort immédiatement. Car le pouvoir de nos démons disparaîtrait certainement avec nous, et de plus, nous nous serions montrées indignes de la clémence de la Reine, que déjà nous ne méritions guère.

« Nous comprîmes aussitôt ce qui allait arriver, nous pouvions le lire dans le cœur du Roi et de la Reine. Ils transigeaient et nous proposaient un marché. Tandis que le Roi passait au cou de Khayman sa lourde chaîne et son médaillon d'or, nous sûmes que nous allions être violées devant la Cour, violées comme n'importe quelles prisonnières ou esclaves ramenées de la guerre. Et si nous appelions les esprits à notre secours, nous péririons. Telle était notre triste situation.

« — N'était le respect que je dois à ma Reine bien-aimée, dit Enkil, je prendrais mon plaisir de ces deux femmes, comme telle est ma royale prérogative; je le prendrais devant vous et vous montrerais ainsi que je ne crains pas leurs sortilèges. En mon nom et place, Khayman, mon intendant fidèle, tu accompliras cet acte.

« L'assistance attendait en silence pendant que Khayman nous regardait, se préparant à obéir à l'ordre du Roi. Nous le dévisagions, impuissantes, le défiant de nous toucher, de nous violer devant cette foule hostile.

« Nous devinions sa souffrance et son combat intérieur. Nous savions que s'il se rebellait, il mourrait sûrement. Néanmoins c'était nous qu'il s'apprêtait à outrager, à souiller et à perdre, nous qui dans notre innocence ne savions rien de l'acte qu'il allait accomplir.

« Comme il approchait, je crois que je doutais de sa capacité à exécuter la sentence du Roi, car il me semblait qu'aucun homme ne pouvait, la conscience ainsi déchirée, parvenir à exciter son ardeur pour commettre ce crime infâme. C'est qu'alors je connaissais peu les hommes, j'ignorais que les plaisirs de la chair s'accommodent chez eux de la haine et de la colère, qu'ils peuvent pour eux être synonymes de barbarie alors que pour les femmes ils ne le sont le plus souvent que d'amour.

« Nos esprits vociféraient et tempêtaient, mais nous les conjurâmes de se taire pour notre salut. Sans un mot, je pressai la main de Mekare, essayant par ce geste de lui faire comprendre que nous serions vivantes et libres quand tout ceci serait fini; et que nous abandonnerions ce malheureux peuple à ses mensonges, à ses illusions, à ses coutumes imbéciles et retournerions chez nous.

« Alors Khayman entreprit de faire son devoir. Il défit nos liens, puis il attira d'abord à lui Mekare, l'obligeant à se coucher sur le dos à même le sol, et releva sa tunique, tandis que je restais clouée sur place, incapable de l'arrêter, avant de devoir moi-même subir le même sort.

« Dans l'esprit de Khayman cependant, ce n'était pas nous qu'il violait. L'âme et le corps traversés de frissons, il attisait le feu de sa passion d'images de beautés inconnues et d'étreintes fugaces, afin d'être tout entier embrasé.

« Quant à nous, les yeux détournés, nous lui fermions nos âmes ainsi qu'à ces Égyptiens méprisables qui nous avaient causé tant de mal; et tout autour de nous, j'entendais sans pouvoir m'y tromper les gémissements des esprits, leurs terribles gémissements, et au loin, le grondement sourd d'Amel, répétant :

« *Vous êtes stupides d'endurer pareil traitement, sorcières.*

« A la nuit, on nous laissa aux portes du désert. Les soldats nous remirent la quantité de provisions autorisée et, la rage au cœur, nous commençâmes notre long voyage vers le nord.

« Amel survint, furieux. Pourquoi n'acceptions-nous pas qu'il nous venge, s'indignait-il.

« – Ils nous poursuivraient et nous tueraient! répliqua Mekare. Aussi va-t'en maintenant!

« La tactique s'avérant mauvaise, ma sœur tenta de le décider à accomplir quelque chose d'important pour nous.

« – Amel, nous voulons arriver vivantes chez nous. Souffle autour de nous un vent frais et montre-nous où trouver de l'eau.

« Mais ce genre de tâches rebute les esprits malins. Amel se désintéressa donc de notre sort et s'évanouit aussitôt. Nous poursuivîmes notre marche à travers le désert, nous tenant par la main, essayant de ne pas penser à la distance à parcourir.

« Cependant, les bons esprits ne nous avaient pas abandonnées; ils faisaient souffler une brise rafraîchissante et nous indiquaient les points d'eau où nous trouvions aussi quelques dattes pour nous nourrir. Ils renouvelèrent la Petite Pluie aussi longtemps qu'ils le purent, mais au bout d'un certain temps, nous étions trop enfoncées dans le désert pour que cela leur fût encore possible. Nous fûmes bientôt à demi mourantes. Or je savais maintenant que je portais en moi un enfant de Khayman, et je voulais qu'il vive.

« C'est alors que les esprits nous conduisirent chez les Bédouins qui nous recueillirent et s'occupèrent de nous.

« Je fus malade et, pendant des journées, je restai étendue à chanter pour mon enfant à naître, chassant par mes mélopées le mal et les horribles souvenirs. Mekare, allongée à mes côtés, m'entourait de ses bras.

« Des mois passèrent avant que je sois assez forte pour quitter le campement bédouin, et comme je voulais que mon enfant voie le jour sur notre sol natal, je suppliai Mekare de reprendre avec moi notre voyage.

« Enfin, grâce à la nourriture et la boisson données par les Bédouins et avec les esprits pour guides, nous atteignîmes les vertes prairies de Palestine et le pied de la montagne où d'autres bergers, si semblables à ceux de notre tribu, avaient occupé nos anciens pâturages.

« Ils nous connaissaient, tout comme ils avaient connu notre mère et notre parentèle, et nous accueillirent immédiatement.

« Nous avions retrouvé le bonheur, parmi les herbages, les plantes et les arbres familiers. Mon enfant croissait dans mon sein; il vivait, le désert ne l'avait pas tué.

« Ainsi ma fille naquit sur la terre de mes ancêtres, et je l'appelai Miriam, du nom de ma mère. Elle avait les cheveux noirs de Khayman et mes yeux verts. L'amour que je lui portais et la joie qu'elle me procurait étaient pour mon âme les meilleurs des baumes. Nous étions trois à nouveau. Mekare, qui avait souffert avec moi les douleurs de l'enfantement et m'avait aidée à accoucher, berçait Miriam et chantait pour elle pendant des heures. L'enfant était sienne autant qu'elle était mienne. Et nous nous efforcions d'oublier les horreurs que nous avions subies en Égypte.

« Miriam grandissait. Mekare et moi décidâmes de gravir le flanc de la montagne jusqu'aux grottes où nous étions nées et avions vécu. Nous ne savions pas comment nous ferions pour y vivre, si loin de notre nouveau peuple, mais avec Miriam, nous retournerions là où nous avions été si heureuses, nous appellerions à nous les esprits et nous accomplirions le miracle de la pluie pour bénir mon enfant nouveau-né.

« Mais jamais notre vœu ne s'accomplit. Car avant que nous ayons pu quitter la vallée, les soldats égyp-

tiens réapparurent sous le commandement de Khayman, l'intendant du Roi. Sur leur chemin, ils avaient
distribué de l'or à toutes les tribus qui avaient aperçu
les jumelles rousses ou entendu parler d'elles et qui
pouvaient les renseigner sur le lieu de leur retraite.

« Une fois de plus, à midi, comme le soleil inondait
les herbages, nous vîmes les envahisseurs brandir leurs
épées. Les villageois s'enfuirent dans toutes les direc-
tions. Mekare se jeta aux pieds de Khayman :

« — Ne tue pas le peuple qui nous a recueillies, le
supplia-t-elle.

« Puis elle le conduisit là où je me cachais avec ma
fille. Je lui montrai son enfant et l'implorai, au nom
de la miséricorde et de la justice, de nous laisser vivre
en paix.

« Il me suffit de le regarder pour comprendre qu'il
devait nous ramener sous peine de mort. Il avait les
traits tirés, le visage amaigri et pitoyable, non pas cette
figure lisse et blanche que vous pouvez contempler ce
soir. Le temps ennemi a effacé les traces de son désespoir ; elles étaient bien visibles cet après-midi lointain.

« — Un malheur épouvantable s'est abattu sur les
souverains de Kemet, nous dit-il d'une voix sourde. Et
c'est l'œuvre de vos esprits, ces esprits qui n'ont cessé
de me tourmenter nuit et jour pour me punir de ce
que je vous ai fait subir, jusqu'à ce que le Roi essaie
de les chasser de ma demeure.

« Il étendit les bras pour nous montrer les minuscules cicatrices qui les recouvraient ; et partout où
l'esprit avait aspiré son sang, sur son front, ses joues,
son cou, la peau était piquetée de rouge.

« — Oh, vous ne pouvez savoir quel supplice j'ai
enduré, gémit-il, car rien ni personne ne pouvait me
protéger de ces esprits ; et vous n'imaginez pas comme
j'ai pu vous maudire, maudire le Roi pour ce à quoi il
m'avait contraint, et maudire ma mère pour m'avoir
mis au monde.

« — Mais nous ne sommes en rien coupables ! s'écria
Mekare. Nous avons tenu notre promesse, nous vous
avons laissé en paix pour garder la vie sauve. C'est
Amel le malin qui est responsable ! Et dire qu'il t'a
torturé à la place du Roi et de la Reine ! Nous n'avons

pas le pouvoir de l'arrêter! Je t'en prie, Khayman, ne nous persécute plus!

« – Quoi que fasse Amel, il s'en fatiguera, ajoutai-je. Si le Roi et la Reine se montrent forts, il finira par s'en aller. Je suis la mère de ton enfant, Khayman. Pour l'amour de cette enfant, dis à tes souverains que tu n'as pas pu nous trouver. Laisse-nous, si tu respectes le moins du monde la justice.

« Khayman posa sur notre fille un regard indifférent. Il était égyptien. Cette enfant l'était-elle? Puis il se tourna vers nous.

« – Bon, déclara-t-il, je veux bien croire que vous n'avez pas envoyé cet esprit car, de toute évidence, vous ne comprenez pas la monstruosité de son acte. Il ne nous harcèle plus. Il s'est coulé dans le corps du Roi et de la Reine! Il a transformé la substance même de leur chair!

« Nous le scrutâmes en essayant de pénétrer le sens de ses propos. Ce n'était pas de possession qu'il parlait. Nous devinâmes qu'il avait été témoin de choses telles qu'il n'avait pas d'autre issue que de venir nous chercher et de nous ramener à tout prix.

« Pourtant, je ne parvenais pas à admettre ce qu'il disait. Comment un esprit aurait-il pu s'incarner?

« – Vous ne comprenez pas ce qui est arrivé dans notre royaume, répéta-t-il dans un murmure. Il faut que vous veniez voir de vos propres yeux.

« Il s'interrompit, comme si les mots se bousculaient sur ses lèvres, mais que la peur l'empêchait de les prononcer, puis il ajouta avec amertume :

« – Vous devez défaire ce qui a été fait, même si ce n'est pas votre œuvre!

« Nous en étions incapables. C'était là l'horreur. Nous le savions déjà, nous le pressentions. Nous nous rappelions notre mère debout devant l'entrée de la grotte, contemplant les minuscules piqûres sur sa main.

« Mekare rejeta la tête en arrière et appela Amel le malin, le sommant d'obéir à son commandement. Dans notre propre langue, notre langue secrète, elle cria :

« – Sors du corps du Roi et de la Reine de Kemet, Amel, et viens à moi. Incline-toi devant ma volonté. Tu as agis sans que je te l'ordonne.

414

« On aurait dit que tous les esprits du monde écoutaient en silence, tant son incantation était puissante. Pourtant l'appel demeura sans réponse. Alors nous sentîmes les esprits se dérober, comme si soudain leur avait été révélé quelque chose qui dépassait leur entendement et qu'ils ne pouvaient accepter. Ils semblaient reculer puis se rapprocher, tristes et indécis, cherchant notre amour et le fuyant dans un même mouvement.

« – Mais qu'y a-t-il ? Que se passe-t-il donc ? hurla Mekare, apostrophant ses esprits préférés, ceux qui tournoyaient encore autour d'elle.

« Et tandis que les bergers et les soldats attendaient, effrayés, et que Khayman nous fixait de ses yeux fatigués, nous entendîmes leur réponse hésitante :

« *Amel a désormais ce que de tout temps il a voulu. Il a la chair. Mais il n'existe plus.*

« Qu'est-ce que cela pouvait bien signifier ? Nous étions incapables de percer cette énigme. Mekare harcela les esprits, mais leur incertitude semblait avoir fait place à la peur.

« – Dites-moi ce qui s'est passé, supplia-t-elle, recourant à une formule utilisée par maintes magiciennes. Apprenez-moi ce que vous savez ! Transmettez-moi la connaissance qu'il vous est donné de transmettre !

« De nouveau les esprits hésitèrent avant de préciser :

« *Amel est dans la chair, il n'est plus Amel, il ne peut plus se soumettre à ton commandement.*

« – Il faut que vous veniez avec moi, insista Khayman. Il le faut absolument. Le Roi et la Reine l'exigent !

« Sans manifester d'émotion, il me regarda embrasser ma fille et la confier aux femmes des bergers qui s'en occuperaient comme de leur propre enfant. Puis, Mekare et moi nous remîmes entre ses mains. Mais cette fois, nos yeux étaient secs, comme si nous n'avions plus de larmes à verser. La courte période de bonheur qui avait suivi la naissance de Miriam était terminée, et l'horreur venue d'Égypte menaçait de nous engloutir de nouveau. »

Maharet ferma les yeux et effleura ses paupières, puis elle observa les autres qui attendaient, chacun plongé dans ses réflexions, tous déçus que s'interrompe la narration et sachant pourtant qu'il le fallait.

Les plus jeunes étaient à bout de forces. Daniel avait toujours le même air captivé. Louis, le visage émacié, semblait combattre la soif qui le tenaillait.

– Je ne peux vous en dire plus maintenant, dit Maharet. Le jour va bientôt se lever. Nous nous retrouverons ici demain soir pour poursuivre le récit de notre arrivée à Kemet. D'ici là, reposez-vous tous dans les entrailles de la montagne. Vous y serez en sûreté. Elles ont préservé mes secrets pendant des siècles. Et rappelez-vous que même la Reine ne peut nous atteindre avant que tombe la nuit.

Marius se leva en même temps que Maharet. Tandis que les autres quittaient lentement la pièce, il se dirigea vers l'une des parois vitrées. Il lui semblait que la voix de Maharet lui parlait encore. Et ce qui le troublait le plus profondément, c'était l'évocation d'Akasha, et la haine que Maharet lui vouait. Car il éprouvait un sentiment identique, et plus que jamais il avait conscience de la faute qu'il avait commise en n'interrompant pas ce cauchemar tant qu'il était en son pouvoir de le faire.

Mais la femme rousse n'aurait certainement pas voulu d'une telle issue. Aucun d'eux, pas plus que lui, ne désirait mourir. Et Maharet, peut-être plus que tout autre immortel, brûlait de vivre.

Cependant l'histoire qu'elle leur avait contée semblait confirmer l'inexorabilité de leur destin. Quel monstre avait éclos quand la Reine était sortie de son immobilité ? Qui était cette créature qui tenait Lestat entre ses griffes ? Il ne pouvait l'imaginer.

Nous changeons sans vraiment changer, songea-t-il. Nous devenons plus raisonnables, et pourtant nous demeurons faillibles ! Nous restons des humains aussi longtemps que nous errons sur cette terre. Voilà où résident le miracle et la malédiction.

Le visage souriant qu'il avait vu quand les blocs de glace s'étaient effondrés lui apparut. Était-il possible qu'il aime encore autant qu'il haïssait ? Honnêtement, il n'en savait rien.

Il se sentit soudain rompu, il aspirait à se reposer, à s'étirer voluptueusement entre des draps frais, à enfouir sa figure dans un oreiller et laisser le sommeil le gagner.

Derrière la vitre, une douce lumière bleutée éclairait le levant, et pourtant les étoiles, si petites et lointaines en apparence, gardaient tout leur éclat. On commençait à discerner les troncs sombres des séquoias. La senteur vivifiante de la forêt entrait dans la maison. L'aube pointait.

Plus bas, à l'orée du bois, là où le flanc de la colline faisait place à une clairière tapissée de trèfles, Marius distingua Khayman qui se promenait tout seul. Ses mains semblaient rayonner dans la pénombre bleuâtre. Il se retourna et regarda droit vers Marius, son visage tel un masque d'albâtre aveugle.

Marius se surprit à lever la main dans un petit geste d'amitié, et Khayman lui rendit son salut avant de disparaître entre les arbres.

Marius s'écarta alors de la paroi et constata que seul Louis était resté dans la pièce. Immobile, il continuait à le dévorer des yeux, comme s'il contemplait un mythe incarné. Le jeune homme lui posa la question qui l'obsédait, celle qu'il ne pouvait oublier, quel que fût le charme sous lequel le tenait Maharet :

— Tu sais si Lestat est vivant ou non, n'est-ce pas ? demanda-t-il d'un ton si humain qu'il en était poignant, malgré sa réserve.

— Il est vivant, répondit Marius. Mais si je le sais, ce n'est pas de la façon que tu penses. Je n'ai pas posé de question ni capté de message en réponse. Je n'ai pas non plus utilisé l'un quelconque de ces pouvoirs merveilleux qui nous empoisonnent l'existence. Je le sais, c'est tout.

Il lui sourit. Quelque chose dans l'attitude de ce jeunot le ravissait, sans qu'il en comprenne bien la raison. Il lui fit signe de s'approcher, lui entoura les épaules de son bras, et ensemble ils sortirent de la pièce. Ils descendirent l'escalier métallique dans les profondeurs humides de la terre, Marius marchant pesamment, exactement comme l'aurait fait un mortel.

— Tu en es certain ? insista respectueusement Louis.

Marius s'arrêta.

– Oh! oui, absolument.

Ils se dévisagèrent quelques secondes et Marius sourit de nouveau. Ce Louis était si doué et en même temps si malhabile. La lueur d'humanité disparaîtrait-elle de son regard s'il acquérait plus de pouvoir, si, par exemple, un peu du sang de Marius venait à couler dans ses veines?

D'autant que ce jeune avait faim! Il souffrait, et il semblait jouir de cette faim et de la souffrance qui l'accompagnait.

– Je vais te faire une confidence, souffla Marius. Dès le premier instant où j'ai vu Lestat, j'ai su que rien ne pouvait le tuer. Il en est ainsi de certains d'entre nous. Nous ne pouvons tout simplement pas mourir.

Pourquoi donc tenait-il ces propos? Se remettait-il à y croire comme avant que ne commencent ses épreuves? Il se remémora la nuit à San Francisco quand il avait flâné, les mains dans les poches, sur les larges trottoirs de la rue du Marché, sans qu'aucun mortel ne le voie.

– Excuse-moi, dit Louis, mais tes paroles me rappellent celles de nos amis réunis dans le bar La Fille de Dracula la nuit dernière, quand ils projetaient de rejoindre Lestat.

– En effet, admit Marius. Mais ils étaient fous alors que j'ai raison.

Il étouffa un rire. Oui, il le pensait vraiment. De nouveau, il serra son compagnon contre lui. Une gorgée de sang, et Louis deviendrait peut-être plus fort, mais alors il perdrait la tendresse, la sagesse humaines qui ne peuvent se transmettre, le don de compassion qu'il avait probablement reçu en naissant.

De toute façon, la nuit était finie pour Louis. Le jeune homme lui étreignit la main, puis se retourna et s'enfonça dans le couloir aux murs revêtus d'étain où Éric l'attendait pour lui montrer le chemin.

Marius remonta dans la maison. Il lui restait une heure avant que le soleil ne l'oblige à dormir, et il voulait en profiter malgré sa fatigue. La senteur de la forêt l'enivrait. Il pouvait entendre le chant des oiseaux et le murmure cristallin d'un ruisseau.

Il pénétra dans l'immense hall de la demeure d'adobe et se surprit soudain à contempler une tapisserie géante qui recouvrait presque la moitié d'un mur.

Peu à peu, il prit conscience de ce qu'il voyait : la montagne, la vallée, les minuscules silhouettes des jumelles dans la clairière inondée de soleil. Le rythme lent du récit de Maharet lui revint à la mémoire, le chatoiement de toutes les images transmises par ses paroles. Cette clairière sur la tapisserie lui était si familière, et combien différente de celle de ses rêves. Jamais ceux-ci ne l'avaient fait se sentir aussi proche de ces deux femmes ! Et maintenant il les connaissait, il connaissait cette maison.

Quel mystère que cette contradiction apparente des sentiments où au chagrin s'associait quelque chose d'indéniablement positif et bon. Il était attiré par Maharet, il aimait sa singulière complexité, et il souhaitait pouvoir le lui dire d'une façon ou d'une autre.

Il s'étonna lui-même. Pendant quelques minutes, il avait oublié sa souffrance, son amertume. Peut-être son âme guérissait-elle plus vite qu'il ne l'en avait cru capable.

Ou peut-être simplement le fait d'avoir pensé à d'autres, à Maharet, à Louis, l'avait-il soulagé. Que diable, Lestat était immortel ! Il se pourrait même que le bougre survive à tout cela contrairement à lui, songea-t-il avec aigreur.

Mais mieux valait se dispenser de ce genre d'hypothèse. Où était Armand ? Reposait-il déjà dans un refuge souterrain ? Si seulement il avait pu le rejoindre à l'instant même...

Il se dirigea vers la porte de la cave, mais son attention fut soudain attirée ailleurs. A travers l'enfilade des pièces, il aperçut deux silhouettes qui ressemblaient à celles des jumelles dans la tapisserie. Immobiles, enlacées, Maharet et Jesse contemplaient par une fenêtre l'aube qui illuminait la forêt sombre.

Il tressaillit et dut se retenir au chambranle de la porte pour ne pas tomber, tandis qu'une série d'images envahissait son esprit. Cette fois, la jungle avait fait place à une grande route qui déroulait son ruban vers le nord à travers un paysage désert et calciné. La créature s'était arrêtée, surprise, mais par quoi? La vision des deux femmes rousses? Il entendit les pieds reprendre leur martèlement inlassable, il les vit encroûtés de boue, il vit aussi les mains enduites de boue. Il les voyait comme s'ils lui appartenaient. Puis le ciel s'embrasa et il gémit.

Quand il émergea de ce cauchemar, Armand le soutenait. De ses yeux humains larmoyants, Maharet l'implorait de révéler ce qui lui était apparu. Lentement, il redécouvrit la pièce alentour, son mobilier austère, puis les visages des immortels penchés sur lui. Ces immortels qui, sans attaches aucunes, appartenaient pourtant à ce lieu. Il cligna des paupières.

– Elle a atteint notre hémisphère, dit-il, mais elle est à des centaines de kilomètres à l'est. Le soleil vient de se lever là-bas dans un flamboiement intense.

Il avait senti cette chaleur mortelle. Puis la créature s'était enfouie sous la terre, cela aussi il l'avait senti.

– Elle est encore très loin, fit remarquer Jesse.

Comme elle avait l'air frêle dans la clarté naissante, avec ses longs doigts fins crispés sur ses bras minces.

– Non, pas si loin, répliqua Armand, et elle marchait très vite.

– Mais se dirige-t-elle bien vers nous? demanda Maharet.

Elle n'attendit pas la réponse. De toute façon, il ne semblait pas que les autres puissent la lui donner. Elle porta la main à ses yeux, comme si la douleur devenait intolérable, puis, attirant soudain Jesse, elle l'embrassa, avant de souhaiter aux autres un bon repos.

Marius se concentra, essayant de revoir la forme mystérieuse. Le vêtement, comment était-il? Une étoffe grossière jetée sur le corps, avec une ouverture pour la tête. Et resserrée à la taille, cela aussi il l'avait perçu. Il tenta en vain de préciser l'image. La sensation qui avait dominé toutes les autres était celle d'une force, d'une puissance illimitée, d'un élan que rien ne pouvait arrêter.

Quand il rouvrit les yeux, la pièce miroitait dans la lumière du matin. Armand était toujours à ses côtés, si près et pourtant si lointain. Seul son regard semblait vivant dans son visage impassible, tandis qu'il observait la forêt qui paraissait maintenant enserrer la maison.

Marius embrassa Armand au front, puis il fit comme lui.

Il regarda la pièce s'éclaircir, la lumière envahir les vitres; il regarda les magnifiques couleurs s'intensifier sur l'immense tapisserie en patchwork.

LESTAT :
CECI EST MON CORPS,
CECI EST MON SANG

Je me réveillai dans le silence; l'air était chaud et imprégné d'une odeur marine.

Je n'avais plus la notion du temps. Mais ma faiblesse était telle que j'étais certain de ne pas avoir dormi une journée entière. Nous avions peut-être suivi la trajectoire de la nuit autour du globe, ou encore parcouru l'espace au hasard, car Akasha n'avait sans doute nul besoin de dormir.

Ce n'était certes pas mon cas. Mais ma curiosité était trop grande pour somnoler plus longtemps. Et mon angoisse aussi. D'autant que j'avais rêvé de sang humain.

J'étais dans une chambre spacieuse, ouverte à l'ouest et au nord sur des terrasses. Le bruit des vagues me parvenait, pourtant la brise était légère et parfumée. Lentement, j'inventoriai la pièce.

Un somptueux mobilier de style baroque, probablement d'origine italienne. Tout le luxe moderne. J'étais étendu sous une moustiquaire dans un lit à colonnes doré et tendu de rideaux de soie. Un épais tapis blanc recouvrait le parquet d'origine.

J'aperçus une commode garnie d'objets de toilette en cristal et en argent et d'un antique téléphone blanc. Des chaises tapissées de velours. Une télévision géante et un meuble stéréo. Des tables basses jonchées de journaux, de cendriers et de carafons de vin.

De toute évidence, des gens habitaient ici encore quelques heures plus tôt, mais à présent ils étaient morts. En fait, cette île était infestée de cadavres. Alors que je savourais voluptueusement la beauté de ce décor, le bidonville m'apparut soudain. Sa saleté, ses toits en tôle ondulée, la boue, la vermine. Et moi, je me prélassais dans ce paradis, cet hypothétique paradis.

La mort planait de nouveau. Nous l'avions apportée.

Je me levai, sortis sur la terrasse et vis, par-dessus la balustrade de pierre, une plage de sable blanc. Aucune terre à l'horizon, seulement la mer moutonnante. L'écume dentelée des vagues qui brillaient sous la lune. J'étais dans un vieux palais du XVIe siècle, orné de chérubins et d'urnes, aux murs ocre patinés par le vent. Une demeure splendide. A travers les persiennes des autres fenêtres filtrait de la lumière. En contrebas, sur une autre terrasse se lovait une petite piscine.

Et à ma gauche, là où la baie s'incurvait, je distinguai, nichée dans la falaise, une villa à l'architecture élégante. Les habitants étaient morts, là aussi. Nous étions au bord de la Méditerranée, dans une île grecque, j'en étais sûr.

Je tendis l'oreille. Des cris venaient de l'intérieur des terres, au-delà de la colline. Des cris d'hommes qu'on massacrait. Je m'appuyai au chambranle, essayant de maîtriser les battements de mon cœur.

Un souvenir m'assaillit soudain — je me revis dans le temple d'Azim au milieu du troupeau des fidèles, transperçant la chair humaine de ma lame invisible. J'étais assoiffé. Ou était-ce seulement le désir qui me tenaillait ? Ces corps mutilés, convulsés dans un ultime effort, ces visages maculés de sang.

Non, je n'y étais pour rien, ce n'était pas possible... Si, pourtant.

Maintenant une odeur de fumée montait jusqu'à moi, une fumée âcre comme celle des bûchers dans la cour du temple. Je fut pris de nausée. Je me tournai vers la mer et aspirai une longue bouffée d'air pur. Si je ne me protégeais pas, les voix allaient m'envahir, celles de l'île tout entière, celles des autres îles et du continent voisin. Je sentais la clameur prête à fondre sur moi. Il fallait que je la repousse.

Puis j'entendis un bruit, un bruit tout proche. Des femmes erraient dans cette vieille demeure. Elles approchaient de ma chambre. La porte s'ouvrit à deux battants et des paysannes en corsage, jupe et fichu entrèrent dans la pièce.

Une longue file de jeunes beautés, de matrones corpulentes et même de petites vieilles tannées et ridées sous leur chevelure neigeuse. Elles étaient chargées de vases de fleurs qu'elles disposèrent sur les meubles. L'une d'elles, une créature svelte, au long cou gracile, s'avança avec une grâce un peu gauche et alluma les innombrables lampes.

L'odeur de leur sang. Comment pouvait-elle m'enivrer à ce point puisque je n'avais pas soif ?

Alors que je me contentais de les observer de la terrasse, elles se regroupèrent au centre de la chambre et, comme hypnotisées, me dévisagèrent. Subitement, je me rendis compte du spectacle que je leur offrais avec mon costume de vampire en loques et tout éclaboussé de sang.

Et ma peau, comme elle avait changé. Elle était plus livide, plus spectrale, bien sûr. Mes yeux aussi devaient être plus brillants. Mais peut-être me laissais-je abuser par leurs réactions naïves. Avaient-elles jamais vu l'un d'entre nous ?

J'avais cependant l'impression de naviguer en plein rêve. Ces femmes au regard noir et morne – même les plus corpulentes avaient un visage mélancolique – assemblées là à me fixer et qui soudain s'agenouillèrent une à une. Agenouillées, encore une fois. Je poussai un soupir. Elles avaient cette expression égarée des gens qui sont soustraits à la réalité. Une apparition se manifestait à elles, et la situation était d'autant plus comique que moi aussi, j'avais l'impression d'être devant une cohorte de spectres.

A mon corps défendant, je lus dans leurs pensées.

La Sainte Mère leur était apparue. C'était ainsi qu'elles la nommaient. La Madone. La Vierge. Elle était descendue dans leurs villages et leur avait ordonné de tuer leurs époux et leurs fils. Tous, même les nouveau-nés. Et elles les avaient immolés ou avaient assisté au massacre. Maintenant un élan de foi et d'exaltation les portait. Elles avaient été témoins d'un miracle ; la Madone leur avait parlé. La Mère séculaire, la Mère qui, même avant la naissance du Christ, vivait dans les grottes de cette île, la Mère dont parfois encore on exhumait les statuettes.

En son nom, elles avaient abattu et jeté dans la mer les colonnes des temples, ces ruines que les touristes venaient visiter ; elles avaient incendié l'unique église, cassé les vitraux à coups de pierre et de bâton, brûlé les fresques.

Quant à moi, qu'étais-je pour elles? Pas seulement un dieu. Pas seulement l'élu de la Sainte Mère. Non, autre chose. Et j'en étais intrigué tandis que je demeurais là, pris au piège de leurs regards, révolté par leurs croyances, fasciné et effrayé tout à la fois.

Pas par elles, bien sûr, mais par tout ce qui se passait. Par cette sensation délicieuse que j'avais d'être contemplé par des mortels comme je l'avais été sur scène. Des mortels qui devinaient mon pouvoir après toutes ces années passées dans l'ombre, des mortels accourus pour me vénérer. Des mortels comme tous ces malheureux dont les corps jonchaient le sentier de la montagne. Mais eux avaient été des adorateurs d'Azim. N'était-ce pas pour mourir qu'ils avaient accompli tout ce chemin?

Le cauchemar reprenait. Il fallait que je l'arrête. Que je cesse de l'accepter, de m'inventer des circonstances atténuantes!

Je n'allais pas me mettre à croire que j'étais vraiment... Je savais qui j'étais, non? Et ces pauvres femmes ignorantes, ces femmes pour qui les postes de télévision, les téléphones étaient des objets prodigieux, pour qui tout progrès constituait une forme de miracle... quand elles se réveilleraient demain, qu'elles comprendraient l'atrocité de leur acte!

Mais, pour l'heure, la paix nous enveloppait. L'arôme familier des fleurs, le sortilège. Dans le silence, mes visiteuses captaient des instructions.

Elles commencèrent à s'agiter. Deux d'entre elles se relevèrent et pénétrèrent dans la salle de bains contiguë – l'une de ces immenses pièces en marbre que les riches Italiens et Grecs affectionnent. L'eau chaude coulait à flots; la vapeur s'échappait par l'entrebâillement de la porte.

D'autres femmes se dirigèrent vers la penderie pour en sortir des vêtements propres. Le pauvre diable à qui avait appartenu ce petit palais et dont il ne restait qu'une cigarette dans le cendrier et des traces de doigts sur le téléphone, avait eu le sens du luxe, en tout cas.

Deux jeunes filles s'approchèrent de moi pour me guider jusqu'à la salle de bains. Je ne réagis pas. Je sentais leurs mains sur mon corps – des mains humaines et tièdes qui frémirent au contact de la texture de ma peau. Cet attouchement me fit délicieusement tressaillir. Elles me suppliaient de leurs magnifiques et limpides yeux noirs, elles me tiraient doucement, elles voulaient que je les suive.

J'y consentis. Des dalles de marbre blanc, une robinetterie dorée, des rangées miroitantes de flacons remplis de savons liquides et de parfums sur les tablettes; une splendeur digne de la Rome ancienne, tout bien considéré. Et l'immense vasque débordante de mousse. Tout ça était fort tentant, ou du moins l'aurait été à un autre moment.

Elles me dévêtirent. Quelle sensation fascinante. Jamais personne ne s'était permis pareille familiarité à mon endroit. Pas depuis l'époque où j'étais vivant, et encore, lorsque j'étais enfant. Le corps parcouru de frissons, j'observais toutes ces petites mains brunes, ces regards féminins brûlants d'adoration.

A travers la buée, je fixai le miroir – un mur entièrement recouvert de glace, en fait – et je me vis pour la première fois depuis le début de cette sinistre odyssée. Je fus frappé de stupeur. *Ce ne pouvait être moi. Non, c'était impossible!*

J'étais beaucoup plus pâle que je ne l'imaginais. Je repoussai les femmes et me plantai devant la glace. Ma peau avait un éclat nacré; mes pupilles irisées de toutes les couleurs du prisme brillaient d'une lumière glaciale. Pourtant, je ne ressemblais pas à Marius. Ni à Akasha. Mon visage était encore marqué de petites rides!

En d'autres termes, mon teint s'était éclairci sous l'effet du sang d'Akasha, mais ma figure n'était pas encore lisse. J'avais gardé une expression humaine. Et curieusement, ces légers sillons étaient d'autant plus visibles. Même les lignes sur ma paume étaient plus profondément marquées qu'autrefois.

Mais quelle piètre consolation, alors que j'étais plus que jamais singulièrement différent des êtres humains! D'une certaine façon, cette découverte m'était plus pénible que mes vaines tentatives, deux siècles auparavant, quelques heures après ma mort, pour déceler sur mon visage une trace d'humanité. J'étais tout aussi terrifié aujourd'hui.

Je scrutai mon image. Mon torse était aussi blanc qu'un buste de marbre. Et mon sexe, cet organe désormais inutile, se dressait, comme prêt à accomplir ce pour quoi il était désormais sans besoin ni désir. De l'albâtre. Un Priape devant un portail.

Sidéré, j'observai les femmes, leurs gorges, leurs seins, leurs bras humides et ravissants. Elles semblaient irrésistiblement attirées par moi.

La vapeur exaltait l'odeur de leur sang. Je n'avais pas soif cependant, pas vraiment. Akasha m'avait comblé, mais cette senteur m'excitait un peu. Non beaucoup.

J'avais envie de leur sang – et ce désir n'avait rien à voir avec la soif. J'en avais envie de la même manière qu'un homme peut vouloir un bon vin après s'être désaltéré. Ce même besoin multiplié par cent. Un besoin si impérieux que je m'imaginais les prenant l'une après l'autre, transperçant leurs gorges délicates et abandonnant leurs cadavres sur le dallage.

Non, je ne me laisserai pas aller à pareille débauche, me raisonnai-je. Et la violence de cette avidité, sa cruauté, me fit monter les larmes aux yeux. *Qu'étais-je devenu ?* Mais je ne le savais que trop ! Vingt hommes ne seraient pas parvenus à me maîtriser alors que moi, je pouvais les exterminer. Je pouvais traverser le plafond, si je le voulais, et m'échapper de cet endroit. Je pouvais accomplir des choses dont je n'avais jamais rêvé. Sans doute possédais-je le don du feu, maintenant ; comme elle, comme Marius à l'entendre, j'étais capable de brûler n'importe quoi. C'était juste une question de puissance. Et de concentration, de soumission...

Les femmes m'embrassaient. Elles couvraient mes épaules de baisers. Une sensation merveilleuse, cette caresse de leurs lèvres sur ma peau. Je souris malgré moi et enfouis mon visage au creux de leurs petits cous tièdes, leurs seins pressés contre ma poitrine. Leurs doux bras, leur exquise chair humaine m'enveloppaient.

J'entrai dans la vasque et me livrai à leurs mains diligentes. Elles aspergèrent délicieusement mon corps d'eau chaude – ce qui suffit à emporter la saleté qui n'adhère jamais à notre peau –, puis me rincèrent les cheveux.

Oui, ce cérémonial était bien plaisant. Cependant, je n'avais jamais été aussi seul. Je m'abîmai dans cette volupté. Faute de pouvoir faire autre chose.

Quand elles en eurent terminé, je choisis le parfum qui me plaisait et ordonnai à mes odalisques de me débarrasser de leurs compagnes. Je parlai français, mais elles semblaient me comprendre. Elles m'enfilèrent alors les vêtements que je leur désignais parmi ceux qu'elles me tendaient. Le maître de cette demeure, sans doute un peu plus grand que moi, paraissait avoir eu une prédilection pour les chemises de lin et les chaussures sur mesure.

J'optai pour un complet de pongé gris, finement tissé, d'une coupe résolument moderne. Et pour des accessoires en argent. La montre-bracelet de l'homme, ses boutons de manchettes sertis de brillants et une épingle de diamant que je fixai au revers étroit du veston. Mais ce costume me produisait une impression bizarre. C'était comme si je percevais le contour de mon corps sans réellement le sentir. Cette impression n'était pas nouvelle. Elle me ramenait deux siècles en arrière. Toujours les mêmes vieilles questions. Pourquoi diable ce cauchemar s'abattait-il sur moi ? Comment maîtriser ces sensations ?

Un instant, je me demandai s'il me serait possible de me moquer de tout ça. De prendre du recul, de considérer ces femmes comme des représentantes d'une autre espèce, des créatures dont me nourrir ? J'avais été brutalement arraché à leur monde ! Où étaient mon ancienne amertume, les bons prétextes que je me donnais pour justifier indéfiniment ma cruauté ? Pourquoi l'avais-je toujours exercée sur des cibles aussi dérisoires ? Non qu'une vie fût dérisoire. Oh non, aucune vie ne l'était ! Et c'était bien là le problème. Pourquoi moi qui tuais d'ordinaire avec une telle désinvolture, craignais-je de bouleverser les précieuses traditions de ces paysans ?

Pourquoi ma gorge se serrait-elle ? Pourquoi pleurais-je intérieurement, comme si moi aussi j'agonisais ?

Un autre démon, un immortel dénué de scrupules, aurait peut-être apprécié cette situation ; il aurait ricané des visions d'Akasha, tout en glissant aussi aisément dans la tunique d'un dieu que je m'étais coulé dans ce bain parfumé.

Mais rien, jamais, ne pourrait m'octroyer cette liberté. Même pas son approbation à elle. Son pouvoir, bien que d'un niveau supérieur, était de même nature que le nôtre. Et ce dernier ne nous avait jamais rendu la lutte facile – victorieux ou vaincus, nous souffrions le martyre.

Cet assujettissement du monde à une seule volonté était inconcevable; d'une façon ou d'une autre, il me fallait déjouer ce projet, et à condition de garder mon calme, j'en trouverais le moyen.

Cependant, les mortels n'avaient cessé de s'infliger de semblables horreurs; des hordes barbares avaient terrorisé des continents entiers, dévastant tout sur leur passage. Ses idées de conquête et de domination n'étaient peut-être qu'une réaction bien humaine? Peu importait. Les méthodes qu'elle employait pour réaliser ses rêves étaient, elles totalement inhumaines!

J'allais me remettre à pleurer si je m'entêtais à chercher une solution; et ces tendres créatures autour de moi en seraient encore plus misérables et décontenancées.

Quand je portai mes mains à mon visage, elles ne s'écartèrent pas, mais continuèrent à me brosser les cheveux. Des ondes de plaisir couraient le long de ma nuque. Le battement du sang dans leurs veines devint soudain assourdissant.

Je leur dis que je voulais être seul. Je ne pouvais résister plus longtemps à la tentation. Et j'aurais juré qu'elles savaient ce qui me torturait. Elles le savaient et y consentaient. Ce sang sombre et salé à portée de mes lèvres. C'en était trop. Aussitôt, elles obéirent, quelque peu effrayées. En silence, elles quittèrent la pièce à reculons, comme s'il était inconvenant de me tourner le dos.

Je consultai le cadran de la montre. Plutôt comiques, ces aiguilles qui marquaient l'heure à mon poignet. Subitement, j'en fus irrité. Alors le verre vola en éclats. Le mécanisme jaillit du boîtier. Le bracelet se détacha et le bijou tomba par terre. Les minuscules roues dentées disparurent entre les boucles de la moquette.

– Grand dieu! murmurai-je.

Mais pourquoi pas, si je pouvais rompre un cœur ou une artère? Il s'agissait maintenant de contrôler cette nouvelle arme, de la diriger, de ne pas la laisser s'échapper à tort et à travers.

Je choisis au hasard sur la commode un petit miroir dans un cadre d'argent. Je pensai : *Casse*, et il explosa en fragments scintillants. Dans le silence sépulcral, j'entendis les morceaux s'écraser contre les murs.

Bon, voilà au moins un truc utile, autrement plus utile

que de massacrer des gens. Je fixai le téléphone posé à l'extrémité de la commode. Je me concentrai, laissai le pouvoir s'accumuler, puis le contins et l'ajustai afin de faire lentement glisser le socle sur la plaque de verre qui recouvrait le marbre de la commode. Bien. Parfait. Les flacons basculèrent et dégringolèrent sous la poussée du téléphone. Je stoppai l'expérience. N'empêche que j'étais incapable de redresser ou de ramasser les flacons. Une seconde, bien sûr que je le pouvais. Je me représentai une main qui les remettait d'aplomb. Le pouvoir n'obéissait certes pas au sens propre du terme à cette image conçue dans ma tête, mais grâce à elle, je parvenais à le maîtriser. Je relevai tous les flacons et les remis en place.

Saisi d'un léger tremblement, je m'assis sur le lit afin de réfléchir, mais j'étais trop impatient pour approfondir la question. L'essentiel était que ce phénomène relevait de mécanismes physiques, énergétiques. Il n'était jamais qu'une extension des pouvoirs que je possédais avant. Même au début, par exemple, quelques semaines après que Magnus m'eut métamorphosé, j'avais réussi une fois, au cours d'une dispute, à envoyer voler à travers la pièce mon bien-aimé Nicolas comme si je l'avais frappé d'un poing invisible. Mais j'étais alors sous le coup de la fureur, et jamais par la suite je n'avais été capable de renouveler ce petit tour. Néanmoins, ma dernière prouesse était du même ordre.

– Tu n'es pas un dieu, conclus-je.

Pourtant ce décuplement de mon pouvoir, cette nouvelle dimension, comme on disait si pertinemment aujourd'hui... Hummmm...

Je regardai le plafond et décidai que je voulais m'élever lentement pour laisser courir ma main tout autour de la moulure centrale. Le vide se fit en moi, et aussitôt, j'eus conscience de flotter dans les airs. Et ma main, voilà que ma main, me semblait-il, s'enfonçait dans le plâtre. Je redescendis de quelques centimètres et examinai la chambre.

Seigneur, j'avais oublié mon corps en bas! J'étais toujours installé là, sur le rebord du lit. Je me contemplais, planant au-dessus de ma propre tête. J'étais assis – mon corps, en tout cas –, immobile, à m'observer d'un air songeur. *Marche arrière.* Je me retrouvai, indemne, Dieu merci, sur la terre ferme, essayant de comprendre ce qui s'était passé.

Eh bien, ce n'était pas sorcier. Akasha m'avait expliqué comment son esprit pouvait se dégager de son enveloppe charnelle. Et les mortels avaient de tout temps vécu ce genre d'expériences, du moins le prétendaient-ils, à en juger par les tonnes de récits qu'ils avaient écrits sur ces périples invisibles.

Moi-même, j'y étais presque arrivé quand j'avais tenté de voir l'intérieur du temple d'Azim, mais Akasha m'avait arrêté parce qu'aussitôt livré à lui-même, mon corps s'était mis à dégringoler. Et bien avant, je me rappelais deux ou trois aventures du même ordre... N'empêche que je n'avais jamais trop cru à ces vantardises des mortels.

Maintenant je savais que j'étais tout aussi doué qu'eux. Mais pas question de me laisser ballotter au hasard. Je pris la décision de remonter, cette fois avec mon corps. Aussitôt dit, aussitôt fait, et ma main caressa docilement la frise. Parfait.

Je redescendis et recommençai la première opération. Avec mon esprit seulement. La même sensation de vertige. Je jetai un coup d'œil à mon corps, puis traversai la toiture du palais et cinglai en direction de la mer. Inexplicablement, tout paraissait différent. Je n'étais pas certain que le ciel, la mer soient réels. C'était plutôt comme une image nébuleuse des deux éléments confondus, et je n'aimais pas ça. Pas du tout. Non, merci. Mieux valait rentrer! A moins d'ordonner à mon corps de me rejoindre? Je m'y évertuai sans succès. Et je n'en fus pas surpris. J'avais comme une sorte d'hallucination. Je ne m'étais pas réellement évadé de mon corps, autant en prendre mon parti.

Et Bébé Jenks, alors? Les merveilles qu'elle avait vues en émergeant du tunnel? Était-ce aussi une hallucination? Sans doute ne le saurai-je jamais.

Rentre!

J'étais assis. Au bord du lit. Bien confortablement. Je me levai et arpentai la pièce, examinant les fleurs, la façon bizarre dont les pétales blancs absorbaient la lumière des lampes alors que les rouges semblaient au contraire plus foncés. Les miroirs, les flacons et les bibelots miroitaient d'un éclat doré.

Cette masse de détails, cette complexité extraordinaire de la chambre me donnèrent soudain le tournis.

Je m'effondrai sur une chaise près du lit. La nuque appuyée contre le dossier de velours, j'écoutai les battements de mon cœur. La dématérialisation n'était pas mon fort! Jamais plus je ne m'y essayerais!

Un rire jaillit alors, perlé, doux. Akasha était là, quelque part derrière moi, près de la commode peut-être.

Une vague de bonheur me submergea à l'idée de la voir, d'entendre sa voix. Je fus surpris de l'intensité de mon ravissement. J'avais envie de poser mon regard sur elle, mais je ne tournai pas la tête.

— Cette faculté de voyager en dehors de ton corps, tu la partages avec les mortels, dit-elle. C'est leur petit jeu favori.

— Je sais, répondis-je, maussade. Ils peuvent se le garder. J'ai l'intention de voler avec mon corps, puisque j'en suis capable.

Un nouvel éclat de rire. Le rire caressant que j'entendais en rêve.

— Jadis, les hommes se rendaient au temple pour y parvenir, poursuivit-elle. Ils absorbaient les breuvages que leur donnaient les prêtres. C'est en parcourant les cieux qu'ils s'initiaient aux mystères de la vie et de la mort.

— Je sais, répétai-je. J'ai toujours pensé qu'ils devaient être ivres ou défoncés, comme on dit aujourd'hui.

— Tu es bien brutal, murmura-t-elle. Tes réactions sont si vives.

— Parce que c'est ça ce que tu appelles être brutal? rétorquai-je.

L'odeur âcre des feux qui brûlaient sur l'île m'emplit soudain les narines. Une puanteur. *Dieu du ciel*. Et nous parlions comme si de rien n'était, comme si ces atrocités n'avaient pas pénétré l'univers des mortels...

— Et tu n'as pas peur de voler avec ton corps? m'interrogea-t-elle.

— Tout me fait peur, tu le sais. Quand connaîtrai-je les limites de mon pouvoir? Puis-je, par exemple, demeurer sur cette chaise et tuer des mortels à des kilomètres d'ici?

— Allez, déclara-t-elle, tu découvriras tes limites plus tôt que tu ne le penses. Il en est de ce mystère comme des autres. Ils n'en recèlent aucun.

432

Je ris à mon tour. Une fraction de seconde, la rumeur des voix monta, puis elle se fondit en un bruit bien distinct – celui des cris portés par le vent, les cris qui venaient des villages de l'île. Ils avaient mis le feu au petit musée avec ses statues antiques, ses icônes et ses peintures byzantines.

Toutes ces richesses parties en fumée. Tant de vies parties en fumée.

Il fallait que je voie son visage immédiatement. Les glaces étaient placées de telle sorte que je ne pouvais apercevoir son reflet. Je me levai.

Elle se tenait près de la commode, elle aussi habillée de neuf et coiffée différemment. Elle était encore plus ravissante, mais tout aussi intemporelle. Un petit miroir à la main, elle paraissait perdue dans la contemplation de sa propre image, mais en réalité, elle écoutait les voix; et je les entendais, moi aussi.

Un frisson me parcourut. Elle ressemblait à ce qu'elle avait jadis été, cette silhouette pétrifiée sur le banc royal.

Elle s'anima soudain, se regarda dans le miroir, puis le posa et leva les yeux vers moi.

Ses tresses étaient dénouées et sa chevelure de jais ondulait sur ses épaules, si lourde, si brillante que j'eus envie d'y enfouir mes lèvres. Sa tunique, de forme identique à la précédente, avait sans doute était taillée par les femmes dans un coupon de soie amarante trouvé dans l'île. Cette couleur teintait de rose ses joues et ses seins que révélait l'ample drapé retenu aux épaules par de minuscules agrafes d'or.

Elle portait des colliers de facture moderne, perles, opales, rubis, entrelacés de chaînes en or, mais leur profusion leur donnait un caractère archaïque.

Contre sa peau satinée, tous ces bijoux semblaient irréels! Ils se perdaient dans l'éclat de sa personne, de même que ses yeux lumineux, sa bouche étincelante.

Sensuelle, divine, elle était faite pour habiter un palais de rêve. De nouveau, je désirais son sang, ce sang qui ne dégageait aucune odeur et n'obligeait pas à tuer. Je désirais toucher cette chair impénétrable qui pourtant céderait comme un glacis fragile.

– Tous les hommes sont morts sur cette île, n'est-ce pas? demandai-je, rompant le charme.

– Tous sauf dix. Ils étaient sept cents. J'en ai épargné sept.

– Et les trois autres ?

– Ils sont pour toi.

J'écarquillai les yeux. Pour moi ? Mon envie de sang se modifia un peu, englobant celui des humains – ce nectar chaud, bouillonnant, odorant, ce suc... Je n'éprouvais aucun besoin organique. Mais cette soif – c'était bien ainsi que je devais dénommer ce désir qui me tenaillait – m'était encore plus douloureuse.

– Tu n'en veux pas ? fit-elle, moqueuse. Mon dieu capricieux qui se dérobe à son devoir. Tu sais, durant toutes ces années, alors que je t'écoutais, bien avant que tu ne composes des chansons pour moi, j'étais contente que tu t'attaques uniquement aux jeunes gens, aux forts. Que tu pourchasses les voleurs et les assassins et que tu prennes plaisir à t'approprier leur existence scélérate. Qu'as-tu fait de ton courage ? De ton impulsivité ? De ton goût du risque ?

– Ces hommes que tu me destines sont-ils des scélérats ?

Un instant, ses yeux se rétrécirent.

– Serais-tu lâche, après tout ? La grandeur de mon dessein t'effrayerait-elle ? Car supprimer une vie ne doit pas beaucoup te gêner.

– Tu te trompes. Ça m'a toujours gêné. Mais oui, la grandeur de ton dessein me terrifie. Ce chaos, cette violation des principes moraux me révolte. Ce n'est pas de la lâcheté, pour autant que je sache.

Comme j'avais l'air calme, sûr de moi. Ce n'était qu'une apparence, et elle le savait.

– Permets-moi de te dire que ta révolte est inutile, car tu ne peux m'arrêter. Je t'aime, tu le sais. J'aime ton visage. Il me remplit de bonheur. Mais il serait absurde de croire que tu puisses avoir une quelconque influence sur moi.

Nous nous fixâmes en silence. J'essayais de trouver les mots qui décriraient sa grâce si semblable à celle des princesses aux noms depuis longtemps oubliés sur les fresques égyptiennes. J'essayais de comprendre pourquoi rien que de la regarder mon cœur se serrait. Et pourtant je ne me souciais pas de sa beauté. Seule notre conversation me préoccupait.

– Pourquoi avoir choisi ce moyen ? demandai-je.

– Tu le sais, répondit-elle avec un sourire patient. C'est le meilleur. L'unique. Le fruit de siècles de méditations.

– Mais c'est une erreur, une erreur abominable.

– Non, ce n'est pas une erreur. T'imagines-tu que j'agis sur un coup de tête ? Je ne prends pas mes décisions comme toi, mon prince. Ta spontanéité juvénile m'est très chère, mais il y a longtemps que j'ai perdu cette fraîcheur. Ton esprit fonctionne à l'échelle d'une vie humaine faite de projets et de plaisirs dérisoires. J'ai mûri durant des siècles mon dessein pour ce monde qui, désormais, m'appartient. Et je suis certaine que je dois procéder ainsi. Je ne peux pas métamorphoser ce monde en un jardin, créer le paradis rêvé par l'humanité, à moins d'éliminer la presque totalité du sexe masculin.

– Tu as donc l'intention de massacrer quarante pour cent de la population ? Quatre-vingt-dix pour cent des hommes ?

– Nies-tu que cela mettra un terme aux guerres, aux viols, aux brutalités ?

– Mais la question...

– Non, réponds-moi d'abord. Nies-tu que cela mettra un terme aux guerres, aux viols, aux brutalités ?

– Tuer tout le monde y mettrait également un terme !

– Ne joue pas avec les mots. Réponds à ma question.

– Ton projet n'est-il pas un jeu, lui aussi ? Le prix en est inacceptable. C'est de la folie. Un génocide. Une aberration.

– Calme-toi. Tes propos sont incohérents. Ce que j'ai accompli jusqu'ici n'est que le juste retour des choses. As-tu oublié que les peuples ont jadis limité le nombre de leurs enfants du sexe féminin ? Qu'ils les ont tués par millions pour ne garder que les garçons afin d'en faire des guerriers ? Tu ne peux imaginer l'étendue de ce massacre.

« Les femmes domineront désormais les hommes, et les guerres cesseront. Et que dis-tu des autres crimes perpétrés par les hommes contre les femmes ? Si un peuple avait été coupable de telles atrocités envers un autre, n'aurait-il pas été mis au ban des nations ? Et pourtant, jour et nuit, à travers le globe, l'horreur se perpétue. »

– D'accord. Tu as raison. Entièrement raison. Mais ta solution en est-elle meilleure pour autant ? Ce carnage est immonde. Si tu veux vraiment régner...

Même cette hypothèse me semblait extravagante. Je songeai aux paroles prononcées par Marius à l'époque lointaine des perruques poudrées et des escarpins de satin – le christianisme était en voie de disparition, pensait-il, et peut-être qu'aucune religion nouvelle ne le remplacerait.

« Qui sait si une civilisation plus extraordinaire ne naîtra pas des cendres de la religion, avait-il suggéré, si le monde ne progressera pas vraiment, sans plus se soucier des dieux et des déesses, des démons et des anges... »

N'était-ce pas la véritable destinée de cette terre ? La destinée vers laquelle elle se dirigeait d'elle-même ?

– Quel utopiste tu es, mon bel archange, me lança-t-elle sévèrement. Avec quel soin tu choisis tes chimères ! Regarde les pays du Moyen-Orient, où les tribus du désert, maintenant enrichies grâce au pétrole qu'elles ont tiré des sables, s'exterminent les unes les autres au nom d'Allah ! La religion n'est pas morte ; elle durera toujours. Toi et ton Marius, vous raisonnez comme des joueurs d'échecs, et vos idées ne valent pas mieux que les pièces de ce jeu. Vous ne voyez pas au-delà de l'échiquier où vous les manœuvrez de case en case selon la tactique qui sied à vos âmes douillettes et étriquées.

– Tu as tort, rétorquai-je, furieux. Peut-être pas à notre sujet. Mais nous ne comptons pas. A propos de ce dessein que tu as mis en œuvre. Tu te trompes du tout au tout.

– Non, je ne me trompe pas. Et personne au monde ne pourra m'arrêter. Nous assisterons, pour la première fois depuis qu'un homme a levé son gourdin sur son frère, à la naissance d'une société gouvernée par les femmes. Nous verrons ce qu'elles ont à apprendre aux hommes. Et lorsqu'ils auront appris, alors seulement ils pourront revenir se mêler aux femmes.

– Il y a sûrement un autre moyen. Grands dieux, je suis aussi médiocre, aussi faible que la plupart des hommes qui ont hanté cette terre. Je ne peux pas te convaincre de leur laisser la vie sauve. Je serais incapable de plaider ma propre cause. Mais, Akasha, pour l'amour des êtres vivants, je te conjure de renoncer à ce carnage...

– C'est toi qui me parles de carnage ? Dis-moi la valeur d'une vie humaine, Lestat ? Combien de mortels as-tu expédiés dans la tombe ? Nos mains sont souillées de sang, du même sang qui coule dans nos veines.

– En effet. Et aucun de nous ne possède la sagesse ni la science infuses. Je te supplie d'arrêter, de réfléchir... Sûrement, Marius...

– Marius ! se moqua-t-elle doucement. Que t'a appris Marius ? Que t'a-t-il apporté, véritablement apporté ?

Je ne répondis pas. J'en étais incapable. Et sa grâce me troublait. La rondeur de ses bras. La fossette au creux de sa joue.

– Mon chéri, me dit-elle, le visage soudain aussi tendre que la voix. Songe à ce Jardin Sauvage régi par les seuls principes esthétiques auxquels tu aspires, songe aux lois qui président à l'évolution de la création tout entière, de ses couleurs et de ses formes dans leur magnificence et leur glorieuse multiplicité. La beauté est omniprésente dans la nature, et partout elle est associée à la mort. Moi, j'édifierai un paradis, un paradis éternel, qui transcendera la nature ! Je la purifierai de sa violence primitive. Ne comprends-tu pas que les hommes ne feront jamais que rêver de paix alors que les femmes sont capables de réaliser ce rêve ? Ma vision est ancrée dans le cœur de chacune d'entre elles. Mais elle ne peut survivre au feu destructeur des hommes. Et ce feu est si terrible que la terre elle-même risque de s'y engloutir.

– Et si un élément t'échappait dans cette grandiose construction ? hésitai-je, cherchant les mots justes. Si la dualité du masculin et du féminin était indispensable à l'être humain ? Si les femmes avaient besoin des hommes ? Si elles se rebellaient et cherchaient à les protéger ? Le monde ne se réduit pas à cet îlot barbare ! Toutes les femmes ne sont pas des paysannes aveuglées par tes mirages !

Elle se rapprocha, et la lumière joua sur ses traits.

– Tu crois vraiment que les hommes répondent à l'aspiration des femmes ? C'est ça ce que tu essayes de m'expliquer ? Dans ce cas, nous en épargnerons une poignée de plus et nous les parquerons là où les femmes pourront venir les regarder comme elles t'ont regardé, les toucher comme elles t'ont touché. Où elles auront tout loisir d'en user quand bon leur semblera. Et je t'assure que leur captivité sera plus douce que les traitements qu'ils ont fait subir aux femmes.

Je poussai un soupir. Inutile de discuter. Elle avait tout à la fois totalement raison et totalement tort.

– Tu te sous-estimes, car je connais tes arguments. Durant des siècles, je les ai pesés. Là où tu te trompes, c'est en pensant que mon esprit se restreint aux limites de l'humain. Pour me comprendre, il te faudrait t'élever à des sphères autrement supérieures. Et tu aurais plus vite fait, mon pauvre prince, de percer les mystères de la désintégration de la matière ou de la formation des trous noirs dans l'espace.

– Il doit bien y avoir un moyen d'éviter la mort, d'en triompher.

– Ce que tu demandes là, mon archange, est contraire à la nature. (Elle s'interrompit, soudain anxieuse, ou plutôt bouleversée par les mots qu'elle venait de prononcer.) Mettre un terme à la mort, souffla-t-elle, révélant une douleur secrète. Mettre un terme à la mort, répéta-t-elle.

Mais elle n'avait plus conscience de ma présence. Je l'observai qui fermait les yeux et portait les mains à ses tempes.

Les voix l'envahissaient, de nouveau. Elle les laissait déferler. A moins qu'elle ne fût incapable de les endiguer. Elle murmura quelques syllabes incompréhensibles dans une langue ancienne. Je fus étonné de son apparente vulnérabilité. La clameur semblait l'isoler du monde. Son regard erra à travers la pièce avant de se poser sur moi et de s'éclairer.

J'étais interdit, accablé. Combien dérisoire avait été ma conception du pouvoir! Terrasser une poignée d'adversaires, être vénéré comme un symbole par les mortels; jouer un rôle dans le drame de l'existence, un drame sans commune mesure avec mon insignifiance, un drame dont l'étude pouvait occuper l'esprit d'un être durant des millénaires. Et soudain, nous échappions au temps, à la morale; nous étions capables de renverser des systèmes de pensée. Ou n'était-ce qu'une illusion? Combien d'autres avaient poursuivi ce but, à leur manière?

– Ils n'étaient pas immortels, mon bien-aimé.

Son ton était presque implorant.

– Mais nous ne le sommes que par accident, répliquai-je. Nous n'aurions jamais dû voir le jour.

– Ne parle pas ainsi!

– C'est plus fort que moi.

– Peu importe, désormais. Quand donc arriveras-tu à comprendre la valeur relative des choses ? Je n'invoquerai pas de raison suprême pour justifier mon dessein, seulement des motifs simples et pragmatiques. La façon dont nous sommes nés n'a aucune importance. Ce qui compte, c'est que nous ayons survécu. Tu ne vois donc pas que de cette survivance miraculeuse procéderont tous les autres miracles ?

Pris de panique, je secouai la tête. Le musée que les villageois venaient de brûler m'apparut. Les statues noircies et éparpillées sur le sol. Le sentiment de cette perte me déchira.

– Ni l'histoire, ni l'art ne sont essentiels, dit-elle. Ces notions impliquent une continuité qui n'existe pas. Elles satisfont notre besoin de modèles, de sens. Mais nous sommes leurs dupes au bout du compte, car c'est à nous de donner un sens à l'univers.

Je lui tournai le dos, de crainte de me laisser ensorceler par sa détermination, sa beauté, l'éclat de ses yeux noirs. Je sentis ses mains sur mes épaules, ses lèvres contre ma nuque.

– Dans très longtemps, murmura-t-elle, quand mon jardin aura fleuri bien des étés, quand le viol et la guerre ne seront plus que des souvenirs et que les femmes regarderont les vieux films documentaires sans parvenir à croire que pareilles horreurs aient pu être accomplies; quand les valeurs des femmes seront gravées aussi profondément dans les mœurs que l'agressivité virile aujourd'hui, alors les hommes pourront peut-être revenir. Lentement, leur nombre s'accroîtra. Les enfants grandiront dans un monde où le viol et la guerre seront inconcevables. Et alors... alors seulement... lorsque cette société nouvelle sera prête à les recevoir, les hommes resurgiront.

– Ça ne marchera pas. C'est impossible.

– Pourquoi dis-tu ça ? Regarde la nature, comme tu t'y obstinais tout à l'heure. Promène-toi dans le jardin qui entoure la villa. Observe les abeilles dans leurs ruches, les fourmis laborieuses. Ce sont des femelles, mon prince, des millions de femelles. Le mâle n'est qu'une aberration, un spécimen destiné à la reproduction. Elles ont acquis, longtemps avant moi, la sage habitude de limiter l'espèce mâle. Et nous vivons désormais une période où les hommes n'ont plus guère d'utilité. Explique-moi, mon prince, à quoi servent-ils, sinon à protéger les femmes des autres mâles ?

– Pourquoi tiens-tu à me mêler à cette tuerie ? m'écriai-je, désespéré, en me retournant pour la braver. Pourquoi as-tu fait de moi ton prince consort ? Pour l'amour du ciel, pourquoi ne me massacres-tu pas avec le reste des hommes ? Choisis un autre immortel, un ancien qui a soif de pouvoir. Tu n'auras aucun mal à en trouver un. Moi, je ne veux pas régenter le monde. Je ne veux rien régenter du tout. Jamais cette idée ne m'a effleuré.

Son expression changea imperceptiblement. Une tristesse vague, fugitive obscurcit un instant son regard. Ses lèvres tremblèrent, comme si elle essayait de dire quelque chose et n'y parvenait pas. Puis, elle me répondit :

– Lestat, si le monde entier devait être détruit, je t'épargnerais. Aussi insensé que cela puisse paraître, tes défauts étincellent à l'égal de tes qualités. Mais au plus profond de moi, je t'aime parce que tu incarnes tout ce qui est mauvais dans les créatures mâles. Tu es agressif, haineux, téméraire, doué d'une faconde intarissable quand il s'agit d'excuser la violence – tu es la quintessence même de la masculinité. Et une telle pureté est extraordinaire. Mais uniquement parce que désormais, elle peut être contrôlée.

– Par toi, bien entendu.

– Oui, mon chéri. Tel est le destin qui m'a été tracé. Et même si personne ne l'approuve, je mènerai à bien ma mission. Pour l'heure, c'est le feu masculin qui éclaire et ravage le monde, mais lorsque le brasier sera éteint, tu brilleras d'une flamme encore plus éclatante, tu resplendiras comme une torche.

– Tu vas dans mon sens, Akasha ! Ne penses-tu pas que les âmes des femmes ont besoin de ce feu ? Seigneur, tu réorganiserais la voûte céleste elle-même !

– Oui, leurs âmes ont besoin de ce feu. Elles ont besoin de le contempler à travers l'éclat d'une torche ou d'une bougie. Et non pas comme aujourd'hui de s'y brûler. Aucune femme au monde n'a jamais voulu de cette fournaise dévastatrice. Elles désirent sa lumière, ma beauté, sa lumière! Et sa chaleur! Mais pas son pouvoir destructeur. Elles ne sont pas folles.

– D'accord. Admettons que tu accomplisses ton dessein. Que tu déclenches ce cataclysme et qu'il balaye le monde – note que je suis sceptique. Mais si tu y parviens, n'y a-t-il rien sous ces cieux pour réclamer réparation? Avec ou sans dieux, ne devrons-nous pas, toi, moi, les humains eux-mêmes, expier ce crime?

– Ce crime, pour te citer, aura ouvert la porte au bonheur, ainsi s'en souviendront les générations futures. Et plus jamais la population mâle ne croîtra dans de telles proportions, car qui voudrait que se reproduisent de pareilles horreurs?

– Oblige les hommes à t'obéir. Éblouis-les comme tu as ébloui les femmes, comme tu m'as ébloui.

– Mais, Lestat, jamais ils ne se plieraient à ma volonté. Tu as l'intention de t'y plier, toi? Eux aussi préféreraient mourir. Je ne ferais que leur donner une nouvelle raison de se rebeller, à supposer qu'ils en aient besoin. Ils se rassembleraient et résisteraient héroïquement. Une déesse à combattre, quelle aubaine! Ces vaines révoltes ne se répéteront déjà que trop souvent. Les hommes ne peuvent s'empêcher de réagir en homme. Je ne parviendrais à régner qu'en les opprimant, en les massacrant. Ce serait le chaos. Alors qu'ainsi l'enchaînement de la violence cessera. Une ère de paix débutera.

J'avais retrouvé mon calme. Dans ma tête se bousculaient mille répliques que je rejetais aussitôt. Sa détermination était bien arrêtée. Et à dire vrai, un grand nombre de ses arguments étaient justes.

Mais quelle idée! un monde sans hommes. Oh! non, ne te laisse pas tenter par ce mirage. Ne... Cependant la vision réapparut, la vision que j'avais entraperçue dans ce bidonville, celle d'un univers débarrassé de la peur.

Je m'imaginais essayant d'expliquer aux femmes le comportement des hommes. Leur expliquer qu'à une époque les rues des villes étaient des coupe-gorge. Leur expliquer ce que le viol signifiait pour les mâles de leur espèce. Et je voyais leur expression interloquée, tandis qu'elles tentaient de comprendre, d'accomplir ce saut dans l'inconcevable. Je sentais la douceur de leurs mains sur mon corps.

— C'est de la folie, haletai-je.

— Pourquoi me combats-tu si durement, mon prince, murmura-t-elle, un accent amer, douloureux dans la voix.

Elle se rapprocha. Si elle m'embrassait, j'allais me mettre à pleurer. J'avais cru savoir ce qu'était la beauté des femmes, mais la sienne me semblait indicible.

— Mon prince, chuchota-t-elle. Mon dessein est parfaitement logique. Un monde dans lequel on épargne un petit nombre d'individus mâles pour la reproduction est un monde de femmes. Et ce monde révolutionnera notre histoire sanglante, cette histoire où les hommes d'aujourd'hui cultivent des bactéries dans des éprouvettes afin de ravager des continents sous les armes chimiques et fabriquent des bombes capables de catapulter le globe hors de son orbite.

— Et si certaines femmes privilégiaient leurs caractères masculins, à l'exemple des hommes qui souvent développent une féminité lorsqu'ils sont séparés de leurs compagnes ?

— Ton objection est absurde. Ces distinctions ne sont jamais que superficielles. Les femmes restent des femmes ! Tu conçois une guerre menée par des femmes ? Réponds, sois sincère. Tu imagines des hordes de femmes parcourant la campagne dans le but de piller ? Ou de violer ? Ton idée est grotesque. Les rares brebis égarées seraient vite châtiées. A l'inverse, un changement majeur s'opérera. La paix a toujours été possible sur cette terre, il y a toujours eu des êtres prêts à la réaliser et à la préserver, et ces êtres étaient les femmes. A condition que soient écartés les hommes.

Atterré, je m'assis au bord du lit, et me pris la tête dans les mains. Mon Dieu, mon Dieu ! Pourquoi cette supplique me revenait-elle sans cesse à l'esprit ? Dieu n'existait pas ! J'étais dans cette pièce avec la seule divinité qui fût.

Elle éclata d'un rire triomphant.

— En effet, mon adoré, s'écria-t-elle en me saisissant la main et en m'obligeant à lever la tête. Mais avoue, cette histoire ne t'excite-t-elle pas un peu ?

Je la regardai.

– Que veux-tu dire ?

– Toi, mon vif-argent. Toi qui as métamorphosé cette enfant, Claudia, en buveur de sang, uniquement par curiosité (une ironie affectueuse perçait dans sa voix), allons, tu n'as pas envie de voir ce qui se passera si tous les hommes disparaissent de la surface du globe ? Ça n'aiguise pas ta curiosité ? Sois sincère. L'idée est affriolante, non ?

J'esquissai un signe de dénégation.

– Lâche, souffla-t-elle.

Personne ne m'avait jamais traité de lâche.

– Lâche, répéta-t-elle. Tu n'es qu'une larve aux rêves étriqués.

– Peut-être n'y aurait-il ni guerre, ni viol, ni exaction, si tous les gens étaient des larves, comme tu me qualifies si obligeamment.

Elle eut un rire plein d'indulgence.

– Nous pourrions discuter indéfiniment, murmura-t-elle. Mais bientôt nous saurons. Le monde sera tel que je l'entends, et nous verrons ce qui s'ensuit.

Elle s'assit à mes côtés. Un instant, je crus devenir fou. Elle noua ses bras autour de mon cou. Jamais corps féminin ne m'avait semblé plus doux, plus offert, plus sensuel. Pourtant, elle était si forte, si dure.

La lumière des lampes s'estompait. Et le ciel au-dehors brillait d'un éclat indigo.

– Akasha, soupirai-je.

Je contemplai les étoiles, par-delà la terrasse. Je voulus dire quelque chose, quelque chose de décisif qui balayerait toutes ses objections ; mais la torpeur me gagnait. Elle m'avait sûrement envoûté, et hélas, la certitude que j'en avais ne me délivrait pas de ce sortilège. Je sentis ses lèvres sur les miennes, je sentis le satin de sa peau.

– Oui, repose-toi, mon ange. Et à ton réveil, les victimes t'attendront.

– Les victimes...

Rêvant à demi, je la serrais contre moi.

– Dors, à présent. Tu es encore jeune et fragile. Mon sang te modèle, te métamorphose, te parfait.

Il me détruit plutôt ; il mine mon cœur, ma volonté. J'eus vaguement conscience de bouger mes membres, de m'allonger sur le lit. Je m'enfonçai dans les coussins, prisonnier de sa chevelure soyeuse, de ses doigts, de sa bouche. Elle m'embrassa, et le sang bouillonna sous ma langue.

– Écoute les fleurs s'ouvrir, murmura-t-elle. Écoute la mer. Tu peux les entendre, maintenant. Tu peux entendre les minuscules créatures bruire au fond de l'eau. Tu peux entendre les dauphins chanter.

Je dérivais. En sûreté au creux de son épaule. Elle, la toute- puissante, celle qui semait la terreur.

Oublie l'odeur âcre des cadavres sur les bûchers. Oui, écoute les vagues se briser sur le sable, le pétale se détacher et tomber sur le dallage. Le monde s'écroule, et je n'y peux rien, je suis dans ses bras et je m'endors.

– Tu n'es pas le premier à oublier, mon amour, m'apaisa-t-elle. Comme des millions de mortels chaque nuit, tu t'évades de ce monde de souffrance et de mort.

L'obscurité. Des images splendides défilaient dans ma tête. Un palais encore plus merveilleux que celui-ci. Des victimes. Des servantes. Une existence fabuleuse.

– Oui, mon chéri, tout ce que tu désires. L'univers à tes pieds. Je te ferai bâtir des milliers de palais par tes adoratrices. Rien de plus facile. Et songe à la chasse, mon prince. Songe à la battue, avant que les hommes ne soient tous exterminés. Car ils chercheront à t'échapper, ils se cacheront, et tu les traqueras.

Dans la pénombre qui précède les rêves, je me vis planer dans le ciel, comme les héros antiques, au-dessus de vastes étendues où clignotaient leurs feux de camp.

En bande, comme les loups, ils sillonneraient les villes et les bois, n'osant se montrer que de jour, pendant que nous dormirions. La nuit tombée, nous surgirions, capterions pour les repérer leurs pensées, l'odeur de leur sang, les murmures des femmes qui les auraient aperçus ou peut-être même hébergés. Alors nous fondrions sur eux, nous les éliminerions un à un, à l'exception de ceux que nous voudrions vivants et que nous saignerions lentement, impitoyablement.

Et de cette guérilla meurtrière naîtrait la paix ? De ce jeu immonde, le paradis ?

Je m'efforçai d'ouvrir les yeux. Elle posa ses lèvres sur mes paupières.

Le rêve m'engloutit.

Une plaine aride, le sol craquelé. Une forme se dresse, repoussant les mottes de terre sèches. Cette forme, c'est moi. Moi qui marche à travers ce désert tandis que le soleil décline à l'horizon. Le ciel est encore clair. Je regarde les guenilles immondes qui me recouvrent. Mais non, ce n'est pas moi. Je ne suis que Lestat. Et j'ai peur. Si seulement Gabrielle était là. Et Louis. Peut-être Louis parviendrait-il à la convaincre ? Ah, Louis, de nous tous, celui qui sait...

L'autre rêve surgit. Les deux femmes rousses agenouillées devant l'autel où repose le corps – le corps de leur mère qu'elles s'apprêtent à dévorer. Oui, c'est leur devoir, leur droit sacré – manger le cerveau et le cœur. Mais elles ne le feront jamais car quelque chose d'atroce interrompt toujours le sacrifice. Les soldats arrivent... J'aimerais tant comprendre.

Le sang.

Je me réveillai en sursaut. J'avais dormi des heures. La chambre était plus fraîche, le ciel merveilleusement transparent à travers les portes-fenêtres ouvertes. La lumière qui emplissait la pièce rayonnait de son corps.

– Les femmes attendent, et les victimes ont peur.

Les victimes. La tête me tournait. Ce sang délectable. De toute façon, ces hommes étaient condamnés. Ces jeunes mâles dont elle me faisait présent.

– Oui. Mais viens, ne prolonge pas leurs souffrances.

Hébété, je me levai. Elle m'enveloppa dans une longue cape, plus simple que la sienne, mais chaude et douce au toucher. Puis elle plongea ses mains dans mes cheveux.

– Les hommes, les femmes, tout ne se résumerait qu'à cet antagonisme ? murmurai-je.

Mon corps titubait de sommeil. Mais ce sang qui m'attendait !

Ses doigts effleurèrent ma joue. Je pleurais encore ?

Nous quittâmes la chambre et longeâmes un large palier jusqu'à un escalier qui menait à une immense salle. Des candélabres partout. Une pénombre voluptueuse.

Des femmes, deux cents peut-être ou plus, assemblées au centre de la pièce, immobiles, le visage levé vers nous, les mains jointes comme pour la prière.

Malgré leur recueillement, elles tranchaient par leur allure barbare sur le mobilier italien orné de bronze. Tout à coup, sa phrase me revint à l'esprit : « Ni l'histoire ni l'art ne sont essentiels. » Je fus pris de vertige. Sur les murs couraient ces peintures vaporeuses du XVIIIe siècle, parsemées de nuages moirés, d'anges joufflus et de ciels d'azur.

Ignorant ce faste qui ne les avait jamais touchées et ne signifiait rien pour elles, les femmes contemplaient nos silhouettes sur le palier, vision qui s'évanouit dans un éclair de murmures et de couleurs pour se matérialiser soudain au pied de l'escalier.

Des soupirs s'élevèrent, des mains se dressèrent comme pour protéger les têtes inclinées d'une explosion de lumières. Puis, tous les yeux se fixèrent sur la Reine des Cieux et son prince consort, le prince quelque peu secoué, se mordant les lèvres, essayant de comprendre cet horrible cérémonial, cet horrible mélange d'adoration et de sacrifice humain.

On amena les trois victimes. Des spécimens magnifiques. La peau sombre, le cheveu noir. Des Méditerranéens. Aussi beaux que leurs jeunes compagnes. Ces mêmes corps trapus et musclés qui depuis des siècles avaient inspiré les artistes. Les pupilles noires comme de l'encre, le visage glabre. L'air sournois, hargneux, guettant les créatures surnaturelles qui avaient décrété la mort de leurs frères à travers le globe.

Nus jusqu'à la taille, ils étaient étroitement ligotés avec des courroies – sans doute leurs propres ceintures et celles de leurs compagnons assassinés. Même leurs chevilles étaient entravées. Un seul d'entre eux tremblait, tout autant de rage que de peur. Subitement, il se mit à se débattre. Les deux autres se tournèrent vers lui et suivirent son exemple.

Mais la masse des femmes se referma sur eux, les forçant à s'agenouiller. A la vue des courroies qui entaillaient la chair sombre de leurs bras, je sentis le désir monter en moi. Pourquoi ce spectacle m'excitait-il autant ? Et les mains des femmes, ces mains crispées et menaçantes qui pouvaient se faire si douces, ces mains les immobilisaient. Incapables de lutter contre cette multitude, ils se soumirent, et celui qui s'était révolté le premier me défia d'un regard accusateur.

446

Démons, diables, suppôts de l'enfer! Qui d'autre aurait pu ainsi ravager son monde? Les ténèbres engloutissent la terre! Voilà ce que je lisais dans son cerveau.

Mais la convoitise me tenaillait. *Tu vas mourir, et c'est moi qui te tuerai!* Il parut pénétrer ma pensée. Et une haine féroce contre les femmes se déchaîna en lui. Une haine peuplée d'images de viol et de vengeance qui me fit sourire. Pourtant, je le comprenais. Je le comprenais du plus profond de mon âme. Il était si facile de partager son mépris, son indignation devant la trahison des femmes, ces esclaves qui soudain s'insurgeaient dans la lutte séculaire! Un voile noir m'enveloppa, le voile obscur de ces fantasmes expiatoires.

Je sentis les doigts d'Akasha sur mon bras. L'exultation, le sentiment de béatitude revint. Je tentai d'y résister. Sans succès cette fois encore. Et le désir ne s'éteignait pas. J'en avais la bouche sèche, maintenant.

Oui, jouis de cet instant, deviens-en le pur instrument. Que le sacrifice commence.

A leur tour, les femmes ployèrent les genoux. Les hommes, les yeux vitreux, les lèvres entrouvertes et frémissantes, parurent se calmer.

J'examinai les épaules musclées du premier, l'indocile. J'imaginais comme toujours en pareils moments le contact rêche de sa gorge contre ma bouche quand mes dents transperceraient sa peau – pas la peau glacée de la déesse, une peau humaine tiède et imprégnée de sel.

Oui, mon bien-aimé. Prends-le. Sacrifie-le, tu le mérites. Tu es un dieu à présent. Sais-tu combien d'autres t'attendent?

Les femmes semblaient connaître le rituel. Elles le relevèrent. Il lutta encore un peu, mais quand je le saisis, son corps épuisé se convulsa une dernière fois. Je ne maîtrisais pas encore ma force et refermai ma main trop brutalement sur son crâne. J'entendis les os craquer lorsque mes dents s'enfoncèrent dans sa chair. La mort vint instantanément tant ma première gorgée fut longue. Je brûlais d'impatience. Ce corps saigné en une seconde ne suffisait pas à étancher ma soif.

Aussitôt je m'emparai de la victime suivante, m'efforçant à plus de lenteur, afin de m'abîmer avec elle dans les ténèbres, comme je l'avais souvent fait, et sentir palpiter son âme. Oui, cette âme qui me divulguait ses secrets tandis que le sang jaillissait de l'artère et que j'en emplissais ma bouche avant de l'avaler. *Mon frère. Je suis désolé, mon frère.* Puis, titubant, je foulai le cadavre aux pieds.

– Le dernier. Donnez-le-moi.

Aucune résistance. Il me fixa avec sérénité, comme si une lumière l'habitait et qu'il avait trouvé refuge dans la théorie ou la foi. Je l'attirai – du calme, Lestat! – et puisai à cette source bénie la mort lente, profonde dont j'avais faim, son cœur battant à tout rompre comme si jamais il ne s'arrêtait, un ultime soupir sur ses lèvres, ma vue encore brouillée, les images déjà estompées de sa brève et banale existence soudain réduites à une étincelle fulgurante. Je relâchai mon étreinte.

Son corps retomba, vide de toute image.

Il ne restait plus que la salle éclairée, les femmes en extase.

Le silence. Pas un mouvement. Seul emplissait la pièce le bruit de la mer, ce mugissement lointain et monotone.

Alors retentit dans ma tête la voix d'Akasha.

Les hommes ont maintenant expié leurs péchés. Aimez ceux qui ont été épargnés, veillez sur eux. Mais ne leur rendez jamais la liberté, car ils vous ont opprimées.

Soudain la vérité se fit dans mon esprit.

La sensualité brutale dont ces femmes venaient d'être témoins devait à jamais graver dans leur mémoire la violence inhérente à l'espèce mâle pour toujours asservie. Les hommes avaient été immolés sur l'autel de leur propre violence.

Somme toute, ces femmes avaient assisté à un rite transcendant : au sacrifice renouvelé de la messe. Et elles y participeraient encore afin de ne jamais oublier.

Ce paradoxe me plongeait dans le trouble le plus profond. Mes petites ambitions d'hier resurgissaient pour me torturer. J'avais voulu que les mortels me célèbrent. J'avais voulu être le symbole du mal sur le théâtre du monde, et par là même accomplir le bien.

Et je l'étais en effet à présent, j'étais l'image même du mal, un mythe vivant dans l'esprit de ces âmes simples, ainsi qu'Akasha me l'avait promis. Une petite voix me martelait à l'oreille ce vieil adage : « Méfie-toi de tes souhaits, car ils risquent d'être exaucés. »

Oui, c'était bien là le ver dans le fruit : tout ce que j'avais souhaité s'était réalisé. Quand je l'avais embrassée dans le mausolée, j'avais désiré la réveiller, j'avais rêvé de posséder son pouvoir ; et maintenant, nous étions réunis, elle et moi. Les hymnes résonnaient autour de nous. Les chants de triomphe. Les cris de joie.

Les portes du palais s'ouvrirent toutes grandes.

Dans tout l'éclat de notre splendeur et de notre magie, nous nous élevions dans les airs, franchissions le seuil de l'ancienne demeure, volions au-dessus de ses toits, au-dessus des eaux scintillantes, jusque dans la lente trajectoire des étoiles.

Je n'avais plus peur de tomber. Je n'éprouvais plus de peurs aussi dérisoires. Car mon être, aussi insignifiant fût-il, était assailli de terreurs qui dépassaient tout ce que mon imagination pouvait concevoir.

6

L'HISTOIRE DES JUMELLES
(suite)

Elle rêvait qu'elle chassait. Elle était dans une grande ville sombre qui ressemblait à Londres ou à Rome, et elle rôdait, poussée par la soif du sang, à la recherche de ce qui serait sa première proie humaine. Juste avant d'ouvrir les yeux, elle avait basculé dans cet abîme où le simple acte de tuer éclipsait toutes les valeurs sur lesquelles s'appuyait jusqu'alors son existence. Elle avait fait comme le serpent quand il referme l'étau de ses mâchoires sur la minuscule souris qu'il va broyer lentement, sourd à ses cris pitoyables.

Elle s'éveilla dans le noir. La maison déjà vivante au-dessus d'elle. Les anciens l'appelaient. Une télévision était allumée quelque part. La Sainte Vierge était apparue sur une île de la mer Méditerranée.

Elle n'avait pas faim, le sang de Maharet était trop puissant. Pourtant, l'idée de meurtre la poursuivait, aguichante comme le sourire obscène d'une catin dans une ruelle sombre.

Elle sortit de la boîte étroite dans laquelle elle reposait et tâtonna dans le noir jusqu'à la porte de métal. Elle pénétra dans le vestibule et leva les yeux sur l'interminable escalier de fer qui tournait autour de son axe, tel une gigantesque colonne vertébrale, et elle aperçut le ciel à travers la verrière. Mael était déjà à mi-hauteur, au rez-de-chaussée de la maison, et il la contemplait.

Je suis l'une d'entre vous et nous sommes réunis.

Elle fut prise de vertige à cette pensée, et aussi au contact de la rampe métallique sous sa paume. Un sentiment passager de regret l'envahit, le regret pour tout ce qu'elle avait été avant que cette beauté sauvage ne l'emporte dans son tourbillon.

Mael descendit à sa rencontre, comme pour l'arracher à sa nostalgie.

Il comprenait, n'est-ce pas, la façon dont la terre respirait pour elle désormais, dont la forêt chantait, dont les racines perçaient, la nuit, ces murs d'argile.

Elle scruta Mael. Il exhalait une légère odeur de cuir tanné et de poussière. Comment avait-elle pu croire que de tels êtres, avec des prunelles brillant de cet éclat, étaient humains ? Pourtant le temps viendrait où elle serait à nouveau parmi les mortels et où elle verrait leurs yeux s'arrêter sur elle pour s'écarter aussitôt. Elle se hâterait à travers une cité obscure comme Londres ou Rome. Plongeant ses yeux dans ceux de Mael, elle revit la vieille catin dans la ruelle. Pas une image précise. Non, seulement la ruelle et le meurtre. En silence, tous deux se détournèrent d'un même mouvement lent, presque respectueux. Il lui prit la main et examina le bracelet qu'il lui avait donné. Puis il l'embrassa brusquement sur la joue et l'entraîna dans l'escalier, vers la pièce au sommet de la montagne.

Le son de la télévision devenait de plus en plus fort. Une voix parlait d'hystérie collective au Sri Lanka, de femmes tuant les hommes – et jusqu'aux enfants mâles. L'île de Lynkonos avait été le théâtre d'hallucinations collectives et d'une épidémie de morts inexpliquées.

Elle mit un certain temps pour comprendre ce qu'elle entendait. Ainsi ce n'était pas la Sainte Vierge ; elle avait pourtant trouvé cette version si charmante dans sa naïveté. Elle se tourna vers Mael, mais il regardait droit devant lui. Il était déjà au courant. Il y avait plus d'une heure qu'il écoutait les nouvelles.

Quand elle entra dans la salle, elle vit le spectacle étrange de ses nouveaux frères et sœurs de l'Ordre secret des morts vivants, dispersés dans la pièce comme autant de statues de marbre, luminescentes dans la lumière bleutée que diffusait l'écran du téléviseur géant.

« ...Des événements comparables, dus à la contamination de la nourriture ou de l'eau, se sont déjà produits dans le passé. Mais aucune explication ne peut rendre compte de la similitude des phénomènes observés dans des endroits si éloignés les uns des autres, de la Méditerranée aux montagnes du Népal. Les personnes interpellées disent avoir vu une femme magnifique, indifféremment appelée la Sainte Vierge, la Reine des Cieux ou la Déesse, qui leur aurait ordonné de massacrer les hommes de leur village, à l'exception de quelques-uns soigneusement sélectionnés. Certains témoignages font également mention d'une apparition – mâle celle-ci –, une divinité blonde qui ne parle pas et ne possède encore aucun nom, officiel ou officieux... »

Jesse observa Maharet qui fixait le poste de télévision, le visage impassible, une main sur l'accoudoir de son fauteuil.

Des journaux couvraient la table, des journaux en français, en hindi et en anglais.

« ...de Lynkonos à plusieurs autres îles, avant que la police n'ait pu intervenir. Les premières estimations portent à deux mille le nombre des victimes, toutes de sexe masculin, dans ce petit archipel à la pointe de la Grèce. »

Maharet effleura le bouton de la télécommande et l'image s'évanouit. Le décor tout entier sembla disparaître, se fondre dans la forêt sombre, tandis que les parois vitrées devenaient transparentes et que les cimes embrumées des arbres s'étageaient à l'infini contre le ciel embrasé. Au loin, Jesse distingua, nichées dans les collines obscures, les lumières scintillantes de Santa Rosa. Elle pouvait encore sentir dans la pièce la présence du soleil, dont la chaleur s'échappait doucement par la verrière.

Elle regarda les autres, frappés de stupeur sur leurs chaises. Marius considérait tour à tour l'écran vide et les journaux étalés devant lui.

– Nous n'avons pas de temps à perdre, dit Khayman à Maharet. Tu dois continuer ton récit. Nous ne savons pas quand elle arrivera ici.

Il esquissa un geste et les journaux se recroquevillèrent en une énorme boule qui roula dans le feu où elle fut dévorée dans une gerbe de flammes.

Jesse fut prise d'un étourdissement. Tout allait trop vite. Elle étudia Khayman. S'habituerait-elle jamais à leurs figures de porcelaine et leurs expressions soudain violentes, à leurs douces voix humaines et à leurs mouvements presque imperceptibles ?

Que faisait la Mère ? Des hommes massacrés. Le tissu de la vie totalement détruit pour ces peuples ignorants. Une sensation de menace l'envahit. Elle chercha sur le visage de Maharet une réponse, un réconfort.

Mais les traits de Maharet étaient plus impénétrables que jamais. Elle n'avait pas, non plus, répondu à Khayman. Elle joignit les mains et y appuya son menton. Ses yeux étaient absents, lointains.

— Il nous faut la détruire, lança Marius, comme s'il ne pouvait se contenir davantage.

Ses joues s'embrasèrent, à la stupéfaction de Jesse, qui devina l'espace d'un instant son véritable visage humain, puis les couleurs s'estompèrent.

— Nous avons libéré un monstre, poursuivit-il et c'est à nous de faire en sorte que tout rentre dans l'ordre.

— Et comment nous y prendre ? interrogea Santino. A t'écouter, on dirait qu'il s'agit d'une simple affaire de volonté. Tu ne peux pas la tuer !

— En payant de notre vie, voilà comment, dit Marius. Signons un pacte et terminons-en une fois pour toutes avec cette créature, ainsi que nous aurions dû le faire depuis longtemps (son regard se posa sur chacun d'entre eux, s'attardant sur Jesse, puis se tournant vers Maharet). Son corps n'est pas indestructible. Il n'est pas fait de marbre. Je l'ai transpercé de mes dents, j'en ai bu le sang !

Maharet eut un petit mouvement d'impatience, qui semblait signifier : « Oui, je sais ces choses, et tu sais que je sais. »

— Et chaque fois que nous tailladerons ce corps, nous nous tailladerons nous-mêmes, rétorqua Éric. Moi je dis que nous devons partir d'ici, nous cacher. Que gagnons-nous à rester en ce lieu ?

— Elle vous tuera l'un après l'autre si vous tentez de fuir, dit Khayman. Vous n'êtes vivants que pour servir son dessein.

— Voudrais-tu achever l'histoire ? intervint Gabrielle en s'adressant à Maharet.

Elle s'était tenue en retrait jusqu'à présent, prêtant parfois une oreille distraite à leurs palabres.

— Je veux entendre la fin, je veux tout savoir ! dit-elle en croisant énergiquement les bras sur la table.

– Tu t'imagines peut-être que tu vas découvrir dans ces vieilles légendes le moyen de la vaincre, persifla Éric. Tu es folle!

– Continue ton récit, implora Louis. Je veux... (il hésita) je veux savoir ce qui est arrivé.

Maharet le dévisagea longuement.

– Oui, continue, Maharet, insista Khayman. Trêve de discours! Car selon toute probabilité, la Mère sera détruite, et nous savons, toi et moi, comment et pourquoi.

– Quelle valeur accorder aujourd'hui à une prophétie, Khayman? demanda Maharet d'une voix atone. Ne sommes-nous pas en train de commettre les mêmes erreurs que la Mère? Le passé peut nous servir de leçon, mais pas nous sauver.

– Ta sœur vient, Maharet. Elle vient comme elle l'a promis.

– Khayman, tu es incorrigible! déclara Maharet avec un sourire amer.

– Dis-nous ce qui s'est passé, répéta Gabrielle.

Maharet était assise, immobile, comme si elle cherchait à retrouver le fil de ses pensées. Le ciel derrière les vitres s'était assombri. Pourtant, une traînée rouge apparut à l'ouest, empourprant les nuages gris. Elle finit par disparaître et l'obscurité s'installa, trouée seulement par la lueur des flammes et les reflets incertains sur les parois de verre devenues miroirs.

– Donc Khayman vous a ramenées en Égypte?... reprit Gabrielle.

– Oui, il nous a ramenées en Égypte, commença Maharet.

Elle soupira en se redressant sur son siège, les yeux toujours fixés sur la table devant elle.

– Il n'y avait aucune échappatoire possible; Khayman nous aurait emmenées de force. Alors nous avons accepté notre destin. Depuis vingt générations, nous étions intervenues entre les hommes et les esprits. Si Amel avait commis des méfaits, nous essayerions de les réparer, ou du moins, d'en comprendre les raisons.

« Je dus me séparer de mon enfant. Je la laissai avec ces paisibles pasteurs qui avaient toute ma confiance. Je l'embrassai, appelai sur elle la protection des esprits et m'arrachai à elle. Puis je montai dans la litière royale qui nous emporta, comme les invitées du Roi et de la Reine de Kemet cette fois, et non comme leurs prisonnières.

« Khayman nous traita avec bonté durant la longue et pénible marche ; mais il était sombre, taciturne et évitait de croiser notre regard. C'était aussi bien, car nous n'avions pas oublié l'outrage que nous avions subi. Mais la dernière nuit, à peine le campement dressé sur la rive du grand fleuve que nous traverserions au matin pour atteindre le palais royal, Khayman nous fit appeler sous sa tente et nous entretint longuement.

« Ses manières étaient courtoises, dignes. Nous essayâmes de taire nos ressentiments tandis que nous écoutions son récit. Il nous apprit ce que le démon, comme il l'appelait, avait fait.

« Quelques heures seulement après que nous eûmes été conduites hors d'Égypte, il avait eu conscience d'être épié par une force obscure et maléfique. Partout où il allait, il sentait cette présence, bien qu'elle eût tendance à se dissiper à la lumière du jour.

« Puis des changements se produisirent dans sa maison, des petits détails qu'il était seul à remarquer. D'abord, il pensa qu'il perdait la raison. Son écritoire avait été déplacée, ensuite ce fut le tour de son sceau de grand intendant. Aux moments les plus inattendus, mais toujours quand il était seul, ces objets se mettaient à voler à travers la pièce, le frappant au visage ou s'écrasant à ses pieds. Certains réapparaissaient dans les endroits les plus incongrus. Par exemple, il retrouvait régulièrement son sceau dans sa bière ou dans son bouillon.

« Il n'osait en souffler mot au Roi ou à la Reine. Il savait que c'étaient nos esprits qui étaient fautifs, et qu'en parler équivalait à signer notre arrêt de mort.

« Il garda donc cet horrible secret, même lorsque les choses empirèrent. Des bibelots auxquels il tenait depuis l'enfance étaient pulvérisés ou lancés sur lui. Des amulettes sacrées jetées dans les latrines, des excréments étalés sur les murs.

« Bien que l'existence fût devenue intolérable dans sa maison, il ordonna à ses esclaves de n'en souffler mot et quand ils finirent, terrorisés, par déserter les lieux, il se chargea lui-même de son entretien et de celui de sa demeure, comme le plus humble des serviteurs.

« A la fin, désespéré, il entreprit de parler au démon, à le supplier de partir. Mais cette tentative ne fit que redoubler la vigueur de l'esprit. Il répandait des pièces d'or sur les dalles et les faisait s'entrechoquer toute la nuit. Il secouait si fort le lit que le malheureux Khayman atterrissait sur le sol. Il saupoudrait à la dérobée la nourriture de sable.

« Six mois s'étaient écoulés depuis que nous avions quitté le royaume. Khayman devenait fou. Peut-être étions-nous déjà hors de danger, mais il n'en avait pas la certitude, et il ne savait vers qui se tourner. Il vivait dans la crainte de cet esprit.

« Puis au plus profond d'une nuit, alors qu'allongé, il attendait la prochaine attaque de son tortionnaire, jusque-là anormalement tranquille, des coups violents ébranlèrent sa porte. La terreur le paralysa. Il savait qu'il ne devait pas bouger, que les coups n'étaient pas assenés par une main humaine; mais il ne put en supporter davantage. Il récita ses prières et ouvrit la porte à toute volée. Ce qu'il vit alors était le comble de l'horreur : appuyée contre le mur du jardin, ses bandelettes déchirées, souillées, se dressait la momie de son père.

« Bien sûr, il savait que nulle vie n'habitait cette face desséchée, ces orbites vides tournées vers lui. Quelqu'un ou quelque chose avait extrait le cadavre de son mastaba dans le désert et l'avait transporté jusque-là. Et ceci était le corps de son père, putréfié, nauséabond; le corps de son père qui, selon la loi sacrée, aurait dû être consommé, lors d'un festin funéraire, par Khayman, ses frères et ses sœurs.

« Khayman tomba à genoux, sanglotant, gémissant. Et sous ses yeux incrédules, la momie se mit à s'agiter, à danser, lançant ses membres de tous côtés, avec ses bandelettes en lambeaux! Horrifié, Khayman battit en retraite, et referma la porte sur le macabre pantin. Le corps fut alors projeté, tel un bélier, contre le vantail, et les coups reprirent de plus belle.

« Khayman invoqua tous les dieux de l'Égypte, pour qu'ils le délivrent de l'esprit. Il appela les gardes, il appela les soldats du Roi. Il maudit le monstre, lui ordonnant de le laisser en paix, et commença à son tour à lancer des objets et à envoyer rouler les pièces d'or à travers la pièce.

« Tout le palais se précipita, par les jardins royaux, jusqu'à la maison de Khayman. Le démon semblait maintenant au paroxysme de la furie. Les volets claquaient et étaient arrachés de leurs paumelles. Les quelques meubles précieux que possédait l'intendant étaient emportés dans une affreuse sarabande.

« Et ce n'était que le début. A l'aube, quand les prêtres pénétrèrent dans la demeure pour exorciser le démon, un grand vent se leva du désert, charriant des tourbillons de sable. Et partout où Khayman allait, la tempête le poursuivait. Lorsqu'il baissa les yeux, il s'aperçut que ses bras étaient criblés de petites piqûres d'épingle d'où perlait une goutte de sang. Même ses paupières en étaient couvertes. Il crut pouvoir se mettre à l'abri à l'intérieur d'un coffre, mais la chose réduisit le meuble en pièces. Les prêtres reculèrent, abandonnant Khayman en pleurs, sur le sol.

« Des jours et des jours, la tempête fit rage. Plus les prêtres priaient, plus le démon se déchaînait.

« Le Roi et la Reine étaient consternés. Les prêtres appelaient sur le démon la colère des dieux. Le peuple accusait les sorcières rousses, criant que jamais on n'aurait dû les laisser quitter la terre de Kemet, qu'on devait les retrouver et les ramener pour être brûlées vives, et qu'alors seulement le démon s'apaiserait.

« Les familles de haut lignage ne partageaient pas cette opinion. Pour elles le verdict était clair. Les dieux n'avaient-ils pas exhumé le cadavre du père de Khayman pour montrer que les rites des mangeurs de chair étaient ceux qui les agréaient ? Non, c'étaient le Roi et la Reine qui étaient sacrilèges, et ils devaient mourir. Ce Roi et cette Reine qui avaient empli le royaume de momies et semé la superstition dans le cœur de leurs sujets.

« Le pays était au bord de la guerre civile.

« Le Roi se décida enfin à rendre visite en personne à son intendant, qui se tenait prostré dans sa maison, enveloppé dans son manteau comme dans un linceul. Et il essaya de parlementer avec le démon qui n'en continuait pas moins à harceler Khayman, dont le vêtement n'était plus maintenant qu'une loque sanglante.

« — Rappelle-toi les paroles de ces sorcières, dit le Roi au malheureux. Les esprits ne sont pas des démons, on peut les raisonner. Si seulement je pouvais communiquer avec eux comme les sorcières, les obliger à me répondre !

« Mais ces propos ne firent qu'enrager un peu plus le démon. Il brisa le peu de meubles qui étaient encore intacts. Il arracha la porte de ses gonds, il déracina les arbres du jardin et les dispersa alentour. Il semblait avoir complètement oublié Khayman, occupé qu'il était à saccager le parc du palais.

« Le Roi le suivait, le suppliant de le reconnaître, de lui parler, de partager ses secrets avec lui. Comme envoûté, il se tenait courageusement dans l'œil même du cyclone déchaîné par l'esprit.

« La Reine apparut à son tour et d'une voix tranchante, elle s'adressa à ce monstre.

« – Tu nous punis d'avoir fait souffrir les sœurs aux cheveux roux, cria-t-elle. Mais pourquoi ne nous sers-tu pas plutôt ?

« Pour toute réponse, le démon lui déchira ses vêtements et lui infligea les tourments qu'il avait jusque-là réservés à Khayman. Elle essayait en vain de protéger ses bras et son visage. Alors le Roi lui saisit la main et l'entraîna en courant vers la demeure de l'intendant.

« – Va-t'en, ordonna le Roi à Khayman. Laisse-nous seuls avec cette chose, car je veux apprendre d'elle qui elle est et ce qu'elle veut.

« Il convoqua les grands prêtres et répétant nos paroles, leur expliqua que l'esprit haïssait les hommes parce qu'ils possédaient un corps et une âme. Mais que lui Enkil, roi de Kemet, allait l'apprivoiser et le dompter.

« Les souverains pénétrèrent alors dans la maison de Khayman et à leur suite, le démon, détruisant tout ce qui restait à détruire. Khayman à présent débarrassé de son persécuteur, gisait, épuisé, dans le palais, redoutant le pire pour ses souverains mais ne sachant que faire.

« La Cour entière était en effervescence. Les hommes se battaient, les femmes gémissaient, et beaucoup s'étaient enfuis dans la crainte de ce qui pouvait arriver.

« Deux jours et deux nuits, le Roi et la Reine demeurèrent avec le démon. Alors, les membres des vieilles familles, les mangeurs de chair, se rassemblèrent dans l'enceinte royale. Le Roi et la Reine étaient dans l'erreur, disaient-ils ; le temps était venu de prendre en main le destin de Kemet. A la nuit tombée, ils s'introduisirent dans la maison, la dague au poing, pour accomplir leur criminel dessein. Ils allaient tuer les souverains, et si le peuple protestait, ils accuseraient le démon du régicide. Qui pourrait les démentir ? Quant au démon ne cesserait-il pas de les harceler quand ceux qui avaient tourmenté ses chères sorcières rousses seraient morts ?

« La Reine les vit la première. Avant qu'elle ait pu appeler à l'aide ou s'enfuir, ils plongèrent leurs lames dans son sein et elle s'écroula. Le Roi se précipita à son secours et fut impitoyablement frappé à son tour. Les assassins durent battre aussitôt en retraite, car le démon s'en prenait à eux maintenant.

« Pendant ce temps, Khayman s'était tenu agenouillé, au fond du jardin déserté par les gardes désormais ralliés aux mangeurs de chair. Il s'attendait à mourir avec les autres serviteurs de la famille royale. Les hurlements inhumains qui sortirent soudain de la maison lui glacèrent le sang et firent déguerpir les derniers conjurés.

« Ce fut lui, l'intendant fidèle, qui vola au secours de ses maîtres. Personne ne tenta de l'en empêcher. Tous étaient paralysés par l'épouvante. Lui seul osa franchir le seuil de la demeure.

« A l'intérieur, il faisait nuit noire, et Khayman, brandissant une torche, découvrit l'horrible spectacle.

« La Reine se tordait, agonisante, sur le sol, et le sang coulait de ses innombrables blessures. Un grand nuage rougeâtre l'enveloppait, comme un tourbillon ou plutôt comme une trombe chargée de minuscules gouttelettes de sang. Et au cœur de ce tourbillon de matières indéfinissables, la Reine se débattait, les yeux révulsés. Un peu plus loin, le Roi gisait sur le dos.

« Son instinct disait à Khayman de quitter ces lieux maudits, de partir aussi loin que possible. A ce moment précis, il fut tenté d'abandonner pour toujours sa terre natale. Mais la femme qui suffoquait à terre, le dos arqué, griffant le sol de ses ongles, était sa souveraine.

« Alors, le grand nuage de sang qui la recouvrait de son voile, se dilatant et se contractant autour d'elle, devint plus dense et soudain, comme aspiré par les plaies, il disparut. Un calme étrange sembla saisir la Reine. Lentement, elle se redressa, le visage hagard. Puis elle poussa un cri guttural, et se tut.

« Le silence retomba, pesant, troublé seulement par le grésillement de la torche. La Reine fixait Khayman. Puis elle recommença à haleter, les yeux exorbités. Elle paraissait sur le point de mourir, mais la crise s'apaisa. Dans un effort désespéré pour échapper à la lumière de la torche, qui semblait lui causer une douleur intense, elle détourna la tête et vit alors son époux, inanimé à ses côtés.

« – Non, cela ne se peut pas! Je ne le veux pas! hurla-t-elle.

« Et à cet instant, Khayman remarqua que ses blessures se cicatrisaient, que les profondes entailles n'étaient déjà plus que des égratignures.

« – Ma Reine, vos blessures! s'exclama-t-il en s'avançant vers elle.

« Elle s'était accroupie et regardait, incrédule et terrorisée, ses bras, ses seins tailladés et déchiquetés se régénérer. Tout à coup, de ses longs ongles acérés, elle laboura sa propre chair, faisant jaillir le sang, et cette fois encore, les plaies se refermèrent.

« – Khayman, mon Khayman, hurla-t-elle encore, se protégeant les yeux de la lumière aveuglante de la torche. Que m'arrive-t-il?

« Ses cris devinrent de plus en plus stridents et dans sa panique elle s'abattit sur le corps de son époux.

« – Enkil, ne m'abandonne pas! Enkil, ne meurs pas! suppliait-elle, folle de chagrin.

« Alors, tandis qu'elle implorait le Roi, un changement effrayant se produisit en elle. Telle une bête affamée, elle se jeta sur lui et se mit à laper le sang qui lui couvrait la gorge et le torse.

« Khayman n'avait jamais été témoin de pareille bestialité. Elle était comme une lionne du désert léchant le sang de sa proie. Puis, le dos voûté, les genoux écartés, elle tira à elle le corps inanimé du Roi et enfonça ses dents dans l'artère de son cou.

« La torche tomba des mains de Khayman. Il recula vers la porte; mais au moment où il s'apprêtait à bondir dehors, la voix d'Enkil s'éleva.

« – Akasha, gémit-il doucement, ma Reine!

« Et elle, tremblante, sanglotante, examinait tour à tour son propre corps et celui mutilé et ensanglanté de son époux.

460

« – Khayman! ordonna-t-elle. Ta dague, vite!

« Khayman s'exécuta aussitôt, bien qu'il fût persuadé que la dernière heure de son souverain avait sonné. Mais avec l'arme, la Reine se trancha les poignets, et elle laissa couler son sang sur les blessures du Roi qui se refermèrent aussitôt. Pleurant de joie, elle étala le sang sur le pauvre visage lacéré.

« Sous les yeux de Khayman, les plaies du Roi se cicatrisèrent. Alors Enkil commença à bouger et à agiter les bras. Il tendait les lèvres pour recueillir le sang d'Akasha qui ruisselait sur sa figure. Et soudain, prenant la même posture bestiale que la Reine quelques minutes plus tôt, il étreignit sa compagne et referma sa bouche sur sa gorge.

« C'était plus que Khayman ne pouvait en supporter. A la lueur vacillante de la torche moribonde, ces deux pâles silhouettes venaient de se transformer en créatures monstrueuses ; en égales du démon qui les habitait à présent. Il sortit à reculons de la petite maison et s'adossa au mur du jardin. Là, il s'écroula ; il sentit la fraîcheur de l'herbe sous sa joue avant de sombrer dans l'inconscience.

« Quand il se réveilla, il était allongé sur une couche en bois doré, dans les appartements de la Reine, au cœur d'un palais silencieux. Il remarqua qu'on avait changé ses vêtements, lavé ses mains et son visage. La pièce baignait dans la pénombre et l'odeur de l'encens, et les portes étaient ouvertes sur le jardin, comme s'il n'y avait rien à redouter.

« Dans l'ombre, il reconnut le Roi et la Reine penchés sur lui. Pourtant il savait qu'ils n'étaient plus ses souverains. Et il eut envie de hurler, hurler à la mort, comme une bête, mais la Reine l'apaisa d'une parole.

« – Khayman, mon Khayman, dit-elle en lui rendant son poignard en or, tu nous as bien servis. »

« Khayman avait interrompu ici son récit.

« – Demain soir, dit-il, quand le soleil sera couché, vous constaterez par vous-mêmes leur métamorphose. Car alors, et seulement alors, quand toute clarté aura disparu à l'ouest du ciel, ils apparaîtront dans les salles du palais.

« – Mais pourquoi seulement à la nuit ? demandai-je. Qu'est-ce que cela signifie ?

« Alors il nous raconta que moins d'une heure après qu'il se fut réveillé, avant même que l'horizon ne blanchisse, ils avaient reculé au fond de la pièce, se plaignant de la douleur que la lumière leur infligeait. Déjà, ils avaient fait éteindre les torches et les lampes, et maintenant, il leur semblait que le jour les traquait, qu'il n'y avait aucun endroit où se réfugier dans tout le palais.

« Furtivement, ils avaient quitté la cité royale, enveloppés dans d'épais vêtements. A une vitesse surhumaine, ils avaient couru jusqu'aux mastabas, les tombeaux des vieilles familles, celles-là mêmes qu'on avait obligées à embaumer et enterrer en grande pompe leurs morts. Ils avaient couru vers ces lieux sacrés que nul n'oserait profaner. Une fois cependant, le Roi s'était arrêté. Il avait imploré la clémence de Râ, le dieu soleil. Puis, pleurant, protégeant leurs yeux blessés, gémissant comme si l'astre solaire les brûlait déjà alors que l'aube commençait tout juste à poindre, les souverains avaient disparu à la vue de Khayman.

« – Plus jamais, depuis lors, ils ne se sont montrés avant le coucher du soleil, nous apprit Khayman. Ils émergent de la nécropole, d'où exactement, nul ne le sait. Le peuple se presse à présent autour d'eux. Il les attend, les acclamant comme des dieux, les incarnations d'Osiris et d'Isis, les divinités lunaires, semant des fleurs sous leurs pas et s'inclinant sur leur passage. Car la légende s'est répandue que le Roi et la Reine ont vaincu la mort grâce à un pouvoir céleste, qu'ils sont devenus immortels et invincibles, et que par ce même pouvoir, ils peuvent lire dans le cœur des hommes, entendre les mots avant même qu'ils ne soient formulés. Aucun secret ne peut leur être dissimulé. Leurs ennemis sont immédiatement démasqués. Tout le monde les craint.

» Je sais cependant, comme tous leurs fidèles serviteurs, qu'ils ne peuvent supporter la proximité d'une bougie ou d'une lampe. Que la lumière vive d'une torche les fait hurler de douleur. Et que lorsqu'ils mettent à mort leurs ennemis, ils boivent leur sang. Ils le boivent, ils s'en repaissent vous dis-je! Comme des fauves, ils se nourrissent de leurs victimes, et leur chambre après le carnage ressemble à la tanière d'un prédateur. Et c'est moi, Khayman, leur intendant dévoué, qui doit rassembler les dépouilles et les jeter dans une fosse.

« Khayman sanglotait maintenant. Mais l'histoire était finie, et le jour se levait sur les montagnes. Nous nous apprêtâmes à traverser le Nil sacré. Le désert se réchauffait déjà. Khayman s'avança vers la berge tandis que la première embarcation chargée de soldats gagnait l'autre rive. Il pleurait encore quand le soleil embrasa le grand fleuve.

« – Râ est le plus ancien et le plus puissant dieu de Kemet, murmura-t-il. Pourquoi s'est-il retourné contre ses royaux serviteurs ? En secret, ils se lamentent sur leur sort ; la soif les rend fous, et ils ont peur qu'elle ne devienne intolérable. Vous devez les sauver. Au nom de notre peuple, vous le devez. Ils ne vous ont pas envoyé quérir pour vous blâmer ou vous punir. Ils ont besoin de vous. Vous êtes de puissantes magiciennes, vous seules pouvez ordonner à l'esprit de défaire son œuvre !

« Puis nous regardant, se souvenant de toutes nos souffrances, il laissa libre cours à son désespoir.

« Mekare et moi ne répondîmes pas. La barge nous attendait pour nous conduire au palais. Tandis qu'apparaissaient au-delà de la nappe d'eau éblouissante les hauts murs peints de la cité royale, nous nous demandâmes quelle serait l'issue de ce cauchemar.

« Comme je montai dans le bateau, je songeai à mon enfant et j'eus soudain la certitude que j'allais mourir à Kemet. La tentation me vint d'interroger les esprits, mais je n'y cédai pas. Je n'aurais pu supporter que me soit ôté mon dernier espoir. »

La gorge nouée, Maharet se tut.

Jesse vit ses épaules se raidir, ses doigts se crisper sur les accoudoirs de bois.

– Je ne veux pas vous effrayer, reprit-elle pourtant, d'une voix monocorde, mais il faut que vous sachiez que la Reine et Lestat approchent...

Jesse sentit une onde d'inquiétude parcourir l'assemblée. Maharet restait impassible, aux aguets, les pupilles presque fixes.

– Lestat appelle, reprit-elle. Mais son appel est trop faible pour que je distingue des mots ou des images. Il n'est pas blessé cependant – de ça, je suis certaine. Mais je sais aussi qu'il me reste peu de temps pour finir cette histoire...

7

LESTAT :
LE ROYAUME DES CIEUX

Les Caraïbes. Haïti. Le Jardin de Dieu.

Au sommet de la colline que baignait le clair de lune, j'essayais d'oublier ce paradis. J'essayais d'imaginer les êtres que j'aimais. Étaient-ils toujours rassemblés dans cette gigantesque forêt de conte de fées où ma mère m'était apparue ? Si seulement je pouvais voir leurs visages, entendre leurs voix. Marius, ne joue pas les pères courroucés. Aide-moi plutôt ! Aide-nous ! Je me débats, mais je suis perdu. Je perds mon âme, mon esprit. Mon cœur a déjà cédé. Il lui appartient.

Mais ils étaient inaccessibles ; des milliers de kilomètres nous séparaient ; mon esprit ne pouvait décrire une telle parabole.

Je laissai errer mon regard sur ces collines verdoyantes, maintenant piquetées de fermes minuscules. Un monde de livres d'images où les fleurs croissaient à profusion, l'euphorbe pourpre aussi haute qu'un arbre. Et où les nuages capricieux dérivaient poussés comme de grandes voiles par la brise. Qu'avaient pensé les premiers Européens en posant le pied sur cette terre féconde que ceinturait une mer scintillante ? Qu'ils avaient découvert l'Éden ?

Et dire qu'ils y avaient semé la mort. La population indigène anéantie en l'espace de quelques années, décimée par l'esclavage, la maladie, les mauvais traitements. Plus un seul descendant ne restait des êtres paisibles qui avaient respiré cet air embaumé, cueilli les fruits qui mûrissaient à longueur d'années, et peut-être vénéré leurs visiteurs comme des dieux.

A présent, dans les rues de Port-au-Prince sévissaient

les émeutes et la mort. Un fléau dont nous n'étions pas responsables. L'histoire immuable de ce lieu ensanglanté où la violence avait fleuri durant quatre siècles comme éclosent les fleurs. Et pourtant la vision de ces vallons qui émergeaient de la brume poignait le cœur.

Nous n'en avions pas moins accompli notre tâche – elle, parce qu'elle s'en était chargée, moi, parce que je n'avais rien fait pour l'en empêcher – dans les hameaux éparpillés le long de la route sinueuse qui menait à cette crête boisée. Des maisonnettes aux tons pastel, des bananiers sauvages, des gens misérables, affamés. Encore maintenant, les femmes continuaient à chanter leurs cantiques, à enterrer leurs morts à la lueur des bougies et des flammes qui dévoraient l'église.

Nous étions seuls. A l'écart de la route étroite, au milieu de la forêt où se dissimulaient les ruines de cette vieille maison, jadis citadelle dominant la vallée. Les planteurs avaient déserté cet endroit depuis des siècles; ils ne valsaient plus en buvant leur vin dans ces pièces éventrées tandis que gémissaient leurs esclaves.

Le long des murs de brique grimpaient les bougainvilliers, phosphorescents sous la lumière de la lune. Un grand arbre chargé de fleurs argentées avait poussé, soulevant les dalles de pierre, écartant de ses branches noueuses les vestiges de la charpente qui autrefois soutenait le toit.

Ah, demeurer toujours là avec elle. Effacer le reste. Plus de mort, plus de massacre.

Dans un soupir, elle murmura :

– Nous sommes au royaume des Cieux.

Dans le village, en bas, les femmes, pieds nus et armées de gourdins, avaient pourchassé les hommes. Et le prêtre vaudou les avait maudites en hurlant lorsqu'elles l'avaient cerné dans le cimetière. J'avais fui cette scène de carnage et grimpé seul dans la montagne. Ivre de rage, incapable d'assister plus longtemps à ces horreurs.

Elle m'avait rejoint ensuite dans ces décombres où je me raccrochais aux vestiges d'un univers qui m'était compréhensible. La vieille grille en fer forgé, la cloche rongée par la rouille, les colonnes enfouies sous la vigne vierge – des objets façonnés par la main de l'homme, et qui avaient survécu.

Oh, comme elle s'était moquée de moi! La cloche avait servi à appeler les esclaves; l'habitation avait appartenu à ceux qui avaient noyé cette île dans le sang. Pourquoi les chants de ces âmes candides m'avaient-ils heurté et conduit jusqu'ici? Puissent toutes les maisons de ces bourreaux s'effondrer, elles aussi. Nous avions eu une dispute. Une vraie dispute d'amoureux.

– C'est ça ce que tu désires, ne plus jamais goûter au sang? m'avait-elle lancé.

– J'étais quelqu'un de simple, de dangereux oui, mais de simple. Je ne tuais que pour subsister.

– Oh, tu m'affliges avec tes mensonges. Comment te faire comprendre? Tu es si borné, si égoïste!

De nouveau, la souffrance sur son visage, cet éclair de douleur qui la rendait humaine. Je m'étais jeté dans ses bras.

Et nous étions demeurés blottis l'un contre l'autre, des heures durant, m'avait-il semblé.

Maintenant, la paix, le calme nous enveloppaient. Je quittai mon belvédère pour la serrer encore une fois contre moi. Je l'entendis répéter, les yeux levés vers les hauts nuages que perçait la clarté mystérieuse de la lune:

– Nous sommes au Royaume des Cieux.

Le bonheur de la tenir enlacée éclipsait tous les autres. Et j'avais bu ce pur nectar, son nectar, les joues inondées de larmes, songeant, voilà, tu es en train de te dissoudre comme une perle dans le vin. Tu n'existes plus, petit démon, mets-toi bien ça dans la tête, elle t'a dévoré. Tu es resté là, à les regarder mourir; tu es resté et tu as regardé.

– La vie est inséparable de la mort, chuchota-t-elle à mon oreille. J'incarne la voie du salut, l'espoir d'une existence sans lutte.

Je sentis ses lèvres sur ma bouche. Je me demandai si elle referait jamais les mêmes gestes que dans le mausolée. Nous unirions-nous dans la même étreinte passionnée, échangeant nos sangs enflammés?

– Tu entends les chants dans le village?

– Oui.

– Alors essaye de capter les bruits de la ville, plus loin. Tu sais combien d'habitants sont morts cette nuit dans ces rues? Combien ont été massacrés? Tu sais combien d'autres mourront des mains de leurs semblables si nous ne changeons pas le destin de cet endroit ? Tu sais depuis combien de temps dure ce génocide ?

Des siècles auparavant, à l'époque de mon existence mortelle, cette île avait été le plus beau fleuron de la couronne de France. Le tabac, l'indigotier, le café y poussaient à profusion. Des fortunes s'y bâtissaient en une saison. Et maintenant, les gens se nourrissaient de racines, ils marchaient pieds nus dans les rues de terre battue de leurs villages ; les mitrailleuses crépitaient dans la ville de Port-au-Prince ; les morts s'empilaient sur les pavés dans leurs chemises de coton bariolées. Les enfants recueillaient l'eau des caniveaux dans des boîtes de conserve. Les esclaves s'étaient rebellés ; ils avaient gagné ; ils avaient tout perdu.

Mais c'était leur destin ; leur univers, à eux, les humains.

Elle eut un petit rire.

— Et nous alors, que sommes-nous ? Ne servons-nous à rien ? Comment justifier notre existence si nous demeurons impassibles face à ces atrocités ?

— Et si tu avais tort, si tu ne faisais qu'empirer le sort de ces malheureux, que semer l'horreur ? Si ton projet était irréalisable, tu y as réfléchi ? Tous ces hommes dans leurs tombes, le monde transformé en un immense cimetière, un bûcher funéraire ? Et aucun progrès. Une erreur, une erreur monstrueuse.

— Qui te raconte ces sornettes ?

Je ne répondis pas.

— Marius ? (Comme son rire était méprisant !) Finiras-tu par comprendre qu'il n'y a plus de pères ? Courroucés ou non ?

— Nous sommes tous frères et sœurs. Et chacun découvre en l'autre un père ou une mère, tu ne crois pas ?

Elle s'esclaffa gentiment.

— Tous frères et sœurs ! Tu aimerais les voir, tes frères et sœurs véritables ?

Je relevai ma tête enfouie au creux de son épaule et lui embrassai la joue.

— Oui, j'aimerais. (Mon cœur battait plus fort :) Je t'en prie, insistai-je tout en effleurant de mes lèvres sa gorge, ses pommettes, ses paupières. Je t'en prie.

— Alors, bois, murmura-t-elle.

Je sentis ses seins se durcir contre ma poitrine. J'appuyai mes dents sur sa gorge, et une fois encore le miracle se produisit, la chair s'ouvrit et le liquide jaillit dans ma bouche.

Une lame brûlante me consuma. Plus de pesanteur ; plus de temps ni de lieu. *Akasha.*

Puis, les séquoias m'apparurent. La maison illuminée, et dans la pièce en haut de la montagne, la table où ils étaient tous assemblés, le reflet de leurs visages dans les parois de verre sombre, les flammes dans la cheminée. Marius, Gabrielle, Louis, Armand. Réunis, sains et saufs ! Étais-je en train de rêver ? Ils écoutaient parler une femme rousse. Je connaissais cette femme ! Je l'avais déjà vue.

Dans le rêve des jumelles.

Mais je veux m'imprégner de cette scène – les immortels regroupés autour d'une table. La jeune fille rousse, celle à côté de la femme, je l'ai déjà vue, elle aussi. Elle était vivante alors. Oui, au concert rock, devant la foule délirante, j'avais refermé mes bras autour de sa taille et plongé mon regard dans ses yeux fous. Je l'avais embrassée, j'avais prononcé son nom. Un gouffre se creusait sous moi, je m'abîmais dans ce rêve des jumelles dont je ne parvenais jamais à me souvenir avec précision. Des fresques. Des temples.

Tout s'évanouit brusquement. *Gabrielle. Ma mère.* Trop tard. J'émergeais de l'obscurité.

Tu possèdes tous mes pouvoirs, désormais. Avec le temps, tu les perfectionneras. Tu peux tuer, mouvoir la matière, engendrer le feu. Tu es prêt pour rejoindre tes frères. Mais nous attendrons qu'ils en aient terminé avec leurs rêveries, leurs complots et leurs discussions stériles. Nous leur montrerons de quoi nous sommes capables...

Non, Akasha, je t'en conjure, rejoignons-les tout de suite.

Elle s'écarta et me frappa.

Sous le choc, je vacillai. Glacé, frissonnant, je sentis la douleur sur ma joue, comme si ses doigts y avaient été marqués au fer rouge. Furieux, je serrai les dents, tandis que la vague brûlante me submergeait puis s'apaisait.

D'un pas vif, sa longue chevelure flottant dans son dos, elle traversa la pièce dallée et s'arrêta devant la grille à demi écroulée, les épaules hautes, la nuque courbée, comme si elle se repliait en elle-même.

Les voix s'élevèrent, vibrantes, avant que je ne puisse les contenir. Puis elles refluèrent, telle une rivière qui se retire après la crue.

La colline, la maison en ruine m'encerclaient de nouveau. Mon visage ne me brûlait plus, mais je tremblais encore.

Elle se retourna vers moi, les traits tendus, le regard durci.

— Tu tiens donc tellement à eux ? Qu'espères-tu de cette rencontre ? T'imagines-tu que Marius me fera renoncer à mon projet ? Je le connais mieux que tu ne pourras jamais le connaître. Je connais chacun des méandres de sa pensée. Il est aussi avide que toi. Pour qui me prends-tu ? Pour une girouette que chacun manœuvre à sa guise ? Je suis née reine. De tout temps, j'ai gouverné – même dans le mausolée. (Ses yeux s'éteignirent soudain, les voix bourdonnèrent à mon oreille.) J'ai régné, ne serait-ce qu'en légende; ne serait-ce que dans les esprits de ceux qui venaient me payer tribut, les princes qui m'apportaient leurs offrandes, leurs hymnes et leurs prières. Que veux-tu de moi ? Que je renonce pour toi à mon trône, à mon destin ?

Que pouvais-je répondre ?

— Tu lis dans mon cœur, dis-je. Tu sais ce que je veux, que tu les rencontres, que tu leur permettes à eux aussi de s'exprimer. Ils possèdent des mots que je ne possède pas. Ils savent des choses que je ne sais pas.

— Mais je ne les aime pas, Lestat. Je ne les aime pas comme je t'aime. Que m'importent leurs discours. Je n'ai pas de temps à perdre avec eux!

— Tu as pourtant besoin d'eux. Tu me l'as dit. Tu les appelais tes anges. Sans eux, tu ne peux rien entreprendre. Je ne parle pas de tes incursions dans ces villages arriérés, mais dans les villes où les gens se rebelleront.

Elle hocha tristement la tête.

— Je n'ai besoin de personne, sauf... sauf...

Elle hésita, ses traits se figèrent de surprise.

Un petit soupir m'échappa. Un soupir d'impuissance. Je crus distinguer une ombre dans son regard; il me sembla que les voix l'assaillaient de nouveau, qu'elle me fixait sans me voir.

— Tous, je vous détruirai, si j'y suis contrainte, murmura-t-elle, ses yeux cherchant fébrilement les miens. Crois-moi. Car cette fois-ci, personne ne me vaincra ; je ne reculerai pas. Mes rêves se réaliseront, j'y veillerai.

Je détournai la tête et contemplai la vallée, par-delà la grille, le bord effondré de la falaise. Étais-je disposé à sacrifier ma propre vie pour me délivrer de ce cauchemar ? Les joues baignées de larmes, je continuai à regarder les champs plongés dans l'obscurité. Quel lâche j'étais de songer à cette échappatoire. J'étais responsable, je ne m'en tirerais pas à si bon compte.

Immobile telle une statue, elle écoutait la clameur du monde. Puis elle cligna lentement des paupières et remua les épaules comme si un fardeau l'écrasait sous son poids.

– Pourquoi refuses-tu de croire en moi ? souffla-t-elle.

Elle chancela presque quand je lui saisis les bras.

– Renonce à ces chimères, dis-je. Ce lieu est sans âge ; ces villages misérables que nous avons asservis n'ont pas changé depuis des siècles. Laisse-moi te faire découvrir mon univers, Akasha. Une infime partie de cet univers ! Faufilons-nous ensemble comme des espions dans les villes ; non pour détruire, mais pour explorer !

Une lueur brilla dans sa pupille, son énergie lui revenait. Elle m'enlaça. Et j'eus soudain envie de son sang. Ce désir m'obnubilait, en dépit de mes efforts pour y résister, du désespoir dans lequel me plongeait mon manque de volonté. Je voulais son sang. Je la voulais, elle. Cependant, des rêves anciens me montaient à la mémoire, des images lointaines où je me voyais la réveillant, l'entraînant dans les musées, les concerts, les cités foisonnantes de tous ces chefs-d'œuvre impérissables conçus par l'homme, ces objets qui transcendent le mal, les fautes, la faillibilité de l'être humain.

– Mais en quoi me concernent ces créations dérisoires, mon amour ? murmura-t-elle. Tu m'enseignerais ton univers ? Quelle présomption ! Le temps n'a pas prise sur moi.

Cependant, son visage était infiniment triste.

– J'ai besoin de toi, reprit-elle à voix basse.

Et pour la première fois, ses yeux s'emplirent de larmes. Sa douleur m'était insupportable. Je frissonnai, comme lorsque la souffrance vous saisit. Mais elle posa ses doigts sur mes lèvres pour me calmer.

– Très bien, mon amour. Nous rejoindrons tes frères et

sœurs, puisque tel est ton souhait. Mais d'abord, laisse-moi te serrer contre mon cœur. Tâche de comprendre, je ne puis être autre. Tu as éveillé avec tes chants ma nature profonde !

Je voulus protester, reprendre la controverse qui nous diviserait, la meurtrirait. Mais les mots me désertaient. Et soudain j'eus un éclair de lucidité.

Je tenais le moyen de l'arrêter. Je possédais la clé. Et cette clé avait toujours été à portée de ma main. Ce n'était pas l'amour que je lui inspirais. C'était ce besoin qu'elle avait de moi. Ce besoin d'un allié parmi ses pairs, d'une âme à sa mesure. Elle avait cru pouvoir me façonner à son image, et maintenant elle savait qu'elle avait échoué.

— Tu te trompes, dit-elle. Tu es seulement jeune et effrayé. (Elle sourit à travers ses larmes :) Mais tu m'appartiens. Et s'il le faut, mon prince, je te détruirai.

Je me tus. J'étais convaincu d'avoir deviné juste. J'en étais convaincu, même si elle refusait de l'admettre. Durant tous ces interminables siècles d'immobilité, jamais elle n'avait été aussi seule, jamais elle n'avait autant souffert de la solitude. Oh, ce n'était pas uniquement parce qu'alors Enkil était à ses côtés et que Marius venait disposer les offrandes devant le banc royal. Non, c'était quelque chose de plus profond, d'infiniment plus important — jamais encore elle n'avait guerroyé seule au nom de la raison !

Les larmes coulaient sur ses joues. Deux filets écarlates. Sa bouche était entrouverte, ses sourcils froncés, mais son visage rayonnait du même éclat.

— Non, Lestat, répéta-t-elle. Tu te trompes. Néanmoins nous devons en terminer. S'il faut qu'ils meurent pour que tu me restes fidèle, ils mourront.

Elle m'ouvrit les bras. Je fus tenté de fuir, de me rebeller contre elle, contre ses menaces. Cependant je ne fis pas un mouvement tandis qu'elle se rapprochait.

La douce brise des Caraïbes ; ses mains sur mes reins, ses doigts dans mes cheveux. Le nectar qui m'emplissait, irriguait mes veines. Et ses lèvres sur ma gorge ; la morsure soudaine. Oui ! Comme dans le mausolée, il y avait si longtemps. Oui ! Nos deux sangs mêlés. Et le battement assourdissant de son cœur. L'extase. Pourtant, jamais je ne fléchirais. Je ne ferais pas ce qu'elle exigeait. Et elle le savait.

8

L'HISTOIRE DES JUMELLES
(conclusion)

Nous retrouvâmes le palais tel qu'en nos souvenirs. Un peu plus resplendissant peut-être, encore plus riche des butins ramenés des terres conquises, un peu plus somptueusement décoré de tissus précieux et de fresques aux couleurs vives. Les esclaves s'y pressaient, deux fois plus nombreux, leurs minces corps nus parés d'or et de pierreries.

« Dans la cellule somptueuse où l'on nous installa, nous fûmes traitées royalement.

« Au coucher du soleil, nous entendîmes les acclamations qui chaque soir, saluaient l'apparition du Roi et de la Reine au palais. Toute la Cour venait s'incliner et chanter des hymnes à la beauté des souverains déifiés, à la blancheur de leur peau, à l'éclat de leurs cheveux, à leurs corps miraculeusement ressuscités après l'attaque des conjurés. Le palais entier résonnait de ces louanges.

« Ce cérémonial achevé, nous fûmes conduites dans les appartements privés du couple royal, et là, à la lueur des rares lampes, tenues éloignées, nous pûmes constater de nos propres yeux l'horrible métamorphose.

« Nous vîmes deux êtres pâles mais magnifiques, semblables en tous points à ce qu'ils étaient auparavant, si ce n'était ce halo luminescent qui les entourait. Leur peau n'avait plus que l'apparence de la peau et leur esprit ne leur appartenait plus complètement. Pourtant, ils étaient beaux. Oui, d'une beauté radieuse. On aurait dit que la lune était descendue du firmament pour les sculpter de sa lumière. Dans leur chambre au mobilier d'or, ils se tenaient majestueux, drapés de soie, et leur regard avait l'éclat de l'obsidienne. Quand le Roi se mit à parler, sa voix aussi nous parut changée, plus douce et mélodieuse.

« – Khayman vous a dit ce qu'il était advenu de nous. Un grand miracle s'est produit, car nous avons triomphé d'une mort certaine. Désormais nous ne sommes plus soumis aux limitations propres aux êtres humains, et nous voyons et comprenons des vérités jusque-là insoupçonnées.

« Mais la Reine ne put donner le change plus longtemps. Dans un sifflement venimeux, elle nous apostropha :

« – Je vous somme de nous expliquer ce que votre esprit nous a fait!

« Nous étions plus que jamais en danger face à ces monstres, et j'essayai de mettre silencieusement en garde Mekare, mais la Reine éclata de rire.

« –Tu crois sans doute que je ne sais pas ce que tu penses! dit-elle.

« Le Roi tenta de la faire taire :

« Laisse-les utiliser leurs pouvoirs. (Puis se tournant vers nous il ajouta :) Vous savez que nous vous avons toujours respectées.

« – Oui, ricana la Reine. Et en récompense, vous nous avez jeté ce maléfice.

« Je niai aussitôt, je leur jurai que nous avions tenu parole, et qu'après avoir quitté leur royaume, nous étions retournées chez nous. Et tandis que Mekare continuait à les fixer, je les suppliai de me croire. Si l'esprit les avait persécutés, c'était de sa propre initiative.

« – Sa propre initiative! persifla la Reine. Que veux-tu dire par là? Que nous est-il arrivé? Que sommes-nous devenus?

« Puis elle retroussa ses lèvres et nous montra ses minuscules crocs aussi aiguisés que des lames. Le Roi fit de même.

« – Oui, nous sommes des suceurs de sang, murmurat-il. Savez-vous ce qu'est cette soif que rien ne peut étancher? Trois, quatre hommes meurent chaque nuit pour l'assouvir et pourtant, quand nous nous couchons au matin, elle nous torture encore.

« La Reine avait saisi ses cheveux à pleines mains et paraissait sur le point de hurler. Mais le Roi lui emprisonna doucement les poignets.

« – Éclairez-nous, Mekare et Maharet, nous enjoignit-il, afin que nous comprenions cette métamorphose et tentions d'en user pour le bien de nos sujets.

« – Oui, dit la Reine, faisant un effort pour se ressaisir. Une telle chose ne se produit pas sans raison...

« Puis, à bout d'arguments, elle se tut. Il semblait que son esprit pragmatique, mesquin et toujours en quête de justifications, ne fonctionnait plus soudain, alors que le Roi, lui, continuait à s'accrocher à ses illusions, comme le font souvent les hommes, jusque tard dans leur vie.

« Mekare s'avança, posa ses mains sur les épaules du souverain et ferma les yeux. Puis elle procéda de même avec la Reine, ignorant le regard assassin que celle-ci lui décochait.

« – Raconte-nous ce qui s'est passé, lui demanda-t-elle. De quoi te rappelles-tu ? Qu'as-tu vu exactement ?

« Le visage crispé et méfiant, la souveraine gardait le silence. Si sa beauté avait été exaltée par la sombre transfiguration, il émanait d'elle maintenant quelque chose de repoussant. Au lieu d'être la fleur, elle n'en était que la réplique moulée dans la cire blanche. Et tandis qu'elle réfléchissait, ses pensées m'apparurent ténébreuses et malveillantes; instinctivement, je me rapprochai de Mekare, pour la protéger d'un éventuel danger. Mais Akasha sortit de son mutisme.

« – Ils étaient venus pour nous tuer, les félons! commença-t-elle à raconter. Ils comptaient accuser l'esprit. Et tout cela pour pouvoir de nouveau se nourrir de chair humaine, de la chair de leurs pères et de leurs mères et de celle qu'ils aimaient chasser. Ils sont entrés dans la maison et ils m'ont frappée de leurs dagues, moi leur souveraine toute-puissante! (Elle s'arrêta comme si elle revoyait la scène se dérouler sous ses yeux.) J'ai senti chacun de leurs coups, chacune de leurs lames me transpercer. Nul n'aurait pu survivre à de telles blessures, et quand je me suis écroulée sur le sol, j'ai su que c'était la fin! M'entendez-vous? J'ai su que rien ni personne ne pourrait me sauver. Je me vidais de mon sang, mais tandis que la mare dans laquelle je baignais s'élargissait, j'ai eu soudain conscience de ne plus être dans mon corps supplicié. Je l'avais déjà quitté, la mort m'avait saisie et m'aspirait à travers un immense tunnel, au bout duquel la souffrance n'existerait plus.

» Je n'avais pas peur, je ne ressentais plus rien. J'ai regardé en bas et contemplé mon visage blême, mon corps ensanglanté. Cela me laissait indifférente. J'étais libérée de mon enveloppe charnelle. Mais soudain, quelque chose s'est emparé de moi, de mon âme invisible. Le tunnel avait disparu, j'étais prise dans des rets. J'en ai repoussé les mailles de toutes mes forces, mais elles n'ont pas cédé, elles se sont seulement relâchées, et je me suis retrouvée emprisonnée, incapable de m'élever davantage.

» Quand j'ai voulu crier, j'avais réintégré mon corps! Je souffrais le martyre comme si les dagues me labouraient la chair de plus belle. Mais le filet, ce grand filet, m'enserrait toujours, et au lieu de s'étendre à l'infini comme avant, il s'était rétracté et sa trame était aussi serrée que celle d'un voile de soie.

» Et tout autour de moi, cette chose, palpable et pourtant invisible, tourbillonnait tel un vent furieux, me soulevant, me plaquant contre le sol, me faisant rouler sur moi-même. Le sang jaillissait de mes blessures et imprégnait le voile ainsi qu'il l'aurait fait de n'importe quel tissu.

» La chose jusque-là transparente était à présent imbibée de sang et elle m'apparut, monstrueuse, informe, démesurée. Et pourtant, elle avait une autre propriété, un cœur semblait-il, un noyau minuscule et incandescent qui m'avait pénétrée et s'affolait en moi comme un animal traqué, se cognant et se convulsant, me labourant les entrailles de ses pattes griffues. Je me lacérai de mes ongles, tentant de m'éventrer pour l'extirper de moi.

» On aurait dit que la partie invisible de cette entité, le nuage de sang qui m'enveloppait, était dépendante de ce noyau microscopique qui vrillait à l'intérieur de mon corps, passant de mes mains à mes pieds pour remonter l'instant d'après le long de ma colonne vertébrale.

» Je suis en train de mourir, ai-je songé. Alors j'ai basculé dans l'obscurité totale et le silence! La chose avait eu raison de moi, j'en étais certaine, j'allais m'élever de nouveau dans les cieux... Mais subitement, mes yeux se sont ouverts et je me suis redressée, comme si rien ne s'était passé. Tout m'est apparu avec une netteté extraordinaire! Khayman, la torche aveuglante qu'il tenait à la main, les arbres du jardin. Quelle étrange sensation, comme si jamais auparavant je n'avais vu le monde tel qu'il était vraiment ! La douleur s'était évanouie. Seule la lumière me blessait les yeux ; je ne pouvais supporter son éclat. Cependant, j'avais été arrachée à la mort. Mon corps transfiguré resplendissait dans toute sa perfection. Si ce n'était cette...

« Elle s'interrompit brusquement. Un moment, elle regarda droit devant elle, comme perdue dans ses pensées.

« – Khayman vous a raconté la suite, reprit-elle tout en jetant un coup d'œil au Roi qui l'observait, essayant, lui aussi, de comprendre ses paroles. C'est votre esprit qui a cherché à nous détruire, mais un pouvoir plus puissant est intervenu et a entravé son action diabolique.

« Encore une fois, elle hésita, et le mensonge ne put franchir ses lèvres. Son visage ne fut plus soudain qu'un masque menaçant.

« – Dites-nous, sorcières, ô sages sorcières, implora-t-elle d'un ton doucereux, vous pour qui l'univers n'a pas de secrets, comment appelle-t-on ce que nous sommes devenus ?

« Mekare soupira et se tourna vers moi. Je savais qu'elle avait peur de parler. La vieille prédiction des esprits me remonta à la mémoire. Les souverains égyptiens nous interrogeraient, et si nous répondions avec franchise, ils se mettraient en colère et nous détruiraient...

« La Reine s'assit, la tête penchée. Et ce fut alors, alors seulement, que sa tristesse profonde émergea du fond de son être. Le Roi nous adressa un sourire las.

« – Nous souffrons, grandes magiciennes, dit-il. Nous supporterions mieux cette métamorphose si seulement nous la comprenions. Vous qui communiez avec l'invisible, éclairez- nous. Aidez-nous, nous vous en prions, car jamais, vous le savez, nous n'avons eu l'intention de vous blesser, nous voulions seulement propager la vérité et la loi.

« Nous ne nous arrêtâmes point sur la stupidité de cette dernière déclaration, qui érigeait le massacre systématique en vertu suprême. Mekare se contenta de demander au Roi de lui décrire à son tour ce dont il se rappelait.

« Son récit vous semblera à tous familier. Il nous raconta comment au seuil de la mort il avait goûté le sang de sa femme qui ruisselait sur son visage, comment il avait senti son corps reprendre vie et le désir du sang le tenailler, comment il avait absorbé le nectar qu'Akasha lui avait donné et comment il l'avait rejointe dans l'abomination. Mais pour lui, il n'y avait eu ni mystérieux nuage de sang, ni noyau fouaillant ses membres et ses viscères, seulement la brûlure de la soif.

« – Une soif atroce, dit-il, en baissant lui aussi la tête.

« Un moment, nous nous dévisageâmes en silence, Mekare et moi. Puis, comme toujours, elle prit la parole la première :

« – Nous ne connaissons aucun nom qui puisse vous désigner, nous n'avons jamais entendu parler d'un tel phénomène. Pourtant, ce qui s'est passé est simple, poursuivit-elle, les yeux fixés sur la Reine. Quand elle a senti la mort venir, ton âme a cherché à s'enfuir, à échapper à la souffrance. Or tandis qu'elle s'élevait, l'esprit Amel, invisible lui aussi, l'a capturée. Normalement, il lui aurait été facile de maîtriser cette entité attachée à la terre et de s'évader vers les royaumes dont nous ne savons rien.

» Mais cet esprit subissait depuis longtemps une lente et insidieuse transformation. Une transformation imprévisible. Il avait goûté au sang des humains qu'il avait piqués et tourmentés. Et dans ton corps inanimé couraient encore quelques gouttes de sang en dépit de tes blessures, de même qu'y brûlait toujours une étincelle de vie.

» Alors, l'esprit, dévoré par sa soif nouvelle, a plongé dans ta chair, tandis que sa masse invisible demeurait couplée à ton âme.

» Pourtant, en cet instant encore, tu aurais pu triompher de lui et le chasser, comme le font les possédés. Mais son noyau – cette particule de matière d'où les esprits tirent leur énergie inépuisable – a été soudain, et pour la première fois, gorgé de sang. Le processus de fusion en a été amplifié et accéléré, et ton sang a aussitôt irrigué sa substance invisible, d'où le nuage de sang que tu as vu.

» Cependant, la douleur que tu as ressentie, cette douleur qui s'est propagée dans tes membres, est plus révélatrice encore. Car alors que la mort allait s'emparer de ton corps, le noyau de l'esprit s'est fondu dans ta chair, de même que son énergie s'était déjà unie à ton âme. Il a trouvé un endroit, un organe où la matière s'est mêlée à la matière comme l'esprit s'était déjà mêlé à l'esprit. Et une nouvelle forme de vie est apparue.

« – Alors son cœur et mon cœur ne font plus qu'un, murmura la Reine.

« Elle ferma ses paupières et posa la main sur sa poitrine.

« Son raisonnement nous sembla simpliste mais nous gardâmes pour nous cette appréciation. Nous ne croyions pas que le cœur fût le siège de l'intelligence et des émotions. Pour nous, c'était le cerveau qui tenait ce rôle. A ce moment-là, Mekare et moi eûmes en même temps la terrible vision du cœur et du cerveau de notre mère piétinés dans les cendres et la poussière.

« Mais nous repoussâmes ce sombre souvenir. L'idée que notre souffrance puisse être perçue par ceux qui en étaient la cause nous était odieuse.

« Le Roi continua de nous presser de questions.

« – Très bien, dit-il. Vous avez expliqué ce qui est survenu à Akasha. L'esprit est en elle, son cœur peut-être implanté dans le sien. Mais qu'en est-il de moi ? Je n'ai pas ressenti la même douleur, la même sensation de déchirement. Je n'ai ressenti que... que la soif quand ses mains ensanglantées ont frôlé mes lèvres.

« Il échangea un coup d'œil avec sa femme. La honte, la répulsion que leur inspirait cette soif était évidente.

« – Pourtant Amel est aussi en toi, répondit Mekare. Même si son noyau habite le seul corps de la Reine.

« – Comment est-ce possible ? demanda le Roi.

« – La partie invisible de cet esprit est immense, expliqua Mekare. Si tu avais pu la voir, au moment de la métamorphose, tu aurais constaté qu'elle s'étendait à l'infini.

« – C'est vrai, avoua la Reine. C'était comme si le filet couvrait tout le ciel.

« – C'est seulement en comprimant leur masse énorme que les esprits parviennent à exercer une certaine force physique, reprit Mekare. Sinon, ils sont comme les nuages qui s'étendent jusqu'à l'horizon, bien plus grands même. Ils se sont parfois vantés devant nous d'être sans limites, mais nous en doutons.

« Le Roi ne quittait pas son épouse des yeux.

« – Mais comment le libérer ? interrogea Akasha.

« – Oui, comment nous en débarrasser ? renchérit le Roi.

« Ni ma sœur ni moi ne souhaitions répondre, car nous devinions que nos paroles allaient les atterrer.

« – Détruis ton propre corps, finit par dire Mekare à la Reine, et tu détruiras le démon en même temps.

« Le Roi, incrédule, dévisagea Mekare.

« – Détruire son propre corps ! répéta-t-il.

« Désemparé, il se tourna vers sa femme.

« Mais Akasha, elle, souriait amèrement. Ces mots ne la surprenaient pas. Longtemps elle resta silencieuse, nous fixant de ses yeux brûlants de haine. Elle considéra un instant le souverain, puis s'adressa de nouveau à nous.

« – Nous sommes des choses mortes, n'est-ce pas ? demanda-t-elle. Si l'esprit nous abandonne, nous ne survivrons pas ? Nous ne mangeons plus, nous ne buvons plus, si ce n'est le sang qu'il réclame. Nos corps ne rejettent aucun excrément. Nous n'avons changé en rien depuis cette nuit d'horreur. Nous ne sommes plus des êtres vivants.

« Mekare se tut. Je savais qu'elle les étudiait, s'efforçant de les voir comme une magicienne en avait le pouvoir, laissant le calme se faire autour d'eux, afin de capter les plus infimes détails qui échappent à l'attention du commun. Elle les scruta ainsi longuement et quand elle entra en transe, elle se mit à parler d'une voix sourde et monocorde.

« – L'esprit ronge votre corps telle la flamme le bois, tels les vers une carcasse. Il ronge, dévore, consume, et son œuvre de destruction se poursuit, inéluctable, depuis la fusion initiale. Il a fait de vous les creusets incandescents de cette alchimie, voilà pourquoi vous ne pouvez supporter le feu du soleil.

« – Ni l'éclat d'une torche, soupira le Roi.

« – Ni même celui d'une bougie, ajouta la Reine.

« – Oui, dit Mekare dans un souffle, sortant de son état de transe. Vous êtes morts, et pourtant vous êtes vivants ! Si vos blessures ont guéri de la manière dont vous le rapportez ; et toi, Reine, si tu as arraché le Roi aux ténèbres ainsi que tu l'affirmes, alors il se peut que vous ayez vaincu la mort et que rien ne puisse plus vous détruire... hormis la brûlure du soleil !

479

« – Non, cela ne peut pas continuer, gémit le Roi. Cette soif, cette soif torturante!

« Mais la Reine eut à nouveau un sourire amer.

« – Ces corps n'ont plus de vie propre, ils ne sont que les dépouilles dont ce démon s'est revêtu...

« Elle nous observa, les lèvres tremblantes.

« – A moins que nous ne soyons devenus des dieux véritables, proclama-t-elle.

« – Répondez, sorcières! insista le Roi. Se peut-il que nous soyons des divinités maintenant, nos attributs ne sont-ils pas l'apanage des seuls dieux? (Il souriait en disant ces mots tant il désirait y croire.) Lorsque votre démon a cherché à nous détruire, se pourrait-il que nos dieux soient intervenus?

« Une lueur perfide brilla dans le regard de la Reine. Elle aimait cette hypothèse, sans en être totalement dupe.

« Mekare se tourna vers moi. Elle voulait qu'à mon tour j'étende mes mains sur eux et perce leur mystère. Elle avait pressenti autre chose, mais elle n'en était pas certaine. Et en effet, bien que moins douée qu'elle pour la parole, je possédais des pouvoirs de divination supérieurs aux siens.

« Je m'avançai et touchai leur peau blême, malgré la répulsion qu'elle m'inspirait, le dégoût qu'eux-mêmes m'inspiraient pour ce qu'ils nous avaient infligé, à nous et à notre peuple. Je les touchai puis me reculai et les fixai. L'œuvre de destruction dont Mekare avait parlé m'apparut aussitôt. Je pouvais même entendre l'esprit s'agiter inlassablement à l'intérieur de leurs corps. Je fis le silence en moi, je me libérai de toute idée préconçue et de toute peur, et tandis que le calme annonciateur de la transe se répandait en moi, je laissai les mots franchir mes lèvres.

« – Il veut d'autres humains, dis-je.

« C'était bien ce que Mekare avait soupçonné.

« – Mais nous lui en sacrifions autant que nous pouvons! s'écria la Reine.

« Ses joues pâles s'empourprèrent soudain, et le Roi rougit, lui aussi. Je compris alors, à l'instar de Mekare, que lorsqu'ils buvaient le sang, ils ressentaient un plaisir extatique. Une volupté que jamais, ni dans le secret de leur alcôve, ni à la table de banquet, ils n'avaient connue. Et là était la raison de leur honte. Non pas dans l'acte

480

barbare de tuer, non pas dans ce monstrueux carnage; non, dans le plaisir qui les envahissait.

« Mais ils avaient mal interprété mes paroles.

« – Il veut qu'augmente le nombre de vos semblables, rectifiai-je. Il veut croître et donner naissance à d'autres buveurs de sang. Il est trop grand pour être confiné dans deux corps seulement. La soif ne deviendra supportable que lorsque vous aurez engendré des êtres de votre espèce pour la partager avec vous.

« – Non, cria la Reine, c'est impensable!

« – Cela ne peut pas être aussi simple! renchérit le Roi. Nous avons tous deux été faits dans ce même terrible instant où nos dieux ont affronté le démon, et où ils l'ont vaincu.

« – Je ne le pense pas, répondis-je.

« – Tu veux dire, demanda la Reine, que si nous donnons notre sang à boire à d'autres, nous leur transmettrons cette monstruosité?

« Elle se remémorait maintenant chaque détail de la scène. Le Roi à l'agonie, son pouls qui s'affaiblissait, puis le sang giclant dans sa bouche.

« – Mais je n'ai pas assez de sang pour faire une chose pareille, objecta-t-elle.

« Alors elle songea à la soif et à tous ces êtres sacrifiés pour l'étancher. Et tout devint limpide pour nous : c'était la Reine qui, la première, avait bu le sang de son époux avant que lui-même n'absorbe le sien, ainsi s'était accompli l'échange démoniaque. Et la métamorphose n'avait été possible que parce que le Roi était aux frontières de la mort, donc plus réceptif, et que son âme, cherchant à s'échapper, s'offrait aux tentacules invisibles d'Amel.

« Bien évidemment, tous deux lisaient nos pensées.

« – Je n'en crois rien, dit le Roi, les dieux ne l'auraient pas permis. Nous sommes les souverains de Kemet. Châtiment ou bénédiction, cette transmutation magique était écrite dans le grand livre de notre vie.

« Il se tut un instant, puis reprit avec la plus entière sincérité.

« – Ne comprenez-vous donc pas, sorcières, que telle était notre destinée? Il était écrit que nous envahirions votre terre, vous ramènerions ici, vous et votre démon, afin que se réalise ce grand miracle. Nous souffrons, il est vrai, mais nous sommes des dieux maintenant : le feu sacré nous dévore, et nous en rendons grâces au ciel.

« J'essayai d'empêcher Mekare de parler. Je lui serrai très fort la main. Mais ils savaient déjà ce qu'elle avait l'intention de dire. Seule la conviction qui l'habitait les ébranlait.

« — Ce feu peut être transmis à n'importe qui, dit-elle, si les mêmes conditions se présentent, si l'homme ou la femme agonise et que l'esprit peut saisir son âme.

« Ils nous dévisageaient sans un mot. Le Roi secoua la tête. La Reine se détourna avec horreur.

« — S'il en est ainsi, murmura le Roi, alors d'autres peuvent essayer de nous l'arracher ?

« — Bien sûr, répondit Mekare, si cela doit les rendre immortels. Qui ne voudrait pas le devenir ?

« En entendant ces paroles, le Roi eut un haut-le-corps et se mit à arpenter la pièce. Puis il observa un instant son épouse qui fixait le vide comme quelqu'un au bord de la folie, et s'adressa doucement à elle :

« — Alors nous savons ce qu'il nous reste à faire. Nous ne pouvons pas accepter d'engendrer une telle race de monstres !

« Mais la Reine, porta les mains à ses oreilles et, la tête renversée en arrière, les doigts repliés comme des serres, elle poussa un hurlement qui se transforma en sanglot, puis en râle de douleur.

« Mekare et moi, serrées l'une contre l'autre, reculâmes dans un coin de la salle. Tremblante, Mekare fondit en pleurs, elle aussi, et je sentis les larmes me monter aux yeux.

« — C'est vous les responsables de cette abomination ! rugit la Reine d'une voix qui n'avait plus rien d'humain.

« Alors que dans sa fureur, elle cassait tout ce qui se trouvait sur son passage, nous comprîmes qu'elle agissait sous l'emprise d'Amel, car la force qu'elle déployait était surhumaine. Les miroirs volaient au plafond, les meubles dorés s'écroulaient sous ses poings.

« — Puissiez-vous être condamnées pour l'éternité à errer dans le monde des ténèbres parmi les démons et les bêtes féroces ! nous maudit-elle. Sorcières ! Créatures abjectes ! Vous affirmez ne pas avoir voulu notre perte ;

mais dans le secret de votre âme vous l'avez appelée de vos vœux. Vous nous avez envoyé ce démon. Il a lu le désir de vengeance dans votre cœur, comme j'y lis en ce moment même la haine que vous nous vouez.

« Le Roi la prit dans ses bras, la baisa au front, tenta de l'apaiser.

« Mais elle se dégagea de son étreinte et nous regarda, les yeux brillants de larmes de sang.

« – Vous mentez, tout comme vos démons ont menti, explosa-t-elle. Comment osez-vous prétendre qu'un événement pareil ait pu se produire fortuitement. Ne vois-tu pas, ajouta-t-elle en s'adressant au Roi, combien nous avons été stupides de prêter foi aux divagations de ces simples mortelles, dont les pouvoirs ne sont rien comparés aux nôtres! Certes, nous sommes de jeunes divinités et nous devons apprendre à démêler les desseins du ciel. Mais nous avons été élevés à la gloire éternelle, les dons qui nous ont été accordés en sont la preuve.

« Nous ne répondîmes pas. Un instant, je songeai même que ce serait une bénédiction si elle pouvait vraiment croire à cette fable. Quant à moi, tout ce que je savais c'était qu'Amel le malin, le cruel, le stupide, le borné, avait maladroitement déclenché ce désastre et que peut-être, l'humanité entière en subirait les conséquences. Les injonctions de ma mère me revinrent à la mémoire, toutes nos souffrances également. Puis des pensées m'assaillirent, des pensées si virulentes contre le Roi et la Reine que je dus me cacher la tête dans les mains et essayer de faire le vide dans mon esprit, de crainte d'avoir à affronter leur terrible courroux.

« Mais la Reine s'était déjà désintéressée de nous, elle avait appelé la garde pour qu'on nous emmène et annoncé que le lendemain, elle rendrait jugement devant toute la Cour assemblée.

« Tandis qu'elle nous foudroyait du regard, les soldats se saisirent brutalement de nous, et nous jetèrent au fond d'un cachot, comme de vulgaires criminelles.

« Mekare m'attira alors dans ses bras et me dit que jusqu'au lever du jour nous ne devions plus penser à rien qui risque de nous nuire. Nous chanterions nos vieilles mélopées et marcherions de long en large afin que même nos rêves ne puissent offenser les souverains.

« Jamais je ne l'avais vue aussi effrayée. De nous deux, elle avait toujours été la plus combative alors que j'avais tendance à me montrer craintive et à imaginer le pire.

« Mais quand l'aube pointa, quand elle fut sûre que nos bourreaux avaient rejoint leur retraite secrète, elle s'effondra en larmes.

« — Tout est ma faute, Maharet, sanglota-t-elle. C'est moi qui leur ai envoyé Amel. Je ne le voulais pas, mais ce démon a lu dans mon cœur ; exactement comme l'a dit la Reine.

« Elle n'arrêtait pas de se faire des reproches. C'était elle qui avait parlé à Amel, elle qui l'avait encouragé, aiguillonné, flatté. Elle avait souhaité que sa colère s'abatte sur les Égyptiens et il l'avait entendue.

« Je tentai de la réconforter, de lui rappeler que personne ne pouvait maîtriser les élans de son cœur, qu'Amel nous avait une fois déjà sauvé la vie, que les choix de chacun sont souvent impénétrables et que nous devions désormais bannir tout remords et penser seulement à notre avenir. Au moyen de nous enfuir de ce palais, d'obtenir que ces monstres nous libèrent. Nos bons esprits ne leur feraient plus peur maintenant, il était donc inutile de recourir à eux. Nous devions réfléchir, élaborer un plan, agir.

« Khayman, dont j'avais espéré secrètement la venue, finit par apparaître, plus abattu que jamais.

« — Vous êtes perdues, magiciennes ! nous dit-il. Vos paroles ont plongé le Roi et la Reine dans le plus grand désarroi ; avant l'aube, ils sont allés prier au temple d'Osiris. Ne pouviez-vous leur donner quelque espoir que cesse cette abomination ?

« — Il n'y a qu'une seule issue, Khayman, murmura Mekare. Les esprits me sont témoins que je ne t'incite en rien à accomplir cet acte, mais si tu veux mettre fin à leurs tortures, il te faut détruire tes souverains. Trouve leur refuge et laisse le soleil les embraser, le soleil que leur nouveau corps ne peut supporter.

« Terrifié à l'idée d'une telle forfaiture, Khayman battit en retraite, non sans s'être retourné une dernière fois pour nous regarder.

« Ô mes chères sorcières soupira-t-il, pardonnez-moi ! J'ai vu l'indicible, et pourtant je n'ose accomplir cet acte.

« Les heures passèrent, nous étions dans les affres, car, nous le savions, la mort nous attendait. Mais nous ne regrettions rien de ce que nous avions dit ou fait. Allongées dans le noir l'une contre l'autre, nous chantions de nouveau les vieilles chansons de notre enfance, les chansons de notre mère ; je pensais à ma fille et j'essayais de la rejoindre, de m'évader par l'esprit de cet endroit ; mais sans l'aide de nos breuvages, j'en étais incapable. Je n'avais pas encore acquis ce pouvoir.

« Enfin, le jour déclina. Nous entendîmes bientôt les hymnes qu'entonnait la foule tandis qu'approchaient le Roi et la Reine. Les soldats vinrent nous chercher. Dans la grande cour du palais, là où Khayman nous avait déshonorées, devant la même assistance, nous fûmes amenées, les mains de nouveau liées.

« Cette fois il faisait nuit, les flammes des lampes luisaient faiblement entre les arcades, et une lumière lugubre jouait sur les fleurs de lotus dorées des piliers et les silhouettes peintes qui recouvraient les murs. Le couple royal gravit les marches du trône, et l'assemblée s'agenouilla. Les soldats nous obligèrent à nous prosterner, nous aussi. Alors la Reine s'avança et commença à parler.

« D'une voix frémissante, elle dit à ses sujets que nous étions des sorcières abominables, que nous avions lâché sur le royaume le démon qui avait tourmenté Khayman et essayé ses tours maléfiques sur leurs souverains en personne. Mais alors Osiris, le plus ancien de tous les dieux, plus puissant même que le dieu Râ, avait vaincu cette force diabolique et élevé le Roi et la Reine à la gloire céleste.

« Le dieu illustre ne pouvait donc se montrer clément envers ces sorcières qui avaient tant affligé son peuple bien-aimé, il exigeait un châtiment exemplaire.

« – Mekare, décréta-t-elle, en punition de tes mensonges impies et de tes palabres avec les démons, la langue te sera arrachée. Et toi, Maharet, pour les funestes chimères auxquelles tu as tenté de nous faire croire, les yeux te seront ôtés ! Et toute la nuit, vous serez ligotées ensemble, afin que chacune, celle qui ne peut parler et celle qui ne peut voir, entende les pleurs de l'autre. Puis demain, lorsque le soleil sera au zénith, sur la place du palais, afin que tous assistent à votre supplice, vous serez brûlées vives! Car, sachez-le, le mal ne triomphera pas des dieux d'Égypte et de leurs souverains élus, puisque, par leur grâce, nous sommes Roi et Reine des Cieux et œuvrons pour le bien de tous!

« Interdite, j'écoutai la sentence. Ma peur, mon chagrin étaient sans bornes. Cependant, Mekare se rebella aussitôt. Échappant à ses gardiens, elle s'approcha du trône. Tandis que montait de l'assistance un murmure scandalisé, elle déclara, les yeux levés vers les étoiles :

« – Que les esprits me soient témoins, puisque leur appartient la connaissance du futur – celui qui est écrit et celui que trace ma volonté! Tu es la Reine des Damnés! Le mal est ton seul destin! Mais je t'arrêterai, dussé-je revenir du royaume des morts. A l'heure de ton apogée, je me dresserai contre toi et te jugulerai. Grave mon visage dans ta mémoire, car c'est de moi que viendra ta défaite!

« Et à peine avait-elle prononcé ce serment, cette prophétie, que les esprits se rassemblèrent et commencèrent leur sarabande, ouvrant à la volée les portes du palais et imprégnant l'air des sables du désert.

« Des hurlements s'élevèrent de la foule frappée de panique.

« Mais la Reine commanda aux soldats :

« – Coupez-lui la langue comme j'en ai décidé!

« Et tandis que les courtisans, terrifiés, se plaquaient contre les murs, les soldats se saisirent de Mekare et exécutèrent la sentence barbare.

« Pétrifiée d'horreur, je regardai Mekare, je la vis haleter de douleur. Puis avec une violence étonnante, de ses mains liées, elle repoussa ses bourreaux et, tombant à genoux, elle happa la langue ensanglantée et l'avala avant qu'on ne la piétine ou qu'on ne la jette aux chacals.

« Alors les soldats m'empoignèrent à mon tour.

« Ma dernière vision fut celle d'Akasha, défigurée par la haine, les yeux étincelants, puis de Khayman, le visage baigné de larmes. Les soldats me renversèrent la tête en arrière, soulevèrent mes paupières et m'arrachèrent les yeux.

« Soudain, je sentis une main douce sur ma figure et quelque chose contre mes lèvres. Khayman s'était saisi de mes yeux et les pressai contre ma bouche. Aussitôt je les absorbai de crainte qu'ils ne soient profanés.

« Le vent redoubla, le sable tournoya autour de nous, et j'entendis les courtisans s'enfuir en toussant et criant, malgré les injonctions de la Reine qui les priait de garder leur calme. Je me retournai, cherchant Mekare à tâtons, et sa tête vint se poser au creux de mon épaule, ses cheveux caressèrent ma joue.

« – Brûlez-les, maintenant! ordonna le Roi.

« – Non, pas tout de suite, s'interposa la Reine. Qu'elles souffrent d'abord.

« Et nous fûmes emmenées, enchaînées l'une à l'autre, puis abandonnées sur le sol de la petite cellule.

« Pendant des heures, les esprits se déchaînèrent sur le palais. Mais le Roi et la Reine abreuvèrent leur peuple de paroles rassurantes : le lendemain, à midi, le royaume serait lavé de tout mal, et d'ici là, les esprits pouvaient faire ce que bon leur semblait.

« Finalement le silence nous enveloppa tandis que nous gisions, prisonnières des mêmes liens. A part le Roi et la Reine, personne ne paraissait bouger dans le palais. Même nos gardes dormaient.

« Voici les dernières heures de notre existence, songeai-je. Demain, Mekare souffrira-t-elle plus que moi quand elle me verra suppliciée par le feu alors que je ne pourrai ni la voir ni l'entendre? Je la serrai contre moi, elle pressa son visage sur ma poitrine, et ainsi s'égrenèrent les minutes.

« Trois heures environ avant le lever du jour, il y eut un branle-bas dans le couloir. Un cri perçant, puis un bruit de chute. Le garde avait été tué. Le verrou fut tiré et les gonds grincèrent. Mekare s'agita à côté de moi et émit un son qui ressemblait à un gémissement.

« Quelqu'un entra dans la pièce, et je sus intuitivement qu'il s'agissait de Khayman. Mais comme il tranchait nos liens, je lui saisis la main et doutai aussitôt que ce fût lui. Je compris soudain.

« – Ils t'ont métamorphosé! m'écriai-je.

« – Oui, murmura-t-il d'une voix rageuse où perçait un son nouveau, un son inhumain. Ils m'ont métamorphosé! Pour mettre leur pouvoir à l'épreuve! Pour voir si tu disais la vérité! Ils m'ont inoculé ce poison.

« Il sanglotait, je crois. Un souffle sec et rauque sortait de sa poitrine. Et bien qu'il n'eût pas l'intention de me faire mal, il me broyait le poignet comme dans un étau.

« – Ô, Khayman, dis-je en pleurant. Quelle traîtrise de la part de ceux que tu as si fidèlement servis.

« – Écoutez-moi, magiciennes, lança-t-il avec colère, désirez-vous mourir demain sur le bûcher devant la populace ou voulez-vous combattre ce mal ? Devenir ses égales et ses ennemies ? Car comment triompher d'une force sinon par une force également puissante ? Comment triompher d'une lame sinon par une lame aussi bien trempée ? Magiciennes, puisqu'ils ont pu me métamorphoser, pourquoi ne pourrais-je opérer le même sortilège sur vous ?

« J'eus un mouvement de recul, mais il ne relâcha pas son étreinte. J'ignorais si son projet était réalisable. Je savais seulement que je me refusais à y participer.

« – Maharet, plaida-t-il. A moins d'être terrassés, ils empliront la terre de leur progéniture dégénérée et servile, et qui serait capable de les terrasser si ce n'est des êtres à leur mesure !

« – Non, plutôt mourir, répondis-je tout en pensant malgré moi aux flammes qui m'attendaient. Mais ma faiblesse était impardonnable. Demain, je rejoindrais ma mère. Je quitterais ce monde pour toujours, et rien ne m'y ferait demeurer.

« – Et toi, Mekare ? Vas-tu tenter de réaliser ta malédiction ? Ou laisseras-tu ce soin à tes chers esprits qui t'ont trahie depuis le début ? demanda-t-il.

« Le vent mugit de nouveau à travers le palais. Les portes se mirent à battre, le sable à tourbillonner contre les murs. Les dormeurs furent tirés de leur sommeil, les serviteurs se précipitèrent dans les couloirs. Je distinguai au milieu de ce tumulte les plaintes sourdes et lugubres des esprits que je préférais.

« – Calmez-vous, leur ordonnai-je. De toute façon, je m'y refuserai. Je n'accepterai pas que ce démon m'habite.

« Or tandis qu'agenouillée, le front contre la muraille, j'essayais de trouver le courage de mourir, je me rendis soudain compte qu'à l'intérieur de cette cellule, la transmutation maléfique s'opérait. Mekare s'y était décidé. Je tendis le bras et touchai deux corps, celui d'un homme et d'une femme, confondus comme dans l'acte d'amour, et alors que je m'efforçais de les séparer, Khayman me frappa si fort que j'en perdis connaissance.

« Mon évanouissement fut de courte durée. Quelque part dans les ténèbres, les esprits gémissaient. Ils avaient avant moi pressenti le dénouement. La tempête se calma, le silence retomba, le palais se rendormit.

« Les mains froides de ma sœur me frôlèrent. Un bruit étrange résonna, une sorte de rire. Pouvait-on rire quand on n'avait pas de langue ? Je n'en savais trop rien. La seule chose dont j'étais sûre, c'est que toute notre vie, nous avions été semblables – jumelles et reflets l'une de l'autre, deux corps et une âme unique. Et maintenant, ma sœur me tenait enlacée dans l'obscurité étouffante de ce réduit, et plus rien n'était pareil, car pour la première fois, nous ne formions plus le même être. Je la sentis presser maladroitement ses lèvres contre ma gorge, je la sentis qui me meurtrissait. Alors, prenant son couteau, Khayman me transperça à sa place. Et je défaillis.

« Oh, ces secondes divines où je revis en esprit la lumière argentée du ciel, et ma sœur, les bras levés, qui souriait tandis que la pluie tombait. Nous dansions sous l'ondée, devant notre peuple rassemblé, et nos pieds nus s'enfonçaient dans l'herbe mouillée. Quand le tonnerre gronda et que l'éclair déchira les nuages, ce fut comme si nos âmes se libéraient de la douleur. Ruisselantes, nous nous réfugiâmes toutes deux dans la grotte, et à la lueur d'une lampe, nous regardâmes les anciennes peintures sur les parois, les peintures tracées par nos aïeules. Blotties l'une contre l'autre, bercées par le tambourinement lointain de la pluie, nous nous perdîmes dans la contemplation de ces sorcières qui dansaient, de la lune qui pour la première fois éclairait la voûte céleste.

« Khayman célébra sur moi le rituel ; puis ma sœur officia de même, et de nouveau Khayman. Vous savez ce qu'il advint de moi. Mais savez-vous ce que le Don Obscur signifie pour une aveugle ? De minuscules étincelles fusèrent dans l'opacité ; puis les contours des objets s'illuminèrent par intermittence, comme lorsqu'on ferme les yeux et que demeurent gravées, derrière les paupières, des taches lumineuses.

« Oui, j'étais capable de me diriger dans le noir. Je tâtonnai pour vérifier la justesse de ma vision. Le mur, l'embrasure de la porte, le couloir devant moi. Le plan de la prison m'apparut vaguement en un éclair.

« Pourtant, jamais la nuit n'avait été aussi silencieuse. Aucune présence surnaturelle ne hantait l'obscurité. Les esprits avaient disparu.

« Et plus jamais ils ne devaient se manifester à moi, répondre à mes appels ou à mes questions. Les fantômes, oui, mais pas les esprits.

« Toutefois, je n'eus pas conscience de cet abandon durant ces premiers instants, ces premières heures, ni même ces premières nuits. Tant d'événements se déroulèrent qui suscitèrent en moi tant de joies et tant d'angoisses.

« Longtemps avant le lever du soleil, nous étions réfugiés, de même que le Roi et la Reine, au plus profond d'une tombe. Khayman nous avait conduites dans le tombeau de son père, le tombeau où le malheureux corps profané avait été de nouveau enseveli. J'avais entre-temps bu mes premières gorgées de sang humain et connu l'extase qui faisait rougir de honte les souverains. Mais je n'avais pas osé dérober les yeux de ma victime. Je n'avais même pas songé à cet expédient. Je ne fis cette découverte que cinq nuits plus tard, alors que nous avions déjà fui la cité royale. Et enfin je vis comme voient les buveurs de sang.

« Nous avancions la nuit en direction du nord. Et à chaque étape Khayman initiait de nouveaux adeptes, les adjurant de se soulever contre le Roi et la Reine, car ceux-ci faisaient croire entre autres mensonges qu'ils étaient seuls à détenir le pouvoir monstrueux.

« Quelle fureur habitait Khayman! A tous ceux qui le désiraient, il offrait le Don Obscur, jusqu'à en être si affaibli qu'il pouvait à peine marcher à nos côtés. Un seul but l'animait, que les souverains aient des adversaires à leur mesure. Combien de buveurs de sang furent ainsi engendrés, des buveurs de sang qui allaient croître et multiplier et qui provoqueraient les combats dont rêvait Khayman?

« Mais notre évasion ainsi que notre rébellion étaient vouées à l'échec. Khayman, Mekare et moi devions bientôt être séparés.

« Car le Roi et la Reine, épouvantés par la trahison de Khayman et soupçonnant qu'il nous avait transmis son pouvoir, envoyèrent des soldats à notre poursuite, une troupe qui, elle, pouvait avancer aussi bien le jour que la nuit. Et comme notre nouvelle faim nous contraignait à chasser sans cesse, notre trace était facile à suivre dans les villages le long du fleuve ou même dans les campements sur les pentes des collines.

« Ainsi, moins de quinze jours après notre fuite, nous fûmes rejoints devant les portes de Saqqarah, alors qu'il ne nous restait plus que deux nuits de marche pour atteindre la côte.

« Si seulement nous étions parvenus à la mer. Si seulement nous étions restés ensemble. Le monde avait ressuscité pour nous dans les ténèbres. Désespérément nous nous aimions, désespérément nous avions échangé nos secrets à la lueur de la lune.

« Hélas, une embuscade nous attendait à Saqqarah. Khayman réussit à s'échapper, mais comprenant qu'il ne pouvait nous sauver, il s'enfonça dans les collines pour y guetter l'occasion qui jamais ne se présenta.

« Mekare et moi, nous fûmes encerclées, comme il vous est apparu dans les rêves. Mes yeux me furent de nouveau arrachés. Nous redoutions le bûcher désormais, car sûrement le feu pouvait nous anéantir, et nous priions les forces invisibles de nous accorder la délivrance suprême.

« Cependant le Roi et la Reine craignaient de détruire nos corps. Ils croyaient ce que leur avait expliqué Mekare au sujet d'Amel, l'esprit tout-puissant, qui tous nous infestait, et ils avaient peur de ressentir dans leur propre chair le supplice qu'ils nous infligeraient. Bien sûr, il n'en était rien. Mais qui aurait pu le savoir alors ?

« Nous fûmes donc enfermées dans les sarcophages, ainsi que je vous l'ai dit. L'un destiné à être emporté vers l'est, l'autre vers l'ouest. Les radeaux étaient déjà prêts, afin de nous livrer aux courants des océans immenses. Malgré ma cécité, je les avais vus. J'avais aussi capté les pensées de mes ravisseurs, et savais que Khayman ne pourrait pas nous suivre, car la marche continuerait jour et nuit.

« Quand je me réveillai, je flottais à la dérive sur la mer. Dix nuits, le radeau me porta au gré des flots. J'étais affamée, terrifiée à l'idée que le cercueil coule au fond des eaux, que je sois à jamais ensevelie vivante, moi, cette chose qui ne pouvait mourir. Et lorsque j'échouai enfin sur le rivage de la corne orientale de l'Afrique, je me mis aussitôt à la recherche de Mekare, traversant le continent d'est en ouest.

« Durant des siècles, je poursuivis ma quête. Puis je remontai vers l'Europe. Je sillonnai les grèves rocheuses et parcourus même les îles du Nord jusqu'à ce que j'atteigne les lointains déserts de neige et de glace. Cependant, je retournai souvent dans mon propre village. Mais je vous raconterai bientôt cette partie de l'histoire, car il est important pour moi que vous la connaissiez.

« Néanmoins, tout au long de ces premiers siècles, j'évitais l'Égypte et ses souverains.

« Bien plus tard seulement, j'appris qu'ils avaient édifié une religion fondée sur leur métamorphose, qu'ils se faisaient passer pour les incarnations d'Isis et d'Osiris et avaient altéré ces anciens mythes à leur convenance.

« Le Roi, qui ne pouvait paraître que dans l'obscurité, était devenu Osiris, le dieu des morts et des ténèbres; et la Reine, Isis, la Mère, celle qui rassemble le corps démembré de son époux, le panse et le ramène à la vie.

« Vous avez lu dans le livre de Lestat – dans ces pages où Marius lui relate le récit tel qu'il lui fut conté – comment les dieux du sang créés par la Mère et le Père sacrifiaient les condamnés dans des sanctuaires dissimulés sur les pentes des collines d'Égypte. Comment cette religion se perpétua jusqu'à l'époque du Christ.

« Et vous y avez appris aussi comment triompha Khayman, le rebelle. Comment les créatures engendrées par lui et égales en puissance aux souverains, finirent par se soulever; comment les buveurs de sang se combattirent à travers le monde. Akasha, elle-même, révéla ces luttes à Marius, qui en transmit la chronique à Lestat.

« En ces temps reculés, la Légende des Jumelles était déjà née, car les soldats égyptiens témoins des événements de notre vie, depuis le massacre de notre peuple jusqu'à notre ultime capture, en narrèrent les épisodes. Cette légende fut même transcrite à une époque ultérieure par les scribes égyptiens. La croyance voulait qu'un jour Mekare réapparaisse pour tuer la Reine et qu'alors tous les buveurs de sang, ses enfants, périssent avec elle.

« Mais tout ceci se produisit sans que j'en aie connaissance ni que j'y participe, occupée que j'étais à retrouver Mekare.

« Je ne retournai en Égypte, dissimulée sous des voiles noirs, que trois mille ans plus tard afin de constater par moi-même ce qu'il était advenu de la Mère et du Père, ces statues au regard immobile, emprisonnées sous les pierres de leur temple souterrain! Et les novices accouraient de partout pour étancher leur soif à la source originelle!

« L'un des jeunes prêtres buveurs de sang qui gardaient le sanctuaire m'accueillit. Désirais-je boire ? Si tel était le cas, je devais me présenter devant les anciens, leur jurer ma dévotion au culte séculaire, la pureté de mes intentions. Je faillis lui éclater de rire à la figure.

« Mais quelle horreur de contempler ces formes pétrifiées! De murmurer leurs noms sans percevoir une lueur dans leurs prunelles, ni le moindre tressaillement sur leurs visages livides.

« Ils étaient ainsi depuis aussi longtemps que remontait la mémoire, me dirent les prêtres. Personne ne savait si le mythe du commencement était véridique. Nous, les tout premiers enfants, étions dénommés Ceux du Premier Sang, ceux qui avaient engendré les rebelles. Mais la Légende des Jumelles avait sombré dans l'oubli. Nul ne se souvenait plus des noms de Khayman, Mekare ou Maharet.

« Une autre fois seulement, un millénaire plus tard, je devais revoir la Mère et le Père. Alexandrie venait d'être ravagée par le grand incendie et le Conseil des anciens avait cherché à détruire ces divinités en les soumettant aux rayons du soleil. Mais leur peau n'avait fait que se teinter de bronze sous la chaleur, tant leur résistance était maintenant extrême. Car, ainsi que vous le savez, bien que nous soyons toujours contraints de dormir le jour, la lumière devient moins meurtrière à mesure que s'écoule le temps.

« Cependant, durant ces heures où la Mère et le Père avaient été exposés au jour, des milliers de jeunes buveurs de sang à travers le monde s'étaient embrasés comme des torches; même les plus vieux d'entre nous avaient quelque peu souffert et foncé légèrement. Mon bien-aimé Éric qui avait alors mille ans et vivait avec moi en Inde, avait été gravement brûlé durant cette interminable journée. Il me fallut lui donner beaucoup de mon sang pour qu'il se rétablisse. Quant à moi, si mon teint n'avait fait que se colorer, j'endurai plusieurs nuits des souffrances certaines.

« Ce phénomène restait mystérieux. Je voulais savoir pourquoi, dans mes rêves, j'avais vu des flammes et entendu les cris de tant d'agonisants, pourquoi certains êtres que j'avais engendrés, mes très chers novices, avaient succombé à ce supplice innommable.

« Je quittai donc l'Inde pour l'Égypte, cette contrée honnie. Ce fut alors que j'appris l'existence de Marius, un jeune buveur de sang romain, miraculeusement réchappé du feu, qui avait dérobé à Alexandrie la Mère et le Père et les avait emmenés là où personne ne pourrait jamais les brûler, ni nous avec eux.

« Il ne me fut pas difficile de le trouver. Comme je vous l'ai dit, au tout début, nous ne pouvions communiquer les uns avec les autres. Mais à mesure que passait le temps, nous parvînmes à capter les voix des plus jeunes comme nous le faisions de celles des humains. A Antioche, je découvris donc la maison de Marius, un véritable palais où il menait une existence patricienne, même si aux dernières heures de la nuit il traquait ses victimes à travers les ruelles sombres de la ville.

« Il avait déjà rendu immortelle Pandora, l'être qu'il aimait entre tous. Et il avait placé la Mère et le Père dans un ravissant mausolée, construit de ses propres mains, en marbre de Carrare et en mosaïque, où il les honorait telles de vraies divinités.

« Je guettai le moment opportun, et quand lui et Pandora partirent chasser, je réussis à pénétrer dans la demeure.

« Je vis la Mère et le Père, la peau assombrie comme la mienne, et cependant aussi beaux et inanimés qu'un millénaire auparavant. Il les avait installés sur un trône où ils restèrent rivés deux mille ans, ainsi que vous le savez. Je m'approchai d'eux, les touchai, les frappai même, sans jamais obtenir la moindre réaction. Alors, à l'aide d'un long poignard, je transperçai la chair de la Mère, devenue une cuirasse aussi flexible que la mienne. Je transperçai le corps immortel, tout à la fois indestructible et trompeusement fragile, et la lame s'enfonça jusqu'au cœur que je tailladai rageusement.

494

« Un moment, le sang coula, épais et visqueux, et le cœur cessa de battre. Puis la plaie commença à se refermer et la flaque de sang se solidifia comme de l'ambre sous mes yeux.

« Mais plus important encore, durant ces quelques secondes où le cœur n'avait plus fonctionné, j'avais éprouvé une sensation de vertige, de rupture, la caresse même de la mort. De toute évidence, à travers le monde, les buveurs de sang avaient ressenti le même malaise ; les novices plus intensément peut-être, qui s'étaient écroulés comme traversés par une décharge électrique. Le noyau d'Amel était toujours implanté en Akasha. Les terribles brûlures d'abord, puis l'expérience du poignard démontraient que la survie de notre race dépendrait éternellement de la préservation de son enveloppe charnelle.

« S'il en avait été autrement, je l'aurais détruite alors, je l'aurais dépecée membre après membre. Le temps ne pouvait apaiser ma haine, la haine que je nourrissais contre elle pour avoir massacré mon peuple et m'avoir séparée de Mekare. Mekare mon miroir, ma sœur.

« Quelle bénédiction si les siècles avaient pu m'enseigner le pardon ; si mon âme s'était élevée au point d'accepter les maux subis par mon peuple et par moi.

« Mais, seule l'âme humaine se perfectionne avec le temps, elle seule apprend au fil des ans à mieux aimer et absoudre. Je suis rivée au passé par des chaînes que je ne peux briser.

« Avant de quitter ce lieu, j'effaçai toute trace de mon passage. Puis, longuement encore, je contemplai les deux statues, les deux êtres maléfiques qui avaient exterminé mes proches, persécuté ma sœur et moi et connu tant de malheurs en retour.

« — Toi, tes soldats et leurs épées, vous n'avez pas réussi à nous vaincre, dis-je à Akasha. Car ma fille, Miriam, a survécu pour perpétuer notre lignée. Et cette survivance qui n'a sans doute aucun sens pour toi, condamnée au silence sur ce banc royal, est une victoire pour moi.

« Et c'était vrai ! Mais je reviendrai sur l'histoire de ma famille. Pour l'heure, laissez-moi vous parler de l'unique triomphe d'Akasha, du fait que plus jamais Mekare et moi ne devions être réunies.

« Car ainsi que je vous l'ai dit, jamais durant mes

errances, je ne rencontrai quiconque, homme, femme ou vampire, qui eût posé son regard sur Mekare ou entendu prononcer son nom. J'explorai toutes les contrées du globe. Mais elle avait disparu, engloutie, semblait-il, par le grand océan de l'Ouest. Et je n'étais plus qu'un être mutilé en quête de la partie de moi-même qui me rendrait mon intégrité.

« Pourtant, au cours des premiers siècles, je savais que Mekare était vivante. Parfois la jumelle que j'étais ressentait la souffrance de l'autre jumelle. Comme dans un cauchemar, j'éprouvais une douleur inexplicable. Mais ces phénomènes mystérieux se produisent également chez les mortels nés d'un même ovule. Cependant, au fur et à mesure que ma chair se durcissait, que l'humain disparaissait de moi, et que ce corps immortel prévalait, ce lien avec ma sœur se détendait. Néanmoins, j'étais certaine, certaine qu'elle vivait.

« Je conversais avec elle tout en parcourant les côtes désertes et en scrutant la mer glacée. Et dans les grottes du mont Carmel, je gravais notre histoire, nos tourments, toutes les scènes qui vous sont apparues en rêve.

« A travers les âges, de nombreux mortels trouvèrent ces grottes et virent ces peintures. Puis ils en oubliaient l'existence pour les découvrir à nouveau.

« Enfin, durant ce siècle, un jeune archéologue, en ayant entendu parler, escalada un après-midi les pentes du mont Carmel. Et quand il aperçut les dessins que j'avais tracés des millénaires auparavant, son cœur bondit dans sa poitrine, car il y reconnut les même personnages qu'il avait contemplés de l'autre côté de l'océan, dans une caverne perdue au-dessus des forêts vierges du Pérou.

« Je ne fus informée de ses recherches que des années plus tard. Il avait voyagé de par le monde, présentant les preuves de sa découverte : les photographies des peintures rupestres de l'Ancien et du Nouveau Monde, ainsi qu'un vase exhumé des réserves d'un musée, une pièce datant de cette époque reculée où la Légende des Jumelles était encore connue.

« Je ne puis vous décrire ma douleur et mon exaltation quand je posai mes yeux sur les reproductions des dessins qu'il avait trouvés dans la caverne du Pérou.

« Car Mekare avait taillé dans le roc exactement les

mêmes figures que moi. Son cœur, son cerveau et sa main, si semblables aux miens, avaient créé les mêmes images de souffrance et de désespoir. Quelques détails différaient, mais son empreinte était évidente.

« Le radeau de Mekare avait dérivé sur l'immense océan de l'Ouest jusqu'à une terre inexplorée de notre temps. Peut-être des siècles avant que l'homme n'eût pénétré le Sud du continent sauvage, ma sœur avait échoué sur ces rivages, pour y connaître sans doute la plus extrême solitude. Combien d'années avait-elle erré parmi les oiseaux et les fauves avant d'apercevoir un visage humain ?

« Cet isolement inconcevable avait-il duré des siècles, des millénaires ? Ou avait-elle rencontré immédiatement des mortels pour la réconforter – à moins qu'ils ne l'aient fuie, terrorisés ? Ma sœur avait-elle perdu la raison bien avant que le sarcophage qui l'emprisonnait ne touche le continent sud-américain ? Je ne devais jamais l'apprendre.

« Tout ce que je savais, c'est qu'elle avait hanté ces lieux et que des milliers d'années plus tôt elle avait gravé ces dessins, comme je l'avais fait moi-même dans les grottes du mont Carmel.

« Bien sûr, je fournis à cet archéologue les moyens de poursuivre ses travaux sur la Légende des Jumelles. Et j'entrepris en personne le voyage jusqu'en Amérique du Sud. Avec Éric et Mael, j'escaladai une nuit les flancs de la cordillère péruvienne pour contempler de mes propres yeux l'œuvre de ma sœur. Ces peintures paraissaient si anciennes ! Selon toute probabilité, elles avaient été faites au cours des cent premières années qui avaient suivi notre séparation.

« Mais ni sur ce continent ni ailleurs, nous ne découvrîmes d'autres indices du passage de Mekare. Était-elle enfouie si profond dans les entrailles de la terre que les appels de Mael et d'Éric ne pouvaient l'atteindre ? Dormait-elle dans une grotte, statue blanche au regard pétrifié que la poussière des ans recouvrait ?

« Cette idée m'est intolérable.

« La seule chose que je sache, de même que vous maintenant, c'est qu'elle est sortie de son immobilité. Est-ce Lestat qui l'a réveillée de son long sommeil avec ses chansons – ces mélodies diffusées sur les ondes aux quatre coins du globe ? Sont-ce les milliers de buveurs de sang qui les ont captées, déchiffrées et y ont répondu par la pensée ? Est-ce Marius lorsqu'il nous a alertés de la résurrection de la Mère ?

« Peut-être est-ce le pressentiment obscur né de tous ces messages, que l'heure est venue d'accomplir la malédiction séculaire. Je ne puis l'affirmer. Tout ce dont je suis certaine c'est qu'elle avance en direction du nord, que son itinéraire est erratique, et que mes efforts pour repérer son cheminement à travers les esprits d'Éric et de Mael ont échoué.

« Ce n'est pas moi qu'elle cherche. J'en suis convaincue. C'est la Mère. Et les pérégrinations d'Akasha la déroutent. Mais elle la trouvera, si tel est son but ! Elle la trouvera. Peut-être comprendra-t-elle qu'elle peut s'élever dans les airs à l'instar de son ennemie, et aussitôt elle volera comme une flèche.

« Elle trouvera la Mère. Je le sais. Et l'alternative sera simple : ou bien elle mourra, ou bien la Mère mourra, et nous tous en même temps.

« Mekare est aussi puissante que moi, si ce n'est plus. Elle est l'égale d'Akasha. Et sa fureur peut déchaîner en elle une violence incommensurable.

« Je ne crois pour ma part ni aux malédictions ni aux prophéties : les esprits qui m'en ont enseigné le bien-fondé m'ont abandonnée depuis des milliers d'années. Mais Mekare croyait de tout son être à cette malédiction quand elle la prononça. Elle lui impulsa sa force. Et aujourd'hui ses rêves n'évoquent que les origines, les causes de son ressentiment, et ne font qu'aiguiser son désir de vengeance.

« Mekare est capable de réaliser la prédiction ; et sans doute serait-ce le mieux pour nous tous. Si elle ne détruit pas Akasha, si nous ne détruisons pas Akasha, quelle sera l'issue ? Nous sommes au courant maintenant des atrocités commises par la Mère. Comment le monde pourrait-il l'empêcher de poursuivre son œuvre diabolique s'il ne connaît rien d'elle ? S'il ignore sa puissance colossale et sa vulnérabilité certaine, ce pouvoir qu'elle a de broyer des corps et cette fragilité physique qui l'expose à être elle-même transpercée dans sa chair ? S'il ignore que ce monstre, capable de voler, de lire dans les pensées, de produire le feu par la seule force de son esprit, peut à son tour être brûlé ?

« Comment l'arrêter tout en nous préservant nous-mêmes, voilà la question. Je désire vivre aujourd'hui autant qu'hier. Je ne veux pas fermer mes yeux sur cet univers. Je ne veux pas que soient anéantis ceux que j'aime. Même les jeunes, ceux qui sont encore contraints de tuer. Est-ce mal de ma part ? Ou ne sommes-nous pas une espèce, et ne partageons-nous pas le désir de survie inhérent à toute espèce ?

« Songez à ce que je vous ai révélé au sujet de la Mère. Au sujet de son âme et de la nature du démon qui l'habite, son noyau tapi au plus profond d'elle. Songez à cet être immense et invisible qui anime chacun d'entre nous.

« Nos corps ne sont que les réceptacles de son énergie, au même titre que les postes de radio sont les récepteurs des ondes invisibles qui propagent le son. Nous sommes les rameaux d'une souche unique.

« Réfléchissez à ce mystère. Car si nous le sondons, peut-être découvrirons-nous le moyen de nous sauver.

« J'aimerais à ce propos que vous examiniez un autre point – sans doute l'enseignement le plus précieux que l'expérience m'ait apporté.

« Dans ces temps reculés où, sur les pentes de notre montagne, les esprits nous parlaient, à ma sœur et à moi, qui aurait jugé leurs manifestations dérisoires ? Prisonnières de leurs pouvoirs, nous pensions au contraire de notre devoir d'utiliser nos dons de sorcellerie pour le bien de notre peuple, comme le crut ensuite Akasha.

« Durant des millénaires, la croyance dans le surnaturel a été ancrée au fond de l'âme humaine. J'aurais alors pu affirmer que le sacré constituait un élément essentiel, indispensable aux hommes, un élément sans lequel ils ne pouvaient prospérer, encore moins se perpétuer.

« Nous n'avons cessé d'assister à la naissance de cultes et de religions. Parcourez les villes d'Asie et d'Europe, regardez les temples encore debout et les cathédrales du dieu chrétien qui retentissent toujours des hymnes à sa gloire. Visitez les musées de tous les pays : la peinture et la sculpture d'inspiration religieuse y règnent en maîtres.

« Quelle réussite grandiose : l'art nourri du feu de la ferveur !

« Cependant, combien de vies a dévoré cette foi qui galvanise les peuples et soulève les armées ; qui répartit la carte des nations en vainqueurs et vaincus ; qui décime les adorateurs des dieux étrangers.

« Mais au cours des derniers siècles, un miracle s'est produit qui n'a rien à voir avec les esprits, les apparitions ou les voix descendues du ciel pour dicter à tel ou tel fanatique ce qu'il convient de faire.

« Nous avons vu l'humanité abandonner lentement les traditions et les lois fondées sur la révélation, chercher des vérités éthiques édifiées sur la raison, et une pratique basée sur le respect des réalités matérielles et spirituelles.

« Et du fait même de cette défiance, une ère de lumières est advenue. Car désormais les hommes et les femmes puisent leur inspiration, non dans le royaume de l'invisible, mais dans celui de l'humain – tout à la fois chair et esprit, visible et invisible, concret et transcendant.

« Les médiums, les voyants, les sorciers, si vous voulez, n'ont plus aucune utilité, j'en suis convaincue. Les esprits ne peuvent plus rien pour nous. Nous avons dépassé ce stade et progressons vers une perfection que le monde n'a jamais connue.

« Le verbe s'est enfin fait chair, pour citer l'ancienne parole biblique dans tout son mystère. Mais le verbe est celui de la raison, et la chair, la reconnaissance des besoins et des désirs communs à tous les hommes.

« Et qu'apporterait notre Reine à ce monde ? Que pourrait-elle lui offrir, elle dont l'existence est désormais stérile, dont l'esprit s'est enlisé pendant des siècles dans des rêves d'un autre âge ?

« Il faut l'arrêter. Marius a raison. Qui pourrait le contredire ? Nous devons nous tenir prêts à aider Mekare, non à entraver son action, même si cela signifie la mort pour nous tous.

« Mais permettez-moi de vous conter le dernier chapitre de mon récit, car il éclaire la menace que représente la Mère pour chacun d'entre nous.

« Comme je vous l'ai dit, ma famille ne fut pas anéantie par Akasha. Elle s'est perpétuée dans Miriam, ma fille, dans ses filles et dans les filles nées de celles-ci.

« Moins de vingt ans après que les soldats nous eurent emmenées à la cour de Kemet, je retournai dans le village où j'avais laissé Miriam pour retrouver une jeune femme nourrie des tristes événements qui deviendraient la Légende des Jumelles.

« Une nuit, je la conduisis jusqu'aux grottes de ses aïeux et lui remis les quelques colliers et l'or encore enfouis dans les salles peintes dont personne n'osait franchir le seuil. Je lui racontai ce que je savais de ses ancêtres. Mais je l'adjurai de se méfier des esprits, des entités invisibles, quel que fût le nom qu'on leur donnait, surtout si ce nom était dieu.

« Puis je m'installai à Jéricho, parce que dans ses rues grouillantes, il était facile d'échapper aux regards curieux et de traquer mes victimes, des désespérés que je pouvais tuer sans remords.

« Mais je rendis souvent visite à Miriam au cours des ans. Elle donna naissance à deux garçons et à quatre filles, lesquelles à leur tour mirent au monde cinq enfants qui vécurent jusqu'à l'âge mûr, et parmi ces enfants, deux femmes qui enfantèrent huit fois. Les histoires de la famille furent enseignées par leurs mères à ces enfants, ainsi que la Légende des Jumelles – ces sœurs qui jadis parlaient aux esprits et faisaient tomber la pluie, et qui avaient été persécutées par de cruels souverains.

« Deux siècles plus tard, je consignai pour la première fois les noms de tous les membres de ma famille, et il me fallut quatre tablettes d'argile pour ce faire. Je gravai alors le récit de nos origines, l'histoire de ces femmes qui remontait au Temps d'avant la Lune.

« Et même si pour explorer les côtes sauvages de l'Europe du Nord à la recherche de Mekare, il m'arrivait de m'absenter un siècle de ma terre natale, je revenais toujours vers mon clan, mon refuge secret dans les montagnes et ma maison de Jéricho ; et je notais de nouveau la progression de ma famille, lesquelles des filles avaient donné le jour à des filles, et le nom de ces dernières. Je n'oubliais pas les garçons pour autant : je m'attachais à transcrire leurs destinées, leurs réussites et parfois leurs actes d'héroïsme. Mais je ne mentionnais en aucun cas leur progéniture, car il m'était impossible de savoir si les enfants des hommes étaient vraiment de mon sang. C'est ainsi que la filiation devint matrilinéaire et l'est restée jusqu'aujourd'hui.

« Mais jamais, jamais, durant tout ce temps, je ne révélai à ma famille la mutation diabolique dont j'avais été victime. J'étais déterminée à ce que ce mal épargne ma descendance. Aussi n'utilisais-je mes pouvoirs surnaturels qu'en secret ou d'une façon qui pouvait être expliquée raisonnablement.

« Dès la troisième génération, j'étais considérée, lors de mes visites, comme une parente rentrée au bercail après des années d'absence. Et lorsque j'intervenais, pour distribuer richesses et conseils, c'était comme l'aurait fait un être humain, rien de plus.

« Pendant des millénaires, je veillai discrètement sur ma famille, survenant de temps à autre, pour serrer mes enfants dans mes bras.

« Mais vers le début de l'ère chrétienne, une autre idée me vint : j'imaginai une branche de la famille chargée de consigner et de garder ses archives. Et à chacune des générations de cette branche fictive, une prétendue cousine était responsable de cette tâche. Le prénom de Maharet était attaché à la fonction. Et quand la vieille Maharet mourait, une jeune Maharet reprenait aussitôt le flambeau.

« Ainsi me mêlais-je à la famille qui elle-même me connaissait et me chérissait. Je devins la correspondante, la bienfaitrice, la visiteuse mystérieuse mais fidèle qui apparaissait pour régler les différends et redresser les torts. Et même si je brûlais de mille passions, habitais des siècles durant d'autres contrées, m'initiais à de nouvelles langues et traditions, si je ne cessais pas de m'émerveiller de la beauté infinie de cette planète et de la fécondité de l'imagination humaine, je retournais toujours au sein de ma famille, cette famille qui s'appuyait sur moi.

« Et jamais au cours de ces millénaires, je ne me suis enfouie dans la terre comme tant d'entre vous l'ont fait. Jamais je n'ai eu à affronter la folie et l'oubli comme la plupart des anciens, qui, à l'exemple de la Mère et du Père, se sont souvent mués en statues dans les profondeurs d'un tombeau. Pas une fois, depuis ces temps reculés, le soleil ne s'est couché que je n'aie ouvert les paupières, su mon nom, reconnu le monde autour de moi et ressaisi le fil de ma propre existence.

« Pourtant, la démence me guettait, moi aussi. La lassitude m'envahissait parfois. La douleur m'emplissait d'amertume. Les mystères de l'univers me déroutaient.

« Mais j'avais la chronique de ma famille à sauvegarder, ma descendance à protéger et à guider. Aussi, même dans les heures les plus sombres, lorsque la destinée humaine me semblait monstrueuse et l'évolution de ce monde incompréhensible, je me tournais vers ma famille comme vers la source de toute vie.

« Et elle m'enseignait les rythmes et les passions de chaque ère ; elle m'entraînait dans des contrées où je ne me serais peut-être jamais aventurée seule ; elle m'ouvrait à des domaines artistiques que je n'aurais sans doute pas osé aborder autrement. Elle était mon mentor à travers le temps et l'espace. Mon professeur, le livre de l'existence. Elle était tout pour moi. »

Maharet s'interrompit.

Un instant, elle parut sur le point de poursuivre. Mais elle se leva et considéra tour à tour chacun des membres de l'assistance avant de fixer les yeux sur Jesse.

– Venez maintenant, dit-elle. Je veux vous montrer ce qu'il est advenu de cette famille.

Calmement, tous lui obéirent. Ils attendirent qu'elle ait contourné la table puis la suivirent hors de la salle jusque dans une autre énorme pièce aux murs aveugles, couverte d'une verrière.

Jesse était la dernière, mais avant même d'en avoir franchi le seuil, elle sut ce qu'elle allait y trouver. Une douleur délicieuse la parcourut, une douleur imprégnée de joie et de nostalgie. C'était dans cette salle sans fenêtre que Maharet l'avait conduite des années auparavant.

Avec quelle précision elle se rappelait le foyer de pierre, les divans de cuir sombre, le tapis. Et cette atmosphère de fièvre et de mystère qui depuis lors n'avait cessé de la hanter, la précipitait dans des rêves obscurs.

Oui, là, l'immense carte électronique du globe, piquetée de milliers de points lumineux.

Et les trois autres murs, apparemment revêtus d'un fin grillage noir, – en fait d'un gigantesque dessin à l'encre, recouvrant chaque millimètre du sol au plafond, et se ramifiant à partir d'une racine unique en des millions de branches minuscules, chacune entourée d'innombrables noms soigneusement inscrits.

Le souffle coupé, Marius examinait tour à tour le planisphère géant et l'arbre généalogique, tandis qu'Armand esquissait un petit sourire mélancolique et que Mael dissimulait sa stupéfaction derrière un léger froncement de sourcils.

Les autres aussi regardaient en silence. Éric connaissait déjà cette salle. Mais Louis, le plus humain d'entre eux, était au bord des larmes. Daniel, lui, écarquillait les yeux. Quant à Khayman, le regard voilé d'une sorte de tristesse, il semblait contempler la carte sans la voir, comme si son esprit remontait loin dans le passé.

Gabrielle hocha lentement la tête.

— Voilà donc la Grande Famille, dit-elle en se tournant vers Maharet.

Maharet acquiesça d'un signe.

Elle désigna d'un geste circulaire la carte tentaculaire qui tapissait le mur derrière elle.

Jesse suivit des yeux le cortège de plus en plus dense des petites lumières qui traversaient les contrées, quittant la Palestine, se déployant à travers l'Europe, pénétrant en Afrique, puis en Asie, et enfin dans les deux continents du Nouveau Monde. Des myriades de lumières de différentes couleurs. Elle lut aussi les anciens noms des continents, des pays et des mers, gravés en lettres dorées sur la plaque de verre qui recouvrait les montagnes, les plaines et les vallées en relief.

— Ce sont mes descendants, dit Maharet, les descendants de Miriam, notre fille à Khayman et à moi. Notre lignée retracée de femme en femme depuis six mille ans.

— Inimaginable ! murmura Pandora, émue aux larmes, elle aussi.

Cette découverte paraissait lui faire mal, lui rappeler tout ce qu'elle avait perdu depuis si longtemps.

— Ce n'est qu'une famille humaine, reprit doucement Maharet. Néanmoins, ses membres ont essaimé aux quatre coins du monde, et ceci sans tenir compte des descendants des mâles, sûrement aussi nombreux que ceux des femmes, de tous ceux disparus dans les immensités de la Grande Russie ou de la Chine, et de tous ceux, enfin, dont j'ai perdu la trace au cours des siècles. Il n'empêche que leur postérité existe. Pas un peuple, pas une race, pas une nation qui ne compte des bourgeons de notre famille. Elle est en somme la Grande Famille des hommes.

– Oui, souffla Marius, son visage soudain coloré, éclairé d'une émotion humaine. Une seule famille, symbole de toutes les autres.

Il se dirigea vers l'énorme carte et étudia le flux des lumières sur les reliefs soigneusement modelés.

Jesse sentit l'atmosphère de cette nuit lointaine l'envelopper. Puis inexplicablement, ces souvenirs s'estompèrent, comme s'ils n'avaient plus d'importance. Elle était ici, au cœur des secrets, elle était de nouveau dans cette pièce.

Elle se rapprocha du graphique sombre et parcourut les milliers de noms calligraphiés à l'encre noire. Puis en reculant, elle observa le tracé d'un rameau, un rameau fin et délicat qui s'élevait lentement jusqu'au plafond en dessinant des formes compliquées.

Dans l'exaltation la plus complète, elle songea avec amour à tous ces êtres qui avaient composé la Grande Famille, aux liens mystérieux qui les unissaient. Cet instant se situait hors du temps. Elle ne voyait plus les visages blêmes de ses nouveaux frères de sang, les formes immortelles saisies dans leur immobilité inquiétante.

Quelque chose du monde réel était encore vivant pour elle, quelque chose qui inspirait le respect, le chagrin, et faisait naître en elle le sentiment peut-être le plus ardent qu'elle eût jamais été capable d'éprouver. Un moment, le naturel et le surnaturel lui parurent receler le même mystère, exercer la même fascination. Et toutes les prouesses des immortels ne pouvaient éclipser cette vaste et simple chronique de la Grande Famille.

Sa main se leva, animée d'une vie propre, et le bracelet de Mael qui ne quittait pas son poignet scintilla tandis que sa paume se posait sur le mur, recouvrant une centaine de noms.

– Voici ce qui est menacé, dit Marius, sa voix adoucie par la tristesse, ses yeux toujours rivés sur la carte.

Elle fut surprise qu'une voix puisse être tout à fois aussi forte et aussi douce. Non, pensa-t-elle, personne ne touchera à la Grande Famille. Personne !

Elle se tourna vers Maharet qui la regardait. Et nous

voici, Maharet et moi, aux deux extrémités de cet arbre, se dit-elle.

Elle sentit sourdre en elle une douleur terrible. Autant se laisser entraîner loin de toutes les choses réelles lui avait paru enivrant, autant imaginer que ces mêmes choses puissent disparaître d'un coup lui était intolérable.

Durant toutes ces longues années à Talamasca où elle avait côtoyé des fantômes capables de terrifier leurs victimes désemparées, des médiums, voyants, télépathes et autres professionnels du parapsychique, elle avait toujours su que le surnaturel ne pourrait jamais imprimer sa marque sur le réel. Maharet avait eu totalement raison ! Oui, le surnaturel était inutile, inoffensif même, sans véritable pouvoir d'intervention !

Mais désormais tout pouvait basculer. L'irréel avait été fait réel. Il était absurde de se tenir dans cette salle étrange, parmi ces créatures raides et imposantes, et prétendre que le monde des mortels était à l'abri de tout bouleversement. Cet être, cette créature dénommée la Mère, pouvait déchirer le voile qui l'avait si longtemps dissimulée aux yeux des humains et frapper des millions de ces malheureux.

Que voyait Khayman qui la contemplait comme s'il pénétrait ses pensées ? Voyait-il en elle sa fille ?

— Oui, dit Khayman. Ma fille. Et ne crains rien. Mekare viendra et la malédiction s'accomplira. La Grande Famille survivra.

— Quand la Mère est sortie de son immobilité, je n'ai pas soupçonné l'ampleur de son dessein, soupira Maharet. Qu'elle tue ses enfants, qu'elle annihile le mal né d'elle, de Khayman et de moi, de chacun d'entre nous qui dans notre solitude avons partagé son pouvoir, ce projet, je ne pouvais pas vraiment le contester ! Quel droit avons-nous de vivre, de posséder l'immortalité ? Nous sommes des monstres, des aberrations de la nature. Et bien que je tienne à la vie, bien que j'y tienne tout aussi éperdument que jamais, je ne peux pas dire qu'elle ait eu tort de massacrer tant...

— Elle en massacrera davantage ! la coupa Éric, désespéré.

— Mais c'est la Grande Famille qu'elle menace aujourd'hui, poursuivit Maharet. C'est sur le monde qu'elle veut régner. A moins que...

506

— Mekare viendra et accomplira la malédiction, répéta Khayman, le visage illuminé d'un sourire confiant. C'est dans ce but que je l'ai métamorphosée. La malédiction pèse sur nous désormais.

Maharet sourit à son tour, mais son expression était triste, indulgente, curieusement distante.

— Dire que tu crois encore à ce genre de parallélisme, fit-elle.

— Et nous mourrons tous ! s'écria Éric.

— Il y a sûrement un moyen de la tuer sans nous supprimer nous-mêmes, intervint froidement Gabrielle. Nous devons y réfléchir, nous tenir prêts, forger un plan.

— On ne peut aller contre cette prophétie, murmura Khayman.

— Si nous avons appris une chose, Khayman, dit Marius, c'est bien que le destin n'existe pas. Et s'il est un leurre, les prophéties le sont également. Mekare vient ici pour s'acquitter de son serment. Peut-être est-ce tout ce dont elle se souvient, tout ce dont elle est capable, mais cela ne signifie pas qu'Akasha soit désarmée contre elle. Tu ne penses quand même pas que la Mère ignore le réveil de Mekare ? Tu ne penses pas que les rêves de ses enfants lui ont échappé ?

— Mais les prophéties se réalisent quoi qu'il arrive, s'obstina Khayman. Là est leur vertu magique. Nous savions tous dans les temps anciens que le pouvoir des sortilèges réside dans la volonté de ceux qui en sont à l'origine ; nous admettions alors que nous pouvions mourir si tel était le dessein d'un autre. Et les rêves, Marius, les rêves font partie d'un grand dessein.

— Ne parle pas comme si la cause était perdue, dit Maharet. Nous disposons d'une autre arme. Nous pouvons faire appel à la raison. La Reine a maintenant l'usage de la parole, que je sache. Elle comprend ce qu'on lui dit. Peut-être est-il possible de la détourner de...

— Tu es folle, complètement folle ! s'exclama Éric dont la terreur croissait de minute en minute. Tu vas parlementer avec ce monstre qui parcourt le monde en exterminant sa progéniture ! Que connaît-elle de la raison, cette créature qui incite des femmes ignorantes à se rebeller contre leurs compagnons ? Elle n'a jamais connu que le carnage, la mort et la violence, comme le démontre ton histoire. Nous ne changeons pas, Maharet. Combien de fois me l'as-tu répété? Nous ne faisons que polir les traits dont la nature nous a dotés.

– Aucun d'entre nous ne veut mourir, Éric, répéta Maharet patiemment.

Mais quelque chose attira soudain son attention, ainsi que celle de Khayman. Jesse les observa tous deux, essayant de deviner ce qui se passait. Elle remarqua alors que Marius, lui aussi, avait imperceptiblement modifié son attitude. Éric était pétrifié. Quant à Mael, il la regardait fixement.

Ils entendaient un bruit. Elle le comprit à la façon dont leurs yeux bougeaient. Les gens écoutent avec leurs yeux. Leur regard danse tandis qu'ils s'imprègnent d'un son et tentent de le localiser.

– Les jeunes devraient descendre immédiatement dans la cave, dit tout à coup Éric.

– Ça ne servirait à rien, répliqua Gabrielle qui tendait en vain l'oreille. Et de toute façon, j'ai envie de rester.

– Vas-tu la laisser nous détruire un à un? cria Éric à Maharet.

Maharet ne répondit pas. Elle tourna lentement la tête en direction du palier.

Jesse finit par discerner le bruit. L'ouïe humaine ne pouvait certainement pas le percevoir. C'était comme un courant sans vibration qui la traversait, ainsi que chaque particule de matière dans la pièce. Une onde, une résonance sourde qui la submergeait et la désorientait. Elle voyait bien que Maharet et Khayman se parlaient, mais elle ne parvenait pas à entendre ce qu'ils se disaient. Stupidement, elle se boucha les oreilles et s'aperçut que Daniel avait fait de même, alors qu'il était comme elle conscient de l'inutilité de ce geste.

Le son parut soudain freiner la course du temps. Jesse chancela. Elle s'adossa au mur et scruta la carte à l'autre bout de la pièce, comme pour y puiser du courage. Elle observa le flot des lumières s'écoulant d'Asie Mineure vers le sud et le nord.

Une trépidation inaudible emplit la salle. Le bruit s'était éteint, et pourtant l'air résonnait d'un silence assourdissant.

Comme dans un rêve, elle vit surgir dans l'encadrement de la porte le vampire Lestat. Il observa un instant les anciens, leurs visages sévères et méfiants, avant de se précipiter dans les bras de Gabrielle puis dans ceux de Louis. Il se tourna ensuite vers elle, et aussitôt elle capta dans son esprit l'image du repas funéraire, des jumelles, du corps étendu sur l'autel. Il ne savait pas ce que signifiait cette vision! Il n'en savait toujours rien.

Cette découverte la stupéfia. Elle se rappela ce moment sur la scène où il s'était efforcé de reconnaître cette même image fugitive tandis qu'on les séparait.

Puis, alors que Gabrielle, Louis et Armand l'entraînaient, il esquissa un petit sourire à son adresse et murmura : « Jesse. »

Comme sa peau était livide maintenant! Et pourtant il n'avait rien perdu de sa chaleur, de son exubérance, de son enthousiasme presque enfantin.

QUATRIÈME PARTIE

LA REINE DES DAMNÉS

Des ailes agitent la poussière dorée
de la cathédrale
où jusqu'au menton
le Passé est enterré
dans le marbre

STAN RICE, 1983

Parmi la verdure lustrée de la haie,
du lierre
et des fusains,
les lis se dressent, blancs, hautains, sévères.
Puissent ces barbares
être nos gardiens.

STAN RICE, 1983

Assise au bout de la table, elle les attendait. Immobile, sereine, l'éclat de son teint rehaussé par sa tunique amarante.

Le contour de son visage se nimbait d'or à la lueur des flammes, et dans les vitres sombres, son image se reflétait, si parfaite, précise, qu'elle semblait flotter dans la nuit transparente.

J'avais peur. Pour eux, pour moi. Et curieusement, pour elle. Peur à en frissonner qu'il lui arrive malheur. A elle, celle qui risquait de détruire tout ce que j'avais aimé.

Je me retournai sur le seuil pour embrasser Gabrielle et sentis son corps fléchir contre le mien. Puis son attention se concentra sur Akasha. Les mains tremblantes, elle effleura mes joues. Je regardai Louis, mon Louis si vulnérable sous son calme apparent. Et Armand, l'adolescent à la figure d'ange. L'amour qu'on porte aux autres est en fin de compte si simple.

Blême de colère, une colère froide qu'il ne pouvait dissimuler, Marius entra dans la salle. Ses yeux me foudroyèrent – moi, celui qui avait massacré ces mortels désarmés et abandonné leurs cadavres à la montagne. Il savait certainement. Et toute la neige du monde ne pouvait enfouir ce crime. *J'ai besoin de toi, Marius. Nous avons tous besoin de toi.*

Il celait ses pensées. Tous faisaient de même. Pourraient-ils cacher à Akasha leurs secrets ?

Tandis qu'ils pénétraient un à un dans la pièce, je me mis à sa droite, parce qu'elle le voulait. Et parce que telle était ma place. Je fis signe à Gabrielle et à Louis de s'asseoir en face, tout près, là où je pourrais les voir. Et l'expression résignée mais triste de Louis me serra le cœur.

La femme rousse, l'ancienne appelée Maharet, s'installa à l'autre extrémité de la table, du côté de la porte, Jesse, la jeune fille rousse à sa gauche, et Marius et Armand à sa droite. Elle paraissait détachée, songeuse, comme si rien ne pouvait troubler sa méditation. Il était facile de comprendre pourquoi. Les pouvoirs d'Akasha n'avaient pas prise sur cette créature, pas plus que sur Khayman, l'autre très vieux vampire, maintenant à ma droite.

Celui dénommé Éric était manifestement terrifié. Il s'assit à contrecœur. Mael avait peur, lui aussi, et cette peur le rendait furieux. Il fixait Akasha, comme s'il se moquait pas mal de lui révéler ses sentiments.

Pandora, la belle Pandora au regard mordoré, prit place avec indifférence aux côtés de Marius, et sans même daigner remarquer la nouvelle venue, s'absorba dans la contemplation de la forêt, de ses gradins de feuillage sombre, striés de troncs rouges.

Daniel arborait également une attitude désinvolte. Celui-là, je l'avais aussi vu au concert. Je n'avais pas soupçonné qu'Armand l'accompagnait, je n'avais même pas repéré sa présence ! Dire que les paroles que nous aurions pu échanger alors étaient à jamais perdues. Mais c'était impossible, non ? Nous aurions d'autres occasions, Armand et moi. Nous tous. Daniel en était convaincu. Le joli Daniel, le reporter qui, armé de son seul petit magnétophone, avait réussi à déclencher ce drame ! Voilà pourquoi il dévisageait Akasha avec tant d'assurance, pourquoi il observait en spectateur chaque instant de cet affrontement.

J'examinai le brun Santino – un être plutôt impressionnant qui me jaugeait avec circonspection. Lui non plus n'était pas effrayé. Mais cette rencontre le torturait. La beauté d'Akasha lui inspirait le respect et avivait en lui une blessure profonde. Son ancienne foi s'embrasa quelques secondes, une foi qui avait plus compté pour lui que la survie, une foi cruellement trahie.

Ce n'était pas le moment de les étudier, de deviner les liens qui les unissaient les uns aux autres, de les interroger sur la signification de cette vision étrange – les deux femmes rousses et le corps de la mère qui m'apparurent de nouveau en un éclair quand mon regard se posa sur Jesse.

Je me demandais s'ils étaient capables de lire dans mon esprit, d'y voir tout ce que je m'efforçais de masquer, de me dissimuler à moi-même.

Le visage de Gabrielle était devenu impénétrable. Ses yeux s'étaient étrécis, obscurcis, semblant se fermer à la lumière, aux couleurs. Elle nous scrutait tour à tour, Akasha et moi, comme pour tenter de résoudre une énigme.

La terreur m'étreignit soudain. Mais peut-être avait-elle toujours été enfouie en moi. Ils ne céderaient jamais, eux non plus. Une force enracinée en eux les en empêcherait comme elle m'en avait empêché. Et un désastre se produirait avant que nous n'ayons quitté cette salle.

Un instant, je fus paralysé. Puis d'un geste impulsif, je saisis la main d'Akasha, et ses doigts se refermèrent délicatement sur les miens.

— Calme-toi, mon prince, murmura-t-elle avec tendresse. C'est la mort que tu sens dans cette pièce, la mort des croyances et des interdits. Rien de plus. Peut-être aussi la mort des rêves qui depuis longtemps auraient dû mourir, ajouta-t-elle en fixant Maharet.

Maharet paraissait aussi inerte qu'un être vivant peut l'être. Ses yeux violets étaient fatigués, veinés de rouge. Et subitement, j'en compris la raison. Ils avaient appartenu à un humain et s'atrophiaient à l'intérieur de ses orbites. Son sang ne cessait de leur infuser la vie, mais ils n'en continuaient pas moins de s'étioler. Trop de nerfs avaient été sectionnés.

Le rêve resurgit inopinément. Les jumelles, le corps sur l'autel. Pourquoi en cet instant ?

— Ce n'est rien, dit Akasha. Un épisode depuis longtemps oublié. Car l'histoire est muette désormais. Nous l'avons transcendée. L'histoire s'est édifiée sur des erreurs. Nous la fonderons sur la vérité.

Marius intervint aussitôt :

— Comment te convaincre d'arrêter ?

Son ton était infiniment plus contenu que je ne m'y étais attendu. Il était penché en avant, les mains jointes, dans l'attitude de quelqu'un qui s'efforce d'être raisonnable.

— Nous voulons que tu cesses d'apparaître à ces femmes, que tu n'interviennes plus.

Les doigts d'Akasha se crispèrent sur les miens. Les

yeux injectés de sang de la femme rousse étaient maintenant rivés sur elle.

– Akasha, je t'en conjure, reprit Marius. Enraye cette rébellion. Ne te montre plus aux mortels, ne leur donne plus d'ordres.

Akasha eut un petit rire.

– Et pourquoi, Marius ? Parce que je bouleverse ton précieux petit monde, le monde que tu observes depuis deux mille ans, de la même manière que jadis vous, les Romains, suiviez les combats des gladiateurs dans l'arène, comme si cet affrontement n'était qu'un divertissement, un spectacle, comme si la souffrance et la mort ne comptaient pas, aussi longtemps que le jeu vous captivait ?

– Je connais tes intentions, Akasha. Tu n'as pas le droit d'agir ainsi.

– Ton élève m'a déjà servi ces arguments, rétorqua-t-elle d'une voix aussi mesurée que la sienne. Mais surtout, je les ai retournés mille fois dans ma tête. Combien de temps, crois-tu, ai-je écouté les lamentations de cette planète, cherchant le moyen d'interrompre le cycle éternel de la violence humaine ? A votre tour, à présent, d'écouter ce que j'ai à dire.

– Parce que nous avons un rôle à jouer là-dedans ? demanda Santino, plus impulsif qu'arrogant. Ou serons-nous exterminés comme les autres ?

Pour la première fois, la femme rousse manifesta une étincelle d'émotion. Les lèvres serrées, elle observa le contestataire.

– Vous serez mes anges, répondit amoureusement Akasha. Mes dieux. Mais si vous me résistez je vous détruirai. Quant aux anciens dont je ne puis me débarrasser aussi facilement (son regard se porta sur Khayman et Maharet), s'ils se retournent contre moi, l'humanité entière les traquera tels des démons et leur révolte ne fera que servir mon dessein. Quoi qu'il en soit, le monde que vous connaissiez auparavant, ce monde où vous rôdiez furtivement, ne sera plus.

Éric s'agita, vaincu par la peur. Il paraissait sur le point de se lever et de quitter la pièce.

– Patience, fit Maharet en se tournant vers lui.

Elle toisa de nouveau Akasha qui lui sourit en retour.

– Comment veux-tu interrompre le cycle de la violence

par une recrudescence aveugle de cette même violence ? Tu projettes de massacrer les mâles de l'espèce humaine. A quoi peut conduire un acte aussi barbare ?

– Tu le sais aussi bien que moi. Mon dessein est trop simple et trop parfait pour ne pas tomber sous le sens. Durant tous ces siècles, assise sur le banc royal dans le mausolée de Marius, je rêvais d'une terre semblable à un jardin, d'un univers où les êtres vivraient délivrés des tourments que je captais, ressentais dans ma propre chair. Je rêvais d'un peuple accédant à une paix sans tyrannie. Alors la lumière s'est faite dans mon esprit. Aussi limpide que la lueur de l'aube. Les seuls êtres capables de concrétiser ce rêve sont les femmes ; à condition que les hommes – ou la presque totalité d'entre eux – soient éliminés de la surface de la terre.

« A une époque antérieure, ce projet n'aurait pas été réalisable. Mais il l'est aujourd'hui, grâce aux progrès de la technique. Une fois exécutée l'épuration initiale, on pourra sélectionner les bébés à naître, interrompre les grossesses si le fœtus est de sexe masculin. Mais inutile de débattre de cet aspect de la question. Vous n'êtes pas idiots, en dépit de votre exaltation et de votre sentimentalité.

« Vous savez comme moi que la violence gratuite disparaîtra si la population mâle n'excède pas un pour cent de la population féminine

« Pour la première fois, la paix régnera sur ce monde. Alors seulement nous pourrons augmenter graduellement le nombre des hommes. Mais pour que la structure de la société change, les mâles doivent être exclus. Qui pourrait le contester ? Peut-être même n'est-il pas nécessaire d'en garder autant. Mais dans ma mansuétude, j'y consentirai. Du moins, au début. »

Je vis que Gabrielle était sur le point de parler. D'un signe discret, je tentai de l'en dissuader, mais elle ignora mon geste.

– D'accord, dit-elle, ta solution est radicale. Mais l'idée d'une paix par voie d'extermination systématique est une aberration. Tu dépeuples le globe de la moitié de ses habitants. Si les hommes et les femmes naissaient sans bras ni jambes, la vie serait peut-être tout aussi paisible.

– Les hommes méritent le sort qui les attend. Ils ne récolteront que ce qu'ils ont semé. Et ne l'oublie pas, je

parle d'une liquidation temporaire – d'un repli straté-
gique, si l'on peut dire. C'est la pureté de ce schème qui est
remarquable. Du reste, le nombre de ces hommes ne
dépassera jamais celui des femmes massacrées par eux au
cours des siècles. Je ne vous l'apprends pas. Par contre,
réfléchissez-y, combien d'hommes durant ces millénaires
ont été tués par les femmes ? Si vous ressuscitiez chacun de
ces hommes, pensez-vous qu'ils parviendraient à remplir
cette maison ?

« Mais ceci n'est qu'un détail. Nous savons là aussi que
ce que j'avance est vrai. L'important – le plus enchanteur
même – c'est que nous possédions aujourd'hui les moyens
d'arriver à nos fins. Je suis indestructible. Vous êtes dotés
des qualités nécessaires pour devenir mes anges. Et personne n'a le pouvoir de s'opposer à nous. »

– C'est faux, dit Maharet.

Le feu de la colère monta aux joues d'Akasha. Une rou-
geur merveilleuse qui s'effaça, laissant son visage aussi
inhumain qu'avant.

– Tu insinues que *tu* es capable de m'arrêter ? répliqua-
t-elle, sèchement. Tu es bien imprudente. Tu veux donc la
mort d'Éric, de Mael et de Jessica ?

Maharet ne répondit pas. Mael tremblait, mais de fureur
et non de peur. Son regard glissa de Jesse à Maharet, puis à
moi. Je pouvais sentir le souffle de son exécration.

Akasha fixait toujours Maharet.

– Oh, je te connais, crois-moi, poursuivit-elle d'une
voix légèrement radoucie. Je sais comment tu as survécu,
immuable, à toutes ces années. Je t'ai vue des milliers de
fois à travers les yeux des autres. Maintenant tu t'imagines
que ta sœur est en vie. Et peut-être l'est-elle, la malheureuse, sous une forme pitoyable. Je sais que tu me
nourris une haine implacable. Que tu explores le temps
jusqu'aux commencements, comme si tu pouvais trouver
là une explication à ce qui arrive aujourd'hui. Mais ainsi
que tu me l'as décrété toi-même, il y a longtemps, alors
que je t'avais fait amener dans ce palais d'argile sur les
rives du Nil, le monde est incohérent. Sans rime ni raison !
Il est tissé de choses visibles et invisibles. Et la malédiction
peut frapper les plus innocents d'entre nous. Ne
comprends-tu donc pas que mon dessein s'inscrit dans ce
chaos ?

Immobile, Maharet continuait à se taire. Dans ses beaux yeux flottait une ombre, celle de la douleur peut-être.

– Je rendrai cet univers cohérent, reprit Akasha avec une pointe d'irritation. J'édifierai l'avenir. J'imposerai la bonté et la paix. Et je n'en appelle ni aux dieux ni aux esprits pour justifier mon action. Ni à une éthique abstraite. Ni à l'histoire. Je ne ramasse pas le cœur et le cerveau de ma mère dans la poussière, moi!

L'assistance entière tressaillit. Un petit sourire amer se dessina sur les lèvres de Santino. Dans un élan protecteur, Louis se tourna vers Maharet.

Craignant le pire, Marius intervint :

– Akasha, la supplia-t-il, même si c'était possible, même si la population ne se rebellait pas contre toi, si les hommes ne trouvaient pas le moyen de te détruire bien avant que...

– Es-tu stupide, Marius, ou me juges-tu telle ? Ne penses-tu pas que je sais ce dont ce monde est capable ? Crois-tu que je n'ai pas sondé l'esprit de l'homme moderne, ce mélange absurde d'instincts primitifs et d'intelligence technique ?

– Non, ma Reine, je ne pense pas que tu aies pleinement appréhendé ce monde. Aucun d'entre nous n'en est capable. Il est trop complexe, trop vaste. Nous cherchons à le comprendre avec notre raison, mais nous n'y parvenons pas. Tu perçois un monde, pas le monde dans sa totalité, celui que tu as choisi parmi des douzaines d'autres pour des motifs qui te sont propres.

Dans une nouvelle flambée de rage, elle secoua la tête.

– N'abuse pas de ma patience, Marius. Je t'ai épargné parce que Lestat le voulait. Et aussi parce que tu es fort et que tu peux m'aider. Un point c'est tout. Veille à ne pas m'offenser.

– Même si ton projet était réalisable, insista-t-il, ravalant sa fureur, peux-tu affirmer honnêtement que les êtres humains ont mérité par leur conduite un tel châtiment ?

Je respirai. J'avais toujours cru en son courage. J'avais toujours été persuadé qu'il saurait aller au fond du débat, qu'il prononcerait les mots que je m'étais efforcé de dire.

– Là, tu vas trop loin, lança-t-elle.

– Akasha, pendant deux mille ans, j'ai observé ce monde. Traite-moi de Romain barbare, si tu veux, de blanc-bec sans expérience. Quand je m'agenouillais à tes pieds, j'implorais ton savoir. Mais ce dont j'ai été témoin durant ce court espace de temps m'a rempli de respect et d'amour pour les mortels. J'ai vu se produire des révolutions dans la pensée et la philosophie que j'imaginais impossibles. La race humaine ne progresse-t-elle pas vers cette ère de paix que tu décris ?

Le visage d'Akasha exprimait le dédain le plus complet.

– Marius, ce siècle sera considéré comme le plus sanguinaire de l'histoire de l'humanité. De quelles révolutions parles-tu quand des millions de gens ont été exterminés par une petite nation d'Europe dominée par les lubies d'un fou, quand des villes ont été anéanties sous les bombes ? Quand des enfants, dans les contrées désertiques de l'Orient, se battent contre d'autres enfants au nom d'un Dieu séculaire et despotique ? Marius, les femmes à travers le globe expulsent le fruit de leurs entrailles dans les latrines. Les cris assourdissant des affamés n'atteignent pas les riches qui s'ébattent dans leurs citadelles technicisées ; la maladie frappe des continents entiers tandis que les nantis dépensent des fortunes en soins esthétiques, en pilules et potions destinées à leur garantir une jeunesse éternelle. (Elle eut un petit rire perlé :) Les plaintes des agonisants ont-elles jamais retenti aussi violemment aux oreilles de ceux d'entre nous qui daignent y prêter attention ? A-t-on jamais répandu autant de sang sur cette terre ?

Je lus la déconvenue sur le visage de Marius. La passion qui lui faisait serrer les poings et chercher les mots justes au tréfonds de son âme.

– Il y a quelque chose qui échappe à ta vue, finit-il par dire. Quelque chose que tu n'arrives pas à comprendre.

– Non, mon cher. Ma vue est excellente. Elle l'a toujours été. C'est toi qui vois de travers. Comme toujours.

– Regarde cette forêt, reprit-il en désignant les parois de verre tout autour de nous. Choisis un arbre. Décris-le, si tel est ton bon plaisir, en insistant sur ses aspects destructeurs, agressifs, négatifs, et tu auras un monstre de racines voraces et de pulsions irrésistibles qui dévore la lumière des autres plantes, leur nourriture, leur oxygène. Mais tu n'auras pas capté la vérité de cet arbre. Pas quand on le considère comme un élément de la nature – et par ce mot nature, je n'entends rien de sacré, seulement l'œuvre dans sa totalité. Le tout en soi.

– Alors comme à ton habitude, tu vas t'appliquer à ne retenir que l'aspect positif des choses ? Ne te prive pas de ton passe-temps favori. Parle-moi des villes occidentales où même les pauvres reçoivent leur ration quotidienne de viande et de légumes et dis-moi que la faim n'existe plus. Ton élève m'a déjà abreuvé de ces platitudes – de ces sottises sur lesquelles les riches assoient leur suffisance. Le monde est plongé dans la perversion et le chaos. Il n'a pas progressé, il n'a fait qu'empirer.

– Oh, non, il n'en est pas ainsi, s'obstina-t-il. L'homme est un animal capable d'apprendre. Tu es aveugle si tu ne le vois pas. Les humains évoluent sans cesse, ils élargissent leur horizon et la capacité de leur cœur. Tu les discrédites quand tu qualifies leur siècle de sanguinaire; tu ne discernes pas la lumière qui perce dans les ténèbres; tu te refuses à voir l'évolution de l'âme humaine.

Il se leva, prit la chaise vide entre elle et Gabrielle et lui saisit la main.

La crainte me saisit. La crainte que ce geste ne l'offusque. Mais il sembla lui plaire. Elle se contenta de sourire.

– Tu as raison au sujet de la guerre, dit-il, plaidant sa cause tout en s'efforçant de garder sa dignité. Les cris des mourants, je les ai entendus moi aussi; tous, nous les avons entendus au cours des siècles. Et même aujourd'hui, le monde est secoué par les conflits armés. Mais c'est des protestations contre ces horreurs – réaction jusqu'ici inconcevable – que vient la lumière. Pour la première fois dans l'histoire de l'humanité, des hommes et des femmes au pouvoir veulent vraiment mettre un terme à l'intolérance, aux injustices.

– Tu parles de l'attitude intellectuelle d'une élite.

– Non. Je parle d'une philosophie en mouvement. D'un idéalisme dont naîtront d'authentiques réalités. Akasha, avec tous leurs défauts, il faut du temps aux hommes pour parfaire leurs rêves, ne le comprends-tu pas ?

– En effet! intervint Louis.

Mon cœur bondit dans ma poitrine. Louis était tellement vulnérable! Si elle retournait sa colère contre lui... Mais de son ton calme, il poursuivait :

– C'est leur monde, pas le nôtre, dit-il avec humilité.

Nous l'avons perdu en accédant à l'immortalité, et nous n'avons désormais plus le droit de nous immiscer dans leur combat. Si nous le faisions, nous leur déroberions des victoires qui ne leur ont déjà que trop coûté! Même au cours de ce dernier siècle, leur progrès a été miraculeux; ils ont redressé des torts que le genre humain pensait inévitables; ils ont pour la première fois conçu l'idée de solidarité entre les hommes.

— Ta sincérité me touche, répondit-elle. Je ne t'ai épargné que parce que Lestat t'aimait. Maintenant je comprends la raison de cet amour. Quel courage il doit te falloir pour me confier tes pensées. Pourtant tu es cruel, toi aussi. Tu tues sans te soucier de l'âge, du sexe ou de la volonté de vivre de tes victimes.

— Alors tue-moi aussi, je t'en conjure! s'écria-t-il. Mais ne tue pas des êtres humains! N'interviens pas dans leur destin. Même s'ils se massacrent! Laisse-leur le temps de réaliser leur nouvelle vision de la société; laisse aux métropoles occidentales, aussi corrompues soient-elles, le temps de propager leurs idéaux à travers ce monde déchu et misérable.

— Du temps, répéta Maharet. Peut-être est-ce là ce que nous demandons et ce que tu dois nous accorder.

Le silence se fit.

Akasha ne voulait plus ni regarder ni écouter cette femme. Je sentis son mouvement de recul. Elle dégagea sa main de celle de Marius, observa un long moment Louis, puis se tourna vers Maharet, comme mue par une force irrésistible, son visage soudain figé, presque cruel.

Mais Maharet continua:

— Tu as médité ton dessein durant des millénaires. Cent ans de plus ne pèsent guère dans la balance! Tu ne peux contester que ce dernier siècle a dépassé toute prédiction et imagination – que les découvertes scientifiques apporteront sans doute nourriture, abri et santé à tous les peuples de la terre.

— Vraiment? rétorqua Akasha, son sourire ravivé par la haine qui la rongeait. Voilà plutôt ce que les découvertes scientifiques ont apporté au monde. Des gaz toxiques, des maladies produites en laboratoire, des bombes capables de détruire la planète. Des accidents nucléaires qui ont contaminé les sols et les eaux de continents entiers. Quant aux armées, elles font ce qu'elles ont toujours fait avec une efficacité supérieure. L'élite d'un peuple massacrée en une heure dans un bois enseveli sous la neige ; les intellectuels d'une nation, plus tous ceux qui portent des lunettes, abattus systématiquement. Au Soudan, les femmes subissent encore des mutilations pour satisfaire leurs époux. En Iran, les enfants affrontent le feu des canons !

– Tu ne peux pas avoir vu que cela, dit Marius. Je n'en crois rien. Akasha, regarde-moi, écoute avec bienveillance ce que j'essaye d'exprimer.

– Peu importe que tu le croies ou non ! s'écria-t-elle, exprimant pour la première fois sa colère. Tu refuses d'admettre ce que je tente de t'expliquer. Tu dédaignes la vision merveilleuse que je te propose. Tu ne te rends donc pas compte de l'occasion que je t'offre ? Je pourrais te sauver ! Qu'es-tu si je n'accomplis pas mon œuvre ? Un buveur de sang, un assassin !

Jamais sa voix n'avait été aussi vibrante de passion. Comme Marius s'apprêtait à répondre, elle lui signifia de se taire.

Puis elle fixa Santino et Armand.

– Toi, Santino, dit-elle. Toi qui as guidé à Rome les Fils des Ténèbres quand ils croyaient se plier à la volonté de Dieu en œuvrant pour Satan – te rappelles-tu ce que c'était que d'avoir un objectif ? Et toi, Armand, le maître de l'ancien phalanstère de Paris, tu te souviens de ce temps où tu étais l'apôtre de l'ombre ? Vous aviez votre place entre le ciel et l'enfer. Je vous l'offre de nouveau. Et ce n'est pas un fantasme ! Ne pouvez-vous retrouver vos idéaux perdus ?

Blessés par ces paroles, ni l'un ni l'autre ne répondirent.

Le découragement saisit Akasha. Tout effort était vain. Aucun d'eux ne la rejoindrait. Elle s'adressa à Marius.

– Ta précieuse humanité ! Elle n'a strictement rien appris en six mille ans ! Tu me parles d'idéaux et de buts ! Déjà à la cour de mon père, à Uruk, des hommes reconnaissaient que les affamés avaient droit à la nourriture. Sais-tu à quoi ressemble ton monde moderne ? Les télévisions y sont les tabernacles du miracle et les hélicoptères les anges de la mort !

– Entendu. Alors explique-moi ce que serait ton monde ? répliqua Marius, les mains tremblantes. Tu t'ima-

gines que les femmes ne vont pas défendre leurs compagnons?

Elle me fit face dans un grand éclat de rire.

– Elles les ont défendus au Sri Lanka, Lestat? A Haïti?
A Lynkonos?

Marius me dévisagea. Il attendait que je réponde, que je
le soutienne. Je voulais peaufiner mes arguments, saisir les
fils qu'il m'avait tendus et continuer sur sa lancée. Mais le
vide se fit dans mon cerveau.

– Akasha, bredouillai-je. Arrête ce carnage. Ne mens
plus aux humains, ne les abuse plus.

Voilà, mon appel était direct, simpliste, mais la vérité
était mon unique arme.

– Oui, là est bien le cœur du problème approuva
Marius, d'un ton prudent, craintif, presque suppliant.
C'est un mensonge, Akasha. Un nouveau mensonge! N'en
avons-nous pas déjà eu notre content? Et à plus forte raison, aujourd'hui, alors que le monde émerge de ses vieilles
illusions. Qu'il rejette ses anciennes divinités.

– Un mensonge? dit-elle en se rejetant en arrière
comme s'il l'avait frappée. Où vois-tu ce mensonge? Ai-je
menti quand je leur ai annoncé que je ferais régner la paix
sur cette terre? Que j'étais celle dont ils espéraient la
venue? Non, je n'ai pas menti. Grâce à moi, ils approche-
ront enfin de la vérité! Je suis ce qu'ils croient. Je suis éternelle, toute-puissante, et je les protégerai...

– Les protéger? répéta Marius. Comment pourrais-tu
les protéger de leurs ennemis les plus meurtriers?

– Quels ennemis?

– La maladie, ma Reine. La mort. Tu n'es pas une gué-
risseuse. Tu ne peux ni donner ni sauver la vie. Et ils attendront de toi ces miracles. *Tout ce que tu sais faire, c'est tuer.*

Le silence. Son visage soudain aussi immobile que dans
le mausolée. Ses yeux perdus dans le vague. Avait-elle
replongé dans le néant ou s'absorbait-elle dans ses pensées? Impossible de le deviner.

Aucun bruit, sauf le crépitement d'une bûche qui
tomba dans les braises.

– Akasha, murmurai-je. Accorde-leur ce que Maharet
te demande. Du temps. Un siècle seulement. C'est si peu.

Hébétée, elle me dévisagea. Je sentis le souffle de la
mort, la mort aussi proche que ce jour, il y avait si long-

temps, où les loups m'avaient pourchassé dans la forêt glaciale et où les branches dénudées des arbres étaient trop hautes pour que je puisse m'y réfugier.

— Vous m'êtes tous hostiles, n'est-ce pas ? chuchota-t-elle. Même toi, mon prince, tu es mon adversaire. Mon amant et mon ennemi.

— Je t'aime, dis-je. Mais il m'est impossible de te mentir. Je ne crois pas en ton dessein. Il est erroné. Du fait même de sa simplicité et de sa perfection !

Elle nous scruta tour à tour. Éric était au bord de la panique, Mael ivre de rage.

— N'y a-t-il pas un seul parmi vous pour prendre mon parti ? murmura-t-elle. Pas un seul qui soit tenté par ce rêve éblouissant ? Pas un seul qui soit prêt à renoncer à son petit monde égoïste ? Toi, Pandora la pauvre utopiste qui pleure sur ton humanité envolée, ne désires-tu pas te racheter ?

Pandora la fixa comme à travers un brouillard.

— Je n'ai pas le goût de donner la mort, répondit-elle dans un souffle. Il me suffit de la voir dans les feuilles qui se détachent des arbres. Jamais je n'admettrai que d'un carnage puisse découler quoi que ce soit de bien. Car là est le point crucial, ma Reine. Ces horreurs se produisent encore, mais partout des hommes et des femmes les déplorent. Tu reprendrais ces méthodes, tu les justifierais et interromprais le dialogue. (Elle sourit tristement :) Je ne puis t'être d'aucune utilité. Je n'ai rien à t'offrir.

Akasha ne réagit pas. Du regard, elle prenait la mesure de Mael, d'Éric. Puis de Jesse.

— Akasha, dis-je. L'histoire n'est qu'une longue litanie d'injustices, personne ne le nie. Mais une solution sommaire a-t-elle jamais été autre chose que néfaste ? Ce n'est que dans la complexité que nous trouvons des réponses. Les hommes se débattent dans des situations complexes vers la voie de l'équité. Le chemin est lent, pénible, mais c'est le seul. La simplicité exige trop de sacrifices. Toujours il en a été ainsi.

— Oui, reprit Marius. Exactement. En philosophie comme dans la pratique, la simplicité est synonyme de brutalité. Ce que tu proposes est brutal !

— N'as-tu donc aucune humilité ? demanda-t-elle brusquement en se tournant vers lui. Aucun désir de comprendre ? Vous êtes si orgueilleux, tous autant que vous êtes, si arrogants. Vous voulez préserver ce monde pour mieux pouvoir y exercer votre voracité !

— Non, dit Marius.

— Qu'ai-je fait pour que vous vous dressiez contre moi ? interrogea-t-elle. (Elle me considéra d'abord, puis Marius, et enfin Maharet.) De la part de Lestat, j'attendais de l'arrogance. Des platitudes, des discours, des idées lancées au hasard. Mais de beaucoup d'entre vous, j'attendais plus. Oh, comme vous me décevez ! Comment pouvez-vous rejeter le destin qui vous est tracé ? Vous qui pourriez être les sauveurs de l'humanité ! Comment pouvez-vous refuser d'admettre la réalité ?

— Mais les humains chercheraient à savoir qui nous sommes véritablement, objecta Santino. Et une fois qu'ils le sauraient, ils se rebelleraient. Ils convoiteraient notre sang immortel, comme ils l'ont toujours fait.

— Même les femmes désirent vivre éternellement, trancha Maharet. Même les femmes seraient capables de tuer pour ça.

— Akasha, c'est de la folie, dit Marius. Un mirage. Il est impensable qu'aucune résistance s'organise dans le monde occidental.

— Ta vision est barbare et primitive, reprit Maharet avec un mépris glacial.

Le visage d'Akasha s'assombrit de colère. Mais même altéré par la fureur, il était encore ravissant.

— Tu m'as toujours combattue, dit-elle à Maharet. Si j'en avais le pouvoir, je te détruirais. J'infligerais mille supplices à ceux que tu aimes.

Tout le monde demeura comme pétrifié. Je pouvais sentir la peur des autres, bien qu'aucun n'osât bouger ni parler.

Avec un sourire entendu, Maharet hocha la tête.

— C'est toi qui es arrogante, répliqua-t-elle. C'est toi qui n'as rien appris. C'est toi qui n'as pas changé en six mille ans. Ton esprit est toujours imparfait, alors que celui des mortels s'est élevé jusqu'à des sphères qui te demeureront inaccessibles. Dans ta solitude, sans personne pour te contredire, tu t'es abandonnée à tes rêves, comme le font des milliers d'humains. Et maintenant, tu émerges de ton silence, prête à réaliser ces rêves. Tu les exhibes devant une poignée de tes pairs, et ils s'écroulent aussitôt. Tu es incapable de les défendre car ils sont indéfendables. Et tu nous accuses de ne pas voir la réalité !

Lentement, Maharet se leva. Penchée en avant, ses doigts appuyés sur la table, elle continua :

– Eh bien, je vais te dire la réalité telle que je la vois. Il y a six mille ans, quand les hommes croyaient aux esprits, un accident atroce et irréversible s'est produit. Un malheur comparable à celui qui s'abat sur les mortels lorsqu'ils engendrent un monstre dont la nature ne tolère pas l'existence. Mais toi, t'accrochant à la vie, à ton caprice, à ta prérogative royale, tu as refusé d'enfouir cette horrible erreur avec toi dans la tombe. La sacraliser, telle était ton ambition. Forger une grande et glorieuse religion. Et encore aujourd'hui, tu poursuis ce but. Mais en fin de compte, ce n'était qu'un accident, une distorsion, rien de plus.

« Observe maintenant le cours des siècles depuis cet instant fatal. Observe les religions fondées sur la magie, sur une apparition ou une voix surgie des nuages ! Sur le surnaturel sous ses multiples formes – miracles, révélations, homme ressuscité d'entre les morts !

« Considère ce qu'ont fait tes religions, ces mouvements qui ont exalté des millions d'individus à coups de promesses fabuleuses. Considère leur retentissement sur l'histoire de l'humanité – les guerres perpétrées en leur nom, les persécutions, les massacres, l'asservissement de la raison. Ces rançons exorbitantes de la foi et du fanatisme.

« Et tu t'indignes que des enfants meurent au nom d'Allah sous les balles et les bombes !

« Et cet holocauste dont tu parles... au nom de quelle grandiose conception d'un monde régénéré a-t-il été commis ? Et que reste-t-il de ce dessein titanesque dans la mémoire des hommes ? Les camps de la mort, les fours crématoires. L'idéologie est oubliée.

« Je te le dis, nous aurions du mal à déterminer ce qui est le plus nocif, de la religion ou de l'idéologie. Du recours au surnaturel ou de la solution logique et abstraite ! Les deux ont plongé cette terre dans la souffrance ; les deux ont assujetti la race humaine.

« Ne comprends-tu donc pas ? Ce n'est pas l'homme qui est l'ennemi de l'espèce humaine. C'est l'irrationnel. C'est le spirituel quand il se scinde de la matière, de ce sang qui bat dans nos cœurs et nos veines.

« Tu nous reproches notre avidité. Mais elle est notre salut. Parce que grâce à elle, nous savons qui nous sommes, nous connaissons nos limites et nos fautes. Toi, tu n'as jamais reconnu les tiennes.

« Tu serais prête à recommencer les mêmes erreurs, n'est-ce pas ? Tu leur apporterais une nouvelle religion, une nouvelle révélation, et avec elles, une nouvelle vague de superstitions, de sacrifices et de morts. »

– Tu mens ! hurla Akasha, incapable de maîtriser sa fureur. Tu trahis la magnificence de mon rêve. Tu la trahis parce que ton imagination est stérile.

– La magnificence est là, dehors, dit Maharet. Elle ne mérite pas que tu l'agresses ! Es-tu si implacable que toutes ces vies sacrifiées ne signifient rien pour toi ? Mais qu'attendre d'autre de toi !

La tension était intolérable. Une sueur de sang couvrait tout mon corps. Louis avait caché son visage dans ses mains. Seul le jeune Daniel semblait fasciné. Armand, lui, se contentait de fixer Akasha, comme si cette histoire ne le concernait pas.

Akasha paraissait en proie à une lutte intérieure, mais elle retrouva vite son assurance.

– Tu mens comme d'habitude, s'obstina-t-elle. Mais peu importe que tu combattes ou non à mes côtés. Je poursuivrai mon œuvre. Je rachèterai ce mal qui par ta sœur et toi a plongé notre royaume dans les ténèbres. Je le sanctifierai, je l'érigerai à la face du monde jusqu'à ce qu'il devienne la lumière de cette ère nouvelle. Et la paix régnera enfin sur la terre. Jamais aucun bien véritable n'a été accompli sans sacrifice ni courage. Et si vous vous retournez contre moi, si vous me résistez, je façonnerai à mon service des anges plus aguerris.

– Non, tu ne feras rien de tout ça, la coupa Maharet.

– Akasha, je t'en prie, plaida Marius. Accorde-nous du temps. Accepte seulement de réfléchir.

– Oui, insistai-je. Donne-nous du temps. Quittons cette maison, toi, moi et Marius, délaissons ces mirages pour le monde réel.

– Oh, comme vous m'insultez et me rabaissez ! murmura-t-elle.

Sa colère, jusque-là dirigée contre Marius, était sur le point de se retourner contre moi.

– Il y a tant de choses, tant d'endroits que je voudrais te montrer! dit-il. Deux siècles durant, j'ai veillé sur toi, je t'ai protégée...

– Tu t'es protégé toi-même! Tu as protégé la source de ton pouvoir, la source de ta perversité!

– Je t'en conjure, dit Marius. Veux-tu que je me mette à genoux pour t'implorer? Seulement un mois. Le temps que nous parlions, que nous vérifiions...

– Quelle mesquinerie, quel égoïsme, souffla-t-elle. Vous ne vous sentez donc aucune dette envers le monde qui vous a façonnés, vous n'éprouvez pas le besoin de le faire bénéficier de votre pouvoir, de vous métamorphoser de démons en dieux?

Indignée, elle se tourna brusquement vers moi.

– Et toi, mon prince, qui as pénétré dans la salle du trône comme si j'étais la Belle au bois dormant, qui m'as réveillée par ton baiser passionné. Ne reviendras-tu pas sur ta décision? Par amour pour moi! (Elle avait de nouveau les larmes aux yeux :) Dois-tu te joindre à eux contre moi? (Elle se pencha et me prit le visage entre ses mains :) Comment peux-tu trahir un tel rêve? Les autres sont paresseux, fourbes, malfaisants. Mais ton cœur était pur. Ton courage plus fort que la réalité. Tu forgeais des rêves, toi aussi!

Qu'aurais-je pu lui répondre? Elle savait. Elle savait mieux que moi. Tout ce que je voyais, c'était la souffrance dans ses prunelles noires. La peine, l'incompréhension, le chagrin qu'elle éprouvait déjà de ma disparition inéluctable.

Elle semblait comme paralysée. Et j'étais à présent réduit à l'impuissance. Je ne pouvais rien faire pour nous sauver, eux et moi. Je l'aimais! Mais il m'était impossible de me ranger à ses côtés! En silence, je la suppliai de comprendre et de me pardonner.

Ses traits étaient figés, comme si les voix recommençaient à l'assaillir. J'avais l'impression de me retrouver sous son regard immobile devant le banc royal.

– Je te tuerai le premier, mon prince, dit-elle en effleurant mes pommettes. Je veux t'effacer de ma mémoire. Je ne peux plus contempler ton visage et y lire la traîtrise.

– Attaque-le et nous réagirons aussitôt, murmura Maharet. Nous nous liguerons contre toi.

— Et contre vous-mêmes, lança Akasha. Quand j'en aurai terminé avec celui que j'aime, je tuerai ceux que tu aimes et qui devraient déjà être morts. Je détruirai tous ceux que je peux détruire. Mais moi qui me détruira ?

— Akasha, souffla Marius.

Il se leva et ébaucha un geste dans sa direction. Mais elle le repoussa si violemment qu'il tomba à terre. Je l'entendis crier dans sa chute. Santino se précipita à son secours.

Elle me dévisagea encore une fois. Ses mains se refermèrent sur mes épaules avec autant de douceur et de tendresse qu'avant. Et à travers mes larmes, je la vis sourire tristement.

— Mon prince, mon beau prince, soupira-t-elle.

Khayman se leva à son tour. Puis Éric, Mael, les jeunes. Et enfin, Pandora qui s'approcha de Marius.

Akasha me relâcha et se dressa, elle aussi. La nuit était soudain si calme que la forêt semblait respirer contre les vitres.

Et là était mon œuvre, à moi, le seul à rester assis, l'œil dans le vague, songeant à la petite trajectoire scintillante de mon existence, à mes petits succès, mes petites tragédies, mon espoir de ranimer la déesse, mes rêves de bonté et de gloire.

Que faisait-elle à les examiner ainsi l'un après l'autre puis à baisser les yeux sur moi ? Jaugeait-elle leur force ? Le feu va s'abattre sur toi, Lestat. Évite de fixer Gabrielle ou Louis, de crainte qu'il ne fonde sur eux. Meurs le premier, comme un lâche, ainsi tu n'auras pas à les voir mourir.

Et le plus horrible, c'est que tu ne sais pas qui d'elle ou de nous gagnera en fin de compte. Tu ignores tout autant l'enjeu de ce combat, la signification de ce maudit rêve des jumelles, les origines de notre espèce. Tu l'ignoreras toujours.

Nous pleurions maintenant, elle et moi. Elle était redevenue cet être tendre et fragile, cet être que j'avais tenu dans mes bras à Haïti, cet être qui avait besoin de moi. Mais cet instant de faiblesse ne changerait rien pour elle, alors que pour moi il allait être fatal.

— Lestat, soupira-t-elle, comme incrédule.

— Je ne puis te suivre, dis-je, la voix brisée, en me soulevant de ma chaise. Nous ne sommes ni des anges, ni des dieux, Akasha. La plupart d'entre nous désireraient seulement être humains. C'est l'humanité qui est devenue un mythe pour nous.

La regarder me mettait au supplice. Je pensais à son sang qui coulait dans mes veines, aux pouvoirs qu'elle m'avait donnés. A notre long voyage à travers les nuages. A l'euphorie dans le village haïtien lorsque les femmes s'étaient avancées, leurs bougies à la main, entonnant des cantiques.

– Mais nous revivrons cela, mon bien-aimé, murmura-t-elle. Rassemble ton courage! Nous le revivrons.

Des larmes de sang ruisselaient sur ses joues. Ses lèvres tremblaient, son front lisse se creusait de rides.

Puis elle se ressaisit. Elle détourna la tête, et son visage redevint froid, poli comme un ivoire. Son regard errait au-delà de la table, et je compris qu'elle cherchait la force de me tuer, et que les autres feraient bien d'agir vite. Je souhaitais de tout mon être qu'ils interviennent – et c'était comme si je la poignardais. Qu'ils la frappent tout de suite, me répétais-je en pleurant à chaudes larmes.

Mais quelque chose se passait. Un long bruit rythmé et sourd résonnait quelque part. Des vitres qui volaient en éclats, un grand nombre de vitres. Daniel s'agita, manifestement intéressé. Jesse aussi. Les anciens, eux, demeuraient aux aguets, figés. D'autres vitres cassées. Quelqu'un franchissait le dédale de couloirs de cette maison.

Akasha recula d'un pas. Elle tressaillit comme si un fantôme lui apparaissait. Un son caverneux emplit la cage d'escalier derrière la porte ouverte. L'inconnu longeait le corridor à l'étage du dessous.

Akasha battit en retraite jusqu'à la cheminée. Sans aucun doute, elle avait peur.

Comment était-ce possible? Savait-elle qui allait surgir? Était-ce encore un autre ancien? Craignait-elle que grâce à l'appui de ce nouveau venu les autres puissent accomplir ce dont ils étaient incapables seuls?

Non, ses pensées n'étaient pas aussi rationnelles, j'en étais certain. Elle était vaincue intérieurement. Tout son courage l'abandonnait. La solitude l'étreignait! Ma résistance avait ébranlé ses forces, et l'attitude des autres n'avait fait que l'abattre davantage avant que je lui assène le dernier coup. Maintenant, elle était comme clouée sur place par ce bruit mystérieux qui résonnait à travers la maison. Pourtant elle savait qui était cet intrus, j'en avais l'intuition. Les autres aussi le savaient.

Les vibrations s'amplifièrent. Le visiteur montait l'escalier. La verrière et la charpente métallique répercutaient chacun des pas pesants.

– Mais qui est-ce ? questionnai-je subitement.

Cette attente m'était intolérable. L'image m'apparut de nouveau, l'image des jumelles penchées sur le corps de leur mère.

– Akasha! répéta Marius. Accorde-nous le temps que nous te demandons. Ce délai suffira...

– Suffira à quoi ? cria-t-elle d'une voix presque brutale.

– A sauver nos vies, Akasha. *Chacune* de nos vies!

J'entendis rire Khayman, le seul qui ne fût pas intervenu jusqu'ici.

Les pas avaient atteint le palier.

Maharet se tenait avec Mael près de la porte. Je ne les avais même pas vus se déplacer.

Puis je reconnus la forme qui se découpait sur le rectangle de lumière. C'était la femme que j'avais entraperçue dans la plaine aride, s'extirpant de la terre, marchant inlassablement. La seconde jumelle des rêves demeurés obscurs! Et voilà qu'elle se dressait dans l'encadrement de la porte, le regard rivé sur Akasha qui, immobile à une dizaine de mètres, tournait le dos à la paroi de verre et à la cheminée.

Quelle terrible apparition! Les autres en avaient le souffle coupé, même les anciens, même Marius.

Une mince couche de glèbe la recouvrait tout entière, enrobant jusqu'aux ondulations de sa longue chevelure. On aurait dit qu'elle était formée du limon de la terre. Craquelée, écaillée, ravinée par la pluie, la boue adhérait encore à ses bras, à ses pieds nus. Elle faisait sur son visage un masque derrière lequel luisaient ses yeux bordés de rouge. Une couverture sale et en lambeaux, serrée à la taille par une corde de chanvre, l'enveloppait.

Quel instinct avait poussé cet être à se dissimuler sous cette guenille, quelle tendre pudeur avait contraint cette créature plus morte que vive à s'arrêter pour confectionner ce vêtement rudimentaire, quel reliquat douloureux d'humanité ?

Auprès d'elle, la dévorant des yeux, Maharet parut soudain vaciller.

– Mekare ! murmura-t-elle.

Mais la femme ne la voyait ni ne l'entendait, elle scrutait Akasha. Une lueur cruelle s'alluma dans ses yeux de fauve quand la souveraine, les traits durcis et haineux, se rapprocha de la table afin de s'en faire un rempart.

– Mekare ! cria Maharet, les bras tendus pour la saisir aux épaules et l'obliger à lui faire face.

La main droite de la créature jaillit, repoussant si brutalement Maharet qu'elle fut projetée à travers la salle et alla s'effondrer contre le mur opposé.

La paroi de verre vibra mais résista. Maharet la toucha avec précaution du bout des doigts ; puis, avec la grâce fluide d'un chat, elle se releva d'un bond dans les bras d'Éric qui s'était élancé à son secours.

Il l'entraîna aussitôt vers la porte, car la femme s'attaquait maintenant à l'énorme table qu'elle renversa et catapulta à l'autre extrémité de la pièce.

Gabrielle et Louis se précipitèrent à l'angle opposé, Santino et Armand rejoignirent Mael, Éric et Maharet.

Ceux d'entre nous qui se trouvaient de l'autre côté de la table se contentèrent de reculer, à l'exception de Jesse qui s'était dirigée vers Khayman. Alors que je le regardais, je vis à mon étonnement flotter sur ses lèvres un mince sourire cruel.

– La malédiction, ma Reine ! tonna-t-il.

En entendant ces mots, la créature s'immobilisa, sans pour autant se retourner vers celui qui les avait prononcés.

Akasha tressaillit, son visage baigné de larmes miroitant à la lueur des flammes.

– Tous contre moi, dit-elle. Tous ! Pas un seul d'entre vous qui se rangerait à mes côtés !

Elle me considéra, ignorant la femme qui se déplaçait vers elle. La bouche béante, ses pieds boueux raclant le tapis, les mains légèrement crispées en avant, les bras serrés contre ses flancs, l'inconnue s'avançait, menaçante, inexorable.

Mais Khayman reprit la parole, et elle s'arrêta aussitôt.

Il rugit dans une langue inconnue dont je ne compris que des bribes.

– « Reine des Damnés... à l'heure de ton apogée... je me dresserai contre toi et te jugulerai... »

Et soudain tout s'éclaira dans mon esprit. Il récitait l'imprécation proférée jadis par Mekare, cette statue de boue. Et chacun dans cette assemblée en reconnaissait les mots. Le rêve étrange et inexplicable me revint à la mémoire.

– Oh, non, mes enfants! hurla tout à coup Akasha. Vous n'en avez pas terminé avec moi!

Je la sentis qui concentrait son énergie, le corps tendu, le buste en avant, les mains levées, les doigts repliés comme des serres.

Le rayon frappa la créature en pleine poitrine. Elle fut rejetée en arrière, mais résista aussitôt. Alors elle aussi se redressa, les pupilles dilatées, les mains contractées, et se rua sur son ennemie avec une telle vitesse que je ne pus suivre son mouvement.

Je vis ses doigts enduits de boue fendre l'air. Je la vis empoigner Akasha par sa chevelure noire. Il y eut un cri. Puis la tête d'Akasha heurta la baie vitrée et le verre s'écrasa au sol en longs éclats acérés.

L'horreur me saisit. Je ne pouvais ni respirer ni bouger. J'allais tomber. Mes jambes cédaient sous moi. Le corps décapité d'Akasha glissait lentement le long de la paroi brisée, tandis que des pans de verre continuaient de se fracasser tout autour. Le sang ruisselait sur la vitre derrière lui. Et la femme brandissait la tête coupée!

Les yeux noirs d'Akasha clignèrent, s'élargirent. Sa bouche s'ouvrit comme pour hurler de nouveau.

Puis tout s'obscurcit autour de moi. Pourtant je distinguai les flammes dans la cheminée à travers un brouillard rosâtre, alors que je roulais en pleurs sur le tapis, le labourant de mes ongles malgré moi.

Je tentai de me relever, mais en vain. J'entendais Marius m'appeler, Marius prononcer silencieusement mon nom.

Je réussis à me hisser de quelques centimètres, pesant de tout mon poids sur mes coudes endoloris.

Les yeux d'Akasha étaient fixés sur moi. Sa tête était presque à portée de ma main, et son corps gisait sur le dos, le sang s'écoulant à gros bouillons de la trachée sectionnée. Tout à coup, le bras droit frémit, il se souleva puis retomba. Il se contracta de nouveau, la main toujours inerte, essayant d'atteindre la tête!

Je pouvais l'aider! Je pouvais me servir des pouvoirs

qu'elle m'avait donnés pour le mouvoir, le rapprocher. Et tandis que je m'efforçais de percer la pénombre, le corps oscilla, tressaillit et bascula plus près de la tête.

Les jumelles observaient la scène. Mekare, ses yeux bordés de rouge et vides de toute expression, contemplait la tête pendant que Maharet, prête à rendre l'âme semblait-il, se tenait agenouillée près du corps de la Mère. La salle devint plus sombre et glaciale, le visage d'Akasha commença à blêmir, comme si la lumière se consumait en lui.

J'aurais dû avoir peur. Le froid me pénétrait. Mes propres sanglots résonnaient à mes oreilles. Étrangement pourtant, j'étais transporté d'allégresse. J'eus soudain conscience de ce dont j'étais témoin.

— C'est le rêve, dis-je d'une voix qui me parut lointaine. Voyez, les jumelles et le corps de la Mère! L'image du rêve!

Un jet de sang fusa de la tête d'Akasha et se répandit sur le tapis. Appuyée sur ses paumes, Maharet s'inclina, et Mekare aussi se pencha au-dessus du corps, mais c'était toujours la même image, et je comprenais à présent pourquoi elle m'avait hanté, j'en connaissais la signification!

— Le banquet funéraire! s'écria Marius. Que l'une d'entre vous absorbe le cœur et le cerveau. C'est notre seule chance.

Oui, le rêve ressuscitait. Et ils le savaient! Nul n'avait à le leur apprendre. Ils le savaient!

Cette vérité m'apparut tandis qu'une sorte de torpeur me gagnait. Et le sentiment délicieux s'intensifia. Cette impression de plénitude, de parachèvement, de lucidité!

Puis je me mis à planer, à planer dans les ténèbres glaciales, comme si j'étais encore dans les bras d'Akasha et que nous volions au milieu des étoiles.

Un fracas strident me ramena sur terre. Je n'étais pas mort, j'agonisais. Et ceux que j'aimais, où étaient-ils?

Dans un effort pour me raccrocher à la vie, je tentai en vain d'ouvrir les paupières. Pourtant je les distinguais à travers la chape noire qui s'épaississait, leurs chevelures fauves scintillant à la pâle lueur des flammes, l'une tenant le cerveau sanglant entre ses doigts englués de boue, l'autre le cœur. Elles étaient bien vivantes, leur regard voilé, leurs gestes aussi fluides que si elles se mouvaient dans l'eau. Et Akasha regardait toujours droit devant elle, la bouche grande ouverte, tandis que le sang jaillissait de son crâne fendu. Mekare éleva le cerveau jusqu'à ses lèvres pendant que Maharet lui déposait le cœur dans l'autre main, et elle les absorba tous les deux.

L'opacité de nouveau. Plus de feu. Aucun repère. Aucune sensation, sauf la douleur. La douleur qui transperçait cette chose que j'étais, privée de membres, d'yeux, de langue pour hurler. La douleur fulgurante, lancinante. Et pas moyen de bouger pour l'atténuer, la repousser dans un coin de mon corps, la maîtriser ou m'y noyer. La douleur omniprésente.

Pourtant mon corps vivait. Il se débattait sur le sol. A travers la douleur, je sentis soudain le contact du tapis. Je sentis mes pieds s'y cramponner, comme si je tentais d'escalader une falaise abrupte. Puis j'entendis le crépitement du feu tout près de moi, le vent qui s'engouffrait par la vitre cassée, emplissant la pièce de toutes les douces senteurs de la forêt. Une violente décharge électrique me traversa, mes bras et mes jambes se contractèrent. Puis ce fut l'apaisement.

La douleur avait disparu.

J'étais étendu là, haletant, regardant les flammes jouer sur la verrière, sentant l'air dilater mes poumons, et je me rendis compte que je pleurais misérablement comme un enfant.

Agenouillées, les jumelles se tenaient enlacées, leurs visages pressés l'un contre l'autre, leurs cheveux entremêlés, et elles se caressaient, doucement, tendrement, comme si leurs mains se parlaient.

Impuissant à contenir mon désespoir, je pivotai sur moi-même, repliai mon bras sur ma figure et laissai couler mes larmes.

Marius était à quelques pas de moi. Gabrielle aussi. Je brûlais de la serrer contre moi, de murmurer les mots que j'aurais dû lui dire – que l'épreuve était terminée, que nous y avions survécu, que c'était fini –, mais je n'en avais pas la force.

Alors, lentement, je tournai la tête et regardai le visage d'Akasha, son visage inaltéré, bien que sa blancheur opalescente eût disparu, et qu'il fût aussi translucide que le verre ! Même ses yeux, ses magnifiques yeux de jais devenaient transparents, comme si leurs pigments s'étaient échappés avec le flot de sang.

Sa chevelure soyeuse s'étalait sur le sol et la flaque de sang séché avait l'éclat lustré du rubis.

Je ne pouvais m'arrêter de pleurer. Je n'en avais pas envie. Je voulus prononcer son nom, mais les syllabes s'étranglèrent dans ma gorge. Quelque chose me l'interdisait, me l'avait toujours interdit. Jamais je n'aurais dû gravir les marches de marbre et l'embrasser dans le mausolée.

Les autres sortaient de leur immobilité. Armand soutenait Daniel et Louis qui chancelaient.

Khayman et Jesse s'étaient approchés d'eux. Tremblante, la bouche crispée par les larmes, Pandora se tenait à l'écart, recroquevillée sur elle-même comme si elle avait froid.

Les jumelles se relevèrent, Maharet entourant sa sœur de son bras, et elles nous firent face. Mekare, le regard vide, absent, immobile telle une statue. Et Maharet dit :

— Voici la Reine des Damnés.

CINQUIÈME PARTIE

... DANS LES SIÈCLES DES SIÈCLES, AMEN

Certaines choses s'éclairent au crépuscule
et font d'un chagrin un Rembrandt.
Mais, le plus souvent, la fuite du temps
n'est qu'une facétie du destin. Le papillon de nuit
ne peut rire quand ses ailes prennent feu.
Quelle aubaine,
les mythes sont morts.

STAN RICE, 1983

Miami.

Une cité de vampires, chaude, grouillante, poignante de beauté. Une tour de Babel, une foire d'empoigne, un terrain de jeu. Où les paumés et les rapaces sont enfermés dans des rapports pervers, où le ciel appartient à tous et la plage s'étend à perte de vue, où les lumières éclipsent la voûte céleste et la mer s'offre aussi chaude que le sang.

Miami, le paradis du diable.

C'est pourquoi nous sommes ici, sur l'île de Nuit, dans la grande villa blanche d'Armand, ouverte sur la nuit tropicale.

A l'horizon, de l'autre côté de l'eau, Miami nous fait signe. Nos victimes nous y attendent – maquereaux, voleurs, dealers, tueurs. La faune obscure. Pas tout à fait aussi malfaisante que moi, mais presque.

Armand y était parti en compagnie de Marius au coucher du soleil, mais tous deux étaient de retour. Armand jouait aux échecs avec Santino dans le salon, tandis que Marius lisait, assis comme à l'accoutumée dans le fauteuil de cuir près de la fenêtre qui donnait sur la plage.

Gabrielle n'était pas encore apparue; depuis le départ de Jesse, elle s'isolait souvent.

Khayman discutait dans le bureau du rez-de-chaussée avec Daniel; Daniel qui aimait sentir grandir sa faim, qui voulait tout savoir de la Milet antique, d'Athènes et de Troie. Oh, oui! n'oublie pas Troie. Moi-même, j'étais vaguement intrigué par les légendes de cette ville.

J'aimais bien Daniel. Peut-être m'accompagnerait-il plus tard si je lui demandais; si je me décidais enfin à quitter cette île, ce que je n'avais fait qu'une fois depuis mon arrivée. Daniel, qui s'amusait encore du sillon que traçait la lune sur la surface de l'eau, des embruns sur sa figure. Pour lui, toute cette aventure, même sa mort à elle, n'avait été qu'un spectacle. Mais qui pourrait l'en blâmer ?

Pandora vivait rivée à l'écran de télévision. Marius lui avait choisi la tenue dernière mode qu'elle portait : un chemisier de satin, des bottes hautes, une jupe droite en velours. Il avait paré ses poignets de bracelets et ses doigts de bagues, et chaque soir il brossait sa longue chevelure brune. Parfois il lui offrait des parfums, mais comme il ne défaisait pas les paquets, ceux-ci s'empilaient intacts sur la table. Elle regardait avec la même fascination qu'Armand défiler les films vidéo et n'interrompait sa contemplation que pour aller dans la salle de musique effleurer un instant les touches du piano.

J'admirais son jeu dont les variations fluides évoquaient l'*Art de la fugue*. Mais contrairement aux autres, elle m'inquiétait. Tous s'étaient remis plus vite que je ne l'aurais imaginé. Sans doute était-elle déjà meurtrie avant même que cette histoire ne débute.

Pourtant, elle se plaisait dans cet endroit. J'en étais certain. Comment aurait-elle pu ne pas s'y plaire ? Tous nous nous y sentions bien. Même Gabrielle.

Des pièces blanches décorées de somptueux tapis persans et de tableaux des plus grands maîtres – Matisse, Monet, Picasso, Giotto, Géricault. On aurait pu passer un siècle à admirer ces peintures. Armand les changeait constamment, les intervertissant, montant de nouveaux trésors de la cave, intercalant quelques esquisses ici et là.

Jesse aussi avait adoré ce lieu, bien qu'elle fût maintenant partie rejoindre Maharet à Rangoon.

Elle était entrée dans mon bureau et m'avait raconté sans détour sa version des événements, me recommandant de changer les noms et de ne pas citer Talamasca, recommandations dont bien sûr je n'avais nullement l'intention de tenir compte. J'avais écouté avec attention son récit, tout en sondant son esprit pour y découvrir les menus détails qu'elle omettait. Puis j'avais confié le tout à mon ordinateur pendant qu'elle m'observait, songeuse, laissant errer son regard sur les rideaux de velours anthracite, la pendule vénitienne, les couleurs froides du Morandi accroché au mur.

Elle se doutait, je crois, que je ne ferais pas ce qu'elle m'avait demandé. Elle savait également que ça n'avait pas d'importance. Vraisemblablement, les gens ne croiraient pas plus à Talamasca qu'en notre existence. A moins que David Talbot ou Aaron Lightner ne les contactent comme ils l'avaient fait pour elle.

Quant à la Grande Famille, il était peu probable que quiconque la considère autrement qu'imaginaire, avec ici et là un élément de vérité, à condition bien sûr de tomber sur le livre.

C'était ce que tout le monde avait pensé d'*Entretien avec un Vampire* et de mon autobiographie, et il en irait de même pour *La Reine des Damnés*.

Et ça valait mieux ainsi. Même moi, j'en suis convaincu aujourd'hui. Maharet avait raison. Nous n'avons pas notre place sur cette terre. Pas plus que Dieu ou le diable. Le surnaturel devrait se limiter au domaine de la métaphore – que ce soit la célébration de la grand-messe dans la cathédrale Saint Patrick, le chant de Faust vendant son âme ou le spectacle d'une star du rock prétendant être Lestat le vampire.

Tout le monde ignorait où Maharet avait emmené Mekare. Même Éric sans doute, bien qu'il fût parti avec elles deux en promettant à Jesse de la retrouver à Rangoon.

Avant de quitter Sonoma, Maharet m'avait surpris par une petite phrase : « Tâche d'être fidèle quand tu raconteras la Légende des Jumelles. »

Était-ce une autorisation, ou seulement une marque de sa superbe indifférence ? Je n'en sais fichtre rien. Je n'avais parlé à personne du livre. J'en avais seulement rêvé durant ces longues heures atroces où j'étais incapable de le concevoir autrement qu'en termes généraux – comme une succession de chapitres, une carte du mystère, une chronique de la séduction et de la douleur.

Ce dernier soir, quand elle m'avait rejoint dans la forêt, Maharet m'avait paru pleine de vie et pourtant énigmatique, toute de noir vêtue, avec son maquillage de circonstance, comme elle l'appelait – ce masque subtil qui la métamorphosait en une mortelle infiniment séduisante et capable de soulever l'admiration des humains sur son passage. Comme sa taille était fine et ses longues mains gracieuses dans ces gants de chevreau noir. Elle s'était frayé précautionneusement un chemin à travers les fougères et les tendres baliveaux, alors qu'elle aurait pu d'un doigt renverser des troncs énormes.

Elle revenait de San Francisco où elle avait flâné avec Jessica et Gabrielle dans des rues bordées de maisons joyeusement éclairées, sur des trottoirs étroits et propres, là où vivaient les gens, avait-elle dit. Son discours était vif, spontanément moderne, si différent de celui de la femme intemporelle que j'avais rencontrée pour la première fois dans la pièce au sommet de la montagne.

Pourquoi fuyais-je les autres, m'avait-elle demandé en s'asseyant à côté de moi près du petit ruisseau qui bondissait au beau milieu des séquoias ? Pourquoi refusais-je d'échanger le moindre mot avec eux ?

Aujourd'hui encore, ils me harcèlent de ces mêmes questions.

Même Gabrielle qui d'ordinaire est aussi avare de questions que de confidences. Ils veulent savoir quand je me déciderai à émerger de ce cauchemar, quand je discuterai de ce qui est arrivé et arrêterai de noircir des pages à longueur de nuit.

Maharet avait affirmé que nous la reverrions très bientôt. Nous pourrions peut-être venir au printemps dans sa maison en Birmanie. A moins qu'elle ne nous surprenne un soir dans l'île de Nuit. Mais l'important était de ne jamais nous couper les uns des autres ; nous avions le moyen de nous retrouver, quel que fût l'endroit du monde où nous menaient nos errances.

Oui, sur ce point du moins, nous étions tous d'accord. Même Gabrielle, la solitaire, la vagabonde.

Personne ne tenait à être englouti de nouveau dans l'abîme du temps.

Et Mekare ? La reverrions-nous ? Partagerait-elle notre existence ? S'assiérait-elle jamais avec nous autour d'une table ?

Je ne l'avais aperçue qu'une seule fois après cette nuit terrible. Et sans que je m'y attende, alors que je traversais la forêt dans la lumière mauve de l'aube pour rentrer à Sonoma.

Une nappe de brume s'étirait, plus claire au-dessus des

fougères et des rares fleurs hivernales, presque phosphorescente autour des troncs géants.

Les jumelles avaient surgi de cette ouate vaporeuse et étaient descendues, enlacées, jusqu'au ruisseau dont elles avaient longé le lit, Mekare dans une longue robe de laine aussi somptueuse que celle de sa sœur, sa chevelure soyeuse lui tombant sur les épaules et la poitrine.

Maharet avait sans doute murmuré une phrase à l'oreille de sa sœur, car celle-ci s'était arrêtée pour me fixer, ses yeux verts agrandis, son visage effrayant de blancheur.

J'avais senti ma peine, tel un vent brûlant sur mon cœur. Extasié, suffoqué d'une douleur qui me dévorait les poumons, je l'avais contemplée, je les avais contemplées toutes les deux.

J'ignore quelles étaient mes pensées, je me souviens seulement que la souffrance était intolérable et que Maharet m'avait signifié d'un petit geste tendre que mieux valait poursuivre mon chemin. Le matin se levait. La forêt s'ébrouait, et ce moment précieux de nos nuits vagabondes allait s'achever. La douleur avait desserré son étreinte, et je l'avais laissé s'envoler, comme un soupir qui m'aurait échappé.

Avant de m'éloigner, j'avais quand même tourné la tête pour regarder leurs deux silhouettes suivre le cours du ruisseau argenté, deux silhouettes noyées dans le fracas mélodieux de l'eau qui dévalait entre les rochers.

L'image du rêve s'était un peu effacée. Et quand je pense à elles désormais, ce n'est plus au festin funéraire, mais aux deux sylphides dans la forêt, quelques nuits avant que Maharet ne quitte Sonoma en emmenant Mekare.

Leur départ me réjouissait, car il signifiait que le nôtre était proche. Je me moquais pas mal de ne jamais remettre les pieds à Sonoma. J'y avais souffert le martyre, même si les premières nuits avaient été les pires.

Très vite, le mutisme meurtri des autres avait fait place à d'interminables discussions au cours desquelles ils s'efforçaient d'interpréter ce dont ils avaient été témoins. Comment cette chose avait-elle été transférée au juste? Avait-elle abandonné les tissus détruits du cerveau pour courir dans le système sanguin de Mekare jusqu'à ce qu'elle trouve l'organe adéquat? Et le cœur, quel rôle avait-il joué dans cette mutation?

Molécule, nucléole, soliton, protoplasme, tout le scintillant jargon moderne! Allons donc, nous sommes des vampires, que je sache! Nous nous engraissons du sang des vivants. Nous tuons et nous aimons ça, que ce soit ou non une nécessité.

Je ne supportais pas leurs palabres. Je ne supportais pas leur curiosité maladive. *Comment était-ce avec elle? Qu'avez-vous fait durant ces quelques nuits?* Je n'arrivais pas à les fuir non plus. Je n'en avais pas la volonté. Quand j'étais avec eux, je tremblais, quand j'étais seul également.

La forêt n'était pas assez profonde pour moi. J'errais pendant des heures parmi les séquoias géants, à travers les champs bordés de chênes rabougris, avant de m'enfoncer de nouveau dans les bois humides et impénétrables. Mais leurs voix n'en continuaient pas moins de me poursuivre. Celle de Louis qui avouait avoir perdu conscience durant ces minutes horribles ou celle de Daniel qui déclarait nous avoir entendus à travers un brouillard. Par contre, Jesse, blottie contre Khayman, avait assisté à tout.

Combien de fois avaient-ils médité sur l'ironie de ce drame – sur le fait que Mekare eût abattu son ennemie d'un geste humain, et que dans son ignorance de nos pouvoirs invisibles, elle l'eût frappée comme n'importe quel mortel aurait pu le faire, mais avec une rapidité et une force surhumaines.

Une parcelle de son être survivait-elle dans Mekare? Ou bien son âme avait-elle été enfin libérée quand son cerveau avait été arraché? C'était la seule chose que je voulais savoir. Peu m'importait la « poésie de la science », comme Maharet appelait le savoir moderne.

Parfois, enfoui dans le dédale obscur des caves creusées d'alvéoles monacaux, je me réveillais, persuadé qu'elle était à mes côtés. Je sentais ses cheveux contre ma joue, ses bras autour de moi. Je distinguais l'éclat sombre de son regard. Hélas, je tâtonnais dans le noir pour ne rencontrer que les murs de brique humides.

Alors je demeurais étendu à songer à cette vision qu'elle m'avait imposée de la pauvre Bébé Jenks montant en vrille vers le ciel. Je voyais les lumières multicolores qui l'enveloppaient tandis qu'elle penchait sa frimousse vers la terre pour la dernière fois. Comment Bébé Jenks, cette misérable petite motarde, aurait-elle pu inventer pareil mirage ? Peut-être en effet retournons-nous tous là d'où nous venons.

Comment le savoir ?

Aussi restons-nous immortels. Effrayés. Ancrés à ce que nous pouvons maîtriser. Et la roue tourne, le cycle recommence : des vampires ont survécu. Un nouveau phalanstère s'organise.

Comme une tribu de gitans, nous avions quitté Sonoma, caravane scintillante de voitures noires striant la nuit américaine. Ce fut durant cet interminable trajet qu'ils me racontèrent tout ; d'eux-mêmes et parfois involontairement quand ils discutaient entre eux. Telle une mosaïque, les éléments s'assemblaient. Même lorsque je somnolais contre la garniture de velours bleu, leurs propos, leurs visions me pénétraient.

En avant pour les marécages du Sud de la Floride, pour la splendide ville décadente de Miami, parodie du ciel comme de l'enfer !

Aussitôt arrivé, je m'étais enfermé dans cette petite suite meublée avec goût : sofas, tapis, tableaux aux tons pastel de Piero della Francesca ; ordinateur installé sur la table ; musique de Vivaldi diffusée par de minuscules baffles encastrés dans les murs ; escalier privé menant à la cave où dans la crypte revêtue de plaques d'aluminium attendait le cercueil : laque noire, poignées de cuivre, doublure incrustée de dentelle ; allumettes et bougies sur une tablette.

La soif me tenaillé. Mais tu n'as pas besoin de sang ! Impossible de résister pourtant, et il en sera toujours ainsi ; tu ne te débarrasseras jamais de ce désir ; il est encore plus violent qu'avant.

Quand je n'écrivais pas, je m'étendais sur le divan de brocart gris et je regardais les palmes de la terrasse frissonner sous la brise, j'écoutais bavarder mes compagnons à l'étage au-dessous.

Louis priant poliment Jesse de lui décrire une fois encore l'apparition de Claudia. Jesse murmurant, pleine de sollicitude : « Mais, Louis, c'était une hallucination. »

Gabrielle regrettait Jesse, maintenant qu'elle était partie. Toutes deux avaient passé des heures à se promener sur la plage. Elles n'échangeaient pas un mot, apparemment. Mais comment en être certain ?

Gabrielle s'évertuait à me dérider : elle laissait flotter ses cheveux, parce qu'elle savait que je la préférais coiffée ainsi ; chaque nuit, elle faisait un tour dans ma chambre avant de disparaître au lever du jour. De temps à autre, elle me scrutait d'un regard anxieux.

– Tu songes à t'en aller, n'est-ce pas ? avais-je dit une fois craintivement.

– Non. Je me plais ici. J'y suis bien.

Quand l'envie de bouger devenait trop forte, elle s'embarquait pour les îles, qui n'étaient pas tellement loin. Elle aimait bien les îles. Mais ce n'était pas de ses escapades qu'elle avait envie de parler. Elle avait autre chose en tête. Une nuit, elle l'avait presque formulé : « Mais dis-moi... » Puis elle s'était interrompue.

– Est-ce que je l'aimais ? avais-je poursuivi à sa place. C'est ça que tu veux savoir ? Oui, je l'aimais.

N'empêche que je ne pouvais toujours pas prononcer son nom.

Mael allait et venait.

Parti depuis une semaine, il avait réapparu ce soir, et il essayait en bas d'engager la conversation avec Khayman. Khayman qui nous fascinait tous. Le Premier Sang. Cette immense réserve de pouvoir. Et penser qu'il avait arpenté les rues de Troie !

Sa vue nous plongeait dans une surprise continuelle, si toutefois ces deux termes ne sont pas contradictoires.

Il se donnait beaucoup de mal pour paraître humain. Dans un endroit chaud comme celui-ci, où les vêtements lourds attirent les regards, ce n'est pas facile. Parfois il s'enduisait d'un pigment sombre – un mélange de terre de Sienne brûlée et d'huile odorante. C'était criminel de s'enlaidir de la sorte. Mais sinon comment aurait-il pu fendre la foule telle une lame glissante ?

Épisodiquement, il frappait à ma porte.

– Tu vas te décider à sortir de ton antre ? me demandait-il.

Il examinait les feuilles empilées à côté de l'ordinateur, le titre en caractères gras : LA REINE DES DAMNÉS. Il restait là, m'ouvrant son esprit, me laissant y chercher des bribes de souvenirs à demi effacés. Ça lui était bien égal. Je l'intriguais visiblement. Pourquoi, je n'en avais pas la moindre idée. Que voulait-il de moi ? Au bout d'un moment, il souriait de cet étonnant sourire angélique.

De temps à autre, il sortait le bateau d'Armand et, allongé sous les étoiles, il se laissait dériver dans le golfe. Une fois, Gabrielle l'avait accompagné, et j'avais été tenté de capter leurs paroles à travers les eaux. Mais je n'en avais rien fait. C'était malhonnête, avais-je pensé.

Il lui arrivait de nous confier qu'il craignait de perdre la mémoire ; cette crise d'amnésie surviendrait soudain, et il ne serait plus capable de retrouver son chemin jusqu'à l'île. Mais les crises précédentes étaient à mettre sur le compte de la souffrance, or il était heureux à présent. Il tenait à ce que nous le sachions : il était si heureux en notre compagnie.

Ils avaient signé une sorte de pacte, en bas : peu importait où ils iraient, ils reviendraient toujours à la villa. Ce serait leur refuge, leur sanctuaire. Plus jamais ils n'erreraient dans la solitude.

Ils avaient fixé les règles de cette communauté naissante. Personne ne devait engendrer d'autres vampires. Personne non plus ne devait écrire de nouveaux livres – et ce en dépit du fait, ils en étaient conscients, que je m'y employais en glanant silencieusement le maximum de renseignements, et nonobstant ma tenace mauvaise volonté à me plier à une quelconque discipline.

Ils étaient soulagés de voir que Lestat le vampire ne faisait plus la une des journaux, que la débandade du concert était oubliée. Pas de cadavres, pas de préjudices certains. Une affaire royalement étouffée : mon groupe, à qui j'avais distribué ma part des bénéfices, se produisait désormais sous son ancien nom.

Quant aux émeutes – la brève ère des miracles –, elles avaient aussi sombré dans l'oubli, même si le mystère restait entier.

Non, terminées les révélations, les tourmentes, les interventions, tel était le vœu général. Et par pitié, dissimulez les corps de vos victimes.

Ils ne cessaient de seriner à ce jeune fou de Daniel que même dans la jungle ripailleuse de Miami, on ne saurait être trop prudent avec les reliefs des repas.

Ah, Miami, entendre de nouveau la sourde clameur des foules désespérées, le ronflement de toutes ces machines!

Quelques minutes plus tôt, étendu sur le divan, je m'étais laissé envahir par ses voix. J'aurais pu contrôler ce déferlement, tamiser ou au contraire amplifier ces sons discordants. Cependant je ne m'y étais pas essayé, incapable que j'étais d'utiliser avec conviction ce pouvoir – au même titre que je me refusais d'user de ma puissance récemment découverte.

Mais j'aimais être à proximité de cette ville. J'aimais sa sordidité et son éclat, les vieux hôtels lépreux et les tours pailletées de lumières, ses vents suffocants, sa décadence. Je prêtais de nouveau l'oreille à cette symphonie urbaine, ce bourdonnement lancinant.

– Pourquoi n'y vas-tu pas, alors ?

Marius.

Je levai le nez de mon ordinateur. Lentement, histoire de l'agacer, bien qu'il fût le plus patient des immortels.

Il se tenait adossé au montant de la porte-fenêtre, les bras croisés. Miami scintillait derrière lui. Avait-il existé dans l'Antiquité une merveille comparable à cette cité hérissée de tours qui luisaient comme les cheminées innombrables d'un paquebot géant ?

Ses cheveux étaient coupés court, et il portait des vêtements d'aujourd'hui, élégants dans leur simplicité : un costume de soie grise et, seule touche rouge, la couleur qu'il affectionnait, une chemise pourpre à col montant.

– J'aimerais que tu abandonnes ton bouquin et que tu nous rejoignes un moment, dit-il. Tu es claquemuré dans cette pièce depuis plus d'un mois.

– Il m'arrive d'en sortir.

Ses yeux bleu fluorescent me fascinaient.

– Ce livre, reprit-il, dans quel but l'écris-tu ? Tu pourrais au moins me l'expliquer.

Je ne répondis pas. Il insista, avec tact toutefois.

– Les chansons et l'autobiographie ne t'ont pas suffi ?

Je tentai de déterminer ce qui lui donnait un air aussi aimable. Peut-être les minuscules rides qui se dessinaient encore au coin de ses paupières, les petits plis qui apparaissaient et disparaissaient sur son visage quand il parlait.

Ses yeux, semblables par leur grandeur à ceux de Khayman, étaient également saisissants.

Je me retournai vers l'écran de mon ordinateur. L'image électronique du langage. Le livre était presque achevé. Et ils étaient tous au courant, ils l'avaient été depuis le début. C'est pourquoi ils m'avaient fourni tant de renseignements, tapant à ma porte, entrant, bavardant un instant avant de se retirer.

— Alors pourquoi en parler ? dis-je. Je veux consigner ce qui est arrivé. Tu le savais quand tu m'as raconté comment ça c'était passé pour toi.

— En effet, mais à qui est destiné ce récit ?

Je songeai à tous les fans le soir du concert ; à ma célébrité, puis à cette abomination dans les villages, quand j'étais devenu un dieu anonyme. J'eus froid soudain, en dépit de la tiède caresse de la brise marine. Avait-elle eu raison de nous traiter d'égoïstes, de prédateurs avides ? De déclarer que nous avions tout intérêt à ce que le monde ne change pas ?

— Tu connais la réponse à cette question, fit-il.

Il se rapprocha et posa la main sur le dossier de ma chaise.

— Ce rêve était dément, n'est-ce pas ? demandai-je, le cœur serré. Il ne se serait jamais réalisé, même si nous l'avions proclamée déesse et nous étions pliés à ses ordres.

— Une aberration. Ils l'auraient arrêtée et détruite aussitôt.

Un silence.

— Le monde l'aurait rejetée, ajouta-t-il. C'est ce qu'elle se refusait à comprendre.

— Je crois qu'elle a eu conscience à la fin de n'avoir aucune place dans ce monde, aucun moyen d'imposer sa voie. Elle l'a su quand elle a lu dans nos regards cette résistance qu'elle ne pourrait jamais vaincre. Elle avait choisi avec tant de prudence les lieux de ses apparitions, des lieux aussi primitifs et intemporels qu'elle.

Il hocha la tête.

— Tu vois que tu connais la réponse à ta question. Alors pourquoi continuer à te tourmenter ? Pourquoi t'enliser dans ton chagrin ?

Je me tus. Ses yeux de jais me scrutaient. *Pourquoi ne peux-tu croire en moi ?* m'implorait-elle.

— Tu m'as pardonné ? interrogeai-je soudain Marius.

— Tu n'étais pas responsable, dit-il. Elle attendait son heure, elle guettait. Tôt ou tard, sa volonté se serait éveillée. Cette menace planait depuis toujours. Ce réveil a été accidentel, tout comme sa métamorphose autrefois.

Il poussa un soupir ; l'amertume refluait en lui, comme lors des premières nuits après ce cauchemar où il avait souffert le martyre, lui aussi.

— J'ai toujours pressenti ce danger, murmura-t-il. Peut-être avais-je envie de croire qu'elle était vraiment une déesse. Jusqu'à ce qu'elle se lève de son trône, qu'elle me parle, qu'elle sourie.

Il avait l'esprit ailleurs de nouveau, il songeait à cet instant avant que la glace ne s'écroule et ne l'emprisonne.

Il recula à pas lents, puis sortit sur la terrasse et contempla la plage. Ses mouvements étaient si aisés. Les anciens s'accoudaient-ils ainsi aux balustrades de pierre ?

Je me levai et le rejoignis. Par-delà la nappe d'eau sombre, j'admirai les reflets miroitants de la ligne d'horizon. Je le regardai, lui.

— Sais-tu ce que c'est de ne plus porter ce fardeau ? murmura-t-il. De se sentir pour la première fois libre ?

Je ne répondis pas. Mais je comprenais bien sûr ce qu'il ressentait. Pourtant j'avais peur pour lui, peur peut-être que ce fardeau n'ait été l'amarre qui le rattachait à l'existence, au même titre que la Grande Famille pour Maharet.

— Non, répliqua-t-il vivement. C'est comme si une malédiction avait été levée. Aussitôt réveillé, je me dis que je dois descendre dans le mausolée, allumer l'encens, disposer les fleurs, leur parler, essayer d'apaiser la souffrance peut-être tapie à l'intérieur de leur corps. Puis je prends conscience de leur disparition. Tout est terminé, révolu. Je suis libre d'aller où je veux, de faire ce que je veux.

Il s'interrompit, absorbé dans ses pensées, les yeux fixés sur les lumières.

— Et toi ? reprit-il. Pourquoi n'es-tu pas libéré ? J'aimerais tant te comprendre.

— Tu me comprends. Tu m'as toujours compris, répondis-je en haussant les épaules.

— Tu brûles d'insatisfaction. Et nous ne pouvons rien pour toi, n'est-ce pas ? C'est de *leur* amour dont tu as besoin.

Il esquissa un geste en direction de la ville.

— Vous m'aidez. Tous autant que vous êtes. Je ne m'imagine pas vous quittant, pas pour très longtemps, en tout cas. Mais, tu sais, quand j'étais sur scène, à San Francisco...

Je ne poursuivis pas ma phrase. A quoi bon, puisqu'il ignorait tout de cette expérience. Ce moment avait été le plus précieux de mon existence jusqu'à ce que le maelstrom s'abatte sur moi et m'emporte.

— Même s'ils ne t'ont jamais cru? demanda-t-il. Ils te tenaient seulement pour un homme de scène et un parolier génial, comme ils disent?

— Ils connaissaient mon nom! C'était *ma* voix qu'ils entendaient! C'était *moi* qu'ils voyaient sous les feux de la rampe!

Il hocha la tête.

— Et tu persistes avec ta *Reine des Damnés*, conclut-il.

Silence.

— Viens dans le salon, insista-t-il. Accepte notre compagnie. Parle-nous de ce qui s'est passé.

— Tu y étais, non?

Sous son masque impassible, je le sentis soudain perplexe, curieux. Il ne me quittait pas des yeux.

Je songeai à Gabrielle, à cette façon qu'elle avait de me poser une question pour s'interrompre en plein milieu. Puis tout devint limpide. J'avais été idiot de ne pas m'en apercevoir plus tôt. Ils voulaient savoir quels pouvoirs elle m'avait donnés, dans quelle mesure son sang m'avait transformé. Et pendant tout ce temps, j'avais gardé pour moi ce secret, je le gardais encore. De même que la vision des cadavres disséminés dans le temple d'Azim. Le souvenir de l'extase que j'avais éprouvée à tuer tous les hommes sur mon chemin. Et aussi ces minutes terribles et ineffaçables de sa mort, quand je n'avais pu me résoudre à me servir de mes dons pour la secourir!

Et à présent, le cauchemar reprenait de plus belle, l'angoisse de son agonie. M'avait-elle vu, allongé si près d'elle? Avait-elle eu conscience de mon refus de l'aider? Ou avait-elle rendu l'âme dès le premier coup porté?

Marius suivait d'un regard distrait les minuscules bateaux qui cinglaient vers le port. Il dénombrait les siècles qu'il lui avait fallu pour acquérir les pouvoirs qu'il possédait aujourd'hui. Au bout d'un millénaire seulement, il avait été capable de s'élever dans les airs et se mêler aux nuages sans entrave ni peur. Il songeait à quel point ces aptitudes varient d'un immortel à un autre. Personne ne connaît le pouvoir recelé par les autres, peut-être même pas le sien propre.

Une méditation fort civile. Mais pour l'instant, je ne pouvais pas plus me fier à lui qu'à n'importe qui d'autre.

– Écoute, dis-je, laisse-moi à mes regrets quelque temps encore. Laisse-moi forger mes sombres images, vivre en compagnie des mots. Plus tard, je me joindrai à vous. Peut-être me plierai-je à vos règles. Du moins certaines d'entre elles, qui sait ? A propos, que ferez-vous si je ne m'y soumets pas ?

Il resta interloqué.

– Tu es la plus maudite des créatures, souffla-t-il. Tu me fais penser à Alexandre le Grand qui, raconte-t-on, aurait pleuré quand il n'a plus eu d'empires à conquérir. Pleureras-tu, toi aussi, quand tu n'auras plus de règles à enfreindre ?

– Oh, mais il y en a toujours.

Il rit en sourdine.

– Brûle ce livre.

– Non.

Nous nous dévisageâmes un moment. Puis je l'étreignis affectueusement et lui souris. Je ne savais même pas pourquoi, sinon qu'il était si patient et honnête, et qu'il avait profondément changé, comme nous tous, mais que pour lui comme pour moi, le choc avait été cruel et douloureux.

Et aussi à cause de cette affaire de combat sempiternel entre le bien et le mal qu'il concevait exactement de la même façon que moi, pour la bonne raison que c'était lui qui m'avait appris à le comprendre des années auparavant. Lui qui m'avait expliqué comment nous devons perpétuellement nous battre, sans rechercher la solution la plus simple, mais en la redoutant au contraire.

Je l'avais embrassé également parce que je l'aimais, que j'avais eu envie de me rapprocher de lui et que je ne voulais pas qu'il s'en aille furieux et déçu.

– Tu obéiras aux règles ? me demanda-t-il soudain d'un ton menaçant et ironique où se mêlait peut-être une pointe d'affection.

– Bien sûr ! répliquai-je avec désinvolture. Tu peux me les rappeler, à propos ? Je les ai oubliées. Ah oui, ne pas engendrer de nouveaux vampires ni se balader sans semer des petits cailloux derrière soi, et camoufler nos agapes.

– Tu es un démon, Lestat. Un vaurien.

Je lui touchai légèrement le bras de mon poing ferme.

– Tu permets que je te pose une question ? Ce tableau que tu as peint, *La Tentation d'Amadeo*, celui qui est dans la crypte de Talamasca...

– Oui ?

– Ça te plairait de le récupérer ?

– Seigneur, non ! C'est une toile lugubre, ma période noire, pourrait-on dire. Mais je ne serais pas mécontent qu'ils l'exhument de cette maudite cave. Ils pourraient l'accrocher dans le hall d'entrée, par exemple. Dans un endroit décent.

Je ris.

Son visage prit une expression sérieuse. Méfiante.

– Lestat ! dit-il sèchement.

– Oui, Marius.

– Tu laisses Talamasca en paix !

– Bien sûr, Marius !

Un autre haussement d'épaules. Une moue gracieuse.

– Je ne plaisante pas, Lestat. Ne t'amuse pas avec Talamasca. Tu m'as compris, n'est-ce pas ?

– Tu es parfaitement explicite, Marius. Oh, la pendule vient de sonner minuit. C'est l'heure de ma petite promenade dans l'île de Nuit. Tu m'accompagnes ?

Je n'attendis pas sa réponse. Comme je franchissais le seuil de ma chambre, je l'entendis pousser un de ces merveilleux soupirs indulgents dont il avait le secret.

Minuit. L'île de Nuit chantait. Je traversai la galerie grouillante de monde. Veste en jean, tee-shirt blanc, le visage à demi masqué sous d'énormes lunettes noires. Je regardai les passants s'engouffrer dans les magasins, dévorant des yeux la maroquinerie rutilante, les piles de chemises de soie sous cellophane, un long mannequin noir emmitouflé de vison.

Toute petite sur un banc, près de la fontaine d'où jaillissaient en aigrettes des myriades de gouttelettes, une vieille dame serrait un gobelet de café brûlant entre ses doigts tremblants. Elle avait du mal à porter le liquide à ses lèvres. Comme je lui souriais, elle chevrota : « Les vieux n'ont plus besoin de dormir. »

Une douce musique d'ambiance s'échappait du bar. De jeunes loubards rôdaient dans la salle de jeux vidéo. Ma soif de sang se raviva d'un coup. L'éclat et le tapage de la galerie s'éteignirent aussitôt que je détournai la tête. A travers le tambour du restaurant français, j'entrevis le geste rapide et enjôleur d'une femme qui levait une coupe de champagne. Un rire perlé. Le hall du cinéma était plein de géants blancs et noirs qui parlaient français.

Une jeune femme me dépassa. Peau hâlée, hanches voluptueuses, petite bouche boudeuse. Mon désir s'exacerba. Je le refoulai et poursuivis mon chemin. *Tu n'as plus besoin de sang. Tu es maintenant aussi fort que les anciens.* Mais j'en savourais déjà le goût. Je jetai un coup d'œil en arrière et la vis assise sur le banc de pierre, ses genoux nus dépassant de sa petite jupe entravée, son regard fixé sur moi.

Marius avait raison, totalement raison. Je brûlais d'insatisfaction, de solitude. Je veux l'arracher à ce banc. *Sais-tu ce que je suis!* Non, ne t'installe pas sur l'autre banc. Ne l'attire pas hors de cet endroit, ne fais pas ça. Ne l'entraîne pas dans la crique, loin des lumières de la galerie, là où les rochers sont dangereux et où les vagues se brisent sur le sable blanc.

Je repensai à ce qu'elle nous avait dit, sur notre égoïsme, notre avidité! La saveur du sang sur ma langue. Quelqu'un va mourir si je m'attarde ici...

Le bout du couloir. J'introduisis ma clé dans la porte blindée dissimulée entre le magasin de tapis chinois tissés par des petites filles et celui du buraliste qui somnole au milieu de ses pipes hollandaises, la tête cachée derrière son magazine.

Le vestibule silencieux dans les entrailles de la villa.

Quelqu'un jouait du piano. J'écoutai un long moment. C'était Pandora, et son jeu avait ce même lustre sombre et caressant, mais plus que jamais il était comme un commencement éternel – un thème qui allait s'intensifiant jusqu'à un apogée toujours différé.

Je grimpai les marches et pénétrai dans le salon. Il était évident que des vampires habitaient ce lieu. Qui d'autre aurait pu vivre à la lueur des étoiles et de quelques rares candélabres? A l'horizon, brillaient les lumières de Miami qui jamais ne s'éteignaient.

Armand continuait à jouer et à perdre aux échecs avec Khayman. Ses écouteurs vissés sur les oreilles, Daniel écoutait du Bach tout en surveillant nonchalamment l'échiquier pour voir si une pièce avait été déplacée.

Sur la terrasse, Gabrielle contemplait la mer. Seule. Je m'approchai d'elle, lui embrassai la joue et plongeai mes yeux dans les siens. Aussitôt obtenu le petit sourire que je réclamais, je retournai errer dans la maison.

Assis dans le fauteuil de cuir noir, Marius lisait le journal, le pliant au fur et à mesure comme aurait procédé un gentleman dans un club londonien.

— Louis est parti, annonça-t-il sans interrompre sa lecture.

— Parti! Que veux-tu dire?

— A La Nouvelle-Orléans, précisa Armand, le regard fixé sur l'échiquier. Dans cet appartement que vous aviez là-bas. Celui où Jesse a vu Claudia.

— L'avion est prêt à décoller, ajouta Marius, toujours plongé dans son journal.

— Le chauffeur peut te déposer à la piste d'envol, suggéra Armand, lui aussi absorbé dans son jeu.

— Qu'est-ce que c'est que ce micmac? Pourquoi tant d'obligeance? Pourquoi irais-je rechercher Louis?

— Je crois que tu devrais le ramener, dit Marius. Ce n'est pas bon pour lui de rester dans ce vieil appartement.

— Moi, je pense que tu devrais te remuer un peu, insista Armand. Tu es terré depuis trop longtemps ici.

— Quel fameux phalanstère vous nous préparez! Des conseils qui pleuvent de partout, chacun qui surveille l'autre du coin de l'œil! Pourquoi diable avez-vous laissé Louis filer à La Nouvelle-Orléans? Vous ne pouviez pas le retenir?

J'atterris à La Nouvelle-Orléans à deux heures du matin et garai la limousine place Jackson.

Tout était si propre, avec ce nouveau dallage et les chaînes tendues devant les entrées, pour que les clochards ne puissent plus dormir sur l'herbe du square comme ils l'avaient fait durant deux siècles. Et les touristes entassés dans le Café du Monde, là où naguère s'alignaient les tavernes, ces merveilleux bouges le long du fleuve où la chasse était formidable et les femmes presque aussi coriaces que les hommes.

Mais j'aimais encore cette ville, je l'aimerais toujours. Bizarrement, ses couleurs n'avaient pas changé. Et même dans ce froid glacial de janvier, elle conservait son charme tropical. Peut-être du fait de son pavement lisse, des immeubles bas, du ciel sans cesse mouvant et des toits en pente qui luisaient en ce moment sous la pluie froide.

Je m'éloignai lentement du fleuve envahi peu à peu par les souvenirs qui semblaient surgir des pavés, écoutant la musique cuivrée et brutale qui s'échappait de la rue Bourbon, puis m'enfonçant dans l'obscurité humide de la rue Royale.

Combien de fois avais-je suivi ce chemin jadis, revenant des quais, de l'Opéra ou du théâtre, et m'arrêtant à ce même endroit pour glisser ma clé dans la porte cochère ?

La maison où j'avais vécu l'espace d'une vie humaine et failli mourir deux fois !

Quelqu'un se trouvait dans le vieil appartement. En dépit de ses précautions, le parquet craquait sous ses pas.

La petite boutique du rez-de-chaussée était aveugle derrière ses fenêtres grillagées. Des bibelots en porcelaine, des poupées, des éventails en dentelle. Je levai les yeux vers la balustrade en fer forgé du balcon. J'imaginai Claudia là, sur la pointe des pieds, penchée vers moi, ses petits doigts accrochés à la barre d'appui. Sa chevelure dorée et les longs rubans violets ruisselant sur les épaules. Ma petite beauté immortelle de six ans. *Lestat, où étiez-vous ?*

Lui aussi devait faire pareil. Il évoquait comme moi les images du passé.

La rue était absolument silencieuse – à condition de faire abstraction du jacassement des télés derrière les volets verts et les murs enfouis sous le lierre, du tapage de la rue Bourbon, des hurlements d'un couple qui se chamaillait dans une maison de l'autre côté de la chaussée.

Mais personne aux alentours. Seulement les pavés miroitants, les magasins fermés, les grosses voitures disgracieuses garées le long du trottoir et la pluie qui tombait sans bruit sur leurs toits bombés.

Personne pour me voir reculer, me retourner, bondir comme un chat jusqu'au balcon, à la façon d'autrefois, et atterrir sur la plate-forme de bois. Je jetai un coup d'œil à travers les vitres sales des portes-fenêtres.

Les pièces vides ; les murs déchiquetés, ainsi que les avait laissés Jesse. Une planche obturait les vantaux, comme pour interdire l'accès de l'appartement. Une odeur de charpente brûlée flottait encore dans l'air après toutes ces années.

Je retirai silencieusement la planche. Mais le loquet était de l'autre côté. Allais-je utiliser mon nouveau pouvoir ? La poignée tournerait-elle ? Pourquoi était-ce si douloureux de m'y décider, de penser à elle, à cet ultime et fugitif instant où j'aurais pu l'aider, aider son corps et sa tête à se raccorder, même si elle avait eu l'intention de me détruire, même si elle ne m'avait pas appelé à son secours.

Je fixai le loquet. *Tourne, ouvre-toi.* Et les larmes aux yeux, j'entendis le métal grincer, je vis la tige bouger. Concentrant mon énergie, je continuai à surveiller la clenche. Alors les gonds gémirent et les vieux battants, comme poussés par un courant d'air, se dégagèrent des chambranles gauchis.

Il était dans le vestibule, sur le seuil de la chambre de Claudia.

Son manteau était peut-être un peu plus court, un peu moins ample que les redingotes de jadis ; mais il ressemblait tant au souvenir gravé dans ma mémoire que la douleur devint intolérable. Un instant, j'en fus comme paralysé. Il aurait aussi bien pu être un fantôme, avec ses longs cheveux noirs ébouriffés comme autrefois, ses yeux verts étonnés et mélancoliques, ses bras inertes le long de son corps.

Il n'avait certainement pas cherché à se fondre dans l'ancien décor. Pourtant il avait bien l'air d'un spectre dans cet appartement où Jesse avait eu si peur, où elle avait entrevu par éclairs terrifiants l'atmosphère révolue que je n'oublierais jamais.

Soixante années passées dans cet endroit. Soixante années. La famille sacrilège, Louis, Claudia, Lestat.

Entendrais-je le son du clavecin, si je m'y efforçais ? Claudia déchiffrant sa partition de Haydn au milieu du chant des oiseaux que la musique excitait ; et toutes ces notes mêlées qui faisaient tinter les perles de cristal autour des abat-jour en verre des lampes à huile et même le carillon éolien accroché sur le palier devant l'escalier en colimaçon.

Claudia. Un visage fait pour un médaillon. Ou un petit portrait ovale peint sur porcelaine et conservé avec une boucle de cheveux dorés au fond d'un tiroir. Comme elle aurait détesté cette image, cette image cruelle.

Claudia qui avait plongé un couteau dans mon cœur et

l'avait tourné dans la plaie en regardant le sang couler sur ma chemise. *Mourez, Père. J'enfermerai à jamais votre corps dans un cercueil.*

Je te tuerai le premier, mon prince.

L'enfant mortelle m'apparut, allongée au milieu de couvertures souillées, dans l'odeur de la maladie. Puis la Reine aux yeux noirs, immobile sur son trône. Et je les avais toutes deux embrassées, mes Belles au bois dormant ! *Claudia, Claudia, retourne-toi, Claudia... C'est ça, ma chérie, tu dois boire pour guérir.*

Akasha !

Quelqu'un me secouait.

— Lestat !

Tout s'embrouillait dans ma tête.

— Oh, Louis, excuse-moi !

Le vestibule sombre et à l'abandon ; je frissonnai.

— Je suis venu parce que je m'inquiétais... pour toi.

— Ce n'était pas nécessaire, répondit-il posément. J'avais seulement un petit pèlerinage à accomplir.

J'effleurai son visage encore enfiévré du sang de sa dernière victime.

— Elle n'est pas ici, Louis, lui assurai-je. Jesse n'a fait qu'imaginer cette histoire.

— On dirait, en effet, fit-il.

— Nous sommes éternels, mais les autres ne reviennent pas.

Il m'examina longuement, puis hocha la tête.

— Viens, dit-il.

Nous parcourûmes le long vestibule. Non, je n'aimais pas du tout ça. Je n'avais pas envie de lanterner dans cet appartement. Il était hanté. Mais les hantises véritables n'ont rien à voir avec les fantômes, elles sont liées aux souvenirs. Là avait été ma chambre. La chambre où j'avais vécu.

Il s'escrimait sur la porte de service, essayant d'emboîter le battant dans son chambranle vermoulu. Je lui fis signe de sortir par le porche, puis la manœuvrai à ma façon. Voilà, elle était hermétiquement close.

Quelle tristesse de retrouver cette cour envahie par les mauvaises herbes, la fontaine cassée, la vieille cuisine ouverte aux quatre vents, et les briques retournant à la terre.

– Je réparerai tout, si tu veux, lui dis-je. On l'aménagera comme avant.

– Ça n'a plus d'importance à présent, répondit-il. Tu viens te promener avec moi ?

Nous descendîmes l'allée couverte ; l'eau ruisselait dans le petit caniveau. Je me retournai pour contempler une dernière fois le jardin. Elle était là, dans sa robe blanche ceinturée de bleu. Mais elle ne me regardait pas. J'étais mort, croyait-elle, enveloppé dans le drap que Louis avait déposé dans la calèche. Elle s'apprêtait à emporter ma dépouille pour l'enterrer. Pourtant, elle se tenait là, et nos yeux se rencontrèrent.

Il me tira par la manche.

– Ne restons pas plus longtemps, fit-il.

Je l'observai qui verrouillait la porte cochère. Puis son regard erra lentement sur les fenêtres, les balcons, les lucarnes du grenier. Se décidait-il enfin à dire adieu à cette maison ? Peut-être pas.

Nous remontâmes la rue Sainte-Anne, nous éloignant du fleuve, silencieusement, nous contentant de marcher, ainsi que nous l'avions si souvent fait autrefois. Le froid lui mordait les mains, mais il répugnait à les mettre dans ses poches, comme c'est l'habitude aujourd'hui. Il jugeait ce geste inélégant.

La pluie avait fait place à la bruine.

Il finit par dire :

– Tu m'as fait une peur bleue. J'ai cru que tu étais un fantôme quand je t'ai vu dans le vestibule. Tu n'as pas répondu lorsque je t'ai appelé.

– Et où allons-nous de ce pas ? demandai-je.

Je boutonnai ma veste en jean. Plus par habitude que par réelle nécessité.

– J'ai encore un endroit à visiter, et après nous irons où tu le désires. Au phalanstère, j'imagine. Nous n'avons plus tellement le temps. Ou bien tu peux me laisser à mes vagabondages, et je vous rejoindrai d'ici une nuit ou deux.

– Et si nous vagabondions ensemble ?

– D'accord, se hâta-t-il de répondre.

Qu'avais-je donc en tête ? Nous passâmes sous les vieilles voûtes, longeâmes les solides volets verts, les murs de briques dénudées et de plâtre écaillé pour déboucher dans la lumière aveuglante de la rue Bourbon, et alors j'aperçus devant nous l'enceinte blanchie à la chaux du cimetière Saint-Louis.

Que diable cherchais-je ? Pourquoi mon âme était-elle encore meurtrie alors que les autres, même Louis, avaient retrouvé un certain équilibre ? Et nous nous soutenions les uns les autres, comme disait Marius.

J'étais content d'être avec Louis, de flâner dans ces rues. Pourquoi ne me contentais-je pas de ce plaisir ?

Un autre portail à ouvrir. Je le regardai fracturer la serrure avec ses doigts. Puis, écrasant l'herbe haute sous nos bottes, nous pénétrâmes dans la petite cité de tombes blanches ornées de toits pointus, d'urnes et de dalles de marbre. La pluie vernissait chaque surface ; les lumières de la ville nacraient les nuages qui couraient silencieusement au-dessus de nos têtes.

J'essayai de repérer les étoiles. Quand je baissai la tête, Claudia était à mes côtés. Sa main frôla la mienne.

Alors je considérai de nouveau Louis, et vis se refléter dans ses pupilles les lumières pâles et lointaines. Je tressaillis et effleurai son visage, ses pommettes, l'arcade sous ses sourcils noirs. Comme il était beau !

— Bénies soient les ténèbres, elles sont retombées sur nous, chuchotai-je.

— Oui, dit-il tristement, et nous y régnons comme par le passé.

Il me prit la main – quelle sensation éprouvait-il maintenant à ce contact ? – et me guida dans l'allée étroite que bordaient les tombes les plus anciennes et les plus vénérables, celles qui remontaient au début de la colonie, à l'époque où nous parcourions tous deux les marécages qui menaçaient de tout engloutir, et où je me nourrissais du sang des portefaix et des coupe-jarret.

Sa tombe. Je déchiffrai machinalement son nom gravé sur le marbre en grands caractères penchés et désuets.

LOUIS DE POINTE DU LAC
1766-1794

Il s'adossa à une autre tombe, un temple décoré de colonnades comme le sien.

— J'avais envie de la revoir, dit-il.

Il tendit le bras et passa son doigt sur l'inscription.

Elle était à peine érodée par les intempéries qui avaient patiné la pierre, et la poussière qui s'y était incrustée l'avait rendue plus lisible. Songeait-il à ce qu'avait été le monde en ce temps-là ?

Je me rappelai ses rêves à elle, son jardin de paix sur terre, où du sol imbibé de sang jailliraient des fleurs.

— Nous pouvons rentrer à la maison maintenant, murmura-t-il.

La maison. Je souris et touchai les tombes voisines. Puis j'observai le reflet moiré des lumières contre les nuages turbulents.

— Tu ne vas pas nous quitter ? dit-il tout à coup d'une voix où perçait la panique.

— Non. (J'aurais tant souhaité pouvoir parler de toutes ces choses que j'avais écrites dans mon livre.) Tu sais, nous nous aimions, elle et moi, comme une femme et un homme mortels.

— Bien sûr que je le sais.

Je l'embrassai, émerveillé par la tiédeur de sa peau, sa souplesse presque humaine. Seigneur, comme je haïssais la blancheur de mes doigts qui le caressaient, mes doigts qui auraient pu le broyer sans effort. Je me demandai s'il en avait seulement conscience.

J'avais tant à lui raconter, à lui demander. Mais les mots me fuyaient. Lui-même s'était toujours tellement interrogé, et maintenant il possédait les réponses, plus de réponses qu'il n'en pouvait désirer peut-être. Et ce nouveau savoir, que lui avait-il apporté ? Je le dévisageais stupidement. Comme il me semblait parfait, attendant ainsi, avec tant de patiente gentillesse, que j'émerge de ma rêverie. Et alors, comme un imbécile, je lançai :

— Tu m'aimes encore ?

Il sourit. Quelle torture, ce sourire qui soudain adoucissait et illuminait ses traits.

— Oui, répondit-il.

— Tu serais tenté par une petite aventure ?

Les battements de mon cœur s'accélérèrent tout à coup. Ce serait si formidable s'il...

— Tu as envie d'enfreindre les nouvelles règles ?

— Que diable veux-tu dire ? souffla-t-il.

J'éclatai d'un rire bas, fiévreux. C'était si bon de rire et de voir son expression se modifier imperceptiblement. Ce coup-là, il était véritablement inquiet. Du reste, pour être honnête, j'ignorais si mon projet était réalisable. Sans son aide à elle. Et si je me mettais à piquer du nez comme Icare ?...

– Allons, Louis, le provoquai-je. Juste une petite escapade. Je te jure que cette fois-ci je ne vise pas à réformer la civilisation occidentale, ni même à capter l'attention de deux millions de fans. Je songe à quelque chose de beaucoup plus modeste. Seulement une petite blague. Et pas de trop mauvais goût. J'ai été terriblement sage ces deux derniers mois, tu ne trouves pas ?

– De quoi parles-tu, bon sang ?

– Tu es de mon côté ou non ?

Il hocha la tête. Mais ce n'était pas vraiment un « non ». Il réfléchissait. Il se passa la main dans les cheveux. De si beaux cheveux noirs. La première chose que j'avais remarquée chez lui – après ses yeux verts, bien entendu. Non, je mentais. Ç'avait d'abord été son expression, cette ferveur, cette candeur, cette délicatesse d'âme qui m'avaient conquis.

– Quand débuterait cette petite aventure ?

– Tout de suite. Tu as quatre secondes pour te décider.

– Lestat, l'aube va se lever dans un instant.

– *Ici*, répliquai-je.

– Que veux-tu dire ?

– Louis, fais-moi confiance. Écoute, si je rate mon coup, tu ne te feras pas mal. Pas trop, en toutcas. Tope là ? Décide-toi. Je veux partir sans tarder.

Il ne répondit pas. Il m'observait avec tant d'affection que j'en avais le cœur déchiré.

– Oui ou non ?

– Je vais sans doute le regretter, mais...

– Alors, d'accord.

Je lui empoignai les avant-bras et le soulevai haut dans les airs. Il baissa sur moi un regard ahuri. Il me semblait léger comme une plume. Je le reposai par terre.

– *Mon Dieu*, murmura-t-il.

Eh bien, pourquoi lanternais-je ? Si je n'essayais pas, jamais je ne saurais ce dont j'étais capable. Une vague d'angoisse me submergea de nouveau – je me souvenais d'elle, de nos courses à travers le ciel. Je laissais lentement refluer la douleur.

Je le saisis par la taille. *En haut, maintenant.* Je levai mon bras libre, mais ce n'était même pas nécessaire. Déjà nous cinglions à toute allure dans le vent.

En bas, le cimetière tournoyait, minuscule jouet semé de petits points blancs sous le feuillage sombre.

Louis haletait d'étonnement contre mon oreille.

– Lestat !

– Mets tes bras autour de mon cou, lui ordonnai-je. Agrippe-toi. Nous nous dirigeons vers l'ouest, bien sûr, puis nous piquerons vers le nord, et nous avons une longue route à parcourir. Peut-être nous laisserons-nous dériver quelque temps. Le soleil ne va pas se lever avant un bon moment, là où nous allons.

Le vent était glacial. J'aurais dû y penser, mais Louis n'avait pas l'air d'en souffrir.

Quand les étoiles lui apparurent, je le sentis se contracter. Son visage était parfaitement lisse et serein. Et s'il pleurait, la bourrasque emportait ses larmes. Il n'avait plus peur, à présent. Perdu dans l'immensité, il contemplait la voûte céleste qui se rapprochait et la lune qui brillait sur la plaine infinie de blancheur au-dessous de nous.

Pas besoin de lui indiquer ce qu'il devait observer et graver dans sa mémoire. Il le savait toujours. Des années auparavant, quand j'avais célébré sur lui la Transfiguration Obscure, je n'avais rien eu à lui expliquer. Il avait goûté de lui-même chacun des détails du rituel. Plus tard, il m'avait reproché de ne pas l'avoir guidé. Ignorait-il combien c'était inutile ?

Mais je planais maintenant, physiquement et mentalement, son corps contre moi, tout à la fois léger et douillet. Une pure présence. Pas un fardeau. Mon Louis qui m'appartenait à nouveau.

Je traçai minutieusement notre trajectoire, n'appliquant à cette tâche qu'une infime part de mon esprit, comme elle me l'avait enseigné. Et les souvenirs m'assaillaient. Notre première rencontre, par exemple, dans cette taverne de La Nouvelle-Orléans, où il était en train de se bagarrer, complètement ivre. Je l'avais suivi dans la nuit. Et les yeux à demi clos, juste avant que je ne relâche mon étreinte, il avait murmuré : « Mais qui êtes-vous ? » Je savais que je repartirais à sa recherche dès le coucher du soleil, que je le trouverais, dussé-je fouiller la ville entière, même si je l'abandonnais alors à demi mort sur le pavé. Il fallait que je le conquière. Il le fallait. De même qu'il me fallait obtenir tout ce que je voulais, faire tout ce que je désirais.

Là était le problème, et rien de ce qu'elle m'avait donné – ni la souffrance, ni le pouvoir, ni la terreur – n'y avait changé quoi que ce soit.

Six kilomètres de Londres.

Une heure après le coucher du soleil. Nous étions allongés côte à côte sous un chêne, dans l'obscurité glaciale. Une faible lumière venait de l'énorme manoir au milieu du parc. Les étroites et profondes fenêtres à petits carreaux paraissaient construites pour la retenir. Confortable ce lieu, engageant, avec tous ces murs tapissés de livres et les flammes qui dansaient dans les innombrables âtres. Et la fumée qui montait des cheminées en crachotant dans la nuit brumeuse.

De temps à autre, une voiture serpentait sur la route au-delà du portail, et le pinceau des phares balayait la vieille façade, révélant les gargouilles, les lourds cintres au-dessus des fenêtres, les heurtoirs polis des portes massives.

J'ai toujours adoré ces antiques demeures européennes, grandes comme des paysages. Pas étonnant qu'elles incitent les esprits des morts à revenir.

Louis se redressa soudain, regarda autour de lui, puis s'empressa d'épousseter les brins d'herbe sur son veston. Il avait dormi des heures sur la poitrine du vent, pourrait-on dire, et dans les endroits où j'avais fait halte attendant que le globe poursuive sa rotation.

– Où sommes-nous ? murmura-t-il, une pointe de panique dans la voix.

– A la périphérie de Londres. Dans la maison mère de Talamasca, dis-je.

J'étais étendu là, les bras croisés sous la nuque. Le dernier étage, les salons du rez-de-chaussée étaient éclairés. Je m'interrogeais sur la façon la plus amusante de procéder.

– Que faisons-nous ici ?

– Une escapade, je te l'ai dit.

– Une seconde. Tu n'as pas l'intention de t'introduire dans cette maison ?

– Tu crois ? Ils ont le journal de Claudia et le tableau de

566

Marius dans leurs caves. Tu es au courant, non ? Jesse t'en a parlé ?

— Et alors, que comptes-tu faire ? Défoncer une porte et fourrager dans les caves jusqu'à ce que tu aies trouvé ce que tu veux ?

Je ris.

— Pas très divertissante ta suggestion, qu'en penses-tu ? Et en plus, un boulot de tous les diables. D'autant que ce n'est pas du journal dont j'ai vraiment envie. Ils peuvent le garder. Il était à Claudia. Je veux rencontrer l'un d'entre eux, David Talbot, le chef. Ils sont les seuls mortels au monde qui croient véritablement en nous, tu sais.

Un pincement au cœur. Ignore-le. La partie de plaisir commence.

Pour l'instant, il était trop scandalisé pour répondre. C'était encore plus délicieux que je ne l'avais imaginé.

— Essaye pour une fois d'être sérieux, hoqueta-t-il, indigné. Laisse ces gens tranquilles. Ils croient que Jesse est morte. Ils ont reçu une lettre d'un membre de sa famille.

— Bien sûr que je n'ai pas l'intention de les détromper. Pourquoi le ferais-je ? Mais celui qui est venu au concert – David Talbot, le plus vieux – m'intéresse. Je suppose que j'aimerais savoir... Oh, et puis c'est trop long à expliquer. Mieux vaut entrer et éclaircir la question.

— Lestat !

— Louis ! fis-je en le singeant.

Je me levai et le hissai sur ses pieds, non parce qu'il avait besoin qu'on l'aide, mais parce qu'il restait là, à me résister et à se creuser les méninges pour savoir comment me contrer, ce qui constituait une perte de temps totale.

— Lestat, Marius sera furieux si tu fais ça ! me menaça-t-il, les traits tendus, les pommettes plus saillantes que jamais, ses yeux verts pénétrants, la physionomie brillant d'un feu admirable. La règle fondamentale est...

— Là, tu me mets l'eau à la bouche, Louis.

Il m'empoigna par le bras.

— Et Maharet, y as-tu songé ? Ces gens étaient des amis de Jesse !

— Que fera-t-elle à ton avis ? Elle m'expédiera Mekare pour m'écraser la tête comme une coquille d'œuf !

— Tu dépasses les bornes ! Tu n'as donc rien appris ?

— Tu m'accompagnes ou non ?

– Tu n'entreras pas dans cette maison.

– Tu vois cette fenêtre, là-haut ? (Je lui encerclai la taille de manière à le maintenir prisonnier :) David Talbot est dans cette pièce à écrire dans son journal depuis environ une heure. Il est très inquiet. Il ignore ce qui nous est arrivé. Il se doute de quelque chose, sans parvenir à déterminer l'exacte vérité. Bon, nous allons pénétrer dans la chambre voisine par la lucarne à gauche.

Il émit une timide protestation, mais j'étais occupé à me concentrer sur la fenêtre, essayant de me représenter son système de fermeture. A combien de mètres se trouvait-elle ? Je sentis la tempête faire rage dans mon cerveau et vis aussitôt le minuscule rectangle quadrillé pivoter sur ses gonds. Il le vit aussi et, profitant qu'il demeurait là, bouche bée, je resserrai mon étreinte plus fort et décollai.

Une seconde plus tard, nous atterrissions dans une petite chambre de style élisabéthain, avec des boiseries sombres, de beaux meubles d'époque et un grand feu dans la cheminée.

Louis était ivre de rage. Il me foudroya du regard, tout en remettant rapidement de l'ordre dans sa tenue. J'aimais cette pièce. Les livres de David Talbot. Son lit.

Notre hôte, assis à la table de son bureau, sous la lumière d'un abat-jour vert, nous fixait par l'entrebâillement de la porte. Il était vêtu d'une magnifique veste d'intérieur de soie grise nouée à la taille. Son stylo à la main, il se tenait aussi immobile qu'une créature des bois flairant la présence d'un prédateur, avant la vaine et inévitable tentative de fuite.

Ah, quel délice !

Je l'étudiai un moment. Des cheveux poivre et sel, des yeux d'un noir lumineux, une physionomie régulière, expressive, chaleureuse, respirant l'intelligence. Le tout conforme au portrait qu'en avaient fait Jesse et Khayman.

Je pénétrai dans le bureau.

– Veuillez m'excuser, dis-je. J'aurais dû me faire annoncer. Mais je désirais que notre entretien demeure privé. Vous savez qui je suis, bien sûr.

Mon préambule l'interloqua quelque peu.

J'inspectai discrètement la table. Nos dossiers, d'impeccables classeurs entoilés sur lesquels s'étalaient des noms familiers : « Théâtre des Vampires », « Armand », « Benjamin le Démon »... et « Jesse ».

Jesse. A côté de son classeur était posée la lettre de sa tante Maharet. La lettre qui annonçait son décès.

Je patientai, me demandant si je devais le laisser parler le premier, bien que ce ne fût pas dans mes habitudes. Il m'observait avec attention, infiniment plus d'attention que je n'avais moi-même mis à le faire. Il gravait mes traits dans sa mémoire, utilisant les méthodes mnémotechniques qu'il avait apprises afin d'enregistrer les détails et de s'en souvenir plus tard quelle que fût l'expérience à laquelle il se livrait.

Grand, plutôt corpulent. Une charpente solide. Des mains osseuses et bien dessinées. Des ongles soignés. Un authentique gentleman britannique. Un amateur de tweed, de cuir, de boiseries sombres et de thé ; quelqu'un qui appréciait l'obscurité humide du parc et le confort luxueux de cette maison.

Dans les soixante-cinq ans. Un bon âge. Il possédait un savoir inaccessible aux hommes plus jeunes. Un âge équivalent à celui de Marius dans les temps anciens, pas vraiment avancé pour le xxᵉ siècle.

Ayant repéré la présence de Louis dans l'autre pièce, il jeta un coup d'œil dans cette direction avant de me dévisager une nouvelle fois.

Alors, à ma stupéfaction, il se leva et me tendit la main.

— Comment allez-vous ? fit-il.

Je ris et lui serrai énergiquement la main tout en notant sa réaction, sa stupeur au contact froid et dur de mes doigts.

Il était terrifié, mais aussi extraordinairement curieux et intéressé.

D'un ton aimable et courtois, il dit :

— Jesse n'est pas morte, n'est-ce pas ?

Étonnant la façon dont les Britanniques manient le langage. Cette gamme de nuances dans la politesse. Les plus habiles diplomates au monde, à coup sûr. Je me surpris à me demander à quoi pouvaient bien ressembler leurs gangsters. Pourtant sa voix trahissait tant de chagrin de la disparition de Jesse que je ne me sentis pas le droit, moi, d'ignorer le chagrin d'un autre.

Je le considérai gravement.

— Si, répondis-je. Ne vous y trompez pas, elle est bien morte.

Je soutins son regard afin de dissiper tout malentendu entre nous.

— Oubliez-la, ajoutai-je.

Il hocha la tête, détourna un instant les yeux, puis me fixa de nouveau avec autant de curiosité qu'avant.

Je pivotai sur moi-même et distinguai dans l'ombre de la chambre Louis qui se tenait à l'angle de la cheminée et me surveillait avec mépris et réprobation. Mais ce n'était pas le moment de ricaner. Je n'en avais aucune envie. Je songeais à quelque chose que Khayman m'avait dit.

— Puis-je vous poser une question ?

— Oui.

— Je me suis introduit ici. Sous votre toit. Admettons que je descende dans votre cave au lever du soleil et que je sombre dans l'inconscience. Vous voyez ce que je veux dire. (J'esquissai un petit geste décontracté.) Que feriez-vous ? Vous me tueriez durant mon sommeil ?

Il réfléchit deux secondes.

— Non.

— Mais vous savez ce que je suis. Vous en avez la certitude, n'est-ce pas ? Pourquoi ne le feriez-vous pas ?

— Pour plusieurs raisons. J'aurais envie d'en connaître plus à votre sujet, de parler avec vous. Non, je ne vous tuerais pas. Pour rien au monde.

Je le scrutai. Il était sincère. D'instinct, il lui aurait paru terriblement cruel et irrespectueux de tuer une chose aussi mystérieuse et ancienne que moi.

— Exactement, dit-il avec un petit sourire.

Un liseur de pensées. Pas très fort, cependant. Uniquement les pensées superficielles.

— N'en soyez pas si certain.

De nouveau, la remarque était empreinte d'une remarquable politesse.

— Une seconde question, lançai-je.

— Je vous en prie.

Il était vraiment intrigué cette fois. La peur s'était volatilisée.

— Désirez-vous le Don Obscur ? Devenir l'un des nôtres, vous savez.

Du coin de l'œil, je vis Louis secouer la tête, puis me tourner rageusement le dos.

— Je ne vous promets pas de vous l'accorder. Selon toute

probabilité, je n'en ferai rien. Mais le désirez-vous ? Si j'y étais disposé, l'accepteriez-vous ?

– Non.

– Oh, allez !

– Jamais de la vie je ne l'accepterais. Je le jure devant Dieu.

– Vous ne croyez pas en Dieu, vous savez bien que vous n'y croyez pas.

– Ce n'est qu'une expression, mais le fond est vrai.

Je souris. Une figure si affable, si animée. J'étais à tel point grisé que le sang circulait dans mes veines avec une vigueur toute nouvelle. Le devinait-il ? Mon aspect était-il moins monstrueux ? Manifestais-je tous ces petits signes d'humanité que je discernais chez les autres quand ils étaient heureux ou absorbés ?

– Je doute qu'il vous reste toute une vie pour changer d'avis, déclarai-je. Vous n'avez plus tellement de temps devant vous, à y bien réfléchir.

– Jamais je ne changerai d'avis, répliqua-t-il en souriant.

Un instant, il joua avec son stylo, machinalement, nerveusement, puis immobilisa ses mains.

– Je ne vous crois pas.

J'examinai la pièce, m'arrêtant sur une petite peinture hollandaise dans son cadre laqué : une maison à Amsterdam, au-dessus d'un canal. Je remarquai alors le givre sur les carreaux de la fenêtre. La nuit effaçait tout à l'extérieur. Je me sentis triste soudain. Pas autant qu'auparavant toutefois. J'avais seulement conscience de la solitude amère qui m'avait conduit ici, du sentiment de frustration qui m'avait poussé à m'introduire dans ce bureau, à affronter son regard, à l'entendre me dire qu'il savait qui j'étais.

La chape retomba sur moi. J'étais incapable de prononcer un mot.

– Oui, dit-il timidement derrière moi. Je *sais* qui vous êtes.

Je me retournai vers lui. Il me sembla que je pleurais subitement. Je pleurais à cause de l'intimité douillette de cet endroit, de l'odeur des objets humains, de la vue d'un homme vivant debout devant un bureau. Je serrai les dents. Je n'allais pas perdre mon sang-froid, c'était ridicule.

– Tout ça est fascinant, dis-je. Vous ne me tueriez pas, mais vous refuseriez de devenir mon semblable.

– Exact.

– Non, je ne vous crois pas, répétai-je.

Une ombre passa sur son visage. Une ombre révélatrice. Il redoutait que je perçoive en lui une faille qu'il ignorait lui-même.

Je pointai mon index vers son stylo.

– Vous permettez? Et je voudrais aussi une feuille de papier, s'il vous plaît.

Il me les donna aussitôt. Je m'assis dans son fauteuil. Tout était impeccable sur la table : le tampon buvard, le cylindre de cuir dans lequel il rangeait ses crayons, et même les classeurs entoilés. Aussi impeccable que lui, planté à côté de moi à me regarder écrire.

– C'est un numéro de téléphone, expliquai-je en lui mettant le papier dans la main. Un numéro à Paris, celui d'un avoué qui me connaît sous mon nom véritable, Lestat de Lioncourt, que vous avez déjà noté, j'imagine, dans vos archives. Bien sûr, cet homme ne sait pas comme vous qui je suis. Mais il peut me joindre. Ou peut-être serait-il plus juste de dire que je suis en contact permanent avec lui.

Sans un mot, il lut les chiffres et les mémorisa.

– Gardez cette feuille, ordonnai-je. Et quand vous aurez changé d'avis, quand vous désirerez l'immortalité et que vous serez prêt à me faire part de votre volonté, composez ce numéro. Je viendrai aussitôt.

Il allait protester, mais je lui fis signe de se taire.

– On ne sait jamais ce qui peut arriver, repris-je en me carrant dans son fauteuil, les bras croisés sur la poitrine. Vous pouvez apprendre que vous avez une maladie mortelle ou vous retrouver infirme après une mauvaise chute. Ou simplement vous mettre à cauchemarder sur votre propre mort, sur ce néant qui vous attend. Peu importe. Lorsque vous serez décidé à accepter ce que j'ai à vous offrir, appelez ce numéro. Mais souvenez-vous que je ne vous ai rien promis. Peut-être ne le ferai-je jamais. Néanmoins, quand vous aurez pris cette décision, le dialogue pourra commencer entre nous.

– Il est déjà commencé.

– Absolument pas.

– Parce que vous pensez que vous ne reviendrez pas?

Moi je suis persuadé du contraire, que je vous appelle ou non.

Une nouvelle petite surprise. Une petite blessure d'amour-propre. Malgré moi, je lui souris. C'était un homme vraiment intéressant.

– Espèce de saint Jean Bouche d'or, lui lançai-je. Comment osez-vous me traiter avec cette condescendance ? Je ferais aussi bien de vous tuer tout de suite.

J'avais mis dans le mille. Il était médusé. Il le cachait plutôt bien, mais je le voyais quand même. Je savais combien je pouvais avoir l'air effrayant, surtout quand je souriais.

Il se ressaisit à une allure stupéfiante, plia le bout de papier et le glissa dans sa poche.

– Je vous prie de m'excuser, fit-il. Je voulais dire que j'espérais vous revoir.

– Dans ce cas, composez le numéro.

Nous nous mesurâmes du regard, puis je lui décochai un autre sourire et me levai pour prendre congé. Je jetai un dernier coup d'œil sur la table.

– Pourquoi n'ai-je pas mon propre dossier ? m'enquis-je.

Il devint blanc comme un linge, puis se reprit, miraculeusement encore.

– Vous avez votre livre, répondit-il en désignant *Le Vampire Lestat* placé sur une étagère.

– En effet, merci de me le rappeler. (J'hésitai une seconde.) N'empêche que vous devriez me faire un dossier, je crois.

– D'accord. Je vais le constituer dès ce soir. C'était juste... une question de temps, vous savez.

Je ne pus m'empêcher de glousser. Il était si courtois. J'esquissai un petit salut auquel il répondit de bonne grâce.

Puis je passai devant lui, aussi vite que je le pus, ce qui était plutôt spectaculaire ; j'empoignai Louis et filai immédiatement par la lucarne, survolant le parc jusqu'à un tronçon isolé de route où je me posai.

Il faisait plus froid et sombre ici, sous les branchages des chênes qui masquaient la lune. J'aimais cette obscurité. Oh, comme j'aimais les ténèbres ! Je restai planté là, les mains enfoncées dans mes poches, à contempler le halo laiteux au-dessus de Londres et à jubiler intérieurement.

– C'était sensationnel, parfait! commentai-je en me frottant les mains puis en saisissant celles de Louis qui étaient encore plus glacées que les miennes.

Son expression m'enchanta. J'allais finir par attraper un fou rire.

– Tu n'es qu'un ignoble personnage, dit-il. Comment as-tu pu agir ainsi envers ce pauvre homme! Tu es un démon, Lestat. On devrait t'emmurer dans un donjon!

– Du calme, Louis, hoquetai-je entre deux éclats de rire. Qu'attendais-tu d'autre de moi? D'autant que ce type n'allait pas tomber raide fou, il étudie le surnaturel. Mais quelle image avez-vous donc de moi, tous autant que vous êtes? (J'entourai son épaule de mon bras.) Viens, allons faire un tour à Londres. Ce n'est pas la porte à côté, mais il est encore tôt. Je ne connais pas cette ville. J'ai envie de me balader dans les quartiers de West End et de Mayfair. De visiter la Tour. Je veux me nourrir à Londres! Dépêche-toi.

– Lestat, cette affaire n'est pas une plaisanterie. Marius va être furieux, les autres aussi!

Mon fou rire redoubla. Nous nous mîmes en route à vive allure. C'était si amusant de marcher. Jamais rien ne remplacerait ce plaisir, le simple acte de mouvoir ses jambes en cadence, de sentir la terre sous ses pieds, et la douce odeur qui montait des cheminées disséminées dans l'obscurité, la senteur humide de l'hiver dans ces bois. Oh, quelle merveilleuse escapade! A Londres, nous dénicherions un bon manteau pour Louis, un long pardessus noir avec un col de fourrure afin qu'il ait aussi chaud que moi en ce moment.

– Tu m'écoutes ou quoi? trompeta Louis. Tu n'as décidément rien appris, hein? Tu es encore plus incorrigible qu'avant!

Je partis d'un nouvel éclat de rire.

Puis je songeai à David Talbot, à son expression quand il m'avait défié. Sans doute avait-il raison. Sans doute reviendrais-je. Qui m'empêcherait de revenir lui parler si j'en avais envie? Qui donc? Mais autant lui donner un peu de temps pour ruminer ce numéro de téléphone et perdre de son flegme.

L'amertume m'envahit de nouveau, et une lourde tristesse s'abattit sur moi, menaçant de balayer mon petit triomphe. Mais je ne me laisserais pas démonter. La nuit était trop belle. Et la diatribe enflammée de Louis devenait de plus en plus désopilante.

– Tu es un vrai démon, Lestat! tempêtait-il. Voilà ce que tu es! Le démon en personne!

– Oui, je sais, répondis-je en observant avec ravissement la colère animer son visage. Et j'aime t'entendre prononcer cette phrase. J'ai besoin de t'entendre la prononcer. Jamais personne ne la dira comme toi. Allez, répète : « Lestat, tu es le démon en personne. » Dis-moi combien je suis mauvais. Dis-le moi-encore. C'est si bon!

Achevé d'imprimer en mai 1995
sur les presses de l'Imprimerie Bussière
à Saint-Amand (Cher)

POCKET - 12, avenue d'Italie - 75627 Paris Cedex 13
Tél. : 44-16-05-00

— N° d'imp. 1226. —
Dépôt légal : novembre 1994.
Imprimé en France